中文社会科学引文索引(CSSCI)来源集刊

边疆考古研究

RESEARCH OF CHINA'S FRONTIER ARCHAEOLOGY

第24辑

教育部人文社会科学重点研究基地
吉林大学边疆考古研究中心
边疆考古与中国文化认同协同创新中心
编

科学出版社
北京

内 容 简 介

《边疆考古研究》是教育部人文社会科学重点研究基地吉林大学边疆考古研究中心编辑的学术集刊。本辑收录考古调查发掘报告、研究论文等26篇，内容涉及中国边疆及毗邻地区的古代人类、古代文化与环境。

本书可供文物考古研究机构及高校考古、历史专业学生参考阅读。

图书在版编目（CIP）数据

边疆考古研究. 第24辑 / 教育部人文社会科学重点研究基地吉林大学边疆考古研究中心边疆考古与中国文化认同协同创新中心编 . —北京：科学出版社，2018.12

ISBN 978-7-03-060046-2

Ⅰ. ①边… Ⅱ. ①教… Ⅲ. ①边疆考古－研究－中国－文集 Ⅳ. ①K872-53

中国版本图书馆CIP数据核字（2018）第282890号

责任编辑：赵　越 / 责任校对：邹慧卿

责任印制：肖　兴 / 封面设计：陈　敬

科学出版社 出版

北京东黄城根北街16号

邮政编码：100717

http://www.sciencep.com

中国科学院印刷厂 印刷

科学出版社发行　各地新华书店经销

*

2018年12月第 一 版　开本：787×1092 1/16

2018年12月第一次印刷　印张：24 1/4 插页：4

字数：570 000

定价：158.00元

（如有印装质量问题，我社负责调换）

《边疆考古研究》编辑委员会

目　录

考古新发现

研究与探索

考古与科技

书刊评价

考古新发现

本溪黄岭岗旧石器地点发现的石器 *

李　霞[1]　陈全家[2]　石　晶[2]

（1. 辽宁省文物考古研究所，沈阳，110000；2. 吉林大学边疆考古研究中心，长春，130012）

2011年4月22日至5月3日，吉林大学边疆考古研究中心和辽宁省文物考古研究所联合组成了旧石器考古调查队，在本溪市博物馆、本溪县文物管理所和桓仁县文化局同志的陪同下，对辽宁省本溪和桓仁两县进行了为期13天的旧石器考古调查。在汤河、太子河、大雅河、富尔江和浑江等河流的Ⅱ、Ⅲ级阶地上，共发现旧石器地点18处，而黄岭岗旧石器地点就是其中之一，在本溪黄岭岗地点发现石器216件，均采自地表。本文仅对发现的石器进行研究和讨论。

一、地理位置、地貌与地层

（一）地理位置

黄岭岗地点位于辽宁省本溪满族自治县小市镇香磨村黄岭岗的Ⅲ级侵蚀阶地上，海拔248米。地理坐标为北纬41°16′12″，东经124°06′16″，面积约80000平方米。东北距县城300米，东南距汤河200米，西南距香磨村200米（图一）。

---

*　本文是教育部人文社会科学重点研究基地重大项目（批准号：11JJD780001）研究成果，也得到科学基础性工作专项“中国古人类遗址、资源调查与基础数据采集、整合”（2007FY110200）和“吉林大学‘985工程’项目”资助。

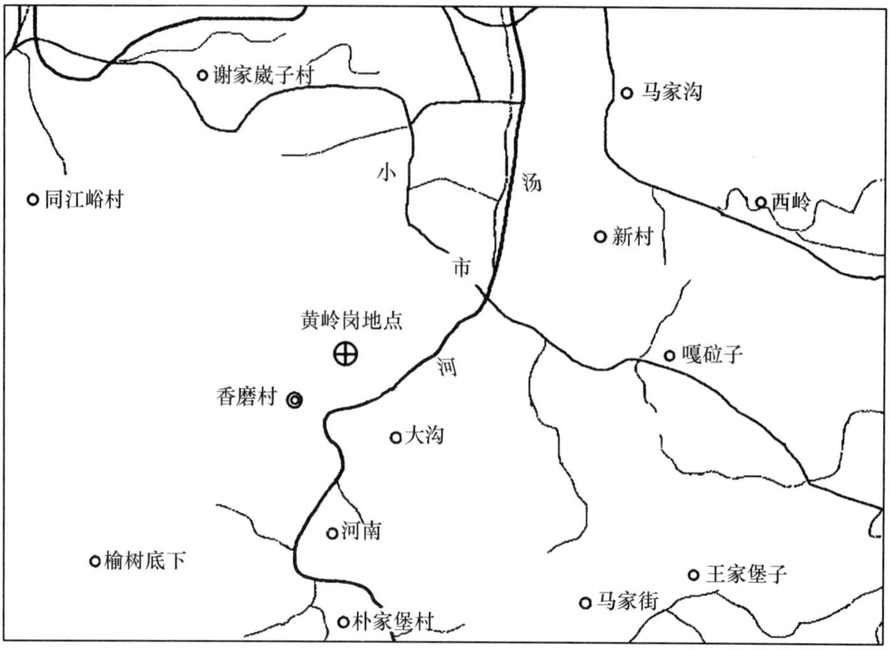

图一　黄岭岗地点位置示意图

（二）地　　貌

黄岭岗旧石器地点所属的本溪满族自治县位于辽宁省辽东山区太子河上游，东与桓仁、宽甸相通，南与凤城为邻，西与本溪、辽阳毗连，北与抚顺、新宾接壤，辖区面积3344.5平方千米。境内山脉纵横，河流环绕。

黄岭岗地点南坡为侵蚀作用形成的陡崖，北坡平缓。四周均为高山，最高峰698米。地点南侧、香磨村的东侧河流截弯取直，形成近600米长的牛轭湖，在较宽的河床部位形成心滩。河谷比降较大，河床和河漫滩上有较大的石英砂岩和角岩砾石，最大砾径35厘米，磨圆较好，球度较高，分选性较差。河床最宽处100米，最窄处为20米。

（三）地　　层

黄岭岗地点无文化层，石器分布在汤河Ⅲ级阶地的黄色耕土层上，Ⅲ级阶地为侵蚀阶地，Ⅱ级和Ⅰ级阶地均为冲积阶地（图二）。

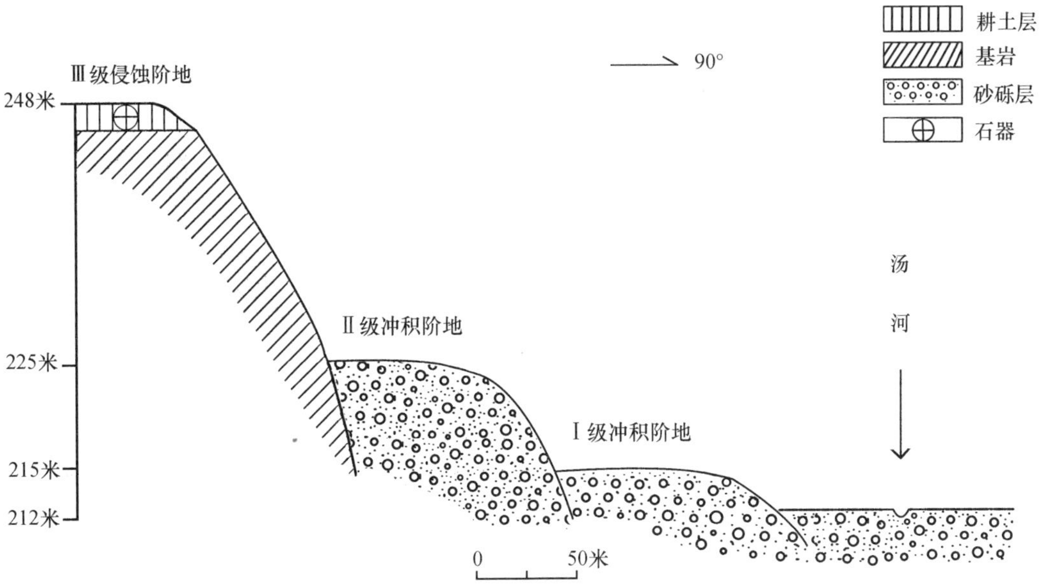

图二　黄岭岗地点河谷剖面示意图

二、石器的分类与描述

本次调查共获得石器216件，分为石核、石片、断块和工具四类。其中石核有19件，占石器总量的8.8%；石片90件，占41.7%；断块10件，占4.6%；工具97件，为石器总数的44.9%（图三）。

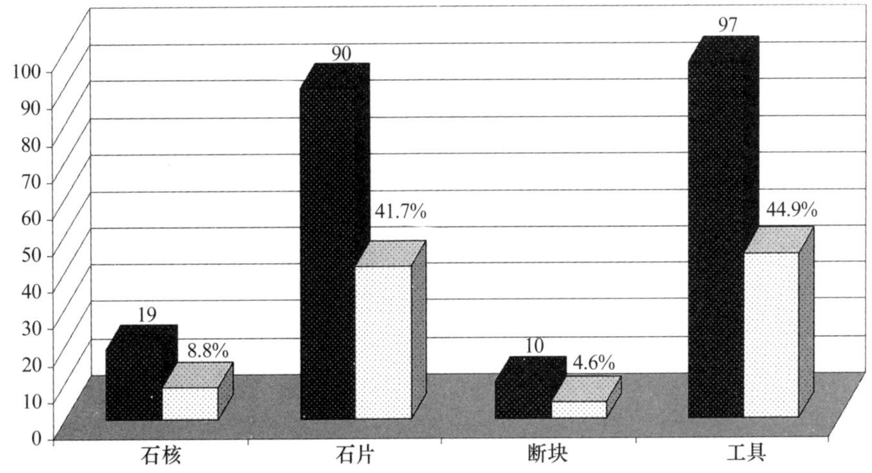

图三　石器分类柱状图

（一）石　核

共19件。均为锤击石核。根据台面和剥片面数量划分为Ⅰ2型、Ⅱ1型和Ⅲ2型三类*。

1. Ⅰ2型（单台面）

5件。长38.9～127.9毫米，平均长76.6毫米；宽71.3～121.8毫米，平均宽90.7毫米；厚36.6～88.9毫米，平均厚59.3毫米；重200.6～615.2克，平均重353.4克。台面长9.3～80.1毫米，平均长48.3毫米；宽19.1～120.8毫米，平均宽65.5毫米；台面角82°～106.5°，平均台面角93.3°。原料除1件为石英砂岩以外均为角岩。块状毛坯2件，片状毛坯3件。剥片面最多达3个。可见剥片疤最多为35个。

标本11BHLG：64，长67毫米，宽121.8毫米，厚88.9毫米，重615.2克。原料为角岩。块状毛坯，形状近似三角形。台面为人工台面，为调整台面角经过有意识的修整，但仍保留有砾石面；长80.1毫米，宽120.8毫米，台面角82°～98°；有2个剥片面。A剥片面，有20个明显的剥片疤，最大的长59毫米，宽49毫米；B剥片面，有15个明显的剥片疤，最大的长38毫米，宽29毫米。石核采用同向剥片；片疤均为鱼鳞状；较浅平；延伸程度以中等为主，约占石核长度的1/4至1/2[2]。从石核整体观察，A剥片面还可以继续进行剥片，虽然此石核剥片疤连续细密，多达4层，但剥片并不充分，尚有较大的利用空间，废弃原因不详（图四，1）。

2. Ⅱ1型（双台面）

1件。标本11BHLG：174，长78.7毫米，宽112.1毫米，厚33.6毫米，重275.9克。原料为角岩。片状毛坯，形状近似龟背状。以毛坯劈裂面为主台面，长76毫米，宽112毫米，台面角87°。有1个剥片面，4个明显的剥片疤，最大的长21.9毫米，宽57.7毫米。另一台面与主台面相对，人工台面，均为石片疤；长74毫米，宽102毫米，台面角97°。有1个剥片面，2个剥片疤，最大的长23毫米，宽50毫米。石核采用对向同心剥片；以浅平的鱼鳞状片疤为主；延伸程度以中等为主，约占石核长度的1/4至1/2。

---

* 在卫奇先生分类的基础上[1]，根据台面和剥片面的数量又将石核划分为Ⅲ型8式（并进行修改和补充）：Ⅰ1型石核（1个台面，1个剥片面）、Ⅰ2型（1个台面，2个剥片面）、Ⅰ3型（1个台面，3个或3个以上剥片面）；Ⅱ1型石核（2个台面，每个台面各1个剥片面）、Ⅱ2型（2个台面，其中1个台面有2个剥片面）、Ⅱ3型（2个台面，其中1个台面有3个或以上剥片面）；Ⅲ1型石核（3个台面，各台面有1个剥片面）、Ⅲ2型（3个台面，其中有1个台面有2个或以上剥片面）。

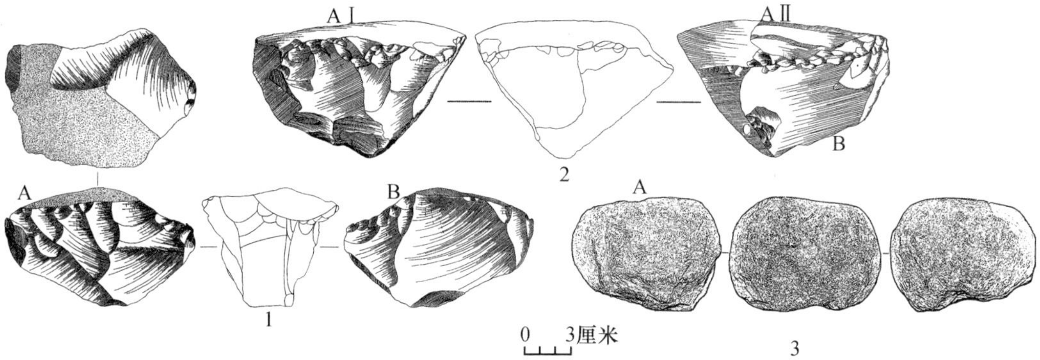

图四 黄岭岗地点发现的石核和石锤

1. Ⅰ 2 型（11BHLG：64） 2. Ⅲ 2 型（11BHLG：78） 3. 石锤（11BHLG：71）

3. Ⅲ 2 型（多台面）

13 件。长 46.3 ~ 144.6 毫米，平均长 100.2 毫米；宽 63.9 ~ 151.3 毫米，平均宽 100.3 毫米；厚 28.5 ~ 130.1 毫米，平均厚 60.8 毫米；重 117.9 ~ 2348.5 克，平均重 811.7 克。台面长 15.3 ~ 134.9 毫米，平均长 90.1 毫米；宽 75.9 ~ 137.2 毫米，平均宽 114.2 毫米；台面角 60° ~ 120°，平均台面角 103.2°。原料均为角岩。块状毛坯 7 件，片状毛坯 6 件。剥片面最多可达 8 个。可见剥片疤最多为 58 个。

标本 11BHLG：78，长 85.6 毫米，宽 140.9 毫米，厚 129.6 毫米，重 1557.6 克。片状毛坯，近似三角形。有 3 个台面，3 个剥片面。A 台面为主台面，人工台面，为毛坯的劈裂面；长 134.9 毫米，宽 129.5 毫米，台面角 60° ~ 119°；有 2 个剥片面。A Ⅰ剥片面有 16 个明显的片疤，分为 4 层；最大的长 51 毫米，宽 53 毫米。A Ⅱ剥片面有 10 个明显的片疤，分为 3 层；最大的长 82 毫米，宽 100 毫米。B 台面为人工台面；长 94 毫米，宽 106 毫米，台面角 75° ~ 90°；有 2 个剥片面。B Ⅰ剥片面有 11 个明显的剥片疤，分为 3 层；最大的长 12 毫米，宽 40 毫米。B Ⅱ剥片面有 14 个剥片疤，分为 3 层；最大的长 19 毫米，宽 62 毫米。C 台面亦为人工台面；长 67 毫米，宽 92 毫米，台面角 120°；有 1 个剥片面。7 个明显的剥片疤，分为 3 层；最大的长 19 毫米，宽 35 毫米。石核采用复向剥片，具体流程为先以 A 为台面进行剥片，然后再以 B 为台面剥片，C 台面剥片最晚，B、C 产生的石片疤无叠压打破关系，目前还无法判断其具体的剥片顺序。除 B Ⅱ剥片面产生的石片疤为阶梯状外，其余均为浅平的鱼鳞状片疤；除 A 台面产生的 3 个片疤延伸程度较长，达到了石核长度的 1/2 以上外，其余片疤的延伸程度以中等为主，约占石核长度的 1/4 至 1/2。剥片疤连续细密，最多可达 2 层（图四，2）。

根据分析可知黄岭岗地点发现的石核具有以下特点：a. 数量较多，尺寸也较大，在原料使用上，除 1 件为石英砂岩外均为角岩，应直接取材于广泛分布大型角岩砾石的汤河河漫滩。b. 均为锤击石核，这与我国北方旧石器工业以锤击法为主要剥片方法

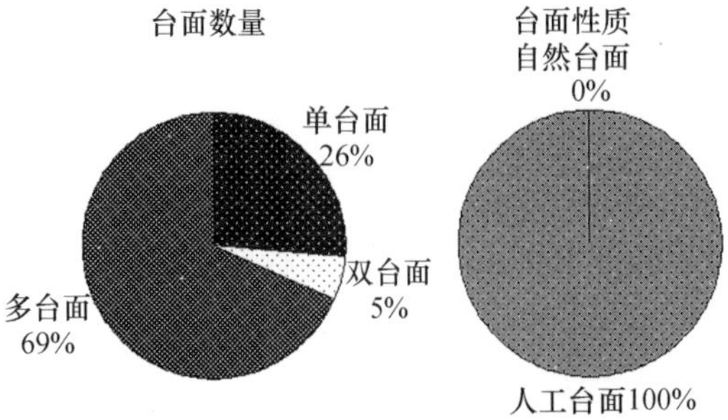

图五 石核的台面数量和台面性质

的特点相符[3]。c. 单、双、多台面均有发现，其中以多台面石核居多（图五），当一个台面很难继续打片时，将石核旋转 90° 或 180° 再进行剥片，来获得较小的台面角，于是形成了这种以 1 个台面为主的多台面石核，体现出古人类对石料物尽其用的思想[3]。d. 均使用人工台面，表明当时人们在进行剥片时就注意到对台面角的调整，提高石核的利用率，反映出当时剥片技术的进步（图五）。e. 石核表面剥片疤所占比例较大，砾石面保留较少，且可见片疤连续细密，以鱼鳞状为主，多达数层，表明古人类希望尽可能多的获取石片。f. 片疤的延伸程度以中等为主，只有少量较长，这是由于石核的长度大多小于宽度，所以剥取的石片也多为宽型的（图六）。

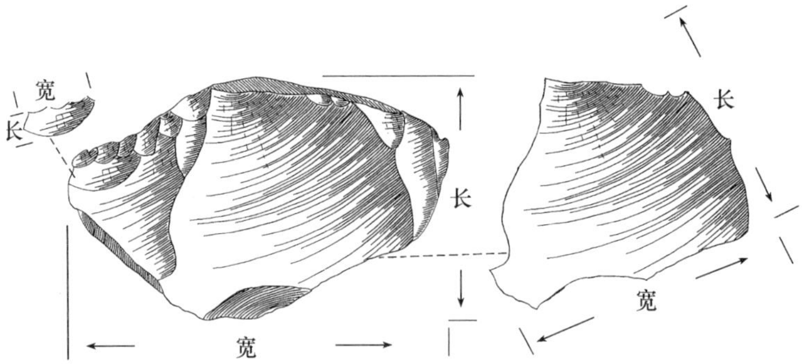

图六 石核及片疤长宽示意图（11BHLG：64）

（二）石　片

共 90 件。根据石片的完整程度分为完整石片和断片。

1. 完整石片

64 件。均为锤击石片。长 24.1 ~ 128.5 毫米，平均长 58.2 毫米；宽 35.5 ~ 104.1 毫米，平均宽 61.7 毫米；厚 4.6 ~ 27.3 毫米，平均厚 14.7 毫米；重 9.2 ~ 262.9 克，平均重 116 克。石片角 50° ~ 126.1°，平均石片角 88.1°。原料有 1 件为石英砂岩，其余均为角岩。18 件为自然台面，其余为人工台面。背面均为砾石面的有 2 件，其余背面均为石片疤（图七）。

根据台面与背面的特征关系可将完整石片划分为六类：

Ⅰ类，自然台面、自然背面　1 件。11BHLG：139，长 46.6 毫米，宽 76.3 毫米，厚16.1毫米，重80.2克。台面长16.9毫米，宽74.1毫米，石片角90°。劈裂面平坦，打击点散漫，放射线和同心波清晰，半锥体不明显。石片的边缘较钝。

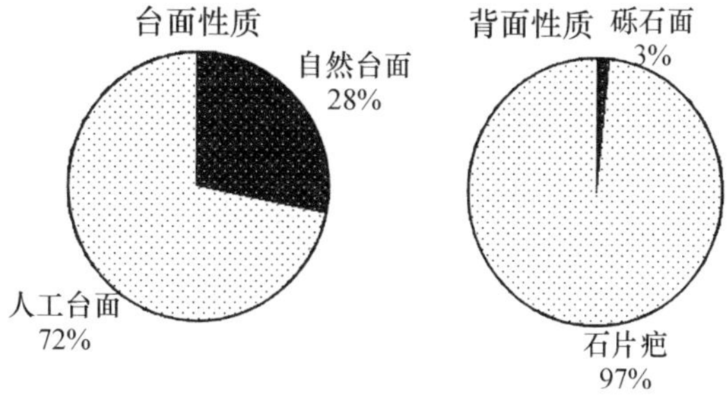

图七 完整石片的台面和背面性质

Ⅱ类，自然台面、部分自然背面+部分人工背面 3件。标本11BHLG：180，长77.9毫米，宽72.1毫米，厚14.4毫米，重139.8克。台面长18.6毫米，宽40.8毫米，石片角93°。劈裂面微凸，打击点散漫，放射线、同心波和半锥体清晰。背面除砾石面外，有2个剥片疤。石片的边缘较钝，还留有磕碰形成的数个小疤。

Ⅲ类，自然台面、人工背面 14件。标本11BHLG：123，长72.8毫米，宽59.3毫米，厚11.6毫米，重97.1克。台面长11.4毫米，宽22.1毫米，石片角120°。劈裂面微凸，打击点散漫，放射线清晰，同心波和半锥体不明显。背面除剥片疤外，侧缘和底缘还有磕碰形成的小疤。石片边缘较钝。

Ⅳ类，人工台面、自然背面 1件。11BHLG：208，长47.6毫米，宽52.3毫米，厚5.7毫米，重27.2克。台面长28毫米，宽4毫米，石片角110°。劈裂面凸，打击点和放射线不明显，同心波清晰，不见半锥体。石片边缘薄锐。

Ⅴ类，人工台面、部分自然背面+部分人工背面 11件。标本11BHLG：108，长54.4毫米，宽80.5毫米，厚16.4毫米，重89.6克。台面长12.4毫米，宽32.4毫米，石片角87°。劈裂面微凸，打击点散漫，放射线和同心波清晰，半锥体不明显。石片边缘薄锐。

Ⅵ类，人工台面、人工背面 34件。标本11BHLG：33，长51.1毫米，宽40.1毫米，厚8.2毫米，重21.3克。台面长8.7毫米，宽34.2毫米，石片角90°。劈裂面微凸，打击点散漫，放射线和同心波清晰，半锥体较凸。除背面有剥片疤外，侧缘还有磕碰形成的零星小疤。边缘薄锐（图八，1）。

2. 断片

26件。原料除1件为石英砂岩外，均为角岩。石片的断裂方式均为横向，可分为近端、中间和远端断片。

（1）近端 19件。长34.1～786.9毫米，平均长103.3毫米；宽43.1～125.9毫米，平均宽66.8毫米；厚4.3～34.18毫米，平均厚15.7毫米；重12.6～244.9克，平均重99.9克；石片角60.3°～130°，平均石片角92.9°。9件为自然台面，其余为人工台面，台面长5～44毫米，宽5～77毫米。

标本11BHLG：188，长34.1毫米，宽43.1毫米，厚8.1毫米，重12.6克。自然台面，长5毫米，宽30毫米，石片角60.3°。劈裂面微凸，打击点散漫，放射线清晰，

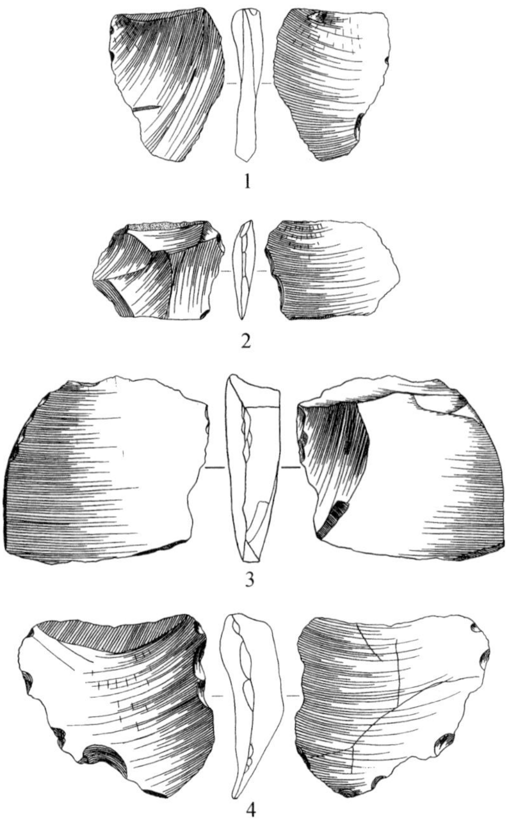

图八　黄岭岗地点发现的石片

1. 完整石片（11BHLG：33）2. 近端断片（11BHLG：188）3. 中间断片（11BHLG：27）4. 远端断片（11BHLG：141）

同心波和半锥体不明显。背面均为石片疤。石片的远端为断口（图八，2）。

（2）中间　3件。长35.5～62.5毫米，平均长52.6毫米；宽44.7～67.4毫米，平均宽53.3毫米；厚10.3～22.3毫米，平均厚14.6毫米；重28.6～104.7克，平均重71.2克。

标本11BHLG：27，长62.5毫米，宽67.4毫米，厚10.3毫米，重104.7克。人工台面，长33.3毫米，宽66.7毫米，石片角88.3°。劈裂面平坦，不见打击点，放射线清晰，同心波和半锥体不明显。背面均为石片疤（图八，3）。

（3）远端　4件。长42.7～74.3毫米，平均长61.5毫米；宽58.6～82.6毫米，平均宽67.6毫米；厚14.7～23.3毫米，平均厚19.9毫米；重67.3～107.7克，平均重84.4克。

标本11BHLG：141，长62.6毫米，宽67.1毫米，厚14.7毫米，重67.3克。劈裂面平坦，不见打击点和半锥体，放射线清晰。背面均为石片疤（图八，4）。

根据分析可知黄岭岗地点发现的石片具有以下特征：a. 完整石片数量较多，Ⅵ类都有发现，且多为宽型，应是受剥片前石核形态的制约，这与本地点发现较多宽型石核的特点相符。b. 人工台面的石片占绝大多数，自然台面较少，表明人们为了获取合适的石片，在剥片前已有修理台面调整台面角的意识。c. 背面保留砾石面的较少，体现了剥片技术的进步，且背面的剥片疤多为同向剥片，这与本地点所发现石核的剥片方向一致。d. 断片中没有发现人为截断的情况，大多应为自然断裂，推测与剥片时力度不当有关，在一定程度上反映了石器制造者的技术还不够纯熟。e. 将本地点发现的石片与石片石器（二、三类工具）对比发现，在长度、宽度、厚度和重量四个方面，石片均小于石片石器，推测个体大小是制约这些石片成为工具或被作为工具毛坯的一项重要因素（表一）[4]。

表一　石片与石器的个体大小对比

项目	长度（毫米）		宽度（毫米）		厚度（毫米）		重量（克）	
分类	石片	石器	石片	石器	石片	石器	石片	石器
数量	90	96	90	96	90	96	90	96
最大值	786.9	238	125.9	293.4	34.18	61	262.9	1428.6
最小值	24.1	36.4	35.5	35.9	4.3	8.9	9.2	18.6
平均值	68.9	91.18	62.35	74.46	16.2	26.19	92.88	241.2

（三）断　　块

共 10 件。长 40 ~ 90.6 毫米，平均长 58.4 毫米；宽 25.1 ~ 61.3 毫米，平均宽 40.1 毫米；厚 9.1 ~ 24.7 毫米，平均厚 15.6 毫米；重 17.1 ~ 76.3 克。平均重 40.1 克。原料均为角岩。形状不规则。

标本 11BHLG：47，长 45.1 毫米，宽 25.1 毫米，厚 16.8 毫米，重 17.1 克。表面由石片疤和平齐的断面组成。应为石器加工过程中形成的废品。

（四）工　　具*

黄岭岗地点发现的工具共 97 件。其中包括一类工具 1 件、二类工具 34 件和三类工具 62 件（图九）。

1. 一类工具

1 件，石锤。原料为角岩。11BHLG：71，长 102 毫米，宽 99.3 毫米，厚 74.3 毫米，重 1140 克。呈扁球状。四周都经过使用，留有比较明显的打击痕迹。A 处为一凹坑，位于石锤一端，应为长期把握使用形成（图四，3）。

2. 二类工具

34 件。均为锤击石片。工具类型有刮削器和薄刃斧两类。

（1）刮削器　30 件。根据刃缘数量可以分为单刃、双刃和复刃三类。

① 单刃　26 件。1 件为石英砂岩，其余均为角岩。根据刃缘形态分为直刃、凸刃和尖刃三类。

---

* 本文采用陈全家先生的分类法，将工具分为三类：一类，制作石器的工具（石锤和石砧）；二类，未经加工而直接使用者；三类，将片状或块状毛坯经过加工修理（修刃、修形和修理把手）者[5]。

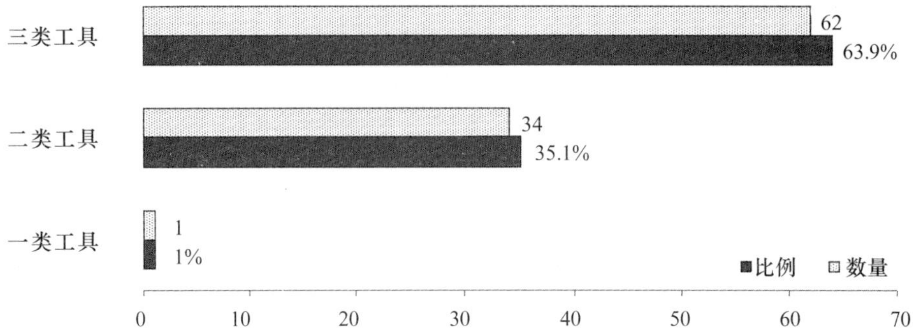

图九　黄岭岗地点发现的工具分类

直刃　7件。长43.5～93.1毫米，平均长74.4毫米；宽43.1～100.4毫米，平均宽67.9毫米；厚16.9～27毫米，平均厚21.1毫米；重42.1～145.1克，平均重103.7克；刃角30.4°～50.7°，平均刃角41.3°；刃长36.9～68.3毫米，平均刃长54.5毫米。

标本11BHLG：135，长68.8毫米，宽49.6毫米，厚17.2毫米，重46.5克。台面为人工台面。劈裂面较平坦，打击点已被破坏，放射线清晰，同心波和半锥体不明显。背面均为石片疤，最大的长63毫米，宽32毫米。A刃刃角37.2°，刃长59.9毫米，两侧留有不连续的使用疤（图一〇，1）。

凸刃　13件。长40.8～98.8毫米，平均长74.6毫米；宽37.9～83.3毫米，平均宽54.5毫米；厚8.9～26.4毫米，平均厚17.3毫米；重18.6～165.9克，平均重75.7克；刃角20.6°～54.4°，平均刃角36.3°；刃长17.4～148.6毫米，平均刃长66.9毫米。

标本11BHLG：73，长77.1毫米，宽49毫米，厚19.7毫米，重66克。台面为人工台面。劈裂面较凸，打击点散漫，有放射线和同心波，半锥体不明显。背面除砾石面外有8个明显的石片疤，最大的长27毫米，宽50毫米。A刃刃角34.8°，刃长49.5毫米，两侧有直接使用形成的不连续片疤（图一〇，2）。

尖刃　6件。长50.1～97.8毫米，平均长75.3毫米；宽46.2～77.4毫米，平均宽61.4毫米；厚14.4～32.9毫米，平均厚21.5毫米；重30.1～150.3克，平均重86.4克；尖刃角88.5°～100.5°，平均尖刃角95.3°。根据组成尖刃的两边形态，可分为双直边和直凸边两类。

a. 双直边　5件。标本11BHLG：125，长50.1毫米，宽53.4毫米，厚16.3毫米，重30.1克。台面为人工台面。劈裂面平坦，打击点散漫，放射线清晰，同心波和半锥体不明显。背面有4个石片疤，最大的长33毫米，宽44毫米。A、B为组成尖刃的两条侧边，尖刃角95.3°。A边长43毫米，B边长46毫米，两侧均留有直接使用形成的不连续片疤（图一〇，3）。

b. 直凸边　1件。11BHLG：48，长67.5毫米，宽77.4毫米，厚18.3毫米，重87.9克。台面为人工台面。劈裂面较凸，打击点散漫，放射线和同心波清晰，半锥体微凸。背面有8个片疤，最大的长62毫米，宽32毫米。A、B为组成尖刃的两条侧边，

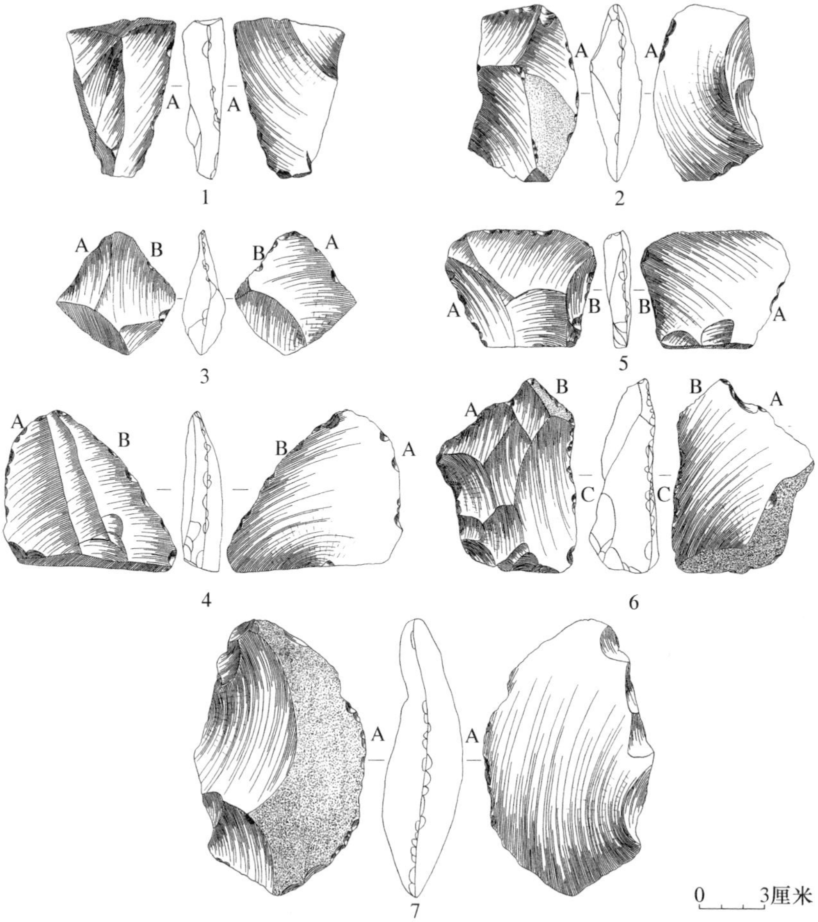

图一〇 黄岭岗地点发现的二类工具

1. 单直刃刮削器（11BHLG：135） 2. 单凸刃刮削器（11BHLG：73）
3. 双直边单尖刃刮削器（11BHLG：125） 4. 直凸边单尖刃刮削器（11BHLG：48）
5. 双直刃刮削器（11BHLG：138） 6. 复刃刮削器（11BHLG：54） 7. 薄刃斧（11BHLG：163）

尖刃角 100.5°。凸边 A 长 74 毫米，直边 B 长 92 毫米，两侧留有直接使用形成的不连续片疤，其中背面一侧较多（图一〇，4）。

② 双刃 3 件。原料均为角岩。观察刃缘形态都为直刃。长 50.1 ~ 64.3 毫米，平均长 58.9 毫米；宽 54.1 ~ 69.1 毫米，平均宽 61.8 毫米；厚 10.5 ~ 20.4 毫米，平均厚 14.4 毫米；重 39 ~ 86.5 克，平均重 57.1 克；刃角 31.5° ~ 38.7°，平均刃角 34.8°；刃长 16.6 ~ 51.4 毫米，平均刃长 32.4 毫米。

标本 11BHLG：138，长 50.1 毫米，宽 69.1 毫米，厚 10.5 毫米，重 45.9 克。台面为人工台面。劈裂面较平坦，打击点散漫，放射线清晰，同心波和半锥体不明显。背面有 6 个石片疤，最大的长 54 毫米，宽 24 毫米。A 刃刃角 32.6°，刃长 37 毫米。B 刃刃角 38.7°，刃长 33.2 毫米。两刃两侧均留有不连续的使用疤，工具边缘还有磕碰形成的数个小疤（图一〇，5）。

③ 复刃　1件。原料为角岩。观察刃缘形态为直、直、直刃。11BHLG：54，长83.1毫米，宽61.2毫米，厚21.7毫米，重93.2克。台面为自然台面。劈裂面微凸，打击点散漫，放射线、同心波和半锥体均不明显。背面由砾石面和石片疤组成，最大的片疤长29毫米，宽67毫米。A刃刃角25°，刃长43.9毫米；在背面留有4个不连续的使用疤。B刃刃角30°，刃长26.1毫米；背面有连续细密的使用疤。C刃刃角25°，刃长62.2毫米，两侧均留有连续的使用疤痕（图一〇，6）。

（2）薄刃斧　一般被认为是西方阿舍利工业的典型器物，国内外学者对其界定进行了激烈的讨论，其内涵宽泛甚至包括“斧形两面器”和“大型石刀”等工具[6]。本文在前人研究的基础上将薄刃斧的特征归纳如下：以大型石片为毛坯；刃缘不经过加工修理而直接使用或者有修形和修理把手；是一种大型的切割、砍伐或劈裂类工具。并将其与传统的砍砸器区别开来[7]（表二）。

表二　薄刃斧与砍砸器的对比

类别／项目	薄刃斧	砍砸器
工具类别	大型切割工具	重型工具
毛坯	大型石片	石片、断块或砾石
长度	超过100毫米	不定
形状	U或V形	不定
刃缘形态	规整平直	扭曲
刃角	不超过60°	大于60°
修理部位	刃部、跟部和侧缘	主要集中在刃部
使用痕迹	微小缺口或疤痕	大的破损
功能	切割、砍伐、劈裂	砍砸

黄岭岗地点发现二类薄刃斧4件。原料均为角岩。均为单凸刃。长116.8～196.2毫米，平均长139毫米；宽74.7～120.6毫米，平均宽99.6毫米；厚25.1～52.6毫米，平均厚36.6毫米；重225.4～1428.6克，平均重689克；刃角42.4°～70.2°，平均刃角54.2°；刃长93.6～182.4毫米，平均刃长124.8毫米。

标本11BHLG：163，长117.9毫米，宽74.7毫米，厚25.1毫米，重225.4克。台面为人工台面。劈裂面较凸，打击点散漫，放射线和同心波清晰，半锥体明显。背面由砾石面和石片疤组成，最大的片疤长41毫米，宽75毫米。A刃刃角42.4°，刃长125.9毫米。工具重量适中，台面端较为圆钝，适于执握，在刃缘两侧留有若干断续的疤痕，应为使用形成（图一〇，7）。

根据分析可知黄岭岗地点发现的二类工具具有以下特点：a.器形丰富，除刮削器外还有薄刃斧。b. 以刃缘的数量来看，分为单刃、双刃和复刃三类，其中单刃器所占比例较大，这是二类工具的一个重要特点，往往只选择石片的一个锋利边缘进行使用，而不像三类工具会加工出多个刃缘，推测较易获得的使用石片一般只作为权宜工具使用，采用就地取材、以量补质、用后即弃的使用策略。c. 以刃缘形态来看，有凸刃、直刃、凹刃和尖刃四类，应是人类针对不同加工对象而对工具进行选择的结果。d. 刃角平均为39°，刮削器的刃角均在50°以下，薄刃斧稍大于刮削器，在50°以上；刮削器的重量为100克左右，最重仅为103.7克，与薄刃斧相比较小，后者重量在200克以上；刃长平均为56.4毫米，这与工具不同的功能和加工对象相适应。e. 工具的背面多由石片疤组成，保留砾石面的较少，从侧面反映出只有较少石核是Ⅰ型简单石核。f. 使用疤痕均为鱼鳞状，推测可能是加工肉、皮、植物等较软的材料，从而形成了这种不均匀的鱼鳞状细小崩疤[2]；这些特点都体现出当时人类在进行生产生活活动时，对工具的有意识选择（表三）。

表三　二类工具统计

项目 / 分类	刃缘数量	刃缘形态	（尖）刃角（°）	刃长（毫米）	重量（克）
刮削器	1	直	41.3	54.5	103.7
		凸	36.3	66.9	75.7
		尖	95.3		86.4
	2	直	34.8	32.4	57.1
	3	直	26.7	40.1	93.2
薄刃斧	1	凸	54.2	124.8	689

3. 三类工具

62件。均为片状毛坯。工具类型有刮削器、砍砸器、薄刃斧和剥片尖头器四类。

（1）刮削器　53件。根据刃缘数量可以分为单刃、双刃和复刃三类。

① 单刃　32件。均为角岩。根据刃缘形态分为直刃、凸刃、凹刃和尖刃四类。

直刃　11件。长45.7～93.7毫米，平均长73.8毫米；宽40.1～82.5毫米，平均宽63毫米；厚17.3～29毫米，平均厚23.3毫米；重64.1～155.3克，平均重111.9克；刃角35°～65°，平均刃角50.6°；刃长35.2～75.8毫米，平均刃长58.3毫米。

标本11BHLG∶28，长93.7毫米，宽58.1毫米，厚23.5毫米，重142克。毛坯台面为人工台面；背面由砾石面和石片疤组成；劈裂面较平坦，打击点已被破坏，放射线清晰，同心波和半锥体不明显。A刃刃角53°，刃长64.5毫米。刃缘采用锤击法两面修理；在劈裂面和背面均留有连续的鱼鳞状修疤，劈裂面最大的修疤长7毫米，宽10毫米，背面最大的修疤长4毫米，宽7毫米。B处较为平齐，应为人类有意截断的断面，这是对工具形态的修整。工具的加工距离较近（图一一，1）。

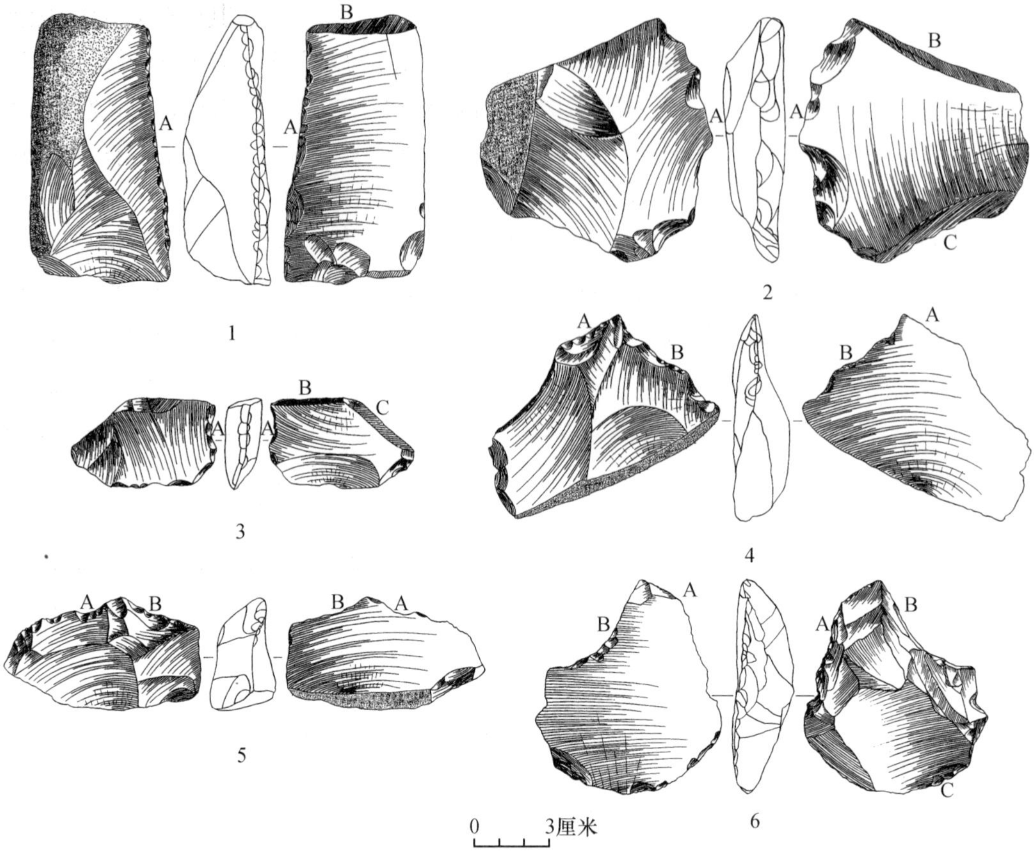

图一一　黄岭岗地点发现的三类单刃刮削器

1. 直刃（11BHLG：28）　2. 凸刃（11BHLG：137）　3. 凹刃（11BHLG：30）
4. 双直边尖刃（11BHLG：53）　5. 双凹边尖刃（11BHLG：55）　6. 凸凹边尖刃（11BHLG：57）

凸刃　14件。长60～98.1毫米，平均长74.1毫米；宽35.9～90毫米，平均宽74.3毫米；厚15～37.2毫米，平均厚20.7毫米；重44.56～203.5克，平均重106.4克；刃角42.2°～86.5°，平均刃角43.4°；刃长11.4～108.6毫米，平均刃长101.8毫米。

标本11BHLG：137，长87.8毫米，宽90毫米，厚20.6毫米，重180.6克。毛坯台面为自然台面；背面由砾石面和石片疤组成；劈裂面较平坦，打击点散漫，放射线清晰，同心波和半锥体不明显。A刃刃角63.5°，刃长85毫米。刃部采用锤击法两面修理；在两侧均留有不连续的鱼鳞状修疤，最多可达3层，最大的长18毫米，宽31毫米。刃缘不平直，呈锯齿状，推测与其功能相适应，被用来进行锯、割等活动。B、C两处较为平齐，应是人为截断的断面，是对工具把手部位的修理，以便把握使用。工具的加工距离中等（图一一，2）。

凹刃　3件。长36.4～85.8毫米，平均长61.3毫米；宽56.1～85.4毫米，平均宽66.9毫米；厚15.8～22.9毫米，平均厚19.8毫米；重29.6～129.2克，平均重77.7克；刃角30°～71°，平均刃角57°；刃长15.5～63.2毫米，平均刃长39毫米。

标本11BHLG：30，长36.4毫米，宽59.1毫米，厚15.8毫米，重29.6克。毛坯台面为人工台面；背面均为石片疤；劈裂面微凸，打击点散漫，放射线清晰，同心波和半锥体不明显。A刃刃角70°，刃长15.5毫米。刃部采用锤击法两面修理；两侧均留有连续的鱼鳞状修疤，最大的长3毫米，宽8毫米。B、C两处较为平齐，推测是人为截断，对工具形态的修理。工具的加工距离较近（图一一，3）。

尖刃 4件。长42.6～97毫米，平均长78.5毫米；宽56.2～83.6毫米，平均宽73.4毫米；厚19.3～25.7毫米，平均厚23.4毫米；重79.4～210.8克，平均重135.7克；尖刃角90°～126°，平均尖刃角104.1°。根据组成尖刃的两边形态可以分为双直边、双凹边和凸凹边三类。

a. 双直边 2件。标本11BHLG：53，长90.9毫米，宽56.2毫米，厚19.3毫米，重101.1克。毛坯台面为自然台面；背面大部分为石片疤；劈裂面较凸，打击点散漫，放射线和同心波清晰，半锥体明显。A、B为组成尖刃的两条侧边，尖刃角103.6°。A边长25毫米，采用锤击法正向修理，在背面留有连续的鱼鳞状修疤，多达3层，最大的长5毫米，宽18毫米。B边长57毫米，锤击法两面修理，背面的修疤较为连续细密，劈裂面一侧的修疤不连续，最大的长4毫米，宽15毫米。工具的加工距离中等（图一一，4）。

b. 双凹边 1件。11BHLG：55，长42.6毫米，宽77.9毫米，厚24.1毫米，重79.4克。毛坯台面为自然台面；背面均为石片疤；劈裂面平坦，打击点散漫，放射线清晰，同心波和半锥体不明显。A、B为组成尖刃的两条侧边，尖刃角126°。A边长34毫米，采用锤击法正向修理，背面有连续修疤，最大的长4毫米，宽6毫米。B边长32毫米，锤击法正向修理，背面修疤最大的长6毫米，宽21毫米。工具的加工距离中等（图一一，5）。

c. 凸凹边 1件。11BHLG：57，长83.6毫米，宽75.7毫米，厚25.7毫米，重151.4克。毛坯台面为人工台面；背面均为石片疤；劈裂面微凸，打击点散漫，放射线和同心波不清晰，半锥体不明显。A、B为组成尖刃的两条侧边，尖刃角96.7°。凸边A长76毫米，采用锤击法正向修理，背面修疤细密连续，多达3层，最大的长19毫米，宽19毫米。凹边B长64毫米，锤击法两面修理，背面修疤多达4层，最大的长13毫米，宽28毫米。C处也经过了修理，推测是对工具把手部位的修整，方便于执握使用。工具的加工距离较远（图一一，6）。

② 双刃 18件。1件为石英砂岩，其余均为角岩。根据刃缘形态可分为直刃，凸刃，凹刃，直凸、刃，直凹、刃，凸、凹刃和尖、凸刃七类。

直刃 4件。长54～92.5毫米，平均长79.3毫米；宽54.2～68.4毫米，平均宽60.5毫米；厚12.9～29毫米，平均厚19.1毫米；重35～153.1克，平均重105.2克；刃角20°～80°，平均刃角52.4°；刃长19.1～60.3毫米，平均刃长39.2毫米。

标本11BHLG：186，长92.5毫米，宽68.4毫米，厚16.8毫米，重130.8克。毛

坯台面为自然台面；背面由砾石面和石片疤组成；劈裂面微凸，放射线清晰，同心波和半锥体不明显。A、B两刃刃缘平直。A刃刃角50°，刃长51.2毫米，采用锤击法两面修理，刃缘两侧形成连续细密的修疤，最大的长4毫米，宽11毫米。B刃刃角47°，刃长46.3毫米，锤击法两面修理，背面修疤较连续，最大的长2毫米，宽8毫米，劈裂面一侧修疤较少。C处较为平齐，应为有意截断形成的断面，是对工具把手部位的修整，便于执握。工具的加工距离较近（图一二，1）。

凸刃　1件。11BHLG：40，长93.3毫米，宽51.6毫米，厚15.9毫米，重77.1克。毛坯台面为人工台面；背面保留较多砾石面；劈裂面平坦，放射线清晰，同心波和半锥体不明显。A刃刃角40°，刃长60.9毫米，采用锤击法两面修理，在刃缘两侧形成连续细密的鱼鳞状修疤，最大的长4毫米，宽8毫米。B刃刃角43°，刃长56.4毫米，锤击法两面修理，劈裂面一侧修疤较连续，最大的长2毫米，宽10毫米，背面一侧修疤较少。C、D两处是人为截断的平齐断口，其中C是对工具形态的修理，D是为了方便执握对工具把手部位的修理。工具的加工距离较近（图一二，2）。

凹刃　1件。11BHLG：134，长56.1毫米，宽51毫米，厚14.3毫米，重48.3克。毛坯台面为人工台面；背面均为石片疤；劈裂面微凸，放射线不清晰，有同心波和半锥体。A刃刃角61°，刃长26.5毫米，采用锤击法两面修理，在刃缘两侧形成连续细密的鱼鳞状修疤，多达3层，最大的长7毫米，宽33毫米。B刃刃角60°，刃长31.7毫米，采用锤击法两面修理，背面修疤较连续，最大的长9毫米，宽31毫米，劈裂面

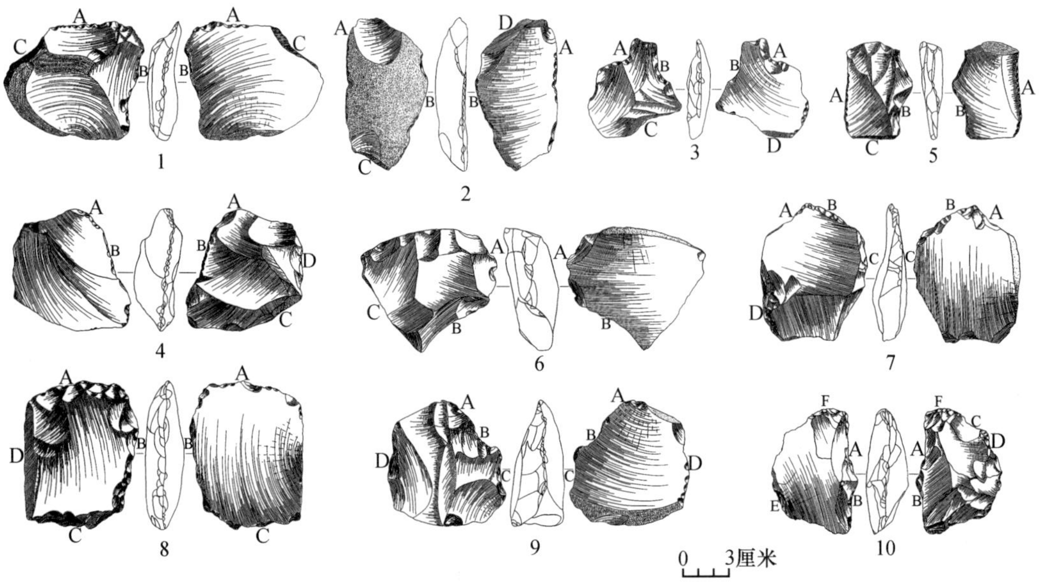

图一二　黄岭岗地点发现的三类双刃和复刃刮削器

1. 双直刃（11BHLG：186）　2. 双凸刃（11BHLG：40）　3. 双凹刃（11BHLG：134）　4. 直凸刃（11BHLG：183）　5. 直凹刃（11BHLG：187）　6. 凸凹刃（11BHLG：34）　7. 尖凸刃（11BHLG：100）　8. 直直直刃（11BHLG：129）　9. 凹凹直刃（11BHLG：140）　10. 凹凹尖刃（11BHLG：158）

的修疤较少。C、D 两处是人为截断的平齐断口，是对工具把手部位的修理。工具的加工距离较远（图一二，3）。

直、凸刃　4 件。长 75.5 ~ 86.6 毫米，平均长 80.6 毫米；宽 52 ~ 73.1 毫米，平均宽 61.9 毫米；厚 13.4 ~ 25.6 毫米，平均厚 17.9 毫米；重 54.1 ~ 114.4 克，平均重 84.7 克；刃角 28.3° ~ 52°，平均刃角 42.6°；刃长 28.7 ~ 70.3 毫米，平均刃长 48.9 毫米。

标本 11BHLG：183，长 86.6 毫米，宽 68.8 毫米，厚 25.6 毫米，重 114.4 克。毛坯台面为人工台面；背面均为石片疤；劈裂面较凸，放射线和同心波清晰，半锥体不明显。凸刃 A 刃角 52°，刃长 29 毫米，采用锤击法两面修理，在两侧形成连续细密的修疤，最大的长 7.5 毫米，宽 15.5 毫米。直刃 B 刃角 50°，刃长 34 毫米，锤击法两面修理，两侧修疤连续，最大的长 4 毫米，宽 4 毫米。C 处较为平齐，为有意截断形成的断面；D 处经过了正向修理，背面有修疤；这两处是对工具把手部位的修整，便于执握。工具的加工距离较近（图一二，4）。

直、凹刃　4 件。长 53.4 ~ 68.3 毫米，平均长 60.1 毫米；宽 44.5 ~ 83.5 毫米，平均宽 63.5 毫米；厚 13.1 ~ 21.5 毫米，平均厚 16.7 毫米；重 48.4 ~ 71.2 克，平均重 64.2 克；刃角 30° ~ 95°，平均刃角 48.3°；刃长 16.7 ~ 44 毫米，平均刃长 30.5 毫米。

标本 11BHLG：187，长 56.6 毫米，宽 44.5 毫米，厚 16.5 毫米，重 48.4 克。毛坯台面为自然台面；背面均为石片疤；劈裂面较凸，放射线和同心波清晰，半锥体不明显。直刃 A 刃角 60°，刃长 37 毫米，采用锤击法两面修理，两侧形成连续细密的修疤，最大的长 2 毫米，宽 3 毫米。凹刃 B 刃角 95°，刃长 38.9 毫米，采用锤击法两面修理，在劈裂面和背面均留有连续的修疤，其中背面修疤较大，最大的长 7 毫米，宽 10 毫米。C 处为有意截断形成的断面，是对工具形态的修理。工具的加工距离中等（图一二，5）。

凸、凹刃　2 件。长 73.5 ~ 85.4 毫米，平均长 79.5 毫米；宽 65.2 ~ 70.2 毫米，平均宽 67.7 毫米；厚 26.6 ~ 36.7 毫米，平均厚 31.6 毫米；重 157.4 ~ 168.9 克，平均重 163.2 克；刃角 60.5° ~ 84°，平均刃角 72.3°；刃长 27.2 ~ 54 毫米，平均刃长 43.4 毫米。

标本 11BHLG：34，长 73.5 毫米，宽 70.2 毫米，厚 26.5 毫米，重 168.9 克。毛坯台面为自然台面；背面均为石片疤；劈裂面较凸，放射线、同心波和半锥体清晰。凸刃 A 刃角 76°，刃长 47 毫米，采用锤击法两面修理，两侧修疤连续，最大的长 16 毫米，宽 27 毫米。凹刃 B 刃角 84°，刃长 54 毫米，锤击法正向修理，背面留有连续修疤，最大的长 16 毫米，宽 19 毫米。C 处是人为打断的断面，应为对工具形态的修理。工具的加工距离中等（图一二，6）。

尖、凸刃　2 件。长 83.7 ~ 91.6 毫米，平均长 87.7 毫米；宽 70.8 ~ 82.8 毫米，平均宽 76.8 毫米；厚 21.2 ~ 22.3 毫米，平均厚 21.8 毫米；重 141.1 ~ 166.5 克，平均重 153.8 克；刃角 25.7° ~ 70°，平均刃角 47.9°；刃长 35.9 ~ 94.3 毫米，平均刃长 65.1 毫米；尖刃角 113.2° ~ 127°，平均尖刃角 120.1°。

标本 11BHLG：100，长 83.7 毫米，宽 70.8 毫米，厚 22.3 毫米，重 141.1 克。毛坯台面为自然台面；背面均为石片疤；劈裂面微凸，放射线和同心波清晰，半锥体不明显。A、B 为组成尖刃的两条侧边，尖刃角 127°；凹边 A 长 36 毫米，采用锤击法两面修理，劈裂面一侧修疤较大，最大的长 7 毫米，宽 16 毫米；凸边 B 长 41 毫米，亦采用锤击法两面修理，刃缘两侧均留有连续修疤，最大的长 5 毫米，宽 14 毫米。凸刃 C 刃角 70°，刃长 35.9 毫米，锤击法正向修理，修疤均位于背面一侧，最大的长 11 毫米，宽 14 毫米。D 处是对工具把手部位的修理。工具的加工距离中等（图一二，7）。

③ 复刃　3 件。均为角岩。根据刃缘形态可分为直、直、直刃，凹、凹、直刃和凹、凹、尖刃三类。

直、直、直刃　1 件。11BHLG：129，长 70.5 毫米，宽 89.8 毫米，厚 20.8 毫米，重 171.1 克。毛坯台面为人工台面；背面均为石片疤；劈裂面微凸，放射线和同心波清晰，半锥体不明显。A 刃刃角 60°，刃长 55.6 毫米，采用锤击法两面修理，两侧形成连续细密的修疤，其中背面修疤多达 3 层，最大的长 13 毫米，宽 22 毫米。B 刃刃角 70°，刃长 78.2 毫米，锤击法正向修理，修疤多达 3 层，最大的长 5 毫米，宽 13 毫米。C 刃刃角 60°，刃长 58.4 毫米，锤击法两面修理，在刃缘两侧形成连续细密的修疤，其中背面修疤多达 2 层，最大的长 7 毫米，宽 11 毫米。D 处较为平齐，为有意截断形成的断面，是对工具把手部位的修整，便于执握。工具的加工距离中等（图一二，8）。

凹、凹、直刃　1 件。11BHLG：140，长 73.7 毫米，宽 71.6 毫米，厚 30.1 毫米，重 158.5 克。毛坯台面为自然台面；背面均为石片疤；劈裂面微凸，放射线和同心波清晰，半锥体不明显。直刃 A 刃角 50°，刃长 39.8 毫米，采用锤击法正向修理，背面修疤最大的长 2 毫米，宽 5 毫米。凹刃 B 刃角 70°，刃长 25.1 毫米，亦采用锤击法正向修理，修疤多达 3 层，最大的长 5 毫米，宽 13 毫米。凹刃 C 刃角 60°，刃长 44.1 毫米，锤击法修理，修疤均位于背面，最多可达 3 层，最大的长 8 毫米，宽 19 毫米。D 处是对工具把手部位的修理，便于执握。工具的加工距离中等（图一二，9）。

凹、凹、尖刃　1 件。11BHLG：158，长 78.3 毫米，宽 57.2 毫米，厚 28.2 毫米，重 109.4 克。毛坯台面为人工台面；背面均为石片疤；劈裂面平坦，放射线清晰，同心波和半锥体不明显。凹刃 A 刃角 75°，刃长 38.3 毫米，采用锤击法两面修理，刃缘两侧均留有修疤，最大的长 16 毫米，宽 41 毫米。凹刃 B 刃角 75°，刃长 27.9 毫米，锤击法两面修理，劈裂面修疤较为连续细密，多达 3 层，最大的长 12 毫米，宽 10 毫米。C、D 为组成尖刃的两条侧边，尖刃角 60°；C 边长 27 毫米，采用锤击法正向修理，修疤均位于背面一侧，最大的长 11 毫米，宽 22 毫米；D 边长 23 毫米，锤击法正向修理，在背面形成连续细密的修疤，最大的长 4 毫米，宽 11 毫米。E、F 处是对工具把手部位的修整，便于执握。工具的加工距离中等（图一二，10）。

（2）砍砸器　1 件。为单直刃。11BHLG：86，长 93.4 毫米，宽 99.7 毫米，厚 43.3 毫米，重 375.9 克。A 刃刃角 72°，刃长 51 毫米。采用锤击法正向修理；背面有连续的鱼鳞状修疤，多达 3 层，最大的长 41 毫米，宽 66 毫米。B 处是修形，将毛坯多余部分打掉；C 处是对工具把手部位的修整，以便于把握。工具的加工距离较远（图一三，1）。

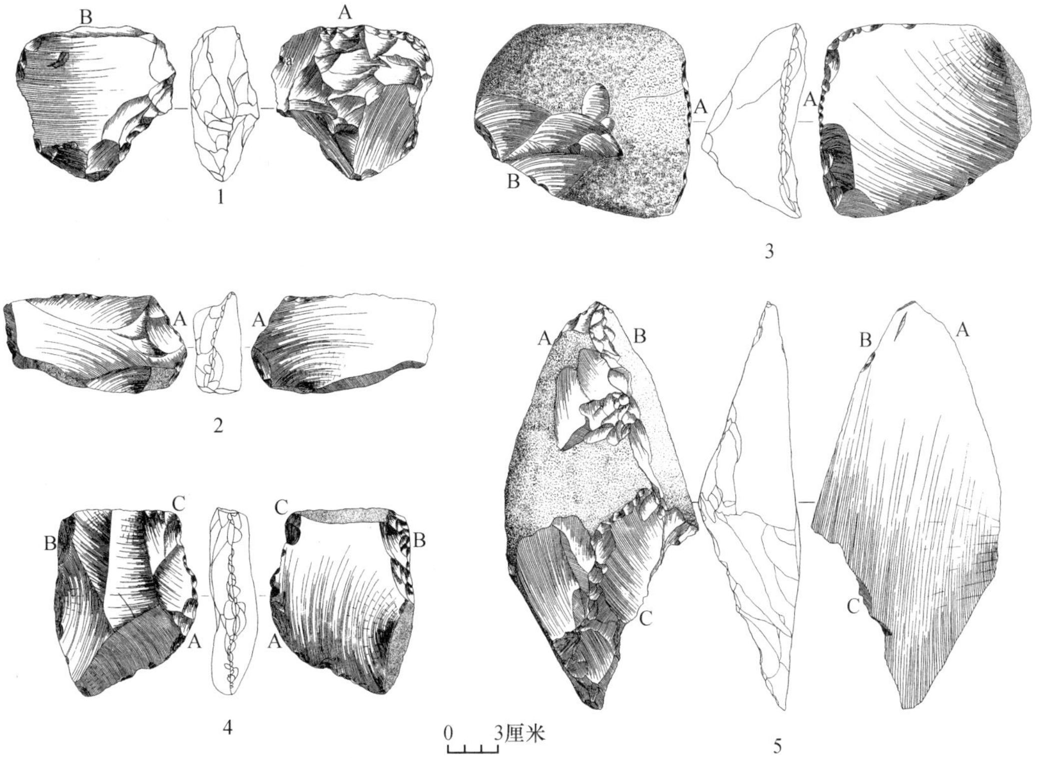

图一三 黄岭岗地点发现的三类砍砸器、薄刃斧和剥片尖头器

1. 单直刃砍砸器（11BHLG：86） 2. 单直刃薄刃斧（11BHLG：173）

3、4. 单凸刃薄刃斧（11BHLG：72、11BHLG：170） 5. 剥片尖头器（11BHLG：65）

（3）薄刃斧 7 件。观察刃缘数量均为单刃。根据刃缘形态可分为直刃和凸刃两类。

直刃 1 件。11BHLG：173，长 113.9 毫米，宽 76.7 毫米，厚 32.8 毫米，重 275.9 克。毛坯台面为人工台面；背面以石片疤为主；劈裂面微凸，打击点散漫，放射线清晰，同心波和半锥体不明显。A 刃刃角 58°，刃长 69 毫米，不经加工直接使用，使用疤主要位于背面，最大的长 4 毫米，宽 7 毫米。B 处是人为截断的平齐断口，C 处采用正向修理，两处均是修形。毛坯近端钝厚，便于执握。工具的加工距离中等（图一三，2）。

凸刃 6 件。长 102 ~ 150.9 毫米，平均长 120.6 毫米；宽 83.6 ~ 293.4 毫米，平均宽 130.1 毫米；厚 24.1 ~ 58.1 毫米，平均厚 39.6 毫米；重 230.7 ~ 936.5 克，平均重 502.2 克；刃角 45.2° ~ 58.2°，平均刃角 58.8°；刃长 63.3 ~ 115.2 毫米，平均刃长 97.3 毫米。

标本 11BHLG：72，长 133.4 毫米，宽 106.5 毫米，厚 56.8 毫米，重 936.5 克。毛坯台面为自然台面；背面大部分为砾石面；劈裂面较平坦，打击点散漫，放射线清晰，同心波和半锥体不明显。A 刃刃角 58.2°，刃长 100.1 毫米。刃缘未经加工直接使用；两侧均留有鱼鳞状使用疤，最大的长 11 毫米，宽 41 毫米。B 处是对工具把手部位的修整，采用锤击法正向修理，修疤均位于背面，最大的长 42 毫米，宽 52 毫米。工具的加工距离较远（图一三，3）。

标本 11BHLG：170，长 103.9 毫米，宽 83.6 毫米，厚 24.1 毫米，重 230.7 克。毛坯台面为自然台面；背面均为石片疤；劈裂面微凸，打击点散漫，放射线和同心波清晰，半锥体不明显。A 刃刃角 45.2°，刃长 115.2 毫米。刃部采用锤击法两面修理；两侧留有连续的鱼鳞状修疤，最多可达 2 层，劈裂面最大的修疤长 6 毫米，宽 19 毫米，背面最大的修疤长 6 毫米，宽 11 毫米。B 处也经过了细致的修理，是对工具把手部位的修整，方便于把握使用；C 处修形。工具的加工距离中等（图一三，4）。

（4）剥片尖头器　1 件。片状毛坯。原料为角岩。11BHLG：65，长 238 毫米，宽 116 毫米，厚 61 毫米，重 1252.9 克。毛坯台面为自然台面；背面有一条棱脊，由砾石面和石片疤组成；劈裂面微凸，打击点散漫，放射线和同心波清晰，半锥体不明显。A、B 为组成尖头器的两条侧边，尖刃角 82.4°。A 边长 160 毫米，B 边长 150 毫米，两边在靠近尖部的刃缘两侧有小的石片疤，应为使用或磕碰形成。C 处经过正向加工，背面有密集的修疤，且修疤较大，修出的边缘钝厚，适于把握，应是对工具把手部位的修理。工具的加工距离较远。这类剥片尖头器在朝鲜半岛的旧石器遗址中有较多的发现[8]，以剥取大石片后修理把手，刃部不经过任何加工直接使用为特点（图一三，5）。

根据分析可知黄岭岗地点发现的三类工具具有以下特点：a. 均为片状毛坯，人工台面和自然台面都存在，背面以石片疤为主，体现出当时人类预制毛坯时对台面角的调整和对工具的精细加工。b. 器形丰富，有刮削器、砍砸器、薄刃斧和剥片尖头器四大类，其中剥片尖头器的发现为我国首例，在一定程度上体现出与朝鲜半岛旧石器文化的交流。c. 以刃缘数量来看，分为单刃、双刃和复刃三类，其中单刃器所占比例最大（图一四），表明古人类倾向于生产新的工具而不是在一件工具上加工多个刃口，这可能是由于生产工具的原料较易获取的原因；刃缘形态多样，有直刃、凸刃、凹刃和尖刃，以便于加工不同质料和形状的物体。d. 刃角平均为 57.5°，刃长平均 52.9 毫米，体现了古人类对工具有效刃角和刃长的选择，而并不需要特别小的刃角或将工具的整个边缘都加工为刃；刮削器刃角在 50° 左右，重量在 200 克以下，均小于砍砸器，这是由加工对象的不同造成的。e. 均以硬锤直接修理；修理方式有正向和反向，其中以正向为主；修疤最多可达 4 层，多为鱼鳞状。f. 除加工刃部以外，对工具形态和把手部位的修理也大量存在，这是本溪地区旧石器工业的一大特点，反映了古人类灵活的应对策略。g. 从工具的加工距离来看，以器身宽度的十分之一和三分之一为界，划分为较远（修疤长度超过器身宽度三分之一）、中等（介于两者之间）和较近（修疤长度未超过器宽十分之一）三类[2]，大部分工具的加工距离为中等，其次为近，加工距离较远的较少；加工疤痕面积与石器总面积的比值较小，说明本地点三类工具精细加工的程度不高（表四）。

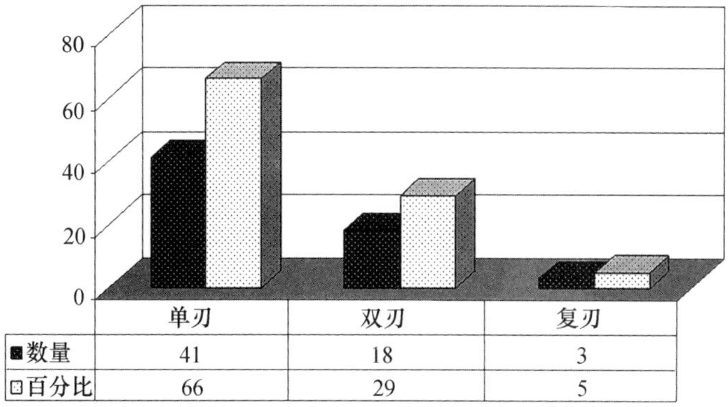

图一四　三类工具刃缘数量统计

表四　三类工具分析统计

项目 / 分类	刃缘数量	刃缘形态	（尖）刃角（°）	刃长（毫米）	重量（克）	修理方式	修疤层数	修疤形态	修理部位	加工距离
刮削器	1	直	50.6	58.3	111.9	正 / 反	1	鱼	刃 / 形	近
		凸	43.4	101.8	106.4	正 / 反	1 ~ 3	鱼	刃 / 形 / 把	中
		凹	57	39	77.7	正 / 反	1	鱼	刃 / 形	近
		尖	104.1		135.7	正 / 反	1 ~ 4	鱼	刃 / 把	中 / 远
	2	直	52.4	39.2	105.2	正 / 反	1	鱼	刃 / 把	近
		凸	41.5	58.7	77.1	正 / 反	1	鱼	刃 / 形 / 把	近
		凹	60.5	29.1	48.3	正 / 反	1 ~ 3	鱼	刃 / 把	远
		直凸	42.6	48.9	84.7	正 / 反	1	鱼 / 阶	刃 / 形 / 把	近
		直凹	48.3	30.5	64.2	正 / 反	1	鱼	刃 / 形	中
		凸凹	72.3	43.4	163.2	正 / 反	1	鱼	刃 / 形	中
		尖凸	120.1/47.9	65.1	153.8	正 / 反	1	鱼	刃 / 把	中
	3	直	63.3	64.1	171.1	正 / 反	1	鱼	刃 / 把	中
		凹凹直	60	36.3	158.5	正	1 ~ 3	鱼	刃 / 把	中
		凹凹尖	60/75	39.7	109.4	正 / 反	1 ~ 3	鱼	刃 / 把	中
砍砸器	1	直	72	51	375.9	正 / 反	1 ~ 3	鱼	刃 / 形 / 把	远
薄刃斧	1	直	58	69	275.9	正	1 ~ 2	鱼	形	中
		凸	58.8	97.3	502.2	正 / 反	1 ~ 2	鱼 / 阶	刃 / 形 / 把	中
剥片尖头器	1	尖	82.4		1252.9	正	1 ~ 3	鱼 / 阶	把	远

三、结语与讨论

（一）石器工业特征

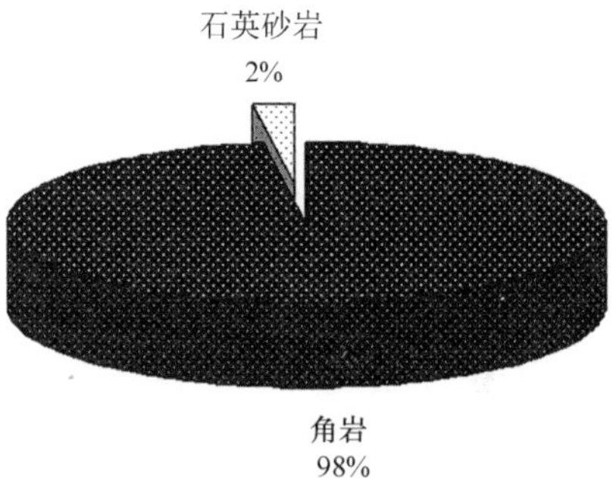

图一五　石器原料百分比

（1）石器原料种类有角岩和石英砂岩两类，其中以角岩为主，有211件，石英砂岩5件。距地点最近的汤河流域河漫滩和河床上广泛分布着角岩和石英砂岩砾石，两种原料均较易获得，可就地取材；从石料选择的硬度、韧性、脆性及细腻程度来看，角岩的质量要远优于石英砂岩，所以被古人类作为制作和加工石器的首选原料，在本地点角岩的利用率远远大于石英砂岩（图一五）。

（2）根据石器的重量，可大致将其划分为小型（≤100克）、中型（>100，≤500克）、大型（>500，≤1000克）和特大型（>1000克）四个等级。总体来看，小、中、大、特大各型皆有，并各占一定数量。其中小型数量最多，占53.2 %；其次为中型，占41.2%；再次是特大型，占3.3%；大型最少，只占2.3%。通过分类统计来看，黄岭岗地点发现的石器以小型、中型为主（表五）。

表五　石器重量统计表

重量 / 类型	小型	中型	大型	特大型
	≤100g	100 ~ 500g	500 ~ 1000g	> 1000g
	N%	N%	N%	N%
石核	00	136	20.9	41.8
石片	6228.7	2813	00	00
断块	104.6	00	00	00
一类工具	00	00	00	10.5
二类工具	219.7	115.1	10.5	10.5
三类工具	2210.2	3717.1	20.9	10.5
总计	11553.2	8941.2	52.3	73.3

（3）石器类型丰富，包括石核、石片、断块和工具四类，其中工具中包括一类工具1件、未经加工修理直接使用的二类工具34件和经过加工修理的三类工具62件。工具数量最多，约占石器总量的44.9%，类型有刮削器、砍砸器、薄刃斧和剥片尖头器四种。其次是石片和石核。断块的数量最少。

（4）石核的数量较多，尺寸较大，且种类齐全。使用人工台面进行剥片，剥片面和可见疤数较多，表面砾石面保留较少，片疤以鱼鳞状为主，延伸程度多为中等，只有少量较长。这都体现出当时人们有意识的调整台面和剥片面以提高石核利用率的思想。

（5）完整石片根据台面和背面的特征关系可分为Ⅵ类，依据断裂方式又可将断片分为3种。石片的台面以人工台面占绝大多数，自然台面较少，表明人们为了获取合适的石片，在剥片之前已有修理台面调整台面角的意识。背面保留砾石面的较少，大多由石片疤组成。均体现了剥片技术的进步。

（6）发现断块10件，无法归入石核、石片或工具等类，呈不规则体。这是在打制或修理石器的过程中形成的，有助于分析地点的石器加工技术。

（7）一类工具仅有1件石锤，四周都经过使用，有凹凸不平的打击痕迹和执握形成的凹坑。

（8）二类工具均为未经加工修理的使用石片，有刮削器和薄刃斧两类。从刃缘的数量来看，有单、双和复刃，其中单刃器所占的比例较大；以刃缘形态来看，有凸、直、凹和尖刃，推测其分别适用于不同的加工对象。工具背面保留砾石面的较少；使用疤痕均为鱼鳞状。刮削器的刃角和重量均小于薄刃斧。这都是人类对使用石片有意识选择的结果。

（9）三类工具均以石片为毛坯，有刮削器、砍砸器、薄刃斧和剥片尖头器四类。多以硬锤两面修理；修疤最多可达4层，以鱼鳞状为主；除修理刃部外还有修形和修把手；加工距离以中等为主。新器型剥片尖头器的出现也表明黄岭岗地点发现的旧石器与其他地区的旧石器文化存在交流。

（二）与周边遗址关系的探讨

1. 与东北地区的比较

学者们根据目前的研究成果，将东北地区的旧石器时代工业划分为3个大的类型：以庙后山遗址为代表的大石器工业类型，包括庙后山[9]、新乡砖厂[10]、抚松仙人洞[11, 12]和小南山[13]等地点；以金牛山遗址为代表的小石器工业类型，包括金牛山[14]、小孤山[15]、鸽子洞[16]、周家油坊[17]和阎家岗[18]等地点；以大布苏地点为代表的细石器工业类型，包括大布苏[19]、大坎子[20]、大兴屯[21]和十八站[22]等地点。根据黄岭岗地点的石器特征将其归入大石器工业类型。

该地点同庙后山遗址相比具有相似之处：石器类型都有石核、石片和工具；都存在人工台面的石片；其中工具中，均有刮削器、砍砸器和薄刃斧，刮削器占有相当大的比例；剥片方式以锤击法为主；工具的加工和修理都比较简单粗糙，采用硬锤进行直接加工。但黄岭岗地点的剥片方法中不见庙后山遗址大量出现的碰砧法；同时也不见庙后山遗址中发现的石球等工具类型。

2. 与朝鲜半岛地区的比较

凭借与朝鲜半岛在地理位置上的天然联系，黄岭岗地点所在的辽东地区必然成为两地远古文化交流的活跃之地。朝鲜半岛已发现旧石器遗址中的石器也以石片石器为主，工具组合以刮削器和砍砸器占绝大多数，加工方法亦多为锤击法[23]。

黄岭岗地点发现的剥片尖头器在我国实属首例，但这类器型常见于朝鲜半岛，又被称为“手握尖状器”、“有舌石片尖状器”等，打制较为粗糙，终端形成尖状用于把握，石器的上面则留下自然面[8, 24, 25]。这一器型在东北地区的发现从另一方面反映出中国东北地区与朝鲜半岛密切的石器文化交流。

（三）地点性质

该地点石器的原料以角岩为主，占石器总数的98%，角岩是当地最为常见的石料，可见当时的人们在制造石器时就近取材。而总观石器类型，以工具数量最多，石核、石片和断块的数量较少；工具包括刮削器、砍砸器、薄刃斧和剥片尖头器。且石器大多呈不规则形，加工修理比较简单，原料的利用和消耗程度较低，对毛坯原始形态的改变程度较轻。所以该地点的石器工业具有明显的权宜技术特点[4]。推测当时的人们只是在此进行了短期的生产活动。

从周围环境来看，此地点距汤河很近，便于取水，河滩上大量的角岩砾石也为古人类提供了生产石器的丰富原料。其位于的Ⅲ级侵蚀阶地，地势较高，地面开阔平坦，适合古人类活动。这些资源条件为人类的生息繁衍提供了一个理想而相对稳定的环境。通过对黄岭岗地点石器工业特征的分析，推测此地点应为当时人类狩猎、采集活动的临时性场所。

（四）年代分析

从石器的分布和层位分析，均分布在河流最高的Ⅲ级侵蚀阶地上，地表出露的黄色耕土层应为更新世的典型堆积。从石器的加工技法及工具组合看，黄岭岗地点的旧石器都和同属一个地区的庙后山旧石器遗址的石器显现出高度的一致性；且在地点中不见新石器时代的磨制石器和陶片。从保存情况来看，将本溪地区发现的石器根据风化程度划分为Ⅰ、Ⅱ、Ⅲ三个等级：Ⅰ级风化严重，年代最早可到旧石器时代早期；Ⅱ级风化较轻，年代约为旧石器时代中期；Ⅲ级几乎没有风化，年代最晚到旧石器时代晚期。黄岭岗地点发现的石器与本溪地区其他旧石器地点相比，风化程度不严重，均属于第Ⅲ等级，年代较晚（图一六）。

图一六　石器风化等级图（以角岩为例）[26]

所以，推测黄岭岗地点的年代应晚于庙后山遗址，但最晚不会晚于旧石器时代晚期。

附记：在调查期间还得到辽宁省文物考古研究所、吉林大学边疆考古研究中心、本溪市博物馆、本溪县文化局和文物局领导的大力支持和帮助。参加调查的人员还有本溪市博物馆梁志龙副馆长，吉林大学地球科学学院程新民教授，在此一并表示感谢。

注　释

［1］ 卫奇．石制品观察格式探讨［A］．第八届中国古脊椎动物学学术年会论文集［C］．2001：209-218．

［2］ 王幼平．石器研究——旧石器时代考古方法初探［M］．北京：北京大学出版社，2005：1-230．

［3］ 张森水．中国北方旧石器时代工业分类初探［J］．文物春秋，1991（1）1：34-42．

［4］ 高星．周口店第15地点石器原料开发方略与经济形态研究［J］．人类学学报，2001（3）：186-200．

［5］ 陈全家．吉林镇赉丹岱大坎子发现的旧石器［J］．北方文物，2001（2）：1-7．

［6］ 王社江．洛南盆地的薄刃斧［J］．人类学学报，2006（4）：332-342．

［7］ 林圣龙．中国的薄刃斧［J］．人类学学报，1992（3）：193-201．

［8］ 李隆助．朝鲜半岛的旧石器文化——主要记述秃鲁峰和水杨介遗址［J］．华夏考古，1998（2）：107-113．

［9］ 辽宁省博物馆，本溪市博物馆．庙后山——辽宁省本溪市旧石器文化遗址［D］．北京：文物出版社，1986：43-47．

［10］ 程新民，陈全家，赵海龙等．吉林省东部旧石器时代人地关系初探［A］．边疆考古研究（第7辑）［C］．北京：科学出版社，2008：1-9．

［11］ 王文兴．吉林抚松发现旧石器时代文化遗址［J］．人类学学报，1993（2）：35．

［12］ 姜鹏．吉林抚松仙人洞旧石器时代遗址［J］．东北亚旧石器文化，1996：205-209．

［13］ 杨大山．饶河小南山新发现的旧石器地点［J］．黑龙江文物丛刊，1981（1）：49-52．

［14］ 金牛山联合发掘队．辽宁营口金牛山旧石器文化的研究［J］．古脊椎动物与古人类，1978（2）：55-62．
［15］ 张镇洪，傅仁义，陈宝峰等．辽宁海城小孤山遗址发掘简报［J］．人类学学报，1985（1）：70-79．
［16］ 鸽子洞发掘队．辽宁鸽子洞旧石器遗址发掘报告［J］．古脊椎动物与古人类，1975（2）：54-68．
［17］ 孙建中，王雨灼，姜鹏．吉林榆树周家油坊旧石器文化遗址［J］．古脊椎动物与古人类，1981（3）：87-97．
［18］ 魏正一，杨大山，尹开屏等．哈尔滨阎家岗旧石器时代晚期地点（1982~1983年发掘报告）［J］．北方文物，1986（4）：8-15．
［19］ 董祝安．大布苏的细石器［J］．人类学学报，1989（1）：48-58．
［20］ 陈全家．吉林镇赉丹岱大坎子发现的旧石器［J］．北方文物，2001（2）：1-7．
［21］ 黄慰文．黑龙江昂昂溪的旧石器［J］．人类学学报，1984（3）：234-243．
［22］ 魏正一，干志耿．呼玛十八站新发现的旧石器［J］．求是学刊，1981（1）：118-121．
［23］ 张镇洪．辽宁地区远古人类及其文化的初步研究［J］．古脊椎动物与古人类，1981（2）：86-94．
［24］ 李隆助．湖西地区的旧石器文化［J］．中国历史博物馆馆刊，1999（2）：83-95．
［25］ 李隆助．韩国中原地区的旧石器文化［J］．辽海文物学刊，1996（2）：171-180．
［26］ 陈全家，李霞，赵清坡，魏海波，石晶．山城子北山地点发现的旧石器研究．待刊．

Analysis of the Stone Artifacts from Paleolithic Locality at Huanglinggang, Benxi

LI Xia　CHEN Quan-jia　SHI Jing

The Huanglinggang Paleolithic Locality, which is located in Xiaoshi, Benxi, Liaoning Province, was found in April, 2011. The locality is on the third Erosion terrace. There were 216 stone artifacts collected in the locality, including cores, flakes, debris and tools. The raw materials were mainly hornfels. Besides it, they also have Quartz sandstone. Most of the stone artifacts were tools. Repair methods of the third tools were used hammer. The tools made by flakes were the dominance, belonging to the typical flake tool industry in northern China. The geological age of the locality may belong to the Upper Paleolithic Period.

天津蓟县2015年旧石器考古调查报告*

天津市文化遗产保护中心　吉林大学考古学院
蓟州区文物保护管理所

一、引　言

2005年3～5月，天津市文化遗产保护中心对天津地区开展旧石器考古调查，共发现旧石器地点27处，主要集中于蓟县周围，共采集到各类石制品千余件，包括各类刮削器、尖状器、雕刻器、砍砸器以及石核、石片等，还发现少数细石叶石核和若干细石叶[1]；2005年5月中下旬，该单位与中国科学院古脊椎动物与古人类研究所对上述地点进行复查，确定石制品产生的原生层位以及考察旧石器地点周围的地貌情况；鉴于天津地区新发现的旧石器地点不断增多，其学术研究价值随之增加，2007年5～7月，上述单位组成联合考古队对地层保存状况较好的蓟县东营坊地点进行了正式发掘[2]，出土了大量石制品。2015年4～5月，以开展国家社科基金项目“天津地区旧、新石器时代过渡遗存综合研究”为契机，天津市文化遗产保护中心、吉林大学边疆考古研究中心、蓟县文物保护管理所组成联合考古调查队，再度对蓟县北部山区开展了有针对性的旧石器考古调查[3]。通过此次调查，除复查了太子陵、丈烟台、小平安以及青池遗址外，又发现14处旧石器遗址或地点，分布于蓟县下营、罗庄子、孙各庄、穿芳峪和渔阳等5个镇乡，采集石制品千余件。丰富了天津地区旧石器时代文化的内涵，对研究环渤海地区的古环境变化和古人类相应的适应生存过程提供了珍贵的资料。本文即是对2015年旧石器调查成果的初步报告。

二、区域背景、调查方法及路线

天津蓟县位于天津市最北部，地处京、津、唐、承四市之腹心。根据以往地质学者研究，该地区地貌的形成受到燕山纬向构造体系、南北向构造体系、马兰峪山字形

* 本文得到国家社会科学基金青年项目（14CKG004）以及吉林大学2015年度青年学术骨干支持计划（2015FRGG02）的资助。

构造体系和新华夏构造体系等多种影响，其中燕山纬向构造体系起主控制作用。中生代的燕山运动对蓟县地区地貌的形成起了重要作用，奠定了全县地貌基本轮廓。强烈的地壳运动使该地区北部褶皱隆起成燕山山脉，花岗岩岩浆侵入，形成盘山，南部地区断裂下沉，接受堆积形成平原；新生代第三纪末期的喜马拉雅运动及以后的新构造运动在该地区表现为继承性活动，从而使得该地区北部继续隆起上升，南部地区继续下沉，造成该地区整体北高南低的地势[4]，河流和冲沟较发育，形成了沟壑纵横的多级阶地。此次调查工作主要集中在河谷两岸的阶地和黄土台地。

本次田野调查以天津蓟县地区 1∶50000 地形图为基础，寻找适于古人类生存并具备第四纪埋藏条件的河流阶地、山谷；结合详细的行政区划图和以往哺乳动物、旧石器考古线索，考察队确定了以蓟县地区为重点的考察区域。考察队分两个阶段进行调查[5, 6]。第一阶段，采取地质勘探的“之”字形线路策略，重点考察地形平缓、第四纪沉积物分布集中、河流发育的地段。对出露较好的第四纪剖面进行观察；发现文化遗物后，分析沉积性质、寻找文化遗物的原生层位；对新发现的地点用全球定位系统（GPS）定位，记录地点的地理位置、地貌特征、地层情况、遗址分布范围、开展工作的潜力以及标本发现情况等。第二阶段，对发现的地点进行复查、评估，确定未来工作重点，并对重要剖面进行测绘并采集考古标本和测年样本。

三、新发现地点概述

本次调查在天津蓟县地区共新发现旧石器遗址或地点 14 处，根据遗址或地点的空间分布范围及地貌特征来看，这些遗址或地点主要集中分布于Ⅱ级阶地（表一；图一）。

表一　天津蓟县 2015 年新发现的旧石器地点一览表

序号	遗址名称	地理坐标	海拔（米）	地貌部位
1	杨庄西山地点	40°8′53.7″N 117°25′28.9″E	197	Ⅱ级 阶地
2	杨庄西山北地点	40°9′28.5″N 117°25′44″E	200	Ⅱ级 阶地
3	下营南岭地点	40°11′3.7″N 117°27′36.55″E	272	Ⅳ级 阶地
4	段庄地点	40°11′59.1″N 117°27′13.42″E	299	Ⅳ级 阶地
5	船舱峪黄土梁子地点	40°10′35.5″N 117°32′10.4″E	268	Ⅳ级 阶地
6	船舱峪东岭地点	40°9′51.4″N 117°32′14.5″E	221	Ⅲ级 阶地
7	道古峪北岭地点	40°9′32.96″N 117°32′42.15″E	188	Ⅱ级 阶地

续表

序号	遗址名称	地理坐标	海拔（米）	地貌部位
8	小港村地点	40°9′35.08″N 117°33′16.26″E	176	Ⅱ级 阶地
9	赤霞峪西岭地点	40°9′19″N 117°33′16.26″E	173	Ⅱ级 阶地
10	丈烟台东山地点	40°8′53.48″N 117°36′42.91″E	144	Ⅱ级 阶地
11	东井峪骆驼岭地点	40°4′2.87″N 117°26′14.33″E	59	Ⅱ级 阶地
12	杏花山朝阳洞遗址	40°8′2.64″N 117°30′4.39″E	270	近山 顶处
13	小穿芳峪地点	40°6′15.42″N 117°32′25.58″E	65	Ⅱ级 阶地
14	下营梁峪黄土地地点	40°10′39.53″N 117°25′45.15″E	227	Ⅲ级 阶地

图一　天津蓟县2015年新发现的旧石器地点地理位置示意图

1. 船舱峪黄土梁子地点

船舱峪黄土梁子地点位于天津蓟县下营镇船舱峪村附近的泃河右岸Ⅳ级阶地上，地理坐标为北纬40°10′35.5″，东经117°32′10.4″，海拔为268米。共采集到石制品40件，包括石核、石片、断块和工具。原料以石英砂岩为主，大部分石制品表面未见水冲磨的痕迹，但有不同程度的风化。

2. 船舱峪东岭地点

船舱峪东岭地点位于天津蓟县下营镇船舱峪村附近的泃河右侧Ⅲ级阶地上，地理坐标为北纬 40°9′51.4″，东经 117°32′14.5″，海拔为 221 米。北距船舱峪黄土梁子地点约 1.6 千米，东南距道古峪北岭地点约 1.3 千米，东与小港相邻。共采集到石制品 46 件，包括石核、石片、断块和工具。原料以石英砂岩以及燧石为主，大部分石制品表面未见水冲磨的痕迹，但有不同程度的风化。

3. 杨庄西山地点

杨庄西山地点位于天津市蓟县罗庄子镇北部，与杨庄水库相依，地理坐标北纬 40°8′53.7″，东经 117°25′28.9″，海拔为 197 米。该地点东邻翟庄，西靠黑豆庄，北抵张家峪村，南距罗庄子镇中心约 1.5 千米；南距蓟县约 10 千米，距天津市区约 110 千米；西距北京市区约 90 千米。地层剖面自上而下为：①黑色耕土层，厚 30 ~ 40 厘米；②土黄色粉砂质黏土层，厚约 90 厘米，未见底。在采集石制品的区域内为果树种植区，由于翻土及雨水的作用，使石制品暴露，共获得石制品 17 件，其中采集 16 件，1 件采自地层剖面中。

4. 杨庄西山北地点

杨庄西山北地点位于天津市蓟县罗庄子镇北部的Ⅱ级阶地上，地理坐标为北纬 40°9′28.5″，东经 117°25′44″，海拔为 200 米。该地点南距杨庄西山地点 1.2 千米，东邻翟庄，西靠黑豆庄，北抵张家峪村，南距罗庄子镇中心约 1.5 千米；南距蓟县约 10 千米，距天津市区约 110 千米；西距北京市区约 90 千米。地层剖面自上而下为：①黑色耕土层，厚 20 ~ 35 厘米；②土黄色粉砂质黏土层，厚约 80 厘米，未见底。共获得石制品 10 件。

5. 道古峪北岭地点

道古峪北岭地点位于天津市蓟县北部，地理坐标为北纬 40°9′32.96″，东经 117°32′42.15″，海拔为 188 米。该地点南抵西铺，西北与船舱峪相邻，东与小港相接，东北与古强峪邻近。其东偏南 17°、距离 1330 米为赤霞峪西岭旧石器地点。道古峪地处低山谷地，南抵东西流向的关东河，东靠南北流向的黑水河。道古峪北岭地点位于关东河北岸的Ⅱ级阶地上，地势较开阔，南侧较陡峭而东、北部平缓，海拔 192.8 米。石制品为调查所得，未发现具体原生层位。共获得石器 33 件，原料以石英砂岩为主，器物类型可分为石核、石片、工具和断块等。

6. 东井峪骆驼岭地点

东井峪骆驼岭地点位于天津蓟县中部偏北渔阳镇东北约10千米的东井峪村附近的Ⅱ级阶地上，地理坐标为北纬40°4′2.87″，东经117°26′14.33″，海拔为59米。该地点南距于桥水库约7千米，西距石臼村约1.8千米，东距果香峪村约2千米。共获得石器76件，原料以石英砂岩和角岩为主，器物类型可分为石核、石片、工具和断块等。工具以各类刮削器为主，尖状器、砍砸器等较少。

7. 段庄地点

段庄地点位于天津蓟县下营镇段庄村泃河东岸的Ⅱ、Ⅲ和Ⅳ级阶地上，地理坐标为北纬40°11′59.1″，东经117°27′13.42″，海拔为299米。西距泃河1千米，西北距段庄村1.4千米，东南距下营镇1.5千米。泃河在地点西侧自北向南流过，形成河谷阶地的侵蚀地貌。Ⅰ级阶地缺失；Ⅱ、Ⅲ和Ⅳ级阶地为侵蚀阶地，下部为花岗岩基岩，上部为耕土层。石制品皆出土于Ⅱ、Ⅲ和Ⅳ级阶地上部的耕土层，无文化层堆积，其海拔分别为211米、228米和299米。共发现石制品49件，包括石核、石片、断块和工具。

8. 下营南岭地点

下营南岭地点位于天津蓟县北部下营镇以北约1.5千米的Ⅳ级阶地上，地理坐标为北纬40°11′3.7″，东经117°27′36.55″，海拔为272米。该地点北距段庄村约1.6千米，西距泃河约2.1千米，西北距段庄地点约1.5千米。共发现石制品49件，包括石核、石片、断块、碎屑以及工具等。

9. 下营梁峪黄土地地点

下营梁峪黄土地地点位于天津蓟县北部下营镇以西约2.5千米的Ⅲ级阶地上，地理坐标为北纬40°10′39.53″，东经117°25′45.15″，海拔为227米。西南距高富庄村约1千米，西临泃河，北距段庄地点约2.5千米。共发现石制品11件，包括石核、石片、断块、碎屑以及工具等。

10. 丈烟台东山地点

丈烟台东山地点位于天津市蓟县东北部清代太子陵遗址以东丈烟台村附近的河流阶地上，地理坐标为北纬40°8′53.48″，东经117°36′42.91″，海拔为144米。地层剖面由上到下依次为：

（1）耕土层，厚约20厘米；

（2）浅黄色粉砂质黏土，夹杂钙质结核和角砾，厚约40厘米；

（3）基岩，主要以灰白色白云岩为主，夹杂灰黑色燧石角砾，分选较差，未见底。

在采集石制品的区域内均为黄色土，而耕土层大部分已被雨水冲刷剥蚀掉，浅黄色土层被暴露出来，18件采集品即从该区域获得，2件标本出在暴露的地层内。

11. 小港村地点

小港村地点位于天津市蓟县东北部小港村附近的Ⅱ级阶地上，地理坐标为北纬40°9′35.08″，东经117°33′16.26″，海拔为176米。该地点南抵西铺，西与船舱峪相邻，东与杨家沟相接，东北与古香峪邻近。西北距船舱峪东岭地点约1.6千米，西距道古峪北岭地点约1.2千米。小港村地点地处低山谷地，南抵东西流向的关东河，东靠南北流向的黑水河。小港村地点位于关东河北岸的Ⅱ级阶地上，地势较开阔，南侧较陡峭而东、北部平缓。石制品为调查所得，未发现具体原生层位。共获得石制品52件，原料以石英砂岩为主，燧石次之，包括石核、石片、工具和断块等。

12. 小穿芳峪地点

小穿芳峪地点位于天津蓟县北部于桥水库以北约6千米处的Ⅱ级阶地上，地理坐标为北纬40°6′15.42″，东经117°32′25.58″，海拔为65米。西距南山村约1.2千米，北距英歌寨约1.3千米，西南距西李各庄村约0.8千米。共发现石制品14件，包括石核、石片、断块、碎屑以及工具等，未发现原生层位。

13. 杏花山朝阳洞地点

朝阳洞地点位于天津蓟县北部穿芳峪镇杏花山山顶部，地理坐标为北纬40°8′2.64″，东经117°30′4.39″，海拔为270米。洞内存有现代佛教、道教遗迹。朝阳洞洞口宽6.3米，最高4.4米，深9.8米，洞内最宽处8.4米。洞内共三处支洞，西北处支洞洞口最宽处为4.2米，高1.75米；支洞内最宽处5.1米，洞室最高1.7米，进深3.6米。有另一支洞为上洞，洞口宽0.7米，高1.2米。最宽处为5米，进深5米。最小的支洞洞口高1.9米，宽1.1米，进深5米，支洞内宽1.7米，高1.8～1.9米。朝阳洞洞口朝向177°。在近洞口处试掘了一面积为0.5米×0.5米区域，出有11件石制品以及少量陶片。石制品类型主要包括石片、石核以及工具等。

14. 赤霞峪西岭地点

赤霞峪西岭地点位于天津市蓟县北部的赤霞峪西侧的Ⅱ级阶地上，地理坐标为北纬40°9′19″，东经117°33′16.26″，海拔173米。该地点南抵西铺，西北与船舱峪相邻，东与小港相接，东北与古强峪邻近，南抵东西流向的关东河，东靠南北流向的黑水河。赤霞峪西岭地点位于关东河北岸的Ⅲ级阶地上。石制品为调查所得，未发现具体原生层位。共获得石器60件，原料以石英砂岩、石英岩为主，器物类型可分为石核、石片、工具和断块等。

四、石器工业

1. 石器工业概况

通过对石制品进行较为详细的技术类型分析，本地区石器工业主要包括三种：一是以石片石器为代表的小石器工业；二是以细石叶加工的各类石器为特征的细石叶工业类型；三是以砾石石器为主的大石器工业。各遗址发现的石制品主要包括剥片和加工工具时产生的石核、石片、石叶、细石叶、碎屑及断块等。石制品原料以石英砂岩和黑色燧石为主，石英次之，硅质灰岩、安山岩、流纹岩等其他原料较少。剥片方法有锤击法和砸击法，此外，间接法剥片也占有一定比例，打片时对石核台面进行修整。工具以刮削器为主，雕刻器、尖状器次之，手镐、砍砸器等其他其型数量也占有一定地位。工具毛坯以片状为主，块状毛坯较少；修理方式以单向加工为主，主要表现为向背面加工。在总体上，石制品以小型及中型为主，中型、大型标本也占一定比例，个体间变异较小，加工较为精致，原料利用率较高。

2. 剥片与修理技术

（1）剥片技术。

从石核和石片观察，至少有三种剥片技术在该地点被使用过。一种是锤击法（包括软锤法和硬锤法）直接剥片，以锤击石核及锤击石片为代表；另一种为间接法剥片，以细石叶石核及细石叶为代表；另外，还有少量砸击剥片技术（图二、图四）。

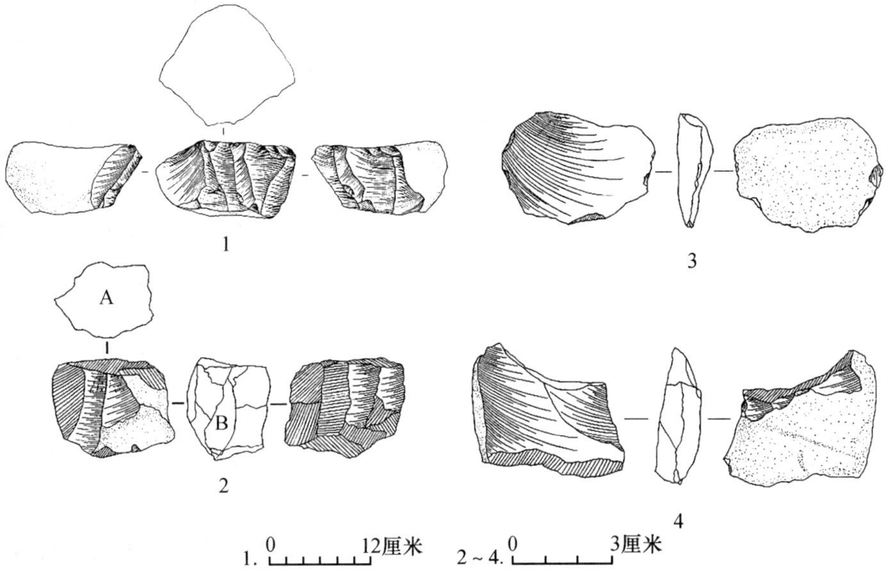

图二　2015年天津蓟县旧石器调查发现的部分石核和石片

1. 单台面石核　2. 双台面石核　3. 完整石片　4. 中段断片

出土的石片以断片居多，占全部石片的绝大多数，完整石片较少（图三）。从石片的类型来看，以人工台面石片为主，自然台面石片较少，这表明古人类在剥片时一般对石核的台面进行修整。石片背面多为石片疤，背面全为石片疤的约占石片总数的四分之一，以I2-2、I2-3型石片为主，这说明石片均为非初级剥片。石片背面片疤多为单向，且绝大多数与剥片方向一致，这说明古人类倾向于向一个方向剥片。从石片边缘形态来分析，边缘平行或近似平行以及三角形的石片为主，而边缘不甚规则者较少，说明多数石片形状较为规整。剥片方法方面，特征明显的锤击石片最多，砸击石片偶尔可见。

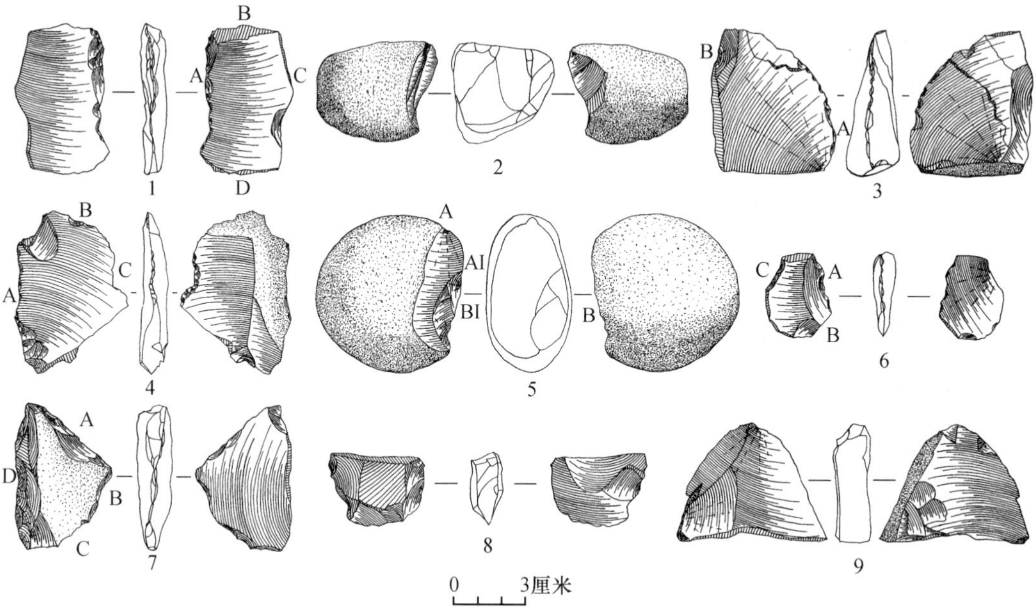

图三　2015年天津蓟县旧石器调查发现的部分石制品

1. 单凹刃刮削器　2. 单台面石核　3. 单凸刃刮削器　4. 复刃刮削器　5. 双台面石核
6. 单直刃刮削器　7. 单尖刃刮削器　8. 远端断片　9. 近端断片

细石叶从其完整程度看，均以中段为主，近段、远段次之，完整较少。这说明古人类已经掌握了截断细石叶技术，有目的地选择较直的中段，可能作为复合工具的刃部或直接来使用。

从石片分析的结果可以看到，该地区石器工业拥有比例极高的近端、中间残片、碎屑，完整石片比例也较高。其中，比例较高的残片应该为石核剥片或工具二次加工的副产品，从石片角的统计结果来看，大多数残片都是在石核台面角不大的情况下剥取的。

大多数残片为素台面、点台面、刃状台面等人工台面，线台面次之，有脊、有疤以及自然台面者很少，说明石核的预制台面技术较高，这也与石核的统计分析结果一致。石片背面非自然面的比例最大，这表明石片多为非初级剥片，反映了遗址石核产片率较高。

（2）修理技术。

天津蓟县地区石器工业发现的使用石片主要选用边缘锋利的片状毛坯，以石片为主，其次主要选取细石叶的中段或直接使用，或作为镶嵌工具的刃部加以利用。这些使用石片手感刃缘已较钝或很钝，分布明显的、连续的细小疤痕。使用石片使用后刃角以锐角为主，钝角次之。大多数标本手感刃口仍较锋利，可继续使用。燧石硬度大，断口呈细致的贝壳状，未经二次加工修理的石片刃缘，完全可以直接投入使用（图四）。

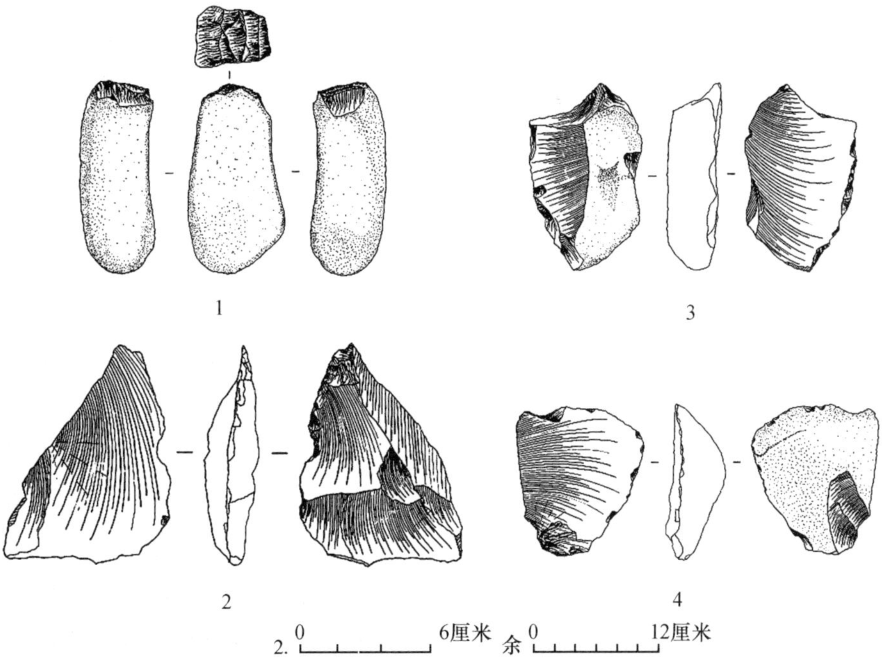

图四　2015年天津蓟县旧石器调查发现的部分工具

1. 石锤　2. 单凸刃刮削器　3. 单直刃砍砸器　4. 单凸刃砍砸器

总体上来看，该地区诸遗址的工具主要由锤击法加工而成。加工方向以单向为主，其中正向加工数量最多，复向、反向、错向、对向等加工方式较少。大多数标本修疤排列规整、连续。工具毛坯主要以石片为主，砾石以及断块次之，细石叶较少。刮削器为工具的主要类型，主要采用锤击法修整，压制法次之，修理方式以单向加工为主，且修理部位大多数发生在毛坯的侧边以及端部，这说明加工很彻底，对原料利用较为充分。

五、小结与讨论

1. 石制品的一般特征

本次调查在天津地区发现较为丰富的旧石器地点群，对这些地点石制品的初步观测显示其文化面貌可综合归纳如下：

（1）制作石器的原料应多取自附近砾石层，原料以石英砂岩、燧石、石英岩为主；

（2）剥片以锤击法为主，也存在一定比例的间接剥片法，砸击法在少量地点也被大量使用；

（3）石制品以中型和小型为主；

（4）石制品类型以石片为主，此外还有石核、断块、碎屑和石器等，加工成器的比率不高；

（5）石器类型较为丰富多样，包括刮削器、尖状器、雕刻器、砍砸器、手镐等；修理多采用锤击法，且以正向加工为主。

2. 旧石器地点的年代

本次发现的旧石器地点多发现在河流阶地上覆的黄土层中，虽然只有少量石制品出自于河流阶地的浅黄色粉砂质黏土层中，其余大部分均采自附近地表，但从石制品的出土情况判断，浅黄色粉砂质黏土层应该是其石制品的原生层位，根据天津地区第四纪地层的堆积年代分析以及参考以前学者对京津唐地区黄土古土壤序列的研究，推定其原生层位属于上更新统[7~9]。同时，出少部分地点采集有陶器碎片及磨制石器残段外，大部分地点均只发现石制品，故天津地区旧石器地点群的时代大致应属于晚更新世至全新世早期，即文化时代上属于旧石器时代中晚期至新石器时代早期。

3. 意义与未来研究方向

此次调查在第Ⅳ、Ⅲ级阶地上新发现的下营南岭、杨庄西山等地点，以大型砾石为原料，生产大石片工具为特色，在华北旧石器文化体系中鲜见；以东井峪骆驼岭为代表的第Ⅱ阶地地点，石片石器的小型化趋势明显，与第Ⅳ、Ⅲ阶地的石制品形成鲜明对照。上述地点与东营坊遗址以燧石为主的小石器工业呈现出三种不同的文化面貌，代表蓟县旧石器文化发展的不同阶段，为建立区域旧石器文化序列奠定了基础。另外，此次调查发现的杏花山朝阳洞系天津地区首次发现的旧石器时代洞穴遗址，具有独特的考古价值。

2015年天津旧石器地点群及人工制品的发现，不仅填补了天津地区旧石器考古的空白，还将天津市域内的人文史提前到距今10万年以上，也说明天津蓟县周围普遍存在古人类活动，保存着丰富的远古文化遗存。这使天津地区的古人类研究资源不再贫瘠，该地区旧石器研究也揭开了新的篇章。天津地区调查发现的旧石器地点奠定了建立天津地区旧石器文化序列的基石，对探讨该地区旧石器文化的来龙去脉和古人类在该地区演化、迁徙和技术发展的过程提供了重要线索。

此次旧石器考古调查表明旧石器时代的古人类在天津地区具有更大的分布区域，诸旧石器地点中文化遗物出露十分丰富。这些成为探讨天津地区旧石器文化的创造者的生存活动空间、生存能力、对土地及原料资源的开发利用方式和推测史前人群大小的重要资料。天津蓟县地区旧石器地点群的新发现说明该地区是范围广大、内涵丰富、科学研究价值重大的区域。这也为该地区旧石器时代遗址的管理、保护规划和科研计划提供了更全面、更坚实的科学依据，也将增强文物管理、遗址保护和科研人员的责任感和使命感。

新发现的段庄、杨庄西山、杏花山朝阳洞等地点，其地层清楚，剖面上出露的石制品等十分丰富，进一步工作的潜力较大；这些地点的石制品中也不乏加工精细者，其为了解该区域旧石器文化序列、石器技术演变提供了重要线索。

本次旧石器考古专项调查已取得了较好的成果，为天津地区旧石器考古学的发展奠定了初步基础。但依目前已发表的材料来看，该地区旧石器考古工作空间的不平衡性十分突出，从整体来看，新发现的旧石器地点集中于蓟县地区东部及东北部地区，因此要想取得突破，就必须增大野外工作的力度，增加重点遗址发掘和深入研究的必要性。我们计划通过对天津蓟县旧石器地点群不同地点所蕴含的古人类文化特点与行为模式（原料的开发、剥片和石器加工技术工艺、地区工业特点、工具功能等）和环境因素（沉积结构、孢粉和地球化学分析等）的综合研究，以期能够揭示更新世晚期古人类对该地区旧石器遗址的占据与行为特点以及环境动因，获取古人类在更新世晚期至末期文化行为特点与周边人群交流的确凿证据，对古人类在更新世晚期对天津地区开发与利用做出科学的阐述。

综上所述，本次调查工作的时间相对较短，且主要集中在河谷地带，所取得的旧石器材料较为零碎，未发现伴生的哺乳动物化石；有些地点地层不是很清楚，对其时代只能大体推断。今后应根据这些线索寻找更多的材料和地点，尤其是地层清楚、遗物丰富的地点；对已发现的诸多地点应有选择地进行后续工作，包括试掘、地层观察、环境－沉积样品分析和年代测试；对重点遗址应进行系统发掘，获取全方位的、更翔实的资料。通过这些工作，我们有理由相信天津的旧石器时代考古研究将具有更坚实和丰实的基础，为探讨古人类在环渤海地区、中国北方乃至东北亚的演化过程和适应生存特点，探索东西方史前人类迁徙与交流的过程与方式，做出更大的贡献。

附记：感谢2016年11月参加天津蓟县旧石器考古调查成果专家论证会的中国科学院古脊椎动物与古人类研究所高星研究员、北京大学城市与环境学院的夏正楷教授、北京大学考古文博学院的王幼平教授、吉林大学边疆考古研究中心的陈全家教授、天津市文史研究馆的陈雍研究员、天津市文化遗产保护中心的梅鹏云研究员，他们观察了此次调查的石制品，对于天津旧石器考古工作未来的规划与设想提供了大量宝贵意见。

执笔：盛立双　王春雪　甘才超　刘福宁

注　释

［1］盛立双，王春雪．天津蓟县东营坊旧石器遗址发掘［A］．2007中国重要考古发现［Z］．北京：文物出版社，2008：2-5．

［2］天津文化遗产保护中心，中国科学院古脊椎动物与古人类研究所［J］．天津蓟县东营坊遗址出土的石制品．人类学学报，2015，34（1）：14-20．

［3］盛立双，王春雪，甘才超，等．天津蓟县旧石器考古调查又获重大突破［J］．中国文物报，2015-12-18（2）．

［4］蓟县志编修委员会．蓟县志［M］．天津：南开大学出版社，天津社会科学院出版社，1991：122-133．

［5］高星，裴书文，王惠民，等．宁夏旧石器考古调查报告［J］．人类学学报，2004，23（4）：307-325．

［6］李锋，陈福友，高星，等．甘肃水洛河、清水河流域2009年旧石器考古调查［J］．人类学学报，2011，30（2）：138-148．

［7］河北省，天津市区域地层表编写组．华北地区区域地层表［河北省、天津市分册（一）］［M］．北京：地质出版社，1979：207-208．

［8］河北省，天津市区域地层表编写组．华北地区区域地层表［河北省、天津市分册（二）］［M］．北京：地质出版社，1979：112-125．

［9］天津市地质矿产局．天津市区域地质志［M］．北京：地质出版社，1992：116-142．

Preliminary Study of Paleolithic Sites and Industrial Types at Jixian Area of Tianjin City in 2015

In Tianjin area, 14 Paleolithic sites or localities have been found in 2015. Most of them belong to open-air sites, one locality belongs to cave site. These sites cover from Middle, Upper Paleolithic to Early Neolithic and distribute over Jixian area in Tianjin City. This paper summarizes major Paleolithic archaeological discoveries and research achievements made in Tianjin area, and it also analyses and concludes existent problems and future working direction. In addition, according to these cultural characteristics of sites, this paper analyses cultural characteristics and industry types, points out some problems such as chronology and stratigraphy.

Through studying lithic technology, industry types, environment and adaptive perspectives, we think that there are some resemblances in cultural connotation, at the same time, they have some local cultural characters between Tianjin area and Circum-Bohai-Sea region. We can deduce that these Upper Paleolithic cultures have close relations by comparing the environmental changes and different cultural types during the Upper Paleolithic in two regions. The unique natural environment provides a stable and comfortable circumstance for the range of behavioral and adaptive strategies of tool fabrication and daily activity adopted by human beings at the sites. According to the above analyses, these sites provide important data for studying behavioral options adopted by hominids between both areas. In addition, they provide meaningful and important materials to explore dispersal of early hominids in Northeast Asia. Authors put forward their own opinions about working emphases. In future, we should carry through comprehensive archaeological investigation and excavation, at the same time, we put up particular researches in virtue of many subjects'methods and means so that search out new and possible points of breakthrough, this paper expects that we will obtain more information about behavioral potions adopted by hominids in the region.

黑龙江穆棱郑家崴子东山旧石器地点的发现与研究*

石 晶[1,3] 李有骞[2] 陈全家[3] 倪春野[4]

（1. 山西大学历史文化学院，太原，030006；2. 黑龙江省文物考古研究所，哈尔滨，150080；3. 吉林大学边疆考古研究中心，长春，130012；4. 穆棱市文物管理所，八面通，157599）

2016年4月20日～5月1日，由黑龙江省文物考古研究所、吉林大学边疆考古研究中心和穆棱市文物管理所组成的旧石器联合调查队对黑龙江省穆棱河中上游展开了为期12天的旧石器考古调查，此次调查在穆棱河两岸的Ⅱ、Ⅲ、Ⅳ级阶地上共发现20处旧石器地点，采集石器近千件，使我们对黑龙江省东部地区的旧石器文化面貌有了进一步的认识。郑家崴子东山地点就是其中之一，共发现石制品112件，在此仅对发现的石器进行介绍。

一、地理位置、地貌与地层

1. 地理位置

郑家崴子东山地点位于黑龙江省穆棱市马桥河镇新站村，地理坐标为北纬44°40′01″，东经130°33′19″，海拔370米。地点西北距新站村1400米，东距头道桥屯1500米，北距马桥河300米，面积约30000平方米（图一）。

2. 地貌与地层

马桥河在地点的东北侧自东向西流过，汇入穆棱河，河谷宽300米，河床宽10米，周围分布有海拔500米左右的群山。

地点位于穆棱河支流马桥河的Ⅱ级阶地上，其地层状况自上而下可分为四层（图二）：

第1层：耕土层，厚20～25厘米；

第2层：黄色亚黏土，厚10～25厘米，出有石制品；

* 本文是“教育部人文社会科学重点研究基地重大项目”（批准号：16JJD780008）中期研究成果。

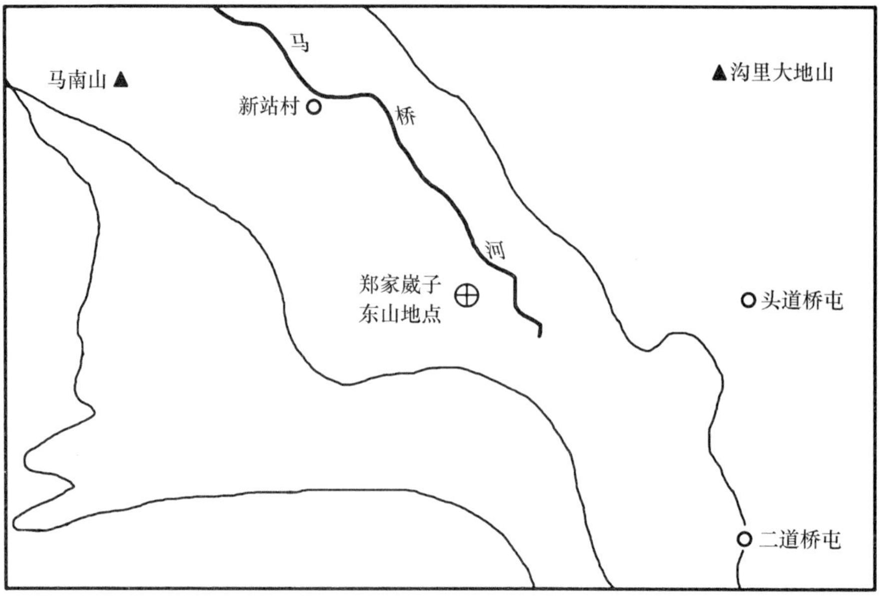

图一　地理位置示意图

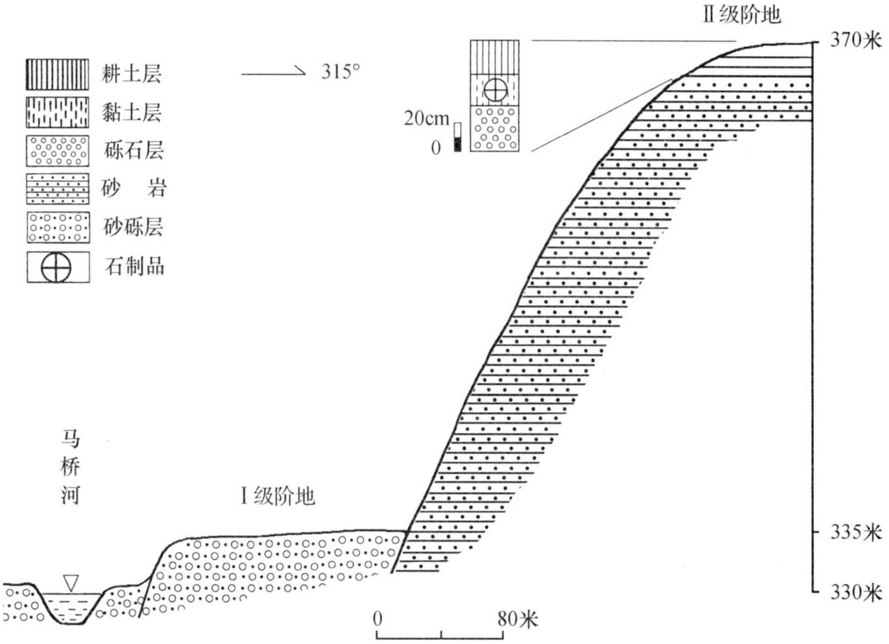

图二　河谷剖面示意图

第3层：砾石层，厚20～30厘米；

第4层：砂岩基岩。

二、石　　器

东山地点发现的石器共112件，可分为石核、石片、工具和断块4类，下面对其进行分类介绍。

（一）石　　核

11件。根据剥片方法不同分为锤击石核和细石核2类。

1. 锤击石核

10件。长19.9～70.7毫米，平均长39毫米；宽24.5～70.7毫米，平均宽51.9毫米；厚13～65.9毫米，平均厚36.2毫米；重9.6～191.8克，平均重76.7克。根据台面数量分为单、双和多台面石核。

单台面　4件。标本16ZD：70，燧石。块状毛坯，长36.6毫米、宽38.6毫米、厚23.2毫米，重25克。人工台面，长15.9毫米、宽36.3毫米，台面角87°；有1个剥片面，共有6个剥片疤，最大的长18.9毫米、宽26毫米。石核采用同向剥片；片疤均为鱼鳞状；延伸程度较远，多占石核长度的1/2以上（图三，1）。

双台面　4件。标本16ZD：45，长56.8毫米，宽58.9毫米，厚33.6毫米，重101.7克。燧石。块状毛坯，自然台面；主台面长36.3毫米，宽47.2毫米，台面角71°；有1个剥片面。共有12个剥片疤，最大的长41毫米，宽19.9毫米。石核采用同向剥片；片疤均为鱼鳞或阶梯状；延伸程度较远，多占石核长度的1/2以上（图三,2）。

多台面　2件。标本16ZD：46，长41.9毫米，宽61.9毫米，厚50.8毫米，重126.9克。石英岩。块状毛坯，有4个人工台面，其两两互为台面进行剥片；主台面长37.1毫米，宽57.9毫米，台面角86°；有1个剥片面。共有14个剥片疤，最大的长27.7毫米，宽24.4毫米。石核采用同向剥片；片疤均为鱼鳞或阶梯状；延伸程度较远，多占石核长度的1/2以上（图三，3）。

2. 细石核

1件。标本16ZD：2，楔形，长16毫米，宽37.8毫米，厚15.3毫米，重8.4克。燧石。核体扁薄，台面狭长，内外侧缘经过了调整，石核的前缘和底缘亦经过修理。剥片面位于核身一侧，经过连续剥片形成5个规整的片疤，最大的长14.8毫米，宽3.1毫米（图三，4）。

图三　石器

1 ~ 3. 锤击石核（16ZD：70、16ZD：45、16ZD：46） 4. 细石核（16ZD：2）

5. 圆头刮削器（16ZD：51） 6. 两面器（16ZD：18）

（二）石　　片

40 件。分为完整石片和断片。

1. 完整石片

29 件。均为锤击石片。长 11.3 ~ 55.6 毫米，平均长 25.4 毫米；宽 8.5 ~ 49.6 毫米，

平均宽27.4毫米；厚1.8～22毫米，平均厚7.4毫米；重0.2～41.5克，平均重6克。石片角68°～109°，平均石片角95.3°。根据台面和背面的关系将其分为4型：

Ⅰ型　台面与背面均为砾石面，1件。标本16ZD：93，长24.1毫米，宽27.1毫米，厚7.2毫米，重4.8克。流纹斑岩。台面长5.4毫米，宽8.3毫米，石片角93°。劈裂面平坦，打击点散漫，有放射线和同心波，无半锥体。石片边缘薄锐，尾端呈羽状（图四，1）。

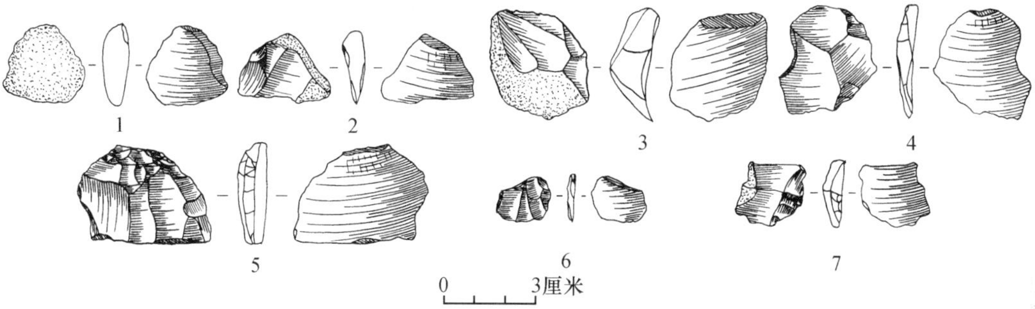

图四　石片

1～4. 完整石片（16ZD：93、16ZD：26、16ZD：72、16ZD：14）

5～7. 断片（16ZD：12、16ZD：102、16ZD：13）

Ⅱ型　天然台面、背面由砾石面与剥片疤构成，2件。标本16ZD：26，长21.7毫米，宽30.3毫米，厚6.8毫米，重3.6克。玄武岩。台面长3毫米，宽9毫米，石片角102°。劈裂面凸，打击点散漫，放射线和同心波清晰，无半锥体；背面有5个同向片疤，自然面占20%。石片边缘薄锐，尾端呈羽状（图四，2）。

Ⅴ型　人工台面、背面由砾石面与剥片疤构成，11件。标本16ZD：72，长31.8毫米，宽37.9毫米，厚13.4毫米，重12.7克。玄武岩。台面长6.8毫米，宽32.8毫米，石片角109°。劈裂面平坦，打击点散漫，有放射线和同心波，无半锥体；背面有6个同向片疤，自然面占45%。石片边缘薄锐，尾端呈羽状（图四，3）。

Ⅵ型　人工台面、背面均为剥片疤，15件。标本16ZD：14，长34.2毫米，宽32.4毫米，厚5.5毫米，重4.3克。石英岩。台面长2.8毫米，宽11毫米，石片角98°。劈裂面微凸，打击点集中，半锥体、放射线和同心波非常清晰；背面有5个同向片疤。石片边缘薄锐，尾端呈羽状（图四，4）。

2. 断片

11件。长13.3～38.6毫米，平均长23.3毫米；宽15～45.1毫米，平均宽26毫米；厚2.4～11.3毫米，平均厚5.7毫米；重0.5～19.4克，平均重4.5克。分为近端、中间和远端断片3类：

近端　7件。标本16ZD：12，长30.6毫米，宽44.6毫米，厚9.1毫米，重10.9

克。石英岩。人工台面，长 3.7 毫米，宽 15.9 毫米，石片角 98°；劈裂面平坦，打击点散漫，半锥体、放射线和同心波清晰。背面有 13 个同向片疤，无自然面保留。远端为断口（图四，5）。

中间　1 件。16ZD：102，长 13.3 毫米，宽 17.6 毫米，厚 2.4 毫米，重 0.5 克。石英岩。劈裂面平坦，有放射线和同心波。背面有 5 个同向片疤，无自然面保留。近端和远端均为断口（图四，6）。

远端　3 件。标本 16ZD：13，长 19.8 毫米，宽 22.5 毫米，厚 5.6 毫米，重 2.2 克。燧石。劈裂面平坦，有放射线和同心波。背面有 5 个同向片疤，自然面占 20%。近端为断口，远端为羽状（图四，7）。

（三）工　　具

31 件。可分为二类（未经修理直接使用的石片）和三类（经过加工修理）工具。

1. 二类工具

11 件，均为刮削器。长 16.9 ~ 64.5 毫米，平均长 37.1 毫米；宽 12.4 ~ 55.8 毫米，平均宽 32.5 毫米；厚 5.2 ~ 18.1 毫米，平均厚 9.6 毫米；重 1 ~ 46.7 克，平均重 12.9 克；刃角 13° ~ 42°，平均刃角 31.9°；刃长 14 ~ 45 毫米，平均刃长 28.2 毫米。根据刃缘数量和形态可以分为 3 类：

单直刃　3 件。标本 16ZD：96，长 17.8 毫米，宽 15 毫米，厚 6.9 毫米，重 1.6 克。玛瑙。人工台面。劈裂面凸，打击点集中，半锥体、放射线和同心波均清晰。背面均为石片疤。刃角 35°，刃长 15 毫米，背面侧留有一层连续的使用疤（图五，1）。

单凸刃　7 件。标本 16ZD：6，长 31.9 毫米，宽 31.9 毫米，厚 7.1 毫米，重 7 克。石英岩。人工台面。劈裂面平坦，打击点散漫，有放射线和同心波均。背面均为石片疤。刃角 40°，刃长 28 毫米，背面侧留有一层连续的使用疤（图五，2）。

双直刃　1 件。16ZD：59，长 41.7 毫米，宽 42.8 毫米，厚 12.8 毫米，重 16.9 克。流纹岩。自然台面。劈裂面凸，打击点集中，放射线和同心波均清晰。背面均为石片疤。刃角分别为 30° 和 24°，刃长为 24.4、17.7 毫米，背面侧留有一层连续的使用疤（图五，3）。

2. 三类工具

20 件。分为刮削器、尖状器、圆头刮削器、凹缺器和两面器 5 类。

（1）刮削器

12 件。长 21.7 ~ 101.5 毫米，平均长 56.6 毫米；宽 14.4 ~ 76.9 毫米，平均宽 43.5 毫米；厚 3.2 ~ 32.7 毫米，平均厚 14.3 毫米；重 1.7 ~ 162.4 克，平均重 42.9 克；刃角

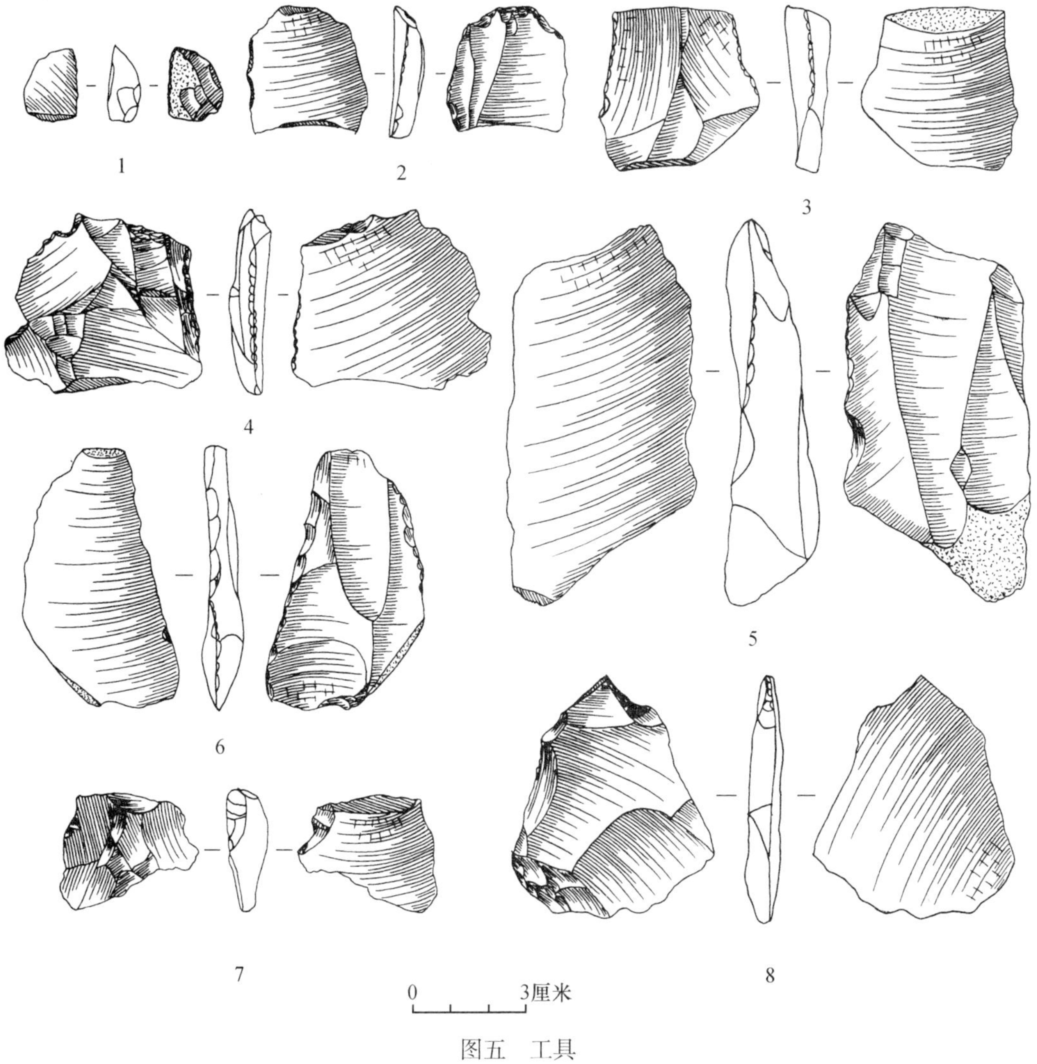

图五 工具

1～3. 二类刮削器（16ZD：96、16ZD：6、16ZD：59） 4～6. 三类刮削器（16ZD：56、16ZD：69、16ZD：21）
7. 凹缺器（16ZD：28） 8. 尖状器（16ZD：35）

28°～73°，平均刃角 37.6°；刃长 13～71 毫米，平均刃长 36.8 毫米。根据刃缘数量和形状可分为 3 类。

单直刃 5 件。标本 16ZD：56，长 46.4 毫米，宽 51 毫米，厚 9 毫米，重 18.6 克。石英岩。毛坯台面为人工台面；背面均为石片疤；劈裂面微凸，打击点散漫，有清楚的同心波和放射线。刃角 30°，刃长 29 毫米。刃部采用锤击法正向加工；背面有二层连续修疤，形状有鱼鳞和阶状两种；最大的长 4 毫米，宽 11 毫米；加工距离中等（图五，4）。

单凸刃 6 件。标本 16ZD：69，长 101.5 毫米，宽 47.9 毫米，厚 19.2 毫米，重 86.7 克。玄武岩。毛坯台面为人工台面；背面约保留 15% 的自然面；劈裂面平坦，打击点散漫，有清楚的同心波和放射线。刃角41°，刃长71毫米。刃部采用锤击法正向加工；背面有一层连续的鱼鳞状修疤；最大的长3毫米，宽12毫米；加工距离较近（图五，5）。

直凸刃　1件。标本16ZD：21，长66.1毫米，宽40.2毫米，厚9.1毫米，重21.1克。玄武岩。毛坯台面为自然台面；背面约保留15%的自然面；劈裂面平坦，打击点散漫，有清楚的同心波和放射线。刃角分别为29°和25°，刃长为55、35毫米。刃部均采用锤击法正向加工；背面有一层连续的鱼鳞状修疤；最大的长3毫米，宽8毫米；加工距离较近（图五，6）。

（2）尖状器

2件。标本16ZD：35，长62.2毫米，宽53.6毫米，厚7.1毫米，重17.8克。石英岩。毛坯台面为人工台面；背面均为石片疤；劈裂面平坦，打击点散漫，有清楚的同心波和放射线。尖刃角为87°，组成尖刃的两边分别长24.2、16.4毫米。刃部采用锤击法正向加工；背面有一层连续的鱼鳞状修疤；最大的长2.5毫米，宽3.1毫米；加工距离较近（图五，8）。

（3）圆头刮削器

2件。

16ZD：51，长27.5毫米，宽25.6毫米，厚9.5毫米，重7.1克。燧石。毛坯台面为人工台面；背面约保留30%的自然面；劈裂面平坦，打击点散漫，有清楚的同心波和放射线。刃角77°，刃长25毫米。刃部采用锤击法正向加工；背面有二层连续的鱼鳞状修疤；最大的长6.4毫米，宽3.2毫米；加工距离中等（图三，5）。

16ZD：52，长28.4毫米，宽20.8毫米，厚10.1毫米，重5.3克。黑曜岩。毛坯台面为人工台面；背面均为石片疤；劈裂面平坦，打击点散漫，有清楚的同心波和放射线。刃角62°，刃长20.8毫米。刃部采用锤击法正向加工；背面有一层连续修疤，修疤有鱼鳞和阶梯状两种；最大的长8.4毫米，宽3.8毫米；加工距离中等。

（4）凹缺器

2件。标本16ZD：28，长30.4毫米，宽36.1毫米，厚9.8毫米，重6.2克，燧石。毛坯台面为人工台面；背面均为石片疤；劈裂面凸，打击点集中，有清楚的同心波和放射线。刃角50°，刃长15.4毫米。刃部采用锤击法反向加工；劈裂面有二层连续的鱼鳞状修疤；最大的长3毫米，宽7.5毫米；加工距离中等（图五，7）。

（5）两面器（残）

2件。标本16ZD：18，长37毫米，宽37.9毫米，厚7.4毫米，重7.2克，石英岩。工具通体经过加工，修疤有鱼鳞和阶梯状两种，最大的长7.9毫米，宽11.1毫米。应为两面器的残断部分（图三，6）。

（四）断　　块

30件。长9.7 ~ 100毫米，平均长38.5毫米；宽7.4 ~ 74.3毫米，平均宽30.3毫米；厚1.8 ~ 36毫米，平均厚14.1毫米；重0.1 ~ 118.1克，平均重23.1克。表面多由片疤、节理面或自然面组成，不能归入其他类别，应为石器加工过程中的备料或废品。

三、结　　语

1. 石器工业特征

（1）东山地点石制品的原料较为丰富，共涉及9个类别，其中燧石、石英岩和玄武岩的数量最多，分别占总数的36.7%、23.2%和18.8%，其余数量则较少。从原料的质量来看，质地多细腻而坚硬，优质原料较多（图六）。

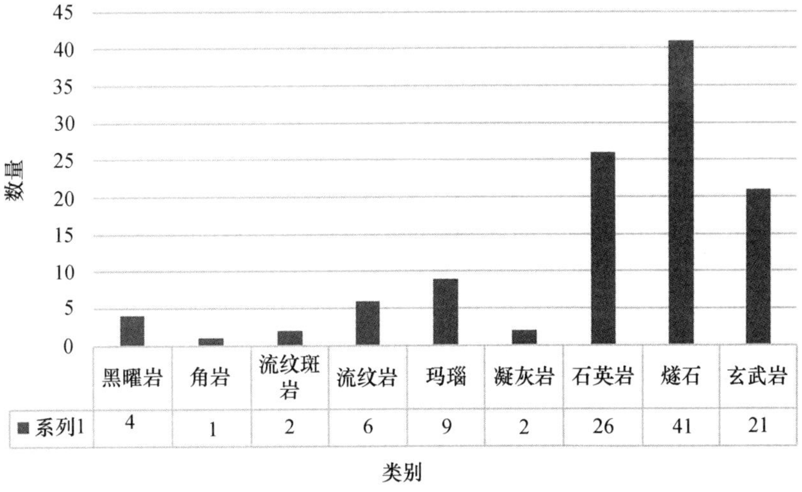

图六　原料利用情况

（2）从尺寸来看，东山地点石制品多数为小、中型。类型有石核、石片、工具和断块4类，其中石核中既有锤击石核也有细石核，工具类别也很丰富，有刮削器、尖状器、圆头刮削器、凹缺器和两面器5类（图七）。

（3）从地点中发现的石核和石片看，地点中存在锤击和细石叶两种剥片技术。锤击石核多使用人工台面进行剥片，剥片疤数量较多，片疤延伸程度较远，石核上可见两个面互为台面进行剥片的情况。

（4）地点中的修理工具除1件为块状毛坯外，其余均以锤击石片为毛坯；工具以单刃器为主；多使用硬锤对刃部进行单向加工，修疤有鱼鳞和阶梯状两种，延伸程度

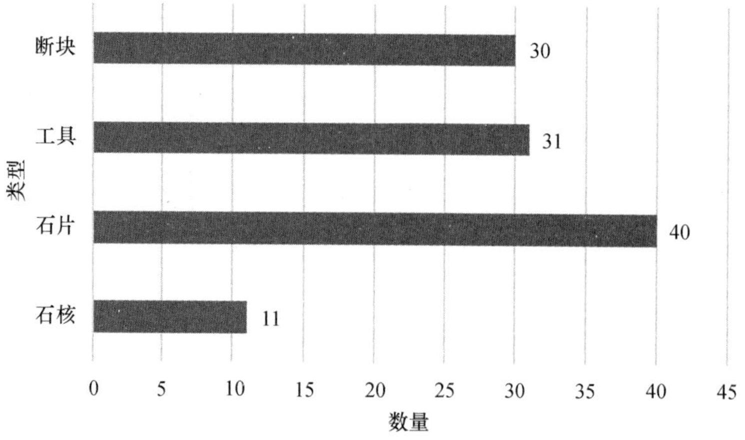

图七　石制品类型统计图

多为中等。工具中的端刮器刃缘修疤细密，刃角较大，而两面器更是达到了通体加工的程度。

2. 文化面貌及年代

与东北其他地区一样，黑龙江境内发现的旧石器也主要分为大石器（老沟河[1]、小南山[2]遗址等）、小石器（荒山[3]、顾乡屯[4]遗址等）和细石器（昂昂溪[5]、十八站[6]遗址等）三种工业类型。从目前的发现情况来看，三种工业类型在地域上呈现出从东到西集中分布的状况。从年代方面来看，黑龙江境内发现的旧石器集中分布在旧石器时代晚期，其中以细石器工业类型的遗存较为丰富。

东山地点位于黑龙江省的东部地区，经过对发现的石器进行初步观察发现，从石器组合来看，绝大部分为小石器，但也存在部分细石器特征的石器，如细石核、端刮器和两面器等，文化面貌较为丰富。从原料来看，东山地点与黑龙江境内已经发现的具有细石器特征的遗址相类似，多选择质地较好且坚硬的硅质岩、燧石、玛瑙等进行制作。

由于东山地点发现于河流的Ⅱ级阶地上，且包含有部分具有细石器特征的石器，所以从其发现环境和石器的面貌来看，暂时将东山地点的年代定为旧石器时代晚期。

3. 意义

根据黑龙江境内以往的旧石器遗址发现情况来看，东部地区发现的地点较少，最为主要的仅小南山遗址一处。这次对穆棱河流域的系统调查，无论在地点数量或石器文化面貌上，都为这一区域的旧石器研究工作做出了较大贡献。对这些遗址的进一步研究定能揭示更多的有关古人类文化与技术特点和演变、生存环境、计生方式和适应行为的信息。对这一地区旧石器文化性质、石器原料的来源、人类生存环境以及与周邻地区文化的交流等方面的研究具有重要的学术意义。

附记：参加调查人员有黑龙江省文物考古研究所李有骞主任；吉林大学边疆考古研究中心陈全家教授、李万博博士、崔祚文硕士；穆棱市文体新局原辉副局长；穆棱市文物管理所倪春野所长、张利军、张忠权和姚磊。调查期间得到黑龙江省文物考古研究所、吉林大学边疆考古研究中心、穆棱市政府和文物管理所等单位领导的大力支持，在此一并表示感谢。

注 释

[1] 杨大山. 漠河出土的打制石器 [J]. 黑龙江文物丛刊，1982（1）：1-4.

[2] 杨大山. 饶河小南山新发现的旧石器地点 [J]. 黑龙江文物丛刊，1981（创刊号）：49-52.

[3] 干志耿，孙秀仁. 黑龙江古代民族史纲 [M]. 哈尔滨：黑龙江人民出版社，1986：22-51.

[4] 孙建中. 松辽平原旧石器考古问题 [J]. 黑龙江文物丛刊，1983（2）：48-54.

[5] 黄慰文，张镇洪，缪振棣，等. 黑龙江昂昂溪的旧石器 [J]. 人类学学报，1984，3（3）：234-243.

[6] 魏正一，干志耿. 呼玛十八站新发现的旧石器 [J]. 求是学刊，1981（1）：118-120.

Analysis of the Stone Artifacts Found on the Dongshan Paleolithic Locality of Zhengjiawaizi, Heilongjiang Province

SHI Jing LI You-qian CHEN Quan-jia NI Chun-ye

The Dongshan Paleolithic Locality, which was located in Muling, Heilongjiang Province, was found in April, 2016. The locality was on the second terrace of Maqiao River. There were 112 stone artifacts collected on the locality, including cores, microblade cores, flakes, scrappers, endscrappers, points, notches, bifaces and debris. The raw materials were mainly flints, quartzites and basalts. The principal flaking and retouching technique was direct hard hammer percussion, while soft hammer had probably also been used when modifying bifacial preforms of microblade cores or tools. The locality may be dated to the Late Pleistocene.

吉林省图们市磨盘村山城 2013～2015年发掘简报*

吉林省文物考古研究所　延边朝鲜族自治州文物保护中心

磨盘村山城亦称城子山山城，位于吉林省延边朝鲜族自治州图们市长安镇磨盘村七队，地处图们、延吉两市交界，西距延吉市区5千米，东距图们市区20千米。布尔哈通河绕山城南、东、北三面蜿蜒向北流去，海兰江在城南1千米处汇入布尔哈通河（图一；图版一，1）。

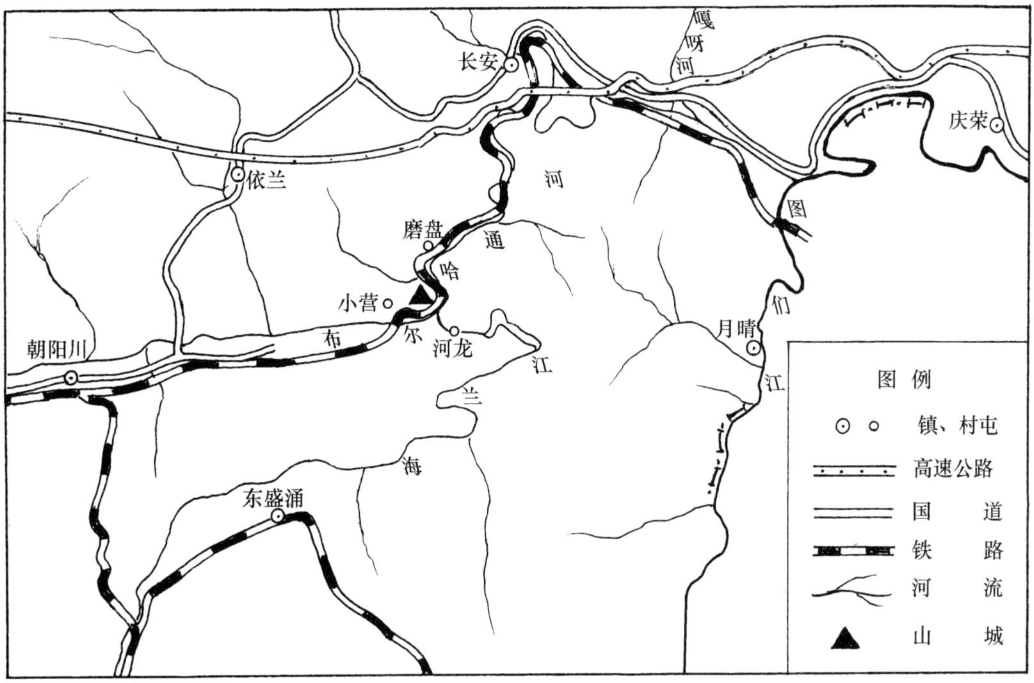

图一　磨盘村山城地理位置示意图

山城修筑在一座呈盆状的独立山体城子山上，平面近阔叶形，城垣依山势沿山脊或山腹以石块砌筑，周长4549米。共有门址4处，北门、东门、西门是主要门址，均设有瓮城，东南门为便门。城内地势开阔，多为平缓的台地、坡地，遗存十分丰富，

* 本文为国家社科基金专项项目（编号：17VGB013）阶段成果。

有天泰年款的“南京路勾当公事之印”等东夏国（1215～1233年）遗存，也有红褐色网格纹、绳纹建筑瓦件等早于东夏国的遗存。2006年，磨盘村山城被国务院公布为第七批全国重点文物保护单位。

为了确认磨盘村山城的始建年代，并且为制定《吉林省图们市磨盘村山城保护规划》提供考古支撑，经国家文物局批准，2013～2015年，吉林省文物考古研究所、延边朝鲜族自治州文物保护中心联合对磨盘村山城的冶炼作坊、东门、北门、1号角楼、1～3号建筑基址、1～2号院落等遗迹进行了考古发掘（图二），总发掘面积2600平方米，出土陶建筑构件、陶器、铁器、石器、铜钱等各类遗物千余件。

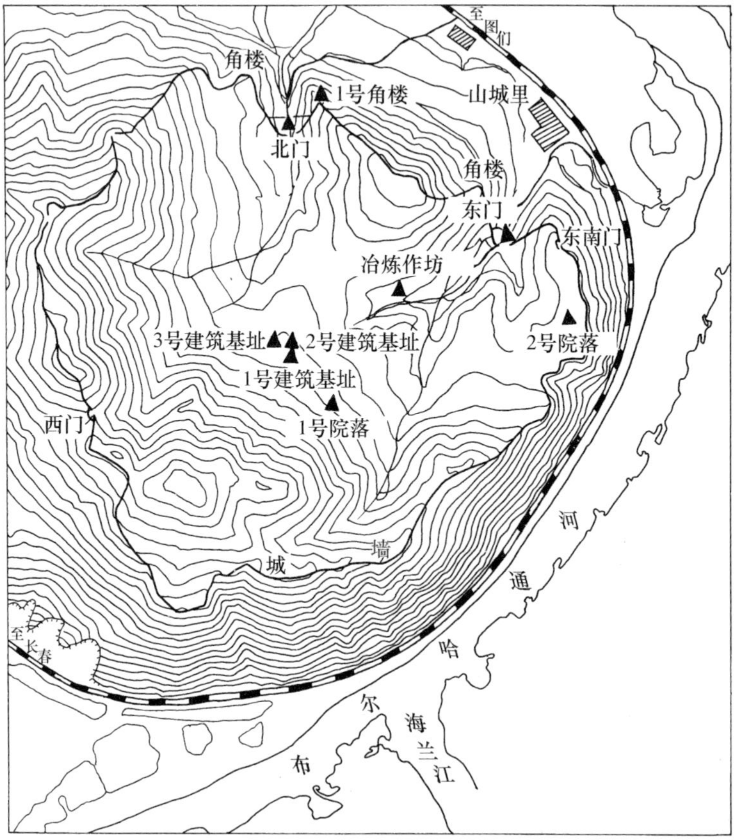

图二　2013～2015年发掘遗迹分布示意图

一、冶炼作坊

2013TMF1，位于东门西南约150米的缓坡台地。开口于第3层下，第1层为耕土层，厚15～20厘米，第2、3层为厚40～50厘米的自然流沙堆积层。

2013TMF1东西长13、南北宽4.5米，按功能分为东西两区，整体保存状况一般。

东区为冶炼操作区，发现冶炼灶址两处。2013TMF1Z3位于房屋东侧，平面呈椭圆形，圜底，长轴 0.7、短轴 0.56、深 0.3 米，灶坑壁和灶口因长期烧烤十分坚硬，呈砖红色。2013TMF1Z4 位于 F1Z3 西南，形制与 2013TMF1Z3 基本相同，长轴 0.65、短轴 0.55、残深 0.1 米。2013TMF1Z4 西侧发现两个大小近似、与冶炼相关的小圆坑，直径 0.25 ~ 0.3、深 0.2、间距 0.1 米，坑壁坚硬，局部贴附碎瓦，有砖红色烧烤痕迹，附近出土一件铁质坩埚。

西区为起居区，清理火炕一座。火炕位于房屋西侧、北侧，整体呈曲尺形，由双股烟道上覆石板或板瓦构成。北炕狭长，东西长 9.5、南北平均宽 1 米。烟道直接挖于房内黄土地面，顶部覆盖石板或板瓦。东端连接灶址 2013TMF1Z1，该灶已被破坏，具体形制不详。西炕较短，南北长 3、东西平均宽 1 米。烟道两壁均用条石修砌，中部以条石间隔，上覆石板。南侧接一灶址 2013TMF1Z2，圆形，圜底，灶口用石块围成，直径 1、深 0.2 米。

北、西两炕在西北角相交后，烟道合为一条向北延伸，至房外的烟囱。烟囱已遭破坏，仅剩基座石块等残迹。

房内的居住面较平整、坚硬，用纯净的黄砂土铺垫而成。地面发现两具完整人骨。人骨 A 为女性，位于 2013TMF1Z2 东北，仰头，头向西北，眉心塌陷，左颊贴地，整体呈俯卧状，左臂压在身下，右臂前伸似挣扎状，右手在腕处离断，掌骨缺失，双腿后屈。人骨 B 为男性，位于人骨 A 北侧，相距约 0.2 米，俯卧，头向东南，两臂均向体内侧弯曲，右手压于身下，双腿弯曲交叉，左小腿压在右小腿之上。

房外北部和东部修筑排水沟用以疏导北面山坡泻下的雨水，东西向，长 12.7、平均宽 0.3、深 0.15 米（图三）。

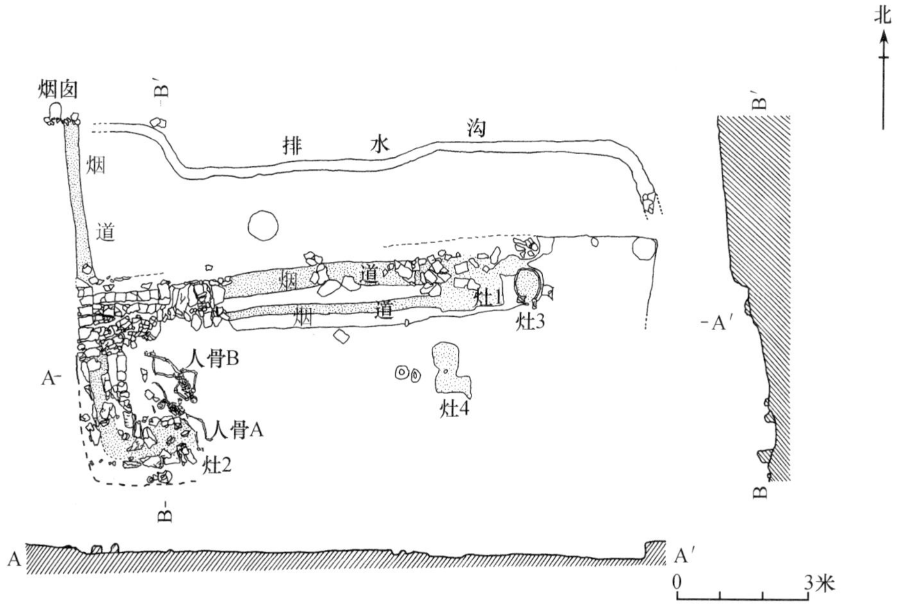

图三　冶炼作坊遗址平、剖面图

房址东侧叠压有红褐色网格纹、绳纹建筑瓦件，但为了使东夏国时期这座珍贵的冶炼作坊得以完整保存，终止了此次发掘。

F1 出土遗物较少，有陶器、铁器、陶建筑构件等。

陶盆　2013TMF1：17，夹细砂灰陶，轮制。侈口，卷沿，弧腹。口径 57.6、残高 14 厘米（图四，2）。

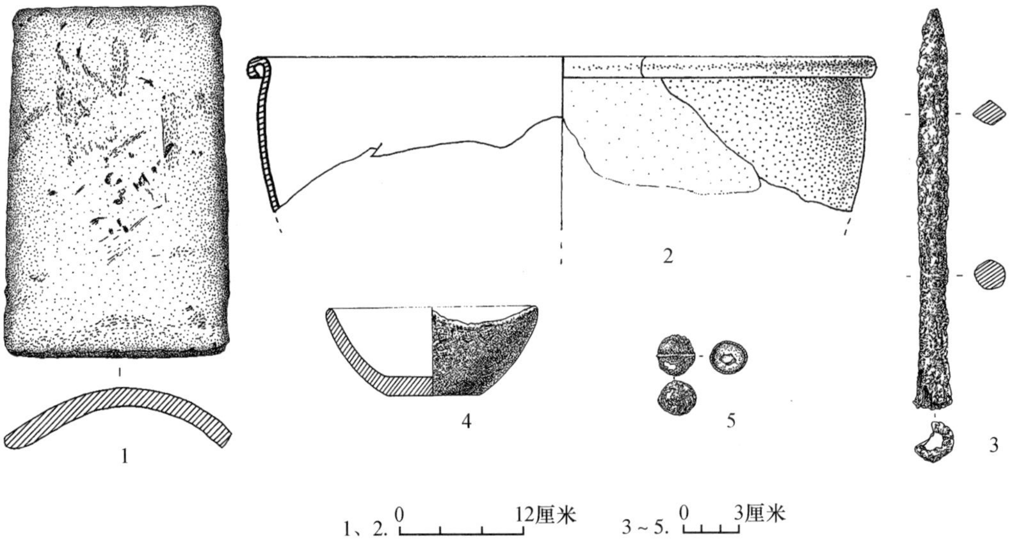

图四　冶炼作坊出土遗物

1. 板瓦（2013TMF1：3） 2. 陶盆（2013TMF1：17） 3. 铁矛（2013TMF1：18）
4. 铁坩埚（2013TMF1：21） 5. 铁铃（2013TMF1：19）

铁矛　2013TMF1：18，锻制。矛尖较圆钝，矛身两侧中部起脊，横截面呈菱形，尾端有管銎，銎孔边缘翻卷。通长 22、矛身横截面边长 1.2、銎径 2.3 厘米（图四，3）。

铁铃　2013TMF1：19，范铸。圆球形，中空，表面正中有一周凸棱，底部有一条开口，铃内置一小铁块。直径 1.7～2.2 厘米（图四，5）。

铁坩埚　2013TMF1：21，敞口，圆唇，斜腹微弧，平底。口径 11、底径 4.8、高 4.5 厘米（图四，4；图版五，4）。

板瓦　2013TMF1：3，夹砂灰陶，模制。凸面素面，凹面有细密布纹。平面呈长方形，两端宽度微有差别。长 29.6、宽 17.8～19.7、厚 1.2～1.5 厘米（图四，1）。

二、东　　门

2014TMDM 位于山城东北，依山体谷口自然地势修筑，城门外设有瓮城。

瓮城平面近扇形，瓮墙土筑，呈西北—东南向与城墙连接。瓮墙西段保存较好，残长 26、宽 4.75、现存最高 4.65 米，分为上下两部分，共 22 层。上部为第 1～15 层，厚 2.35 米，灰褐或黑褐色砂土，土质紧实致密，夯层明显。下部为第 16～22 层，厚 2.3 米，第 16 层为石块层，并掺杂有红褐色网格纹瓦砾，第 17～22 层为黄色或黄灰色砂土，土质相对疏松，夯层不明显。瓮墙东段多被山水冲毁。瓮门门道长 8、宽 2.8 米，门道正中发现横向木质地栿，残存两个卯槽，附近出土已严重朽烂的木柱，推测瓮门应为上下起落的闸式木栅门。

城门位于瓮门西南 46 米，两侧以人工修整石块内部填充石砂的方法修筑方形门墩。西侧门墩保存相对较好，南北长 8.5、东西宽 3.1、现存高度 2.9 米（图版一，2）。东侧门墩西南角上部略有坍塌，南北长 5.3～8.3、东西宽 5～7.7、现存高度 4.7 米。门道西南高、东北低，长 8.6、宽 3.63 米，铺垫黄砂土，较为平整。门道中央两侧各有一块门砧石，平面呈“凹”形，一端有固定门轴的圆形凹窝。此外，在门道两侧还各出土一块经扰动斜立于门墩墙边的门枕石，平面呈方形，上方修整出凸起的圆台，与其共生的遗存还有红褐色绳纹和网格纹建筑瓦件。由此可知，城门经过两次修筑。

东门城门出土遗物有陶器、铁器、礌石、建筑瓦件等。

陶罐　2013TMDMC：109，泥质灰陶，轮制。侈口，卷沿，沿部翻卷后与器表贴合，弧腹。口径 13.2、残高 7 厘米（图五，2）。

陶瓮　2013TMDMC：135，泥质灰陶，轮制。侈口，卷沿。口径 48、残高 8 厘米（图五，1）。

铁钉　2013TMDMC：148，锻制。钉首扁平直立，前端平直，钉身横截面

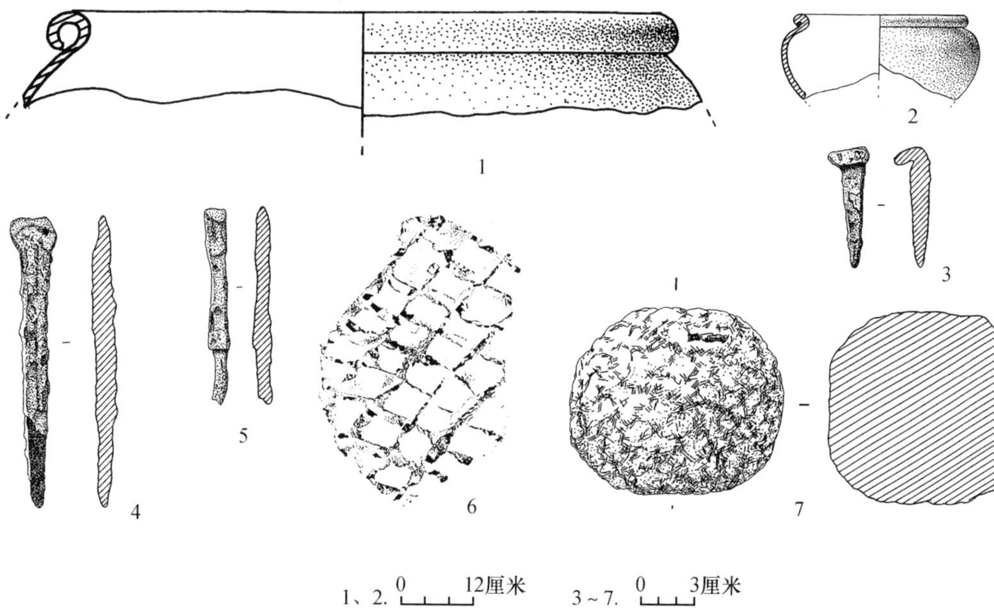

图五　东门城门出土遗物

1. 陶瓮（2013TMDMC：135） 2. 陶罐（2013TMDMC：109） 3、4. 铁钉（2013TMDMC：33、2013TMDMC：148） 5. 铁镞（2013TMDMC：27） 6. 板瓦拓片（2014TMDMC：203） 7. 礌石（2014TMDMC：132）

长方形。通长12.6、钉首宽2.2、钉身横截面最长1.2、最宽0.8厘米（图五，4）。2013TMDMC：33，锻制。钉首扁平，向下弯折，钉身较短，横截面长方形。通长5.2、钉首宽2、钉身横截面最长1、最宽0.7厘米（图五，3）。

铁镞　2013TMDMC：27，锻制。凿形镞尖，直锋，亚腰镞身，镞身横截面方形，铤尾部残。通长8.5、镞身长6.1、铤残长2.4、锋宽0.8厘米（图五，5）。

礌石　2014TMDMC：132，整体近球形，表面凹凸不平。直径16～17厘米（图五，7）。

板瓦　2014TMDMC：203，泥质红褐陶。凸面饰网格纹，凹面饰布纹（图五，6）。

三、北　　门

2014TMBM位于山城正北，依山体谷口自然地势修筑，城门外设有瓮城。

瓮城平面呈弓形，瓮墙笔直，两端与南侧半弧形城墙相接。西侧瓮墙为土石混筑，两次修筑，先夯土修筑，后在夯土墙两侧加筑石墙，现存最高3.5、最宽11.5米。东侧瓮墙已被冲毁。瓮门设在瓮墙中部偏西，门道长3.8、宽2.85米，两侧及门道正中均发现带有卯槽的木质地栿，个别卯槽内残存木柱，推测瓮门应为上下起落的闸式木栅门（图版二，1）。门道堆积中出土大量陶碟、陶盆等器物残片，推测瓮门之上设有箭楼。

城门位于瓮门以南45米，门道略呈北宽南窄，长6、宽1.6～2.3米，地面铺垫黄砂土，较为平整。门道两侧发现保存相对完好的木质地栿，与瓮门出土地栿相同，均带有卯槽，可见城门亦为上下起落的闸式木栅门，之上也设有箭楼。

城门东、西两侧有门墩。门墩外壁以修整的块石包砌，内部填充黄砂土，顶部均已遭破坏。西侧门墩保存相对较好，长13～13.5、宽4.5～7.3、高4.4米。东侧门墩西北角坍塌严重，长13.8、宽4.6～6.9、高4.35米，东南角设五级石砌踏步通往门墩顶部。

东侧门墩西南角有一座与门墩相连的小型房址2014TMF2，东西宽2.4、南北长5.15米。门道设在南侧，东南灶址连接三条并列的石砌烟道向北延伸，烟道上方覆盖石板构成火炕。灶长1、宽0.5、深0.2米，火炕长2.8、宽0.8～1.7米（图六；图版二，2）。

北门瓮门出土遗物有陶器、铁器、礌石等。

陶罐　2014TMBMW：181，夹细砂灰陶，轮制。侈口，卷沿，沿部翻卷后与器表贴合，肩部有对称竖桥耳。口径17.2、残高10.8厘米（图七，1）。2014TMBMW：223，泥质灰陶，轮制。直口，尖圆唇，矮立领，溜肩，肩部贴附的器耳已脱落。口径9.4、残高6厘米（图七，2）。

陶盆　2014TMBMW：43，泥质灰陶，轮制。敞口，卷沿，斜腹微弧，平底。口径28、底径18、高10厘米（图七，3）。

陶碟　2014TMBMW：13，泥质灰陶，轮制。敞口，方唇，浅腹斜直，平底。口

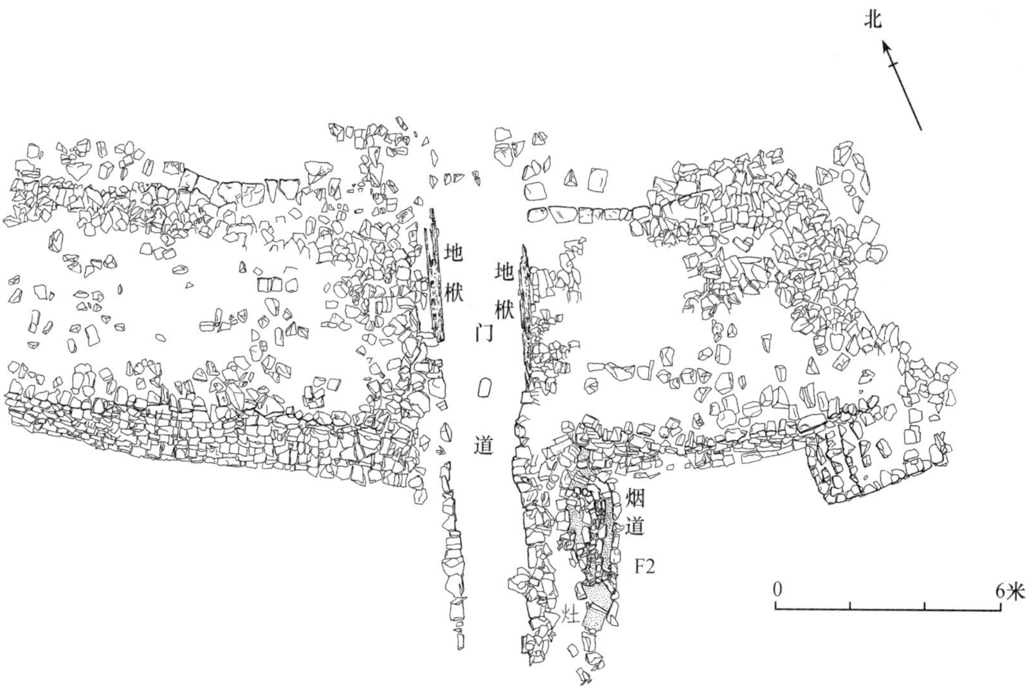

图六　北门城门平面图

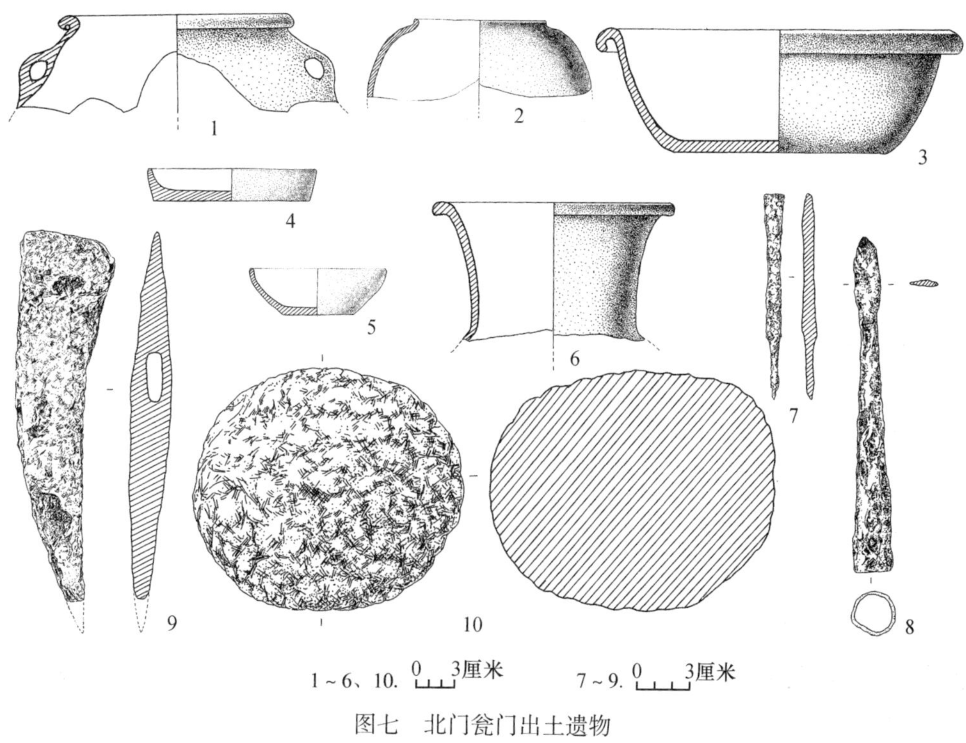

图七　北门瓮门出土遗物

1、2. 陶罐（2014TMBMW：181、2014TMBMW：223） 3. 陶盆（2014TMBMW：43） 4、5. 陶碟（2014TMBMW：13、2014TMBMW：22） 6. 陶壶（2014TMBMW：208） 7. 铁镞（2014TMBMW：48） 8. 铁矛（2014TMBMW：7） 9. 铁镐斧（2014TMBMW：3） 10. 礌石（2014TMBMW：105）

径13、底径12、高2.4厘米（图七，4）。2014TMBMW：22，泥质黑灰陶。敞口，圆唇，斜弧腹，平底。口径10.5、底径5.5、高3.5厘米（图七，5）。

陶壶　2014TMBMW：208，夹细砂灰陶，轮制。侈口，窄平沿外展，圆唇，粗长颈，颈以下残。口径18、残高11厘米（图七，6）。

铁镞　2014TMBMW：48，锻制。凿形镞尖，直锋，亚腰镞身，横截面方形，铤较短。通长10.6、镞身长7.6、铤长3、锋宽1厘米（图七，7）。

铁矛　2014TMBMW：7，锻制。矛身扁平呈桂叶形，长管銎。通长17.3、矛身长4、最宽1.4、最厚0.3、銎长13.3、銎口径2.2厘米（图七，8）。

铁镐斧　2014TMBMW：3，锻制。宽端为斧，刃微弧，尖端为镐，尖微残，中部有圆角长方形銎孔。残长19、斧刃宽5、最厚2.5、銎孔长2.5、銎孔宽0.8厘米（图七，9）。

礌石　2014TMBMW：105，整体近球形，表面凹凸不平。直径18～22厘米（图七，10）。

四、1号角楼

2014TMJL1位于北门东北城墙转角处，此处视野极为开阔，山城西、北方向沟谷一览无遗。

2014TMJL1顶部地层堆积简单，揭除厚15～25厘米的表土和10～50厘米自然形成的黄沙，即为JL1的地面。墙体周围地层堆积较厚，表土厚15～30厘米，其下是40～70厘米自然形成的黄沙层，然后可见2米余厚的灰黄色倒塌堆积。

2014TMJL1为方柱形的高台建筑，西、北、东三面以人工修整的方形或条形石块砌筑墙体，内部填充碎石和黄沙，南壁与城墙相接。墙基部分加宽，凸出墙体0.1～0.25米。墙基外侧地面均铺宽0.7～1米的石块。西壁长8、高2.6～3.4米，北壁长9、高2.8米，东壁长11、高2.8～3.9米。JL1顶部破坏严重，出土有陶器残片和较多的铁钉、铁镞，墙边出土门把手、门挂件等遗物，推测JL1顶部有亭阁类建筑设施（图版三，1）。

2014TMJL1出土遗物有陶器、铁器。

陶瓮　2014TMJL1：68-1，泥质黄褐陶，轮制。侈口，卷沿。口径48、残高17.2厘米（图八，1）。

铁钉　2014TMJL1：2，锻制。钉首卷曲，钉身横截面长方形，尖残。通长12.9、钉首宽1.7、钉身横截面最长1.1、宽0.5厘米（图八，2）。

铁镞　2014TMJL1：50，锻制。凿形镞尖，直锋，微亚腰，镞身横截面呈八边形，铤较长，铤横截面呈圆角方形，铤尖微残。通长13、镞身长4.8、铤残长8.2厘米（图八，3）。

铁门把手　出土2件，形制完全相同。2014TMJL1：3，锻制。以横截面圆形的铁条弯曲成“U”形，两端外展，端头锻打成菌状，各挂一个由横截面长方形的铁条对弯

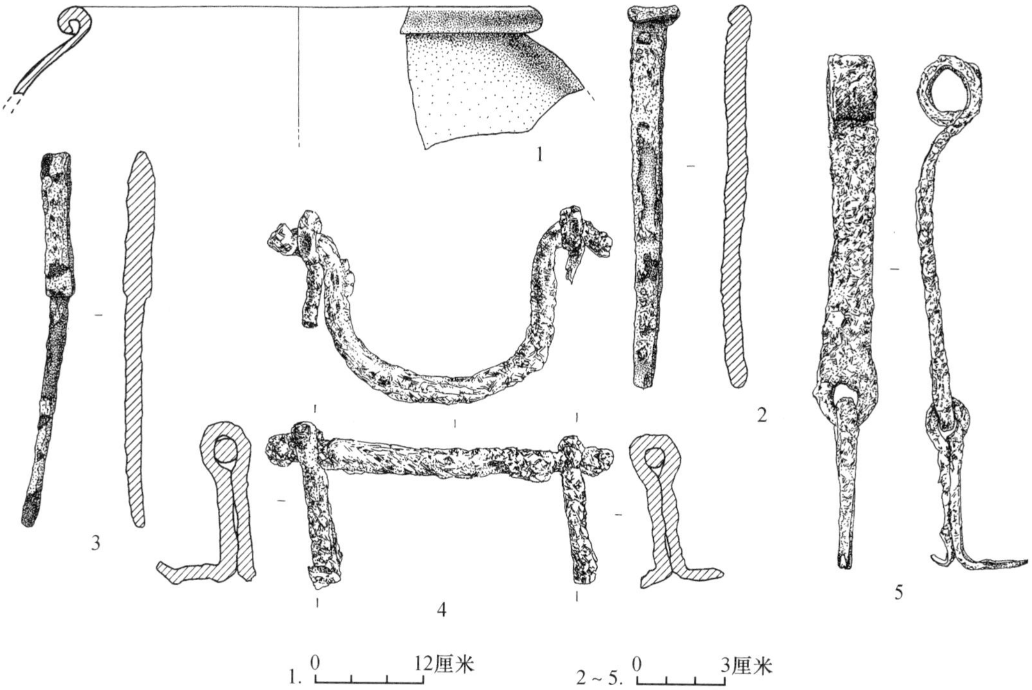

图八 1号角楼出土遗物

1. 陶瓮（2014TMJL1∶68-1） 2. 铁钉（2014TMJL1∶2） 3. 铁镞（2014TMJL1∶50）
4. 铁门把手（2014TMJL1∶3） 5. 铁门挂件（2014TMJL1∶5）

而成的环鼻，环鼻均微残，下部外折。通长 12.2、宽 7、把手横截面直径 1～1.2、环鼻长 5.5 厘米（图八，4）。

铁门挂件 出土 2 件，形制完全相同。2014TMJL1∶5，锻制。主体为扁平铁条，前端卷曲成圆环，尾端呈弧形，有一圆形穿孔，孔内挂一个由横截面方形的铁条对弯而成的环鼻，环鼻尾部尖锐，较长的一侧外折，较短的一侧呈钩状上翘。通长 17.8、挂件主体长 13、宽 1.5～2、厚 0.5、环鼻长 5.8 厘米（图八，5）。

五、大型建筑基址

山城中心有一处大型建筑群，经考古钻探，已初步认定有 11 座形制相同、方向和规格略有不同的建筑基址。建筑群呈阶梯状由北向南渐高，共 7 级台地，平均高差 1 米余。2014、2015 年度清理了 3 座大型建筑基址（图版三，2）。

2014TMJ1 平面长方形，坐南朝北，方向 22°。东西长 28.1、南北宽 10.5 米。共有东西五排础石，自北向南第一、五两排为 21 块，间距 1.2 米，第二、四两排为 16 块，中间第三排为 5 块，间距 4.4 米，第一、二、四、五排础石行距 2.6 米。础石均经人工修整，边长 40～60 厘米（图九）。

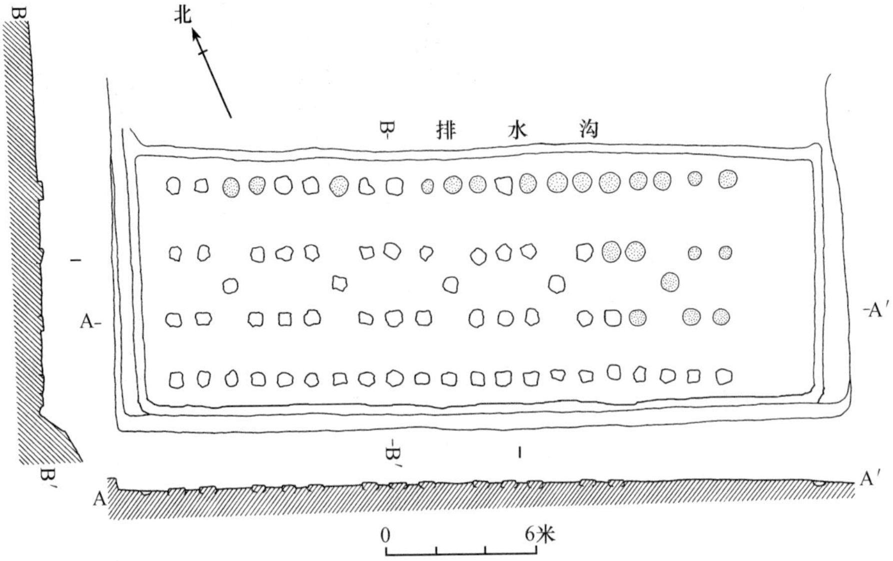

图九　1号建筑基址平、剖面图

2015TMJ2位于2015TMJ1北侧低一级台地上，2015TMJ3位于2015TMJ2西侧再低一级台地上。两处建筑址础石布局与2015TMJ1雷同，只是规模略小。2015TMJ2东西长25.1、南北宽11米（图一〇）。2015TMJ3东西长24.5、南北宽10.5米（图一一）。

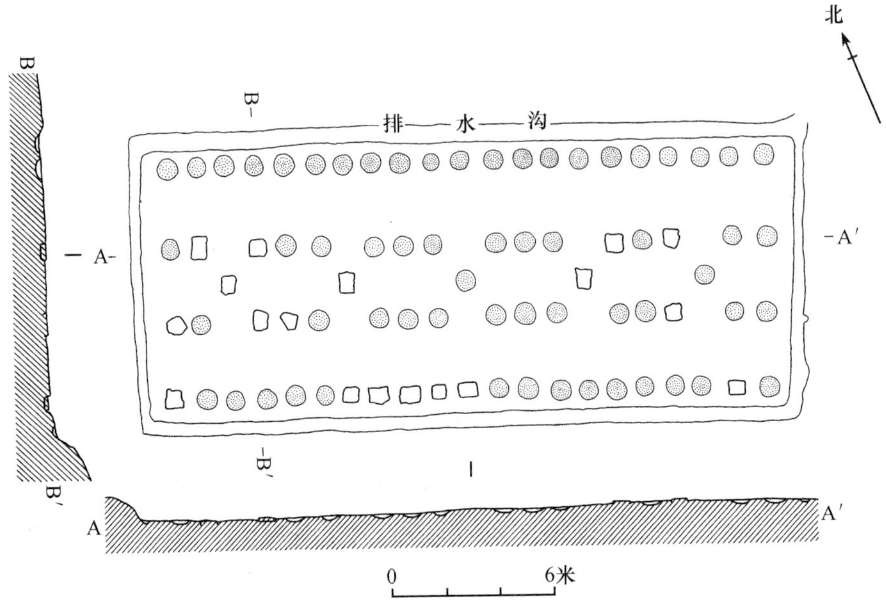

图一〇　2号建筑基址平、剖面图

2015TMJ1～2015TMJ3外围均环绕平均宽0.5、深0.1米的排水沟，出水口位于东北角或西北角。

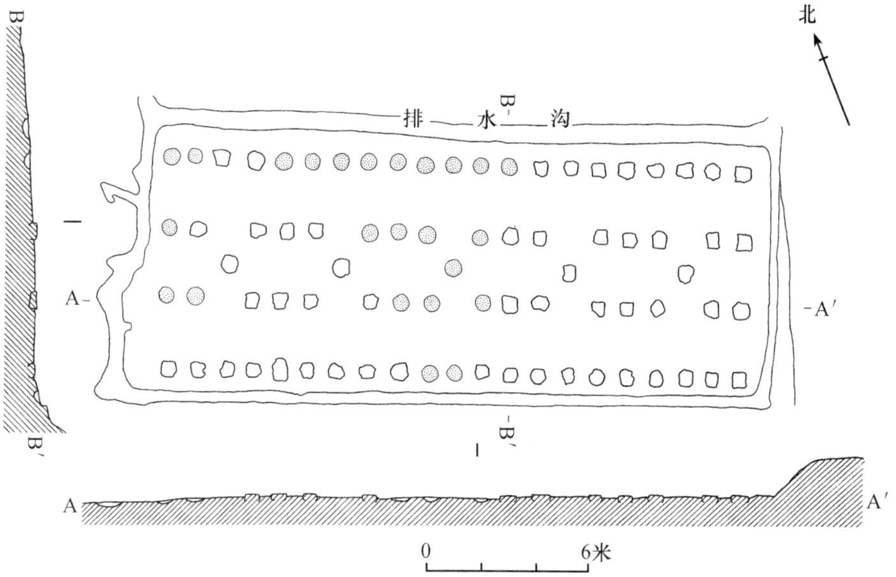

图一一　3 号建筑基址平、剖面图

三座大型建筑基址出土遗物有陶建筑构件、铁器和铜钱。

瓦当　2014TMT11 ③：13，夹砂灰陶，模制。圆形，无边轮，当心模印浮雕兽面纹。兽面狰狞，额部正中有一横向突隆，上饰多道纵向短线，短粗倒八字眉，眉上刻划短斜线，眼角上挑，眼球凸出，蒜头鼻，底视可见鼻孔，双颊圆形颧骨高凸，两侧鬃毛卷曲向上，扁阔口，上下各两颗獠牙，下方獠牙两侧刻数道纵向短线，口下有胡须。直径 13、厚 1.5～2 厘米（图一二，1）。

板瓦　2014TMT8 ③：35，夹砂灰陶，模制。形制与 2013TMF1 出土板瓦相同。长 31.6～33、宽 18.3～21.2、厚 1.2～2.1 厘米（图一二，2）。

铁钉　2014TMT11 ③：8，锻制。钉首扁平直立，钉身微弯，横截面长方形。通长 13.5、钉首宽 1.9、钉身横截面最长 1.2、宽 0.5 厘米（图一二，3）。2014TMT3 南扩③：24，锻制。圆角长方形扁平钉帽，钉身横截面圆形。通长 2.6、钉帽长 1.2、宽 0.6～0.9、厚 0.1～0.2、钉身横截面直径 0.15 厘米（图一二，4）。

铁门环　2014TMT2 南扩③：5，锻制。由圆形铁环和环鼻两部分构成，铁环横截面圆形，以横截面长方形的铁条对折合并挂于环上形成环鼻，环鼻前端尖锐。通长 19、铁环直径 9、铁环横截面直径 1.5、环鼻长 12.6、环鼻最宽 1.8 厘米（图一二，5）。

铁镰　2014TMT9 ③：8，锻制。整体呈半月形，背刃皆弧，前端尖锐，尖部向下，刀背加厚，尾端呈“U”形，两侧各有一个短铤。通长 14、身长 10.7、铤长 3.3、最宽 5.1、背厚 0.5 厘米（图一二，7）。

铁镞　2014TMT11 ③：12，锻制。凿形镞尖，前锋微弧，亚腰镞身，镞身上半部分横截面方形，下半部分横截面八边形，铤横截面八边形，铤尖残。通长 8.7、镞身长

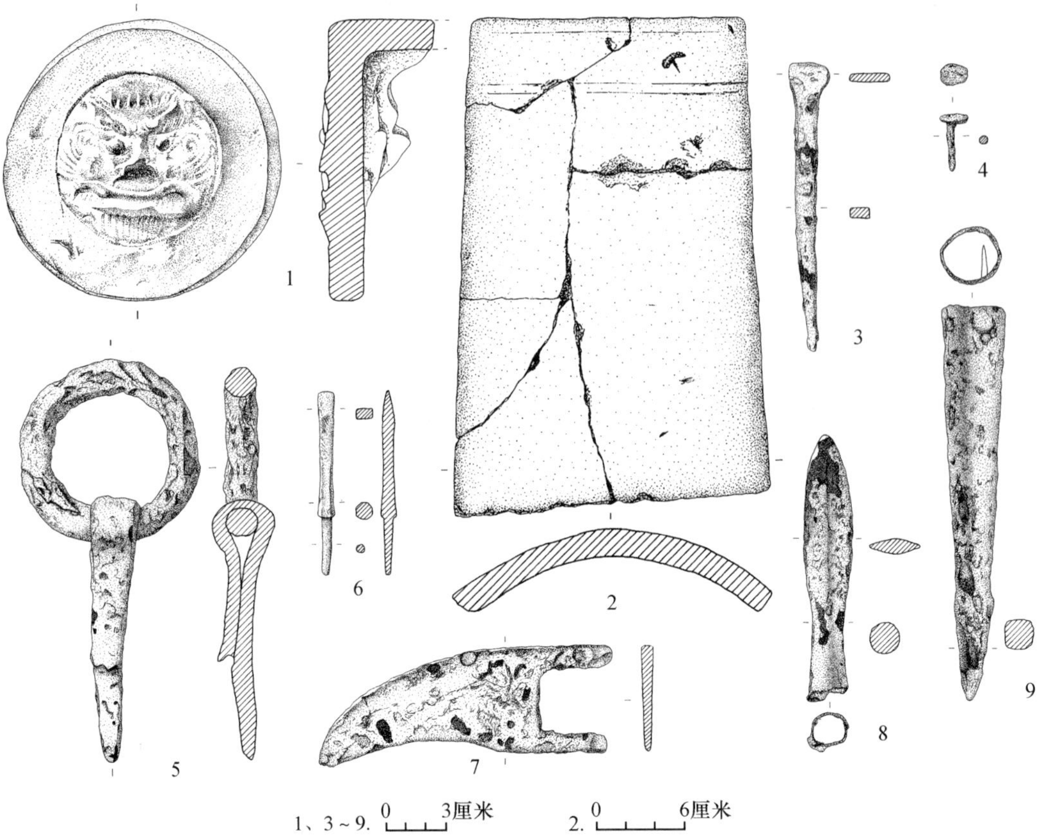

图一二　大型建筑基址出土遗物

1. 瓦当（2014TMT11③：13）2. 板瓦（2014TMT8③：35）3、4. 铁钉（2014TMT11③：8、2014TMT3南扩③：24）5. 铁门环（2014TMT2南扩③：5）6. 铁镞（2014TMT11③：12）7. 铁镰（2014TMT9③：8）8. 铁矛（2014TMT3南扩③：29）9. 铁镦（2014TMT3南扩③：8）

5.9、铤残长2.8厘米（图一二，6）。

铁矛　2014TMT3南扩③：29，锻制。矛身柳叶形，中部起矮脊，后部管銎略残。残长12.5、矛身最宽2.4、最厚0.7、銎残存部分最大径2厘米（图一二，8）。

铁镦　2014TMT3南扩③：8，锻制。上部为中空的圆筒状銎，由上至下渐细，銎口下方穿有一枚铁钉，尾部尖锐呈方锥状。通长18.5、銎长13.5、銎口径2.6、尾长5厘米（图一二，9）。

铜钱　见有唐开元通宝、北宋治平元宝、金大定通宝等。

六、1号院落

2015TMYL1位于山城中部西南一处缓坡台地，西距城中心建筑群约100米。坐南朝北，方向147°。平面呈方形，四周有土筑院墙，周长99米，东墙长23.5、西墙长

23、南墙长 25、北墙长 27.5 米。院墙整体保存状况较好，内侧高 0.9 ~ 2.3、外侧高 1 ~ 1.6、平均宽 2 米。院落内清理房址一座 2015TMYL1F1。

2015TMYL1F1 位于 1 号院落南部，平面呈长方形，坐南朝北，面阔三间，明间及东、西次间内均有火炕，明间内火炕由两组曲尺形烟道相对构成，平面呈“凹”形，东西长 4.25、南北宽 3.5 米。每组烟道各三条，每条烟道宽 0.25、深 0.1 米，炕北端两侧各设一灶。东次间内为一座三条烟道构成的曲尺形火炕，东西长 4、南北宽 3、炕面宽 1 米，每条烟道宽 0.2 ~ 0.25、深 0.1 米。火炕北端设一灶，连接三条烟道，向南延伸至房屋东南角向西折去，汇入火炕西端的烟囱内。烟囱仅存基座坑，平面近圆形，直径 0.5、深 0.1 米。西次间内的火炕与东次间内的火炕形制相同，二者呈对称分布。在明间和东次间之间发现有隔墙迹象，墙基残长 2.9、宽 0.1 米。根据北侧柱坑的排列以及房屋外坡道的走向，推测门道辟于房屋偏西部（图一三）。

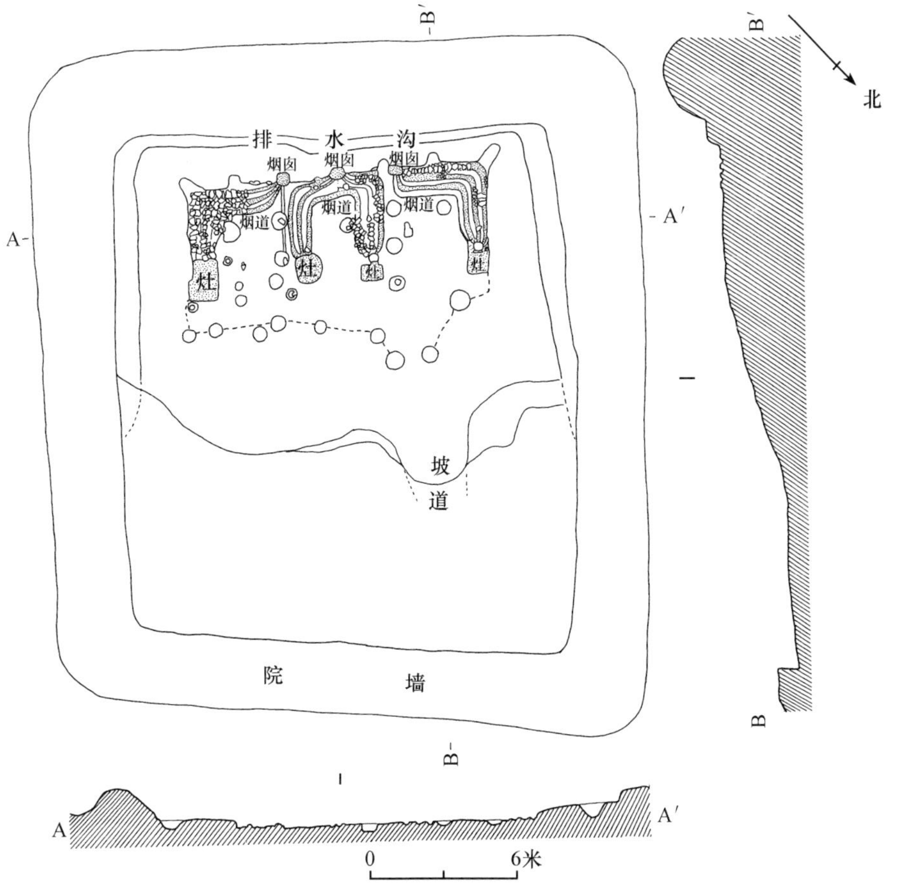

图一三　1 号院落及房址平、剖面图

房址东、南、西三面有宽 0.3 ~ 0.4、深 0.35 米的排水明沟，沟内积水依地势自南向北排出。排水沟东段长 11、南段长 20、西段长 14 米。

1号院落房址出土遗物包括陶器、陶建筑构件、铁器、石器、铜钱等。

陶罐 2015TMYL1F1：243，泥质黑灰陶，轮制，器表磨光。侈口，卷沿，弧腹，平底，底部有明显的轮制同心圆沟纹。口径19.4、最大腹径21、底径13.4、高11.2厘米（图一四，1；图版四，2）。2015TMYL1F1：242，泥质黑灰陶，轮制。侈口，卷沿，弧腹，底微凹。口径18、最大腹径20.8、底径11.2、高14.2厘米（图一四，2）。

陶碟 2015TMYL1F1：246，泥质黑灰陶，轮制。敞口，圆唇，斜直腹，底微凹。口径12.4、底径8.4、高2.5厘米（图一四，4）。

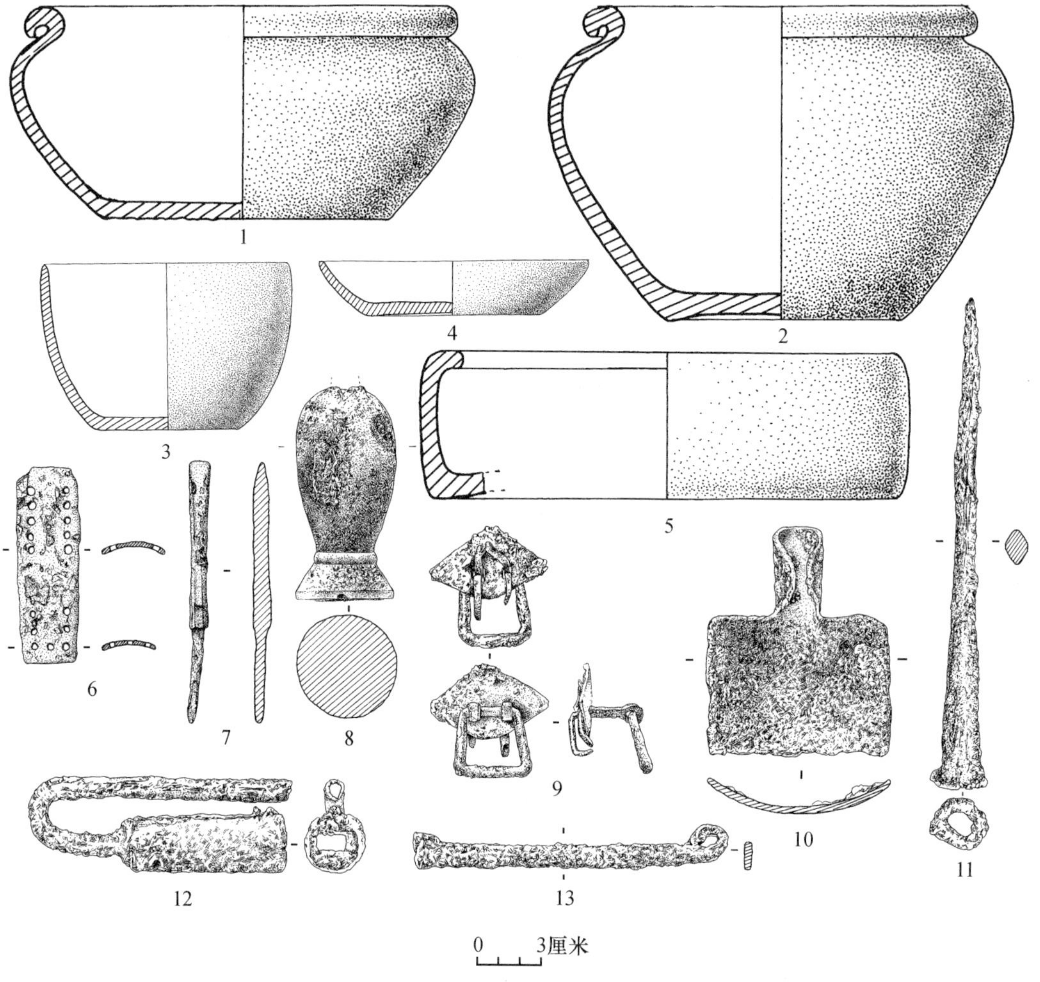

图一四 1号院落房址出土遗物

1、2. 陶罐（2015TMYL1F1：243、2015TMYL1F1：242） 3. 陶碗（2015TMYL1F1：245） 4. 陶碟（2015TMYL1F1：246） 5. 陶盂（2015TMYL1F1：244） 6. 铁甲片（2015TMYL1F1：20） 7. 铁镞（2015TMYL1F1：205） 8. 铁杈（2015TMYL1F1：33） 9. 铁门环（2015TMYL1F1：135） 10. 铁铲（2015TMYL1F1：162） 11. 铁矛（2015TMYL1F1：104） 12. 铁锁（2015TMYL1F1：54） 13. 铁钥匙（2015TMYL1F1：50）

陶碗　2015TMYL1F1∶245，泥质灰陶，轮制。直口，尖唇，弧腹，平底。口径 11.6、最大腹径 12.2、底径 7.8、高 7.5 厘米（图一四，3）。

陶盂　2015TMYL1F1∶244，泥质灰陶，轮制。敛口，圆唇，平沿，浅直腹，底内凹。口径 21.8、最大腹径 22.5、底径 21.4、高 6.4 厘米（图一四，5；图版四，3）。

铁锁　2015TMYL1F1∶54，锻制。主体为中空的圆柱形锁筒，前端有一横向长方形钥匙孔，锁筒顶部已开裂，锁筒后端连接“U”形圆铁管。通长 12.3、通宽 4.2、锁筒长 7.6、锁筒直径 2.8、钥匙孔长 1.5、钥匙孔宽 1.7、铁管残长 12.2、铁管直径 1 厘米（图一四，12；图版五，6）。

铁钥匙　2015TMYL1F1∶50，锻制。以横截面为长方形的铁条打造，较细的一端向一侧弯曲成环首，宽端两角各有一个上翘的匙齿，其中一个已残。通长 14.4、最宽 1.5、最厚 0.5 厘米（图一四，13）。

铁门环　2015TMYL1F1∶135，锻制。由环、两个环鼻和垫片共四个构件组成，环方形，两个用铁条对折而成的环鼻挂于环上，穿过菱形垫片，环鼻下部均向外折，尾端上翘呈钩状。通长 6、环边长 2.5～3.2、环鼻长 2.8、垫片边长 3～3.5 厘米（图一四，9）。

铁铲　2015TMYL1F1∶162，锻制。铲身长方形，直刃微残，中间内凹，尾部以铲身铁片对向剖开并向上卷曲，在正中形成半封闭的管銎。铲身长 17、宽 13、厚 0.2～0.4、銎长 7.8、銎径 4.3、通长 20.8 厘米（图一四，10；图版五，5）。

铁权　2015TMYL1F1∶33，范铸。权身呈蛋形，顶部纽已残，下方斜直内收，圆台形底座，底部微凸，侧边有一小圆孔，权身和底座之间有一道凸棱。权身最大径 5、底座最大径 4.7、通高 9.7 厘米（图一四，8）。

铁镞　2015TMYL1F1∶205，锻制。凿形镞尖，直锋，亚腰镞身，镞身横截面呈八边形，方锥状铤。通长 11.5、镞身长 7.3、铤长 4.2、锋宽 0.8 厘米（图一四，7）。

铁矛　2015TMYL1F1∶104，锻制。整体狭长，矛尖与矛身均四棱形，横截面呈菱形，尾部为管銎，銎边缘翻卷。通长 22、矛身最宽 1.2、銎径 2.4 厘米（图一四，11）。

铁甲片　2015TMYL1F1∶20，锻制。长条形，两端宽度微有差别，边缘附近分布多组小圆孔。长 8.8、宽 2.3～2.7、厚 0.1 厘米（图一四，6）。

铜钱　除两枚唐开元通宝外，其余均为北宋铜钱，有宋元通宝、太平通宝、淳化元宝、至道元宝、景德元宝、元丰通宝、绍圣元宝、崇宁通宝等。

七、2 号院落

2015TMYL2 位于山城最东侧一处台地之上，坐北朝南。平面呈长方形，四周有土筑院墙，东墙残长 38、西墙残长 28、北墙长 69、现存最高 1 米，南墙已无。东墙南段有一宽 3 米的豁口，应为门址（图一五）。院落内清理建筑址 1 座 2015TMYL2J1。

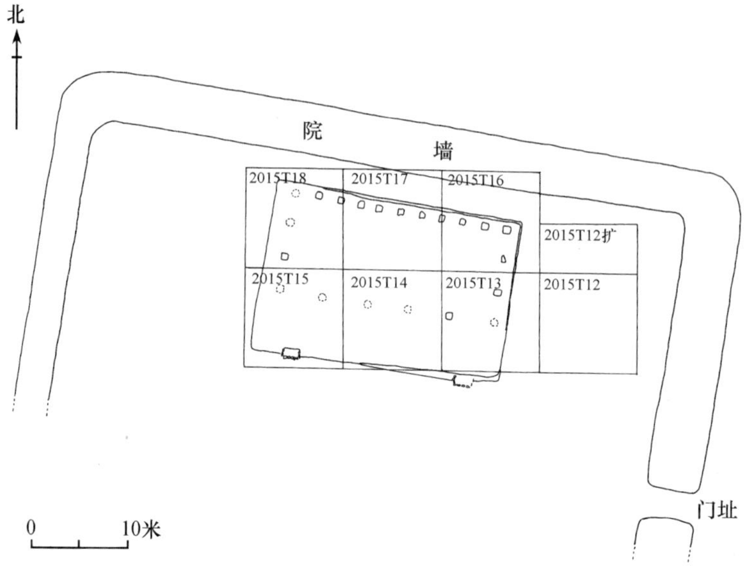

图一五　2号院落建筑基址探方遗迹图

2015TMYL2J1 修筑在一台基之上，台基平面呈长方形，东西长 25.5、南北宽 20.1 米，位于院落正中偏北，直接建在生土之上，以黄色砂土混杂卵石铺筑，未经夯打。东、西、北三面以平置的青灰色条砖包壁，西侧包壁砖多数得以保存，大多向西倒塌，最多可辨五层，东南角和东北角尚存少部分包壁砖。

2015TMYL2J1 位于台基北侧，平面呈长方形，东西长 22.5、南北宽 10.5 米。地面以青灰色方砖错缝摆砌铺就，已被近现代耕种严重破坏，仅北侧、西南、东侧局部保存有砖面。外围一周设明础 21 个。北侧柱础 9 个，间距 2.2 米。南侧柱础 4 个，间距 4.7 米。东、西墙柱础排列相同，各有 4 个，间距 3 米。根据台基上的柱网排列，该建筑为面阔五间，进深三间。建筑址南侧有长方形月台，东西长 22.5、南北宽 5.5 米。月台东西两侧及南侧的东西两端共设 4 处砖砌踏道（图一六；图版四，1）。

2 号院落建筑基址出土遗物有陶建筑构件、铜钱。

瓦当　2015TMT16②：149，夹砂灰陶，模制。圆形，当心模印浮雕兽面纹，纹饰与 1 ~ 3 号建筑基址出土兽面瓦当相同（图一七，1；图版四，5）。直径 12.7、厚 1.2 ~ 2 厘米。2015TMT17②：1，夹砂灰陶，模制。圆形，边缘略残。兽面纹外饰一周密集的联珠纹。直径 13.5、厚 1.3 ~ 2.2 厘米（图一七，2；图版五，1）。

檐头板瓦　2015TMT16②：178，夹砂灰陶，模制。平面近梯形，凹面有细密布纹，凸面素面。瓦体自尾端向檐端逐渐加厚。檐头滴水部分呈窄条带状，檐面戳印双层四瓣花朵纹，两层之间以凹弦纹间隔，下缘花边状，饰斜向指压纹。长 34、最宽 22.3、厚 1 ~ 2.4、檐面宽 3.3 厘米（图一七,3）。2015TMT15②：25，夹砂灰陶，模制。檐面戳印双层短线纹，上密下疏，以凹弦纹间隔，两层纹饰戳印方向相反。残长 8.5、残宽 13、厚 2、檐面宽 3.8 ~ 4.1 厘米（图一七，4）。

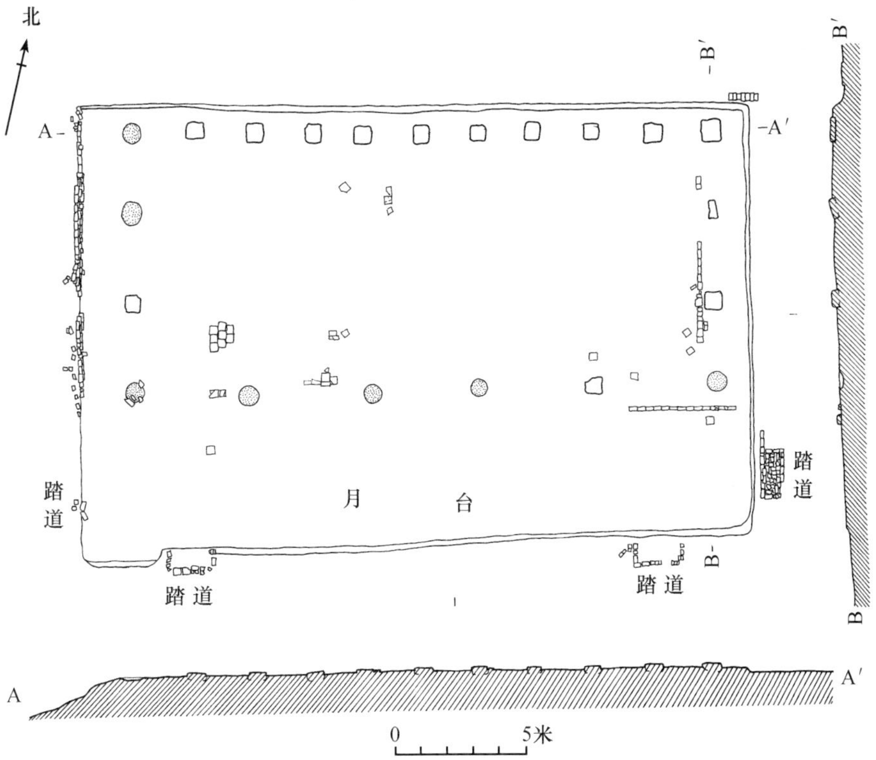

图一六　2 号院落建筑基址平、剖面图

普通筒瓦　2015TMT13②：35，夹砂灰陶，模制。凸面为素面，凹面有细密布纹。瓦体平面呈长方形，横截面呈半圆形，一端有短直的瓦舌，另一端平直。瓦舌凸面附着混杂有碎石子和植物茎秆的白灰。通长 31、瓦舌长 2、瓦舌宽 10.5、瓦体长 29、宽 15、厚 2 厘米（图一七，6）。

檐头筒瓦　2015TMT15②：15，黄褐色。在普通筒瓦无舌一端粘接椭圆形兽面纹瓦当，瓦体正中偏尾端处有一圆形钉孔。通长 31.7、宽 14～15、筒瓦厚 1～2.5、瓦当长轴 14、短轴 12.5、瓦当厚 1.3～2.1 厘米（图版四，4）。

正当沟　2015TMT14②：34，夹砂灰陶。由筒瓦打掉同一侧的两角制成，上部为筒瓦侧边，下部呈舌状。长 27.8、最宽 14.3、厚 1.4～2 厘米（图一七，7；图版五，3）。

鸱吻残件　泥质灰陶，有耳朵、眼睛、犄角等部位残块。耳朵，2015TMT15②：28，平面近半弧形，背面平，中空，贴于器身。外缘饰竖向短线纹，正中戳印凹圆点纹，圆点纹饰带两侧刻划深凹弦纹，耳右下方有鬃毛。长 11.3、宽 8、厚 2.8 厘米（图一七，9）。眼睛，2015TMT17②：43，半球形，背面微凹，贴于器身。表面刻划六道弧线纹。长 7.6、宽 6.5、厚 3 厘米（图一七，8）。犄角，2015TMT14②：36，平面呈条形，两端微弯，背面平，贴于器身。前端尖，后端平直，尖端微残，表面正中饰一道深凹弦纹。左侧中部偏下有一鸟喙状短角枝，中部刻划深凹弦纹，角枝两侧各刻

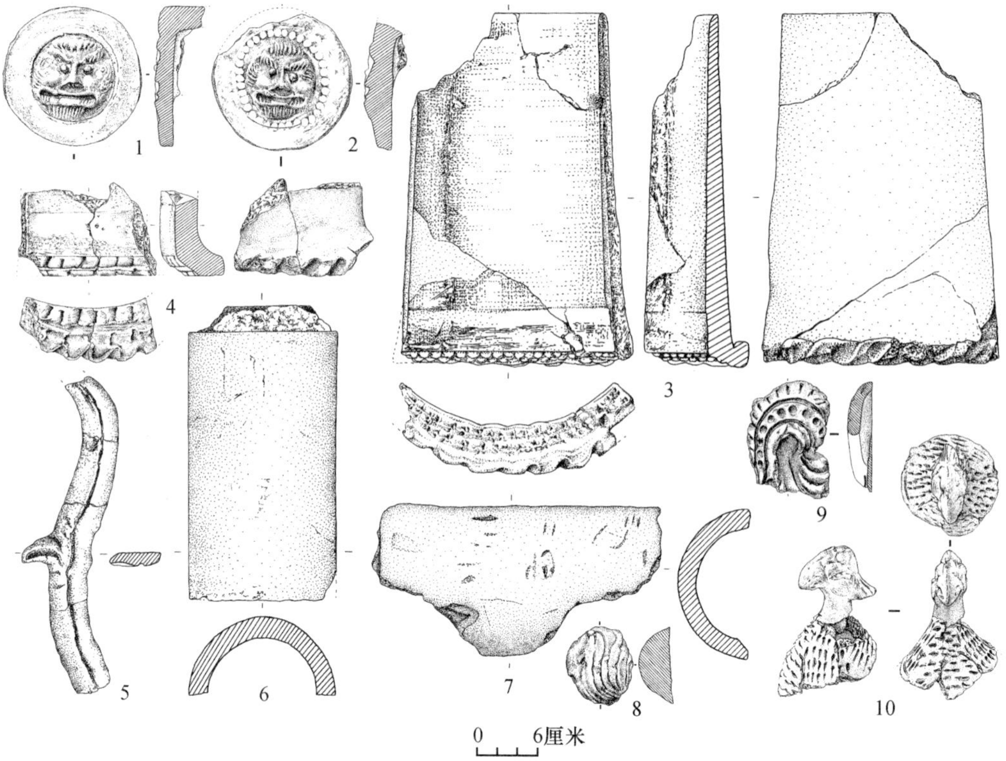

图一七　2号院落建筑基址出土遗物

1、2. 瓦当（2015TMT16②：149、2015TMT17②：1）　3、4. 檐头板瓦（2015TMT16②：178、2015TMT15②：25）　5. 鸱吻犄角（2015TMT14②：36）　6. 普通筒瓦（2015TMT13②：35）　7. 正当沟（2015TMT14②：34）　8. 鸱吻眼睛（2015TMT17②：43）　9. 鸱吻耳朵（2015TMT15②：28）　10. 脊兽残件（2015TMT16②：179）

划三条竖向短线。长30.5、最宽4、厚2.4、角枝长3、角枝最宽2.2厘米（图一七，5）。

脊兽残件　凤鸟，2015TMT16②：179，泥质灰陶。残存头部和一部分身体。头与身体分别单独制作，凤头模制，颈下方呈圆柱形插入中空的凤身。凤头正视前方，头顶凤冠低矮，分为两瓣，喙部圆钝，口上方有鼻孔，眉、眼细长，眼后有耳，眼下方羽毛向后卷曲，脑后有一处凸起，表面刻划线条以示羽毛。残存的凤身通体施纹，四面纹饰有所不同，前胸饰横向戳点纹，两侧饰竖向条状刻划纹，背后饰略向下方倾斜的横向条状刻划纹。残高14厘米（图一七，10；图版五，2）。

铜钱　出土熙宁重宝、熙宁元宝、祥符通宝、治平元宝各一枚，年代均为北宋。

八、结　　语

磨盘村山城因为出土了东夏国“天泰三年”造的“南京路勾当公事之印”等文物，学界将其定为东夏国南京故址的观点已无异议。然而，以往对于磨盘村山城的认识仅限于调查层面上。三年的考古发掘工作，首次获取了大量的第一手资料，使我们对磨盘村山城的诸多方面有了全新认识。

（1）厘清了东门、北门两座主要城门的形式。两座城门均利用山体东、北两处谷口修筑，并设有瓮城。东门址的瓮门与城门形制不同，瓮门为上下起落的闸门式，城门为左右开启的扇门式，而北门址的瓮门和城门均采用上下起落的闸门式。这种闸门形式的门址，在以往金代城址发掘中极少见到。

（2）明晰了城内中心区域大型建筑址规模和柱网格局。发掘清理的三座大型建筑基址，虽然规模大小略有差异，但柱网格局完全相同。础石排列密集，间距1.2米，行距2.6米的柱网格局别于其他金代大型建筑址，只有牡丹江流域和图们江流域分布的二十四块石遗址的础石排列与其十分相似[1]。这种建筑形式应类似于干栏式建筑。

（3）弄清了1、2号院落内遗存的性质。1号院落内修筑一座坐南朝北、面阔三间、每间房屋内均设置灶和火炕的房址，而且房内不仅出土有生产、生活用品，还出土了许多铁镞、铁矛、铁甲片等与军事相关的文物，说明1号院落内居住的主人是城中一位地位很高的军事首领。2号院落内修筑的一座坐北朝南、面阔五间、进深三间大型建筑，根据其建筑台基满堂以卵石和砂土铺筑，并以青砖包砌以资固济，室内青砖墁地，室外南侧有月台，以及建筑址上散存有高等级建筑上的鸱吻、脊兽、兽面瓦当，我们认为该院落内的建筑是东夏国南京城内的祭祀或纪念性建筑。

（4）首次了解到城中冶炼作坊的规模和生产方式。面积只有58.5平方米的冶炼作坊，集生活居住与冶炼生产于一体，且冶炼炉灶简陋，冶炼坩埚较小，显示出东夏国南京城内的冶炼作坊是一家一户的小规模生产方式，从而为研究当时东夏国南京城的经济形态，提供了真实资料。

（5）确认了城中存在两种文化遗存。一种是以青灰色陶质的兽面瓦当、卷沿器皿为代表的东夏国遗存。这是我国首次对东夏国这一仅存19年的地方政权进行的考古发掘，发掘结果验证了《元史》东夏国南京城“坚如立铁”的准确性，更为鲜见于文献记载的东夏国史研究增添了珍贵资料。另一种是以红褐色陶质的网格纹、绳纹板瓦为代表早于东夏国的遗存。对于这种遗存的认识，学者们尚未达成共识，发掘者倾向属于渤海国（698～926年）建国初期遗存，并认为这种遗存在山城中有大量埋藏，绝非偶然，它为学界苦苦寻觅史书记载的大祚荣“遂率其众东保桂娄之故地，据东牟山，筑城以居之”[2]的渤海立国之城提供了新线索。

执笔：李　强　张恒斌　满世金　白　森
绘图：朴润武　周晓华　王力丹　刘　冬
摄影：谷德平　李　炜

注　释

[1] a. 吉林大学历史系敦化文物普查队第二小组. 敦化二十四块石遗址调查记［J］. 吉林大学社

科学报，1958（8）.
b. 吕遵禄，孙秀仁. 镜泊湖附近莺歌岭等地考古调查报告［J］. 北方文物，1991（3）.
c. 图们市文物志［M］. 内部资料，1986.
［2］ 旧唐书［M］，渤海靺鞨传.

Brief Report of 2013-2015 Excavation of Shancheng in Mopan Village, Tumen, Jilin Province

2013 to 2015, Archaeological Institute of Jilin Province and Relic Conservation Center of Yanbian conducted a first excavation at Shancheng Mopan village which is the old site of Nanjing (south capital) of Dongxia kingdom. During the excavation, east and north gates of Shancheng, the No.1 turret, metallurgical workshop, No.1 to No.3 foundation, No.1 and No.2 courtyard have been revealed, and large amount of architecture components, potteries and iron wares have been unearthed. The excavation indicates the existence of remains belonging to two different periods, which are the Dongxia kingdom remains represented by green-gray pottery eave tiles decorated with beast-face pattern and rolled-rim wares, and early period remains represented by brown pottery plate tiles with netlike design and cord pattern. Regarding the date of the early period remains, the excavator incline to believe it is the initial phase of Bohai kingdom.

2015 年度磐石八面佛遗址考古发掘报告 *

吉林省文物考古研究所　磐石市文物管理所

八面佛遗址位于吉林省磐石市烟筒山镇振兴村东约 1000 米的八面佛山上，山脚下为 023 乡道，南距饮马河支流筒子沟河约 150 米，地理坐标为北纬 43°25′32.63″，东经 126°1′48.89″，海拔 272 米（图一）。八面佛山北接高山，山顶平缓，东北—西南向长约 110 米，东西宽约 40 米。遗址中心区位于山顶南部，地表散落较多瓦片。

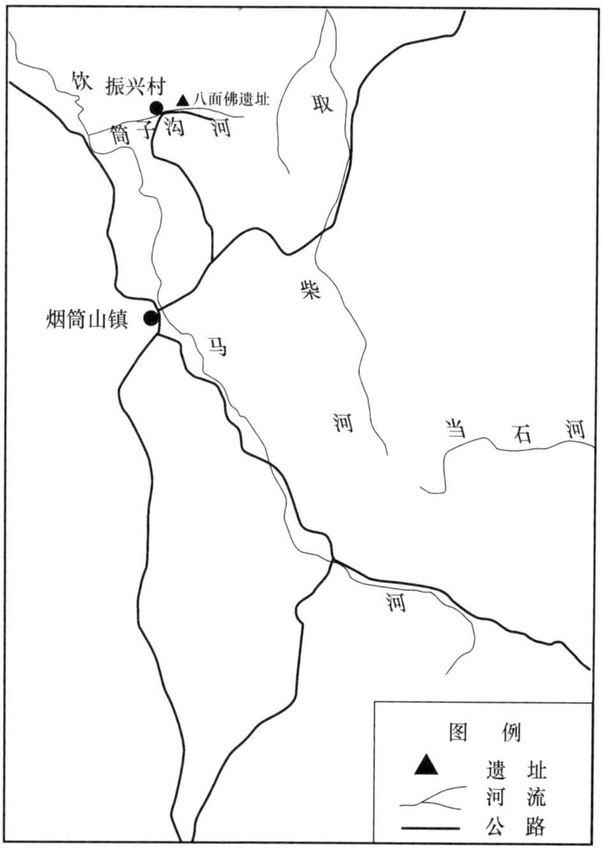

图一　八面佛遗址地理位置示意图

* 本文为国家社科基金专项项目（编号：17VGB013）阶段成果。

2014年夏，吉林省文物考古研究所会同磐石市文物管理所组成考古工作队，对遗址中、南部进行了为期约三个月的抢救性考古发掘。2015年，经国家文物局批准，吉林省文物考古研究所会同磐石市文物管理所对遗址北部进行了主动性发掘。

一、地层堆积

本次发掘共布10米×10米探方1个（T0404），5米×5米探方4个（T0205、T0405、T0403、T0503），5米×10米探方1个（T0305），T0304于2014年发掘了南半部分，本年度发掘剩余部分，面积54平方米。扩方3处，分别位于T0205东侧，面积约3平方米；T0403、T0503两探方西侧，面积20平方米；T0404北侧的T0504，面积3米×3米。2015年度实际发掘总面积约340平方米（图二）。

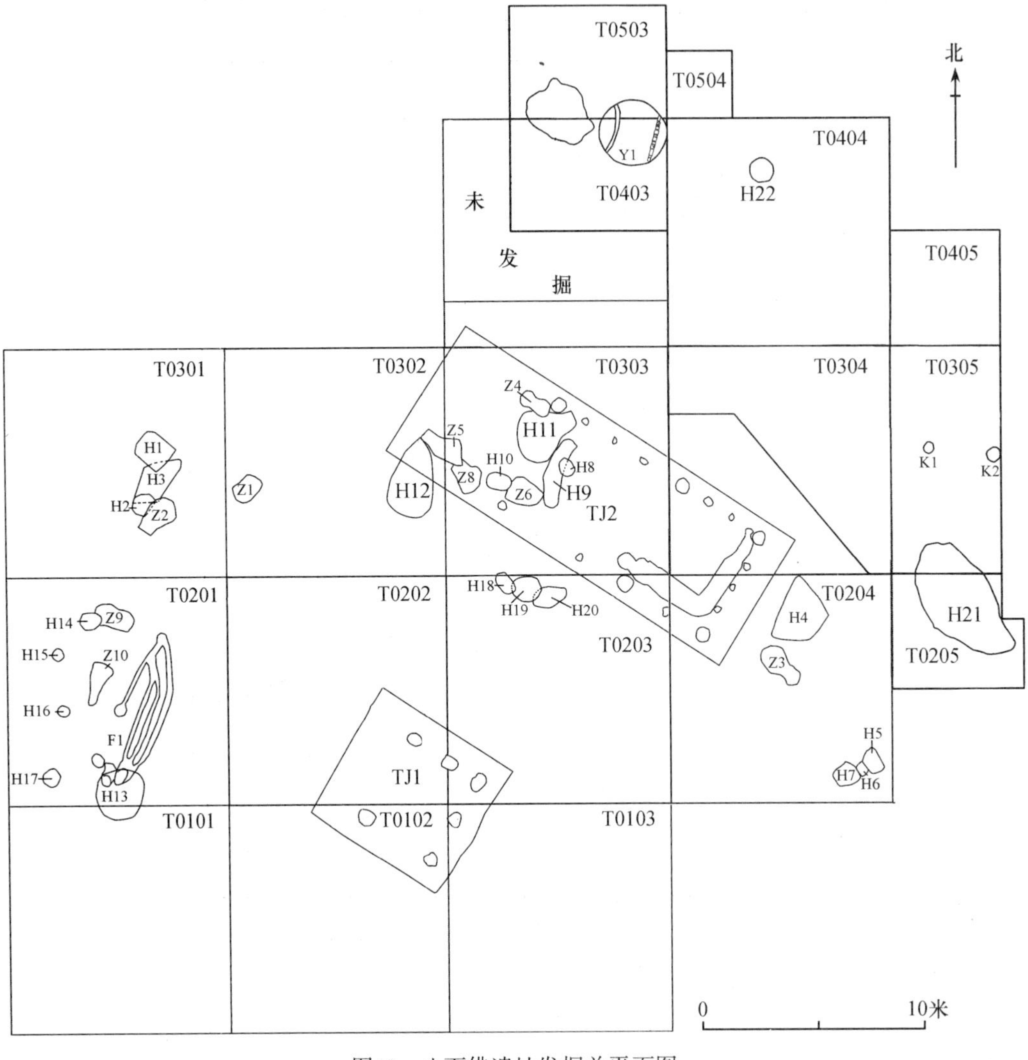

图二　八面佛遗址发掘总平面图

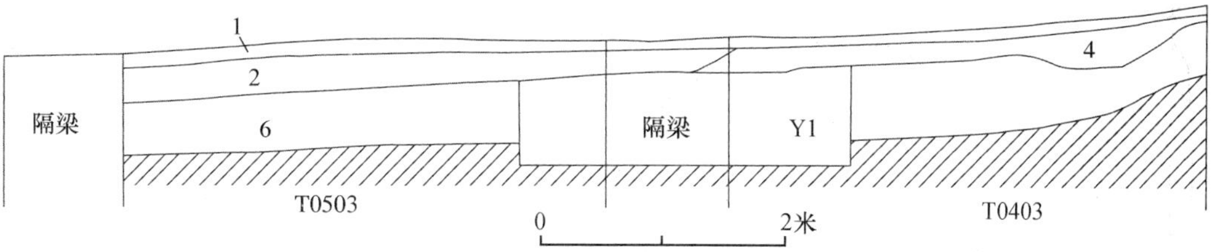

图三　T0503、T0403东壁剖面图

本年度发掘的遗址地层堆积共6层，以T0503、T0403东壁剖面为例说明（图三）：

第1层：耕土，灰褐色砂质黏土，质地疏松，厚2～15厘米，含陶片、砖瓦残片、青花瓷片及少量近现代遗物，为耕土层；

第2层：黄灰色砂质黏土，质地疏松，厚10～29厘米，含陶片、砖瓦残片、建筑饰件及少量近现代遗物，为耕土层；

第3层：棕褐色砂质黏土，质地较为疏松，厚5～11厘米，包含少量陶片、砖瓦残片、建筑饰件、瓷片、铁器及铜器等；

第4层：黑灰色砂质黏土，质地较疏松，厚5～28厘米，包含少量陶片、砖瓦残片等遗物，为文化层；

第5层：灰黑色砂质黏土，质地较为疏松，厚8～10厘米，包含较多的陶片、砖瓦残片等遗物，为建筑废弃堆积；

第6层：黄褐色砂质黏土，质地较为疏松，厚15～56厘米，零星包含少量陶片、瓦类残片等遗物，推测系建筑使用过程形成堆积。

二、遗　　迹

本次发掘的遗迹有灰坑、坑、窑址等三类。

（一）灰　　坑

H21　位于T0305南部，大部分延伸进入T0205，以及T0205的北隔梁。开口于第3层下，打破第4层、5层。平面近不规则扁圆形，斜坡状坑壁，坑底不平，略有起伏。长径约5.98米，短径约3.16米，深约0.4米（图四，1）。坑内堆积两层，第1层为疏松的黑灰色土，内含陶片、瓦片、铁镞和木炭等，厚0.08～0.2米。第2层为疏松的灰黄色土，内含陶片、瓦片、铁钉等，厚0.06～0.2米。

H22　位于T0404北部，开口于第4层下，打破生土。平面近圆形，坑壁斜坡状，坑底北高南低，呈锅底状。直径约1.12米，深约0.28米。坑内仅一层，为较疏松的褐色土，不含遗物（图四，2）。

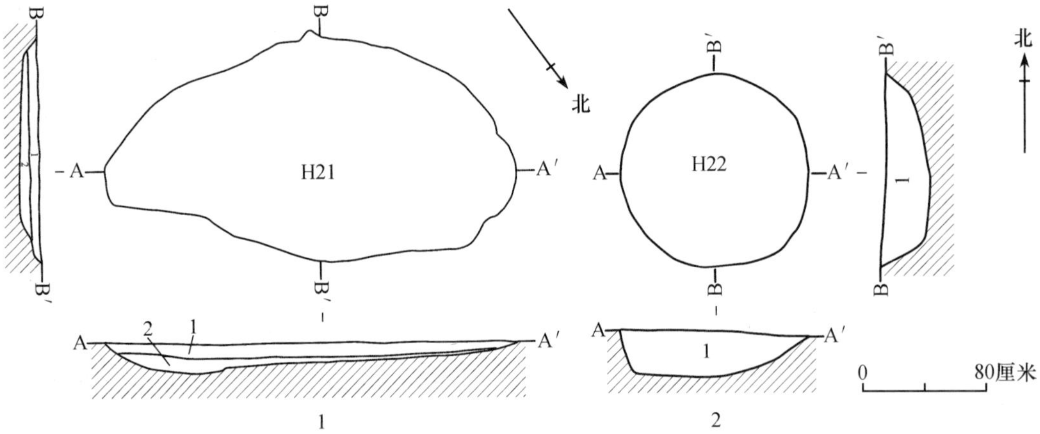

图四　H21、H22平、剖面图

1. H21　2. H22

（二）坑

K1　位于T0305中北部，开口于第3层下，打破生土。平面近圆形，坑壁斜直，坑底起伏不平，直径约0.42米。坑内堆积分为两层，第1层为居中平置的两块青砖，以及青砖四周围砌的碎小瓦片、石块，堆积基本与坑口平齐，厚约0.07米。第2层堆积为黄褐土，不含任何遗物，厚约0.06米（图五，1）。

K2　位于T0305中北部，开口于第3层下，打破生土。平面近圆形，坑壁斜直，坑底较平。K2直径约0.76米，深约0.46米。坑内堆积分为两层。第1层堆积为灰褐土，厚约0.14米。第2层堆积为黄褐土，厚约0.32米。K2中埋一石臼，为花岗岩石质，圆角方形，臼体已斜向断裂。石臼边长约0.5、高约0.4米，石臼与坑口基本平齐。

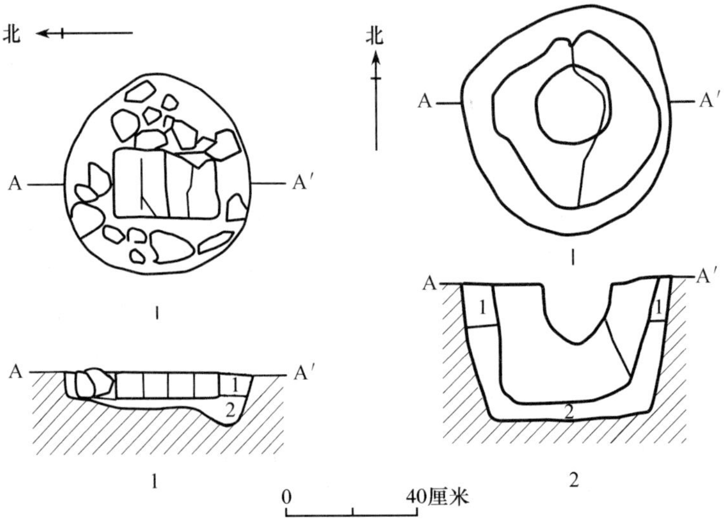

图五　K1、K2平、剖面图

1. K1　2. K2

石臼窝为圆形，直径约0.24、深约0.2米（图五，2）。

（三）窑　　址

Y1位于T0503、T0403交界处，开口第4层下，打破第6层。

1. 窑址结构

Y1由操作坑、火门、窑室组成（图六）。

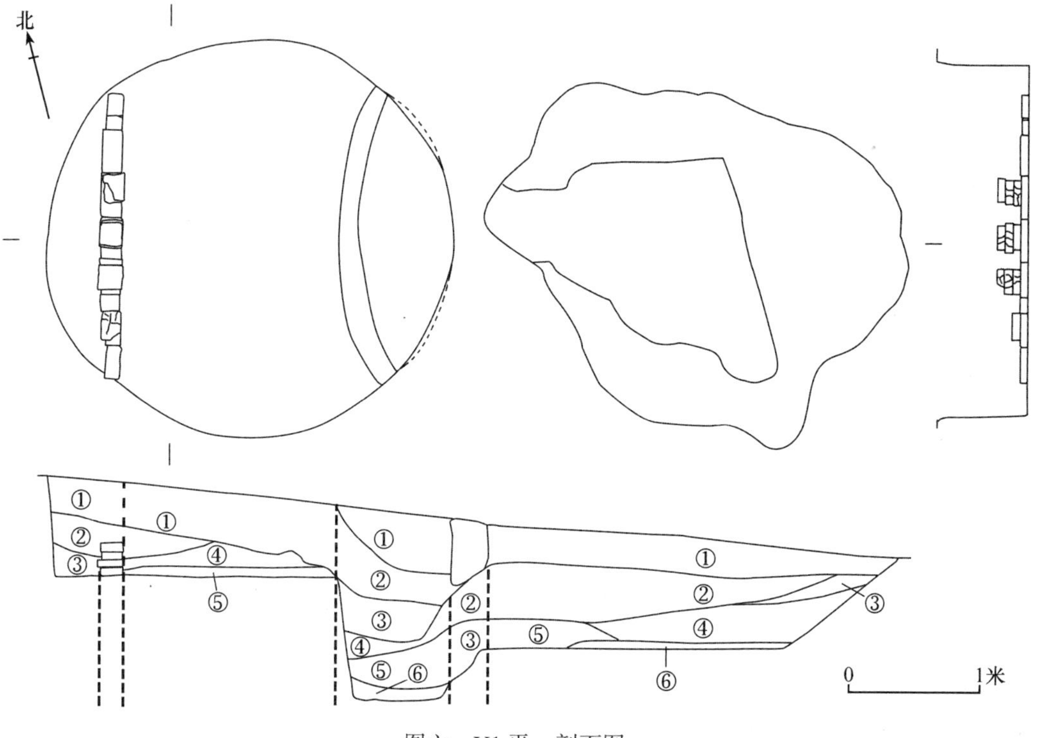

图六　Y1平、剖面图

操作坑为平地下挖形成，坑口多处坍塌，平面不规则，坑内东南部留有一级生土台阶，坑底有厚0.05～0.1米的踩踏面。操作坑东北部连接火门。火门呈拱状，长约0.8米，高约0.6米，底部呈斜坡状，近操作坑一侧略高，近火膛一侧中部低陷约0.05米，被火灼为红褐色。火门顶部及侧壁残留有抹泥痕迹，抹泥厚约0.02米，近火膛一侧被灼烧呈深棕褐色。火门向东连接窑室。

窑室平面近圆形，直壁，壁面可见抹泥痕迹，厚约0.03米，表面光滑，因受火灼呈青灰色，抹泥脱落部分壁面烧结呈红褐色，烧结层厚0.15～0.2米。依功能，窑室可分为烟室、窑床、火膛三部分，烟室、窑床底部处于同一平面，二者间由烟墙隔开，火膛为深于窑床的近椭圆形坑。窑床表面平坦，正对窑门宽约1米的区域因受火灼形成厚约0.1米的青灰色烧结层，该区域两侧烧结层亦厚约0.1米，颜色为红褐色。窑床表面可见黑褐色条带，应系摆放砖、瓦坯料处因受火灼较轻形成。黑褐色条带共5行，约12列，在窑床中部呈直线分布，在靠近窑壁处近弧形分布。其中，正对窑门区域的黑褐色条带长约0.3米，宽约0.06米，规格接近于本遗址TJ1的墁地方砖，可能用于摆放此类砖坯。烟墙长2.1米，宽约0.16米，以青砖搭建，现存4层，第一层为青砖平铺一列，此层上等距砌筑烟洞，烟洞间距0.12米，根据烟墙长度推测，烟洞原来可能有6孔，烟墙所用青砖可能因火灼严重酥解，烟墙两端使用土坯与窑壁连接，土坯损毁严重，规格不详。近椭圆形，长约2.1米，宽约0.4米，壁面灼为红褐色。

2. 窑内堆积

（1）操作坑

操作坑内堆积共6层：

第1层为灰黑色砂质土，坡状堆积，质地较疏松，包含少量瓦砾、风化岩颗粒，厚0.05～0.43米；

第2层为灰褐色砂质土，坡状堆积，质地较疏松，包含少量瓦砾、风化岩颗粒，厚0.05～0.36米，延入火门、火膛；

第3层为灰色沙土，坡状堆积，质地极疏松，包含大量砖、瓦残片及少量小石子，厚0.02～0.14米；

第4层为棕褐色砂质土，坡状堆积，质地坚硬致密，包含少量瓦砾，厚0.14～0.3米；

第5层为黄灰色砂质土，凸镜状堆积，质地疏松，包含大量砖、瓦残块，残片体量较大，其中大部分瓦片应系置于靠近火门一侧的“窑头瓦”，因受热过重扭曲变形，推测这些残片可能系开窑后作为烧制废品被直接丢弃在窑内，厚0.02～0.21米，延入火门、火膛；

第6层为深红褐色砂质土，水平状堆积，质地极坚硬，包含少量炭粒、红烧土颗粒，应系使用过程中踩踏形成，厚0.02～0.08米。

（2）火门

火门内堆积共3层：

第1层为黄褐色砂质土，质地较致密，坡状堆积，包含少量瓦砾，厚0.02～0.08米，该堆积延入火膛、窑床、烟室；

第2层为灰褐色沙土，质地疏松，坡状堆积，包含少量瓦砾，厚0.22～0.4米，该堆积延入火膛、操作坑；

第3层为黄灰色砂质土，质地疏松，凸镜状堆积，包含大量瓦砾，其中包括少量“窑头瓦”，厚0.18～0.44米，该堆积延入操作坑、火膛。

（3）火膛

火膛内堆积共6层：

第 1 层为灰黑色砂质土，质地疏松，坡状堆积，包含少量瓦砾，并含严重灼火形成的青灰色土块，应系窑壁坍塌形成的倒塌堆积，该堆积厚 0.02 ~ 0.4 米；

第 2 层为黄褐色砂质土，质地较致密，坡状堆积，包含少量瓦砾，该堆积厚 0.22 ~ 0.52 米，延入火门、窑床、烟室；

第 3 层为红褐色砂质土，质地疏松，坡状堆积，包含大量瓦砾，该堆积厚 0.26 ~ 0.32 米；

第 4 层为灰褐色砂质土，质地疏松，坡状堆积，包含少量瓦砾，该堆积厚 0.04 ~ 0.2 米，延入火门、操作坑；

第 5 层为黄灰色砂质土，质地疏松，凸镜状堆积，包含大量瓦砾，其中包括少量"窑头瓦"，该堆积厚 0.08 ~ 0.4 米，延入火门、操作坑；

第 6 层为黑褐色炭灰堆积，质地极疏松，凹镜状堆积，包含大量木炭、碳化植物种子，应系火膛内燃料形成的废弃堆积，可能因晚期堆积压力导致中部凹陷，该堆积厚 0.06 ~ 0.2 米。

（4）窑床

窑床上堆积共 5 层：

第 1 层为黄褐色砂质土，质地较致密，坡状堆积，包含少量瓦砾，该堆积厚 0.32 ~ 0.54 米，延入烟室、火膛；

第 2 层为黑褐色砂质土，质地极疏松，波状堆积，包含大量酥解的砖块，砖渣规格约为 5 厘米，大部分呈黑褐色，主要分布于烟墙东南侧，应系烟墙倒塌形成，该堆积厚 0.02 ~ 0.14 米；

第 3 层为红褐色砂质土，质地疏松，波状堆积，包含大量瓦砾、红烧土块，该堆积厚 0.13 ~ 0.2 米，延入烟室；

第 4 层为深红褐色砂质土，质地较疏松，波状堆积，包含大量砖渣，砖渣规格约为 5 厘米，大部分呈黑褐色，可能系烟墙倒塌形成，该堆积厚 0.08 ~ 0.18 米，延入烟室；

第 5 层为红褐色砂质土，质地疏松，水平状堆积，包含大量瓦件残片、少量青砖残块，残片规格均较小，该堆积厚 0.04 ~ 0.08 米。

（5）烟室

烟室内堆积共 3 层：

第 1 层为黄褐色砂质土，质地较致密，坡状堆积，包含少量瓦砾，该堆积厚 0.26 ~ 0.27 米，延入窑床；

第 2 层为红褐色砂质土，质地疏松，波状堆积，包含大量瓦砾、红烧土块，该堆积厚 0.13 ~ 0.27 米，延入窑床；

第 3 层为深红褐色砂质土，质地较疏松，波状堆积，包含大量砖渣，砖渣规格约为 0.05 米，大部分呈黑褐色，可能系烟墙倒塌形成，该堆积厚 0.14 ~ 0.24 米，延入窑床。

三、遗　　物

（一）陶　　器

按照用途，可分为建筑构件、支烧用具和日用器物三类。

1. 建筑构件

建筑构件包括砖、瓦和建筑饰件。

砖　均为泥质陶，呈青灰色。根据规格，可分为素面砖、指压纹砖两类。素面砖根据宽度可分为三型，A 型宽约 16.5 厘米，B 型宽约 16 厘米，C 型宽约 17.5 厘米。

素面砖　分三型。

A 型　1 件。2015PBY1：3，较为完整。长约 33.6、宽约 16.5、厚约 6 厘米（图七,1）。

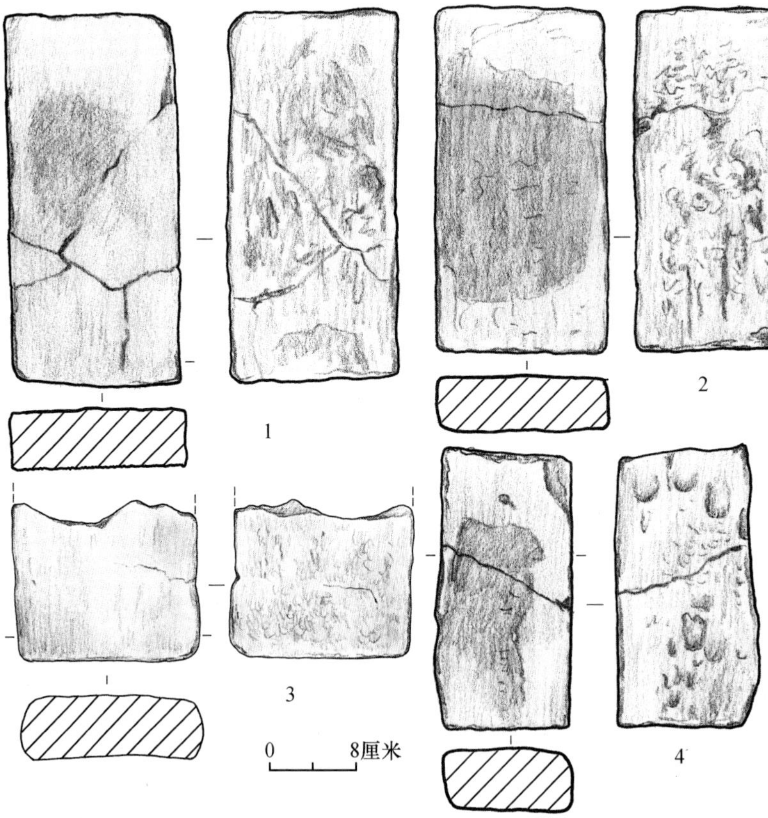

图七　砖

1. A 型砖条砖（2015PBY1：3）2. B 型条砖（2015PBY1：2）
3. C 型条砖（2015PBY1 窑床③：6）4. 指压纹砖（2015PBY1：1）

B型　1件。2015PBY1：2，较为完整。长约31.8、宽约16、厚约5.2厘米（图七，2）。

C型　1件。2015PBY1窑床③：6，略残。残长约14.4、宽约17.5、厚约6厘米（图七，3）。

指压纹砖　1件。2015PBY1：1，略残，砖体一面有手纹印痕迹。长约25.6、宽约12.8、厚约6厘米（图七，4）。

瓦　分为板瓦、筒瓦、压当条三类。

板瓦　又分为普通板瓦和檐头板瓦两种。

普通板瓦　出土的普通板瓦均为残件，依据瓦头部位的差异可分为四型。A型，瓦头部位的外侧较为平直，内侧以较为圆滑的方式收结；B型，瓦头部位外侧内收，内侧以较为圆滑的方式收结；C型，瓦头部位的内外两侧皆较平直，收结处也较平直；D型，瓦头外侧较为平直，内侧收结处有明显的凸棱。

A型　1件。2015PBY1窑床④：4，残。长约14.6、宽约14.6、厚约1.6厘米（图八，1）。

B型　1件。2015PBY1火塘⑤：2，残。烧制时变形，似筒瓦。长约11.8、宽约17.8、厚约1.6厘米（图八，2）。

C型　1件。2015PBY1火塘⑤：1，残。长约11.2、宽约23.4、厚约2.8厘米（图八，5）。

D型　1件。2015PBY1窑床④：3，残。长约6.4、宽约7.8、厚约1.8厘米（图八，10）。

檐头板瓦　依据施纹端面的纹饰，分为花草纹檐头板瓦、戳印纹檐头板瓦两种。

花草纹檐头板瓦　1件。2015PBT0304③：34，端面纹饰可分为上下两条纹饰带，上纹饰带为连续的横格纹组成，横格纹均以戳印横向条状凹坑构成；下纹饰带为花草纹。檐头与瓦身对接施纹端面模印纹饰，由三条纹饰带构成，近瓦腹一侧为坑底带有横向线形凹坑并以凸棱一分为二的连续坑点纹组成，其下为连续的花草纹条带，花草纹由花朵、藤蔓、草叶构成，端面外缘为波浪纹，由坑底为横向线形凹坑的连续坑点纹组成。施纹端面下缘均为连续的压印凹坑组成的波浪纹，凹坑为四边形[1]。瓦身、檐头端面残，施纹端面背部有横向抹平痕迹，瓦体两侧残，切割方式不明。檐头宽约5、厚约1.8厘米（图八，8）。

戳印纹檐头板瓦施纹端面纹饰以素面凸棱状条带、戳印纹凸棱状条带组成，一些标本在凸棱状纹饰带之间、施纹端面上下两侧边缘有凹弦纹。依照前述三种纹饰的不同组合方式，可将戳印纹檐头板瓦分为两型。A型戳印纹檐头板瓦端面共三条凸棱状条带，自施纹端面下缘向上分别为戳印纹条带、素面条带、戳印纹条带，凸棱状条带间、施纹端面下缘均有凹弦纹[2]。B型戳印纹檐头板瓦端面共四条凸棱状条带，自施纹端面下缘向上分别为戳印纹条带、素面条带、素面条带、戳印纹条带，凸棱状条带间、施纹端面下缘均有凹弦纹。

A型　1件。2015PBY1操作坑②：5，瓦身、檐头端面残，施纹端面背部有横向抹平痕迹，瓦体两侧残，切割方式不明。檐头宽约5、厚约1.8厘米（图八，6）。

B型戳印纹檐头板瓦施纹端面下缘的波浪纹均有压印凹坑组成，凹坑的形式共有两种，由此又分为Ba、Bb二亚型。Ba型凹坑压印斜度较大，凹坑边缘上挑，接近戳印纹条带。Bb型凹坑戳印纹压印斜度较小，凹坑边缘未上挑。

Ba型　1件。2015PBY1窑床③：4，瓦身、檐头端面残，施纹端面背部有横向抹平痕迹，瓦体两侧残，切割方式不明。檐头宽约6.6、厚约2.4厘米（图八，7）。

Bb型　1件。2015PBY1操作坑②：6，瓦身、檐头端面残，施纹端面背部有横向抹平痕迹，瓦体两侧残，切割方式不明。檐头宽约7.6、厚约2.2厘米（图八，9）。

筒瓦　分为普通筒瓦和檐头筒瓦两种。

普通筒瓦　1件。2015PBT0304③：18，瓦体剖面近半圆形，瓦体侧面外缘可见切割痕迹，应系透割，瓦背有横向抹光痕迹，瓦腹可见纵向木模条状压印痕迹，布纹规整细密。筒瓦残长约32.2、宽约14.4、厚约2厘米（图八，4）。

檐头筒瓦　1件。2015PBT0404③：4，残破，仅余瓦当部分。瓦当为圆形，边轮

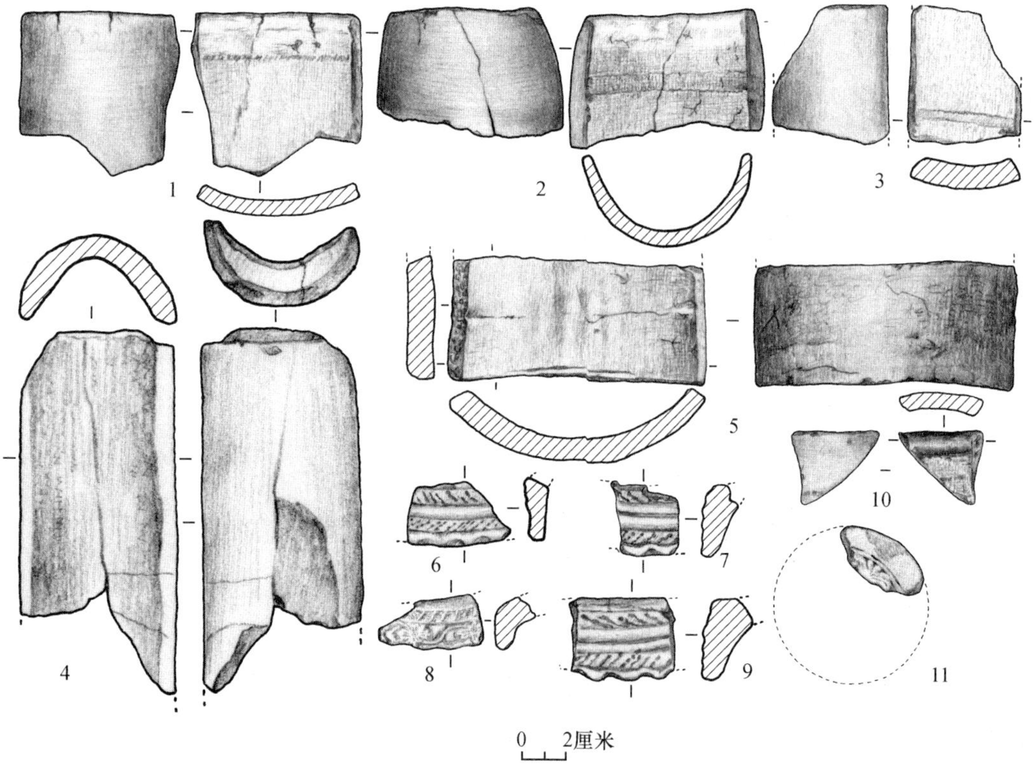

图八　筒瓦、板瓦、压当条

1、2、5、10. 板瓦（2015PBY1窑床④：4、2015PBY1火膛⑤：2、2015PBY1火膛⑤：1、2015PBY1窑床④：3）　3. 压当条（2015PBT0305③：3）　4. 筒瓦（2015PBT0304③：18）　6～9. 檐头板瓦（2015PBY1操作坑②：5、2015PBY1窑床③：4、2015PBT0305③：34、2015PBY1操作坑②：6）　11. 瓦当（2015PBT0404③：4）

与当面纹饰齐平，当面外缘为一周凸棱圈。瓦当背面外缘与筒瓦对接处可见刻划线，应用于加固。瓦当直径 14、厚约 1.5 厘米，边轮宽 1.7 厘米（图八，11）。

压当条　1 件。2015PBT0305③：3，外侧素面，内侧有布纹。两侧身有明显的人工切割痕迹，应为透割。根据压当条的弧度，推测应为板瓦改制而成。压当条残长约 12.4、宽约 10.4、厚约 2.2 厘米（图八，3）。

建筑饰件　均为泥质灰陶。

角形饰件　1 件。2015PBT0304③：7，呈“Y”形，角杈下半部分残缺，上半部分完整，角茎残破。角体表面刻划横向、纵向粗细、深浅不一的沟纹。饰件残长约 23.2、宽约 9.8 厘米（图九，4）。

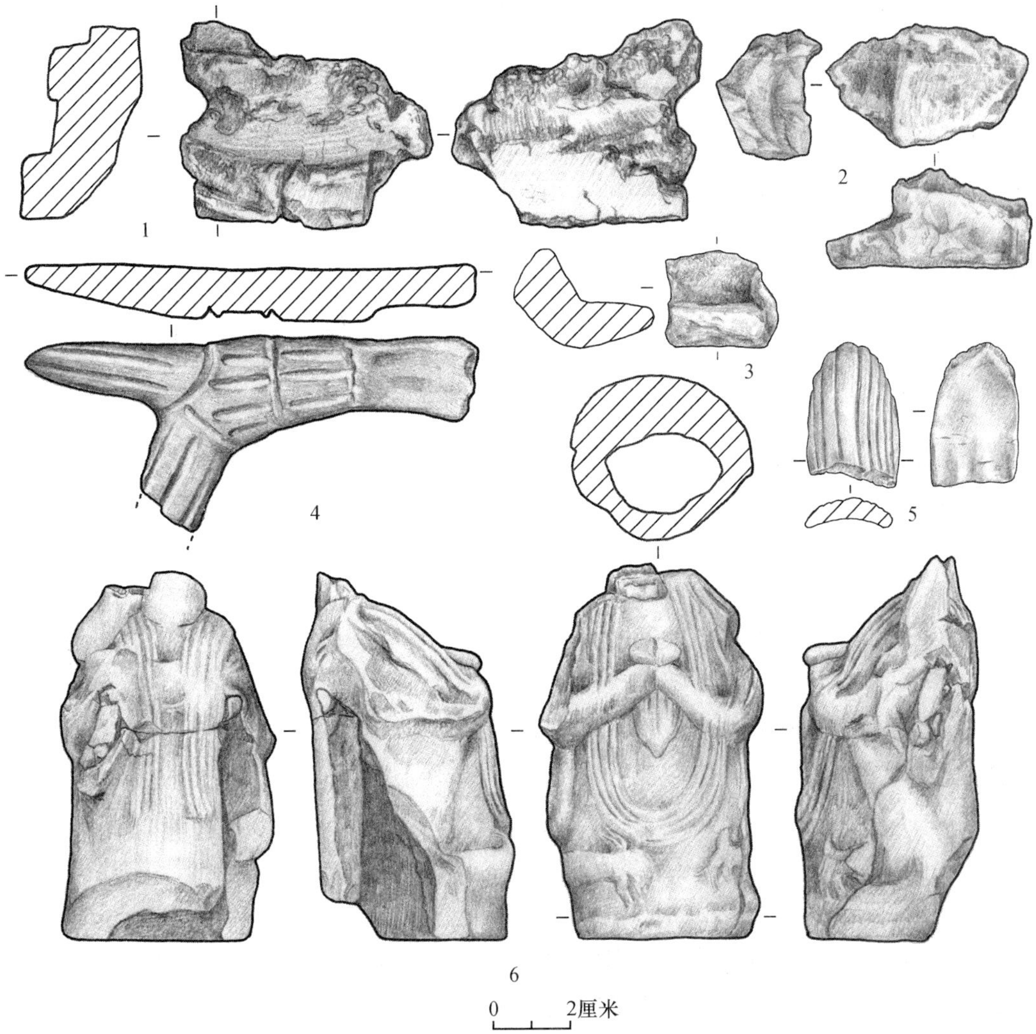

图九　支烧用具、建筑饰件

1～3. 支烧用具（2015PBY1 窑床⑤：6、2015PBY1 窑床④：23、2015PBY1 窑床⑤：1）

4～6. 建筑饰件（2015PBT0304③：7、2015PBT0304②：11、2015PBT0304②：9）

薄片形饰件　1件。2015PBT0304②：11，饰件表面纵向等距刻划粗浅不一的凹弦纹。残长约3.7、高约2.5、厚约0.5厘米（图九，5）。

迦陵频伽　1件。2015PBT0404②：9，除头部残破，其余部位基本完整。人物身躯宽厚，宽衣，双手捧物置于胸前，器体内部中空。残高约18.8、宽约11.2、厚约11、器壁厚1～3厘米（图九，6）。

2. 支烧用具

均在窑床的倒塌堆积中发现，推测为烧制瓦件时间隔之用。根据其形状，可分作三型。A型，推测原为柱状，器表有规律的凹凸相间；B型，应为柱状，底部为圆饼状足；C型，平底，底部薄厚度不均，剖面呈折足状。

A型　1件。2015PBY1窑床⑤：6，泥质灰陶。残高约10.6、宽约13.2、厚约6.4厘米（图九，1）。

B型　1件。2015PBY1窑床④：23，泥质灰陶。残高约5、宽约10.8、厚约6.5厘米（图九，2）。

C型　1件。2015PBY1窑床⑤：1，泥质灰陶。残高约2.5、宽约3、厚约1.4厘米（图九，3）。

3. 日用器物

均为残片，根据口沿推测器形，分为卷沿罐、直口罐和浅腹盘等。

卷沿罐　根据口沿卷曲形态，将其分为四型。A型，口沿外翻，卷曲程度极大，沿部与器体近乎闭合；B型，口沿外折，卷曲程度较小，与器体所成角度为锐角；C型，口沿外翻，卷曲程度较大，与器体所成角度约为180°；D型，口沿外翻，卷曲程度较大，与器体所成角度约在90°。

A型　1件。2015PBT0404⑥：7，泥质灰陶，卷沿，侈口，圆唇。残高约6.6、宽约13.8、器壁厚约1.5厘米（图一〇，1）。

B型　1件。2015PBT0304③：27，泥质灰褐陶，侈口，圆唇。残高约5.4、宽约11.3、器壁厚约0.8厘米（图一〇，2）。

C型　1件。2015PBT0404⑥：20，泥质灰陶，敞口，圆唇。残高约2.1、残宽约5.3、器壁厚约0.7厘米（图一〇，9）。

D型　2件。

2015PBT0404⑥：8，泥质灰褐陶，敞口，圆唇，器体卷折处有一圆形小孔。残高约2.7、残宽约6.5、器壁厚约0.7厘米（图一〇，5）。

2015PBT0404⑥：6，泥质灰陶，敞口，圆唇。残高约2.4、宽约6.7、器壁厚约0.7厘米（图一〇，8）。

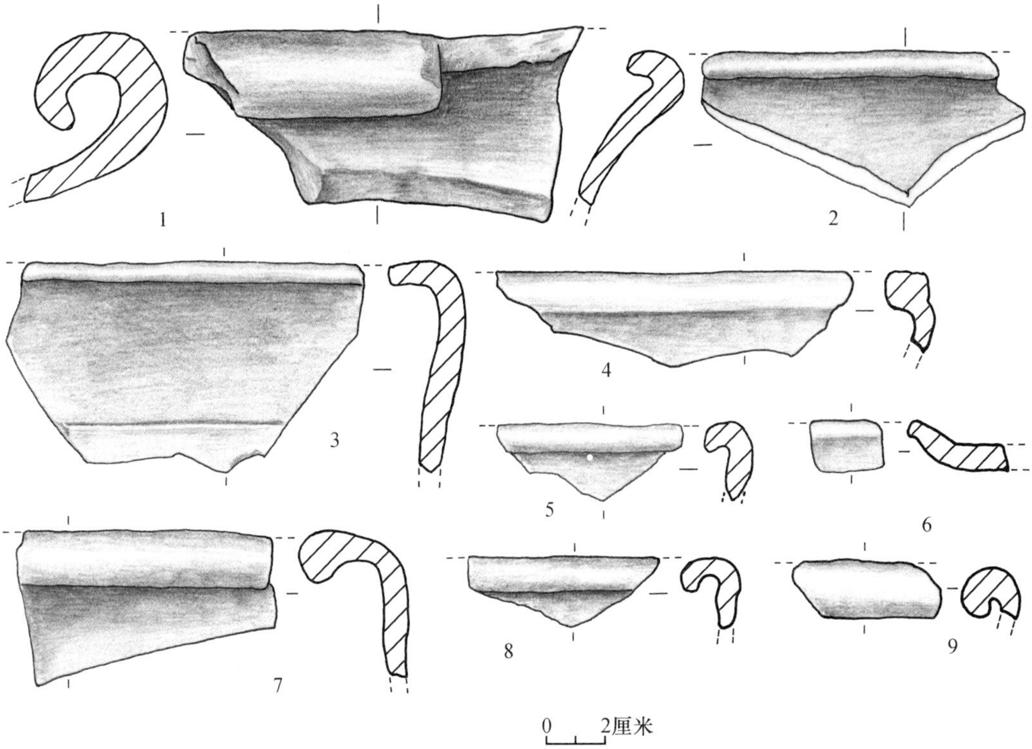

图一〇　陶器口沿

1、2、5、8、9. 卷沿罐（2015PBT0404⑥：7、2015PBT0304③：27、2015PBT0404⑥：8、2015PBT0404⑥：6、2015PBT0404⑥：20） 3、7. 折沿盆（2015PBT0304③：25、2015PBH21①：5） 4. 直口罐（2015PBT0404⑥：21） 6. 浅腹盘（2015PBT0404⑥：8）

直口罐　1 件。2015PBT0404⑥：21，泥质灰陶，直口，圆唇。残高约 3.3、宽约 12.4、器壁厚约 0.7 厘米（图一〇，4）。

折沿盆　根据口沿形态分二型。A 型，口部微侈，圆唇，口沿外折，折成约 90° 角。腹部斜直，有一凹弦纹；B 型，侈口，圆唇，口沿外折，折成约 90° 角。腹部斜直。

A 型　1 件。2015PBT0304③：25，泥质灰陶，器壁较薄。残高约 6.6、宽约 12.2、器壁厚约 1 厘米（图一〇，3）。

B 型　1 件。2015PBH21①：5，泥质灰陶，器壁较薄。残高约 5.1、宽约 9.1、器壁厚约 0.9 厘米（图一〇，7）。

浅腹盘　1 件。2015PBT0404⑥：10，泥质灰陶，侈口，圆唇，平底，斜直腹。残高约 1.8、宽约 2.7、器底厚约 0.7 厘米（图一〇，6）。

陶碗　据其腹部形态可分二型。A 型，弧腹，平底，器底较薄；B 型，斜直腹，平底，器底较厚。

A 型　1 件。2015PBT0304③：10，夹砂灰陶。残高约 1.5、宽约 6.8、器底和器壁各厚约 0.5 厘米（图一一，2）。

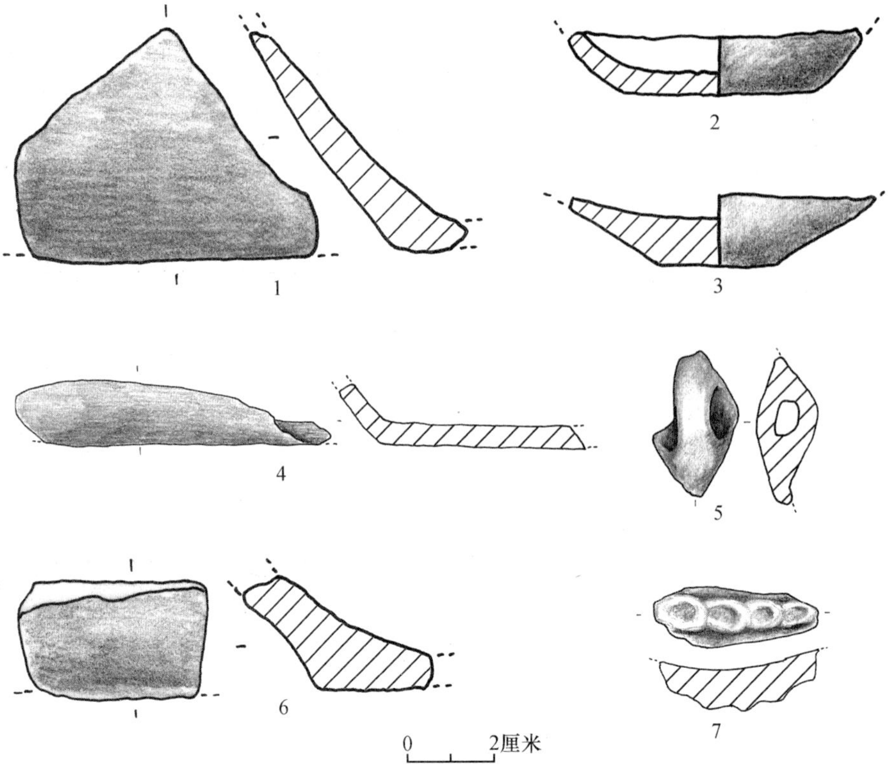

图一一　器底、器耳

1、4、6. 器底（2015PBT0404⑥：9、2015PBT0304③：30、2015PBT0404⑥：18）　2、3. 陶碗（2015PBT0304③：10、2015PBT0304③：3）　5、7. 器耳（2015PBT0404⑥：14、2015PBT0304③：9）

B型　1件。2015PBT0304③：3，夹砂灰陶。残高约1.7、宽约7.1、器底厚约1.1、器壁厚约0.4厘米（图一一，3）。

器底　3件。

2015PBT0404⑥：9，泥质灰陶，斜腹，器壁由底部至口部渐薄。残高约5.4、宽约7.1、器壁厚约0.9、器底厚约0.6厘米（图一一，1）。

2015PBT0304③：30，夹砂灰陶，腹部斜直，底部较平。残高约1.4、宽约5.7、器壁厚约0.4、器底厚约0.5厘米（图一一，4）。

2015PBT0404⑥：18，夹砂灰陶，斜腹，底部较平。残高约2.6、宽约4.4、器壁厚约1.1、器底厚约0.7厘米（图一一，6）。

器耳　2件。

2015PBT0404⑥：14，夹砂灰陶，桥状。耳宽约0.9、厚约0.4厘米，残片高约3.4、宽约2厘米（图一一，5）。

2015PBT0304③：9，夹砂黄褐陶，外侧有凸出的小凹坑，呈波浪形续接，似为粘贴后按压所成。残长约3.8、高约1、厚约0.9厘米（图一一，7）。

（二）瓷　器

共 3 件，均白釉、灰胎。据其腹部形态，可分为三型。A 型，弧腹；B 型，斜弧腹；C 型，斜直腹。

A 型　1 件。2015PBT0304 ③：22，敞口、圆唇，现存内外壁通体施釉。残长约 7、高约 5.2、器壁厚约 0.3 厘米（图一二，2）。

B 型　1 件。2015PBT0304 ③：23，侈口，圆唇，器壁由底部向口沿部位渐薄，现存内外壁通体施釉。残长约 4.5、高约 3.9、器壁厚 0.3 ~ 0.7 厘米（图一二，3）。

C 型　1 件。2015PBT0304 ③：24，侈口，圆唇，现存内外壁通体施釉。残长约 7.5、高约 4、器壁厚约 0.3 厘米（图一二，1）。

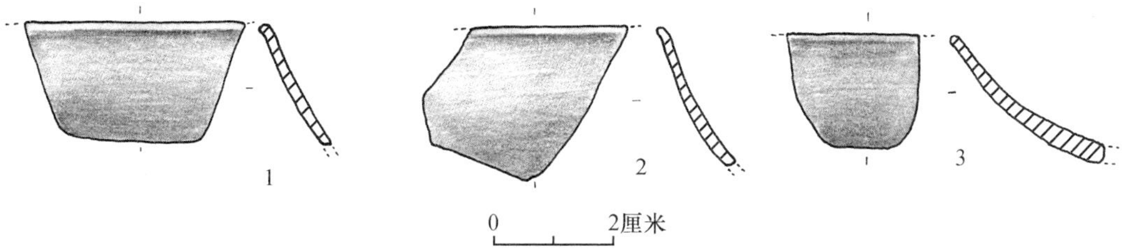

图一二　瓷器口沿

1. 2015PBT0304 ③：24　2. 2015PBT0304 ③：22　3. 2015PBT0304 ③：23

（三）铜　器

铜环　1 件。2015PBT0304 ③：21，完整，铸造。环体两面有相同的花草纹，成减地效果而纹饰凸出。铜环内外边缘部分较薄，中部略厚。铜环直径约 6.3、环体宽约 1.5、厚约 0.3 厘米（图一三，9）。

（四）铁　器

铁钉　形态基本完整，锈蚀严重，据其大小可分二型。

A 型　1 件。铁钉较长，锻造。2015PBT0304 ③：12，长约 16.6、宽约 1.1、厚约 0.8 厘米（图一三，1）。钉帽系由铁钉顶端打偏折而成，钉身呈扁方体，钉尖微弯折。该型铁钉较长，一般多用于筒瓦中部加固之用。

B 型　6 件。铁钉较小，锻造。此型铁钉出土较多，锈蚀严重，钉身呈扁方体，钉尖弯折。长约 5.5 ~ 7.5、宽约 1、厚约 0.7 厘米（图一三，2 ~ 7）。

铁镞　1 件。2015PBH21 ①：3，锻造。锈蚀严重，黄褐色。通长 9.2 厘米，刃长

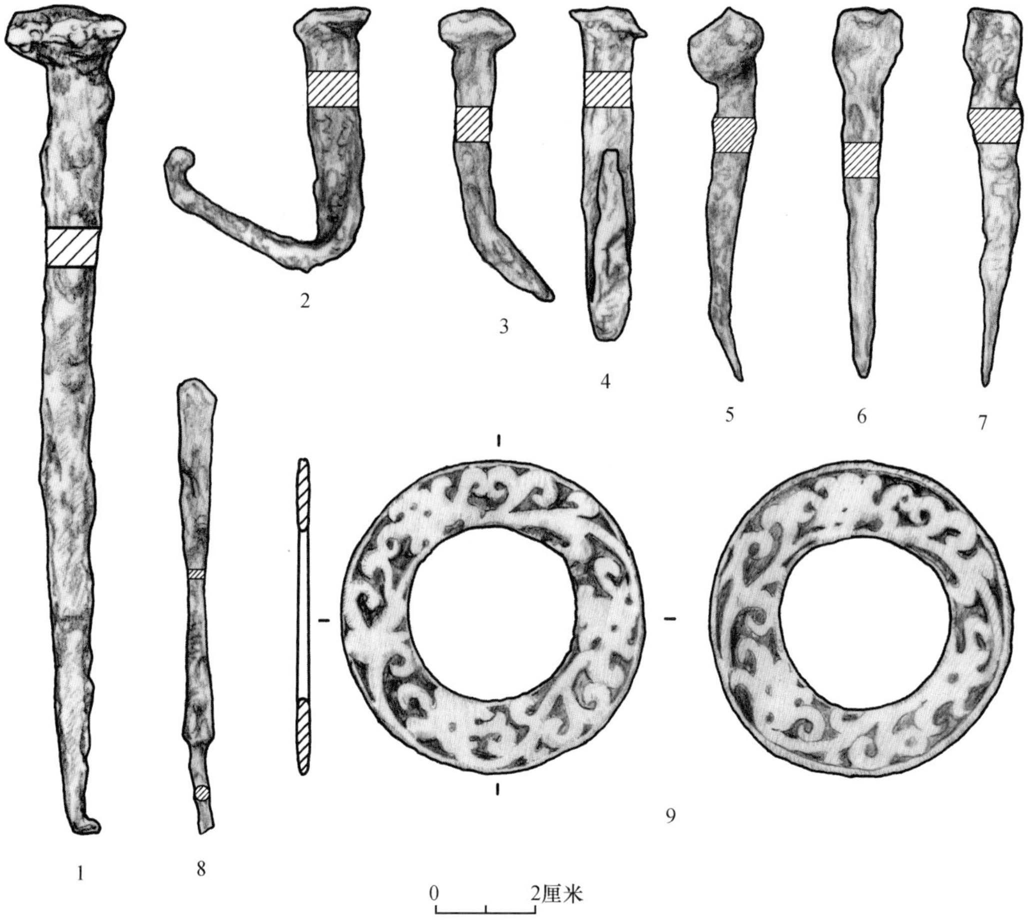

图一三　铁器、铜器

1～7. 铁钉（2015PBT0304 ③：12、2015PBH21 ②：7、2015PBT0304 ③：17、2015PBH21 ②：4、2015PBTH21 ②：3、2015PBT0304 ③：14、2015PBY1 操作坑②：2）
8. 铁镞（2015PBH21 ①：3） 9. 铜环（2015PBT0304 ③：21）

约 7.3 厘米，刃端宽约 0.8 厘米，铤长约 1.9 厘米（图一三，8）。

四、结　　语

磐石八面佛遗址历经两个田野季节的发掘，2014 年度发掘主要揭露了寺庙建筑台基 TJ1、TJ2、石幢及其废弃堆积，并揭露了寺庙废弃后形成的居住址[3]；2015 年度则主要揭露了 TJ2 北侧废弃堆积、窑址 Y1。通过发掘，主要形成以下基本认识：

1. 遗存年代及性质

根据层位关系及遗迹、遗物年代学分析，可知八面佛遗址由早、晚两期遗存组成，早期遗存包括 2014 年揭露的石幢、建筑台基 TJ1、建筑台基 TJ2[4]，以及窑址 Y1，性质为佛寺遗址，年代为金代中晚期；晚期遗存包括 2014 年揭露的房址、灰坑、露炊，以及 2015 年揭露的灰坑，性质为居住址，年代为金代晚期。

2. 寺庙建筑布局

发掘中对早期遗存——佛寺遗址进行了全部揭露，确认该寺庙址由处在同一轴线上的石幢、建筑台基 TJ1、建筑台基 TJ2 组成。通过发掘及对台基建筑周边进行钻探确认，寺庙周围无墙体、回廊类设施，未形成封闭院落。

3. 窑址 Y1 性质及相关问题

2015 年度发现的窑址 Y1 位于建筑台基 TJ2 西北约 10 米，打破地层堆积第 6 层（该地层堆积与 2014 年度发掘中揭露的第 8 层为同一堆积），对比确认，Y1、第 6 层及建筑台基 TJ1、TJ2 倒塌堆积中出土板瓦、筒瓦类型均相同。由于遗址周边未发现其他建筑遗迹，因此推测第 6 层所含瓦件应为本遗址中建筑屋顶破损后替换下的残瓦，也就是说，该地层是在寺庙使用过程中形成。进一步推测，修建该窑址的目的应是烧制砖瓦类建筑构件，用于修补寺庙建筑。此外，通过对遗址中出土瓦件陶色进行对比，结合 Y1 窑床表面不同区域的颜色差别推测，遗址中瓦件陶色的差异应主要由于瓦坯摆放在窑内不同位置，因而在灼烧及“闷窑”过程中受热、渗碳皆不均衡所导致。

执笔：解　峰　张　迪
包艳玲　李秋虹
绘图：田永兵　解　峰
照相：赵　昕　顾聆博

注　释

[1] 该型花草纹檐头板瓦与本遗址 2014 年出土的 A 型花草纹檐头板瓦形同。

[2] 该型戳印纹檐头板瓦与本遗址 2014 年出土的 C 型戳印纹檐头板瓦形同。

[3] 关于本遗址 2014 年度发掘材料，详见吉林省文物考古研究所，磐石市文物管理所. 2014 年度磐石八面佛遗址考古发掘报告［A］. 边疆考古研究（第 21 辑）［C］. 北京：科学出版社，2017.

[4] 2014 与 2015 年度工作中，对遗址及周边地区进行了大规模调查、勘探，未发现其他窑址。因此推测，寺庙址始建时使用的瓦件可能自其他地区运输至此，但是，鉴于遗址处在山坡上，水土流失严重，不能排除始建时期亦专门建有陶窑且已遭完全破坏的可能。

Excavation of Bamianfo Site in Panshi City in 2015

In 2015, Institute of Cultural Relics and Archaeology of Jilin Province, accompanied with Administration Department of Cultural Relics of Panshi City, excavated the Bamianfo Site, which uncovered a kiln used for firing potteries and bricks, and other relics such as pits. A large number of fragments of bricks, tiles and potteries were unearthed. After two excavation seasons in 2014 and 2015, it is confirmed that there are two periods in Bamianfo Sites. The earlier relic is a temple site of the Middle and Late Jin Dynasty, which is consisted by stone pillar and two construction foundations named TJ1 and TJ2. Walls and corridors are not founded. And the later relic is a residence site of Late Jin Dynasty.

黑龙江省依兰县倭肯遗址、羊角沟遗址2016年发掘简报

黑龙江省文物考古研究所　吉林大学边疆考古研究中心

倭肯遗址位于黑龙江省依兰县宏克力镇马鞍山村倭肯屯，松花江支流倭肯河右岸的二级台地前缘。遗址北距倭肯屯约400米，东距倭肯河约1千米，哈同公路从遗址西北部穿过，遗址东西约250米，南北约150米，总面积37500平方米，哈（尔滨）—佳（木斯）铁路拟从遗址西北部穿过。羊角沟遗址位于依兰县宏克力镇羊角沟村，倭肯河右岸的二级台地上，遗址被近年来形成的一条冲沟分成南北两部分，南部靠近羊角沟村。整个遗址范围东西约150米，南北约200米，哈—佳铁路拟从遗址北部穿过（图一）。

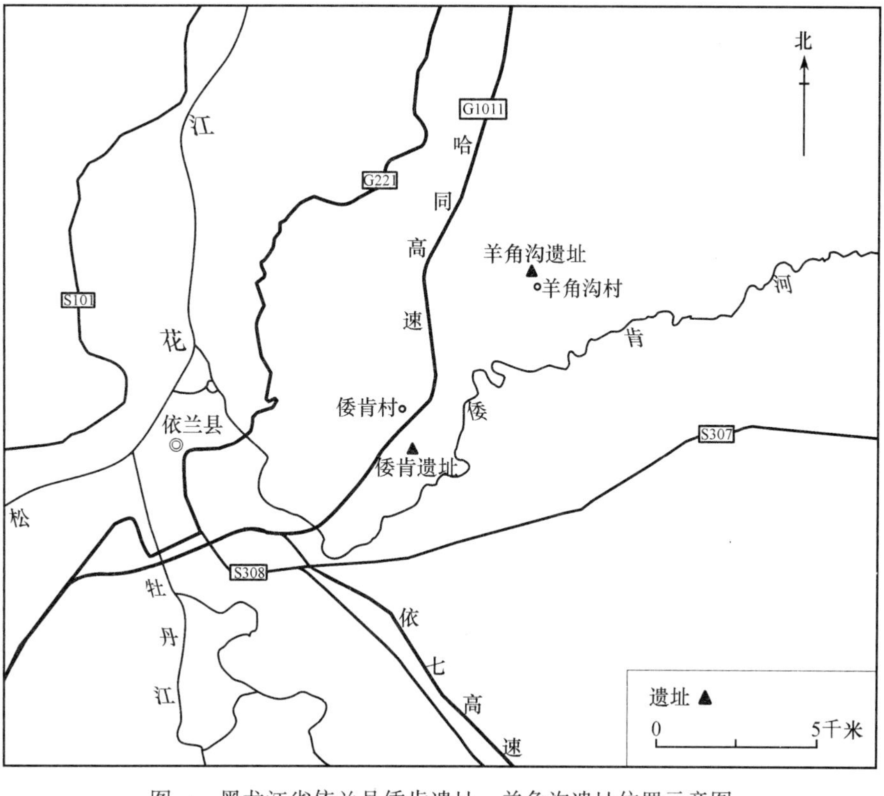

图一　黑龙江省依兰县倭肯遗址、羊角沟遗址位置示意图

2016年，黑龙江省文物考古研究所与吉林大学边疆考古研究中心组成联合考古队，以了解遗址的地层堆积、判断遗址的年代与性质特点、提出遗址的保护建议为目的，对上述两处遗址进行了发掘。

倭肯遗址2016年度的发掘区位于整个遗址南部，倭肯遗址发掘区内布设5米×5米探方36个，整个发掘区呈30米×30米，计900平方米，清理遗迹有灰坑、灶、房址等遗迹（图二），出土遗物丰富，有陶器、青花瓷器、铁器、铜器、骨器等。羊角沟遗址发掘区内布设5米×5米探方16个，计400平方米。清理遗迹有灰坑、灶，遗物较少，出土有陶器、青花瓷器等遗物。

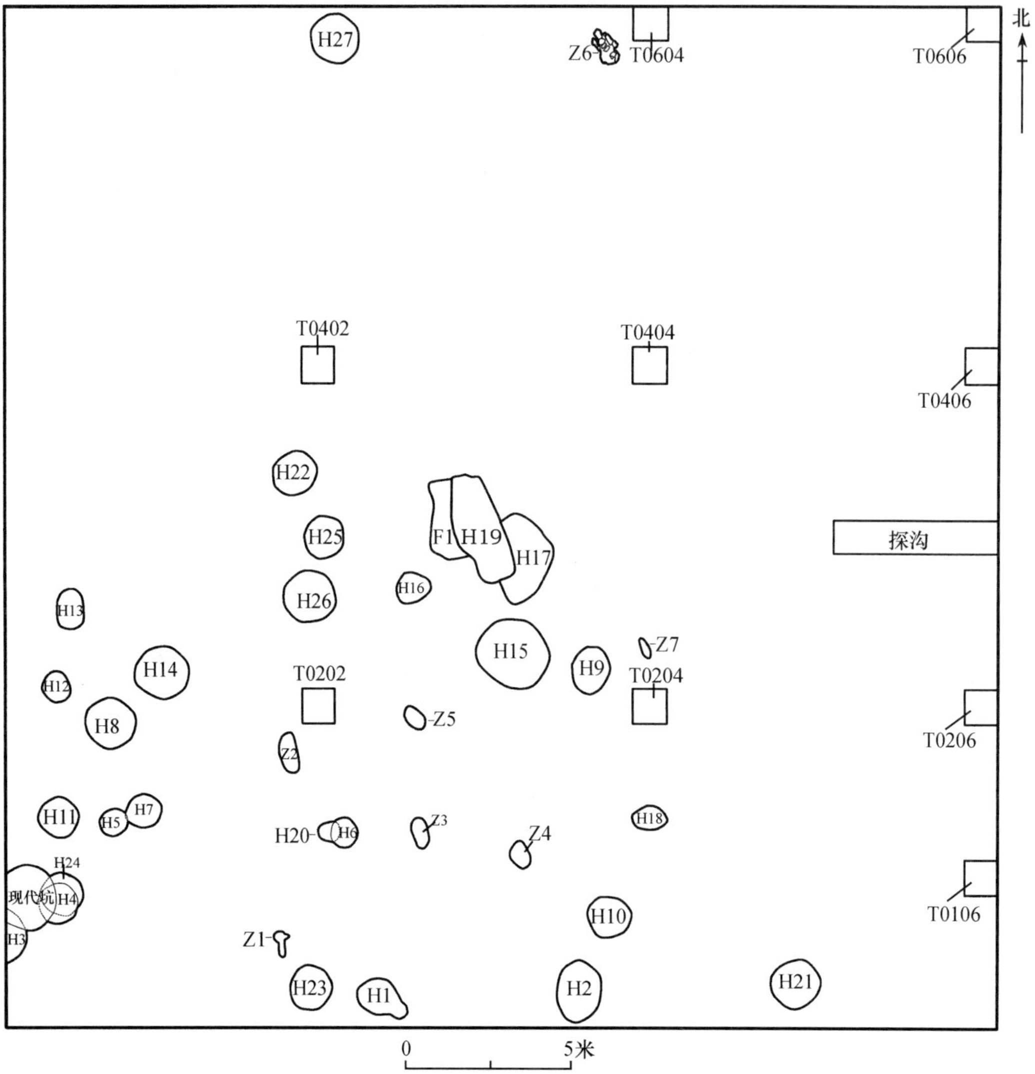

图二　倭肯遗址发掘区平面图

一、倭肯遗址

（一）地层堆积

倭肯遗址地层较为简单，地表为耕土，大部分区域堆积可分为两层。发掘区内东部区域耕土层下有较厚的淤积层，深褐色胶黏土，较致密，几乎不含包含物，但又区别于生土，根据附近老乡回忆，此处原有冲沟，地势低洼，后统一开荒耕种，平整土地，形成现在地形地貌。现以2016YW Ⅰ T0402（下文均省略编号前缀2016YW Ⅰ）东壁为例介绍（图三）。

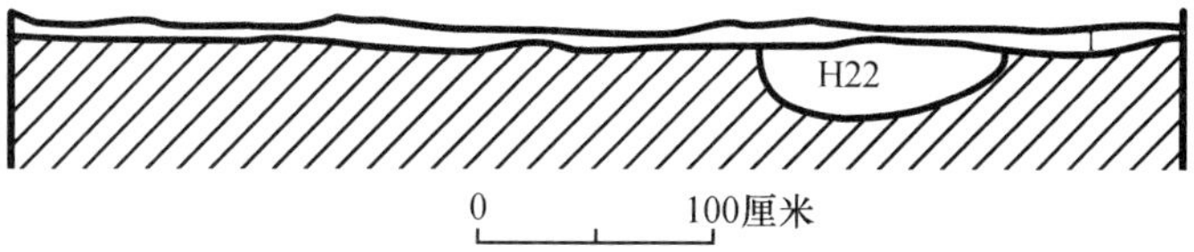

图三　T0402东壁剖面图

第1层：耕土层，厚10～20厘米，质地疏松，黑褐色，包含有陶片、青花瓷片及大量的植物根茎。H22、H25开口于此层。

第2层：生土，质地紧密，黄褐色，不包含遗物。

（二）遗　　迹

遗迹主要有灰坑、灶及房址等。

1. 灰坑

共27个，编号为H1～H27。平面多呈圆形或椭圆形，部分灰坑平面呈不规则形。灰坑深度一般集中在30～80厘米，最浅的灰坑仅略低于耕土层底部，最深的灰坑深度超过100厘米。灰坑底部多为平底，个别灰坑呈圜底或坑洼不平状。

H10　位于发掘区南部，开口于第1层下，平面形态近圆形，圜底。坑口直径122～126、坑深44厘米。坑内出土遗物较多，包括陶器柄、蚌壳、缠枝菊花纹瓷碗、铁器残片、动物骨骼等（图四，1）。

H13　位于发掘区西部，开口于第1层下，平面呈椭圆形，弧直壁，筒形，坑底不平坦。坑口直径40～110、深60、坑底直径35～100厘米。坑内堆积包含少量木炭、植物根茎，出土灰陶碗、酱釉瓷钵、青花瓷盅、铜烟锅、铜簪、玛瑙饰件等遗物（图四，2）。

H18　位于发掘区东南部区域，开口于第1层下，平面形态近椭圆形，弧直壁，筒

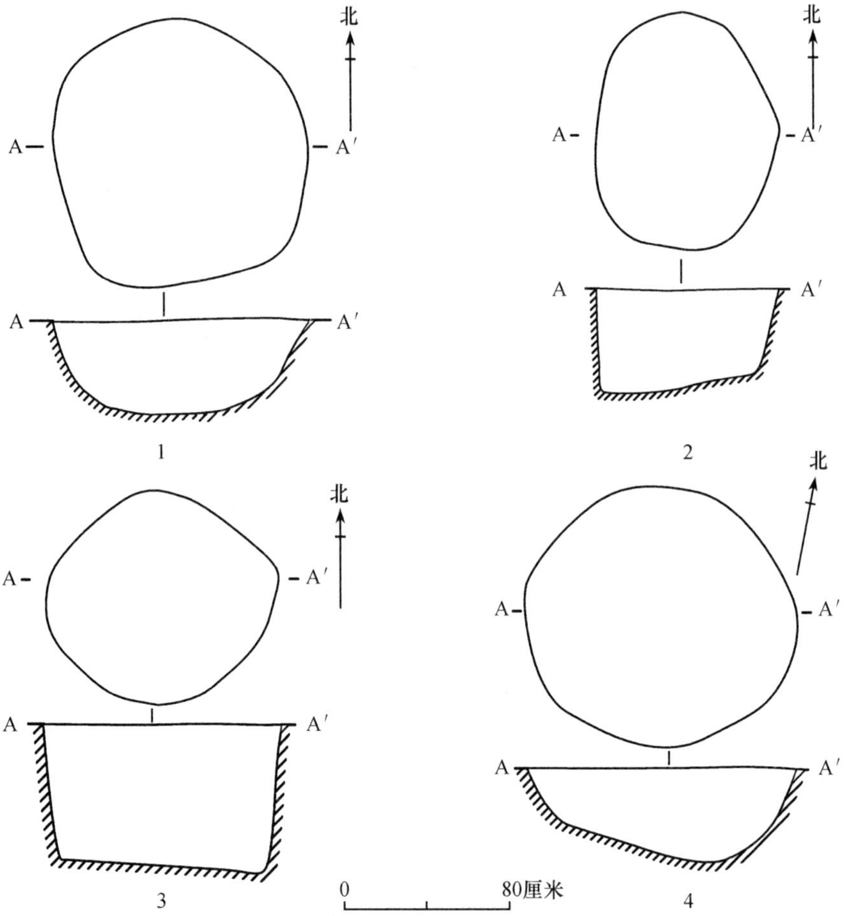

图四　灰坑平剖面图

1. H10　2. H13　3. H18　4. H23

形，坑底平整，圆形。坑口直径100～112、深70、坑底直径约100厘米。坑内为黑灰色堆积，包含少许木炭、植物根茎，出土平折沿陶盆、大卷沿陶盆、青花花篮纹瓷盘等遗物（图四，3）。

H23　位于发掘区南部，开口于第1层下，平面基本呈圆形，斜弧壁，坑底不平坦，呈圆形。坑口直径120、深30～46厘米。坑内出土青花瓷盘、青花瓷碗、动物骨骼、陶器残片等遗物（图四，4）。

2. 灶

共7座，编号分别为Z1～Z7。多为土坑灶，也有石板灶，平面形态与结构不完全一致。

Z1　位于发掘区南部，开口于第1层下，平面呈葫芦形，灶坑部分略呈椭圆形，烟火道部分近长方形，长轴方向为北偏西3°，弧直壁，浅平底。坑内堆积夹杂有零星的草木灰与烧土块，无其他遗物出土。坑口长径40、短径30、深9厘米；烟火道长40、宽20、深7厘米（图五，1）。

Z4 位于发掘区中部偏南区域，开口于第1层下，平面呈葫芦形，灶坑呈椭圆形，烟火道呈近圆形，长轴方向为北偏西18°，弧壁，浅底。遗迹表面呈深黑色，坑内堆积夹杂有零星的草木灰与大量红烧土块，无其他遗物出土。坑口长径35、短径32、深12厘米；烟火道长45、宽35、深10厘米（图五，2）。

Z6 位于发掘区北部中央，开口于第1层下，平面近圆角方形，灶坑部分略呈圆形，烟火道部分呈梯形，长轴方向为北偏西16°，斜直壁，浅底，灶坑周边烧结现象严重，红烧土层较厚，烟火道部分两侧及底部铺有小块石板，石板相对较酥，多处可见烟炱。坑内堆积夹杂有零星的草木灰与大量红烧土块，伴有青花瓷片等出土。坑口长径40、短径38、深9厘米；烟火道长约80、宽40、深5厘米（图五，3）。

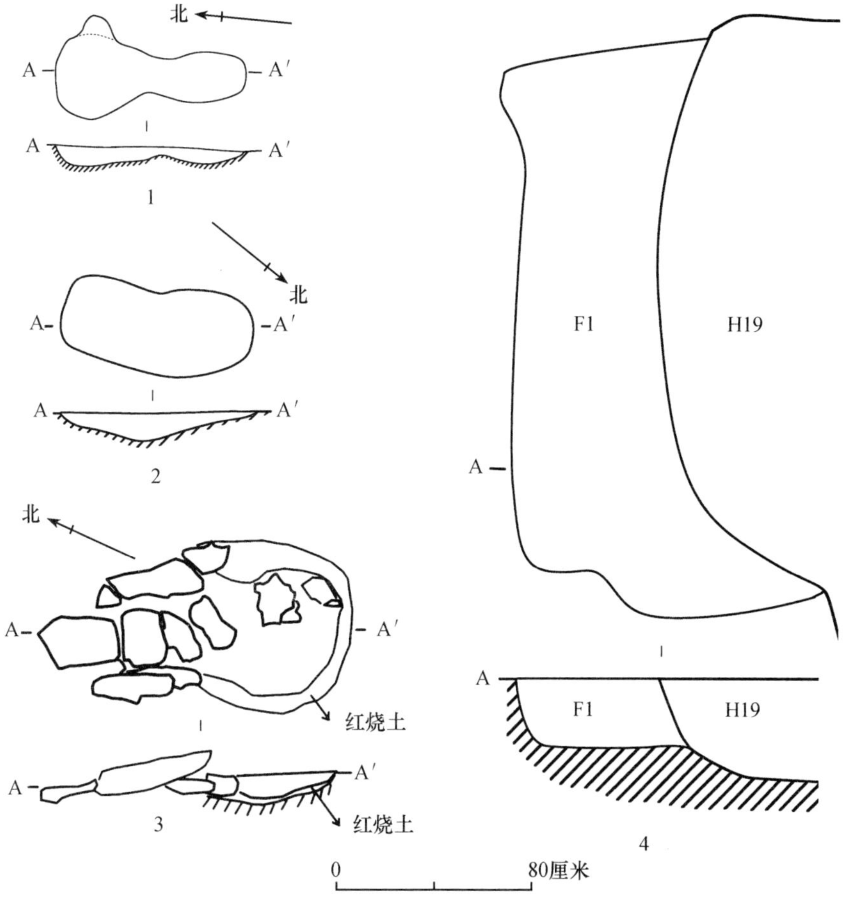

图五　灶、房址平、剖面图

1. Z1　2. Z4　3. Z6　4. F1

3. 房址

1座，编号F1。

F1位于发掘区中部，开口于第1层下，被H19打破，仅存残边，基本为正南北向。方边，直壁，平底，壁及底部均无明显人工加工痕迹，踩踏面不明显。F1长200～220、残宽60～90、深45～50厘米。遗迹内多为深褐色堆积，无遗物出土（图五，4）。

（三）遗　　物

倭肯遗址遗物丰富，尤其是部分灰坑，集中出土了一批特征鲜明的遗物。从出土遗物的种类看，主要有陶器、瓷器、铁器、铜器、石器、骨角器以及动物骨骼、蚌壳等100余件遗物。

1. 陶器

均为泥质陶，主要有灰陶与红褐陶，皆轮制，有的器物内壁或外壁可见有轮制痕迹，多素面。

盏　1件。H22①：1，灰陶，敞口，方唇，斜腹，平底，底部较厚。胎质粗疏，器形不规整。口径7.7、底径2.8、高3.6厘米（图六，1）。

杯　1件。T0402①：1，红褐陶，火候较低。直口，斜直腹，外平底，内寰底。口径6.2、底径6、高3.4厘米（图六，2）。

碗　2件。

H13①：4，残，灰陶，侈口，圆唇，微鼓腹，平底。残高4.9、壁厚0.7～1厘米（图六，3）。

T0604①：5，残，灰陶，侈口，尖圆唇，斜弧腹，矮圈足。残高3、壁厚0.7厘米（图六，4）。

盆　11件，可分三型。

A型　卷沿，4件。标本H18①：2，完整器，灰陶，敞口，大卷沿，斜弧腹，平底。胎土淘洗略粗，火候不均，局部呈橙红色，外壁可见拉坯痕。口径40、底径11.6、高11.6厘米（图六，6）。

B型　折沿，沿外伸较长，4件。

标本H18①：3，灰陶，敞口，平折沿，斜弧腹，平底。火候不均，局部呈红褐色，外壁可见拉坯痕。口径40、底径24.6、高12厘米（图六，7）。

标本H18①：5，残，灰陶，敛口，半卷沿，圆唇，微鼓腹。口径43.2、残高18.8厘米（图六，8）。

标本T0406①：35，残存口部，红褐陶，侈口，折沿，圆唇，直腹。残高6.1厘

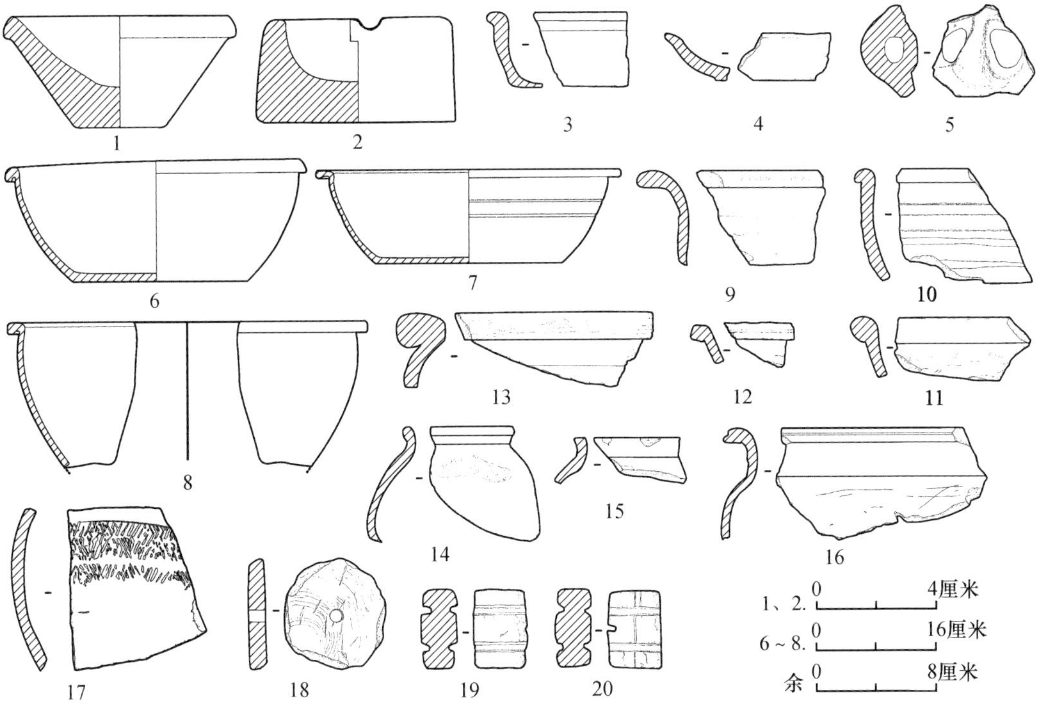

图六 陶器

1. 陶盏（H22①：1） 2. 陶杯（T0402①：1） 3、4. 陶碗（H13①：4、T0604①：5）
5. 陶器耳（T0406①：39） 6. A型陶盆（H18①：2） 7～9. B型陶盆（H18①：3、H18①：5、T0406①：35）
10～12. C型陶盆（T0406①：38、T0406①：41、H10①：10） 13～15. 陶罐（T0406①：8、H1①：9、T0402①：4） 16. 陶壶（H11①：1） 17. 陶器腹片（T0406①：57） 18. 陶纺轮（T0602①：1）
19、20. 陶网坠（T0406①：6、T0406①：68）

米（图六，9）。

C型 沿短似唇口，3件。

T0406①：38，残存口部，灰陶，敞口，折沿圆唇，斜弧腹（图六，10）。

T0406①：41，直口，圆唇。残长9厘米（图六，11）。

H10①：10，直口，方唇，直腹。残长4.6厘米（图六，12）。

罐 3件，灰陶，仅残存口部，推测为陶罐。

T0406①：8，灰陶，敛口，折沿，圆唇、鼓腹。残长7.8厘米（图六，13）。

H1①：9，灰陶，敞口，圆唇，短束颈，溜肩，鼓腹。残高7.4、残宽7.3厘米（图六，14）。

T0402①：4，灰陶，直口，方唇，溜肩。残长6、残高2.9厘米（图六，15）。

壶 1件。H11①：1，残存口部，灰陶，敞口，尖唇，平折沿，短颈，溜肩。残长14.1厘米（图六，16）。

器耳 2件。标本T0406①：39，灰陶，耳呈竖桥状。残长6.8厘米（图六，5）。

腹片 较多。标本T0406①：57，灰陶，水平压印三组密集的短道凹弦纹。残长

9.2 厘米（图六，17）。

纺轮　1 件。T0602 ①：1，基本完整，陶器底改制而成，平面为近圆形。直径 6.6～7.2、厚 1.1、钻孔直径 0.8 厘米（图六，18）。

网坠　共 8 件，形状基本相同，平面呈圆角长方形，两端各有一条 U 形凹槽。依据网坠中间有无凹槽可分二型。

A 型　中间无凹槽。标本 T0406 ①：6，灰陶。长 5.1、宽 3.6、厚 2.4 厘米（图六，19）。

B 型　中间有凹槽。标本 T0406 ①：68，红褐陶，表面有磨损痕迹。长 5、宽 3.5、厚 2.3 厘米（图六，20）。

2. 瓷器

倭肯遗址出土的瓷器多为青花瓷，另有少许酱釉瓷、双色釉、红绿彩等。器形多为实用的盛器或食器。

青花瓷盘　3 件，可复原。形制基本相同，圆唇，敞口，弧腹，矮圈足，灰白胎较粗，白釉泛青，青花发色灰暗，器形大小、青花纹饰不同。

H18 ①：1，内壁口沿部施弦纹，内图案残不可辨。口径 17.8、底径 10.4、高 3.3 厘米（图七，1）。

H18 ①：4，内壁口沿部施弦纹，底部绘花篮及三枝花枝，花篮为长提手，宽檐，小底，画工较粗犷随意。口径 11.6、底径 5.4、高 2.9 厘米（图七，2）。

H23 ①：1，内壁口沿处施单弦纹，内底施单弦纹、连续水波纹，内绘一条游鱼，画工粗犷、简略。口径 9.2、底径 6.4、高 1.8 厘米（图七，3）。

青花瓷碟　1 件。T0406 ①：19，残，敞口，束腹，挖足过肩。白胎细腻，白釉泛青，满釉，青灰色彩，发色浅淡，外壁口部施半轮花纹，余则淡彩平涂，外底双圈纹内似有花押款。残长 4.8 厘米。

青花瓷碗　共 9 件。器形相似，均为敞口，圆尖唇，斜腹或斜弧腹，圈足，灰胎较粗，白釉泛青，釉下施钴蓝彩，发色灰暗，下笔处积彩呈蓝黑色。根据纹饰不同分四型。

A 型　缠枝菊花纹饰。

T0205 ①：2，可复原。外壁口沿下施单弦纹，腹部饰缠枝菊花纹，下腹施双圈粗弦纹。内壁口沿部施连续点彩纹，底部单弦纹内绘正视菊花纹，整体画工粗犷、潦草。口径 14.4、底径 6.3、高 7.8 厘米（图七，4）。

T0406 ①：4，可复原。外壁口沿下施双圈弦纹，腹部饰缠枝菊花纹，下腹施双圈粗弦纹。内壁口沿部施连续点彩纹、双圈弦纹，底部双弦纹内绘正视菊花纹，整体画工粗犷、潦草。口径 14、底径 7、高 6.7 厘米（图七，5）。

T0406 ①：1，可复原。外壁口沿下施双圈弦纹，腹部饰缠枝菊花纹，下腹施双圈

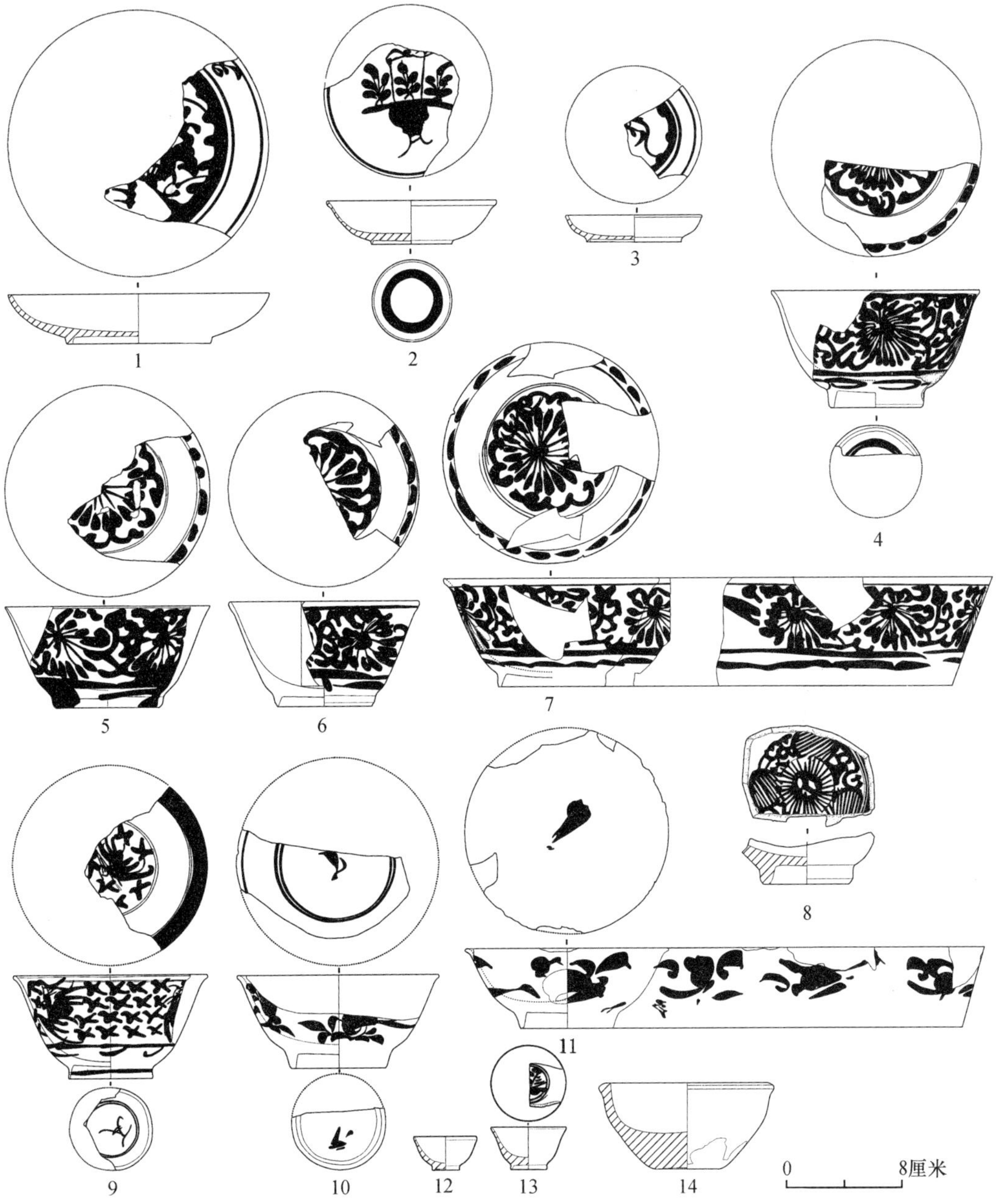

图七　瓷器

1～3. 青花瓷盘（H18①：1、H18①：4、H23①：1）　4～7. A型青花瓷碗（T0205①：2、T0406①：4、T0406①：1、H10①：1）　8. B型青花瓷碗（T0406①：12）　9. C型青花瓷碗（H23①：3）　10、11. D型青花瓷碗（T0102①：2、T0101①：8）　12. 青花盅（T0102①：3）　13. 双色釉盅（H13①：1）　14. 酱釉钵（H13①：2）

粗弦纹。内壁口沿部施连续点彩纹，底部单弦纹内绘正视菊花纹，整体画工粗犷、潦草。口径7、底径6.7、高7厘米（图七，6）。

H10 ①：1，可复原。底不施釉，局部有缩釉现象。外壁口沿下施双圈细弦纹，腹部饰缠枝菊花纹，下腹施双圈粗弦纹。内壁口沿部施连续点彩纹，再施双圈细弦纹，底部双圈弦纹内绘正视菊花纹，整体画工粗犷潦草。口径14.7、底径7.2、高7.2、足高0.8厘米（图七，7）。

B型　几何花纹。T0406 ①：12，残。蓝灰色彩，内底绘双圈纹，内绘一组抽象几何花纹，由中心放射状圆形花纹及周围四组圆形填斜线花瓣组成，再以线条化的卷草填地，这种纹饰与南澳Ⅰ号明代沉船中07NAC0138青花缠枝花卉四开光葡萄文碗的葡萄纹母题结构相似，推测是这类纹饰的退化形态。残长9.1、残高3.4、足高1.2厘米（图七，8）。

C型　凤鸟纹。H23 ①：3，可复原。外壁口沿处施弦纹，腹部绘三组凤鸟纹及X形地纹，下腹及圈足亦施弦纹，内壁口沿处平涂条带蓝彩及单弦纹，内底双圈弦纹内绘一组凤鸟纹，凤鸟十分简略，画工粗犷、潦草。口径13.3、底径6、高6.9厘米（图七，9）。

D型　折枝花果纹饰。

T0102 ①：2，可复原。外壁绘折枝花果纹，相比T0101 ①：1更为精细，下腹绘双圈弦纹，内壁口沿及内底绘弦纹，内底施三点点彩草叶纹。口径13.8、底径6.4、高6.2厘米（图七，10）。

T0101 ①：8，可复原。外壁绘简化花果纹，内底仅绘一笔点彩，画工粗犷。口径13.8、底径6.2、高5.7厘米（图七，11）。

盅　3件。

T0102 ①：3，青花盅，完整器，敞口，圆尖唇，斜弧腹，圈足。灰胎较粗，外壁在透明釉下遍施淡蓝彩。口径4.2、底径1.8、高2.2厘米（图七，12）。

H13 ①：1，双色釉盅，可复原，敞口，斜弧腹，圈足。灰胎较粗，外施酱釉，内施白釉绘青花，底不施釉。酱釉呈芝麻酱色，色调不匀，有窑粘痕迹，内白釉泛青，青花发色淡雅，口、底各绘双圈弦纹，底部纹样残不可辨。口径5、底径2.3、高2.8厘米（图七，13）。

T0103 ①：4，红绿彩盅，残，敞口，圆唇，斜弧腹，白胎细腻，施白釉，外壁施红绿彩花纹，红彩勾勒轮廓，填绿彩。残长3.3厘米。

酱釉钵　1件。H13 ①：2，可复原，敞口，平折沿，鼓腹，平底，底部甚厚。灰黄胎粗疏，施枣红色酱釉，内满釉，外施釉近底，腹部可见拉坯痕迹。口径12、底径4.3、高5.7厘米（图七，14）。

青花瓷口沿　数量较多。器形多不可辨，根据纹饰分为三型。

A型　花卉纹饰，其中菊花纹数量最多。

标本T0103 ①：6，残，圆尖唇外撇，白胎细腻，白釉泛青，内壁从上至腹分别为单弦纹、半轮梅花纹、平涂带状蓝彩、单弦纹。残长2.6厘米（图八，1）。

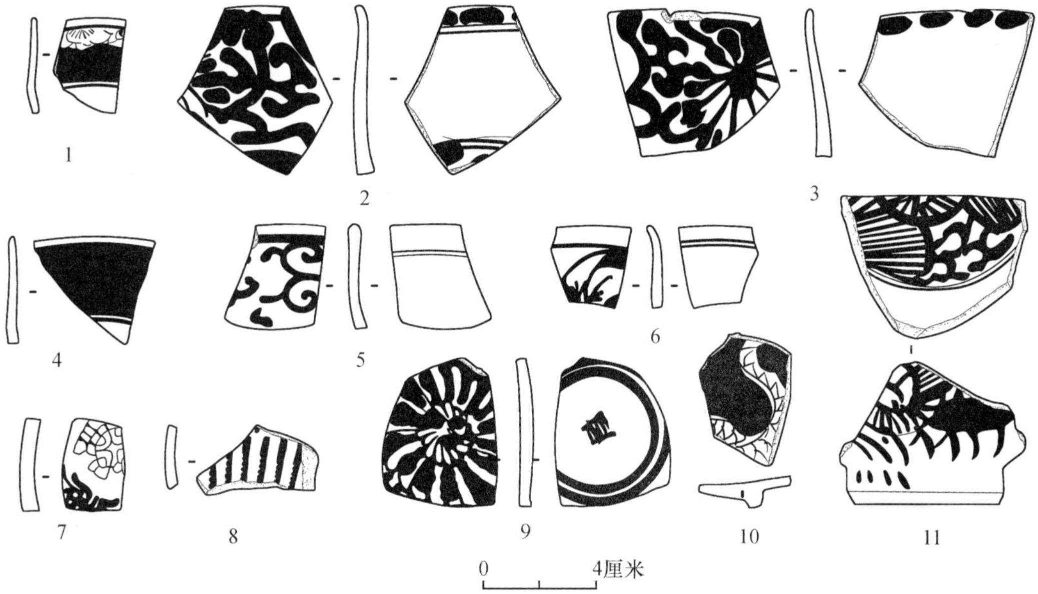

图八 青花瓷器

1～6. 青花瓷口沿（T0103①：6、T0205①：6、T0106①：1、T0604①：9、T0101①：6、H21①：4）
7、8. 青花瓷腹片（T0101①：7、T0604①：11） 9～11. 青花瓷器底（H10①：4、T0103①：2、T0406①：10）

标本T0205①：6，残，敞口，圆尖唇，斜弧腹。灰白胎较粗，乳浊白釉，釉色灰暗，釉面存在缩釉及棕眼现象，蓝灰色彩，外壁绘单弦纹、菊花纹。残长5.5厘米（图八，2）。

标本T0106①：1，残，圆尖唇，灰胎较粗，白釉发灰，蓝灰色彩，外壁可见菊花纹。残长6.2厘米（图八，3）。

B型 带状纹饰。标本T0604①：9，残，灰白胎较粗，白釉泛青，蓝灰色彩，口沿处平涂带状蓝彩，下施单弦纹。残长4.2厘米（图八，4）。

C型 草叶纹饰。

标本T0101①：6，残，圆尖唇。白胎细腻，白釉泛青，施釉均匀，釉下施钴蓝彩，发色艳丽，内壁口沿绘双圈纹，下勾勒卷草纹，画工较细。残长3.6厘米（图八，5）。

标本H21①：4，残，圆尖唇。白胎细腻，青白釉，施釉均匀，釉下施钴蓝彩，发色淡雅，外壁口沿绘双圈纹，下绘草叶形象。残长2.8厘米（图八，6）。

青花瓷腹片 数量较多。

标本T0101①：7，白釉泛青，外壁纹饰较残，似为变体“寿”字纹及八宝纹，似为贴花工艺。残长3.2厘米（图八，7）。

标本T0604①：11，灰白胎较粗，白釉泛青，蓝灰色彩，内底可见排列整齐的细笔书梵文纹饰，应为“寿”字。残长4.4厘米（图八，8）。

青花瓷器底 数量较多。应多为碗、盘、碟、盅底部，根据纹饰分为三型。

A 型　菊花纹，数量较多。标本 H10 ①：4，残，灰白胎较粗，白釉发青灰，釉下施钴蓝彩，发色灰暗，内底绘菊花纹，工笔勾蕊，晕染饰瓣，画工较精细，外底施双圈弦纹，内有蓝黑色菱形花押款。残长 5.2 厘米（图八，9）。

B 型　龙纹。标本 T0103 ①：2，残，白胎细腻，白釉泛青，内壁纹样似为龙纹，发色灰暗，画工较粗。残长 4.6、残高 1.1 厘米（图八，10）。

C 型　几何花纹。标本 T0406 ①：10，残，斜弧腹、圈足。白胎细腻，施白釉，内底绘双圈弦纹，内绘一组抽象几何花纹。残长 6.6、残高 5 厘米（图八，11）。

3. 金属器

金属器包括铁器、铜器、铜钱等。

铁锄头　1 件。T0402 ①：7，残，锈蚀严重，由锄头和铁柄组成，锄头呈片状，残缺呈不规则三角形，柄弯折呈 U 形。残长 5.4、残宽 3.9、厚 0.4 ~ 1 厘米（图九，1）。

铁钉　4 件。

标本 T0101 ①：3，残，整体呈 L 形，钉身截面为方形，钉帽缺失。残长 6.3、钉身截面 0.7 厘米 ×1 厘米（图九，2）。

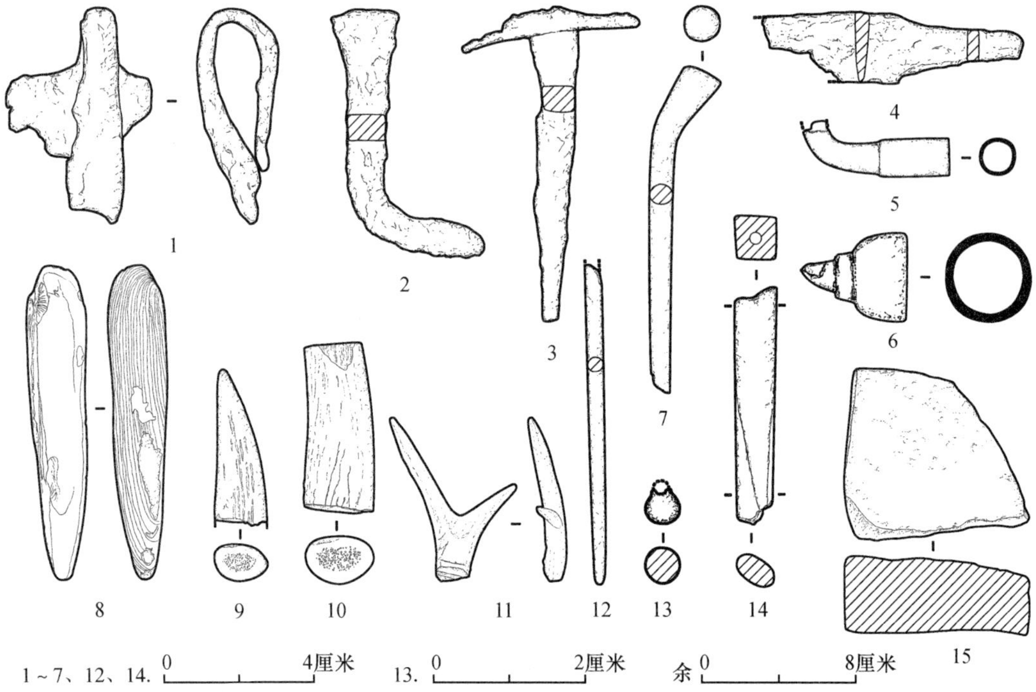

图九　其他遗物

1. 铁锄头（T0402 ①：7）　2、3. 铁钉（T0101 ①：3、T0406 ①：5）　4. 铁刀（T0104 ①：1）　5、6. 铜烟锅（H13 ①：12、H13 ①：13）　7. 铜簪（H13 ①：11）　8. 蚌壳（T0102 ①：5）　9 ~ 11. 兽角（T0205 ①：1、T0205 ①：19、H26 ①：1）　12. 骨簪（H17 ①：2）　13. 玛瑙饰件（H13 ①：5）　14. 琉璃饰件（T0104 ①：2）　15. 砺石（T0402 ①：2）

标本T0406①：5，基本完整，钉帽为圆形，钉身截面为方形。残长8、钉身截面0.7×0.9、钉帽直径4.7厘米（图九，3）。

铁刀　1件。T0104①：1，残，表面锈蚀，刀柄呈梯形，截面为长方形，刀身残缺，截面为三角形。残长6.8、残宽0.8～1.8、厚0.2～0.4厘米（图九，4）。

铜烟锅　3件。

标本H13①：12，残，表面为铜绿色，呈弯折状，烟锅头一端残缺。残长3.8、烟锅完整一端口径0.9、壁厚0.1厘米（图九，5）。

标本H13①：13，残，表面为铜绿色，残存烟锅头，敞口，斜弧腹，底部连接弯折的铜管。残长2.8、烟锅口径2.2、壁厚0.2厘米（图九，6）。

铜簪　1件。H13①：11，残，铜绿色，表面光滑，一端弯折较粗，一端逐渐变细，截面为圆形。残长8.3、直径0.6～0.9厘米（图九，7）。

铜钱　4枚。分别为皇宋通宝（H17①：1）、熙宁元宝（H1①：1）、康熙通宝（采集）、乾隆通宝（T0102①：4）。

4. 其他遗物

蚌壳　1件。T0102①：5，完整，整体细长，一端椭圆形，一端呈削尖状，表面有数道弦纹，局部脱落露出白色蚌体。残长16、最大宽3.2厘米（图九，8）。

兽角　4件。

标本T0205①：1，残，尖角状，表面不光滑，截面呈椭圆形。残长8、直径1.9～2.8厘米（图九，9）。

标本T0205①：19，残，圆柱状，表面不光滑，两端有切割痕，截面为椭圆形。残长8.7、直径2.4～3.7厘米（图九，10）。

标本H26①：1，残，整体呈丫字形，截面和表面部分有切割痕，截面为圆形。残长8.4、截面直径1.2～1.8厘米（图九，11）。

骨簪　1件。H17①：2，残，表面光滑，一端残缺，一端较尖，截面为圆形。残长8.1、直径0.4厘米（图九，12）。

玛瑙饰件　1件。H13①：5，残，宝红色，整体呈球状，上有一穿孔。直径约0.9厘米（图九，13）。

琉璃饰件　1件。T0104①：2，残，柱状，一端截面呈方形，有圆孔，另一端截面为椭圆形。残长6.1、厚1.1、孔径0.3厘米（图九，14）。

砺石　1件。T0402①：2，残，平面呈不规则梯形，剖面为长方形，表面光滑。残长9.7、残宽8.8、厚3～3.9厘米（图九，15）。

二、羊角沟遗址

（一）地层堆积

羊角沟遗址的地层相对比较简单，大部分区域的堆积可分为两层（遗址平面图略）。现以 2016YYIT0202（下文均省略编号前缀 2016YY Ⅰ）东壁为例介绍。

第 1 层：耕土层，土质相对疏松，呈黑褐色，厚 20 ~ 35 厘米，包含物多为青花瓷片、陶片、铁器以及动物骨骼、植物根茎等。

第 2 层：生土，土色发黄，相对致密，夹杂有料姜石，比较纯净。

（二）遗　　迹

共发现 2 处遗迹，分别是灰坑 H1、灶址 Z1。

H1　位于发掘区南部偏西位置，开口于第 1 层下，平面呈椭圆形，弧壁，圜底。坑内堆积不分层，无明显人工加工痕迹，坑口直径 120 ~ 140、坑深 30 厘米。坑内有少量烧土，出土铁钉 1 件。

Z1　位于发掘区南部，紧邻发掘区南部边缘，开口于第 1 层下，灶坑呈圆形，弧直壁，浅平底。灶坑周边烧结严重，该灶址为东西向，平面呈椭圆形。坑内堆积主要为草木灰与烧土块，无其他遗物出土。烧土分布部分长径 160、短径 84、灶坑直径约 66、深约 10 厘米。

（三）遗　　物

羊角沟遗址 2016 年度发掘区内地层及遗迹中出土遗物较少，主要为一些陶器残片、青花瓷器残片以及金属器残件。

三、考　　察

1. 遗址年代

倭肯遗址的地层简单，遗迹分布较为规律，遗物以青花瓷器为大宗，尽管存有少量以宋代钱币为代表的辽金时期遗存，但未发现明确的辽金时期文化层及遗迹，遗址的主体年代应较为单一。从遗址出土有康熙通宝、乾隆通宝，以及铜烟斗来看，可以将遗址年代大体判定为清代。从陶器来看，倭肯遗址出土陶器大多较为残碎，以泥质灰陶为主，口沿以折沿为主，器形完整的陶盆H18①：3、H18①：2与清晚期的黑龙江五常拉林机场清代遗址[1]出土的Ⅰ T16②：1、Ⅰ H6：1风格接近。从瓷器来看，以H10①：1为代表的青花菊花纹碗与沈阳中街清代手工作坊遗址[2]T14②：3及“恒隆广场”工程[3]H9：8基本一致，在广州南越宫苑遗址[4]的清代遗存中也有见到（97H11：7）。以T0101①：1为代表的青花花果纹碗与恒隆广场F4：7完全一致（F4为康熙时期房址），与天津蓟县桃花园清代墓地出土青花花果纹碗较为类似[5]。H18①：4青花花篮纹盘与康熙、雍正时期的齐齐哈尔市梅里斯音钦清代墓群所见花篮纹盘风格类似[6]。此外，依兰县迎兰乡永和、德丰清代墓群[7]曾出土青花菊花纹碗、青花海浪龙纹盘、青花瓷盅、红绿彩瓷盅、霁蓝碗、酱釉瓷盘、青花花篮纹盘等清代瓷器以及康熙、雍正、乾隆通宝等铜币。该墓群从出土瓷器品类与铜币年代来看与倭肯遗址出土遗物面貌十分相近，两处遗址仅隔江相望，很可能是同时期遗存。综上来看，倭肯遗址的时代大体应在清代早中期。

羊角沟遗址出土遗物较少，从出土的青花瓷片推测其年代应也在清代。

2. 遗址性质

羊角沟遗址出土遗迹、遗物较少，无法推测其性质。倭肯遗址出土遗迹和遗物较为丰富，故本文主要对其性质进行推测。

倭肯遗址遗迹的分布较为集中且有规律，以灰坑为主的遗迹围绕着5处灶址，形成直径约20米的圆圈，仅见有一处半地穴式房址，房址营建简陋、无灶，应为临时性居所。从地理位置来看，遗址整体坐落在倭肯河右岸的二级台地前缘，距倭肯河现代河道约1千米，结合遗址出土有大量网坠及各类蚌壳（相关动物考古报告另文发表），推测这里应是一处渔猎营地聚落。

光绪《吉林通志》载：“（依兰）正东松花江即混同江，南岸距城五里窝坑屯，有窝坑河渡口，十二里哈勒斐屯，屯西有窝坑河渡口，並上渡口俱通音达木河、卡伦、富克锦等路。”[8]《三姓乡土志》则提到：“哈勒斐，西南至城十二里，东北至靖边后路营十八里。”[9]倭肯遗址西南距依兰县城中心约6公里，与上述方志中所记的哈勒斐屯正合。在刊于康熙五十六年（1717年）的《皇舆全览图》[10]中，哈勒斐屯尚未出现在这片区域（图一〇，1），而在光绪十六年（1890年）刊刻的《中俄交界全图》[11]中已见有哈勒芬一地（图一〇，2），另在美国华盛顿国家地理协会1904年出版的《高丽及满洲地图》中，在三姓城东北亦标注有Kalafel字样的村落[12]（图一〇，3）。倭肯遗址应当即与哈勒斐屯有关，其形成时间可能在康熙五十六年之后，由于遗址出土瓷器较少清晚期器物，可知这处聚落在清代晚期应即废弃，光绪《吉林通志》载：“（道光）二十六年夏，三姓松花江、胡尔哈河、窝坑河水溢，坏民居，城内水数尺。”[13]该处聚落的废弃可能即与倭肯河河道的游移及水患有关。

倭肯遗址所处的依兰地区在清代一直是赫哲族的聚居区。顺治二年，清廷将从军征伐的卢业勒、葛依克勒、胡什哈哩三姓赫哲撤回该地，三姓城因此得名。其中卢氏、胡氏领牡丹江，葛氏据松花江，其后康熙时期胡氏迁往宁古塔，苏穆鲁氏迁入，领倭肯河一域，“胡尔哈河正东窝和地方系赫哲苏穆鲁氏人居住”[14]。倭肯遗址处于倭肯河下游，可能即属赫哲苏穆鲁氏族人的聚落。

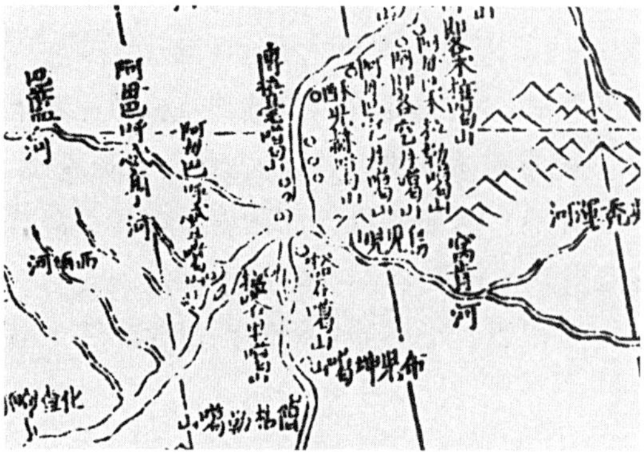

1. 康熙《皇舆全览图》局部

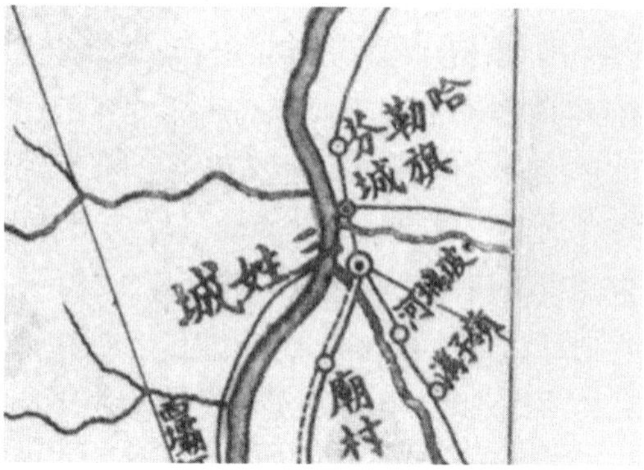

2. 光绪《中俄交界全图》局部

3. 美国 1904 年《高丽及满洲地图》局部

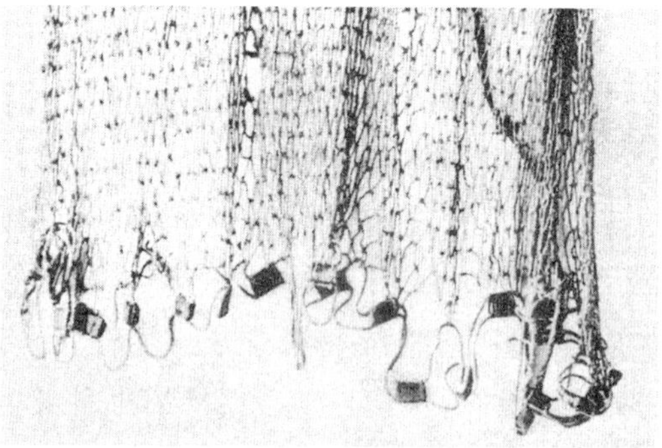

4. 赫哲族的沉网砖[15]

图一〇

3. 相关问题讨论

倭肯遗址出土的遗迹及遗物为我们研究清代早中期赫哲人的聚落形态、生业模式及物质生活面貌提供了珍贵的样本。根据民族志资料，一个传统的赫哲族聚落往往由屯式聚落、网滩聚落和坎地聚落构成。屯式聚落是固定的聚落，主要建筑为马架子、地窨子、木刻楞或泥草房等固定建筑，居住人口主要为老人、妇女、儿童；网滩聚落为春、秋鱼汛时期的临时性捕鱼营地，这类营地较大，由 10 ~ 20 家组成，主要使用撮罗子等简易建筑；坎地聚落是冬季捕鱼营地，规模小，较分散，主要使用“胡如布”（小型地窨子）建筑[16]。倭肯遗址的遗迹较丰富，产生的生活垃圾也较多，但缺少固定式建筑，同时遗址紧邻河道，应为一处网滩聚落。遗址出土了大量方形陶网坠，与近代赫哲族所使用的网坠极似，《松花江下游的赫哲族》一书中即提到，“沉网砖又名地窨子，渔户自己以泥烧成，赫哲语名［iləbhə］”[17]（图一〇，4），由于这种沉网砖主要用于春季大规模的渔业生产，遗址所出土类似“沉网砖”的网坠可能进一步指示出遗址的属性。

倭肯遗址仅见有一处房址，根据《西伯利亚东偏纪要》[18]中记录的赫哲人之房屋，“冬夏所止之处，取树皮或草为小屋，有安口（桦皮为之，捕牲住），搓罗（草盖用棚，捕鱼住），傲苟（冬行晚宿所住，或布或树皮为之），胡莫纳（桦皮小圆棚，夏捕鱼住），麻依嘎（不剃发黑斤捕鱼小棚），刀伦阿吉嚷莽（行船时晚岸上小布棚）等”，此外还有“地窨子”和“马架子”。倭肯遗址虽然灰坑、灶址较多，但是房址仅有一处，这或许是因为营地所使用的多为“搓罗子”类的临时性简易建筑，难以留下相关遗迹。从遗址仅见的F1的形制上看，为半地穴式长方形建筑，应属“地窨子”类建筑，说明这处营地在冬季仍然被使用，但规模较小。

《松花江下游的赫哲族》中曾提到：“赫哲人知道吸烟，由来已久；且家家自己种植。”[19]遗址中出土的数件铜烟斗可证吸烟之风俗在清代早中期时即已在赫哲人中流行。遗址中出土了大量青花瓷器的残件，说明瓷器在当时的赫哲部落中是一种易得的商品，可见清代三姓地区的少数民族部落与中原王朝联系紧密。

附记：本次工作领队为吉林大学边疆考古研究中心成璟瑭，参加发掘的工作人员有成璟瑭、曹建志（内蒙古文物考古研究所）、林朝阳、闫晓姣、夏笑笑、李楠、胡家庆、马洪涛、高勇（以上为吉林大学考古学专业学生），遗迹摄影为高勇、成璟瑭、林朝阳，器物摄影为马洪涛、胡家庆，绘图为李楠、闫晓姣、夏笑笑。黑龙江省文物考古研究所张伟、赵永军，依兰县文管所王建军、高伟、金世隆对本次考古工作给予了大力支持，报告整理过程中吉林大学边疆考古研究中心王琳、赵里萌以及武松同学费心费力，多有协助，特此致谢！

执笔人：成璟瑭　王　琳　赵里萌

注　释

［1］黑龙江省文物考古研究所．黑龙江省五常市拉林机场清代遗址发掘简报［J］．北方文物，2015（4）．

［2］沈阳市文物考古研究所．沈阳中街清代至民国时期手工业作坊遗址发掘简报［J］．沈阳考古文集（第4集）［C］．北京：科学出版社，2014．

［3］沈阳市文物考古研究所．沈阳市“中街恒隆广场”工程2006年发掘简报［J］．沈阳考古文集（第6集）［C］．北京：科学出版社，2014．

［4］南越王宫博物馆筹建处．南越宫苑遗址1995、1997年考古发掘报告（下册）［C］．北京：文物出版社，2008．

［5］　张柏．中国出土瓷器全集（第二卷）天津·辽宁·吉林·黑龙江［M］．北京：科学出版社，2008．
［6］　崔福来，辛建．黑龙江省齐齐哈尔市梅里斯音钦清代墓群调查简报［J］．北方文物，1989（4）．
［7］　史学谦，金太顺．依兰县永和、德丰清墓的发掘［J］．北方文物，1982（1）．
［8］　长顺．吉林通志·卷十七舆地志五［M］．光绪二十六年刻本．
［9］　富魁修．三姓乡土志［M］．辽宁省图书馆藏清光绪十七年呈送本．
［10］（清）雷孝思等绘．美国国会图书馆藏（Library of Congress）．
［11］（清）洪钧根据俄本译改．美国国会图书馆藏（Library of Congress）．
［12］Map of Korea and Manchuria Washington，D．C．National Geographic Society，1904．
［13］长顺．吉林通志·卷三十二食货志五［M］．光绪二十六年刻本．
［14］佚名．光绪依兰县地方志（又名三姓志）［M］．黑龙江图书馆油印本，1960．
［15］凌纯声．亚洲民族考古丛刊第二辑［M］．上海：上海文艺出版社，1990：松花江下游的赫哲族图版，图一零四．
［16］周立军等．东北民居［M］．北京：中国建筑工业出版社，2009．
［17］凌纯声．松花江下游的赫哲族［M］．上海：上海文艺出版社，1990．
［18］曹廷杰．西伯利东偏纪要［M］．光绪年间抄本．
［19］同［17］．

A Brief Report on Excavation of Woken Site and Yangjiaogou Site in Heilongjiang Province in 2016

Heilongjiang Provincial Institute of Cultural Relics Archaeology and Frontier Archaeology Research Center of Jilin University excavated Woken Site and Yangjiaogou site where located in Yilan County in 2016. The sites belong to the Qing Dynasty. There were about 27 pits and 1 pit houses and 7 cooking stoves in Woken site, included blue-and-white porcelain, pottery, bronze and metal artifacts and so on. Woken site was conjected to be a fishing camp that belongs to Hezhe ethnic group.

研究与探索

穆棱河流域中游旧石器工业研究*

陈全家[1] 崔祚文[1] 李有骞[2]

（1. 吉林大学边疆考古研究中心，长春，130012；2. 黑龙江省文物考古研究所，哈尔滨，150080）

2016年5月，吉林大学边疆考古研究中心和黑龙江省文物考古研究所会同遗址所在市、县的文物保护管理所等单位组成的旧石器联合考古队对穆棱河流域进行旧石器考古专项调查。此次调查共发现20余处旧石器时代遗存。其中，在穆棱河流域中游发现11处旧石器地点，这些地点的发现为了解古人类在穆棱河流域的生产、生活提供了详细的研究材料，也为黑龙江省及东北地区的旧石器研究提供了更多具体研究的资料。

一、地点分布

穆棱河流域中游共发现11处旧石器地点，分布在穆棱市和鸡西市。其中穆棱市9处：下城子镇1处，八面通镇6处，福禄乡2处。鸡西市2处：梨树乡1处，麻山区1处（图一）。

二、石器工业与分类描述

根据对11处旧石器地点的研究特点来看，可将穆棱河流域中游发现的旧石器地点，分为3种石器工业类型，即石片工业、石叶工业和细石叶工业。

---

* 本文是“教育部人文社会科学重点研究基地重大项目”（批准号：16JJD780008）研究成果。

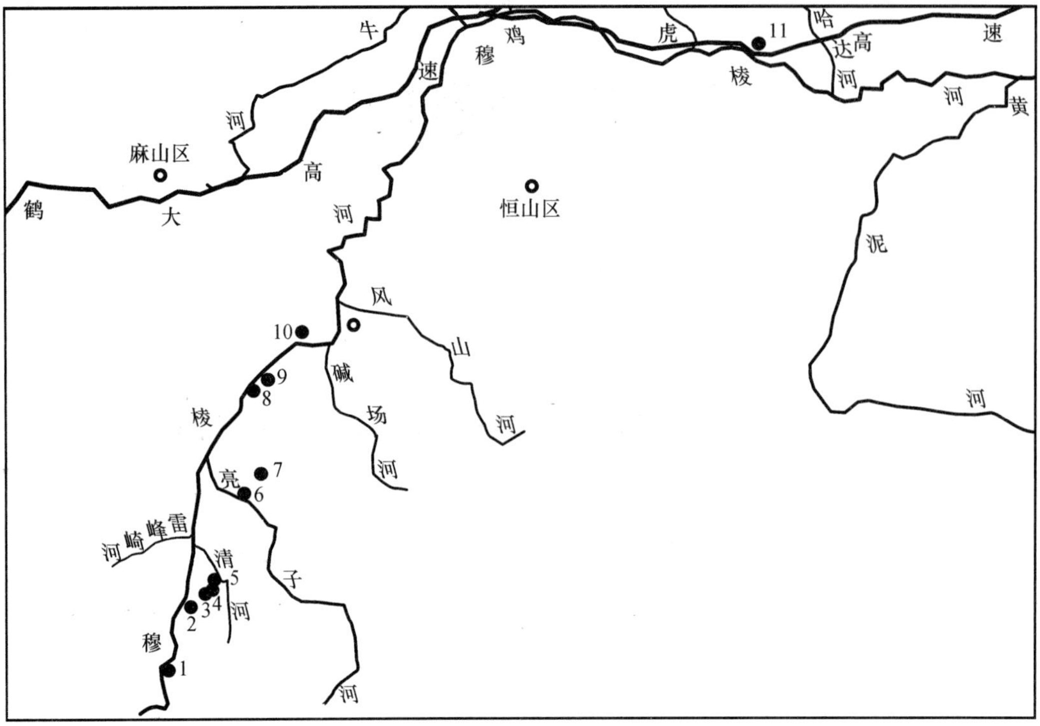

图一　穆棱河流域中游旧石器地点分布示意图

1. 下城子梨树南山地点　2. 八面通红土山地点　3. 八面通四平山第一地点　4. 八面通四平山第二地点　5. 八面通四平山第三地点　6. 亮子河南山地点　7. 穆棱康乐二排山地点　8. 八面通秀池南岗地点　9. 八面通秀池后山地点　10. 鸡西梨树河口东山地点　11. 鸡西麻山山河西山地点

（一）石片工业

包括下城子梨树南山地点、八面通红土山地点、八面通四平山第二地点、亮子河南山地点、八面通秀池南岗地点和八面通秀池后山等6处，共发现石器112件，包括石核、石片、断块和工具[1]。

1. 石核

5件。均为锤击石核。分为双台面和三台面石核。

（1）双台面　2件。长39.9～74.9毫米，平均长57.4毫米；宽47.4～96.9毫米，平均宽72.2毫米；厚28.8～42.3毫米，平均厚35.6毫米；重85.3～206.5克，平均重145.9克。原料为石英和砂岩。均为块状毛坯。台面为自然台面和打击台面。台面角为65.4°～85.2°（图三，14、24）。其中1件利用转向打法[2]剥片；1件利用反向打法剥片（图二）。

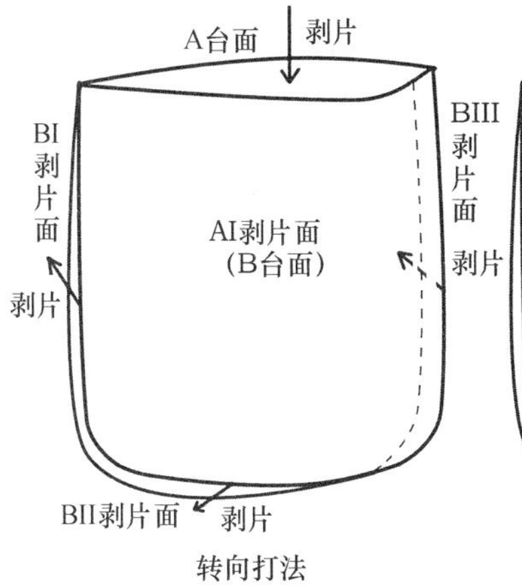

图二 转向和反向打法

（2）三台面 3件。长52.2～58.1毫米，平均长55.9毫米；宽37.5～51.9毫米，平均宽44.7毫米；厚17.4～39.1毫米，平均厚27.5毫米；重35.8～68.9克，平均重54.6克。原料为燧石和角岩。均为块状毛坯。台面以自然台面为主，打击台面较少。台面角为50.2°～99.2°。其中有2件利用反向打法剥片（图三，18、23）。

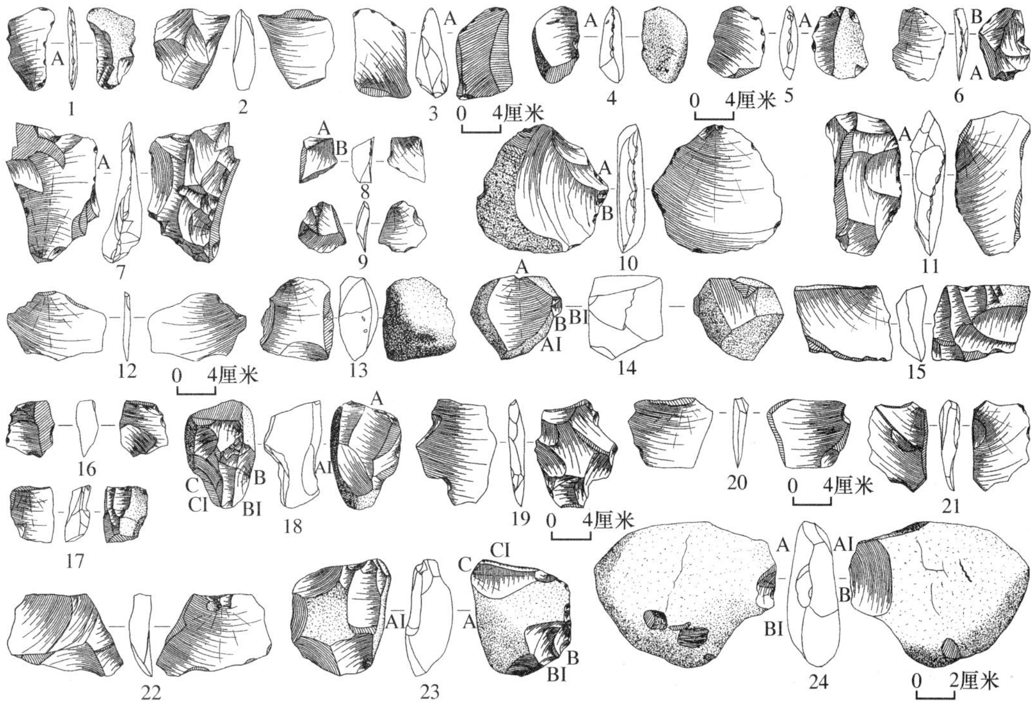

图三 石核、石片和二类工具

1、7. 单凹刃刮削器 2. 中段断片 3、5、11. 单凸刃刮削器 4. 单直刃刮削器 6、8、10. 单尖刃刮削器 9、13、15、21. 完整石片 12、17、22. 近端断片 14、24. 双台面石核 16、19. 远端断片 18、23. 三台面石核 20. 左断片（1～4、8、17、19、21、23. 秀池后山地点；5～7、9、12、16、20、24. 秀池南岗地点；10、15、22. 红土山地点；11、13、18. 亮子河南山地点；14. 四平山第二地点）

2. 石片

21件。根据断裂程度分为完整石片和断片。

（1）完整石片　7件。长9.9 ~ 42.5毫米，平均长27.4毫米；宽13.6 ~ 50.2毫米，平均宽30.9毫米；厚2.5 ~ 20.7毫米，平均厚8.8毫米；重0.3 ~ 34.2克，平均重11.5克。原料以流纹岩为主，其余包括玄武岩、花岗岩和安山岩。均为锤击石片。台面以自然和打击台面为主，刃状台面较少。石片角为81° ~ 115.2°。打击点均集中；半锥体以微凸为主；多数无锥疤；多数同心波清楚，放射线不清楚；背面以均为石片疤为主，石片疤和石皮次之，石皮极少（图三，9、13、15、21）。

（2）断片　14件。可分为横向和纵向断片。

① 横向断片　12件。又可分为近端、中段和远端断片。

近端　9件。长12.5 ~ 43.7毫米，平均长24.8毫米；宽17.7 ~ 60.6毫米，平均宽30.6毫米；厚2.1 ~ 12.8毫米，平均厚6.9毫米；重0.8 ~ 29.3克，平均重6.4克。原料以流纹岩为主、其余包括玛瑙、燧石和凝灰岩。均为锤击石片。台面以打击台面为主，自然台面和刃状台面较少；石片角为83° ~ 113°。打击点均集中；半锥体以微凸为主；多数无锥疤；多数放射线不清楚，同心波清楚；背面以石片疤和石皮为主，石片疤次之。远端折断（图三，12、17、22）。

中段　1件。长40毫米；宽43.4毫米；厚11.2毫米；重13.1克。原料流纹岩。近端和远端折断（图三，2）。

远端　2件。长26.7 ~ 27.8毫米，平均长27.3毫米；宽20.8 ~ 25.2毫米，平均宽23毫米；厚3.6 ~ 9.2毫米，平均厚6.4毫米；重1.6 ~ 4.5克，平均重3.1克。原料均为流纹岩。放射线均清晰，同心波均不清晰；背面均为石片疤。近端折断（图三，16、19）。

②纵向断片　2件。均为左断片。长17.9 ~ 22毫米，平均长20毫米；宽22.1 ~ 22.3毫米，平均宽22.2毫米；厚3.1 ~ 5.1毫米，平均厚4.1毫米；重1.4 ~ 1.8克，平均重1.6克。原料均为流纹岩。锤击石片。均为打击台面，石片角115° ~ 128°。打击点均集中；多数半锥体微凸；同心波均清晰，放射线多数清晰。背面均为石片疤。右侧折断（图三，20）。

3. 断块

12件。形状不规整，难以划分类型。长11.8 ~ 59.3毫米，平均长30.5毫米；宽8.8 ~ 52.9毫米，平均宽26毫米；厚2.8 ~ 35.6毫米，平均厚13.8毫米；重1 ~ 55.1克，平均重20.4克。原料以石英为主，燧石和板岩次之，硅质泥岩、角岩和流纹岩较少。

4. 工具

74件。包括二类和三类工具。

（1）二类工具　19件。均为单刃刮削器。可分为直、凸、凹和尖刃。

① 直刃　1件。长36.5毫米；宽23.7毫米；厚12.5毫米；重8.5克。原料为石英岩。毛坯为远端断片。刃长23.8毫米，刃角34.5°（图三，4）。

② 凸刃　11件。长15～73.8毫米，平均长27.6毫米；宽14.5～40毫米，平均宽23.7毫米；厚4.2～17.7毫米，平均厚8.1毫米；重0.9～43.2克，平均重6.8克。原料以流纹岩为主，安山岩、石英砂岩、砂岩、燧石和硅质泥岩较少。毛坯以完整石片为主、远端和近端断片较少。刃长13.7～41毫米，刃角13°～46.9°(图三，3、5、11)。

③ 凹刃　2件。长40～73.3毫米，平均长56.7毫米；宽30～48.4毫米，平均宽39.2毫米；厚4.7～14.2毫米，平均厚9.5毫米；重3.9～37.3克，平均重20.6克。原料均为流纹岩。毛坯均为完整石片。刃长35.6～41.6毫米，刃角26°～38.8°（图三，1、7）。

④ 尖刃　5件。长14.7～66.5毫米，平均长37.9毫米；宽12.4～69.5毫米，平均宽31毫米；厚5.1～14毫米，平均厚8.5毫米；重0.6～64克，平均重15.4克。原料不集中，包括燧石、黑曜岩、流纹岩、流纹斑岩和辉长岩。毛坯以完整石片和远端断片为主。尖刃角为51°～123.6°（图三，6、8、10）。

（2）三类工具　55件。包括刮削器、端刮器、锯齿刃器、钻器、凹缺器、矛形器、舌形器和砍砸器。

① 刮削器　41件。可分为单和双刃。

单刃　33件。又可分为直、凸、凹和尖刃。

直刃　5件。长21.5～42.6毫米，平均长30.8毫米；宽21～66.9毫米，平均宽33.1毫米；厚3.5～36.9毫米，平均厚12.9毫米；重1.8～100.3克，平均重23.8克。原料以流纹岩为主，石英岩和石英较少。毛坯以片状（为近端和远端断片）为主，块状极少。均为锤击修理，复向加工为主；为单层鱼鳞状修疤。刃长为10.9～41.9毫米，刃角为31°～37.8°。均经过修形或修理把手（图四，9、29）。

凸刃　19件。长16.6～86.3毫米，平均长38毫米；宽16.2～94.6毫米，平均宽37.9毫米；厚4.7～23.9毫米，平均厚10.5毫米；重1.6～108.6克，平均重20.3克。原料以流纹岩为主，硅质泥岩、玄武岩、安山岩、石英岩、玛瑙和英安岩较少。毛坯以片状（又以近端断片为主，完整石片和远端断片次之，中段断片和右断片较少）为主，块状极少。锤击修理为主，存在压制修理；复向加工为主，正向次之，反向较少；单层鱼鳞状修疤为主，双层较少。刃长为7.1～99毫米，刃角为22.8°～64.6°。均经过修形或修理把手（图四，2、13、14、22）。

凹刃　8件。长25.2～50.7毫米，平均长34.3毫米；宽22.7～49毫米，平均宽33.8毫米；厚5.1～28.9毫米，平均厚10.5毫米；重2.3～72.6克，平均重14.7克。原料以流纹岩为主，砂岩、绿泥岩、角岩和石英较少。毛坯以完整石片为主，近端和远

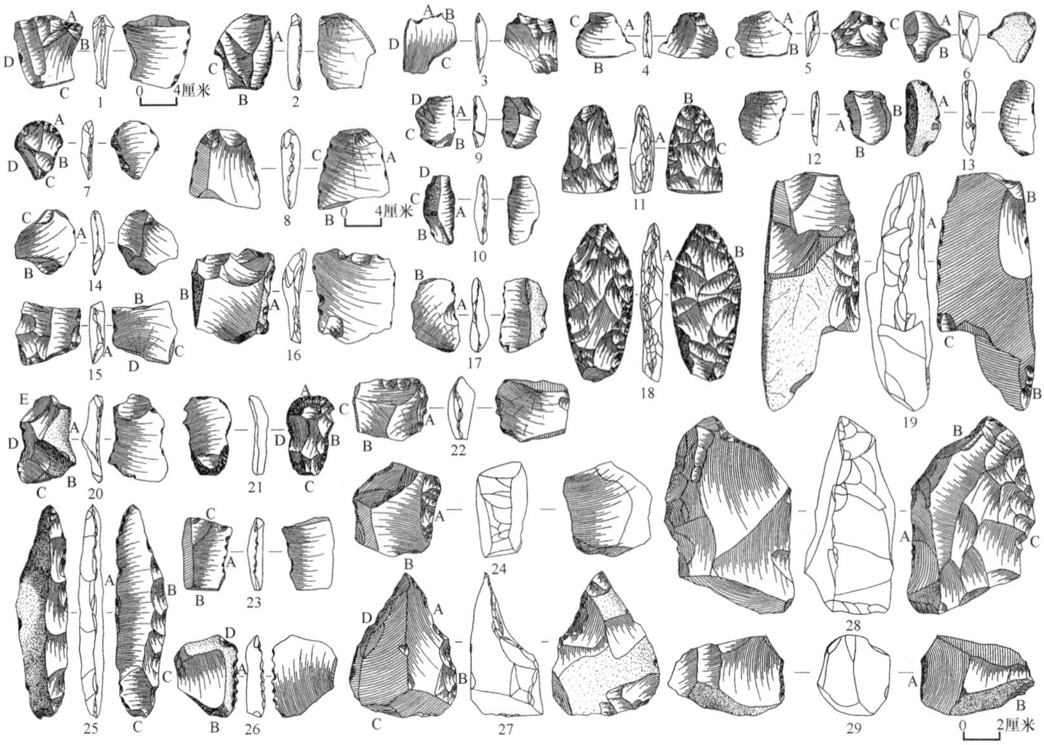

图四　三类工具

1、3、6. 钻器　2、13、14、22. 单凸刃刮削器　4、8. 直凸刃刮削器　5、15、17、23、24. 单凹刃刮削器　7、21. 端刮器　9、29. 单直刃刮削器　10. 凸凸刃刮削器　11. 舌形器　12、16、26. 锯齿刃器　18. 矛形器　19. 单凸刃砍砸器　20. 凹尖刃刮削器　25. 单尖刃刮削器　27. 凹缺器　28. 单直刃砍砸器

（1、2. 亮子河南山地点；3、20、21、23、25、26. 梨树沟南山地点；4～6、9～13、18、19. 秀池后山地点；7、8、14～16. 池南岗地点；17. 红土山地点；22、24、27～29. 平山第二地点）

端断片次之，中段断片较少。锤击修理，正向加工，双层鱼鳞状修疤。刃长为17.7～34.8毫米，刃角为20°～80.2°。均经过修形或修理把手（图四，5、15、17、23、24）。

尖刃　1件。长111.3毫米；宽28.5毫米；厚12毫米；重34.1克。原料为玄武岩。毛坯为远端断片。锤击修理，正向加工，单层鱼鳞状修疤。刃长为102，和104.2毫米，刃角为36.8°。经过修理把手（图四，25）。

双刃　8件。又可分为直凸、凸凸、凹尖刃。

直凸刃　4件。长19.8～28.7毫米，平均长24毫米；宽20.4～43.9毫米，平均宽30.1毫米；厚4.2～9.1毫米，平均厚5.6毫米；重1.3～6.8克，平均重3.3克。原料以流纹岩为主，安山岩较少。毛坯以近端断片为主，完整石片较少。锤击修理，复向加工，单层鱼鳞状修疤。刃长为12.1～21.5毫米，刃角为15.1°～38.5°。均经过修行或修理把手（图四，4、8）。

凸凸刃　3件。长23.2～35.8毫米，平均长27.4毫米；宽16.1～29.4毫米，平均宽21.6毫米；厚5.2～8毫米，平均厚6.5毫米；重2.6～3.8克，平均重3.1克。原料均为流纹岩。毛坯以近端断片为主，远端断片较少。刃长为 18.1 ~ 35 毫米，刃角为 30.2° ~ 47.2°。均经过修形（图四，10）。

凹尖刃　1 件。长 46.9 毫米，宽 31.5 毫米，厚 8.5 毫米，重 8.4 克。原料为硅质泥岩。毛坯为远端断片。刃长为 13.3 ~ 29.4 毫米，刃角为 45° ~ 105.8°。经过修形（图四，20）。

② 端刮器　2 件。长 30.7 ~ 41.8 毫米，平均长 36.3 毫米；宽 25.4 ~ 25.6 毫米，平均宽 25.5 毫米；厚 6 ~ 6.9 毫米，平均厚 6.5 毫米；重 3.7 ~ 7.7 克，平均重 5.7 克。原料为流纹岩和玛瑙。毛坯为完整石片和远端断片。为锤击和压制修理，正向加工；为双层鱼鳞状和三层条状修疤。刃长为 33.8 ~ 40.6 毫米，刃角为 52.5° ~ 74.8°。均经过修理把手，其中一件两侧边修出凹口，应是做捆绑工具。其大小为小型（图四，7、21）。

③ 锯齿刃器　3 件。长 28.1 ~ 50.4 毫米，平均长 40.8 毫米；宽 23.1 ~ 44.2 毫米，平均宽 34.3 毫米；厚 5 ~ 8 毫米，平均厚 7 毫米；重 3.5 ~ 14.3 克，平均重 10.7 克。原料位流纹岩、石英岩和花岗岩。毛坯以远端断片为主，完整石片次之。均为锤击修理，正向加工，单层鱼鳞状修疤。刃长为 22.3 ~ 43.7 毫米，刃角为 34.3° ~ 43°。多数经过修形或修理把手。其大小以小型为主，中型次之（图四，12、16、26）。

④ 钻器　3 件。长 17.8 ~ 32.9 毫米，平均长 26 毫米；宽 18.1 ~ 28.4 毫米，平均宽 24.2 毫米；厚 4.9 ~ 10.2 毫米，平均厚 6.9 毫米；重 1.3 ~ 6 克，平均重 3.5 克。原料为硅质泥岩、燧石和黑曜岩。毛坯以远端断片为主，中断片次之。均为锤击修理，反向加工，单层鱼鳞状修疤。刃长为 1.8 ~ 6 毫米，刃角为 34.3° ~ 52.2°。均经过修形或修理把手。其大小以小型为主，微型较少（图四，1、3、6）。

⑤ 凹缺器　1 件。长 76.5 毫米；宽 58.9 毫米；厚 32.3 毫米；重 103.3 克克。原料为玄武岩。块状毛坯。锤击修理，正向加工，单层鱼鳞状修疤。刃长为 45.9 毫米，刃角为 70.3°。均经过修形及修理把手。其大小为中型（图四，27）。

⑥ 矛形器　1 件。长 84.2 毫米，宽 37.3 毫米，厚 11.1 毫米，重 34.3 克。原料为流纹岩。块状毛坯。器身经过通体加工，修疤浅平且呈条状排列分布，应是压制修理。刃角为 70.5°，尖端折断。其大小为中型（图四，18）。

⑦ 舌形器　1 件。长 47.1 毫米，宽 30.1 毫米，厚 10.9 毫米，重 15.5 克。原料为流纹岩。块状毛坯。器身经过通体加工，修疤皆大且深，应是锤击修理，整体呈舌形。A、B 和 C 处刃缘分别长 44.2、11 和 47.1 毫米，刃角为 51.3°、52.2° 和 50°。其大小为小型（图四，11）。

⑧ 砍砸器　3 件。均为单刃砍砸器。根据刃缘的形状，可分为直和凸刃。

直刃　2 件。长 63.2 ~ 111.4 毫米，平均长 87.3 毫米；宽 58.3 ~ 74.7 毫米，平均宽 66.5 毫米；厚 40.9 ~ 50.1 毫米，平均厚 45.5 毫米；重 167.7 ~ 348.7 克，平均重 258.2 克。原料均为玄武岩。均为块状毛坯。锤击修理，复向加工，双层鱼鳞状修疤。刃长为 62.7 ~ 62.8 毫米，刃角为 70.2° ~ 70.4°。均经过修理把手（图四，28）。

凸刃　1件。长126.8毫米；宽53.2毫米；厚32.5毫米；重215.9克。原料为石英岩。块状毛坯。锤击修理，正向加工，双层鱼鳞状修疤。刃长为72.1毫米，刃角为53.2°。经过修形和修理把手（图四，19）。

（二）石叶工业

包括鸡西梨树河口东山地点和鸡西麻山山河西山地点，共发现石器106件，包括石核、石片、石叶、断块和工具。

1. 石核

21件。分为锤击石核和石叶石核。

（1）锤击石核　20件。分为单台面、双台面、三台面和四台面石核。

① 单台面　4件。长64.6～130.2毫米，平均长94.1毫米；宽57.6～97.2毫米，平均宽78毫米；厚41～97.1毫米，平均厚59.4毫米；重170～939.3克，平均重539克。原料为流纹斑岩、安山岩、流纹岩和石英砂岩。均为块状毛坯。台面为自然和打击台面。台面角为70.2°～100.8°，剥片面为1～2个，剥片疤为2～6片（图六，18、21）。

② 双台面　10件。长25～81.8毫米，平均长58毫米；宽41.9～88.6毫米，平均宽60毫米；厚18.7～64.3毫米，平均厚34.6毫米；重31～457.4克，平均重156.5克。原料以燧石为主，硅质泥岩、石英岩和英安岩较少。均为块状毛坯。自然台面为主，打击台面次之，修理台面较少。台面角为53°～112.9°。其中有1件利用转向打法剥片；2件利用反向打法剥片（图六，19）。

③ 三台面　5件。长25～74.6毫米，平均长52毫米；宽51～114.7毫米，平均宽73.5毫米；厚12.1～78.9毫米，平均厚50.9毫米；重8.6～424.2克，平均重232.2克。原料以流纹岩为主，硅质泥岩、玄武岩和安山岩次之。均为块状毛坯。自然台面为主，打击台面次之。台面角为47°～102.5°。其中有2件利用反向打法剥片（图六，22）。

④ 四台面　1件。长76.4毫米；宽42毫米；厚34毫米；重133.5克。原料为硅质泥岩。为块状毛坯。锤击石核。自然台面，台面角为80°～102.3°（图六，14）。根据剥片面之间的打破关系可确定：A台面早于B台面，且AⅠ剥片面与BI剥片面为同一剥片面；C台面早于D台面，且CⅠ剥片面与DⅠ剥片面亦为同一剥片面（图五）。

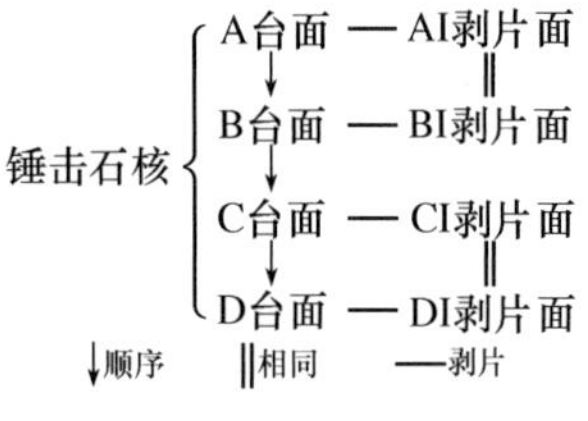

图五　石核剥片顺序

（2）石叶石核　1件。双台面。长23.9毫米；宽14.6毫米；厚13.7毫米；重5.3克。原料为燧石。块状毛坯。锤击法剥片。自然和刃状台面，台面角75.7°。4个剥片面，7个剥片疤（图六，17）。

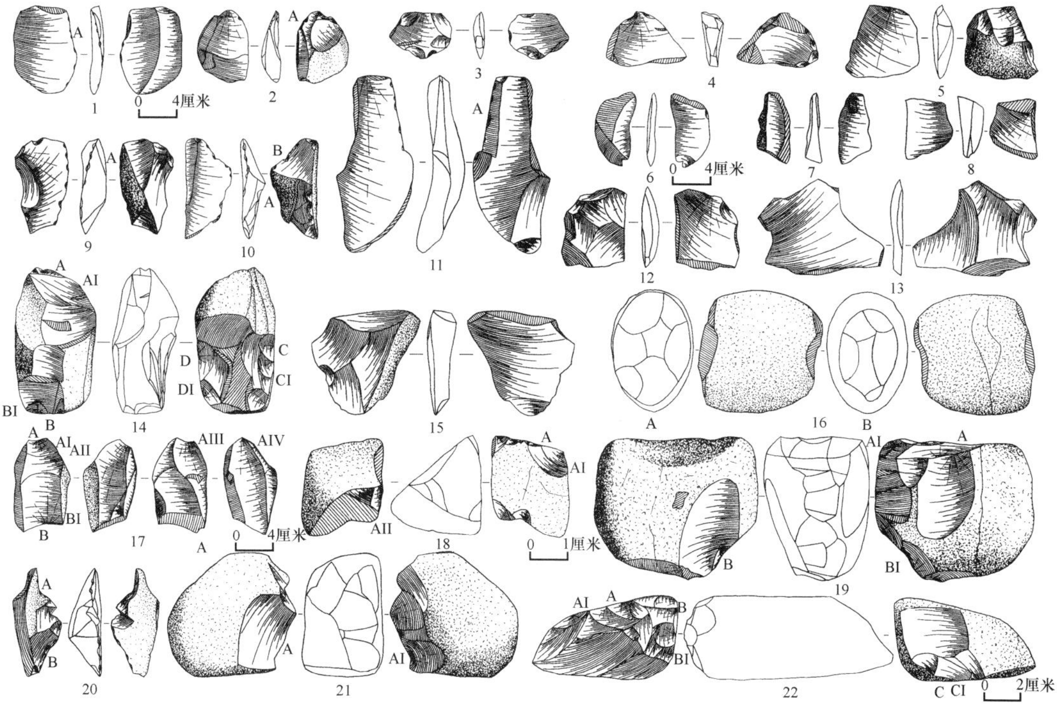

图六　石核、石片、石叶、一类和二类工具

1、9. 单凸刃刮削器　2、11. 单直刃刮削器　3、5. 完整石片　4. 近端断片　6、15. 远端断片　7. 近端石叶　8. 左断片　10. 单尖刃刮削器　12. 右断片　13. 中段断片　14. 四台面石核　16. 石锤　17. 石叶石核　18、21. 单台面石核　19. 双台面石核　20. 双刃刮削器　22. 三台面石核

（1～4、6、10、14、17～19. 山河西山地点；5、7～9、11～13、15、16、20～22. 河口东山地点）

2. 石片

17 件。根据断裂程度分为完整石片和断片。

（1）完整石片　7 件。长 23.1～45.8 毫米，平均长 33 毫米；宽 30.2～49.2 毫米，平均宽 38.1 毫米；厚 6.4～16 毫米，平均厚 10.8 毫米；重 3.5～35.1 克，平均重 14.4 克。原料为流纹岩、硅质泥岩、玄武岩、流纹斑岩、凝灰岩、绿泥岩和燧石。均为锤击石片。以自然和打击台面为主，刃状、有脊和修理台面较少。石片角为 92.5°～129.6°。打击点均集中；半锥体以微凸为主；均无锥疤；同心波均清楚，多数放射线不清楚；背面以石片疤和石皮为主，均为石片疤次之（图六，3、5）。

（2）断片　10 件。根据断裂的方向可分为横向和纵向断片。

① 横向断片　8 件。又可分为近端、中段和远端断片。

近端　1 件。长 27.3 毫米；宽 42.8 毫米；厚 11.3 毫米；重 9 克。原料为霏细岩。锤击石片，修理台面；石片角为 59°。打击点集中；半锥体较平；无锥疤；放射线清楚，同心波清楚；背面均为石片疤。远端折断（图六，4）。

中段　3 件。长 12.8～54.7 毫米，平均长 28.8 毫米；宽 15.7～64.5 毫米，平均宽

32.3毫米；厚3.5～9.5毫米，平均厚5.8毫米；重0.5～21.4克，平均重7.7克。原料以安山岩为主，硅质泥岩次之。近端和远端折断（图六，13）。

远端　4件。长18.6～51.2毫米，平均长35.1毫米；宽9.6～74.4毫米，平均宽43.6毫米；厚2.7～19.2毫米，平均厚11毫米；重0.4～78.4克，平均重28.7克。原料以黑曜岩为主，安山岩和流纹斑岩次之。多数放射线清晰，同心波清晰；背面以均为石片疤为主，石片疤和石皮次之。近端折断（图六，6、15）。

② 纵向断片　2件。又可分为左和右断片。

左断片　1件。长31.4毫米；宽24.8毫米；厚13.1毫米；重7.6克。原料为安山岩。锤击石片。打击台面，石片角117°。打击点集中，无锥疤，半锥体微凸，同心波不清晰，放射线清晰。背面均为石片疤。右侧折断（图六，8）。

右断片　1件。长38.8毫米；宽42毫米；厚9毫米；重15.2克。原料为砂岩。锤击石片，刃状台面。打击点集中，半锥体微凸，无锥疤，同心波清晰，放射线不清晰。背面均为石片疤。左侧折断（图六，12）。

3. 石叶

1件。为近端石叶，长37.7毫米，宽17.5毫米，厚8.9毫米，重3.8克。原料为硅质泥岩。锤击石叶，自然台面，石叶角117.2°。打击点集中，半锥体较平，无锥疤，同心波清晰，放射线不清晰。背面为石片疤、节理面和石皮。其大小为小型（图六，7）。

4. 断块

18件。形状不规整，难以划分类型。长23.1～65.4毫米，平均长36.1毫米；宽15.7～59.1毫米，平均宽27.4毫米；厚7.3～38.5毫米，平均厚16.8毫米；重2.3～111.1克，平均重23.1克。原料以燧石为主，石英岩和玛瑙次之，硅质泥岩和安山岩较少。其大小以小型为主，中型较少。

5. 工具

49件。包括一类、二类和三类工具。

（1）一类工具　1件。为石锤，长63.7毫米；宽66.4毫米；厚42.8毫米；重249.4克。原料为石英砂岩。呈椭圆体。两端锤击使用，可继续使用。其大小为中型（图六，16）。

（2）二类工具　11件。均为刮削器。根据刃的数量，可分为单刃和双刃。

① 单刃　10件。根据刃的形状，又可分为直、凸和尖刃。

直刃　3件。长34.8～90.3毫米，平均长53.6毫米；宽27.1～40.1毫米，平均宽35.7毫米；厚9.8～16.6毫米，平均厚12.8毫米；重8.7～57.8克，平均重26.7克。原料以凝灰岩为主，硅质泥岩较少。毛坯为完整石片、远端断片和石叶。刃长 12.1 ~ 40.1 毫米，刃角 23° ~ 54.8°（图六，2、11）。

凸刃　6 件。长 14.6 ~ 42.9 毫米，平均长 25.1 毫米；宽 14.6 ~ 49.2 毫米，平均宽 26.5 毫米；厚 3.7 ~ 13.3 毫米，平均厚 7.4 毫米；重 0.7 ~ 12.3 克，平均重 5.2 克。原料以流纹岩为主，安山岩、玄武岩、绿泥岩和霏细岩较少。毛坯以完整石片为主，远端断片较少。刃长 20.2 ~ 43.8 毫米，刃角 25.6° ~ 41.6°（图六，1、9）。

尖刃　1 件。长 51.8 毫米；宽 24.2 毫米；厚 12.7 毫米；重 9.8 克。原料为石英岩。毛坯为完整石片。尖刃角为 111°（图六，10）。

② 双刃　1 件。为直凹刃。长 56.9 毫米，宽 24.8 毫米，厚 16.9 毫米，重 13.4 克。原料为硅质泥岩。毛坯为远端断片，刃长 21.9 ~ 27.3 毫米，刃角 45.2° ~ 85.2°（图六，20）。

（3）三类工具　37 件。包括刮削器、锯齿刃器、钻器和砍砸器。

① 刮削器　33 件。根据刃缘的多少，可分为单刃和双刃。

单刃　28 件。根据刃缘的形状，又可分为直、凸、凹和尖刃。

直刃　6 件。长 26.7 ~ 78.9 毫米，平均长 50.5 毫米；宽 28.6 ~ 64.9 毫米，平均宽 46.3 毫米；厚 10.1 ~ 19.3 毫米，平均厚 14.3 毫米；重 6.1 ~ 101.6 克，平均重 36.1 克。原料为石英岩、燧石和安山岩。毛坯以远端断片为主，完整石片次之。均为锤击修理，复向加工为主，反向较少；均为单层鱼鳞状修疤。刃长为 23.1 ~ 51 毫米，刃角为 32.5° ~ 52.1°。均经过修形或修理把手（图七，8）。

凸刃　8 件。长 24.5 ~ 66.2 毫米，平均长 45.5 毫米；宽 23.5 ~ 57.6 毫米，平均宽 39.3 毫米；厚 5.8 ~ 22.3 毫米，平均厚 11.8 毫米；重 2.8 ~ 70.4 克，平均重 25.8 克。原料以安山岩和石英岩为主，砂岩、燧石、绿泥岩和流纹岩较少。毛坯均为片状，其中完整石片最多。锤击修理，正向加工为主，复向和反向较少；单层鱼鳞状修疤为主，双层较少。刃长为 32.4 ~ 79.2 毫米，刃角为 28.7° ~ 54°。多数经过修形或修理把手（图七，6、10）。

凹刃　5 件。长 22.1 ~ 63.3 毫米，平均长 39.4 毫米；宽 21.4 ~ 48.9 毫米，平均宽 34.5 毫米；厚 3.3 ~ 18.6 毫米，平均厚 10.2 毫米；重 1.9 ~ 48.7 克，平均重 17 克。原料以安山岩为主，玄武岩、流纹岩和硅质泥岩较少。毛坯以远端断片为主，完整石片、近端断片和右断片次之。锤击修理，正向加工；单层鱼鳞状修疤。刃长为 38.7 毫米，刃角为 36°。均经过修形或修理把手（图七，12）。

尖刃　9 件。长 31.7 ~ 71.4 毫米，平均长 45.6 毫米；宽 22.5 ~ 70.6 毫米，平均宽 46 毫米；厚 5.7 ~ 22.1 毫米，平均厚 12 毫米；重 4.2 ~ 112.6 克，平均重 25.9 克。原料为流纹岩、流纹斑岩、安山岩、石英砂岩和硅质泥岩。毛坯以完整石片为主，远端断片次之。均为锤击修理；正向加工为主，复向较少；均为单层鱼鳞状修疤。刃长为 12.3 ~ 46.3 毫米，刃角为 67.5° ~ 111.5°。多数经过修形或修理把手（图七，3、9）。

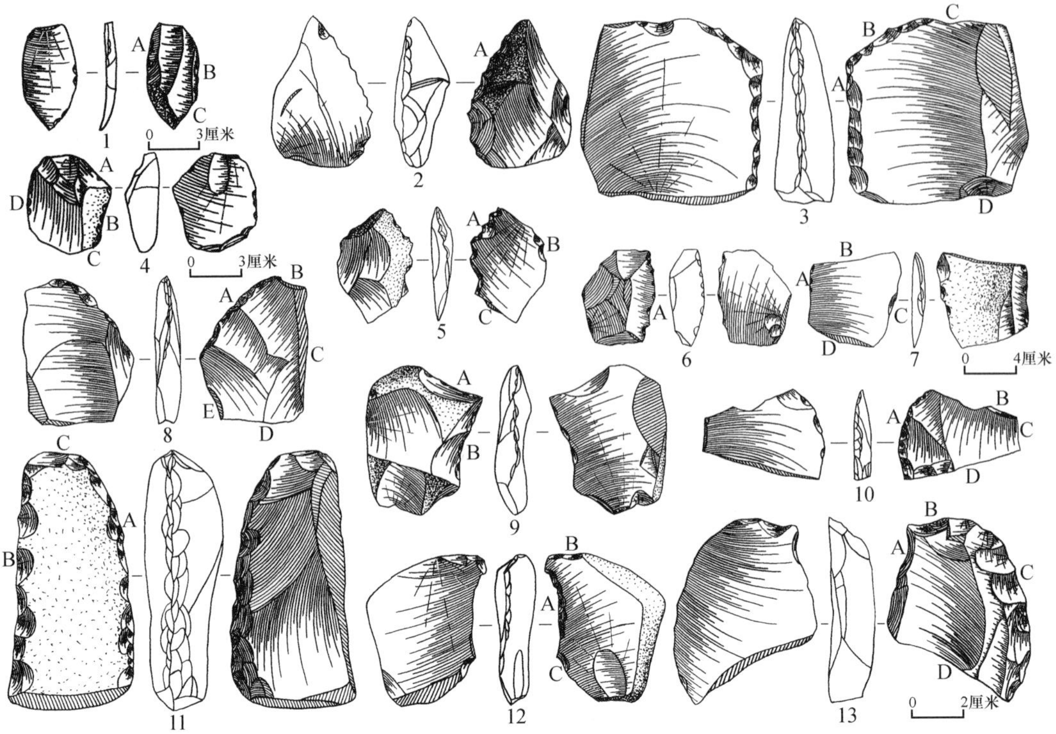

图七　三类工具

1. 凸凸刃刮削器　2、5. 锯齿刃器　3、9. 单尖刃刮削器　4. 凸尖刃刮削器　6、10. 单凸刃刮削器　7. 直凸刃刮削器　8. 单直刃刮削器　11. 单凸刃砍砸器　12. 单凹刃刮削器　13. 钻器

（1、4、5、8～10、12、13. 河口东山地点；2、3、6、7、11. 山河西山地点）

双刃　5件。又可分为直凸、凸凸和凸尖刃。

直凸刃　2件。长17.7～26毫米，平均长21.9毫米；宽16.9～18.3毫米，平均宽17.6毫米；厚3.2～3.5毫米，平均厚3.4毫米；重1～1.3克，平均重1.2克。原料为黑曜岩和板岩。毛坯为中段断片和远端断片。刃长为11.1～17.8毫米，刃角为16°～35.8°。均经过修行（图七，7）。

凸凸刃　2件。长22.9～25.9毫米，平均长24.4毫米；宽13.8～26.4毫米，平均宽20.1毫米；厚3.6～5.5毫米，平均厚4.6毫米；重1.1～3.1克，平均重2.1克。原料为流纹岩和燧石。毛坯均为完整石片。刃长为18.8～28.3毫米，刃角为17.5°～42.9°。均经过修形（图七，1）。

凸尖刃　1件。长24毫米，宽20.3毫米，厚7.8毫米，重2.8克。原料为黑曜岩。毛坯为完整石片。刃长11.1～15.3毫米，刃角为11.1°～116.5°。经过修形（图七，4）。

② 锯齿刃器　2件。长42.1～55.9毫米，平均长49毫米；宽28.5～39.3毫米，平均宽33.9毫米；厚7.4～19.8毫米，平均厚13.6毫米；重6.5～32.2克，平均重19.4

克。原料为砂岩和玛瑙。毛坯均为完整石片。均为锤击修理，正向加工，单层鱼鳞状修疤。刃长为 37 ~ 57.4 毫米，刃角为 32.2° ~ 54.1°。1 经过修形和修理把手。其大小以小型和中型（图七，2、5）。

③ 钻器　1 件。长 70.4 毫米；宽 55.9 毫米；厚 16.4 毫米；重 60.4 克。原料为角岩。毛坯中段断片。锤击修理，正向加工，单层鱼鳞状修疤。刃长为 7.1 毫米，刃角为 88.8°。经过修形和修理把手。其大小为中型（图七，13）。

④ 砍砸器　1 件。为单凸刃。长 97.8 毫米；宽 48 毫米；厚 31.1 毫米；重 187 克。原料为绿泥岩。块状毛坯。锤击修理，复向加工，单层鱼鳞状修疤。刃长为 94.5 毫米，刃角为 60.5°。经过修理把手。其大小为中型（图七，11）。

（三）细石叶工业

包括八面通四平山第一地点、八面通四平山第三地点和康乐二排山地点等 3 处，共发现石器 172 件，包括石核、石片、断块和工具。

1. 石核

30 件。分为锤击石核、石叶石核和细石叶石核。

（1）锤击石核　22 件。可分为单台面、双台面、三台面和盘状石核。

① 单台面　14 件。长 30.3 ~ 77.1 毫米，平均长 47.4 毫米；宽 21 ~ 91.8 毫米，平均宽 58.2 毫米；厚 19.1 ~ 71.8 毫米，平均厚 35.7 毫米；重 14.6 ~ 399.7 克，平均重 122 克。原料以燧石为主，硅质泥岩、安山岩、霏细岩、石英岩、流纹斑岩、角岩、石英、玛瑙和石英砂岩较少。均为块状毛坯。台面以打击台面为主，自然台面次之。台面角为 64.5° ~ 103°，剥片面为 1 ~ 4 个，剥片疤为 1 ~ 15 片（图八，14、16、18、24）。

② 双台面　5 件。长 28.3 ~ 128.2 毫米，平均长 67.2 毫米；宽 18.3 ~ 146.8 毫米，平均宽 87.2 毫米；厚 12.2 ~ 136.8 毫米，平均厚 57 毫米；重 4.6 ~ 3330 克，平均重 947.9 克。原料为石英、燧石和石英岩。均为块状毛坯。台面以自然台面为主，打击台面次之。台面角为 52° ~ 117.1°（图八，7、20）。其中有 2 件利用转向打法剥片；1 件利用反向打法剥片（图二）。

③ 三台面　1 件。长 56.6 毫米；宽 112.4 毫米；厚 92.2 毫米；重 736.7 克。原料为石英。块状毛坯。自然台面，台面角为 66.5° ~ 122.5°（图八，22）。

④ 盘状　2 件。长 85.5 ~ 89.7 毫米，平均长 87.6 毫米；宽 73.2 ~ 90.3 毫米，平均宽 81.8 毫米；厚 30.7 ~ 33 毫米，平均厚 31.9 毫米；重 191 ~ 261 克，平均重 226 克。原料为流纹岩和燧石。均为块状毛坯。均为自然台面。台面角为 40.9° ~ 75.4°。剥片面均为 2 个，剥片疤 29 ~ 40 片（图八，25）。

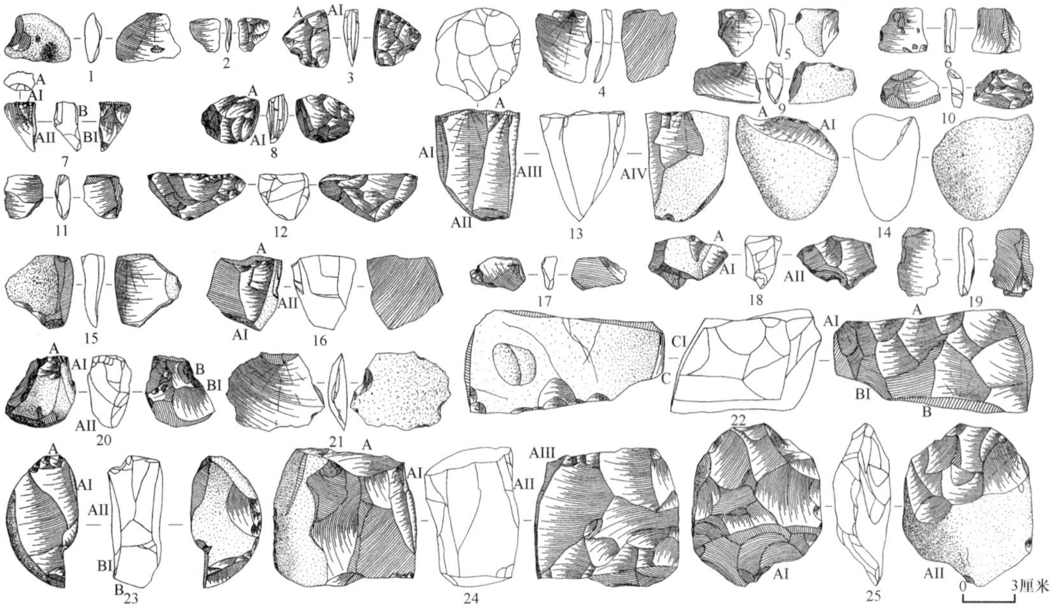

图八　石核和石片

1、5、21. 完整石片　2、11. 远端断片　3、8、12. 细石叶石核　4. 左断片　6、19. 中段断片　7、20. 双台面石核　9、10、17. 近端断片　13、23. 石叶石核　14、16、18、24. 单台面石核　15. 右断片　22. 三台面石核　25. 盘状石核

（1～3、6、7、10、13、14. 四平山第三地点；4、8、9、15、16、22. 康乐二排山地点；5、11、12、17～21、23～25. 四平山第一地点）

（2）石叶石核　2件。可分为单台面和双台面石叶石核。

① 单台面　1件。长63.6毫米，宽48.5毫米，厚50.9毫米，重147.9克。原料为安山岩。为块状毛坯。锤击法剥片，呈圆锥形。修理台面，台面角74.6°～92.4°。4个剥片面，11个剥片疤（图八，13）。

② 双台面　1件。长74毫米；宽46毫米；厚30.9毫米；重96.2克。原料均为安山岩，块状毛坯。锤击法剥片。修理和自然台面，台面角87.8°～103°。2个剥片面，2～3个剥片疤（图八，23）。

（3）细石叶石核　6件。可分为船底形和楔形细石叶石核。

① 船底形　1件。长25.4毫米，宽55.7毫米，厚29.1毫米，重37.3克。原料为燧石。快状毛坯。形状呈船底型。台面为打击台面，除台面外，核体均经过细致的加工，形成与台面两侧相连接的隆骨。根据细石叶石核剥片的动态类型学划分，其处于细石叶石核的毛坯预制阶段（图八，12）。

② 楔形　5件。长18.4～29.9毫米，平均长24.8毫米；宽15.6～49.7毫米，平均宽28.8毫米；厚8.5～15毫米，平均厚11.5毫米；重3.9～9.9克，平均重7.1克。原料为黑曜岩、燧石和硅质泥岩。毛坯为块状和片状。片状以折断面为台面，块状修理台面；台面角64.4°～97°。间接法剥片。核体均经过精致加工，一侧隆骨保留，一侧经过剥片隆骨消失，留下剥片面，4～10个剥片疤（图八，3、8）。

2. 石片

21 件。分为完整石片和断片。

（1）完整石片　9 件。长 20.6 ~ 80.4 毫米，平均长 37.8 毫米；宽 18.5 ~ 69.7 毫米，平均宽 37.6 毫米；厚 6.5 ~ 29.7 毫米，平均厚 13.4 毫米；重 2.4 ~ 165.1 克，平均重 29.2 克。原料以流纹岩、硅质泥岩和玛瑙为主，石英、角岩和砂岩较少。均为锤击石片。以自然和打击台面为主，刃状台面较少。石片角为 67.7° ~ 132°。打击点以集中为主；半锥体以微凸为主；多数无锥疤；多数同心波清楚，放射线不清楚；背面以石片疤和石皮为主，均为石片疤较少（图八，1、5、21）。

（2）断片　12 件。分为横向和纵向断片。

① 横向断片　10 件。又可分为近端、中段和远端断片。

近端　4 件。长 13.2 ~ 23 毫米，平均长 18.7 毫米；宽 20 ~ 38.2 毫米，平均宽 30.8 毫米；厚 6.8 ~ 10.1 毫米，平均厚 8.1 毫米；重 1.7 ~ 8.2 克，平均重 4.7 克。原料为流纹岩、玛瑙、燧石和硅质泥岩。均为锤击石片。以自然台面为主，有脊台面较少。石片角为 70° ~ 124°。打击点均集中；半锥体以微凸为主；多数无锥疤；放射线均不清楚，多数同心波清楚；背面以石片疤和石皮为主，均为石片疤较少。远端折断（图八，9、10、17）。

中段　2 件。长 23.6 ~ 38.1 毫米，平均长 30.9 毫米；宽 23.8 ~ 27 毫米，平均宽 25.4 毫米；厚 6.1 ~ 9.2 毫米，平均厚 7.7 毫米；重 4.4 ~ 7.6 克，平均重 6 克。原料为角岩和燧石。近端和远端折断（图八，6、19）。

远端　4 件。长 19.6 ~ 36.8 毫米，平均长 28.4 毫米；宽 17.5 ~ 23.6 毫米，平均宽 21.4 毫米；厚 2.9 ~ 9.9 毫米，平均厚 7.4 毫米；重 0.7 ~ 6.9 克，平均重 4.8 克。原料以石英为主，安山岩较少。多数放射线清晰，同心波不清晰；背面以均为石片疤为主，石片疤和石皮较少。近端折断（图八，2、11）。

② 纵向断片　2 件。又可分为左和右断片。

左断片　1 件。长 36.8 毫米；宽 31.2 毫米；厚 6.7 毫米；重 8.7 克。原料为石英岩。锤击石片。打击台面，石片角 97.5°。打击点集中，无锥疤；半锥体微凸；同心波不清晰、放射线清晰。背面为节理面。右侧折断（图八，4）。

右断片　1 件。长 41.5 毫米；宽 37.6 毫米；厚 10.7 毫米；重 11.7 克。原料为燧石。锤击石片，自然台面，石片角 122.8°。打击点集中；半锥体微凸；无锥疤；同心波清晰，放射线不清晰。背面为石片疤和石皮。左侧折断（图八，15）。

3. 断块

30 件。形状不规整，难以划分类型。长 8.7 ~ 70 毫米，平均长 34 毫米；宽 1.4 ~ 57.5 毫米，平均宽 25.3 毫米；厚 1.7 ~ 40.1 毫米，平均厚 14.3 毫米；重 0.5 ~ 95.2 克，平均重 18.8 克。原料以燧石为主，硅质泥岩、石英和玛瑙次之，玄武岩、大理岩、安山岩、石英岩、角岩、流纹岩、砂岩和凝灰岩较少。

4. 工具

91 件。包括一类、二类和三类工具。

（1）一类工具　1 件。为石锤，长 66.7 毫米；宽 52.7 毫米；厚 45.3 毫米；重 212.3 克。原料为砂岩。呈椭圆体。仅一侧锤击使用，可继续使用。其大小为中型（图九，13）。

（2）二类工具　19 件。均为刮削器。可分为单和双刃。

① 单刃　16 件。根据刃的形状，又可分为直、凸和尖刃。

直刃　3 件。长 21.7 ~ 25.9 毫米，平均长 23.3 毫米；宽 14.6 ~ 20 毫米，平均宽 16.6 毫米；厚 3.9 ~ 8.6 毫米，平均厚 6.4 毫米；重 0.9 ~ 2.9 克，平均重 2.2 克。原料以硅质泥岩为主，黑曜岩次之。毛坯均为完整石片。刃长 14.8 ~ 21.5 毫米，刃角 25° ~ 40.8°（图九，16）。

凸刃　10 件。长 11.5 ~ 53.2 毫米，平均长 38.3 毫米；宽 11.5 ~ 57.9 毫米，平均宽 31.5 毫米；厚 3.1 ~ 33.4 毫米，平均厚 13 毫米；重 0.4 ~ 61.5 克，平均重 18.6 克。原料以安山岩为主，流纹岩、石英、玄武岩和燧石较少。毛坯以完整石片为主，近端、远端断片及中段石叶较少。刃长 19.4 ~ 76.4 毫米，刃角 21.8° ~ 57.8°（图九，12、22、30）。

尖刃　3 件。长 20.2 ~ 39.3 毫米，平均长 28.9 毫米；宽 15.1 ~ 18.5 毫米，平均宽 17.3 毫米；厚 4.6 ~ 10.2 毫米，平均厚 6.6 毫米；重 1.3 ~ 7.4 克，平均重 3.3 克。原料为燧石、黑曜岩和石英。毛坯以远端断片为主，完整石片较少。尖刃角为 47° ~ 80.5°（图九，23）。

② 双刃　3 件。又可分为直直和凸凹刃。

直直刃　2 件。长 20.3 ~ 32.3 毫米，平均长 26.3 毫米；宽 16.5 ~ 23 毫米，平均宽 19.8 毫米；厚 3.7 ~ 7.2 毫米，平均厚 5.5 毫米；重 1.2 ~ 5 克，平均重 3.1 克。原料为燧石和玛瑙。毛坯均为近端断片。刃长 18.2 ~ 27.8 毫米，刃角 30.8° ~ 34.2°（图九，2）。

凸凹刃　1 件。长 21 毫米，宽 15.2 毫米，厚 3.5 毫米，重 1 克。原料为黑曜岩，毛坯为远端断片，刃长 14 ~ 17.4 毫米，刃角 21° ~ 21.5°（图九，9）。

（3）三类工具　71 件。包括刮削器、锯齿刃器、钻器、凹缺器、锛形器和砍砸器。

① 刮削器　50 件。分为单和双刃。

单刃　44 件。又分为直、凸、凹和尖刃。

直刃　5 件。长 19.7 ~ 39.2 毫米，平均长 26.1 毫米；宽 11.9 ~ 34.3 毫米，平均宽 21.4 毫米；厚 3 ~ 9.9 毫米，平均厚 5.4 毫米；重 0.7 ~ 12 克，平均重 3.6 克。原料以硅

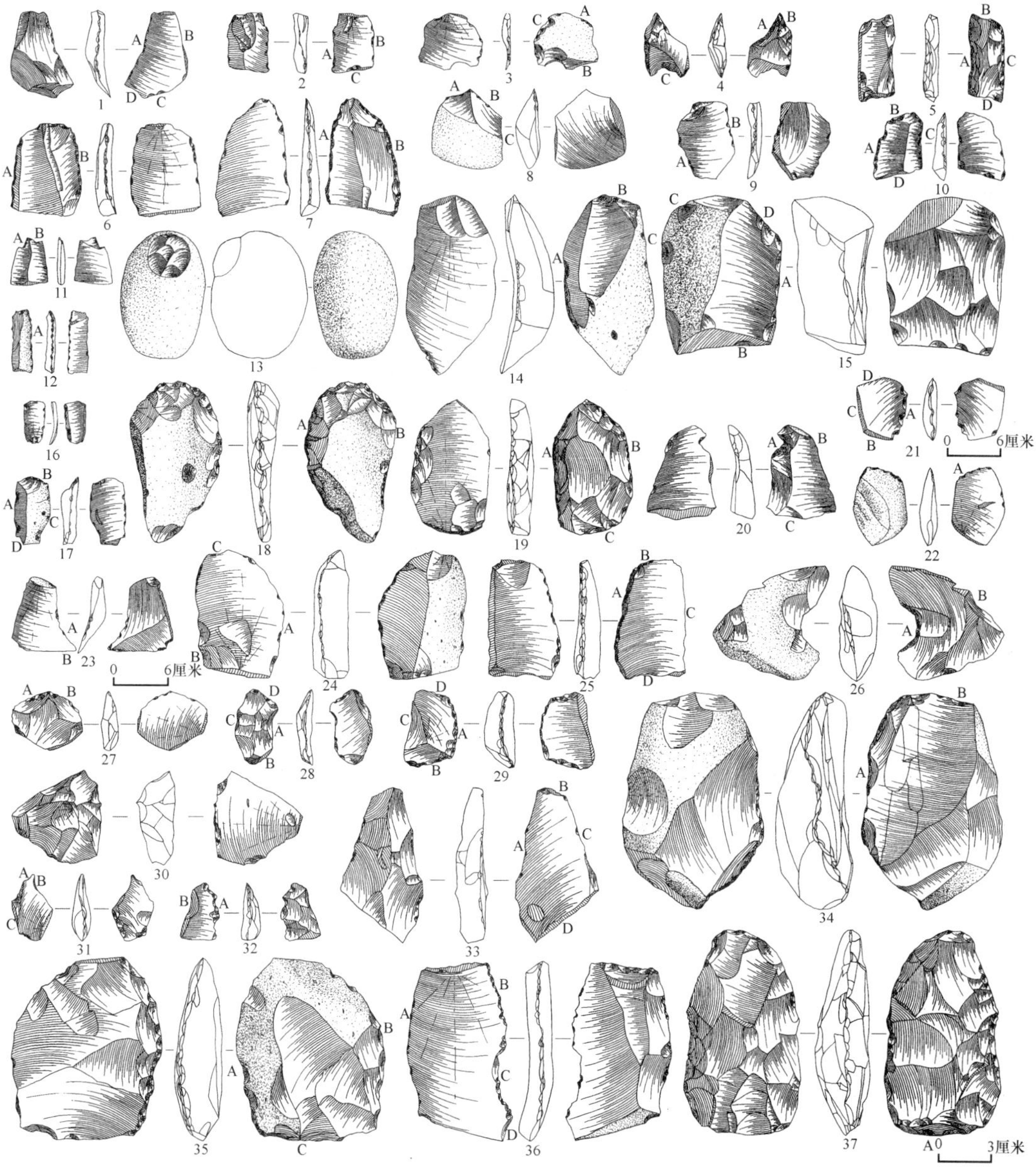

图九　工具

1、5、28. 三类单凹刃刮削器　2. 二类直直刃刮削器　3. 三类单直刃刮削器　4、11、31. 三类钻器　6、17、33. 三类直凸刃刮削器　7、8、19、27. 三类单尖刃刮削器　9. 二类凸凹刃刮削器　10. 三类直凹刃刮削器　12、22、30. 二类单凸刃刮削器　13. 石锤　14、24、25、29. 三类单凸刃刮削器　15、34、35. 三类单凸刃砍砸器　16. 二类单直刃刮削器　18、21、32、36. 三类锯齿刃器　20、26. 三类凹缺器　23. 二类单尖刃刮削器　37. 三类锛形器

（1、3、8、10、11、13 ~ 17、20. 康乐二排山地点；2、4、5、19、22、25、27 ~ 34、36、37. 四平山第一地点；6、7、9、12、18、21、23、24、26、35. 四平山第三地点）

质泥岩为主，黑曜岩和玛瑙较少。毛坯均为片状。均为锤击修理，复向加工为主，正向次之；以单层鱼鳞状修疤为主，双层较少。刃长为 11.4 ~ 16.2 毫米，刃角为 21.5° ~

52.2°。均经过修形或修理把手（图九，3）。

凸刃　19件。长27.4 ~ 96.2毫米，平均长54.8毫米；宽15 ~ 76.5毫米，平均宽43毫米；厚5.4 ~ 33.2毫米，平均厚16.7毫米；重3.3 ~ 108.1克，平均重44克。原料以燧石和石英为主，流纹岩和玄武岩次之，凝灰岩和安山岩较少。毛坯以片状（又以近端断片为主，完整石片次之，中段断片和石叶较少）为主，块状极少。均为锤击修理，正向加工为主，复向和反向次之；单层鱼鳞状修疤为主，双层极少。刃长为21.6 ~ 96.3毫米，刃角为21.5° ~ 70.2°。多数经过修形或修理把手（图九，14、24、25、29）。

凹刃　5件。长39.8 ~ 109.4毫米，平均长56毫米；宽20.7 ~ 63.2毫米，平均宽33.4毫米；厚7.4 ~ 24.7毫米，平均厚13.9毫米；重6.7 ~ 179.8克，平均重45.2克。原料为流纹岩、砂岩、玄武岩、硅化木和燧石。毛坯均为片状，其中以远端断片为主。均为锤击修理，正向加工为主，反向较少；单层鱼鳞状修疤为主，三层较少。刃长为23.8 ~ 68.5毫米，刃角为36.3° ~ 47.4°。均经过修形或修理把手（图九，1、5、28）。

尖刃　15件。长13.8 ~ 95毫米，平均长39毫米；宽10.7 ~ 53毫米，平均宽28.7毫米；厚2.9 ~ 30.6毫米，平均厚9.7毫米；重0.4 ~ 124.8克，平均重18.2克。原料以硅质泥岩为主，流纹岩和黑曜岩次之，流纹斑岩、燧石和石英较少。毛坯以片状（又以完整石片为主，远端断片次之，近端和中段断片较少）为主，块状极少。以锤击修理为主，压制法较少；正向加工为主，复向和反向次之；单层鱼鳞状修疤为主，双层较少。刃长为9.2 ~ 84.7毫米，刃角为29.8° ~ 133°。多数经过修形或修理把手（图九，7、8、19、27）。

双刃　6件。又分为直凸和直凹刃。

直凸刃　4件。长27.2 ~ 82.2毫米，平均长48.3毫米；宽19.9 ~ 44.5毫米，平均宽30.6毫米；厚8.8 ~ 15.3毫米，平均厚10.8毫米；重4.1 ~ 32.6克，平均重15.3克。原料为流纹岩、安山岩、玛瑙和硅质泥岩。毛坯为近端断片和远端断片。均为锤击修理，正向加工，单层鱼鳞状修疤。刃长为16 ~ 67.9毫米，刃角为28.2° ~ 59.2°。多数经过修行或修理把手（图九，6、17、33）。

直凹刃　2件。长25.9 ~ 36.4毫米，平均长31.2毫米；宽20.7 ~ 24.7毫米，平均宽22.7毫米；厚8.5 ~ 9毫米，平均厚8.8毫米；重4.6 ~ 5.8克，平均重5.2克。原料均为黑曜岩。毛坯为近端断片和远端断片。均为锤击修理，正向加工，单层鱼鳞状修疤。刃长为19.1 ~ 28.1毫米，刃角为34° ~ 52.2°。1件经过修形（图九，10）。

② 锯齿刃器　4件。长16.4 ~ 97.3毫米，平均长57.3毫米；宽15 ~ 56.3毫米，平均宽34.7毫米；厚4.3 ~ 16.6毫米，平均厚11.3毫米；重0.9 ~ 74.2克，平均重36克。原料以石英为主，流纹岩和燧石较少。毛坯以片状为主（以远端断片为主，完整石片较少），块状较少。均为锤击修理，复向加工为主，正向和反向较少；单层鱼鳞状修疤为主，双层较少。刃长为21.9 ~ 88毫米，刃角为21.5° ~ 65°。多数经过修形或修理把

手。其大小以中型为主，小型和微型较少（图九，18、21、32、36）。

③ 钻器 6件。长24.2～49.5毫米，平均长32.8毫米；宽20.3～37.5毫米，平均宽27.2毫米；厚4.6～23.2毫米，平均厚9.7毫米；重2.2～47.2克，平均重11.4克。原料为硅质泥岩、燧石、黑曜岩、流纹岩、石英和石英砂岩。毛坯以片状为主（又以近端断片为主，远端断片较少），块状极少。均为锤击修理，正向加工，单层鱼鳞状修疤。刃长为4.1～20.7毫米，刃角为43.2°～86°。多数经过修理把手。其大小均为小型（图九，4、11、31）。

④ 凹缺器 4件。长36.8～60毫米，平均长48.5毫米；宽33.7～69毫米，平均宽44.5毫米；厚6.2～30.2毫米，平均厚18.1毫米；重7.5～65.6克，平均重34.2克。原料为流纹岩、硅质泥岩、砂岩和石英。毛坯为块状和片状。均为锤击修理，正向加工，单层鱼鳞状修疤。刃长为10.2～56.9毫米，刃角为39°～53.4°。均经过修形或修理把手。其大小以小型为主，中型较少（图九，20、26）。

⑤ 锛形器 1件。长111.3毫米，宽65.5毫米，厚30.1毫米，重216.5克。原料为砂岩。块状毛坯。器身经过通体加工。A处为刃缘，由较平坦的一侧向另一侧加工，形成单层的鱼鳞状修疤，刃长58.2毫米，尖刃角50.2°。其大小为大型（图九，37）。

⑥ 砍砸器 6件。均为单凸刃砍砸器。长70.2～137.8毫米，平均长104.2毫米；宽52.9～84.3毫米，平均宽71.2毫米；厚16.7～42.1毫米，平均厚29.2毫米；重64.5～1064.3克，平均重406克。原料以玄武岩为主，硅质泥岩、安山岩、角砾岩和砂岩次之。以快状毛坯为主，片状较少。均为锤击修理，正向加工为主，复向和反向次之；双层鱼鳞状修疤为主，单层次之。刃长为50～107毫米，刃角为44.8°～81.2°。均经过修形或修理把手。其大小以大型为主，中型次之（图九，15、34、35）。

三、结　　语

（一）石器工业特征分析

1. 石片工业特征

（1）原料比较丰富，共18种。总体来看，以流纹岩为主，占总数的45.5%；燧石、玄武岩、石英、硅质泥岩、安山岩和石英岩较少，分别占8%、7%、6.2%、5.4%、4.5%和4.5%；角岩、玛瑙、砂岩、黑曜岩、石英砂岩、板岩、花岗岩极少，分别占2.7%、2.7%、2.7%、1.8%、1.8%、1.8%和1.8%；流纹斑岩、凝灰岩、英安岩和辉长岩最少，皆仅占0.9%。

（2）根据石器的最大长度，将穆棱河流域中游所发现的石器划分为微型（N≤20）、小型（20＜N≤50毫米）、中型（50＜N≤100毫米）和大型（100＜N≤200毫米）的四个等级[3]。其中石核以中型居多。石片以小型为主。断块以小型为主。工具中的二类以小型为主，中型和微型较少；三类亦以小型为主，中型较少，大型和微型极少。总体来看，石片工业类型的石器大小是以小型为最多，占石器总数的71.4%；中型较少，占总数的18.7%；微型极少，占7.2%；大型最少，仅占2.7%。由此可见，此工业类型的旧石器是以小型为主的石片工业类型。

（3）石器类型非常丰富，包括石核、石片、断块和工具。工具比重最高，占石器总数的66%。其中三类工具最多，占工具总数的74.3%；二类工具较少，占工具总数的25.7%。石片较少，占总数的18.8%。断块更少，占石器总数的10.7%。石核最少，占石器总数的4.5%（表一）。

表一　小石片工业器类型比例表

<table>
<tr><th colspan="5">类型</th><th>数量（N）</th><th colspan="5">百分比</th></tr>
<tr><td colspan="2" rowspan="2">锤击石核</td><td colspan="3">双台面</td><td>2</td><td>40.0%</td><td colspan="4" rowspan="2">4.5%</td></tr>
<tr><td colspan="3">三台面</td><td>3</td><td>60.0%</td></tr>
<tr><td colspan="2" rowspan="5">石片</td><td colspan="3">完整石片</td><td>7</td><td colspan="2">33.3%</td><td colspan="3" rowspan="5">18.8%</td></tr>
<tr><td colspan="3">近端断片</td><td>9</td><td>64.2%</td><td rowspan="4">66.7%</td></tr>
<tr><td colspan="3">中段断片</td><td>1</td><td>7.2%</td></tr>
<tr><td colspan="3">远端断片</td><td>2</td><td>14.3%</td></tr>
<tr><td colspan="3">左断片</td><td>2</td><td>14.3%</td></tr>
<tr><td colspan="5">断块</td><td>12</td><td colspan="5">10.7%</td></tr>
<tr><td rowspan="19">工具</td><td rowspan="4">二类</td><td rowspan="4">刮削器</td><td rowspan="4">单刃</td><td>直</td><td>1</td><td>5.3%</td><td colspan="3" rowspan="4">25.7%</td><td rowspan="19">66.0%</td></tr>
<tr><td>凸</td><td>11</td><td>57.9%</td></tr>
<tr><td>凹</td><td>2</td><td>10.5%</td></tr>
<tr><td>尖</td><td>5</td><td>26.3%</td></tr>
<tr><td rowspan="15">三类</td><td rowspan="7">刮削器</td><td rowspan="4">单刃</td><td>直</td><td>5</td><td>15.2%</td><td rowspan="4">80.5%</td><td rowspan="7">74.5%</td><td rowspan="15">74.3%</td></tr>
<tr><td>凸</td><td>19</td><td>57.6%</td></tr>
<tr><td>凹</td><td>8</td><td>24.2%</td></tr>
<tr><td>尖</td><td>1</td><td>3.0%</td></tr>
<tr><td rowspan="3">双刃</td><td>直凸</td><td>4</td><td>50.0%</td><td rowspan="3">19.5%</td></tr>
<tr><td>凸凸</td><td>3</td><td>37.5%</td></tr>
<tr><td>凹尖</td><td>1</td><td>12.5%</td></tr>
<tr><td colspan="3">端刮器</td><td>2</td><td colspan="3">3.6%</td></tr>
<tr><td colspan="3">锯齿刃器</td><td>3</td><td colspan="3">5.5%</td></tr>
<tr><td colspan="3">钻器</td><td>3</td><td colspan="3">5.5%</td></tr>
<tr><td colspan="3">凹缺器</td><td>1</td><td colspan="3">1.8%</td></tr>
<tr><td colspan="3">矛形器</td><td>1</td><td colspan="3">1.8%</td></tr>
<tr><td colspan="3">舌形器</td><td>1</td><td colspan="3">1.8%</td></tr>
<tr><td rowspan="2">砍砸器</td><td rowspan="2">单刃</td><td>直</td><td>2</td><td>66.7%</td><td colspan="2" rowspan="2">5.5%</td></tr>
<tr><td>凸</td><td>1</td><td>33.3%</td></tr>
</table>

① 锤击石核以三台面石核为主，双台面石核次之。均为块状毛坯。剥片方式以反向打法为主，转向打法次之。台面以自然台面为主，打击台面次之；台面角为 50.2° ~ 99.2°。剥片率不高，可能是石料比较充足，剥片到一定程度，台面不适合继续剥片后遂将其废弃。

② 石片是以断片为主，完整石片次之。断片又以近端为主，远端和左断片较少中段断片极少。均为锤击石片。台面以打击台面为主，自然台面较少，刃状台面极少。台面角为 81° ~ 128°。打击点以集中为主，背面以全石片疤为主，石片疤与石皮次之，石皮最少。众所周知，随着剥片越深入，石片背面的石皮越少，石片疤越多；可见，此流域的剥片率不高。

③ 二类工具为未经二次加工的使用石片，均为单刃刮削器。其中以凸刃最多，尖刃较少，凹刃和直刃最少。毛坯以完整石片为主，远端断片次之，近端较少。总体来看，此时的古人类们已学会利用所剥取石片锋利边缘直接进行生产、加工生活资料，使用效果更佳。

④ 三类工具以刮削器为主，砍砸器、钻器、锯齿刃器和端刮器较少，凹缺器、矛形器和舌形器最少。刮削器以单刃（凸刃为最多，凹刃和直刃较少，尖刃最少）为主，双刃（直凸刃最多，凸凸刃次之，凹尖刃最少）较少。砍砸器以直刃为主，凸刃较少。

毛坯以片状为主，块状极少。其中片状毛坯又以近端断片为主，远端断片和完整石片次之，中段断片较少，右断片最少。修理技法以锤击修理为主，压制法极少。加工方向以正向为主，复向次之，反向较少。修疤形态以鱼鳞状（单层为主，双层较少，三层及以上极少）为主，条状极少。三类工具是经第二步加工的工具，即修理刃缘、修形或修理把手任意修理一种、两种或三种。通过对三类工具不同的修理部位统计分析，可见古人类们对不同毛坯的规划意识和克服艰难环境的能力。据统计分析可知，石片工业中的三类工具是以修理刃缘与修理其他部位相组合为主，占三类工具总数的 52.7%；直接使用锋利刃缘与修理其他部位相组合较少，占总数的 47.3%。其中又以修理刃缘或直接使用锋利刃缘与修理其他部位相组合的工具最多，占总数的 98.2%；而仅修理刃缘的工具极少，仅占 1.8%（表二）。

表二　三类工具修理部位比例表

<table>
<tr><th>刃缘</th><th>其他部分</th><th>件数</th><th colspan="2">百分比</th></tr>
<tr><td rowspan="4">修理</td><td>无</td><td>1</td><td rowspan="4">52.7%</td><td>1.8%</td></tr>
<tr><td>修形</td><td>3</td><td rowspan="6">98.2%</td></tr>
<tr><td>修理把手</td><td>9</td></tr>
<tr><td>修形和把手</td><td>16</td></tr>
<tr><td rowspan="3">直接使用</td><td>修形</td><td>16</td><td rowspan="3">47.3%</td></tr>
<tr><td>修理把手</td><td>4</td></tr>
<tr><td>修形和把手</td><td>6</td></tr>
</table>

2. 石叶工业特征

（1）原料非常丰富，共17种。总体来看，是以燧石和安山岩为主，分别占总数的17%和15.1%；硅质泥岩、流纹岩和石英岩次之，分别占总数的12.3%、10.4%和10.4%；玛瑙、流纹斑岩、玄武岩、石英砂岩、绿泥岩、黑曜岩较少，分别占4.7%、4.7%、3.8%、3.8%、3.8%和3.8%；砂岩、凝灰岩和霏细岩极少，分别占2.8%、2.8%和1.9%；角岩、板岩和英安岩最少，皆仅占0.9%。

（2）根据石器的最大长度，将石片工业的石器划分为微型（N≤20）、小型（20＜N≤50毫米）、中型（50＜N≤100毫米）和大型（100＜N≤200毫米）的四个等级[4]。其中石核以中型居多。石片以小型为主。石叶为小型。断块以小型为主。工具中的一类为中型；二类以小型为主，中型和微型较少；三类亦以小型为主，中型次之，微型较少。总体来看，此流域的石器大小是以小型为最多，占石器总数的60.77%；中型较少，占总数的28.5%；微型极少，占6.68%；大型最少，仅占4.1%。由此可见，此地点的石器大小是以小型为主的工业类型。

（3）石器类型非常丰富，包括石核、石片、石叶、断块和工具。工具比重最高，占石器总数的46.2%。其中三类工具最多，占工具总数的75.6%；二类工具较少，占工具总数的22.4%；一类工具最少，仅占工具总数的2%。石核较少，分别占石器总数的19.8%。断块和石片更少，分别占总数的17%和16.1%。石叶最少，仅占总数的0.9%（表三）。

表三　石叶工业器类比例表

<table>
<tr><th colspan="3">类型</th><th>数量（N）</th><th colspan="3">百分比</th></tr>
<tr><td rowspan="5">石核</td><td rowspan="4">锤击石核</td><td>单台面</td><td>4</td><td>20%</td><td rowspan="4">95.2%</td><td rowspan="5">19.8%</td></tr>
<tr><td>双台面</td><td>10</td><td>50%</td></tr>
<tr><td>三台面</td><td>5</td><td>25%</td></tr>
<tr><td>四台面</td><td>1</td><td>5%</td></tr>
<tr><td>石叶石核</td><td>双台面</td><td>1</td><td colspan="2">4.8%</td></tr>
<tr><td rowspan="6">石片</td><td colspan="2">完整石片</td><td>7</td><td colspan="2">41.2%</td><td rowspan="6">16.1%</td></tr>
<tr><td colspan="2">近端断片</td><td>1</td><td>10%</td><td rowspan="5">58.8%</td></tr>
<tr><td colspan="2">中段断片</td><td>3</td><td>30%</td></tr>
<tr><td colspan="2">远端断片</td><td>4</td><td>40%</td></tr>
<tr><td colspan="2">左断片</td><td>1</td><td>10%</td></tr>
<tr><td colspan="2">右断片</td><td>1</td><td>10%</td></tr>
<tr><td colspan="3">石叶</td><td>1</td><td colspan="3">0.9%</td></tr>
<tr><td colspan="3">断块</td><td>18</td><td colspan="3">17%</td></tr>
</table>

续表

<table>
<tr><th colspan="5">类型</th><th>数量（N）</th><th colspan="5">百分比</th></tr>
<tr><td rowspan="15">工具</td><td>一类工具</td><td colspan="3">石锤</td><td>1</td><td colspan="4">2%</td><td rowspan="15">46.2%</td></tr>
<tr><td rowspan="4">二类工具</td><td rowspan="4">刮削器</td><td rowspan="3">单刃</td><td>直</td><td>3</td><td>30%</td><td rowspan="3">90.9%</td><td rowspan="4" colspan="2">22.4%</td></tr>
<tr><td>凸</td><td>6</td><td>60%</td></tr>
<tr><td>尖</td><td>1</td><td>10%</td></tr>
<tr><td>双刃</td><td>直凹</td><td>1</td><td colspan="2">9.1%</td></tr>
<tr><td rowspan="10">三类工具</td><td rowspan="7">刮削器</td><td rowspan="4">单刃</td><td>直</td><td>6</td><td>21.4%</td><td rowspan="4">84.8%</td><td rowspan="7">89.2%</td><td rowspan="10">75.6%</td></tr>
<tr><td>凸</td><td>8</td><td>28.6%</td></tr>
<tr><td>凹</td><td>5</td><td>17.9%</td></tr>
<tr><td>尖</td><td>9</td><td>32.1%</td></tr>
<tr><td rowspan="3">双刃</td><td>直凸</td><td>2</td><td>40%</td><td rowspan="3">15.2%</td></tr>
<tr><td>凸凸</td><td>2</td><td>40%</td></tr>
<tr><td>尖凸</td><td>1</td><td>20%</td></tr>
<tr><td colspan="3">锯齿刃器</td><td>2</td><td colspan="3">5.4%</td></tr>
<tr><td colspan="3">钻器</td><td>1</td><td colspan="3">2.7%</td></tr>
<tr><td colspan="2">砍砸器</td><td>单凸刃</td><td>1</td><td colspan="3">2.7%</td></tr>
</table>

① 石核包括锤击石核和石叶石核。其中以锤击石核为主，石叶石核较少。锤击石核中以双台面为主，三和单台面石核次之，四台面石核较少。均为块状毛坯。锤击法剥片；剥片方式以反向打法为主，转向打法次之。台面以自然台面为主，打击台面次之，修理台面较少。台面角为 47° ~ 112.9°。剥片率不高，可能是石料比较充足，剥片到一定程度，台面不适合继续剥片后遂将其废弃。石叶石核为双台面，块状毛坯。自然和刃状台面。台面角为 75.7°。锤击法剥片。剥片率不高，可能是利用背脊技术进行剥片时，意外在其中间处断裂，不能继续剥片继而丢弃。

② 石片是以断片为主，完整石片次之。断片又以远端为主，中段次之，占断片的 30%；近端、左和右断片较少。均为锤击石片。台面以打击台面为主，自然台面次之，修理和刃状台面较少，有脊台面最少。台面角为 59° ~ 129.6°。打击点均集中，背面以全石片疤为主，石片疤与石皮次之。

③ 石叶仅发现 1 件，为锤击石叶。仅保留近端，远端折断。

④ 一类工具发现 1 件两端石锤，仍可继续使用。

⑤ 二类工具为未经二次加工的使用石片，均为刮削器。其中以单刃（凸刃最多直刃较少，尖刃最少）为主，双刃（直凹刃）较少。毛坯以完整石片为主，远端断片次之，石叶较少。总体来看，古人类们已熟练利用所剥取石片或石叶锋利边缘直接进行生产、加工生活资料。

⑥ 三类工具以刮削器为主，锯齿刃器极少，钻器和砍砸器最少。刮削器以单刃（尖和凸刃最多，直和凹刃次之）为主。双刃（直凸和凸凸刃为主，尖凸刃最少）较少。

毛坯以片状为主，块状极少。其中片状毛坯又以完整石片为主，远端断片次之，无法分辨者和中段断片极少，近端、左和右断片最少。修理技法以锤击修理为主，压制法极少。加工方向以正向为主，复向和反向较少。修疤形态以鱼鳞状（单层为主，双层较少，三层及以上极少）为主，条状（单层和三层各有1件）极少。据统计分析，石叶工业的三类工具是以修理刃缘与修理其他部位相组合为主，占三类工具总数的54.1%；直接使用锋利刃缘与修理其他部位相组合次之，占总数的45.9%。其中又以修理刃缘或直接使用锋利刃缘与修理其他部位相组合的工具最多，占总数的86.5%；而仅修理刃缘的工具较少，仅占13.5%（表四）。

表四　三类工具修理部位比例表

<table>
<tr><th>刃缘</th><th>其他部分</th><th>件数</th><th colspan="2">百分比</th></tr>
<tr><td rowspan="4">修理</td><td>无</td><td>5</td><td rowspan="4">54.1%</td><td>13.5%</td></tr>
<tr><td>修形</td><td>2</td><td rowspan="6">86.5%</td></tr>
<tr><td>修理把手</td><td>7</td></tr>
<tr><td>修形和把手</td><td>6</td></tr>
<tr><td rowspan="3">直接使用</td><td>修形</td><td>5</td><td rowspan="3">45.9%</td></tr>
<tr><td>修理把手</td><td>4</td></tr>
<tr><td>修形和把手</td><td>8</td></tr>
</table>

3. 细石叶工业特征

（1）原料亦丰富，共19种。总体来看，是以燧石为主，占原料总数的20.9%；石英、硅质泥岩和流纹岩次之，分别占总数的14.5%、13.3%和10.5%；安山岩、黑曜岩、玛瑙、玄武岩和砂岩较少，分别占7%、7%、5.8%、4.7%和4.1%。石英岩、角岩、流纹斑岩、凝灰岩、石英砂岩极少，分别占2.3%、2.3%、1.7%、1.7%和1.2%；霏细岩、硅质灰岩、大理岩、角砾岩和硅化木最少，皆仅占0.6%。

（2）根据石器的最大长度，将石片工业的石器划分为微型（N≤20）、小型（20＜N≤50毫米）、中型（50＜N≤100毫米）和大型（100＜N≤200毫米）的四个等级[5]。其中石核以中型居多。石片以小型为主。断块以小型为主。工具中的一类为中型；二类以小型为主，中型和微型较少；三类亦以小型为主，中型次之，大型和微型较少。总体来看，此流域的石器大小是以小型为最多，占石器总数的59.1%；中型较少，占总数的27.5%；微型极少，占7.6%；大型最少，仅占5.8%。可见，细石器工业的石器大小亦是以小型为主的工业类型。

（3）石器类型亦非常丰富，包括石核、石片、断块和工具。工具比重最高，占石器总数的 52.9%。其中三类工具最多，占工具总数的 78%；二类工具较少，占工具总数的 20.9%；一类工具最少，仅占工具总数的 1.1%。石核和断块较少，皆占石器总数的 17.4%。石片最少，仅占总数的 12.3%（表五）。

表五　细石叶工业器类比例表

<table>
<tr><th colspan="5">类型</th><th>数量（N）</th><th colspan="5">百分比</th></tr>
<tr><td rowspan="8">石核</td><td colspan="3" rowspan="4">锤击石核</td><td>单台面</td><td>14</td><td>63.7%</td><td rowspan="4">73.3%</td><td colspan="3" rowspan="8">17.4%</td></tr>
<tr><td>双台面</td><td>5</td><td>22.7%</td></tr>
<tr><td>三台面</td><td>1</td><td>4.5%</td></tr>
<tr><td>盘状</td><td>2</td><td>9.1%</td></tr>
<tr><td colspan="3" rowspan="2">石叶石核</td><td>单台面</td><td>1</td><td>50%</td><td rowspan="2">6.7%</td></tr>
<tr><td>双台面</td><td>1</td><td>50%</td></tr>
<tr><td colspan="3" rowspan="2">细石叶石核</td><td>船底形</td><td>1</td><td>16.7%</td><td rowspan="2">20%</td></tr>
<tr><td>楔形</td><td>5</td><td>83.3%</td></tr>
<tr><td rowspan="6">石片</td><td colspan="4">完整石片</td><td>9</td><td colspan="2">42.9%</td><td colspan="3" rowspan="6">12.3%</td></tr>
<tr><td colspan="4">近端断片</td><td>4</td><td>33.3%</td><td rowspan="5">57.1%</td></tr>
<tr><td colspan="4">中段断片</td><td>2</td><td>16.8%</td></tr>
<tr><td colspan="4">远端断片</td><td>4</td><td>33.3%</td></tr>
<tr><td colspan="4">左断片</td><td>1</td><td>8.3%</td></tr>
<tr><td colspan="4">右断片</td><td>1</td><td>8.3%</td></tr>
<tr><td colspan="5">断块</td><td>30</td><td colspan="5">17.4%</td></tr>
<tr><td rowspan="13">工具</td><td>一类</td><td colspan="3">石锤</td><td>1</td><td colspan="4">1.1%</td><td rowspan="13">52.9%</td></tr>
<tr><td rowspan="5">二类</td><td rowspan="5">刮削器</td><td rowspan="3">单刃</td><td>直</td><td>3</td><td>18.8%</td><td rowspan="3">84.2%</td><td colspan="2" rowspan="5">20.9%</td></tr>
<tr><td>凸</td><td>10</td><td>62.4%</td></tr>
<tr><td>尖</td><td>3</td><td>18.8%</td></tr>
<tr><td rowspan="2">双刃</td><td>直直</td><td>2</td><td>66.7%</td><td rowspan="2">15.8%</td></tr>
<tr><td>凸凹</td><td>1</td><td>33.3%</td></tr>
<tr><td rowspan="7">三类</td><td rowspan="4">刮削器</td><td rowspan="4">单刃</td><td>直</td><td>5</td><td>11.4%</td><td rowspan="4">88%</td><td rowspan="6">70.4%</td><td rowspan="6">78%</td></tr>
<tr><td>凸</td><td>19</td><td>43.2%</td></tr>
<tr><td>凹</td><td>5</td><td>11.4%</td></tr>
<tr><td>尖</td><td>15</td><td>34%</td></tr>
<tr><td rowspan="2">刮削器</td><td rowspan="2">双刃</td><td>直凸</td><td>4</td><td>66.7%</td><td rowspan="2">12%</td></tr>
<tr><td>直凹</td><td>2</td><td>33.3%</td></tr>
<tr><td colspan="3">锯齿刃器</td><td>4</td><td colspan="3">5.6%</td><td></td></tr>
</table>

续表

类型				数量（N）	百分比		
工具	三类	钻器		6	8.5%		52.9%
		凹缺器		4	5.6%		
		锛形器		1	1.4%		
		砍砸器	单凸刃	6	8.5%		

① 石核包括锤击石核、石叶石核和细石叶石核。以锤击石核为主，细石叶石核较少，石叶石核最少。锤击石核中以单台面为主，双台面较少，盘状和三单台面石核最少。均为块状毛坯。台面≥2 的石核主要利转向和反向打法剥片。台面以自然台面为主，打击台面次之。台面角为 40.9° ~ 122.5°。剥片率不高，可能是石料比较充足，剥片到一定程度，台面不适合继续剥片后遂将其废弃。石叶石核仅发现 2 件，1 件单台面和 1 件双台面石叶石核。均为块状毛坯。自然、刃状和修理台面。台面角为 74.6° ~ 103°。锤击法剥片。剥片率不高，可能是利用背脊技术进行剥片时，意外在其中间处断裂，不能继续剥片继而丢弃。细石叶石核以楔形为主，船底形较少。毛坯以块状为主，片状次之。片状毛坯的细石叶石核均以石片的折断面为台面，且原料皆为优质的黑曜岩；块状毛坯的细石叶石核的台面均经过细致修理。可见，古人类们以片状毛坯折断面或块状毛坯经细致修理的平面为台面，其目的可能是根据原料或劈材的不同，因材施教来获得适合剥取细石叶的台面。细石叶石核的器身均经过细致修理，在其两侧形成龙骨。利用间接法或压制法剥片，剥片率较高，直至无法利用背脊继续剥片而终止并废弃。

② 石片是以断片为主，完整石片次之。断片又以近端和远端为主，中段、左和右较少。均为锤击石片。台面以自然台面为主，打击台面次之，刃状和有脊台面较少。台面角为 67.7° ~ 132°。打击点以集中为主，背面以石片疤和石皮为主，均为石片疤次之，节理面最少。

③ 一类工具发现 1 件单端石锤，仍可继续使用。

④ 二类工具为未经二次加工的使用石片，均为刮削器。其中以单刃（凸刃最多，直、尖刃较少）为主，双刃（直直和凸凹刃）较少。毛坯以完整石片为主，近端和远端断片次之，中段石叶较少。总体来看，古人类们已熟练使用所剥取石片或石叶锋利边缘直接进行生产、加工生活资料。

⑤ 三类工具以刮削器为主，钻器和砍砸器较少，锯齿刃器和凹缺器极少，锛形器最少。刮削器中以单刃（凸刃最多，尖刃次之，直和凹刃较少）为主。双刃（直凸刃为主，直凹刃较少）较少。

毛坯以片状毛坯为主，块状较少，石叶最少。其中片状毛坯又以近端断片为主，完整石片和远端断片次之，无法分辨者较少，中段断片最少。修理技法以锤击修理为主，压制法极少；加工方向以正向为主，复向和反向较少。修疤形态以鱼鳞状（单层为主，双层较少，三层及以上最少）为主，条状（单层）极少。根据统计分析，细石器工业的三类工具是以修理刃缘与修理其他部位相组合为主，占三类工具总数的83.1%；直接使用锋利刃缘与修理其他部位相组合次之，占总数的16.9%。其中又以修理刃缘或直接使用锋利刃缘与修理其他部位相组合的工具最多，占总数的74.6%；而仅修理刃缘的工具较少，仅占25.4%（表六）。

表六　三类工具修理部位比例表

<table>
<tr><th>刃缘</th><th>其他部分</th><th>件数</th><th colspan="2">百分比</th></tr>
<tr><td rowspan="4">修刃</td><td>无</td><td>18</td><td rowspan="4">83.1%</td><td>25.4%</td></tr>
<tr><td>修形</td><td>5</td><td rowspan="6">74.6%</td></tr>
<tr><td>修理把手</td><td>17</td></tr>
<tr><td>修形和把手</td><td>19</td></tr>
<tr><td rowspan="3">直接使用</td><td>修形</td><td>3</td><td rowspan="3">16.9%</td></tr>
<tr><td>修理把手</td><td>6</td></tr>
<tr><td>修形和把手</td><td>3</td></tr>
</table>

（二）对比分析

目前，有学者将该地区的旧石器文化遗存分成三个大的工业类型：①以大石器为主体的石器工业类型。②以小石器为主体的石器工业类型。③以细石器为主体的石器工业类型[6]。现将穆棱河流域中游所发现的三种旧石器工业类型分别与东北地区的三种工业类型对比分析如下。

穆棱河流域中游的石片工业也是以小型为主；中型较少的工业类型。原料来源是以当地河漫滩为主，就地取材。剥片技术以硬锤锤击技术为主。石器类型为石核、石片、断块和工具。工具组合以刮削器为主，钻器和砍砸器也占有一定的比例。修理技术以锤击修理为主；加工方向以正向为主，其余次之。整体来看，在工业面貌上与以营口金牛山遗址[7]为代表的小石器工业类型基本一致，但此流域的石器工业也有着自己的独特的一面，剥片技术除了锤击技术外，不见砸击技术和碰砧技术。石器类型中还包括二类工具和三类工具中的锯齿刃器、凹缺器、矛形器、舌形器，却不见雕刻器、手斧、石球类工具。

在将此流域的石叶工业与黑龙江十八站遗址[8]进行比较，原料来源是亦是当地河漫滩。剥片技术均为硬锤锤击技术。石器类型为石核、石片、断块和工具。工具组合以刮削器为主，砍砸器也占有一定的比例。修理技术均为锤击修理。整体来看，其工业特征与十八站遗址极其相似，但又有着自己独特的一面，黑曜岩原料的出现。石器类型中还包括一类工具石锤、二类工具和三类工具中的锯齿刃器和钻器。可见，穆棱河流域中游的石片工业和石叶工业皆可归属为东北地区以小石器为主体的石器工业类型之中。

再将其细石叶工业与以大布苏地点[9]为代表细石器工业类型相比较，具有相似性。石器原料亦是以就地取材为主，由于天然的地理条件，并未像上述地点发现大量的更为优质的黑曜岩，但还是存在优质的黑曜岩石料。剥片技术以锤击法为主，间接法技术也占有一定的比例。石器类型上包括锤击石核、石叶石核、细石叶石核、石片、断块和工具；但未发现石叶及细石叶。工具组合以二类工具和三类工具的刮削器为主，砍砸器占有一定的比例；而雕刻器、石镞为发现，同时锯齿刃器和钻器在上述遗址或地点中也未发现。

（三）地点性质

从周围地理环境分析，穆棱河流域中游所发现的地点分布于穆棱河的二、三和四级阶地上，水资源丰富，不仅适合古人类在此地进行生产活动，更适合在此流域长期的生产生活。

通过对原料、剥片技术和技法、工具的加工与选择加工以及工具的组合结构来分析，穆棱河流域中游的古人类们因地制宜，运用所会的剥片技术和技法来加工适宜使用的工具，同时又以狩猎经济为主，兼采集经济的生活方式。

（四）年代分析

穆棱河流域中游所发现的11处地点，均未经过相应的测年。但可以通过地质、地层的比对，石器的打制技法、工具类型的组合及工业类型分析等来确定地点的年代。

11处地点分别分布在Ⅱ、Ⅲ和Ⅳ级阶地上；仅有2处地点分布在Ⅳ和Ⅲ级阶地上，其余地点皆分布在Ⅱ级阶地上。其海拔分别在421、346和305～209米。其中，8处出土于耕土层下的黄色亚黏土层中；3处脱离原生层位，发现于耕土层中。耕土层中混有黄色亚黏土，应是耕种者在耕作期间将其下面的黄色亚黏土翻转上来的，故将耕土层出土的石器也归在黄色亚黏土层中。根据黑龙江省第四纪地层的堆积年代分析，可以确定黄褐色亚黏土层属于上更新统[10]。因此，黄色亚黏土层位属于旧石器时代晚期。同时，11处地点所发现的石器均为打制石器，未发现磨制石器和陶片；也未发现可以测年的动物化石等文化遗存。综上所述，根据地质、地层的比对，石器的打制技法和工具组合的结构以及工业类型的分析等，穆棱河流域中游发现的11处旧石器地点的年代应归为旧石器时代晚期。众所周知，小石片工业是贯穿旧石器时代始终，细石器工业是旧石器时代晚期后段的产物，而石叶工业是小石片工业与细石叶工业之间过渡的阶段，遂根据各自工业的特征，将小石片工业暂归于旧石器时代晚期的早或中段；石叶工业暂归于旧石器时代晚期的中段；细石叶工业暂归于旧石器时代晚期的晚段（表七）。

表七 地点概况

名称 / 地点	出土层位	阶地（级）	海拔高度（米）	时代
梨树南山地点	耕土层	Ⅱ	305	旧石器时代晚期早或中段
红土山地点	耕土层	Ⅱ	285	旧石器时代晚期早或中段
四平山第一地点	黄色亚黏土层	Ⅳ	421	旧石器时代晚期晚段
四平山第二地点	黄色亚黏土层	Ⅲ	346	旧石器时代晚期早或中段
四平山第三地点	黄色亚黏土层	Ⅱ	288	旧石器时代晚期晚段
亮子河南山地点	耕土层	Ⅱ	266	旧石器时代晚期早或中段
康乐二排山地点	黄色亚黏土层	Ⅱ	270	旧石器时代晚期晚段
秀池南岗地点	黄色亚黏土层	Ⅱ	270	旧石器时代晚期早或中段
秀池后山地点	黄色亚黏土层	Ⅱ	260	旧石器时代晚期早或中段
河口东山地点	黄色亚黏土层	Ⅱ	266	旧石器时代晚期中段
山河西山地点	黄色亚黏土层	Ⅱ	209	旧石器时代晚期中段

附记：参加调查人员有黑龙江省文物考古研究所李有骞博士；吉林大学边疆考古研究中心陈全家教授、李万博博士、崔祚文硕士；穆棱市文体新局原辉副局长；穆棱市文物管理所倪春野所长、张利军、张忠权和姚磊。调查期间得到黑龙江文物考古研究所、吉林大学边疆考古研究中心、穆棱市政府和文物管理所等单位领导的大力支持，在此一并表示感谢。

注 释

[1] 陈全家. 吉林镇赉丹岱大坎子发现的旧石器［J］. 北方文物，2001（2）.
本文的分类是依据陈全家教授的分类标准：石核、石片、断块、一类工具、二类工具（未经第二步加工而直接使用的石片）和三类工具（经第二步加工：修刃、修形或修理把手）。

[2] 张森水. 中国旧石器文化［M］. 天津：天津科学技术出版社，1987.

[3] 卫奇，裴树文. 石片研究［J］. 人类学学报，2013（4）.

[4] 同［3］.

[5] 同［3］.

[6] 陈全家. 旧石器时代考古（东北）［A］. 东北古代民族·考古与疆域［C］. 长春：吉林大学出版社，1998：171-197.

［7］　金牛山联合发掘队．辽宁营口金牛山旧石器文化的研究［J］．古脊椎动物与古人类，1978，16（2）．

［8］　张晓凌，于汇历，高星．黑龙江十八站遗址的新材料与年代［J］．人类学学报，2006（2）．

［9］　董祝安．大布苏的细石器［J］．人类学学报，1989（1）．

［10］　黑龙江省区域地层表编写组．东北地区区域地层表·黑龙江省分册［Z］．北京：地质出版社，1979．

Paleolithic Artifacts in the Midstream of the Muling River Basin

CHEN Quan-jia　CUI Zuo-wen　LI You-qian

Paleolithic artifacts in the midstream of the Muling river basin were found in 2016. There are 390 stone artifacts, including the cores, the flakes, the blocks and the tools. According to their industrial characters, eleven sites of Paleolith are divided into three types including the small flake industry, the blade industry and the micro-blade industry. Through the comparative analysis between the three artifacts industries found in Muling river basin and counterparts in Northeast China, we come to the conclusion that the small flake industry and the blade industry which found in this basin belong to the northeast industry where the small stone artifacts is the main part. What's more, the micro-blade industry belongs to the artifacts industry type which regards the microlith as its main body. By comparing and analysing, the small flake industry belongs to earlier period and middle of upper Paleolithic, the blade industry to middle period of upper Paleolithic and the micro-blade industry to later period of upper Paleolithic.

山西大同县旧石器调查与初步研究*

石晓润　李　君　石　晶　靖晓亭

（山西大学历史文化学院，太原，030006）

2016年4～6月，由山西大学考古学系和大同市考古研究所联合组成的山西泥河湾旧石器考古队，对大同县境内进行了一次大规模的普查工作。在田野调查工作的过程中，对个别旧石器遗址进行了试掘工作，本文主要对此次调查的成果进行了初步研究。

一、地理位置

大同县是大同盆地的一部分，亦属于广义泥河湾盆地的西端，地理坐标在东经113°20′～113°55′，北纬39°43′～40°16′，东接阳高、南邻浑源和怀仁、北临新荣、西依大同市区，属于晋、冀、蒙交汇之地。地形呈南北高、中间低走势，主要有采凉山系、六棱山系和东部火山群，平均海拔1157米。气候属温带大陆性季风型气候，动植物资源属北温带草原物种。

二、遗址分布

2016年新发现48处遗址，其中包括33处旧石器遗址和15处化石点（图一）。所发现的遗址集中分布于桑干河支流两岸或水库附近。此外，泥河湾旧石器考古队对杜庄遗址进行了发掘，并对南坡和墅城遗址开展了试掘工作。本文拟介绍并简要讨论大同县内桑干河两岸和其支流石板沟、坊城河、东紫峰沟及阁老山附近旧石器考古的新进展和相关问题。

三、桑干河南岸

大同县境内桑干河南岸包括吉家庄乡、峰峪乡、许堡乡。旧石器遗址和化石点集中发现于河流的二级阶地中，该地带马兰黄土发育较厚。在峰峪乡附近黄土层的上部经洪水侵蚀较严重，而在吉家庄乡附近黄土层上附新石器时代的灰黑色粉砂质土层。

* 本项目得到国家社会科学基金项目（15BKG001）、山西省文物局的资助。

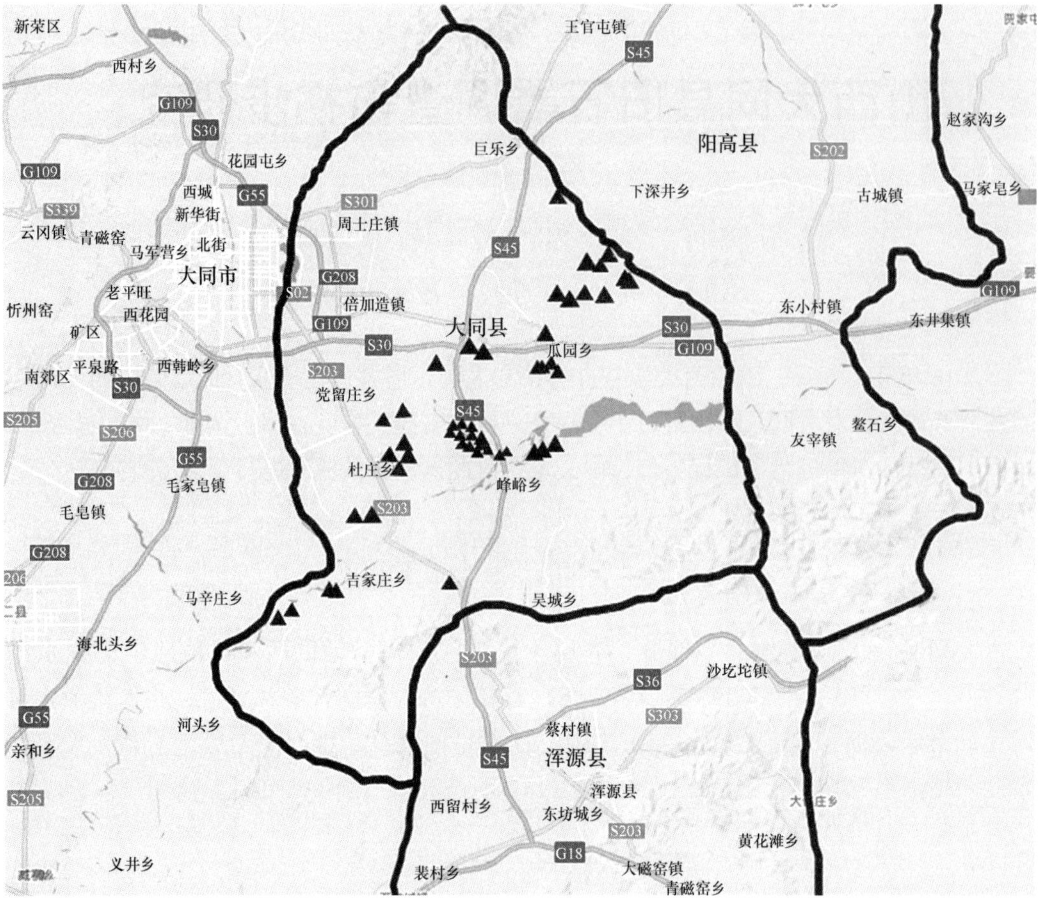

图一　大同县旧石器遗址分布图

1. 峰峪乡

峰峪乡附近发现3处旧石器遗址，尤以吉家会水库遗址发现石制品数量多且类型多样。

（1）吉家会水库遗址。

遗址位于吉家会村东北，水库西南侧，桑干河南岸的二级阶地马兰黄土层中。地理坐标为北纬39°56′5.5 ～ 40″，东经113°37′38 ～ 39.9″，海拔978米。

从地层剖面上看，遗物发现于第2层黄灰色砂质黏土中，该层中上部夹有黄色粗砂条带，砂层内也发现石制品。遗物共发现51件，其中石制品47件，动物化石4件。石制品中原料以灰岩为主（40.4%），石英次之（36.2%），石英岩再次之（23.4%）。石制品中石片7件，断片（块）39件，刮削器1件；刮削器为单直刃刮削器，以红褐色灰岩石片为毛坯，锤击法反向加工。打片方法以锤击法为主，砸击法为辅。动物化石均为肢骨，未鉴定种属。

（2）其他遗址。

在吉家会水库遗址附近，还有2处旧石器遗址。东后子口村遗址在黄土层中发现石制品6件，石制品石料均为石英，其中锤击石片2件，断块4件，未发现石器。杨庄村遗址的石制品发现于灰白色砂质黏土层中，共计5件，其中包括断片4件，不相邻两边刃刮削器1件；石料以石英为主，燧石次之。

2. 吉家庄乡

吉家庄遗址[1]位于吉家庄村南，是一处新石器时代的遗址，发现大量的遗迹和遗物。在复查该遗址的同时，对其周边地区进行调查，发现旧石器遗址和化石点5处。

（1）翁城口西南遗址。

遗址位于村西南50米处，桑干河南岸二级阶地上。地理坐标为北纬39°48′51″，东经113°28′5″，海拔1100米。遗物共计34件，分别出自马兰黄土层和表土层，马兰黄土层中发现石制品11件，地表采集石制品22件、动物化石1件。石制品原料以燧石为主，石英次之，石英岩、灰岩再次之，此外还有少量的玛瑙。石制品类型包括石锤、石核、石片、断片、断块、细石叶、刮削器。石核4件，其中单台面石核2件，多台面石核和砸击石核各1件。石片14件，其中完整的12件，左、右裂片各1件。断片（块）9件、细石叶2件。刮削器3件，石料均为燧石质，毛坯以片状为主，分别为单凸刃、不相邻两边刃、三边刃刮削器，加工方向分别为反向、两面、错向。石制品中细石叶的发现反映出该遗址的文化年代应为旧石器时代晚期。动物化石1件，为肢骨，风化较严重，未鉴定种属。

WCK·20，石锤，灰褐色灰岩质，毛坯为砾石块，石锤近圆形，应为长条状砾石打击而成，但只保留一小部分，石锤一端有锤击形成的疤痕。石锤长62.18、宽63.34、厚72.56毫米，重456.4克（图二，1）。

WCK·13，单台面石核，以黄褐色燧石质断块为毛坯，片疤面为台面剥片；与台面相对的底端呈倾斜状，为自然面，未经修整；台面角58°，至少剥片数为5片。石核长28、宽37.76、厚58.72毫米，重74.7克（图二，2）。

WCK·14，砸击石核，以黄色玛瑙砾石块为毛坯，砾石面为台面剥片，有2个台面；台面角55°，至少剥片数为4片。石核长37.26、宽28.94、厚17.16毫米，重20.1克。石核保留有10%的砾石面（图二，3）。

WCK·17，细石叶（近端），浅灰黄色燧石质，细石叶长19.34、宽8.16、厚4.06毫米，重0.4克（图二，4）。

WCK·32，细石叶，灰白色燧石质，细石叶长19.32、宽6、厚3.78毫米，重0.3克（图二，5）。

WCK·29，刮削器，以灰褐色燧石质石片为毛坯，加工位置为左、右两边，左边正向加工，右边两面加工，加工深度2.04 ~ 6、加工宽度24 ~ 30.52、加工厚

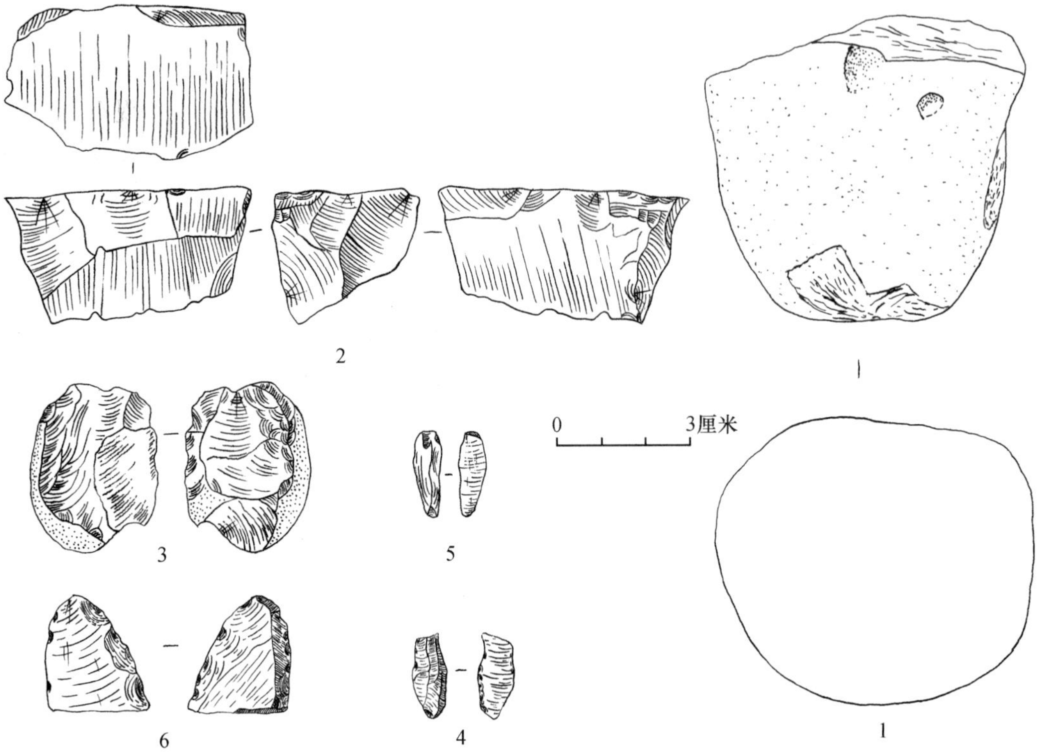

图二　瓮城口西南遗址石制品

1. 石锤（WCK·20）2. 单台面石核（WCK·13）3. 砸击石核（WCK·14）4、5. 细石叶（WCK·17、WCK·32）6. 刮削器（WCK·29）

度1.54 ~ 5.48毫米，刃角44 ~ 79°；刃缘形态准平齐，边刃形状为直刃，截面形状为三角形，片疤形态为叠鳞状。刮削器长30.82、宽23、厚6.8毫米，重5.5克（图二，6）。

（2）其他遗址。

吉家庄遗址附近的旧石器遗址还有麻峪口村西南遗址和牛寺沟遗址，化石点有瓮城口东南地点、辛窑沟东地点。其中麻峪口村西南遗址在黄土层中发现石英质的断块和石片以及动物化石。牛寺沟遗址地表采集石英质石核2件，分别是盘状石核和多台面石核；动物肢骨化石和鸵鸟蛋皮各1件。瓮城口东南地点和辛窑沟东地点均在地表采集动物肢骨化石和鸵鸟蛋皮。

四、桑干河北岸

桑干河北岸的地层堆积较南岸复杂，灰绿色的湖相沉积发育较厚，该区域遗址集中分布在石板沟、坊城河、东紫峰沟以及阁老山附近，遗址的年代跨度大，从旧石器时代早期一直延续到新石器时代。

1. 石板沟两岸

石板沟河是桑干河的一条时令小支流，其附近发现了8处旧石器遗址，其中重要的遗址有墅城遗址、常家堡东北遗址一号地点、杜庄土林两岸遗址。

（1）墅城遗址。

遗址位于兼埔村西南1千米，隆德原著墅城小区东北500米处。地理坐标为北纬39°57′28″，东经113°27′57.9″，海拔1000米。2016年8月对该遗址进行了小范围的试掘工作，发现了数量较多的文化遗物。地层自上而下分为六大层，共发现遗物181件，分别位于3个文化层中：灰黄色黏土质粉砂层（第2层）、灰绿色粉砂质黏土层（第4、6层）。

第一文化层灰黄色黏土质粉砂层中共发现遗物5件，其中石制品4件，分别为楔形石核、刮削器、石镞，石料均为燧石质；动物肢骨化石1件，有疑似磨光痕迹。

SC-②·2，石镞，以红褐色燧石断片为毛坯，通身两面加工。加工深度2.62～5.7、加工宽度12.68～19.22、加工厚度2.32～3.14毫米；边缘轮廓为直刃，刃缘形态平齐，截面形状为菱形，片疤形态结构为叠鳞状。尖刃角为26.5°，尖面角为43°，边刃角为34～48°。石镞长18.92、宽12.44、厚3.66毫米，重0.8克（图三，1）。

灰绿色粉砂质黏土层分别是第二、三文化层，其中第二文化层为主要文化层，共发现遗物169件，其中石制品152件，动物化石17件。石制品中石核16件，石片42件，断片（块）66件，刮削器25件，砍砸器1件，石矛头1件，石钻1件；石料以石英为主，燧石次之，石英岩再次之，此外还有少量的石英砂岩、灰岩、蛇纹大理岩及砂岩。石制品工业中含有典型的细石器文化因素，文化时代应属于旧石器时代晚期。动物化石17件，其中肢骨11件，鸵鸟蛋皮3件，牙3件。

SC-④·67，石钻，以灰褐色燧石断块为毛坯，通体两面加工，形成两个相对的尖刃。加工深度2～6.62、加工宽度13.14～26.82、加工厚度2.04～7.56毫米；边缘轮廓为凸刃，刃缘形态准平齐，截面形状为三角形，片疤形态结构为普通状。尖刃角为39°、46°，尖面角为95°、91°，边刃角为40～52°。石钻长26.88、宽22.14、厚9.42毫米，重5.5克（图三，2）。

第三文化层中仅发现动物化石，石化程度高，呈黑褐色，共计7件，其中肢骨5件，奇蹄目第Ⅰ趾骨和寰椎各1件。

（2）常家堡东北遗址一号地点。

遗址位于常家堡村东北，地理坐标为北纬39°53′0.6″，东经113°29′2.2″，海拔977米。从剖面上看，地层可分为7层，遗物发现于第2层的灰绿色粉砂质黏土层中，共计20件，均为石制品。其中多台面石核1件，锤击石片3件，砸击石片1件，断片（块）10件，石块2件，单边刃刮削器3件；石料以灰岩为主，石英和石英砂岩次之。此外在地表采集红褐色石英砂岩质石磨棒1件。

CJB · 1，刮削器，灰褐色灰岩质砾石片为毛坯，一侧边反向加工，加工深度 5.36 ~ 7.02、加工宽度 80.56、加工厚度 4.14 ~ 6.74 毫米，刃角 63°；刃缘形态准平齐，边刃形状为凸刃，截面形状为三角形，片疤形态结构为普通状。刮削器长 89.14、宽 47.2、厚 23 毫米，重 94.6 克（图三，3）。

CJB · 20，石磨棒，红褐色石英砂岩质，扁平的长条状砾石为毛坯，较鼓的一面有用来研磨的研磨面，较平一端附有钙质结核无法看出。石磨棒长 143、宽 57.42、厚 37.46 毫米，重 525.9 克（图三，4）。

（3）杜庄土林两岸遗址。

遗址位于杜庄村杜庄土林景区内，地理坐标为北纬 39°56′41.6 ~ 56.8″，东经

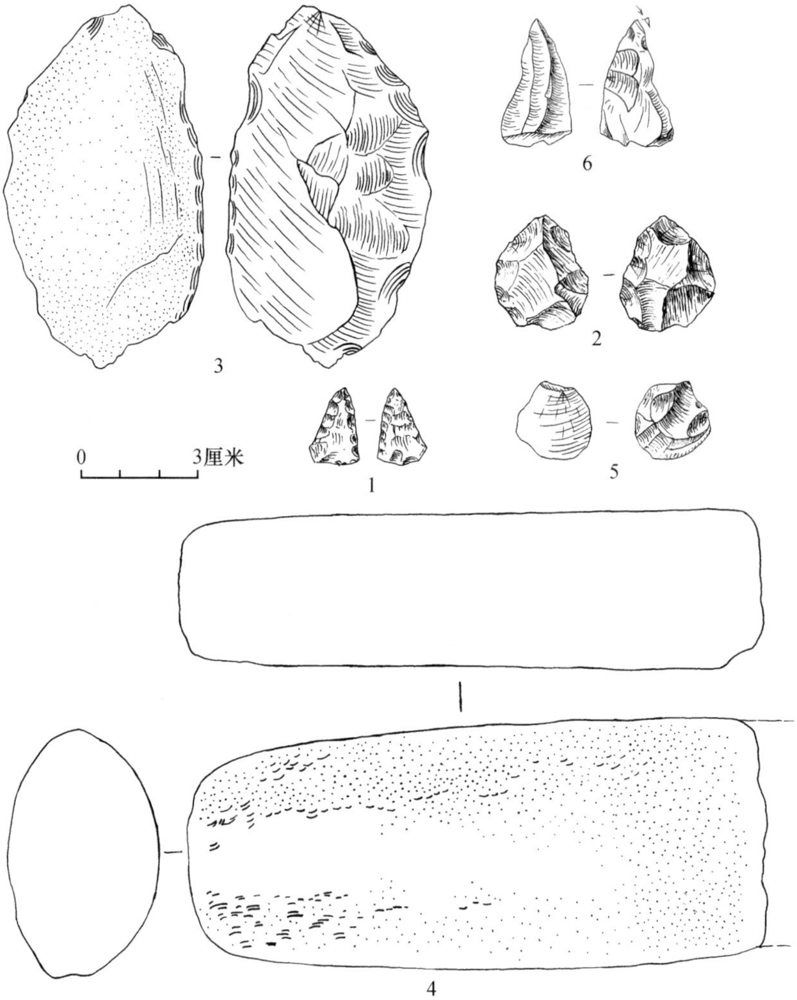

图三　石制品（一）

1. 石镞（SC- ②· 2） 2. 石钻（SC- ④· 67） 3. 刮削器（CJB · 1） 4. 石磨棒（CJB · 20） 5. 端刮器（TL · 80） 6. 雕刻器（TL · 81）

113°28′12.6 ~ 18.9″，海拔 998 ~ 1002 米。遗物共发现 83 件，除在黄土层中发现 1 件披毛犀头盖骨上颌外，其余均为地表采集。地表采集遗物共 82 件。石制品 75 件，其中单台面石核 2 件，多台面石核 1 件，锤击石片 19 件，断片（块）47 件，单边刃刮削器 3 件，端刮器 2 件，雕刻器 1 件；石料有石英（66.7%）、燧石（20%）、石英岩（12%）、玛瑙（1.3%）。动物化石 7 件，其中肢骨 4 件，牙 1 件，椎骨 1 件，鸵鸟蛋皮 1 件。石制品的类型和加工方法显示，该遗址是一处旧石器时代晚期的遗址，虽未发现细石核、细石叶但遗址应含有细石器文化传统的因素。

TL · 80，端刮器，以黄褐色燧石质石片毛坯。远端正向加工，加工刃缘平整。加工宽度 18.54、加工深度 2.94 ~ 6.58、加工厚度 2.56 ~ 6.66 毫米，刃角 62°；刃缘形态平齐，刃缘轮廓圆弧，截面形状为三角形，片疤形态结构为叠鳞状。端刮器长 18.52、宽 18.56、厚 7.9 毫米，重 2.5 克。石片左右两边有使用加工的痕迹（图三，5）。

TL · 81，雕刻器，以白色夹砖红色斑点燧石质断片为毛坯，一侧边单向加工，雕刻器长 30.82、宽 17.68、厚 6.78 毫米，重 2.4 克。加工深度 1.62、加工宽度 22.34、加工厚度 1.32 毫米，边刃角 64°；边缘轮廓为凸刃，刃缘形态准平齐，截面形状为三角形，片疤形态结构为普通状。雕刻器小面长 2.92、宽 1.54 毫米，刃缘轮廓为斜刃，刃角 58°，剥片数为 2（图三，6）。

（4）其他遗址。

石板沟附近的旧石器遗址还有常家堡东北遗址二号地点、千千村西南遗址第一地点、千千村南杜庄水库遗址、千千村南遗址第二地点、土林景区中心遗址。这些遗址的石制品大都为地表采集，石制品石料依次为燧石、石英、石英岩；类型有石核、石片、断片、断块、半锥状石核、刮削器、尖状器、端刮器。根据石制品的特征及其附近地层，可推断这些遗址应该为旧石器时代晚期的遗址。

2. 坊城河两岸

坊城河流经区域较广，其上游至下游都有发现，共发现旧石器遗址 9 处，化石点 8 处。位于上游的旧石器遗址有 3 处，其中重要的是李汪涧遗址，下游遗址主要集中在陈庄水库附近，代表性的遗址有陈庄桥东南遗址、南坡遗址，并对南坡遗址进行试掘。

（1）李汪涧遗址。

遗物位于李汪涧村南，大秦铁路北。地理坐标为北纬 39°59′53.7 ~ 57.1″，东经 113°32′13.7 ~ 18″，海拔 997 ~ 1009 米。地层自上而下分别为：表土层、灰绿色粉砂质黏土层、黄土层及灰褐色粉砂质黏土层。遗物共计 11 件，其中灰褐色粉砂质黏土层中发现 7 件，地表采集 4 件。石制品原料以石英为主，石英岩次之，还有少量的燧石和玄武岩。石制品中有单台面石核 1 件，多台面石核 2 件，石片 2 件，断块 3 件，不相邻两边刃刮削器 1 件。动物肢骨和牙齿化石各 1 件，未鉴定种属。

LWJ · 1，多台面石核，以灰褐色石英岩质断块为毛坯，砾石面、片疤面为台面剥片，有 4 个台面；台面角 52° ~ 107°，至少剥片数为 5 片。石核长 22.74、宽 40.62、厚 30.64 毫米，重 34.8 克。石核保留有 20% 的砾石面（图四，1）。

（2）陈庄桥东南遗址。

遗址位于陈庄桥东南 500 ~ 800 米处，陈庄村西侧冲沟的东壁。地理坐标为北纬 39°58′4″，东经 113°32′8″，海拔 950 米。遗物出露于灰色粗砂层中，共发现 21 件，其中石制品 10 件，动物化石 11 件。石制品原料以石英为主，燧石、玛瑙次之；类型包括双台面石核，多台面石核，石片，断片（块），半锥状石核，不相邻两边刃刮削器，鸟喙状雕刻器。动物化石中肢骨化石 7 件，下颌骨、牙、牛掌骨、鸵鸟蛋皮各 1 件。从石制品类型和工具组合上看，该遗址应为旧石器时代晚期遗址。

CZQ · 9，半锥状石核，灰色夹浅红色条纹燧石质，以节理断块为毛坯，节理面为台面剥片，台面角 109°，至少剥片数 5。细石核后端呈棱脊状，有向两边修整的片疤，使整个石核呈扇形，底缘呈刃状，整个石核推测为后端固定在某处，底部垫在石砧上剥片，致使底缘呈刃状，并有向台面一端的断裂片疤。细石核高 28、宽 21.24、厚 20.36 毫米，重 11.7 克（图四，2）。

（3）南坡遗址。

遗址位于大同县瓜园乡南坡村东南大约 1400 米处，天黎高速桑干河大桥北端。地理坐标为北纬 39°56′34.3″，东经 113°35′04.1″，海拔 998 米。遗址位于桑干河Ⅱ级阶地前缘，地势较平坦。根据遗址地层剖面观察，由上而下可分为 8 层，遗物发现于第 2 层浅灰黄色砂质黏土层中，文化层位置在海拔 980 米处。

本次试掘共发现石制品 119 件，类型包括石核、石片、断片（块）、细石核、细石叶、石器。石核 2 件，单台面石核和双台面石核各 1 件；石片 62 件，其中完整石片 52 件、其他石片 10 件；断片（块）28 件；船形石核 3 件；细石叶 2 件；石器 22 件，其中刮削器 10 件，端刮器 8 件，尖状器 1 件，雕刻器 2 件，石镞 1 件。动物化石共发现 7 件，共计 19 块，总重 1800 克，石化程度中等，有轻微的磨蚀和风化，保存相对较好。根据所发现的细石核和工具组合，可推测其地质时代属晚更新世晚段，文化时代应为旧石器晚期晚段。

NP · 30，船形石核，灰色夹黄条带燧石质，以节理断块为毛坯，节理面为台面剥片，台面角 47°。石核以节理面为台面向两侧边修整；底端为刃状，有一片向右侧边的修理片疤，后端为砾石面。剥片面长 10.56、宽 10.22 毫米，至少剥片 1 片。细石核高 8.84、宽 10.72、厚 18.54 毫米，重 1.8 克（图四，3）。

NP · 21，完整细石叶，深棕红色燧石质。细石叶台面形状为尖状，石片角为 90°，台面角 43°；细石叶背面片疤方向Ⅱ 4 与Ⅳ 3 对向（从左往右和从右往左对向）。细石叶长 27.36、宽 7.66、厚 4.32 毫米，重 0.7 克。细石叶呈鸡冠状，为细石核修脊剥片的第一片（图四，4）。

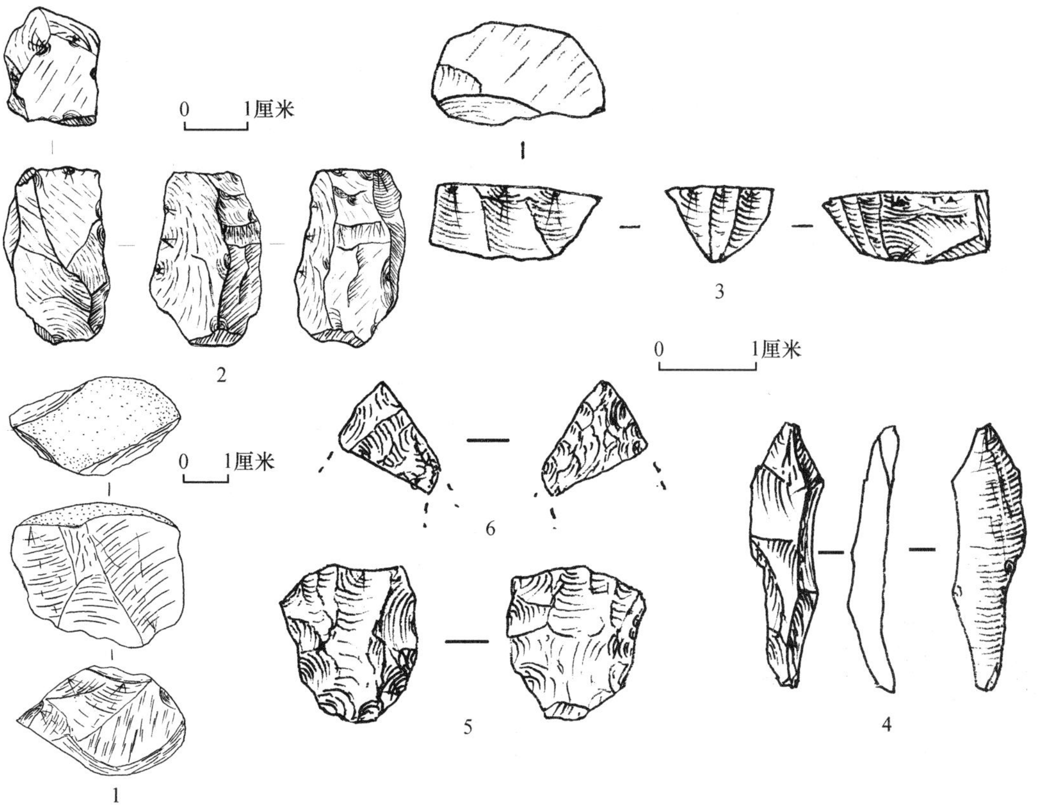

图四 石制品（二）

1. 石核（LWJ·1） 2. 半锥状石核（CZQ·9） 3. 船形石核（NP·30） 4. 细石叶（NP·21） 5. 端刮器（NP·25） 6. 石镞（NP·77）

NP·25，端刮器，以黄色（透明）玛瑙质石片为毛坯。左、右两边及远端两面加工，加工刃缘平整。加工宽度 13.54 ~ 15.35、加工深度 5.12、加工厚度 4.06 毫米，刃角 65°；两侧边和远端均经加工修整，远端刃为主要刃缘，边刃形状为凸 – 直 – 凸刃。刃缘形态平齐，刃缘轮廓圆弧，截面形状为三角形，片疤形态结构为叠鳞状。端刮器长 17.2、宽 15.14、厚 6.44 毫米，重 2 克（图四，5）。

NP·77，石镞（残），以白色（半透明）玛瑙质断片为毛坯，石片左边和右边加工，加工方向为两面加工，形成一个凸出的尖刃。加工深度 2.24、加工宽度 8.14 ~ 12.78、加工厚度 1.2 毫米；边缘轮廓直刃，刃缘形态平齐，截面形状为菱形，片疤形态结构普通状。尖刃角为 30°，尖面角为 72°，边刃角为 35°；尖状器长 11.28、宽 11.64、厚 2.36 毫米，重 0.4 克。石镞仅保留尖部，后半段缺失（图四，6）。

（4）其他遗址。

坊城河两岸的其他遗址还包括上游的茹庄水库北、茹庄水库北大坝遗址，下游的陈庄、米庄东北、陈庄桥东、陈庄桥东南水库北侧、陈庄桥东南、陈庄水库西侧、陈庄水库下游东侧、滕家沟水沟东侧、南坡村西北、南坡村北、滕家沟西北、陈庄水库西第二地点、陈庄水库东岸遗址和化石点。这些遗址的遗物大都发现于黄土层下的灰绿和灰黑色湖相沉积中，石制品原料依次是石英、灰岩、石英砂岩；类型包括石锤、双台面石核、砸击石核、砸击石片、断片、刮削器、砍砸器。

3. 东紫峰沟两岸

东紫峰沟河与桑干河延伸旁支相接，附近有东紫峰水库和鱼儿涧水库。沟内发现2处旧石器遗址和3处化石点。化石点分别是瓜园村西地点、南石山水库大坝旁地点、鱼儿涧水库西南地点，化石出自黄土层和灰绿色粉砂质黏土层中，肢骨占绝对优势，还有少量的牙齿、鸵鸟蛋皮，未鉴定种属。

（1）东紫峰水库遗址。

遗址位于东紫峰水库附近，地理坐标为北纬39°59′28.9 ~ 47.9″，东经113°36′50.8″ ~ 37′03″，海拔982 ~ 998米。遗物共发现5件，黄灰色细砂砾层中发现石英质断块1件；灰绿色粉砂质黏土层中发现动物化石4件，未鉴定种属。

（2）鱼儿涧北遗址。

遗址位于鱼儿涧村北，水库附近，地理坐标为北纬39°59′2.3 ~ 9.7″，东经113°37′26 ~ 37.4″，海拔972 ~ 991米。遗物发现于黄土层中，共计8件，其中石制品5件，动物化石3件。石制品石料有石英、燧石、石英岩、灰岩；类型包括石片、断片。动物化石中肢骨2件，牙1件，未鉴定种属。

4. 阁老山附近

阁老山属于大同火山群，20世纪90年代在其附近发现山自造遗址。对阁老山附近上羊落、下羊落水库等地的调查，共发现旧石器遗址8处，化石点2处。

（1）大八沟遗址第三地点。

遗址位于大八沟上游沟口北侧200米处，地理坐标为北纬40°5′12″，东经113°42′28″，海拔1220米。地层共4层，遗物出于第2层黄灰色粉砂质黏土层中，共发现22件。石制品21件，其中石核5件，石片2件，断片（块）12件，刮削器1件，石矛头1件；石料中石英占绝对优势，还有少量石英砂岩和灰岩。动物牙齿化石1件，未鉴定种属。

DBG3·8，多台面石核，以白色石英质断块为毛坯，节理面、片疤面为台面剥片，有3个台面；台面角58 ~ 84°，至少剥片数为8片。石核长20、宽23、厚13.24毫米，重8.4克（图五，1）。

DBG3·6，石矛头（残），以白色石英质石片为毛坯，左、右两边错向加工，形成一个正尖的尖刃。加工深度5 ~ 7.62、加工宽度29 ~ 46.42、加工厚度5.24 ~ 8.24毫米；边缘轮廓为直刃，刃缘形态准平齐，截面形状为三角形，片疤形态结构为普通状。尖部缺失，尖刃角、尖面角不详，边刃角为51 ~ 57°。石矛头残长55.48、宽27.24、

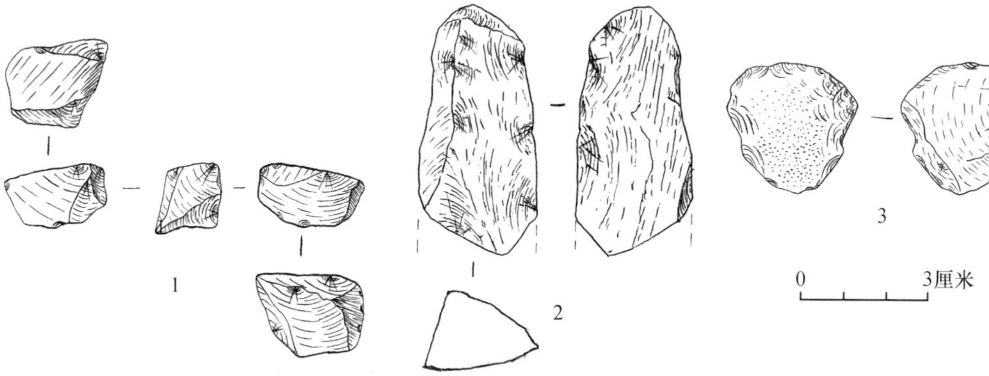

图五　石制品（三）

1. 石核（DBG3·8）2. 石矛头（DBG3·6）3. 刮削器（SYL·2）

厚 20.72 毫米，重 37.6 克（图五，2）。

（2）上羊落村西南遗址。

遗址位于村西南 300 ~ 350 米沟中。地理坐标为北纬 40°7′16.9″，东经 113°38′58.2″，海拔 1185 米。地层共 4 层：第 1 层，表土层；第 2 层，灰黄色砂质黏土层；第 3 层，砂砾层；第 4 层，黄色细砂质黏土层；其中第 2 层发现动物化石，第 3 层发现石制品。石制品 2 件，分别为石片和刮削器，石料分别为燧石、石英。动物化石 5 件，其中肢骨 2 件，其余为上颌骨、鸵鸟蛋皮、牙齿，可鉴定的种属为牛科。

SYL·2，单凸刃刮削器，以灰色石英质石片为毛坯，石片左边错向加工，加工宽度 28、加工深度 3.16、加工厚度 2.22 毫米，刃角 45°；刃缘形态准平齐，边刃形状为凸刃，截面形状为三角形，片疤形态结构为普通状。刮削器长 29.14、宽 28.12、厚 9 毫米，重 8 克（图五，3）。

（3）其他遗址。

阁老山附近的旧石器遗址还包括：大八沟第一地点、大八沟第二地点、大八沟第四地点、东阁老山村西南、东阁老山后沟、下羊落村水库遗址；化石点有上羊落村地点和上羊落村西南地点。这些遗址的遗物大都为地表采集，石制品原料中石英占绝对优势，燧石和玛瑙极少；石制品类型有双台面石核、多台面石核、石片、断片、断块、刮削器；石制品工业显示出典型的小石器工业面貌。这些遗址距山自造遗址较近，而山自造遗址是一处典型的细石器遗存，调查所发现的遗址虽未发现细石器文化制品，但其他石制品与山自造遗址石制品相似，文化时代应在旧石器时代晚期。

五、文化性质与年代

本次调查和试掘共发现遗物 793 件，其中石制品 613 件，动物化石 180 件。动物化石大都为肢骨化石，其次是牙齿化石，头骨化石较少，还有少量的鸵鸟蛋皮，现已鉴定的种属有：古菱齿象、犀牛、牛、马、鸵鸟、啮齿类动物。

1. 文化性质

石制品类型丰富，工具组合多样（表一）。通过对石制品的分析显示出以下特征：

（1）石制品原料多样，初步统计有 11 种，石英占有绝对优势。通过对该地区的调查发现，本地区石英岩块和砾石含量丰富易获取。

（2）石制品的主要打片方法是锤击法，砸击法辅之，偶见压剥法。石核中多台面和单台面石核占多数，双台面和砸击石核次之，盘状石核少见。

（3）石制品尺寸以小型为主，微型次之，中型再次之，大型标本仅占少数，不见巨型标本。石制品重量以 1 ~ 5 克为主，小于 1 克、5 ~ 10 克、10 ~ 50 克次之，大于 50 克者较少。

（4）石制品的形态显示：石核以窄厚型、宽厚型为主，石片和断片以窄厚型、窄薄型为主，细石核为宽厚型，细石叶为窄薄型，石器以窄厚型为主。

（5）石制品类型多样，既有典型的小石器文化因素，亦有细石器文化的代表器形。石制品中初级产品占到石制品总数的 84%，其中尤以断片、块和石片为主；石料以石英为主，灰岩、玛瑙、石英岩、燧石次之。石器占到石制品总数的 16%，石器中以刮削器为主，端刮器、雕刻器次之，工具组合多样，加工方法主要为锤击法，片状毛坯占主要地位，加工方向以正向加工为主，反向和错向加工次之，此外还有少量的两面加工。刮削器中以单边刃为主，双边刃次之，多边刃再次之。

表一　大同县石制品和石料分类统计表

类型 / 岩性		石英	燧石	石英岩	玛瑙	灰岩	泥岩	其他	总计	百分比
石锤						1		1	2	0.3%
石核	单台面	12	2	1			1		16	2.6%
	双台面	4				2			6	1.0%
	多台面	15	2	3		1		1	22	3.6%
	盘状	1							1	0.2%
	砸击	3			1				4	0.7%
石片	锤击	55	33	15	38	9	5	6	161	26.3%
	砸击	12				1			13	2.1%
断片、块		190	24	22	23	26	2	3	290	47.3%
细石核	船形		2		1				3	0.5%
	楔形		1						1	0.2%
	半锥状		2						2	0.3%
细石叶			3		1				4	0.7%

续表

类型 / 岩性			石英	燧石	石英岩	玛瑙	灰岩	泥岩	其他	总计	百分比
刮削器	单刃	直刃	7	5	1	2	2	1		18	2.9%
		凸刃	10	6	2		1			19	3.1%
		凹刃	5	3		1		1		10	1.6%
	双边刃		5	3	1	2			1	12	2.0%
	三边刃			1						1	0.2%
	多边刃		1		2					3	0.5%
端刮器				3	1	7				11	1.8%
尖状器					1	1				2	0.3%
石镞				1		1				2	0.3%
石钻				1						1	0.2%
雕刻器			1	3						4	0.7%
石矛头			2							2	0.3%
砍砸器			1				1			2	0.3%
石磨棒									1	1	0.2%
总计			324	95	49	78	44	10	13	613	100.0%
百分比			52.9%	15.5%	8.0%	12.7%	7.2%	1.6%	2.1%	100.0%	/

就文化特点而言，大同县所发现的旧石器遗址，石制品原料在晚更新世的早中期仍以石英为主，燧石、玛瑙等优质石料利用较少，而在该地区的旧石器时代晚期晚段，古人类对优质石料燧石、玛瑙的使用比例增加，甚至在个别遗址可占到主要地位，如翁城口和南坡遗址。早中期的石制品沿用简单的剥片技术，工具加工简单，类型单一，权宜工具较多，这些情况与北方长期流行的石片石器工业没有明显差异；到了晚期后段，开始利用压剥法剥片，工具类型多样，加工较细致，这些特征显示出华北地区晚期所流行的细石器文化特征。石制品的特征显示出，无论是从原料、打制技术、加工技术，或是工具组合等均可以与本地区及其周边的旧石器中期与晚期遗址有密切的关系。

2. 年代

本次调查所发现的旧石器遗址和化石点集中分布于桑干河流域的Ⅱ、Ⅲ级阶地和河漫滩中，发现的地点均属于露天旷野遗址，堆积性质为河湖相堆积和黄土堆积，从遗物所出地层上看，遗址大都为晚更新世的遗址，中更新世的遗址也有少量发现。

石制品工业特征显示出典型的小石器文化特征，有一部分遗址体现出明显的细石器文化特征。石制品特征显示出其与大同县附近的许家窑遗址[2, 3]、杜庄遗址[4, 5]、山自造遗址[6]在石料选择、打制和加工方法上存在密切的联系。

根据石制品特征，以及遗物所在的地层分析，大同县内的旧石器遗址时代囊括旧石器时代早期、中期、晚期。早期的遗址有南坡村北、西北遗址；中期的遗址有李汪涧遗址、陈庄桥东南水库北侧遗址等；晚期早段的遗址有杜庄遗址、墅城遗址第二文化层、滕家沟水库东侧地点等；晚期晚段的遗址有南坡遗址、墅城遗址第一文化层、千千村南第二地点等。本次调查所发现的遗址，年代主要集中旧石器时代晚期，早期和中期者相对较少。

六、问题与展望

大同盆地作为广义上泥河湾盆地西端的一部分，位于桑干河上游的中心区域，以其得天独厚的自然地理条件，是古人类的理想生存地。通过本次的调查和发掘工作，再结合多学科的综合研究工作，有望能进一步明确该地区的旧石器文化面貌，进而构建“大泥河湾”研究体系。

通过对大同县内的旧石器遗存进行调查，已经初步查明了旧石器遗址的分布和埋藏规律。该区域的旧石器遗址和化石点分布较多，集中分布于桑干河的二、三级阶地中，时代从中更新世晚期到晚更新世晚期。石制品工业显示出两种不同的技术风格：石片石器技术和细石器工艺，这些发现开启了本地区的旧石器考古研究新篇章。与此同时，我们应该认识到上述工作只是初步的、阶段性的成果，存在诸多问题亟待解决：

第一，泥河湾盆地的旧石器研究工作存在较大的不平衡性，泥河湾盆地西端的阳原盆地及其周边开展的工作较多，研究较深入，已经建立了较为完善的旧石器文化发展序列。而泥河湾东端的大同盆地及其周边的工作一直处于停滞状态，直到2016年开展的旧石器考古调查后才有所进展，并陆续在桑干河及其支流、支沟两岸发现较多的旧石器遗址和化石点，但这仅是泥河湾盆地东端的一小部分，其他地区的旧石器遗址分布仍很模糊，仍有待进一步研究工作的开展。

第二，桑干河上游地区大同县的绝大多数遗址都只是进行了简单的田野考古调查，仅有极少数的遗址得到抢救性的发掘和试掘。杜庄遗址、南坡遗址、墅城遗址的研究，还限于基础的研究阶段。因而有必要建立在地层学和动物考古学基础上的自然地理环境、人类行为模式、石制品工业的综合研究。

第三，大同县境内的石制品工业面貌显示出该地区存在两种截然不同的石制品技术传统：石片石器和细石器技术传统。这两种技术传统的来源与发展，是否为同一人群，抑或是两种不同的人群，还有待进一步的考证。大同县的细石核包括船形石核、楔形石核、半锥状石核。其中船形石核的发现是否与华北南部地区距今2.3万～2.4万年前的船形石核有关联[7, 8]，而楔形石核和半锥状石核的发现与虎头梁[9, 10]和灵井遗址[11]有着怎样的关系？因所发现的细石核数量较少，不具备统计学上研究的意义，仍需要开展更多的调查和发掘工作。

第四，在年代学方面，需要对大同县内的遗址进行全面、综合性的测年分析，建立该地区旧石器文化发展序列。微痕分析上也要开展相应的石制品微痕分析工作，并与已有的微痕实验数据进行对比分析，以确定石制品的功能以及遗址的性质。

附记：参加本次野外工作主要有山西大学历史文化学院考古系研究生姬凌飞、李饰言、丁志姣等，大同市考古所李树云、靖晓亭，以及阳原县文管所成胜泉等，大同县文化局也对本次工作给予大力支持，在此谨表谢意。

注　释

［1］张德光．临水和吉家庄遗址的调查［J］．文物世界，1989（2）：27-33.

［2］李壮伟．论许家窑发现的学术意义［J］．山西大学学报，1984（3）：84-87.

［3］贾兰坡，卫奇．阳高许家窑旧石器时代文化遗址［J］．考古学报，1976（2）.

［4］胡平．大同杜庄发现旧石器［A］．第十二届中国古脊椎动物学学术年会论文集［C］．北京：海洋出版社，2010：9.

［5］谢飞，李珺．泥河湾旧石器文化［M］．河北：花山文艺出版社，2006：4.

［6］李超荣，任秀生．大同县山自造地点旧石器研究［J］．人类学学报，1992，11（1）：79-85.

［7］临汾行署文化局．山西吉县柿子滩遗址中石器文化遗址［J］．考古学报，1989（3）.

［8］王小庆．陕西龙王辿遗址第一地点细石器的观察与研究［J］．考古与文物，2014（6）：59-64.

［9］朱之勇．虎头梁遗址石制品研究［D］．中国科学院研究生院博士学位论文，2006.

［10］Ofer, Bar-Yosef, Wang Youping. Paleolithic Archaeology in China［J］. *Annual Review of Anthropology*, 2012, 41 (4): 319-335.

［11］河南省文物考古研究所．许昌灵井旧石器时代遗址2006年发掘报告［J］．考古学报，2010（1）：73-100.

Investigation and Preliminary Study of Paleolithic in Datong County, Shanxi

SHI Xiao-run　LI Jun　SHI Jing　JING Xiao-ting

In recent years, the Paleolithic archaeological research of the Yangyuan basin in the eastern part of the Nihewan basin is relatively abundant. In contrast, the Paleolithic archaeological work in the Datong Basin in the western end of the Nihewan Basin is lagging behind. In order to understand the Paleolithic culture in the western end of the Nihewan Basin, the Paleolithic Archaeological Team, composed of Shanxi University and Datong City Archaeological

Research Institute, conducted a two-month Paleolithic investigation in Datong County in 2016.The survey found 48 sites. Based on the preliminary analysis of the Paleolithic sites in Datong County, this paper speculates that the Paleolithic cultural relics in the area have continued from the Early paleolithic to the Late paleolithic. The lithics industry has experienced the development process from core-flake technology to microlithic technology. This paper discusses the progress and problems of the Paleolithic archaeological research in Datong County, in the light of the research work of Datong Basin in recent years.

辽东半岛新石器文化纵横关系研究*

郭梦雨[1]　赵宾福[1]　刘　伟[2]

（1. 吉林大学考古学院，长春，130012；2. 黑龙江省文物考古研究所，哈尔滨，150008）

辽东半岛，是指辽宁境内鸭绿江入海口（丹东）和辽河入海口（营口）连线以南的地区。如果从19世纪末20世纪初日本人开展的考古调查算起，这一地区的考古工作至今已有100余年的历史。

100多年来，通过中外学者的共同努力，该区已经积累了很多属于新石器时代的考古调查和发掘资料。特别是近40年来通过对几处重要遗址的大规模揭露，为正确认识和把握辽东半岛新石器时代诸考古学文化的面貌特征和编年序列提供了比较系统的实物材料和可靠的层位学证据。

本文拟对该地区历年发表的新石器时代考古材料，再做一次细致的梳理和分析。通过重新认识和界定各考古学文化的基本内涵，深入探讨辽东半岛区域内新石器文化的编年序列、文化系统和文化区性质。以此为基础，通过文化因素分析和比较，进一步讨论辽东半岛新石器文化与区域外同期考古学文化之间的影响态势。

一、考古调查发现与考古研究回顾

辽东半岛的新石器时代考古工作起步较早。中华人民共和国建立前，日本人曾在旅大地区、大长山列岛、复县长兴岛等地进行过调查，并且对上马石贝丘遗址、文家屯贝丘遗址、四平山积石墓进行了发掘，发现了一些属于新石器时代的遗物[1]。由于调查仅局限于地面采集，获得的遗物缺乏层位关系，所做的发掘也只不过是一些小规模的清理或试掘，所以不可能较为全面地了解遗址的文化内涵。从后来发表的材料和著述看，当时对辽东半岛新石器文化的认识十分模糊，不仅许多问题搞不清楚，甚至还把属于较晚阶段的青铜时代和铁器时代遗址误认成了新石器时代遗存。

中华人民共和国建立后，特别是在辽宁省成立东北文物工作队（1954年）以后，中国考古学者对辽东南部旅大地区进行了多次调查和发掘。

---

* 本项成果得到教育部人文社会科学重点研究基地重大项目“新石器时代的东北：文化、生业、社会研究”（项目批准号：17JJD780002）支持。

首先是20世纪50～60年代，不仅重新调查了一些遗址[2]，而且对长海县发现的新石器时代贝丘遗址进行了复查[3]。但由于没有进行科学的发掘，所以只是根据日本人公布的一些资料和当时采集的标本，提出这一地区的原始文化同山东龙山文化关系比较密切，当属于“龙山文化”范畴[4]。

到了70年代，人们开始注意到了该地区的新石器文化内涵比较复杂，既有自身的特点，又可能包含了多种考古学文化。为了解决这一问题，1973年辽宁的同志选择郭家村遗址进行了试掘[5]，发现遗址下层有山东大汶口文化影响的因素，上层有山东龙山文化影响的因素。为了进一步搞清郭家村遗址的文化内涵和文化性质，1976～1977年辽宁省博物馆等单位又对该遗址进行了正式发掘[6]。通过这次发掘，进一步将郭家村遗址分为上、下两层。在整理过程中，通过观察比较，发现长海县各贝丘遗址采集的陶片特别是广鹿岛小珠山、吴家村等贝丘遗址的陶片，均有和郭家村下层陶器相似的特点。于是在1978年发掘了广鹿岛小珠山、吴家村、蛎碴岗遗址和大长山岛上马石等贝丘遗址，不仅获得了一批更加丰富而重要的资料，而且以小珠山遗址和上马石遗址提供的层位关系为基础，通过各遗址出土遗物的比较，正式提出了小珠山下层文化、小珠山中层文化、小珠山上层文化的命名[7]。这不仅为辽东半岛新石器时代考古学文化的分期奠定了坚实的基础，同时对该地区不同时期新石器文化的内涵也有了较明确的认识。

20世纪80年代，辽宁的考古工作者又先后在丹东地区开展了一系列的调查和试掘工作。1980～1983年丹东市文化局成立文物普查队，对东沟县、宽甸县、振安区进行了文物普查，先后发现了50余处新石器时代遗址，并且对其中的后洼遗址进行了试掘。通过此次调查和试掘发现，“东沟县新石器时代遗址属于辽南文化系统，大体可分为四期：前两期与辽南原始文化基本一致，后两期与辽南原始文化既有密切联系，又有其本地特点”[8]。宽甸县、振安区发现的三种新石器遗存类型均与旅大地区的新石器文化有着一定的联系，并且在这一地区发现了以饰附加堆纹为特征的遗存[9]。为了更加全面和清晰地了解本地区的新石器文化面貌，1983～1984年，在原来试掘的基础上，对后洼遗址连续进行了四次较为正式的发掘，结果是揭露出了上、下相互叠压并具有不同文化特征的两种遗存[10]。由于后洼上层遗存自身特点鲜明，因此被命名为“后洼上层文化”。而后洼下层遗存既与小珠山下层文化有着一定的联系又存在着一定的差异，能否划分为一个独立的考古学文化，学者们存在着不同的看法。有人认为它们应是同一种文化[11]，有人认为它们应是两种不同的考古学文化[12]。但不管怎样，后洼遗址的发掘毕竟以其明确的层位关系，为讨论辽东南部丹东地区新石器时代文化遗存的年代早晚关系提供了重要依据。

进入20世纪90年代以来，通过第二次全国文物普查，在辽东半岛的渤海和黄海沿岸又发现了多处新石器时代遗址。1990年4月，瓦房店市长兴岛三堂村新石器时代遗址的发掘，不仅新辨识出一种以饰附加堆纹为特点的“三堂一期文化”[13]，而且还发现了小珠山上层文化叠压在该文化之上的层位关系，为探讨这两种文化的年代早晚提供了确凿的地层学证据。1990 年 4 ~ 8 月，在庄河市北吴屯遗址又发现了上、下两层不同性质的文化遗存。发掘者认为，下层遗存属于小珠山下层文化范畴，上层遗存则代表了小珠山中层文化的早段，并将其命名为“北吴屯类型”[14]。

随着辽东半岛田野考古工作的不断深入和扩展，新石器时代考古材料的积累日渐丰富，尤其是通过东沟后洼遗址、庄河北吴屯遗址、长兴岛三堂村遗址的发掘，进一步辨识出了“后洼上层文化”和“三堂一期文化”两种有别于小珠山下、中、上层文化的新考古学文化之后，越来越多的考古工作者开始关心和关注辽东半岛新石器时代考古学文化的界定和编年序列问题。其中，中国社会科学院考古研究所等单位于 2006 ~ 2008 年对小珠山、吴家村遗址进行的第二、三次发掘，不仅为解决这一问题提供了新的资料，而且首次发现了五种新石器文化遗存自上而下依次叠压的层位关系[15]。

二、文化属性与文化编年序列梳理

小珠山遗址的最新发掘结果表明，小珠山遗址除了 1978 年发现并命名的小珠山下层文化、小珠山中层文化、小珠山上层文化以外，在“下层”和“中层”之间还存在着后洼上层文化遗存，“中层”和“上层”之间还发现有“三堂一期文化”遗存。换言之，21 世纪发掘的小珠山遗址，自下而上共分五期。第一期遗存为以往所说的小珠山下层文化，第二期遗存为以往命名的后洼上层文化，第三期遗存为以往所说的小珠山中层文化，第四期遗存为以往命名的“三堂一期文化”，第五期遗存为以往定名的小珠山上层文化。这五种考古学文化的发现及其相对年代早晚关系的确认，进一步补充和完善了辽东半岛新石器时代考古学文化的编年序列。

1. 小珠山下层文化（公元前 5500 ~ 前 4000 年）

小珠山下层文化主要遗址有广鹿岛小珠山（1978 年发掘的遗址下层压印纹遗存、2008 发掘的遗址第一期遗存）、柳条沟东山，大长山岛上马石遗址下层、清化宫[16]，獐子岛李墙屯遗址下层、沙泡子遗址下层[17]，海洋岛南玉屯[18]，新金塔寺屯[19]，庄河北吴屯遗址下层[20]，东沟县后洼遗址下层[21]、大岗[22]、阎坨子、王坨子、赵坨子、石灰窑地下岩洞[23]、臭梨隈子遗址[24]（图一）。

从遗址的调查和发掘结果来看，小珠山下层文化的房址，平面多呈圆角方形或圆形，均为半地穴式。见有柱洞，多沿房址穴壁分布，少数分布在灶址周围。室内有圆形或椭圆形灶址，个别灶址用石块砌成。

所见石器分打制和磨制两种，打制石器主要是刮削器、盘状器、网坠、石球等。磨制石器为石斧、石锛、石镞、磨盘、磨棒、磨石等。骨器有骨镞和一定数量的角矛，兽骨以鹿骨最多，其次是獐、狍、猪等。

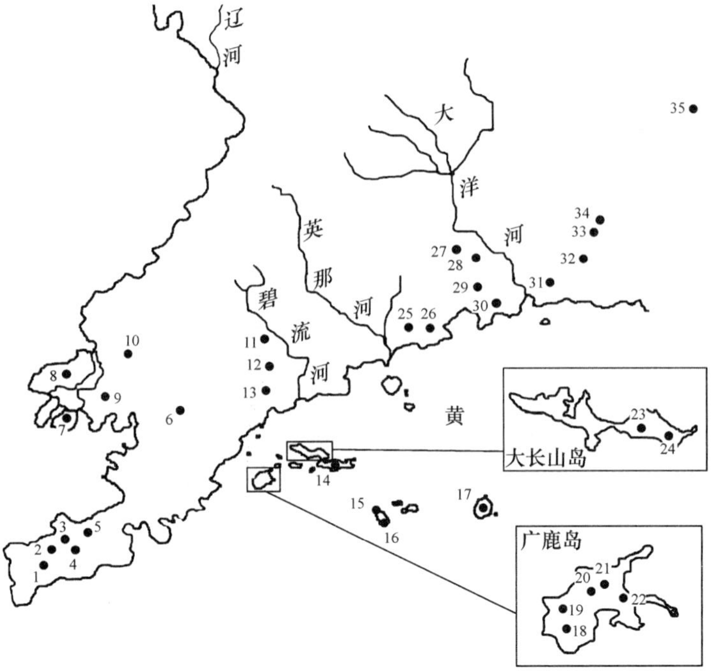

图一　辽东半岛新石器时代遗址分布示意图

1. 郭家村　2. 大潘家村　3. 王家屯　4. 石灰窑村　5. 文家村　6. 山南头　7. 蛤皮地　8. 三堂村　9. 歪头山　10. 鱼山　11. 乔东　12. 纪窑　13. 塔寺屯　14. 英杰村　15. 李墙屯　16. 沙泡子　17. 南玉屯　18. 南窑　19. 蛎碴岗　20. 吴家村　21. 小珠山　22. 柳条沟东山　23. 上马石　24. 清化宫　25. 北吴屯　26. 于大顶　27. 石固山　28. 阎坨子　29. 王坨子　30. 赵坨子　31. 石灰窑　32. 大岗　33. 后洼　34. 柞木山　35. 臭梨限子

陶器以含滑石粉的红褐陶和黑褐陶为主，手制，器胎较厚。纹饰以压印之字纹和压印席纹为主，其次是由压印之字纹、席纹、人字纹、网格纹等构成的组合纹饰，刻划纹数量最少。其中之字纹，横排竖压，宽度小，弧线间隔小，用施纹工具压印的两端有圆形或三角形的凹窝。席纹多由5～11根平行斜线为一组，交叉排列构成，一端压印平齐，另一端按压出凹窝，状如火柴棍。除个别陶器通体施纹以外，绝大多数器物的口部和底部不施纹饰。器物造型比较简单，以筒形罐为主，有的陶器上带有双耳，还有少量的鼓腹罐、壶、钵、碗、杯（图二）。

装饰品和雕塑品数量较多。装饰品主要有石环、石坠、刻画鱼纹图像的滑石。雕塑品多为人像、猪头像和鱼像。质地有滑石的，也有陶质的。这些雕塑品，形体较小，多为圆雕，注重整体结构，不追求刻画细部。这些物品多出自房址当中，其中有一端穿孔者，应当是佩戴的坠饰。有底座或底部中间有孔者，可能是放在或插在室内的某个地方。

从北吴屯、小珠山、后洼等遗址揭露的层位关系来看，小珠山下层文化被以刻划纹为特征的后洼上层文化所叠压，这说明小珠山下层文化相对年代的下限当不晚于此。

在小珠山下层文化出土遗存中，一些器形在形制和风格方面分别与兴隆洼文化晚期、赵宝沟文化[25]、红山文化早期阶段[26]和新乐下层文化早期、中期、晚期阶段[27]的同

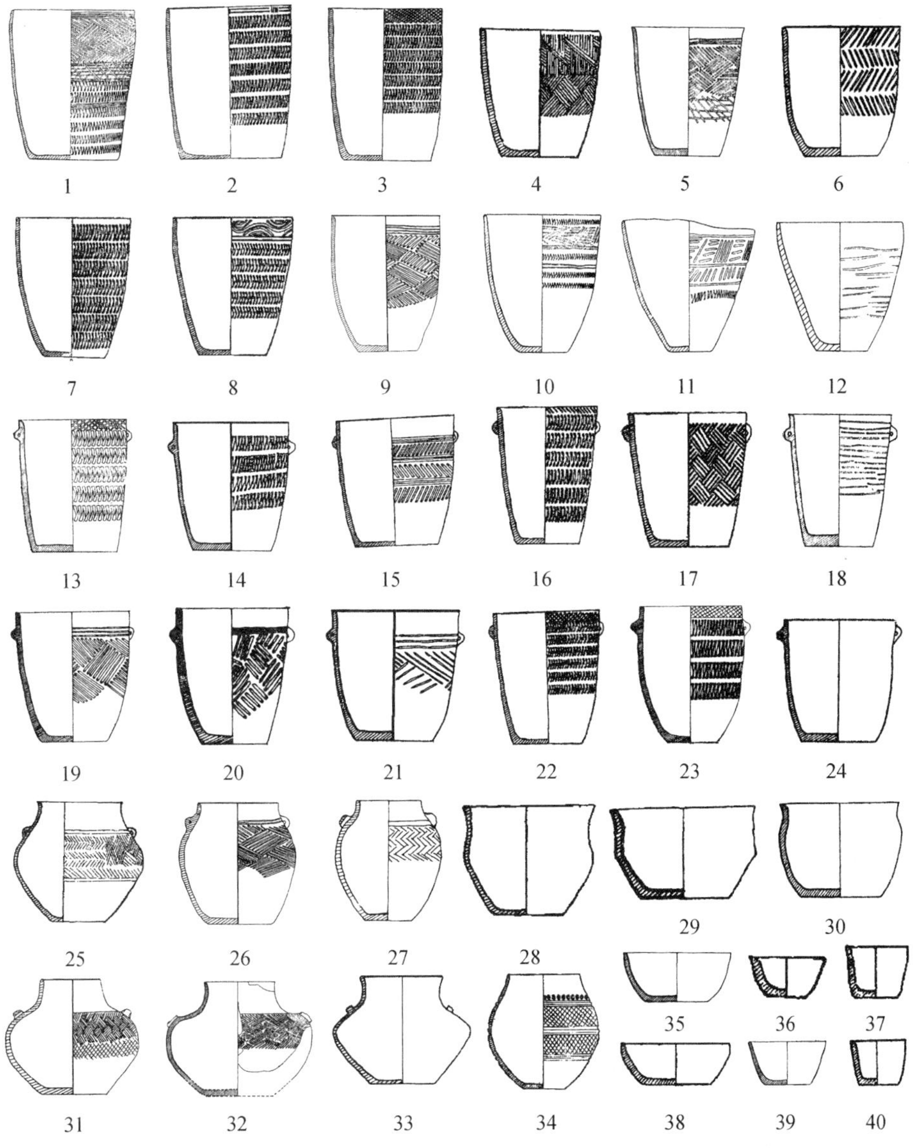

图二　小珠山下层文化陶器

小珠山遗址：1、10 ~ 12. 无耳筒形罐（78T3⑤：23、78T1⑤：20、78T5⑤：12、08T1512⑲：1）

北吴屯遗址：2 ~ 4、7、8. 无耳筒形罐（T3③：1、T3③：2、T3③B：6、T3③：4、T2③B：1） 15 ~ 17、22. 有耳筒形罐（F4：82、T9③：15、T3③：5、T6③：26） 25、28、34. 鼓腹罐（T2③B：47、F4：68、T3③：11） 36. 碗（T3③：14） 37. 杯（F6：12） 38. 钵（T6③：6）

大岗遗址：5. 无耳筒形罐（T1：3） 13、18、24. 有耳筒形罐（T2：1、T2：2、T2：3） 30. 鼓腹罐（T1：6） 32. 壶（T2：5） 40. 杯（T1：7）

后洼遗址：6、9. 无耳筒形罐（84 Ⅲ T16④：25、84 Ⅱ T18④：46） 14、19 ~ 21、23. 有耳筒形罐（84 Ⅴ T23④：28、81T1：3、81T1：4、84 Ⅴ T9④：24、81T1：2） 26、27、29. 鼓腹罐（84 Ⅱ T18④：45、84 Ⅲ T4④：10、84 Ⅲ T9④：25） 31、33. 壶（84 Ⅳ T1④：27、84 Ⅴ T22④：46） 35. 钵（84 Ⅴ T22④：52） 39. 碗（81T1：15）

类器形态十分相似，因此可进一步区分为早、中、晚三期[28]。根据小珠山下层文化出土陶器与周边考古学文化的比较，同时结合发表的碳十四数据[29]，笔者认为小珠山下层文化的年代上限不晚于公元前5500年，其下限约在公元前4000年左右。

2. 后洼上层文化（公元前4000～前3500年）

后洼上层文化分布范围大体在辽东南部的黄海沿岸和鸭绿江及其右岸地区，主要遗址有东沟县后洼遗址上层[30]，广鹿岛小珠山遗址（1978发掘的遗址下层刻划纹遗存、2008发掘的遗址第二期遗存）、上马石遗址下层[31]。除此之外，在东沟县柞木山、石固山[32]，宽甸县臭梨陨子[33]等遗址也不同程度地见有该文化的遗物（图一）。

据北吴屯遗址发掘材料，该处遗址上层发现有后洼上层文化的遗存。在以往的研究中，学者对该遗址性质存有三种不同意见：第一种观点认为北吴屯上层遗存属于小珠山中层文化的早期范畴[34]。第二种观点认为北吴屯上层遗存是介于小珠山下层文化和小珠山中层文化过渡期的一种文化类型，即"北吴屯上层类型"[35]。第三种观点认为北吴屯上层遗存应属于后洼上层文化的晚期阶段[36]。通过对发表材料的比较分析，可以发现北吴屯上层遗存无论在陶器制作工艺、质地颜色、器形组合方面，还是在施纹技法、纹饰分布结构、样式种类方面，甚至在房屋形制、布局结构等方面均与后洼上层文化遗存表现出较多的一致性。因此，笔者赞成第三种观点，即将北吴屯上层遗存纳入到后洼上层文化的范畴。

从以上7处遗址的调查和发掘结果来看，后洼上层文化的陶器主要以夹砂红褐陶和黑褐陶为主，其次是夹砂红陶和黑陶。胎壁较薄，火候较低，含少量滑石粉，手制。纹饰多通体施纹，主要是刻划纹，不见压印纹。刻划纹中以横线纹居多，其次为人字纹、锥刺纹、叶脉纹、网纹、刻划几何纹、席纹、戳点纹等，还有少量横线纹与点纹构成的复合纹。器形多为大口小底，口侈腹深，下腹近底处内收，部分陶器有台状底。器类主要以筒形罐为主，还有鼓腹罐、壶、碗等（图三）。

生产工具以磨制的斧、锛、刀、镞、磨盘、磨棒居多，还有打制的石球、网坠等。装饰艺术品有鱼形石坠、石环、陶球、陶塑头像等。

房址以圆角方形半地穴式居多，仅在小珠山遗址发现一处椭圆形房址。房址根据柱洞分布及其面积大小，可分为大、中、小三种类型。大型房址四壁有柱洞12个，正中有柱洞，面积为40～50平方米。中型房址四壁有柱洞12个，中间不见柱洞，面积约为30平方米。小型房屋室内四角设对称的柱洞4个，面积约为20平方米。房址以生土为壁，门道处多有台阶，居住面垫有黄土层或草木灰，见有方形或不规则椭圆形灶址，其内有红烧土和炭灰。

据考古发掘结果可知，后洼上层文化叠压在小珠山下层文化与小珠山中层文化之间，因此其相对年代应该晚于小珠山下层文化而早于小珠山中层文化。根据小珠山下层文化和小珠山中层文化发表的碳十四数据，可以推断后洼上层文化的年代处于公元前4000～前3500年。

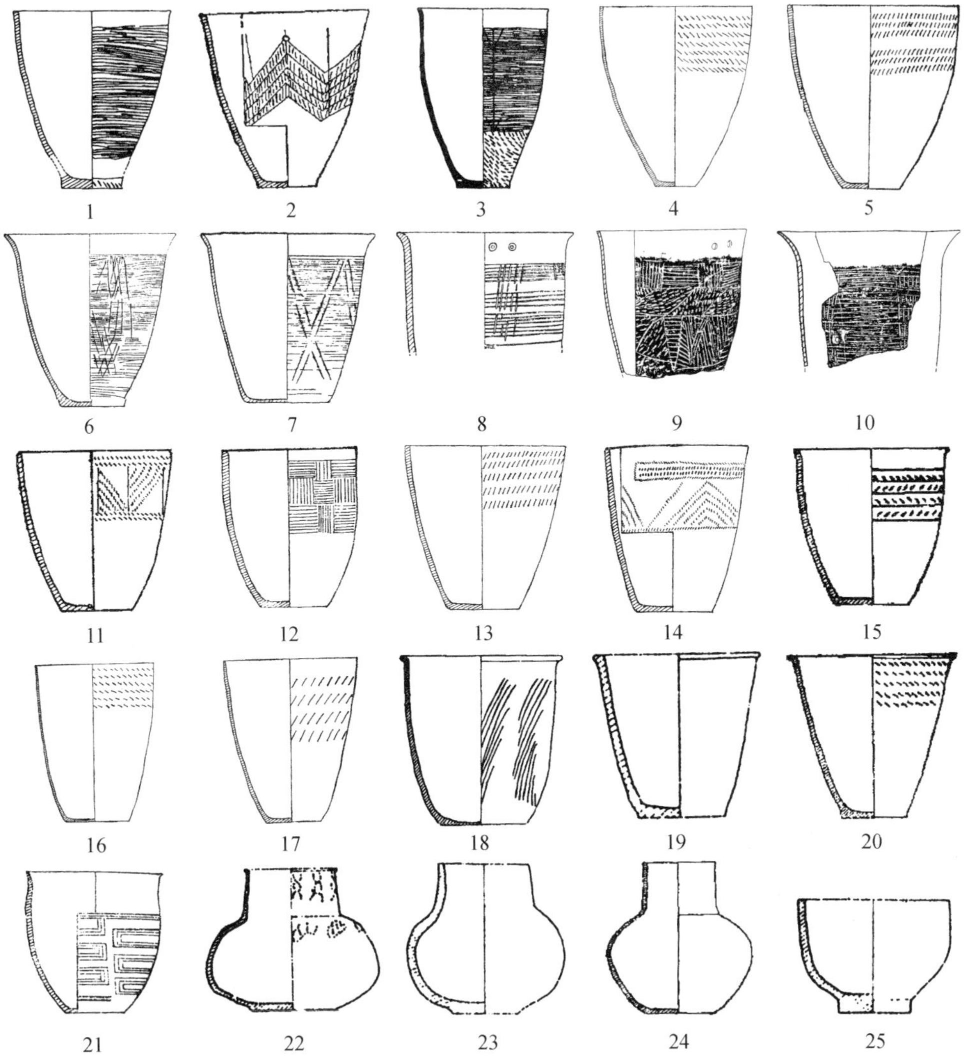

图三 后洼上层文化陶器

后洼遗址：1、3、18、19. 筒形罐（Ⅰ T2②：33、Ⅰ T8②：88、Ⅱ T2②：1、Ⅱ T1②：45） 22、23. 壶（Ⅱ T1②：24、Ⅱ T1②：39） 25. 碗（Ⅰ T8②：90）

北吴屯遗址：2、4、5、11 ~ 14、16、17、20. 筒形罐（T6②C：27、F7：3、F2：7、T3②B：69、T5②：60、F2：10、F1：33、T14②A：2、T6②C：30、T6②C：32） 15、21. 鼓腹罐（T13②A：1、F2：25） 24. 壶（F1：25）

小珠山遗址：6、8 ~ 10. 筒形罐（78T1⑤：27、78T1⑤：28、08T1512⑪C：1、08T1111⑧：1）

上马石遗址：7. 筒形罐（Ⅲ T1④：11）

3. 小珠山中层文化（公元前 3500 ~ 前 3000 年）

小珠山中层文化遗址主要有广鹿岛小珠山（1978 年发掘的遗址中层遗存、2008 年发掘的遗址第三期遗存）、小长山岛英杰村遗址下层、吴家村遗址[37]、郭家村遗址下层[38]、大潘家遗址[39]、王家屯遗址、文家屯遗址[40]、交流岛蛤皮地遗址[41]等（图一）。

小珠山中层文化的房址有圆角方形半地穴式和椭圆形半地穴式两种。前者长宽在4～5米。部分见有外伸的门道，呈半圆形，有一级台阶。室内四周和中心有柱洞，居住面经过修整踏实，发现有红烧土，可能为灶。室内见有散落的陶器、生产工具等。后者均为10平方米左右的小型房屋。门道外伸，呈椭圆形或长方形。多数室内不见柱洞，只有少量屋内见有四个柱洞，其中两个位于门道两侧，另外两个见于中部两侧。居住面土质较为坚硬，有人工烧烤的痕迹。室内留有自然石块、生活用具及生产工具。所见灰坑，平面均呈椭圆形或圆形，直壁，平底，出土有陶器、石器、骨器等。

石器以磨制为主，有石刀、扁圆弧刃石斧、石镞、石锛、磨盘、磨棒等。骨蚌器有骨针、骨锥、骨矛、骨镞、骨梭、蚌刀、蚌镰等。还有石坠、石环、石珠、骨簪、骨管、穿孔贝饰、陶猪等装饰艺术品。

该文化的陶器含细砂和云母，主要以红褐陶和红陶为主，其中泥质红褐陶和红陶占有一定比例，见有少量的黑褐陶。陶质较为细腻，胎壁略薄，烧制火候较高。制法多为手制，而轮制技术只应用在少量的泥质黑褐陶上。纹饰以刻划纹为主，主要有平行斜线纹、网格纹、斜线三角纹、人字纹、弦纹、点纹等。见有两种泥质彩陶。一种为红地黑彩，多数是斜线三角纹，少量双勾涡纹及刻划纹与黑彩的组合纹。另一种为红地红彩，花纹图案主要有直、斜、弧线构成的三角纹、网格纹、斜线纹等。彩陶主要施于小型的罐、壶、盂的腹部。陶器种类增多，器形以直口、折沿和卷沿的罐类居多，其次有碗、钵、豆、盂、壶、三足鼎、盆形鼎、罐形鼎、实足鬶、斛形器等（图四）。

在彩陶纹饰上，如小珠山T4④：33、T4④：3360、T4④：3361、T4④：3362、T4④：3363和郭家村Ⅱ T8⑤：38出土的弧线双勾涡纹彩陶片与大汶口文化刘林期彩陶的施纹手法、构图布局等方面十分相似，暗示出两者的年代可能接近。

从器物造型特点来看，一些陶器明显表现出山东大汶口文化的特点，这为小珠山中层文化的分期断代提供了依据。如郭家村的盆形鼎、罐形鼎、鬶、盂、小珠山斛形器等分别与白石村二期晚段[42]、长岛北庄[43]、杨家圈一期[44]遗存的同类器形制相同。据白石村二期晚段、长岛北庄、栖霞杨家圈一期发表的碳十四数据，可知它们属于大汶口文化中期，年代处于公元前3500～前3000年。通过以上比较分析，同时参照小珠山中层发表的碳十四数据，我们可进一步认为小珠山中层文化年代基本处于公元前3500～前3000年。

4.“三堂一期文化”（公元前3000～前2500年）

该文化分布范围主要集中在辽东半岛的渤海沿岸一侧，黄海沿岸发现较少。从目前掌握的材料来看，属于“三堂一期文化”的遗址有长兴岛三堂村遗址下层[45]、交流岛蛤皮地[46]、歪头山、鱼山[47]，甘井子区文家屯、旅顺口区石灰窑[48]、大潘家村[49]、广鹿岛小珠山遗址（2008年发掘的遗址第四期遗存）[50]等（图一）。

从遗址发掘和调查的结果来看，“三堂一期文化”的灰坑，平面多为圆形或椭圆形，斜壁或直壁。房址均为圆形或椭圆形半地穴式，面积在10～20平方米。见有外伸的斜

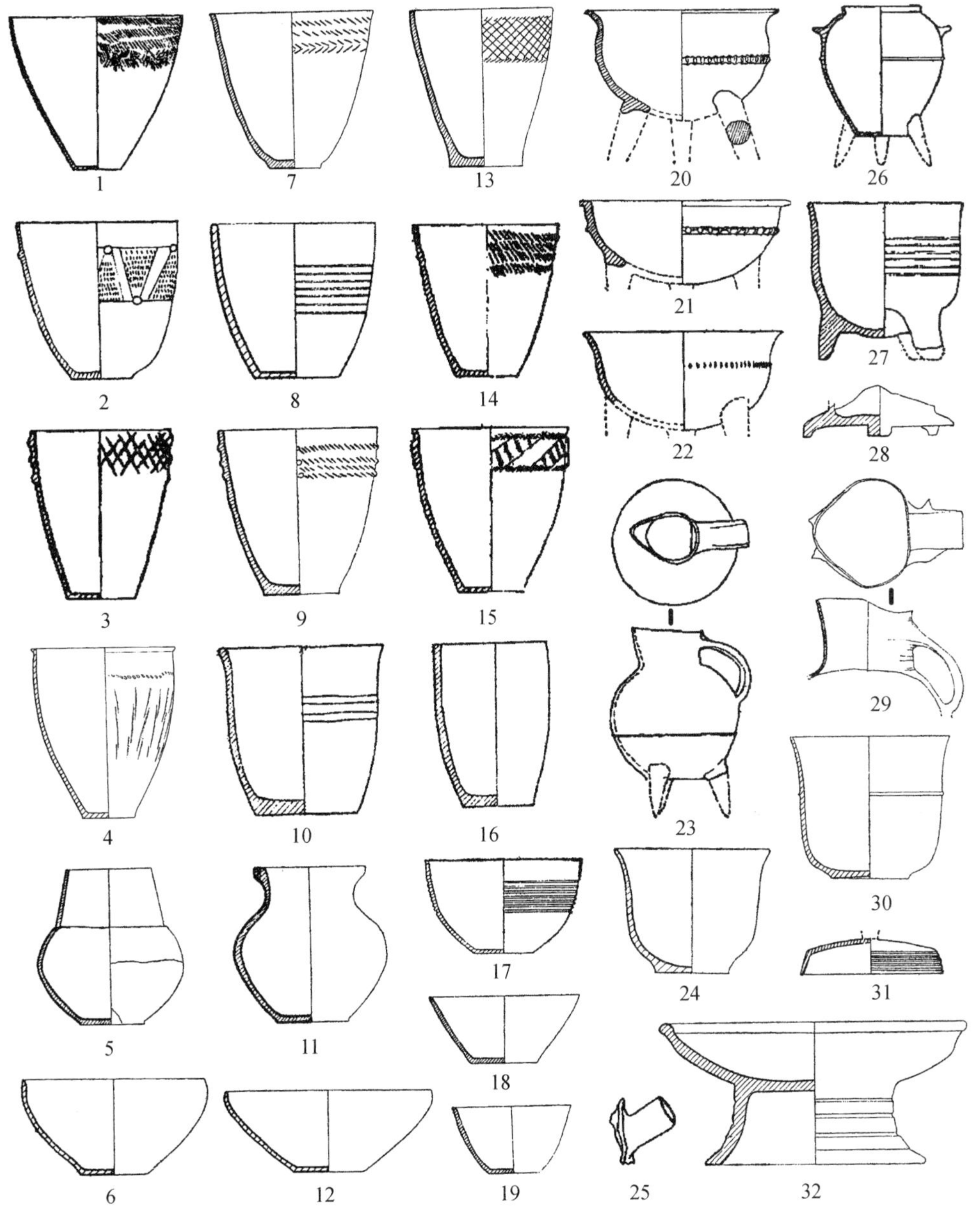

图四 小珠山中层文化陶器

郭家村遗址：1、3、8、14、15. 筒形罐（ⅠT1F2：1、ⅡT2⑤：16、73T2④：27、ⅠT3④：16、ⅠT3④：21） 6、12. 钵（ⅠT9③：18、ⅡT7④：23） 17. 碗（73T1③：242） 21、22、26、27. 鼎（ⅡT5⑤：23、75T1⑤：201、ⅡT8④：31、ⅡT6③：27） 23. 鬶（ⅡT1H8：19） 24、30. 盂［ⅠT3④：17、ⅠT9③：18（？）］ 25. 盉（73T2④：150） 31. 器盖（73T2③：39） 32. 豆（ⅠT6③：11）

吴家村遗址：2、7、9、10、13、16. 筒形罐（ⅠT1②：49、ⅡF1：25、ⅡF1：29、ⅠT3②：41、ⅡF1：45、ⅡT1②：25） 5、11. 壶（ⅡG1②：43、ⅡF1：7） 18、19. 碗（ⅠT1②：38、ⅡT1②：23） 20. 鼎（采：1） 29. 鬶（ⅡG1②：44）

小珠山遗址：4. 筒形罐（08F1：1） 28. 觚（78T2④：22）

坡式门道，朝向东南，呈方形。室内四壁及居住面均为生土，有的在靠近墙壁处发现有四个柱洞。居住面平坦且较为坚硬，在接近门道处发现有红烧土、草木灰，并夹杂有蚌壳，应为灶址所在。出土器物主要有陶罐、陶盂、陶杯、石镞、石刀、纺轮等。

石器多为磨制，以石刀、石镞、棒形器、石璜、石网坠居多。还出土有骨梭、骨锥、骨镞、骨匕、刻纹骨片以及动物牙齿制作的装饰品等。

陶器以夹砂红褐陶和灰褐陶为主，少量泥质陶。陶胎较厚，内含滑石粉、云母。手制，烧制火候较高。纹饰组合繁缛复杂，主要有附加堆纹、刻划纹、戳印纹等。附加堆纹分横向宽粗泥条堆纹和竖向窄细泥条堆纹两种，附加堆纹上又加工成波浪形、绳索形以及不规则的曲折形。横向宽粗泥条堆纹多分布在器物口沿和纹饰带的下缘，在堆纹表面上多饰刻划平行线纹。竖向窄细泥条堆纹多饰于器物腹部，呈波浪形或直条形平行分布。刻划纹多分布在两竖向窄细泥条堆纹之间，有平行线纹、斜线纹、交叉纹、斜线三角纹、人字纹、网格纹等。器类以平底罐为主，口内敛，假叠唇，腹微鼓，小平底。主要器型有平底罐、钵、碗、盂、盆等（图五）。

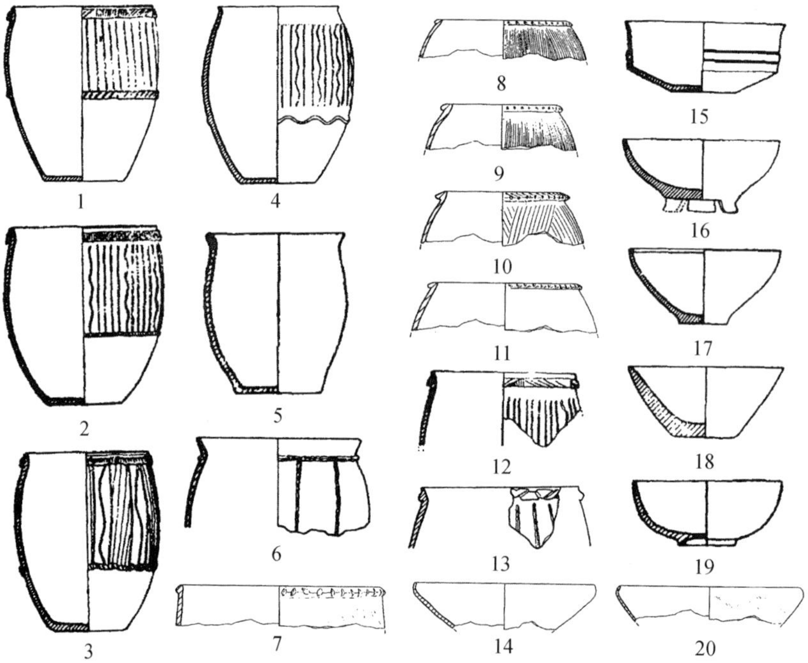

图五　“三堂一期文化”陶器

三堂村遗址：1 ~ 5、12. 罐（ⅡF3上：19、ⅡF3上：14、ⅡT202⑤：7、ⅡT104⑤：16、ⅡT102⑤：8、ⅡF3下：23）15. 盂（ⅡT104⑤：11）16. 三足钵（ⅡT202⑤：12）17 ~ 19. 碗（ⅡT302⑤：10、ⅡT101⑤：2、ⅡT203⑤：2）

蛤皮地遗址：6、13. 罐（采：34、41）

小珠山遗址：7 ~ 11. 罐（08T1512④D：1、08T1512④C：1、08T1512④C：2、08T1512④A：1、08T1512④B：1）14、20. 钵（08T1512④D：2、08T1512④A：2）

关于“三堂一期文化”的年代，发掘者认为应该早于小珠山上层文化，绝对年代处于公元前3000～前2500年[51]。据2008年小珠山遗址发掘结果，我们认为上述推断是正确的，“三堂一期文化”应处在小珠山中层文化与小珠山上层文化之间。依据小珠山中、上层文化发表的碳十四测年数据，可以推定“三堂一期文化”在公元前3000～前2500年。

5. 小珠山上层文化（公元前2500～前2000年）

小珠山上层文化主要分布在辽东南部的沿海平原和岛屿上，遗址有广鹿岛小珠山（1978年发掘的遗址上层遗存、2008年发掘的遗址第五期遗存）、蛎碴岗、南窑、大长山岛上马石遗址中层[52]、獐子岛李墙屯遗址上层、沙泡子遗址上层[53]，新金县乔东遗址[54]、山南头遗址、纪窑遗址[55]，庄河于大顶遗址[56]，旅顺口区郭家村遗址上层[57]、大潘家村遗址[58]、四平山积石墓[59]等（图一）。

关于老铁山、将军山积石墓的性质问题，以往的认识比较模糊。有学者认为它是小珠山上层文化的墓地[60]，也有学者认为它与郭家村上层和双砣子一期文化都有密切的联系[61]。通过对老铁山、将军山积石墓随葬陶器的比较，笔者认为它们同双砣子一期文化于家村、双砣子、大嘴子等遗址出土陶器，无论是在器物种类上还是在同类陶器形制上，均显示出较多的共性，因此老铁山、将军山积石墓并不是小珠山上层文化的墓葬，而应该是双砣子一期文化的墓葬[62]。

从小珠山上层文化遗址的发掘材料来看，灰坑平面多为圆形和椭圆形，整体呈袋状或筒状。房址有圆角方形和圆形半地穴式两种，面积约为30平方米。室内见有柱洞，柱洞下垫有柱础石，居住面经垫土踏实，发现有袋形灶址或石板灶。房屋四壁和屋顶涂抹草拌泥，见有木檩痕迹，房屋可能为柱支檩承结构。生产工具以磨制石器为主，骨制和陶制工具次之，打制工具最少。石器工具主要为双孔石刀、有肩石斧、弧刃石斧、钻孔石铲、石锛、石镞、石网坠、石纺轮、磨盘、磨棒等。骨器有镞、锥、簪、针等。装饰品和艺术品有陶环、陶珠、陶坠、牙坠、陶兽及陶制的人头像等。

该文化陶器以黑褐陶为主，红褐陶次之，见有少量的磨光黑陶和蛋壳黑陶。陶质较为细腻，含细砂，泥质陶较少，烧制火候不高，陶色不均。陶器多为手制，见有慢轮修整，轮制陶器数量增加。器表以磨光素面为主，刻划纹和附加堆纹次之，有一定数量的弦纹、刺点纹、乳钉纹。刻划纹有斜线纹、竖线纹、人字纹、网格纹、三角纹以及各种刻划组合纹；附加堆纹多施加在器物口沿的外侧，其上多刻划的人字纹、斜线纹等；弦纹多饰于器物颈部或肩部，起到分割纹饰的作用，多与乳钉纹组合。器物多平底，见有少量三足器，个别器形上使用鋬耳。器类多样，以折沿、卷沿和口沿外侧饰条形附加堆纹的鼓腹罐为主，还见有三环足器、扁凿足鼎、豆、杯、袋足鬶、盆、甑、碗、带纽器盖、圈足盘，以及各种小型陶器（图六）。

从已知层位关系上看，小珠山上层文化叠压在“三堂一期文化”之上，相对年代

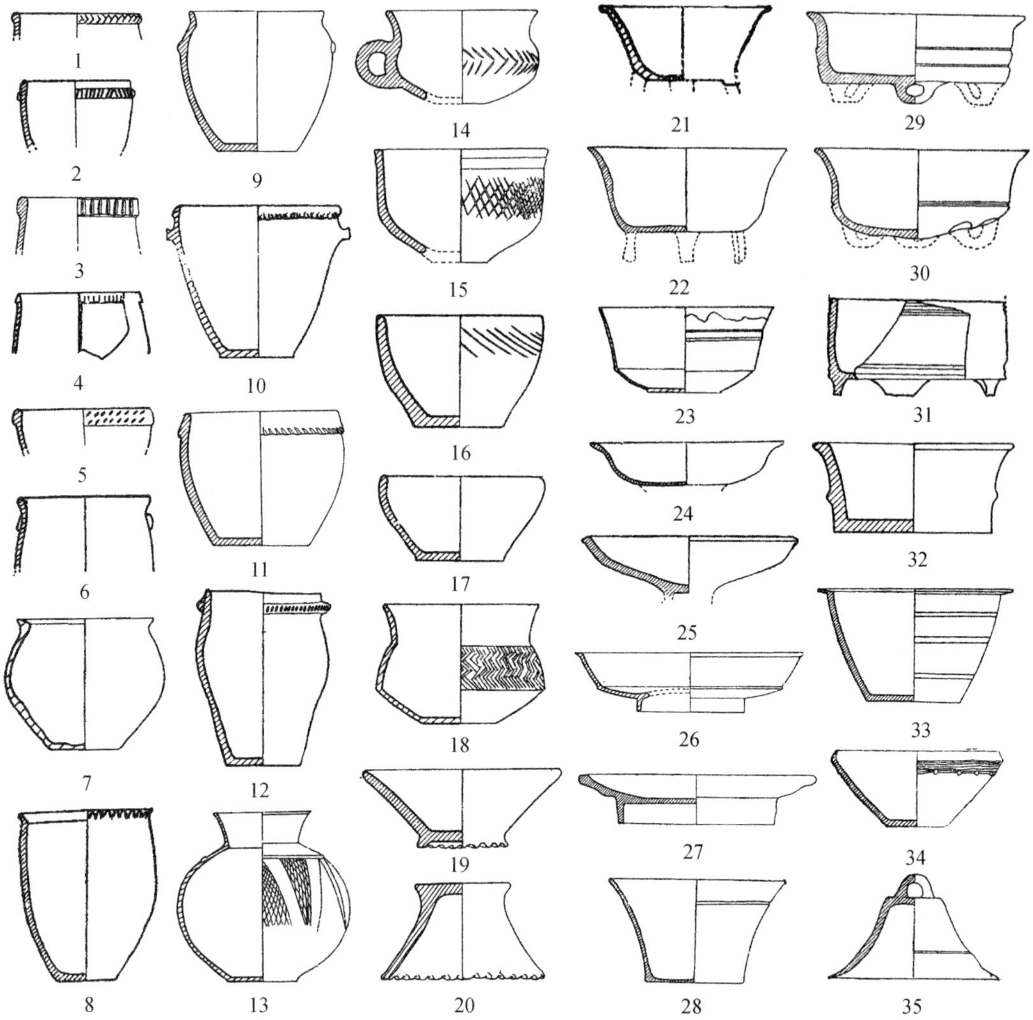

图六　小珠山上层文化陶器

郭家村：1 ~ 3、5、6、9 ~ 11. 罐（Ⅰ T6②：14、Ⅰ T5②：9、Ⅱ T1②：26、Ⅰ T4②：22、Ⅰ T3②：22、Ⅰ T9②：21、73T1F1：212、Ⅱ T5F1：5） 13. 壶（Ⅱ T5F1：14） 14. 杯（Ⅱ T3②：28） 15、16. 钵（Ⅱ T5F1：13、Ⅰ T6②：15） 18、23. 盂（Ⅱ T3②：31、Ⅰ T1②：28） 19. 碗（上采：61） 20. 器盖（Ⅰ T3②：23） 25. 豆（Ⅰ T8②：22） 26、27. 圈足盘（Ⅱ T6②：39、Ⅰ T3②：26） 32、33. 盆（Ⅰ T2②：31、Ⅱ T5F1：11）

大潘家村：4. 罐（T3②：6） 21. 鼎（T4②：9）

小珠山：7、12. 罐（08T1211③：17、78T4②：90） 17. 钵（T2②：27）

蚧碴岗：8. 罐（T2③：14） 22. 鼎（T5②：45） 31. 三足杯（T2②：15） 35. 器盖（T5②：14）

上马石：24. 豆（Ⅰ T6④：50） 28. 碗（Ⅰ T6③：48） 29、30. 三环足器（Ⅰ T5④：41、Ⅰ T6④：49）

三堂村：34. 钵（Ⅰ T204④A：2）

晚于“三堂一期文化”。从器物造型上看，小珠山上层文化部分陶器明显具有山东龙山文化的特点，如三环足器、扁凿足鼎、豆、盆、杯、碗、盂、圈足盘、带纽器盖等，说明两文化的年代相当。根据小珠山上层文化发表的碳十四数据，同时结合该文化发掘所获得的层位关系和共存关系，笔者认为该文化的年代应处在公元前 2500 ~ 前 2000 年。

综上所述，辽东半岛发现的小珠山下层文化→后洼上层文化→小珠山中层文化→“三堂一期文化”→小珠山上层文化，各自特征清楚，彼此年代有别，依次代表了这一地区查海时代晚期[63]、仰韶时代早期、仰韶时代中期、仰韶时代晚期、龙山时代早期、龙山时代晚期六个不同的发展阶段（表一）。这五种新石器遗存的区分及其年代关系的确定，在一定程度上可以看作是辽东半岛新石器时代考古学文化编年序列的确立，为进一步开展其他方面的研究奠定了基础。

表一　辽东半岛新石器文化的系统划分、编年序列及与周边文化时空对比关系一览表

系统	阶段	年代（公元前）	考古学文化	代表遗址和单位	共时文化		所属时代
					辽西地区	中原地区	
堆纹系统	第六段	2500 ~ 2000	小珠山上层文化	1978 年小珠山遗址上层 2008 年小珠山遗址五期遗存 郭家村遗址上层 上马石遗址中层		三里桥文化	龙山时代晚期
	第五段	3000 ~ 2500	“三堂一期文化”	三堂村遗址下层 2008 年小珠山遗址四期遗存 蛤皮地遗址 石灰窑遗址	小河沿文化	庙底沟二期文化	龙山时代早期
刻划纹系统	第四段	3500 ~ 3000	小珠山中层文化	1978 年小珠山遗址中层 2008 年小珠山遗址三期遗存 郭家村遗址下层 吴家村遗址	红山文化晚期	半坡四期文化	仰韶时代晚期
	第三段	4000 ~ 3500	后洼上层文化	1978 年小珠山下层刻划纹遗存 2008 年小珠山遗址二期遗存 北吴屯遗址上层 后洼遗址上层	红山文化中期	庙底沟文化	仰韶时代中期
之字纹系统	第二段	4500 ~ 4000	小珠山下层文化晚期	以北吴屯下层 T2 ③、T3 ③、T6 ③、T9 ③、F8 和 2008 年小珠山 T1512 ⑰、T1612 ⑮为代表遗存	红山文化早期	半坡文化	仰韶时代早期
		5000 ~ 4500	小珠山下层文化中期	以北吴屯下层 T2 ③ B、T3 ③ B 和 2008 年小珠山 T1512 ⑱为代表的遗存	赵宝沟文化（含富河文化）		
	第一段	5500 ~ 5000	小珠山下层文化早期	以北吴屯下层 F4、F6 和 2008 年小珠山 T1512 ⑲为代表的遗存	兴隆洼文化	老官台文化	查海时代晚期

三、文化系统与文化区性质判定

在时空关系的基础上，通过对辽东半岛目前得以识别和确认的五种考古学文化做进一步的亲缘关系比较，我们发现处在六个不同发展阶段上的这五种新石器文化遗存，彼此之间有的仅是年代上的先后早晚关系，有的则是文化上的前后承袭关系。

第一至二段，即小珠山下层文化时期，陶器以平底筒形罐为大宗，并普遍使用“之”字纹和席纹装饰器表。从目前东北地区发现的之字纹陶器来看，年代最早的是辽西地区的兴隆洼文化，其上限可早到距今7500年左右。其次是下辽河流域的新乐下层文化和第二松花江流域的左家山下层文化，其上限也都可以早到距今7000年以前[64]。由于这是一个以之字纹陶器为标识的时期，小珠山下层文化与兴隆洼文化、新乐下层文化、左家山下层文化有着使用之字纹的共同特征和文化传统，应同属于一个文化系统，即之字纹文化系统，其渊源可能与辽西地区兴隆洼文化的向外拓展有关。

属于第三阶段的后洼上层文化，面貌发生了根本性的变化。压印之字纹陶器完全消失，代之而起的是以横线纹、人字纹、戳点纹、叶脉纹、网纹为主的刻划纹饰。在相当长的一段时间内，人们普遍认为后洼上层文化和小珠山下层文化之间存在着十分密切的亲缘关系，两种文化应该是前后继承的早晚两个不同时期的考古学文化。通过对这两种考古学文化遗存细致地观察分析后，我们认为后洼上层文化与小珠山下层文化不仅在筒形罐造型上存在区别，而且在施纹技法和纹饰种类上风格迥异。从目前发表的材料和研究结果看，这种以刻划纹为特征的考古学文化的源头应是来自于辽宁本溪一带的“水洞下层文化”[65]。水洞下层文化是分布在太子河上游地区，年代相当于新乐下层文化晚期的一种刻划纹遗存[66]。后洼上层文化中的刻划纹饰明显是由水洞下层文化发展而来，同时在陶器方面彼此的演变趋势也十分明显。后洼上层文化与处于第四段的小珠山中层文化相比，不仅施纹风格和纹饰种类相同，而且两者的陶器形态也十分接近，彼此演进关系非常清楚（图七），这表明两种文化之间应该是文化继承关系，即后洼上层文化是小珠山中层文化的前身。由此可知，后洼上层文化是由太子河上游地区水洞下层文化发展而来的，并且后来发展成了小珠山中层文化，三者前后相继、一脉相承的，应同属于刻划纹系统。

从第五阶段的“三堂一期文化”开始，辽东半岛的文化内涵再次发生了转变。虽然还能在“三堂一期文化”中发现少量刻划纹陶器，但新出现的以饰附加堆纹的叠唇筒形罐为代表的文化因素得到了空前的发展，并一举取代了上一阶段以刻划纹筒形罐为文化特征的主导地位。这些变化反映出“三堂一期文化”在少部分地继承本地文化传统的同时，可能大量地吸收了周边地区的文化因素，从而形成了一个新的更加复杂的文化面貌。对于这种在器表施附加堆纹为特征的考古遗存渊源的认识，已有学者进

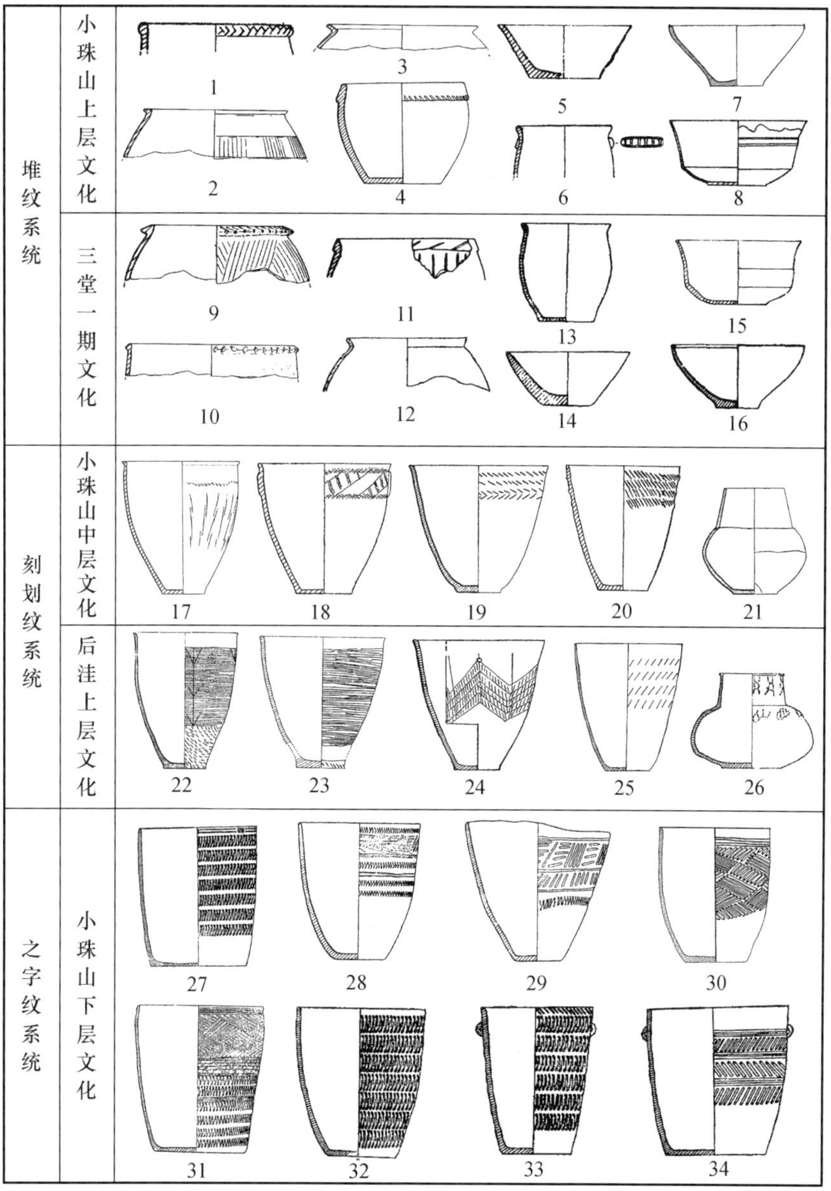

图七 辽东南部地区三个文化系统陶器图

堆纹系统：1、4、6、8. 郭家村（ⅠT6②：14、ⅡT5F1：5、ⅠT3②：22、ⅠT1②：28） 2、3、9、10. 小珠山（T1212③：1、T1212③：2、T1512④A：1、T1512④D：1） 5、12、15. 大潘家村（T7②：24、F3：1、F5：17） 7. 上马石（ⅠT5④：43） 11. 哈皮地（采：31） 13、14、16. 三堂村（ⅡT102⑤：8、ⅡT101⑤：2、ⅡT302⑤：10）

刻划纹系统：17. 小珠山（08F1：1） 18、20. 郭家村（ⅠT3④：21、ⅠT3④：16） 19、21. 吴家村（ⅡF1：25、ⅡG1②：43） 22、23、26. 后洼（ⅠT8②：88、ⅠT2②：33、ⅡT1②：24） 24、25. 北吴屯（T6②C：27、T6②C：30）

之字纹系统：27、32 ~ 34. 北吴屯（T3③：1、T2③：77、T9③：15、F4：82） 28、29、31. 小珠山（78T1⑤：20、78T5⑤：12、78T3⑤：23） 30. 后洼（84ⅡT18④：46）

行过研究，认为这一地区的附加堆纹遗存是受山东地区北辛文化影响发展而来的[67]。尽管附加堆纹遗存在东北内陆不断发现，但对附加堆纹遗存的文化内涵和年代跨度的认识尚存在一定的模糊性，因此其渊源问题还有待进一步的探索。不过，仅从目前的材料发现和研究成果来看，笔者越来越感觉到所谓的“三堂一期文化”，很可能是辽东北部地区偏堡子文化向南拓展的结果，即“三堂一期文化”不过是偏堡子文化分布在辽东南部地区的一个地方类型而已。

到了第六阶段的小珠山上层文化时期，由于受到山东龙山文化的强烈影响，致使这一地区文化面貌多样，遗存中的文化因素比较复杂，所以关于该文化的性质始终存在着两种不同的观点。一种观点认为小珠山上层文化是受到山东龙山文化影响但更多具有自身文化传统的土著文化[68]，另一种观点认为该类文化遗存应属于山东龙山文化的范畴[69]。通过出土材料的观察，我们发现在小珠山上层文化中保留有土著因素的附加堆纹叠唇罐、折沿罐、鼓腹罐、盂、碗等，虽然器类较少，但出土数量较多，在小珠山上层文化中仍占有主体地位，而遗址中出土的具有山东龙山文化特点的鼎、豆、盘、杯、三环足器、袋足鬶等，器类虽多，但出土数量较少。并且我们还发现小珠山上层文化中的一些陶器与“三堂一期文化”的同类器在形态上具有一脉相承的演变关系，显然是继承“三堂一期文化”发展演变而来的。所以，小珠山上层文化应该是由“三堂一期文化”发展而来并受到了山东龙山文化强烈影响的一种土著文化，属于当地继之字纹系统、刻划纹系统之后新出现的堆纹文化系统（图七）。

通过对该区域诸考古学文化特点的分析，特别是从整个东北地区新石器时代考古学文化谱系来看，我们可以发现小珠山下层文化属于东北地区压印之字纹文化系统，于公元前4000年在辽东半岛消失，取而代之的是以后洼上层文化、小珠山中层文化为代表的刻划纹系统，此后又先后被堆纹系统的“三堂一期文化”和小珠山上层文化所代替[70]。由此可知，辽东半岛诸考古学文化之间总体上讲只是年代上的依次早晚关系，彼此之间并不完全属于同一文化系统，呈现出的是一种你来我往的交替存在现象。换言之，该区域所包含的考古学文化应该是不同人群在相同地点遗留下来的具有年代先后关系的遗存，因此辽东半岛应该属于“序列考古文化区”[71]。

四、文化因素与文化交流态势分析

辽东半岛不仅是东北文化区与外界交流的门户之一，而且也是我国腹地与东北文化区沟通的海上必经之地。将辽东半岛新石器时代各阶段上的考古学文化与周边地区同时期考古学文化进行比较，我们可以进一步发现它们与外界考古学文化的交流态势。

先从属于第一至二段的小珠山下层文化来看，其自身特点十分突出，全部遗存均具有鲜明的地方特色。在这一时期的小珠山下层文化遗存中，很难找到与山东半岛地区相同的文化因素。相反，在山东半岛的同期原始文化中倒是可以不同程度地看到明显来自于辽东半岛的以之字纹为代表的文化成分。如在泗水尹家城遗址的T214⑦层[72]和牟平照格庄遗址[73]当中，均发现了具有小珠山下层文化特征的横排竖压之字纹陶片（图八）。虽然这些之字纹陶片与岳石文化遗存共出，但无论从之字纹形态还是施纹技法看，都与小珠山下层文化的之字纹形制一致，而之字纹出现在岳石文化遗存中，则很可能是上层文化堆积扰动下层文化堆积的结果。这一现象的存在，表明小珠山下层文化与山东半岛同时期考古学文化之间的文化影响是“向外输出式”的，即辽东半岛史前文化对山东半岛产生了一定的影响，尽管这种影响并不十分强烈。

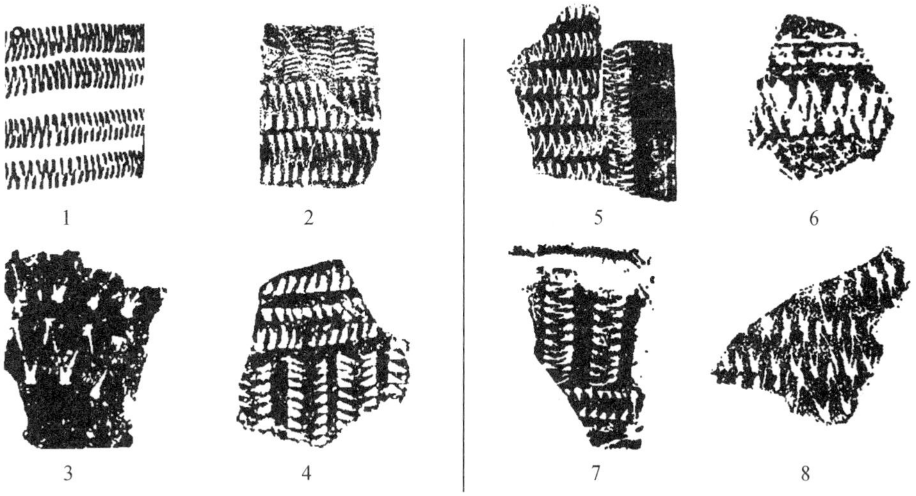

图八　小珠山下层文化遗存（左）与山东半岛含之字纹遗存（右）的比较

1、3. 小珠山78（T4⑤：55、T2⑤） 2. 北吴屯 4. 柳条沟东山（T1②）

5. 泗水尹家城（T214⑦：32） 6 ~ 8. 牟平照格庄（H1：79、H11：20、T10②B：59）

第三段的后洼上层文化时期，囿于材料的限制，两地的文化交流若明若暗，仅在相当于这一时期的山东半岛白石村二期文化中发现具有后洼上层文化特征的刻划纹饰[74]，如横线纹、人字纹、叶脉纹、刻划几何纹、席纹等。但没有在辽东半岛发现任何同时期的山东半岛文化因素。由此可知，在公元前4000 ~ 前3500年，辽东半岛与山东半岛的文化交往仍表现出向外输出的交流方式，其影响仅仅局限在部分刻划纹饰上，两地沟通并不频繁。

到了第四段的小珠山中层文化时期，以直口、折沿筒形罐最具特色。从文化渊源上看，是对当地后洼上层文化的继承与发展。这一时期，小珠山中层文化对大汶

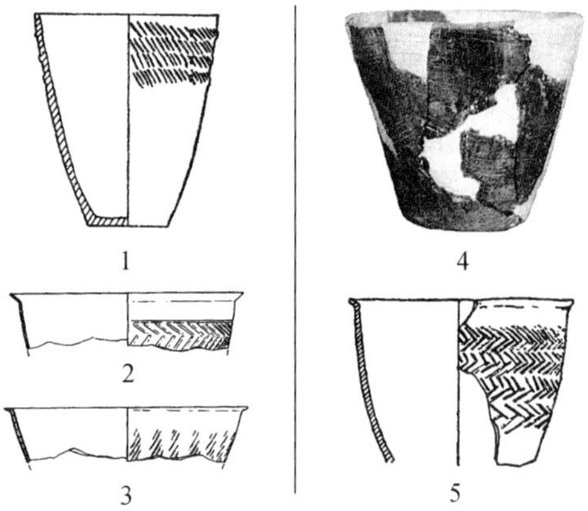

图九　小珠山中层文化筒形罐（左）与大汶口文化中期筒形罐（右）的比较

1. 郭家村（Ⅰ T3④：16）　2、3. 小珠山（08T1512⑦B：2、T1512⑦B：1）　4、5. 北庄（T7⑤：41、T9④B：57）

口文化的影响范围仅仅局限于山东半岛沿岸[75]和庙岛群岛[76]上，未深入山东半岛内部，并且发现的属于小珠山中层文化因素也只限于筒形罐和刻划纹饰（图九）。但是在小珠山中层文化陶器群中，可以明显识别出一些具有山东大汶口文化特征的陶器，如小珠山中层、吴家村、郭家村下层出土的盆形鼎、罐形鼎、实足鬶、盉、盂、壶、碗、豆、觚形器等，与山东蓬莱紫荆山[77]、栖霞杨家圈[78]、长岛北庄[79]、烟台白石村[80]、大汶口[81]、邹县野店[82]、安邱景芝镇[83]、胶县三里河[84]等遗址出土的属于大汶口文化中期的同类器如出一辙（图一〇）。这些陶器有可能原产于山东大汶口文化，抑或是受到山东大汶口文化影响而在本地生产的。尽管如此，我们还需要强调的是，小珠山中层文化陶器群虽然可以区分为辽东半岛本地土著文化因素和外来的山东大汶口文化因素两组，但在小珠山中层文化中，以平底筒形罐和刻划纹为代表的土著文化因素始终还是主要的，外来的大汶口文化因素并没有完全取代土著文化因素的主导地位。以上种种现象表明，山东半岛这一时期原始文化与辽东半岛文化已经开始了双向交流，即由原来单一的“向外输出式”，变成了以对外借鉴为主、向外输出为辅的“双向交流式”。

从第五段的“三堂一期文化”开始，情况明显有所不同，辽东半岛与山东半岛的交流方式发生了根本性的转变。由前一阶段的“双向交流式”转变成了单一的“向内吸收式”。这种状况，前后持续时间长达1000年左右。为反映这一现象，现举例加以说明：

首先从“三堂一期文化”的整体特征来看，山东大汶口文化晚期仍然对辽东半岛有着一定的影响，但影响的幅度和力度较前一阶段明显偏弱，具体表现是在“三堂一期文化”的陶器群中，仅发现有少量的碗、钵、盂、盆与山东大汶口文化的同类器形制相同（图一一）。而纵观这一时期山东半岛及其沿海岛屿的文化遗存，已经见不到“三堂一期文化”因素的身影。

到了相当于山东龙山文化的小珠山上层文化时期，辽东半岛的本土文化是由“三堂一期文化”发展而来的，具有地域特色的叠唇鼓腹罐、敞口鼓腹罐、长颈壶、平顶器盖发现数量众多，是本地文化的主导因素。在其发展的过程中，山东龙山文化对小珠山上层文化的影响是显而易见的。在辽东半岛的这一时期遗存中，存在着一些具有鲜明的山东龙山文化特征的陶器，如三环足盆形鼎、扁凿足鼎、豆、袋足

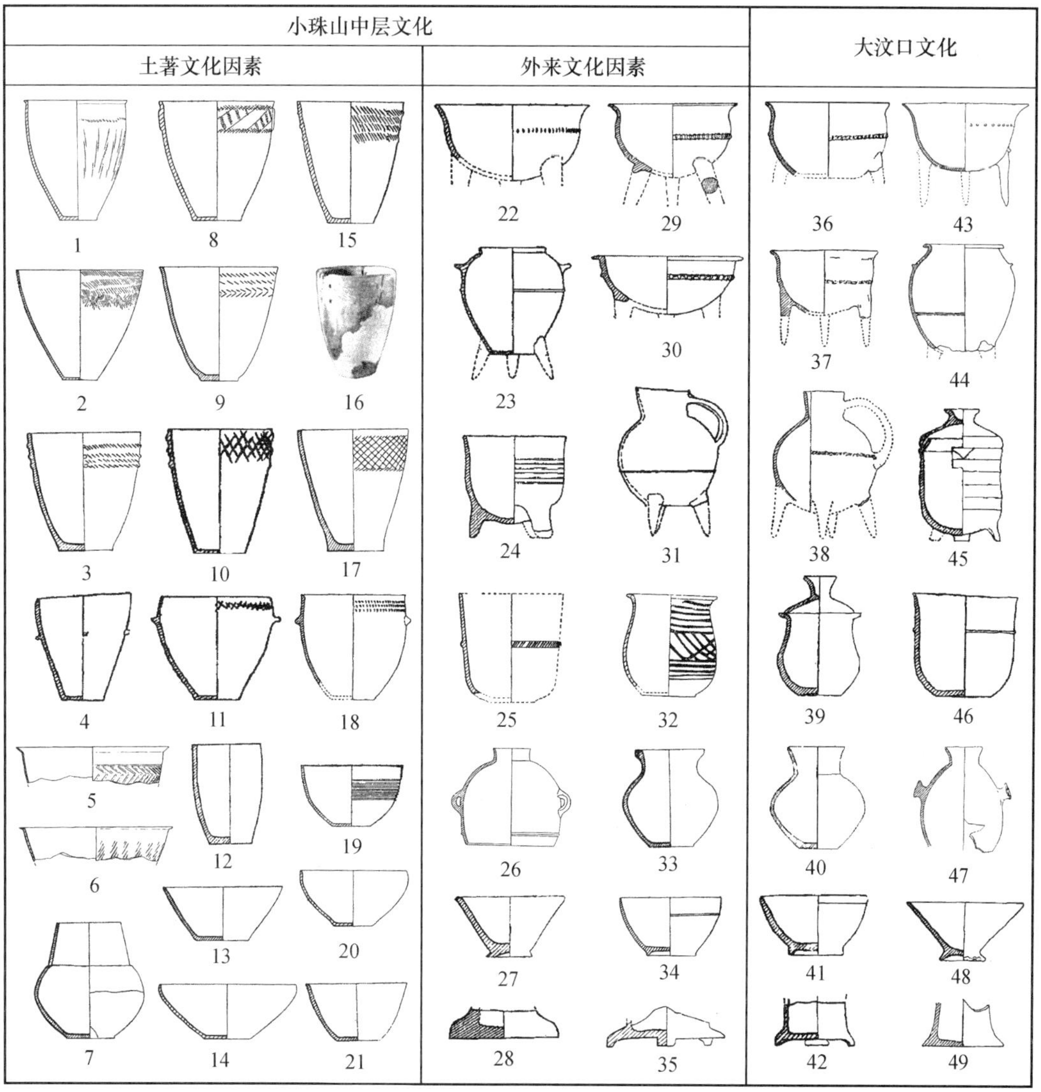

图一〇 小珠山中层文化陶器因素分析及与大汶口文化陶器的比较

小珠山中层文化陶器：1、5、6、35. 小珠山遗址 2、4、8、10、11、14 ~ 16、18 ~ 20、22 ~ 26、28、30 ~ 32、34. 郭家村遗址 3、7、9、12、13、17、21、27、29、33. 吴家村遗址

大汶口文化陶器：36. 山东蓬莱紫荆山 37、38、42、46、47、49. 北庄遗址 39、45. 邹县野店遗址 40. 大汶口遗址 41. 胶县三里河遗址 43. 白石村遗址 44. 杨家圈遗址 48. 安邱景芝镇遗

鬶、单把杯、甑、环纽器盖、圈足盘等，这些器形均能在胶县三里河[85]、诸城呈子[86]、兖州西吴寺[87]、栖霞杨家圈[88]、泗水尹家城[89]、邹平丁公[90]、姚官庄[91]、济宁程子崖[92]、茌平尚庄[93]等龙山文化遗存中找到同类器（图一二）。不仅如此，这一时期的山东龙山文化影响范围已经深入到辽东半岛的腹地，在丹东地区都不同程度地见到山东龙山文化因素。通过以上分析可知，小珠山上层文化时期的交流方式是向内吸收式的，并且呈现出山东龙山文化对辽东半岛影响逐渐增强

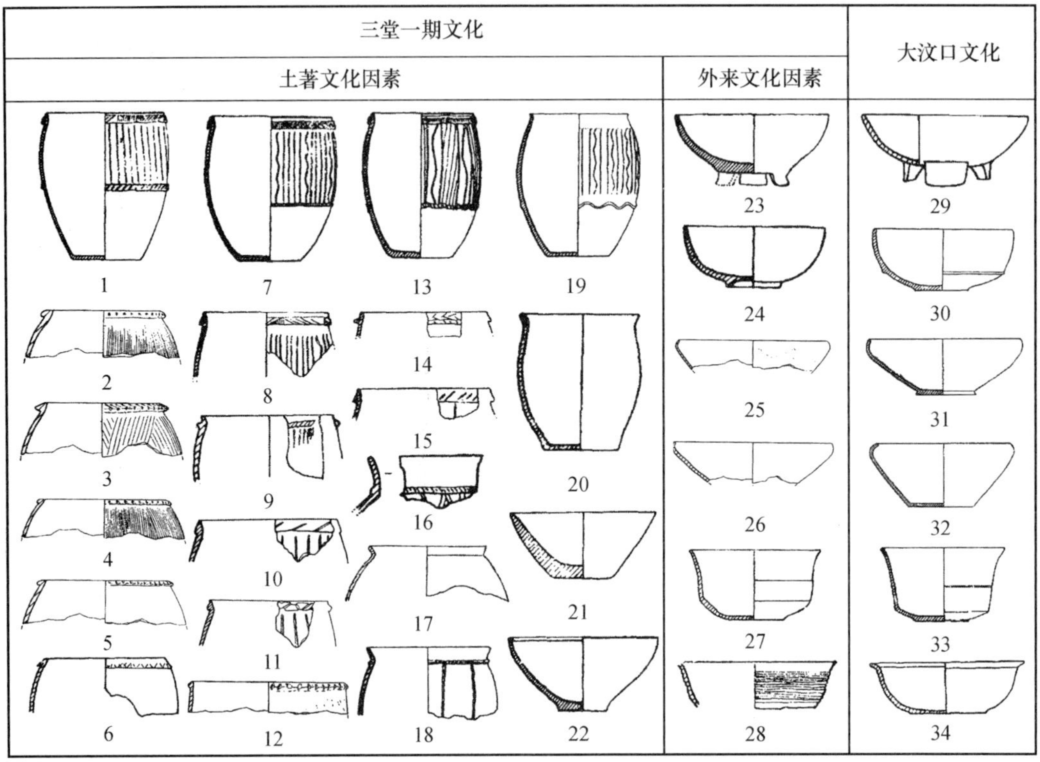

图一一　“三堂一期文化”陶器因素分析及与大汶口文化陶器的比较

三堂一期文化：1、7、8、13 ~ 16、19 ~ 24. 三堂村遗址　2 ~ 5、12、25、26. 小珠山遗址　6、9、17、27、28. 大潘家遗址　10、11、18. 哈皮地遗址

大汶口文化：29. 花厅遗址　30. 大墩子遗址　31、33. 三里河遗址　32. 邹县野店遗址　34. 杨家圈遗址

的态势。以往有材料显示在庙岛群岛上发现有小珠山上层文化的筒形罐（口沿陶片）[94]，但这些材料仅是考古调查、采集所得，不但数量少，器形难以确认，而且也很难确定是这一时期的考古学遗存。有鉴于此，我们认为小珠山上层文化对山东地区原始文化的影响已经终结，即使有影响也是微乎其微的。相反，山东龙山文化因素注入辽东半岛之后，大大地推进了小珠山上层文化的进步，并由此使得辽东半岛进入了一个快速发展的阶段。

总之，站在辽东半岛的角度，全面审视和评析辽东半岛与山东半岛新石器时代考古学文化之间的交流与渗透过程，我们不难发现它们的交往方式是随着时间的变化而变化的。概括起来，可分为三个时期和三种方式：第一期是以小珠山下层文化和后洼上层文化为代表的公元前 5500 ~ 前 3500 年，文化交流主要是单向的“向外输出式”的。第二期是以小珠山中层文化为代表的公元前 3500 ~ 前 3000 年，两地交流开始互通有无，表现为以向内吸收为主，向外输出为辅的“双向交流式”。第三期是以“三堂一期文化”和小珠山上层文化为代表的公元前 3000 ~ 前 2000 年，文化的交流主要是“向内吸收式”的。

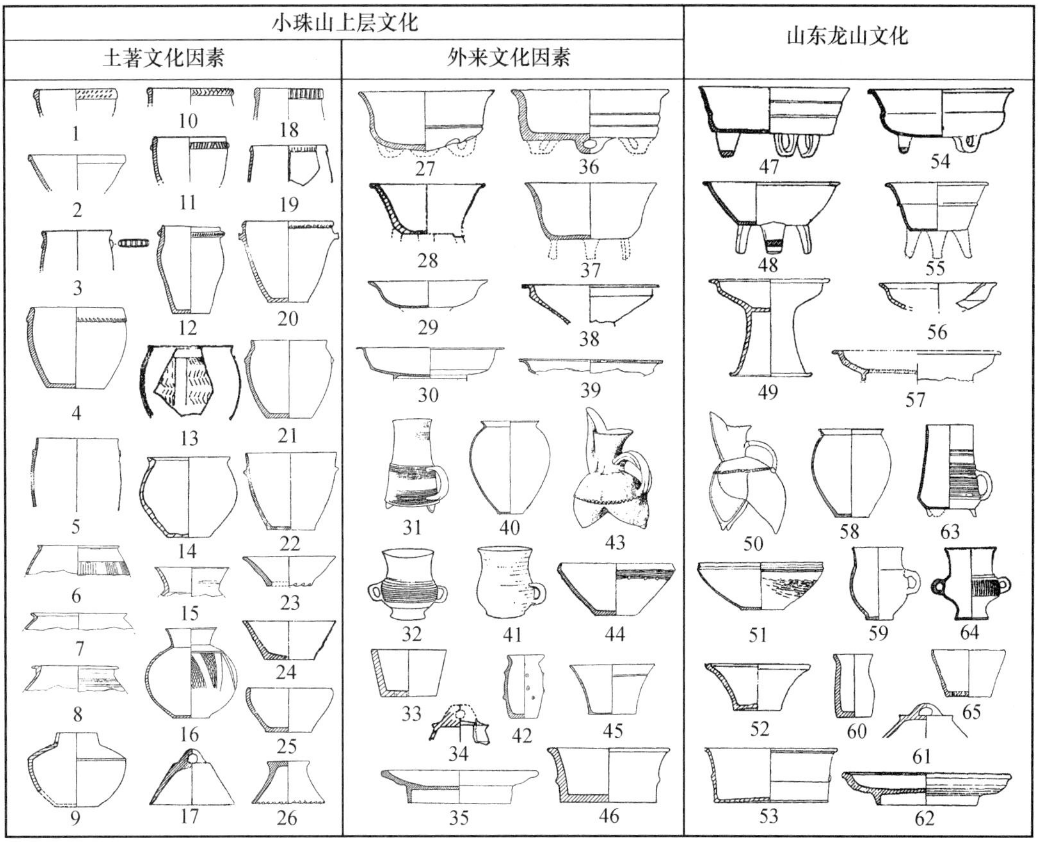

图一二　小珠山上层文化陶器因素分析及与山东龙山文化陶器的比较

小珠山上层文化陶器：1 ~ 4、9 ~ 11、16、18、20、21、23、26、33、35、40、42、46. 郭家村遗址　5、13、19、22、24、28、34、38. 大潘家村遗址　6 ~ 8、12、14、15、25、39. 小珠山遗址　17、44. 三堂村遗址　27、29、30、36、45. 上马石遗址　31、32、41、43. 四平山积石墓　37. 蚂碴岗遗址

山东龙山文化陶器：47、50. 胶县三里河遗址　48、63. 诸城呈子遗址　49、61. 兖州西吴寺遗址　51、56、60. 栖霞杨家圈遗址　52. 泗水尹家城遗址　53、58. 邹平丁公遗址　54、55、59、64. 姚官庄遗址　57、65. 济宁程子崖遗址　62. 茌平尚庄遗

注　释

［1］ a. 鸟居龙藏. 南满洲调查报告［M］. 1910.

b. 三宅俊成. 长山列岛先史时代の小调查［J］. 满洲学报，1936（4）.

c. 三宅俊成. 复州城及长兴岛史迹调查略记［J］. 满洲史学，第一卷第 3 号，1938.

d. 小林行雄，澄田正一. 中国先史文化［M］. 1948.

e. 梅原末治. 关东州史前文化所见［M］. 1942.

f. 三宅俊成. 满洲考古学概说［M］. 1944：145.

g．澄田正一．辽东半岛の先史遗迹——老铁山と四平山［A］．檀原考古学研究所论集（4）［C］．1979.

［2］ a．安志敏．记旅大市的两处贝丘遗址［J］．考古，1962（2）.

b．许明纲．旅大市的三处新石器时代遗址［J］．考古，1959（11）.

c．许明纲．旅大市金县发现新石器时代遗址［J］．考古，1960（2）.

d．许明纲．庄河县发现新石器时代遗址［J］．考古，1960（10）.

［3］ a．旅顺博物馆．旅大市长海县新石器时代贝丘遗址调查［J］．考古，1961（12）.

b．旅顺博物馆．旅大市长海县新石器时代贝丘遗址调查［J］．考古，1962（7）.

［4］ 佟柱臣．东北原始文化的分布与分期［J］．考古，1961（10）.

［5］ 许玉林等．旅顺郭家村新石器时代遗址［J］．辽宁大学学报，1980（1）.

［6］ 辽宁省博物馆，旅顺博物馆．大连市郭家村新石器时代遗址［J］．考古学报，1984（3）.

［7］ 辽宁省博物馆等．长海县广鹿岛大长山岛贝丘遗址［J］．考古学报，1981（1）.

［8］ 丹东市文化局文物普查队．丹东市东沟县新石器时代遗址调查与试掘［J］．考古，1984（1）.

［9］ 许玉林，金石柱．辽宁丹东地区鸭绿江右岸及其支流的新石器时代遗存［J］．考古，1986（10）.

［10］ 许玉林等．辽宁东沟县后洼遗址发掘概要［J］．文物，1989（12）.

［11］ a．张忠培．辽宁古遗存的分区、编年及其他——“环渤海考古”学术研讨会上的发言［J］．辽海文物学刊，1991（1）.

b．李宇峰．辽宁新石器时代考古发现和认识［J］．辽宁大学学报，1991（3）.

c．赵辉．辽东地区小珠山下、中层文化的再检讨［J］．考古与文物，1995（5）.

d．朱延平．小珠山下层文化试析［A］．考古求知集［C］．北京：中国社会科学出版社，1997.

e．王嗣洲．辽东半岛新石器时代考古学文化谱系研究［A］．史前研究（2000）［C］．西安：三秦出版社，2000.

［12］ a．许玉林．辽东半岛新石器时代文化初探［A］．考古学文化论文集（二）［C］．北京：文物出版社，1989.

b．王月前．鸭绿江右岸地区新石器遗存研究［A］．中国历史博物馆考古部纪念文集［C］．北京：科学出版社，2000.

c．郭大顺，张星德．东北文化与幽燕文明［M］．南京：江苏教育出版社，2004：234.

［13］ 辽宁省文物考古研究所等．辽宁省瓦房店市长兴岛三堂村新石器时代遗址［J］．考古，1992（2）.

［14］ 辽宁省文物考古研究所等．大连市北吴屯新石器时代遗址［J］．考古学报，1994（3）.

［15］ 中国社会科学院考古研究所等．辽宁长海县小珠山新石器时代遗址发掘简报［J］．考古，2009（5）.

［16］ a．同［7］.

b．同［15］.

［17］ 同［3］.

［18］ 同［1］b：163.
［19］ 1978年10月，辽宁省博物馆调查此地发现压印之字纹陶片。
［20］ 同［14］.
［21］ a. 同［8］.
b. 同［10］.
［22］ a. 同［21］.
b. 辽宁省博物馆等. 东沟县大岗新石器时代遗址［J］. 考古，1986（4）.
［23］ 同［21］a.
［24］ 同［9］.
［25］ 中国社会科学院考古研究所. 敖汉赵宝沟——新石器时代聚落［M］. 北京：中国大百科全书出版社，1997.
［26］ 赵宾福，薛振华. 以陶器为视角的红山文化发展阶段研究［J］. 考古学报，2012（1）.
［27］ 赵宾福，杜战伟. 新乐下层文化的分期与年代［J］. 文物，2011（3）.
［28］ 赵宾福，刘伟. 小珠山下层文化新论——辽东半岛含之字纹陶器遗存的整合研究［A］. 中国考古学会第十五次年会论文集［C］. 北京：文物出版社，2013.
［29］ 中国社会科学院考古研究所. 中国考古学中碳十四年代数据集（1965 ~ 1991）［M］. 北京：文物出版社，1992.
［30］ a. 同［8］.
b. 同［10］.
［31］ a. 同［15］.
b. 同［7］.
［32］ 同［8］.
［33］ 同［9］.
［34］ a. 同［14］.
b. 杨占风. 鸭绿江、图们江及乌苏里江流域的新石器文化研究［D］. 吉林大学博士学位论文，2009.
［35］ 许玉林. 论辽东半岛黄海沿岸新石器文化［J］. 博物馆研究，1992（2）.
［36］ 同［12］b.
［37］ 同［7］.
［38］ 同［6］.
［39］ 大连市文物考古研究所. 辽宁大连大潘家村新石器时代遗址［J］. 考古，1994（10）.
［40］ 刘俊勇，王瑽. 辽宁大连市郊区考古调查简［J］. 考古，1994（4）.
［41］ 辽宁省文物考古研究所等. 瓦房店交流岛原始文化遗址试掘简报［J］. 辽海文物学刊，1992（1）.
［42］ 烟台市博物馆. 烟台白石村遗址发掘报告［A］. 胶东考古［C］. 北京：文物出版社，2000.

[43] 北京大学考古实习队等. 山东长岛北庄遗址发掘简报[J]. 考古，1987（5）.
[44] 北京大学考古实习队，山东省文物考古研究所. 栖霞杨家圈遗址发掘报告[A]. 胶东考古[C]. 北京：文物出版社，2000.
[45] 同[13].
[46] 辽宁省文物考古研究所等. 瓦房店交流岛原始文化遗址试掘简报[J]. 辽海文物学刊，1992（1）.
[47] 王嗣洲，金志伟. 大连北部新石器文化遗址调查简报[J]. 辽海文物学刊，1997（1）.
[48] 同[40].
[49] 同[39].
[50] 同[15].
[51] 陈全家，陈国庆. 三堂新石器时代遗址分期及相关问题[J]. 考古，1992（3）.
[52] a. 同[7].
b. 同[15].
[53] 同[3].
[54] 旅顺博物馆. 大连新金县乔东遗址发掘简报[J]. 考古，1983（2）.
[55] 同[47].
[56] 许明纲. 试论大连地区新石器和青铜文化[A]. 中国考古学会第六次年会论文集[C]. 北京：文物出版社，1987.
[57] 同[15].
[58] 同[39].
[59] 同[1]g.
[60] a. 旅大市文物管理组. 旅顺老铁山积石墓[J]. 考古，1978（2）.
b. 许玉林等. 旅大地区新石器时代文化和青铜时代文化概述[A]. 东北考古与历史（1）[C]. 北京：文物出版社，1982.
c. 许明纲. 试论大连地区新石器和青铜文化[A]. 中国考古学会第六次年会论文集[C]. 北京：文物出版社，1990.
[61] 中国社会科学院考古研究所. 双砣子与岗上——辽东史前文化的发现与研究[M]. 北京：科学出版社，1996.
[62] a. 赵宾福. 中国东北地区夏至战国时期的考古学文化研究[M]. 北京：科学出版社，2009.
b. 赵宾福. 关于双坨子一、二期文化的三点新认识[J]. 东北史地，2010（6）.
[63] 赵宾福，丁风雅. 查海遗址与“查海时代”[J]. 文物，2018（8）.
[64] a. 同[27].
b. 赵宾福，于怀石. 左家山下层文化新探[A]. 边疆考古研究（第19辑）[C]. 北京：科学出版社，2016.
[65] 杜战伟，赵宾福，刘伟. 后洼上层文化的渊源与流向——论辽东地区以刻划纹为标识的水洞

下层文化系统［J］．北方文物，2014（1）．

［66］ 赵宾福，杜战伟．太子河上游三种新石器文化的辨识——论本溪地区水洞下层文化、偏堡子文化和北沟文化［J］．中国国家博物馆馆刊，2011（10）．

［67］ 朱永刚．辽东地区新石器时代含条形堆纹陶器遗存研究［A］．青果集——吉林大学考古专业成立二十周年考古论文集［C］．北京：知识出版社，1993．

［68］ a．同［60］b．

b．同［12］a．

c．许明纲．辽东半岛与山东半岛原始文化的关系［J］．东北地方史研究，1989（1）．

d．许明纲．试论大连地区新石器和青铜文化［A］．中国考古学会第六次年会论文集［C］．北京：文物出版社，1990．

e．刘俊勇．史前时期山东半岛与辽东半岛文化交流初探［A］．东夷古国史研究（2）［C］．西安：三秦出版社，1990．

f．安志敏．辽东史前遗存的文化谱系［A］．纪念城子崖遗址发掘60周年国际学术讨论会文集［C］．济南：齐鲁出版社，1993．

g．苏小幸，王嗣州．辽东半岛新石器时代晚期文化的再认识［J］．考古，1994（6）．

h．李伊萍．龙山文化：黄河下游文明进程的重要阶段［M］．北京：科学出版社，2005．

［69］ a．孙祖初．论小珠山中层文化的分期及与各地比较［J］．辽海文物学刊，1991（1）．

b．王青．试论山东龙山文化郭家村类型［J］．考古，1995（1）．

c．王青．再论龙山文化郭家村类型［J］．北方文物，1998（3）．

d．栾丰实．辽东半岛南部地区的原始文化［A］．海岱地区考古研究［C］．济南：山东大学出版社，1997．

［70］ 赵宾福．东北新石器文化的时空框架及文化系统［A］．庆祝宿白先生九十华诞文集［C］．北京：科学出版社，2012．

［71］ 同［62］a．

［72］ 山东大学历史系考古专业教研室．泗水尹家城［M］．北京：文物出版社，1990．

［73］ 中国社会科学院考古研究所山东队，烟台市文物管理委员会．山东牟平照格庄遗址［J］．考古学报，1986（4）．

［74］ 同［42］．

［75］ 同［43］．

［76］ 严文明．长岛县史前遗址［A］．史前考古论集［C］．北京：科学出版社，1998．

［77］ 山东省博物馆．山东蓬莱紫荆山遗址试掘简报［J］．考古，1973（1）．

［78］ 同［44］．

［79］ 同［43］．

［80］ 同［42］．

［81］ 山东省文物管理处，济南市博物馆．大汶口——新石器时代墓葬发掘报告［M］．北京：文

物出版社，1974.
［82］ 山东省博物馆，山东省文物考古研究所．邹县野店［M］．北京：文物出版社，1985.
［83］ 王思礼．山东安邱景芝镇新石器时代墓葬发掘［J］．考古学报，1959（4）.
［84］ 中国社会科学院考古研究所．胶县三里河［M］．北京：文物出版社，1988.
［85］ 同［84］.
［86］ 昌潍地区文物管理组．山东诸城呈子遗址发掘报告［J］．考古学报，1980（3）.
［87］ 国家文物局田野考古领队培训班．兖州西吴寺［M］．北京：文物出版社，1990.
［88］ 同［44］.
［89］ 同［72］.
［90］ a．山东大学历史系考古专业．山东邹平丁公遗址试掘简报［J］．考古，1989（5）.
b．山东大学历史系考古专业．山东邹平丁公遗址第二、三次发掘简报［J］．考古，1992（6）.
［91］ 山东省文物考古研究所．山东姚官庄遗址发掘报告［A］．文物资料丛刊（5）［C］．北京：文物出版社，1981.
［92］ 国家文物局考古领队培训班．山东济宁程子崖遗址发掘简报［J］．文物，1991（7）.
［93］ 山东省文物考古研究所．茌平尚庄新石器时代遗址［J］．考古学报，1985（4）.
［94］ 同［76］.

Chronological Sequence and Vertically-Horizontally Relates Research of Five Kinds of Neolithic Cultures in the Southern Liaodong

GUO Meng-yu　ZHAO Bin-fu　LIU Wei

From existing knowledge and research findings, combined with published material in the region to seriously sort out over the years and in-depth research, I believe that Neolithic remains in Liaodong Peninsula from early period to late can be divided into five different archaeological cultures: the lower Xiaozhushan culture, the upper of Houwa culture, the middle of Xiaozhushan culture, the Santang phase Ⅰ culture and the upper of Xiaozhushan culture. All these cultures are between 5000 B. C. to 2000 B. C. which is on behalf of six eminent phases of Neolithic Age archaeology in this area. At the same time to define the basic content and features of archaeological culture based on archaeological culture in the region to further explore the development sequence, vertical relationships, as well as surrounding areas in the same period the horizontal relationship between archaeological and cultural issues.

试论石虎山类型*

魏　坚[1]　冯　宝[2]

（1. 中国人民大学北方民族考古研究所，北京，100872；2. 中国人民大学考古文博系，北京，100872）

内蒙古中南部仰韶早中期遗存的发现与研究，滥觞于20世纪50年代。半个多世纪以来，随着田野调查和发掘工作的持续开展，动、植物和环境考古手段的运用，考古学文化研究的不断进步，我们对仰韶早中期遗存的认识渐趋深入。在对内蒙古中南部仰韶早中期遗存的研究中，我们发现了两类不同文化面貌的遗存：一类为主要分布于南流黄河两岸、大青山南麓和岱海地区，以白泥窑子遗址为代表的“白泥窑文化”遗存，其北界可越过集宁山地，到达商都县和苏尼特右旗[1]；另一类遗存发现较少，目前主要分布在岱海南岸地区，以石虎山Ⅰ、石虎山Ⅱ和红台坡下遗址为代表。关于“白泥窑文化”一类遗存的研究已有专文讨论，在此不再赘述。本文拟就目前在岱海地区发现的此类仰韶早期阶段遗存进行深入分析，以厘清该类遗存的整体文化面貌，进而探讨其年代分期和渊源关系。

一、考古发现与研究

1986年8～11月，乌兰察布盟文物工作站凉城文物普查队对岱海周围进行了重点考古调查，共发现新石器时代和青铜时代的遗址30余处[2]。为了进一步摸清岱海地区原始文化的面貌和分布规律，1986年秋和1987年秋，内蒙古文物考古研究所的田广金等人重点调查了岱海周围仰韶时代和龙山时代的文化遗存，其中发现的红台坡下遗址属于仰韶时代较早阶段[3]。在对红台坡下遗址的清理中发现2座灰坑，采集到部分陶器和少量石器。陶器能分辨器形的有“红顶钵”、敞口钵、敛口釜、大口带鋬器、深腹罐、卷沿或折沿盆和鼎足，陶器以釜、鼎、罐和钵为主[4]。还发现1座墓圹破坏，骨架扰乱的多人二次葬墓，无随葬品。

1993年，内蒙古文物考古研究所在岱海南岸调查发现了石虎山遗址，同年进行试掘，并于1995年再次进行试掘，所出遗物与红台坡下遗存基本相同。为了进一步弄清该遗址的分布范围以及分布状况，1996年在对遗址进行普遍钻探的基础上，由内蒙古

*　本文得到国家社科基金项目“中国北方游牧与农耕民族交融的考古学研究”（项目批准号：14AKG002）资助。

文物考古研究所和日本京都中国考古学研究会联合开展的“岱海地区文明起源和发展”考古学研究项目组，重点对石虎山遗址的石虎山Ⅰ和石虎山Ⅱ两个地点进行了发掘，在这两个地点中，共发现了房址20座，灰坑35座，墓葬和祭祀坑各1座，在石虎山Ⅰ还发现了长约95米的围沟。出土陶器以夹砂陶为主，主要有釜、鼎、罐、“红顶钵”和壶等器形[5]。这些发现使我们对此类仰韶早中期阶段考古学文化遗存的整体面貌和特征有了进一步的认识。

1986年对岱海地区仰韶时代遗存调查试掘后，田广金将红台坡下遗址与王墓山、狐子山和东滩等几处遗址的资料划分为三期五段，并称之为“岱海地区以小口双耳鼓腹罐系列和砂质薄胎大口深腹罐系列为代表的仰韶时代遗存”，认为此类遗存与鄂尔多斯地区和包头地区仰韶时代遗存的文化面貌之间均存在地域性差异[6]。田广金尽管注意到了内蒙古中南部仰韶时期考古学文化类型地域之间存在的差异，但并未区分出岱海地区包含不同陶器组合的考古学文化类型。在1989年“内蒙古中南部原始文化研讨会”上，严文明认为红台坡下遗存兼具后岗类型和半坡类型的特征，同时也有自身特点[7]；杨虎认为该类文化遗存可能属于仰韶早期的带舌形鋬陶罐的文化，属性和源流均不清楚[8]。1992年在《内蒙古石器时代—青铜时代考古发现和研究》一文中，田广金认为红台坡下遗存主要以后岗一期文化因素为主，并称其为“红台坡下类型”[9]，将其与其他考古学文化区域类型相区别。

20世纪90年代以来，由于石虎山遗址Ⅰ、Ⅱ两处地点的发掘，使我们对此类分布于岱海南岸，以舌状纽圜底釜、侈口圜底鼎和“红顶钵”为代表的、文化面貌类似于后岗一期的仰韶早中期考古学文化类型有了新的认识。2001年由田广金、秋山进午主编的《岱海考古（二）——中日岱海地区考察研究报告集》中认为，石虎山遗址Ⅰ、Ⅱ地点为代表的遗存特征鲜明，难以归属于现已划分出的任何一种地方性变体，因此可命名为“石虎山类型”[10]。2003年，由内蒙古文物考古研究所，北京大学中国考古学研究中心“聚落演变与早期文明”课题组编著出版的《岱海考古（三）——仰韶文化遗址发掘报告集》中，将该阶段遗存称为“岱海地区仰韶一期”遗存，并将其“归入后岗类型”[11]。韩建业在同年出版的《中国北方地区新石器时代文化研究》中也表明了这一观点[12]，在2008年出版的《中国西北地区先秦时期的自然环境与文化发展》一书中，他又认为此类遗存与后岗类型有区别，将此类遗存称作“仰韶文化石虎山类型”[13]。

综上可知，早年的研究由于受到材料的限制，对该文化类型的面貌认识不甚清楚，凉城岱海南岸石虎山两处遗址的发掘，使我们丰富了对此类考古学文化遗存的认识。目前看来，在内蒙古中南部地区，此类遗存与主要受到半坡、庙底沟文化影响发展起来的，以宽沿夹砂罐、小口尖底瓶、火种炉、敛口钵和深腹盆为典型陶器组合的“白泥窑文化”区别较为明显，应是一种新的考古学文化类型。这一类特色鲜明，内涵一致，又有别于邻近地区考古学文化的遗存，对于研究岱海地区，乃至整个内蒙古中南部仰韶时代早中期阶段考古学文化的面貌都具有十分重要的价值。但就目前的发现而言，此类文化遗存的总体数量和考古学文化内涵还达不到命名为一种考古学文化的程度，因此，我们同意暂且将此类文化遗存单独称为“石虎山类型”，也期望在将来的考古发掘中能有新的发现来丰富和充实这一考古学文化类型。

二、文化面貌与分期

关于石虎山类型文化遗存，目前发现的石虎山Ⅰ、石虎山Ⅱ和红台坡下三处遗址，主要分布在岱海以南海拔约1300米的山丘坡地上，地势相对较高，坡度较大，由于常年雨水冲刷导致水土流失，遗址破坏较为严重（图一）。

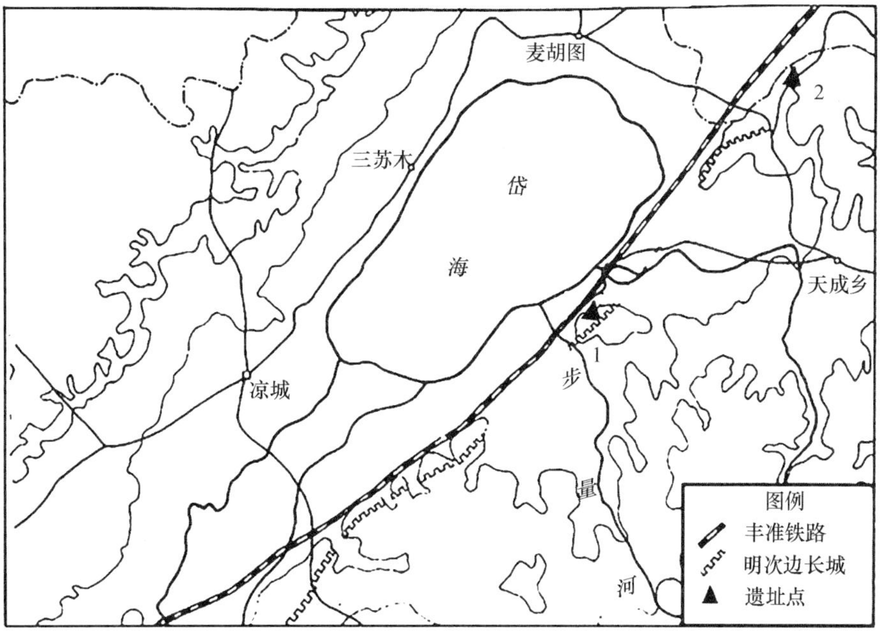

图一　石虎山类型遗存分布示意图

1. 石虎山遗址　2. 红台坡下遗址

1. 文化面貌

石虎山类型遗存房址分布较为集中，多分布在山丘坡地之上，沿等高线排列，均为半地穴式，平面呈方形或长方形，个别菱形，绝大多数为单间，个别为双套间，居住面多用灰白色泥土铺垫而成，较坚硬平整，居住面上以及靠近四壁处多有柱洞，少数柱洞周围抹泥或者底部铺垫石块，灶平面多呈圆形、椭圆形或瓢形，均为单灶，分为地面灶和坑灶两类，坑灶周壁及底部抹泥或铺石板，灶址多位于靠近门道处，坑灶多与门道直接相通，或在与坑灶相对应处设风道，门道多为长条形斜坡式，绝大多数位于前壁中部，个别略偏于一侧，门址多东南或南向。还发现部分面积仅2 ~ 3平方米的建筑遗迹，亦有门道，四周密布柱洞，但无灶。在石虎山Ⅰ外围还发现了环绕遗址的围沟。

墓葬共发现2座，红台坡下的1座破坏严重，又无随葬品，性质不明；在石虎山Ⅱ的1座为竖穴土坑，平面呈长方形，头向东北，仰身直肢葬，无葬具及随葬品，骨骼保存较差，无法辨别年龄及性别。

灰坑平面绝大多数为不规则形或略呈椭圆形，底部多为锅底状，形制不规整；少数平面呈圆角方形或椭圆形，直壁平底，形制较规整，可能为窖穴。灰坑内的堆积夹杂着红烧土块、石粒、动物骨骼及陶片、石器、骨器、蚌器等，多数灰坑包含物较少。在石虎山Ⅰ发现的祭祀坑，在坑底发现4具完整的狗骨架以及马鹿、狍子的头骨和红烧土块等，可能与某种宗教活动有关。

陶器绝大多数为生活用具，少数为生产工具。质地以夹砂陶为主，泥质陶次之，还分别掺有石英、云母和蚌粉。其中夹砂陶以褐陶为主，泥质陶以红陶为主。陶器多素面磨光，带纹饰的陶器多以绳纹为主，个别饰有细绳纹和旋纹，另有少量的指甲纹、划纹、楔点纹及彩陶，红顶钵和红顶盆占一定比例，也见细泥红陶钵口部饰以红彩带。陶器均为手制，多采用泥条盘筑法，部分器物的口部经慢轮修整。陶器形制较规整，烧制火候较高，陶色均匀，以三足器、圜底器和平底器为主。器类主要有釜、鼎、罐、钵、盆、壶，还有少量的瓮、碗、勺、器盖等。另有少量陶片改制的陶铲和陶刀。

石器主要是生产工具，还有少量的装饰品等。石器多通体磨制，少数打、磨兼制或剥制，器形多数较规整。生产工具中以石铲的数量最多，绝大多数为残块，许多石铲的刃部有严重的磨蚀痕迹，其次为石磨盘和石磨棒，此外，还发现了少量石刀、石斧、石锛和石球等。

骨角蚌器主要为生产工具和生活用具，另有少量装饰品，数量较多，器形规整，种类齐全，多数只是局部加工，少数通体磨制、制作精致，还发现少量的复合工具，器类主要有骨锥、骨刀、骨铲、骨凿、骨匕、骨钥、骨鱼钩、骨镞、骨针、骨簪及蚌刀、蚌饰等。

此外，在石虎山Ⅰ的围沟中发现大量的动物骨骼，其中仅哺乳动物就有18种，以鹿科动物为主。重要的是发现了大量的水牛和猪的骨骼，并有较多植物果实的遗骸。

2. 分期

石虎山遗址Ⅰ、Ⅱ两个地点在耕土层下都有文化层堆积，但两个地点的第2层均为近代修整梯田时形成的扰土层。石虎山Ⅰ的遗迹单位均为第1、2层下开口，打破第3层或直接打破生土，但是打破第3层的遗迹单位出土陶器与第3层陶器并无差异；两组存在打破关系的遗迹单位为H4→H1→F3→F2和H2→F3，从各遗迹出土陶器比较来看，彼此也无差别；环绕遗址的围沟内堆积虽可分层，但出土陶器仍难以分出早晚，这表明石虎山Ⅰ各遗存大致应为同一时期。石虎山Ⅱ的第 3、4 层分布不均匀，清理的遗迹单位虽然分别开口于第 1、2、3 层下，个别打破第 4 层，存在 H2→F1 的打破关系，但对比第 3、4 层及各遗迹间出土的陶器来看，同样不好区分彼此之间的早晚关系，因此，石虎山Ⅱ各遗存也应属于同一时期。

红台坡下遗址，由于水土流失，文化层堆积破坏严重，所发现的遗迹单位仅剩底部，出土遗物较少且多为残片，自身也不存在分期的可能。

石虎山遗址Ⅰ、Ⅱ两个地点，从房址来看，均为半地穴式，有灶和长斜坡门道，但石虎山Ⅱ的房址更加规整，均为圆角方形，居住面多为地面灶，四壁下柱洞分布密集（图二，1）；石虎山Ⅰ的房址形制不甚规整，存在不规则形，除地面灶外还出现了坑灶，有的房址内无柱洞（图二，2）。从出土陶器来看，两地点陶器基本组合均为釜、鼎、罐、钵、盆和壶等，但石虎山Ⅱ夹砂陶器中的釜、鼎、罐几乎都为素面磨光，壶类中小口溜肩壶较多；而石虎山Ⅰ的夹砂陶器中的釜、鼎、罐等基本都饰有细绳纹，壶类中小口溜肩壶消失，新出现了小口长颈蒜头壶和肩耳壶。由此可知，石虎山遗址Ⅰ、Ⅱ两个地点应为同一文化类型的不同发展阶段。

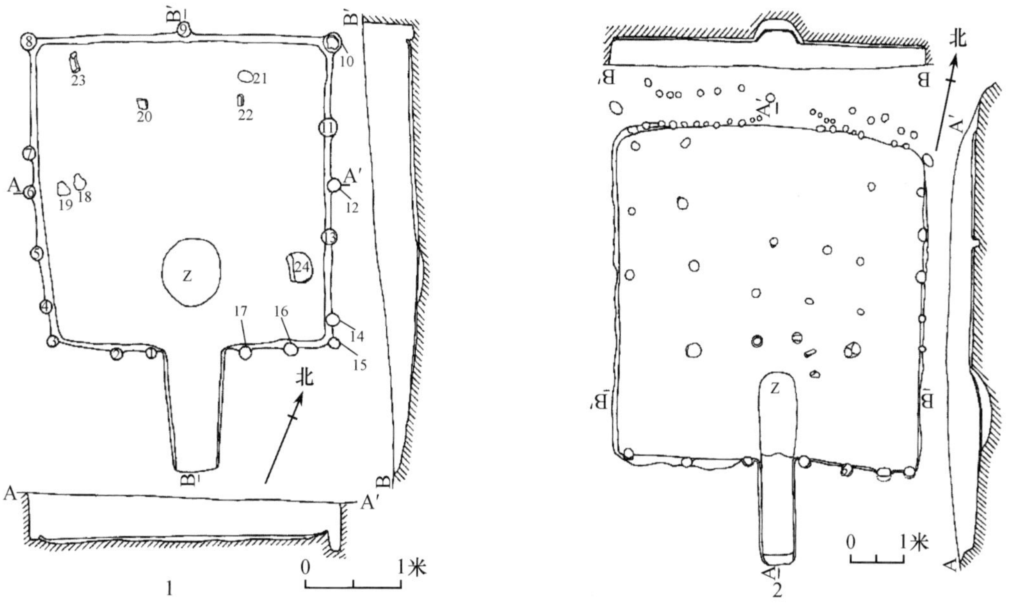

图二 石虎山遗址Ⅰ、Ⅱ房址平、剖面图
1. SⅡF12 平、剖面图 2. SⅠF4 平、剖面图

石虎山两地点陶器中夹有大量石英、云母和蚌粉的特点，与镇江营第二期遗存[14]和北福地第二期遗存[15]极为相似。但从具体器物形态来看，石虎山Ⅱ的釜 SⅡH3：4 侈口折沿，深腹，素面磨光的特征与后岗一期同类器 TA1③：2 基本相同[16]，可能也受到了北福地第二期侈口圜底釜的影响；石虎山Ⅱ的鼎 SⅡF1：1 与后岗一期

TD4④：1和TC1（6B）：40的形制较为相似，都为侈口弧腹圜底，鼎足多呈柱状，近根部有手指按窝，并有纵向浅刻槽[17]；石虎山Ⅱ的“红顶钵”SⅡF9：2与后岗一期同类器H3：1相同[18]；石虎山Ⅱ的深腹盆SⅡF13：1与后岗一期H9③：33口部相似，均为尖圆唇，唇外尖凸，且器表磨光[19]。石虎山Ⅱ发现小口广肩壶SⅡH16：3不见于后岗一期文化，但在镇江营遗存中多有发现（图三）。

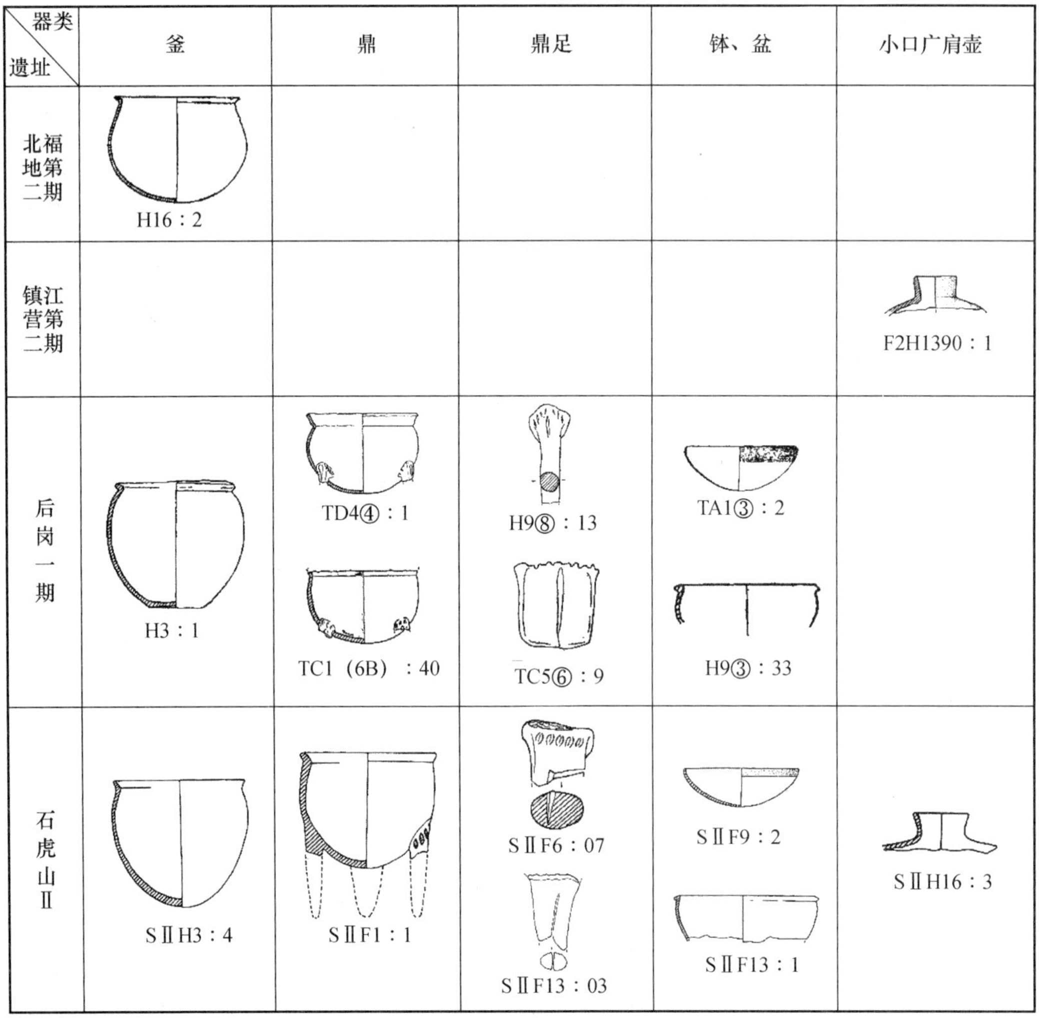

图三　石虎山Ⅱ地点与相关遗址主要陶器类比、演变图

镇江营第二期遗存和北福地第二期遗存的年代基本相当，均略早于后岗一期文化。从上述主要陶器的比较中，我们可以认为石虎山Ⅱ遗存的文化面貌同后岗一期文化有着更为密切的关系。因此，石虎山Ⅱ遗存也同样晚于镇江营和北福地第二期遗存，但也明显受到此类遗存文化因素的影响。所以，我们可以推测石虎山Ⅱ遗存是在后岗一期文化的影响下发展起来的考古学文化类型，在其形成过程中，接受了来自冀北的镇

江营和北福地一类遗存的影响。

通过上述分析，我们明确了石虎山类型遗存应该晚于镇江营和北福地一类遗存，而与后岗一期文化年代接近。其中，石虎山Ⅱ以素面磨光为主的陶器特征，更接近于后岗一期文化，石虎山Ⅰ的釜、鼎、罐、钵和盆等器形与石虎山Ⅱ的整体风格相同，仍然以后岗一期文化因素为主，但夹砂釜、鼎、罐等基本都饰有绳纹，这显然是在原有的主体文化基础上受到半坡文化类型影响产生的新特征。我们可以推测，沿着黄河谷地北上的半坡文化到达岱海地区后，与石虎山类型的器物相结合，产生了石虎山Ⅰ类遗存。因此石虎山Ⅰ类遗存要晚于石虎山Ⅱ类遗存。

红台坡下遗址中，发掘的遗迹单位仅有H6和H7，从这两个灰坑出土的陶器残片来看，可辨器形以釜、罐、钵和盆为主和多饰有细绳纹的特征与石虎山Ⅰ类遗存极为相似，因此，红台坡下H6和H7应与石虎山Ⅰ类遗存属于同一时期。

综上所述，我们将遗石虎山类型遗存划分为属于仰韶早中期阶段的两期，即以石虎山Ⅱ类遗存为代表的第一期和以石虎山Ⅰ类遗存、红台坡下H6、H7为代表的第二期。

石虎山类型两期遗存联系较为紧密，但主要陶器仍存在着发展与变化：

舌状鋬耳釜：第一期口微敛，方唇，鼓腹偏上，器表磨光，唇外侧饰舌状鋬纽。第二期敛口，方圆唇，鼓腹居中，通体饰竖向细绳纹，唇外侧设舌状鋬纽。

侈口鼎：第一期侈口，斜折沿，圆唇，上腹略直，下腹斜收，圜底，鼎足截面呈椭圆形，近根部有手指按窝。第二期侈口，短折沿，圆唇，鼓腹，腹部饰竖向细绳纹，沿外侧抹光。

红顶钵：第一期直口微敞，尖圆唇，浅腹，圜底。第二期敞口，圆唇，深腹，圜底。

深腹盆：第一期直口微敛，尖圆唇，鼓肩，腹斜收，器表磨光。第二期敛口，厚圆唇，口部剖面略呈铁轨状，鼓腹，器表磨光。

小口广肩壶：第一期小口，圆唇，斜直领微弧，广肩。第二期小口，圆唇，矮直领，广肩（图四）。

据《石虎山遗址发掘报告》[20]，石虎山遗址两个地点隔着洼地东西相距300米，分别位于两个土坡东南侧，其中，石虎山Ⅰ地点周边建有宽约3米的围沟，两处遗址的陶器又存在着明显差别，同样也表明了两处遗址存在着年代早晚关系。两期石器生产工具变化不大，均为磨盘和磨棒等，但在第二期新出现了骨器和蚌器。在石虎山Ⅰ地点围沟内出现大量的动物骨骼与植物果实遗骸，这表明石虎山类型遗存的经济形态以农业为主，兼有狩猎、渔猎和采集。在第二期围沟内，出土了大量的水牛和猪的骨骼，目前水牛是否为家养暂无定论，但猪的饲养可能已经出现。

石虎山Ⅰ地点的围沟内出土了较多的植物果实遗骸，其中“对树种标本进行放射性^{14}C年代测定，其校正^{14}C年代为距今5670年±60年，即公元前4490年”[21]，由此推断石虎山类型第二期年代应该在距今6500年左右。以此推论，石虎山类型第一期

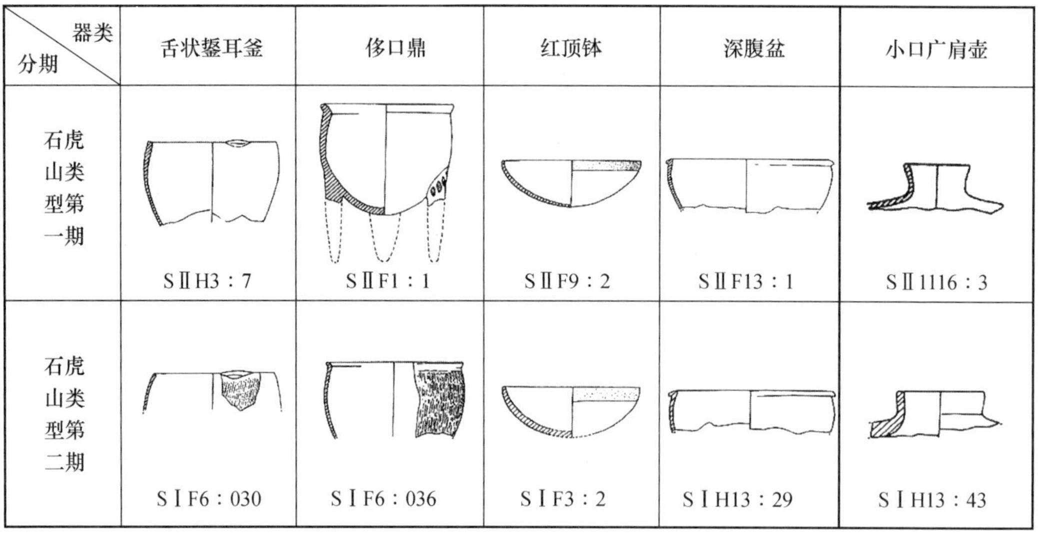

图四　石虎山类型两期主要陶器变化图

年代早于第二期，应与后岗一期文化相当，现有属于后冈一期文化早期72H5的^{14}C测年数据校正年代为距今6340年±200年[22]，其绝对年代上限早于距今6500年，故此，我们可以将石虎山类型第一期年代确定在距今6600年左右。

三、石虎山类型的源流

石虎山类型文化遗存是内蒙古中南部地区有别于“白泥窑文化”，具有稳定自身文化因素的仰韶早中期阶段的考古学文化类型。从石虎山类型第一期遗存来看，夹砂素面磨光陶占据较大比例，带纹饰者极少；出土鼎和“红顶钵”的数量较多，并在钵等器物的口部外侧饰以红彩；以釜、鼎、罐、钵、盆为主要器物组合等，均表现出明显的后岗一期文化因素特征，因此可以说，后岗一期文化因素在岱海地区石虎山类型文化遗存中居于绝对主导地位。此外，石虎山类型遗存在夹砂陶中有意识地掺杂云母、石英等做法，以及存在侈口圜底釜和小口广肩壶等器形，应该是受到了冀北地区年代较早的镇江营和北福地等遗存的影响。综上可知，来自中原，沿太行山东麓北上到岱海地区的后岗一期文化与来自冀北，沿桑干河西进的镇江营和北福地二期遗存在这里相互作用，为石虎山类型文化遗存的发展奠定了基础。

石虎山类型遗存第二期带绳纹的舌状錾耳釜、侈口鼎和侈口罐，以及红顶钵、深腹盆和小口广肩壶等，很明显是由石虎山类型第一期遗存一脉相承发展而来的。第二期遗存最具特征的是在夹砂陶上大量出现细绳纹和小口长颈蒜头壶等这些典型的半坡文化因素。可见，溯黄河北上的半坡文化，在南流黄河两岸形成“白泥窑文化”的同时，继续向东影响到了岱海地区的石虎山类型晚期遗存。此外，石虎山类型第二期遗存聚落围沟的出现，也许正好说明了这一阶段半坡文化人群与岱海地区本阶段居民产生的联系。同时，本期发现的筒形罐也表明该区域与东北地区考古学文化较早的交流。

石虎山类型文化遗存在形成和发展过程中，尽管受到了来自中原及周边地区考古学文化的影响，但也逐渐形成了具有自身特征和内涵的文化面貌。它以夹砂陶为主、多釜的特征与后岗一期文化多有区别，也不见后岗一期文化中流行的弦纹罐，更不见镇江营和北福地第二期遗存的大量陶支脚，同时，石虎山类型第一期较多的小口溜肩壶也不见于上述几个文化类型。因此，岱海地区的石虎山类型文化遗存应是区别于周边考古学文化遗存的新的文化类型。

由于目前考古调查和发掘资料的局限，在年代发展序列上，我们暂未发现石虎山类型的直接继承者。但在石虎山类型中较为常见的小口溜肩壶的口、肩部形态与庙子沟文化中典型的小口双耳罐极为接近，石虎山类型第二期中的筒形罐在庙子沟文化中也有发现。由此我们可以推测，石虎山类型与庙子沟文化之间也许存在着某些渊源关系，但在年代序列上两者之间仍有较大缺环。

四、结　　语

通过以上对石虎山类型文化遗存的初步分析，我们可以得出以下结论：

（1）石虎山类型文化遗存是内蒙古中南部地区继承了后岗一期主要文化因素，具有自身稳定特征的，完全有别于同时期“白泥窑文化”的一支新的考古学文化类型。在其形成与发展过程中，先后受到来自中原、冀北和东北地区考古学文化的影响。

（2）石虎山类型文化遗存目前的调查发掘较少，目前发现的遗存年代跨度较短，根据文化面貌上的差异，可划分为顺序发展的两期，第一期的年代与后岗一期文化基本相当，为距今6600年左右或更早；第二期的年代接近距今6500年。

（3）石虎山类型文化遗存的经济类型以锄耕农业为主，兼有狩猎、渔猎和采集，遗址围沟内较多猪骨骼的发现，说明此时可能已经出现了家畜饲养。对诸多水牛遗骸的研究，是今后需要重点关注的问题。

（4）石虎山类型文化遗存第二期的围沟，可能表明该阶段部落间出现了资源掠夺的情况，聚落形态发展到新的阶段。祭祀坑的发现，则证明该阶段本地区居民开始产生宗教信仰，精神生活逐渐丰富。

（5）在内蒙古中南部地区，石虎山类型文化遗存发掘和研究较少，对其发展流向的认识还不十分清晰。目前在个别器类上体现出的其与庙子沟文化的关联，还需在今后的考古工作中，通过弥补文化发展序列上的缺环来得到充实。

注　释

［1］ 魏坚，冯宝．试论白泥窑文化［J］．考古学报，2009（1）.

［2］ 乌盟文物站凉城文物普查队．内蒙古凉城县岱海周围古遗址调查［J］．考古，1989（2）.

［3］ 田广金．内蒙古岱海地区仰韶时代文化遗址的调查［A］．内蒙古中南部原始文化研究文集［C］．北京：海洋出版社，1991.

［4］ 内蒙古文物考古研究所，北京大学中国考古学研究中心“聚落演变与早期文明”课题组．红台坡下遗址［A］．岱海考古（三）——仰韶文化遗址发掘报告集［C］．北京：科学出版社，2003.

［5］ 内蒙古文物考古研究所，日本京都中国考古学研究会．石虎山遗址发掘报告［A］．岱海考古（二）中日岱海地区考察研究报告集［C］．北京：科学出版社，2001.

［6］ 田广金．内蒙古岱海地区仰韶时代文化遗址的调查［A］．内蒙古中南部原始文化研究文集［C］．北京：海洋出版社，1991.

［7］ 严文明．内蒙古中南部原始文化的有关问题［A］．内蒙古中南部原始文化研究文集［C］．北京：海洋出版社，1991.

［8］ 杨虎．关于内蒙古中南部新石器时代考古学文化的几个问题［A］．内蒙古中南部原始文化研究文集［C］．北京：海洋出版社，1991.

［9］ 田广金．内蒙古石器时代—青铜时代考古发现和研究［J］．内蒙古文物考古，1992（6/7）.

［10］ 内蒙古文物考古研究所，日本京都中国考古学研究会．石虎山遗址发掘报告［A］．岱海考古（二）——中日岱海地区考察研究报告集［C］．北京：科学出版社，2001：140.

［11］ 内蒙古文物考古研究所，北京大学中国考古学研究中心“聚落演变与早期文明”课题组．岱海考古（三）——仰韶文化遗址发掘报告集［C］．北京：科学出版社，2003：244.

［12］ 韩建业．中国北方地区新石器时代文化研究［M］．北京：文物出版社，2003：84.

［13］ 韩建业．中国西北地区先秦时期的自然环境与文化发展［M］．北京：文物出版社，2008.

［14］ 北京市文物研究所．镇江营与塔照——拒马河流域先秦考古文化的类型与谱系［R］．北京：中国大百科全书出版社，1999.

［15］ 拒马河考古队．河北易县涞水古遗址试掘报告［J］．考古学报，1988（4）.

［16］ 中国社会科学院考古研究所安阳工作队．安阳后冈新石器时代遗址的发掘［J］．考古，1982（6）.

［17］ 中国社会科学院考古研究所安阳工作队．安阳后冈新石器时代遗址的发掘［J］．考古，1982（6）.

［18］ 中国科学院考古研究所安阳工作队．1972年春安阳后岗发掘简报［J］．考古，1972（5）.

［19］ 中国社会科学院考古研究所安阳工作队．安阳后冈新石器时代遗址的发掘［J］．考古，1982（6）.

［20］ 内蒙古文物考古研究所，日本京都中国考古学研究会．石虎山遗址发掘报告［A］．岱海考古

（二）——中日岱海地区考察研究报告集［C］. 北京：科学出版社，2001.
［21］ 内蒙古文物考古研究所，日本京都中国考古学研究会. 石虎山遗址发掘报告［A］. 岱海考古（二）——中日岱海地区考察研究报告集［C］. 北京：科学出版社，2001：145.
［22］ 张忠培，乔梁. 后岗一期文化研究［J］. 考古学报，1992（3）.

On Shihushan Type

WEI Jian FENG Bao

The early-middle stage of Yangshao culture in central and southern Inner Mongolia was discovered in the 1950s. It contains two types: "Bainiyao Culture" and "Shihushan Type". The Shihushan Type is a new culture that inherited main factors of Hougang Ⅰ from the Central Plains, simultaneously influenced by several cultures from Central Plains, northern Hebei and Northeastern regions during developing. It can be divided into two phrases, dating back to 6500 years ago. Ploughing agriculture was dominant economic subsistence, combing with hunting, fishing and gathering. Moreover, livestock breeding may also appear. The ditch of the second phase of Shihushan Type indicates that plundering of resources between tribes may have appeared at this stage, and the settlement pattern has developed into a new stage. In the south-central region of Inner Mongolia, there are few investigations and excavations of Shihushan type relics； therefore its subsequent culture has not been clarified yet. At present, it shows some correlations with Miaozigou culture. The future archaeological work will be enriched by clarifying sequences of cultural development.

非陶器随葬品的性别相关性与墓主性别再判定*

——以甘青地区马家窑文化墓葬为例

仪明洁[1]　樊　鑫[2]

（1. 中国人民大学历史学院，北京，100872；2. 科学出版社，北京，100717）

墓葬研究历来在中国考古学中备受关注，不同的墓葬形制、葬俗及随葬品的质量与数量从某种程度上反映了墓主生前的社会地位与社会关系等。以往对于墓葬研究采取的方法是研究墓葬的一个或多个方面（如墓内或墓附近储存的人工制品、墓的形式或规模、墓地的位置或地点等），将这些情况与阶层或地位相联系[1]。如今的研究逐渐由对墓葬资料进行具体描述向解释社会深层次问题的方向发展，研究目的是通过分析墓葬资料以了解埋葬制度和习俗，从而了解和复原当时社会制度，涉及史前社会结构和社会生产、生活情况等层面[2]。墓主性别常常被研究者用来探讨男女两性社会关系，进而揭示古代社会的一些现象，墓葬材料以其特有的属性得以为性别研究提供难得的素材，如何认识随葬品与墓主性别的相关性是讨论深层次社会问题的一项基础性工作。

自二十世纪二三十年代以来，甘青地区史前考古材料的积累日渐丰富，其中马家窑文化的墓葬数量多，是进行性别考古分析不可多得的资料。此前已有研究者就马家窑文化遗存分析男女葬俗及其反映的社会观念，并根据随葬品的数量总结男女墓葬随葬器物的不同现象，提出“不能简单地说不同现象是社会进化和发展的不同阶段的体现”[3]，对于探讨古代社会分工、进一步理解考古学文化的内涵起到很大作用。本文立足于甘青地区发现的马家窑文化墓葬材料，在前述研究者研究的基础上，系统运用卡方检验得出的单人墓中非陶器类随葬器物与墓主性别的相关性，将统计分析结果运用到对原报告中已判定性别墓葬的再检验、判定同一遗址中不能做性别鉴定的墓主性别。这样的性别判定，将有助于以后讨论墓葬区的性别分布、墓葬分区、墓葬体现的社会等级等深层次问题。

一、材料与方法

马家窑文化分布于以陇西平原为中心的甘青地区，东至陇东，西至青海东北部，北

* 基金项目：中国人民大学科学研究基金（中央高校基本科研业务费专项资金资助）项目成果（18XNI003）。

至甘肃北部，南至甘南地区，是中国发现最早的史前考古学文化之一，几十年来积累了丰富的考古资料。尽管关于该文化的内涵、类型、分期仍有不同的声音，但大体经历了马家窑、半山、马厂三期或石岭下、马家窑、半山、马厂四期，或有学者称为不同类型。为尽量实现分析的客观性，统计的样本需要达到一定数量，因为在样本量不足的情况下，统计结果难免会产生偏差。考古材料数量有限，本文仅对单人墓数量在20座以上的墓地展开研究。满足此条件的遗址包括：半山期的甘肃广河地巴坪墓地、景泰张家台墓地、兰州花寨子墓地、青海循化苏呼撒墓地；马厂期的甘肃永昌鸳鸯池墓地、青海民和阳山墓地、乐都柳湾墓地；半山期和马厂期相混合的甘肃土谷台墓地。青海柳湾墓地包括半山期和马厂期两个阶段的墓葬，但是半山期的257座墓葬中，仅有5座单人墓被鉴定出性别，不具有统计意义，故仅统计分析马厂期的墓葬材料。统计显示，地巴坪墓地、鸳鸯池墓地、土谷台墓地的非陶器类随葬品与墓主性别均不具有性别相关性，苏呼撒墓地多数单人墓墓主性别未定而不能判断器物的性别相关性，故本文不做相关说明。张家台墓地、花寨子墓地、阳山墓地、柳湾墓地的非陶器类随葬品与墓主性别具有相关性，本文将围绕这四处墓地展开讨论。

各处墓葬中出土的随葬器物包括石斧、纺轮、骨柄石刃刀、石刃、骨匕、骨锥、骨针、凿、磨石、研磨器、骨珠、骨臂饰、石牙饰、绿松石等，器物的随葬组合和数量有差异性，多数墓地的墓葬中各类器物数量较少，故根据器物的功能，划分为生产工具类、饰品等其他类两大类，其中生产工具类包括石斧、骨柄石刃刀、石刃、骨匕、骨锥、骨针、凿、磨石、研磨器等，其他类包括骨珠、骨臂饰、石牙饰、绿松石等具有装饰性质或贝、骨片等明显不具备生产功能的器物。在墓葬数量多的遗址中，随葬器物种类、数量多，例如柳湾墓地，有足够样本量保证对不同器物分别统计分析，故不采用以上分类。

卡方检验是一种使用广泛的假设检验方法，又称为x^2检验（chi-square test），可分为成组比较（不配对）和个别比较（配对或同一对象两种处理的比较）两大类。其一般步骤为：①建立假设H_0、H_1，确定显著性水平α与自由度、根据卡方检验临界值表查询否定域的临界值；②由样本资料计算卡方值，其公式为$x^2=\sum\frac{(A-T)^2}{T}$，其中$A$为实际数、$T$为根据检验假设计算出来的理论数；③将所得卡方值与临界值相比，若前者大于后者，则拒绝H_0；反之，则接受H_0。

表一　四格表的示例

组别＼属性	属性1数量	属性2数量	合计
A组	*a*	*b*	*a+b*
B组	*c*	*d*	*c+d*
合计	*a+c*	*b+d*	*n*

本文统计数据均为四格表（示例见表一）的形式，根据公式的推导，四格表数据可以专用公式$x^2=\frac{(ad-bc)^2n}{(a+b)(c+d)(a+c)(b+d)}$求卡方值。

本文的研究，以地巴坪墓葬为例进行卡方检验，过程如下：

假设H_0墓主性别与随葬品不具有相关性，H_1墓主性别与随葬品具有相关性

根据表三中纺轮的统计数据和公式$x^2=\frac{(ad-bc)^2n}{(a+b)(c+d)(a+c)(b+d)}$，则有

$$x^2=\frac{(1\times24-28\times16)^2\times69}{(1+28)(16+24)(1+16)(28+24)}=12.097$$

由于本文所有统计项均为四格表，故自由度为1。查询卡方检验临界值表[4]，在自由度等于1的情况下，显著性水平α=0.05时，临界值为3.841，显著性水平越小，临界值越大。本文采用卡方检验常用显著性水平α=0.05，若计算值大于3.841，则有不小于95%的可能性否定H_0，即墓主性别与随葬品不具有相关性的假设不成立，换言之，墓主性别与随葬品具有相关性，计算值越大，此可能性越高；若计算值小于3.841，则有不小于95%的可能性接受H_0，即墓主性别与随葬品不具有相关性，计算值越小，此可能性越高。

二、墓主性别与随葬器物相关性分析

1. 景泰张家台墓地

张家台墓地共清理出墓葬22座，都是单人墓，有葬具的差别。22座墓鉴定出性别者11座，其中男性墓6座，女性墓5座[5]。张家台墓地男女两性在随葬生产工具上具有差异性，男性随葬生产工具较女性为多。6座男性墓中有4座出石斧、骨刀柄、骨锥等工具，而7座女性墓葬中均未出土生产工具。饰品随葬种类仅有骨珠，仅在女性墓葬M7中发现。所得卡方检验值生产工具为5.238，骨珠为1.32，前者大于显著性水平0.05的临界值3.841，说明张家台墓葬生产工具与性别具有较高的相关性，并且生产工具大多随葬于男性墓葬。

2. 兰州花寨子墓地

花寨子墓地的49座单人墓葬中，鉴定出性别者26座，其中男性墓葬14座，女性墓葬12座[6]。与张家台以及地巴坪墓地有所不同，花寨子墓地墓葬除出土陶器外，男女两性墓葬均有生产工具随葬（表二）。

表二　花寨子墓地可鉴定性别墓葬出土器物一览表

墓葬＼随葬品		生产工具											饰品及其他		
		石刀	石斧	骨匕	骨刀	骨锥	细石器	骨针骨管	凿	石陶纺轮	磨石	研磨器	骨珠	其他	绿松石
男性墓	M1	1				1	41								
	M3			1											
	M5														
	M7														
	M1-														
	M14				1	2						1	3		1
	M16	1													
	M21														
	M22		1				2			1					
	M25														
	M28		2			1			1		5				
	M32		1		1	1		2				1	230		
	M44					1					1			1	
	M48										1			2	
女性墓	M2									1					
	M6														
	M9														
	M15														
	M17									1					
	M23									1					
	M35									1					
	M36														
	M43												8		1
	M45														
	M46														
	M47									1			40	2	

注：本文的统计表中 M 表示男性，F 表示女性。下同。

花寨子墓地墓葬随葬生产用具种类的多样，除传统上的石制工具与骨制工具外，还发现有为陶器着色的研磨器及磨石。随葬器物的生产工具甚为丰富，从两性随葬品来看，花寨子墓地执行着严格的两性分器物随葬制度。耕锄、收获用具，狩猎用具以及制陶用具等一系列户外生产生活用具仅见于男性墓葬，绝无见于女性墓葬。而象征纺织的纺轮除一件出于男性墓葬外，5 座女性墓葬每墓出一件纺轮。考虑到女性墓葬并无除纺轮外的其他工具随葬，为验证器物与性别间的相关性问题，这里把除纺轮以外的生产工具作为第一个变量，把纺轮作为第二个变量，骨珠、绿松石作为第三、第四个变量来进行考察，其卡方值分别为 11.798、4.34、0.028、0.013，显示第一和第二个变量均与性别具有相关性，前者随葬于男性墓、后者随葬于女性墓；骨珠和绿松石不具有性别相关性。

3. 民和阳山墓地

阳山墓地共发掘墓葬 218 座，出人骨墓葬 156 座，其中单人墓 121 座，男性墓葬有 29 座，女性墓葬有 40 座[7]。出生产工具男性墓有 17 座，占男性墓葬总数的 59%；随葬生产工具的女性墓有 19 座，占女性墓葬总数的 43%，显示该墓地墓葬随葬生产工具较为普遍。男性墓随葬的生产工具主要集中在石斧、石凿、石刀以及石锛这四类工具上，以石凿最为普遍，总计有 12 座墓葬出土，占到可鉴定男性墓葬总数的 41.38%；石锛次之，占到 20.69%；石刀再次之，占到 13.79%；出石斧的男性墓葬比例最小，只有 10.34%。其他生产工具方面，磨石、石球及纺轮仅各自见于一座男性墓。陶球、骨锥及石杵这三类工具则根本不见于男性墓葬。女性墓葬随葬的生产工具主要集中在纺轮、石球这两类上，以纺轮最为普遍。出纺轮的女性墓葬有 16 座，占到可鉴定女性墓葬总数的 40.00%；石球占到的比例为 17.50%。骨锥、石杵在女性墓中只有零星分布，而石斧、石刀、石凿、磨石以及石锛这五种工具则根本不见于女性墓葬。饰品方面，男女两性墓葬均少有随葬。石串珠不见于男性墓葬，在女性墓葬中也仅出自一座；而石臂穿则仅见于一座男性墓，女性墓并未出土此件饰品。考虑到阳山墓地样本总量已经达到统计分析的样本要求，且器物在两性墓葬的随葬比例有较为显著的直观差异，故而在此以每种器物为一个变量，以此来分析器物与性别的相关性情况。需要说明的是，石球与陶球在功用上可能属于同一种工具，且出石球的女性墓不出陶球，两者呈互配型关系。故而在此将石球与陶球视为一个变量分析。

由表三的数据分析可知，在显著性水平为 0.05 的情况下，纺轮、石陶球、石斧、石刀、石凿、石锛的卡方检验值均大于临界值，说明这 6 类器物与性别具有较强相关性。纺轮及石陶球主要随葬于女性墓葬，而石斧、石刀、石锛及石凿则主要随葬于男性墓葬。分析还显示出，磨石、骨锥、石杵、石串珠及石臂穿并不与性别具有相关性。

表三　阳山墓地随葬器物与墓主性别相关性

种类	墓葬数量	有	无	x^2 值
纺轮	F=29	1	28	12.097
	M=40	16	24	
石陶球	F=29	1	28	4.061
	M=40	8	32	

续表

种类	墓葬数量	有	无	x^2值
石斧	F=29	3	26	4.326
	M=40	0	40	
石刀	F=29	4	25	5.857
	M=40	0	40	
石凿	F=29	12	17	20.036
	M=40	0	40	
石锛	F=29	6	23	9.064
	M=40	0	40	
磨石	F=29	1	28	1.400
	M=40	0	40	
骨锥	F=29	0	29	0.736
	M=40	1	39	
石杵	F=29	0	29	0.736
	M=40	1	39	
石串珠	F=29	0	29	1.493
	M=40	2	38	
石臂穿	F=29	1	28	1.400
	M=40	0	40	

注：本文的统计表中M表示男性，F表示女性。

4. 青海柳湾墓地

柳湾墓地马厂类型墓葬872座，其中单人墓葬鉴定出性别者男性有82座，女性墓葬有69座[8]。随葬生产工具的男性墓有59座，占到男性总墓葬的71.95%；随葬生产工具的女性墓有43座，占到女性墓葬总数的62.32%。

柳湾墓地马厂类型时期男性墓葬随葬的生产工具明显集中于石斧、石锛及凿这三类工具上，且在男性墓葬中具有较高的普遍性。随葬石斧的男性墓有31座，占到男性墓葬总数的37.8%；出凿的男性墓葬有31座，所占的比例与石斧相同为37.8%；出石锛的男性墓葬有29座，所占比例为35.37%。这三种生产工具还具有一定的组合关系，以此三种工具为随葬品的男性墓葬共有11座，占到男性墓葬总数的13.41%。其他工具诸如骨锥、石刀、镞等则零星分布于男性墓葬。女性墓葬方面，女性随葬的生产工具无论种类还是数量都明显少于男性。纺轮为女性墓葬最为普遍的随葬工具，随葬纺轮的女性墓葬有38座，占到女性墓葬总数的55.07%。饰品及其他随葬品方面，随葬绿松石的男性墓葬有16座，占到男性墓葬总数的19.51%；女性墓葬有7座随葬绿松石，占到女性墓葬总数的10.14%。有5座男性墓葬随葬有串珠，随葬比例为6.09%；女性墓葬中有 8 座随葬串珠，随葬比例为 11.59%。值得注意的一个现象是，男女墓葬均在绿松石的随葬数目上较为一致，大部分墓葬皆只有一件随葬，但是串珠上，男性较女性随葬的数量要大得多。其他随葬品男女两性墓葬均少有随葬。

柳湾墓地有足够的样本量，且每类器物在男女墓葬中几乎都有随葬，故将每类器物作为一个变量，分别用卡方检验来验证其与性别是否具有相关性。纺轮、石斧、石锛、凿、石刀这 5 类工具卡方检验值依次为 33.988、19.271、24.21、26.733、5.258，均大于显著性水平 0.05 的临界值，说明这五类工具均与墓主性别具有较强相关性，其中纺轮主要随葬于女性墓葬，石斧、石锛、凿及石刀主要随葬于男性墓葬。分析结果还显示，其他器物与性别均无相关性。

三、墓主性别的再判定

基于以上对随葬器物与墓主性别相关性的分析，可以看出张家台墓地、花寨子墓地、阳山墓地、柳湾墓地的生产工具与性别具有相关性。曾有研究者提到：对柳湾墓地仅随葬纺轮或仅随葬石凿、石锛、石斧、石刀的单人墓葬进行墓主性别再判断，前者墓主为女性，后者为男性，原来的性别鉴定可能产生的偏差可由此纠正[9]。阳山墓地原先被判定为男性墓葬的 M41 及 M123 因分别随葬有纺轮及石球这类具有女性性别代码的工具，因而此 2 座墓葬的墓主可能为女性墓。此外 M1、M28、M217 等 26 座墓葬皆因随葬有纺轮或石球而具有女性墓葬的可能，其中有 21 座随葬有纺轮、12 座随葬有石球，这与纺轮较石球在女性墓葬中更为普遍的结论相符；以石凿、石锛、石斧、石刀为男性性别代码，推测 M5、M15、M215 等 16 座墓葬为男性墓（表四）。

表四　阳山墓地未鉴定性别单人墓葬的非陶器随葬品统计与性别判定

随葬品 / 墓葬		生产工具										饰品及其他		
		纺轮	石球	陶球	石斧	石刀	石凿	石锛	磨石	骨锥	石杵	石串珠	石臂穿	其他
男性墓	M5				1		1							
	M15							1						
	M3				1			1						
	M32					1								
	M43						1							
	M51						1							
	M58							1						
	M1							1						
	M14							1						
	M11				1									
	M119						1							

续表

随葬品 / 墓葬		生产工具										饰品及其他		
		纺轮	石球	陶球	石斧	石刀	石凿	石锛	磨石	骨锥	石杵	石串珠	石臂穿	其他
男性墓	M121						1	1						
	M127						2							
	M134							1						
	M143							1						
	M215						1	1						
女性墓	M1	1	1											
	M28	1							1					
	M29		1											
	M33	1												
	M45	1												
	M61	1	1											
	M74		2											
	M8	1												
	M86	1												
	M95	1										1		2
	M112	1		1										
	M124	1	1											
	M138	1												
	M145		1											
	M146	1												
	M149	1	1											
	M153	1												
	M165	1												
	M172	1												
	M178	1	1											7
	M25	1	3											
	M26	1												
	M211	1												13
	M212		1											
	M213	1	1											
	M217		1											

依据阳山墓地的卡方检验结果，可用不同的性别代码为判断依据进一步作出以下分析：对于M9、M46及M99，尽管后二者被判定为单人墓葬，但人骨保存均不佳，

从随葬品来看，3座同时随葬纺轮、石锛、石凿的墓葬，这种情况与上文分析的结果相矛盾。考察阳山合葬墓发现，M24、M44、M59、M68、M83、M96、M131、M147、M170、M230等众多合葬墓皆出现了与男女两性分别相关联的生产工具共出的情况[10]。这就说明，M9、M46及M99这3座墓葬有合葬墓的可能性。

此外，分别以石斧、凿、石锛及石刀为男性性别代码、以纺轮为女性性别代码对青海柳湾墓地性别未鉴出的单人墓葬进行分析，可得出M7、M9、M1499等158座墓葬为男性墓；M15、M31、M1491等126座墓为女性墓的认识。

同样的推测方式，花寨子M49因随葬有石斧及凿这类具有男性性别代码的生产工具，故M49有较大可能性为男性墓葬； M24及M26因随葬具有女性性别代码的纺轮因而为女性墓葬。张家台M12因随葬有骨锥这类具有性别指示意义的工具，或为男性墓葬。

本文的性别再判定是基于墓葬随葬器物性别相关性做出的尝试性推测，受客观材料的限制，未能在性别相关性分析时按照墓主的年龄、阶层做更细致的分析，也未考虑性别模糊化等因素，产生的结果可能会有一定偏差，但这不能使我们忽视这一方法的作用。受考古材料保存状况的影响，在对发掘出土人骨做性别鉴定时存在判定困难，甚至产生判定失误。当可鉴定墓主性别的样本量达到一定条件时，利用随葬器物做性别相关性分析，以之作为进一步性别判定的参照，对解决上述困难将有所帮助。此外，基于随葬品性别相关性所做的墓主性别再判定在讨论墓葬分区、墓主等级与空间利用等问题时也可发挥作用。

注　释

[1] 肯·达柯（著），刘文锁，卓文静（译）. 理论考古学［M］. 长沙：岳麓书社，2005.

[2] 王芬. 史前墓地研究评述［J］. 东南文化，2004（5）.

[3] 孙岩，杨红育. 中国西北地区新石器时代的男女葬俗及其所反映的社会观念——以马家窑文化和齐家文化为例［A］. 性别研究与中国考古学［C］. 北京：科学出版社，2006.

[4] Robert D. Drennan. *Statistics for Archaeologists: A Commonsense Approach*［C］. New York: Plenum Press, 1996.

[5] 甘肃省博物馆. 甘肃景泰张家台新石器时代的墓葬［J］. 考古，1976（3）.

[6] 甘肃省博物馆，兰州市文化馆，兰州市七里河区文化馆. 兰州花寨子“半山类型”墓葬［J］. 考古学报，1980（2）.

[7] 青海省文物考古研究所. 民和阳山［R］. 北京：文物出版社，1990.

[8] 青海省文物管理处考古队，中国社会科学院考古研究所. 青海柳湾［R］. 北京：文物出版社，1984.

[9] 孙岩，杨红育. 中国西北地区新石器时代的男女葬俗及其所反映的社会观念——以马家窑文化和齐家文化为例［A］. 性别研究与中国考古学［C］. 北京：科学出版社，2006.

[10] 青海省文物考古研究所. 民和阳山[R]. 北京：文物出版社，1990.

Gender Relevance of Burial Objects Excluding Potteries and Gender Re-identification of Single Burial Owners: A Study on the Tombs during Majiayao Culture Period in Gan-Qing Area

YI Ming-jie　FAN Xin

The quantity of the tombs during the Majiayao Culture period in Gan-Qing area is remarkable, including a great number of single burials, of which the owners' genders were identified. This paper analyses the gender relevance of the burial objects excluding the potteries unearthed from the single burials with gender identifications based on the chi-square test method. It is revealed that the sort of the producing tools collected from the single burials of Zhangjiatai site, Huazhaizi site, Yangshan site and Liuwan site are closely relevant to the gender of the tombs owners, according to which, the genders of the single burials failed to be identified could be tentatively estimated. Such results on the gender identifications will be useful for discussing the questions on the status hierarchy and the space utilization of the burial area.

台湾新石器时代晚期陶器工艺技术所反映的文化内容与意义

——以北三舍遗址为例

李志文[1]　李匡悌[2]

（1. 吉林大学考古学院，长春，130012；2. 历史语言研究所，台北）

从1995年至今，由臧振华先生所领导的"中研院"历史语言研究所暨台湾史前文化博物馆联合考古队，先后在台南科学园区一共进行了34个遗址的抢救考古发掘工作。这些考古遗址的文化与年代横跨台湾五千年来不同时代的考古学文化，透过出土文物的整理，我们可以探讨不同年代间物质文化的变化及同一时间不同地点的空间分布上是否有所差异。

南科园区内的遗址出土文物整理计划进行至今，已先后整理了包含新石器时代早期的大坌坑文化、新石器时代中期的牛稠子文化、新石器时代晚期的大湖文化、铁器时代的茑松文化、原住民文化及明代以降的汉人文化等多处遗址。这些遗址中以新石器晚期的大湖文化遗址数量最多。本文拟以新石器晚期北三舍遗址为代表探讨此一时期中有关陶器制作工艺和技术在这个阶段的表现。最重要的，希望对长久以来所认识和理解的台湾西南部地区新石器时代晚期大湖文化的内容补充新材料。

一、台南科学园区新石器时代晚期的遗址分布

分布在南科园区附近的遗址中，具体属于新石器时代晚期阶段的遗址有27处（图一）；分别是五间厝、北三舍、三抱竹、五间厝北、石头埔、三丰村、五间厝南、湾港南、牛尿港、湾港、三宝埤、三宝埤南、右先方南壹、右先方南贰、石头埔北、牛尿港北、三舍、石桥、旗竿地、旗竿地北、旗竿地东、王甲南、瘦砂、五榕王东、善化一左营、柑港南等[1]。这些遗址先后经历抢救发掘及整理，从已整理的出土遗存来看，虽在器物类型上未有太大的差异存在，但在器物的细节上仍有些许的区别。而在某些现象上，更能明显地看出差异性，尤其是生命礼仪活动的埋葬行为。如成人葬部分，三舍遗址葬姿多采仰身直肢葬，伴有覆脸陶随葬，但在三抱竹遗址，则是以俯身葬为主；儿童瓮棺葬部分，园区西北方的北三舍遗址之瓮棺多以完整陶罐作为葬具，但在三抱竹遗址中，除见有以完整陶罐作为棺具外，另见有以二个罐体相互扣合而成之瓮棺葬，引起注意的是，这种埋葬方式在三舍遗址几乎不见。另外，三舍遗址墓葬利用覆脸陶的频繁出

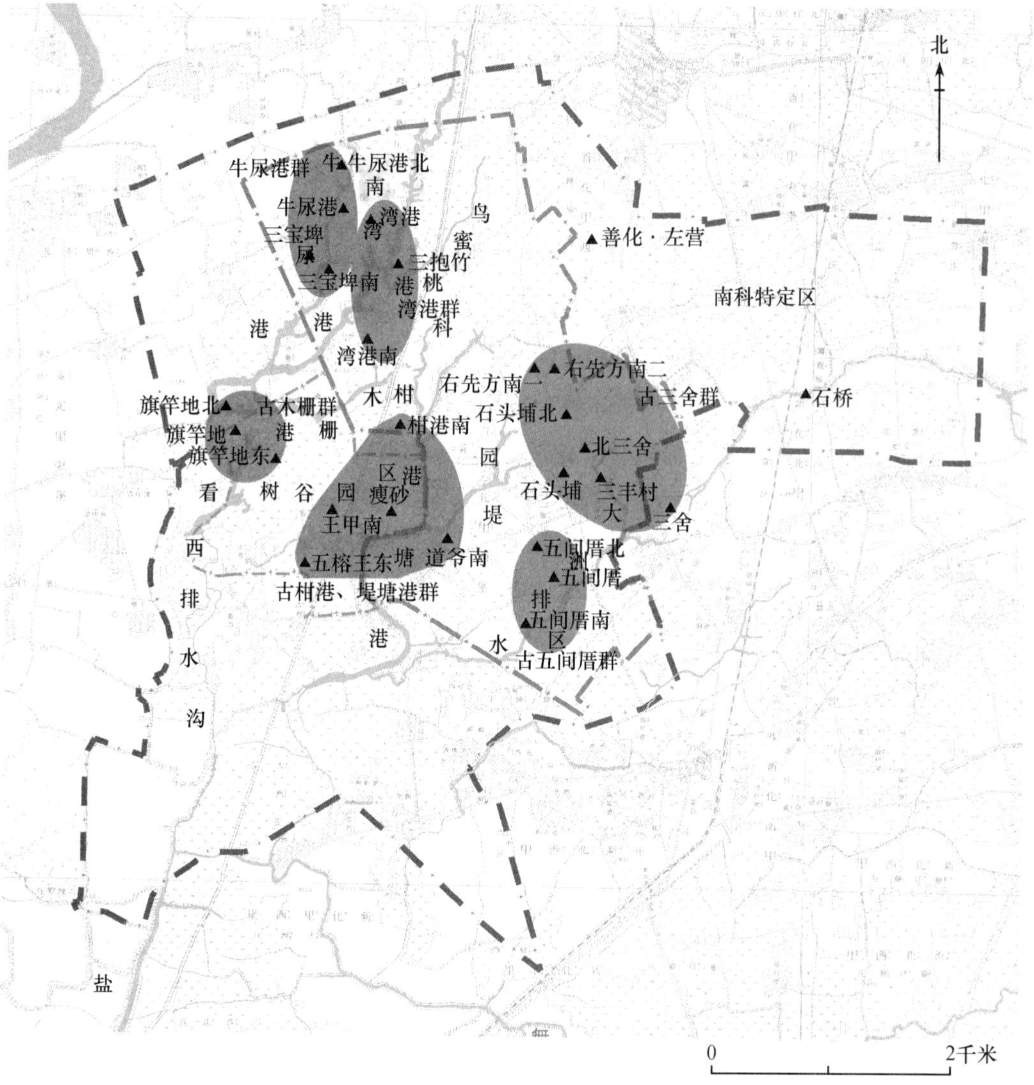

图一　台南科学园区附近新石器时代晚期大湖文化遗址分布示意图

现，以及陪葬陶器与个体处于同一水平高度，更是明显有别的埋葬行为模式。这些现象是否是聚落间的差异，还是时间早晚所产生的区别，仍待更进一步的研究。

基本上，至今所发现的新石器时代晚期遗址，由于调查及发掘资料皆较其他时期来得丰富，所以此一时期的聚落模式也较为清晰可辨。南科园区附近大湖文化时期之遗址，除石桥遗址和善化、左营遗址两处外，主要沿着园区附近的几个古河道沿岸分布，各个遗址或隔岸相对，或沿同一侧河岸间隔分布，依其分布位置可将这些遗址划分成六群（参见图一）：

（1）牛尿港群：牛尿港北、牛尿港、三宝埤、三宝埤南；

（2）湾港群：湾港、三抱竹、湾港南；

（3）古三舍港群：右先方壹、右先方南贰、石头埔北、石头埔、北三舍、三丰村、三舍；

（4）古五间厝港群：五间厝北、五间厝、五间厝南；

（5）古柑港、堤塘港群：柑港南、道爷南、王甲南、瘦砂、五榕王东；

（6）古木栅港群：旗竿地、旗竿地北、旗竿地东。

各地点的文化遗留埋藏深度不一，文化层所在高程亦有所差异，地势最高为三舍遗址，海拔约在4.2米左右，其次则为北三舍、石头埔、三抱竹、五间厝北及五间厝，文化层深度约在2.4、2.3、2以及1.2米左右，而埋藏最深则为五间厝南遗址，深度在海拔1～0.8米左右。虽然各遗址间文化层埋藏深度差异颇大，但因仅能反映的是当时地形势所形成的差异，并不直接代表时间上的早晚。较为特别的是在园区西南方的五间厝北、五间厝南遗址皆见有二层相同的文化层堆积，这两遗址是否为同一聚落还有待进一步研究。

通过发掘显示出当时在这一范围内存在有如此多的聚落，各个聚落大小有别。这些地点中，三宝埤遗址面积超过10万平方米，少数几个遗址超过7万平方米，其余则多的范围约在2万至3万平方米左右属小型聚落。不难能够联想到这些不同面积大小聚落之间是否存在各种组织结构上的关系。在园区内除大湖文化外的其他考古学文化未见有聚落集中的现象，惟新石器晚期的大湖文化聚落呈现出大小型兼而有之的现象。已发掘的遗址中，虽有大、中、小型的聚落，但聚落格局却不清晰。仅发现三抱竹遗址的聚落格局却是目前比较明确的一处。整个聚落中间被一东南朝西北走向之低洼地带切割成南北两个大区块，其内几乎不见任何遗留及现象；在南半区，柱洞群分布之丛集性较不明显；而在北半区，又可根据柱洞群之分布情况分为东西两部，两部被一长条灰坑带以及断续之小沟将两者彼此区隔[2]。整体而言，整个聚落看得出来格局是一种分支性的聚落模式。明显的柱洞群排列显示当时房屋结构类似长方形的建筑，但建筑物的实际形制还无法有明确的结论。

二、台南科学园区新石器时代晚期的陶器遗留

如文初所述，南科园区新石器时代晚期遗址有27处。本文以北三舍遗址陶器为例探讨台湾新石器时代晚期大湖文化所表现的陶器工艺与技术，以及这些工艺与技术所反映的文化来源，是继承于前一阶段的文化遗留或是外来文化带入的新流行。

北三舍遗址位于园区东侧，发现于1998年5月。发现起因为当时台南科学园区行政中心兴建进行取土工程，出土了相当多的近代汉人遗留。其后由考古人员进行会勘，发现除地表散布已知之近代汉人使用青花瓷、安平壶、砖、瓦等残片外，并发现有史前黑陶零星分布，判断应为一处包含史前文化之考古遗址，其中近代汉人遗存多分布于行政中心之南侧，而史前黑陶文化分布则多位于东北侧。经过钻探，其中有18个钻探孔见有灰黑陶文化层遗留，分布范围西缘约在行政中心东北侧50米，分布深度在现今地表下1米左右（海拔4米上下），以陶器碎片为主，质地多属灰黑陶，少数红陶；可见器物

有罐、盆、陶环等；器表多为素面。石器有石锤等。依据钻探结果，该地点为文化遗址，应尽速采取保护措施，经与施工单位讨论后决定采抢救发掘方式处理[3]。

本遗址抢救发掘出土物以陶器为大宗。发掘出土的器物包括有陶容器、陶盖、陶环、陶纺轮、陶网坠、陶珠（含管珠）、类鸟头状器及少数不详器形的陶器等。整体来说，这些出土陶器大致呈现以下几个主要的特征：

（1）不管何种器形、质地，颜色都以灰黑陶为主；

（2）陶器标本几乎无纹饰，以素面为主；

（3）以掺和料来看，陶器质地主要有夹砂陶及泥质陶两类；

（4）大部分发掘出土的标本为陶器残片，仅有陪葬品的陶容器和少数的陶珠、陶网坠、陶纺轮有较完整的器形；

（5）陶容器的破片占全部陶器的99%以上。

北三舍遗址的陶器主要出土于灰坑中，多属被丢弃的器物，故完整器不多。唯有陪葬陶器较为完整，经修复后共计7件，皆为陶钵。其他器形皆由陶片拼合复原后依口沿变化来分辨。陶容器的器形主要有钵形器（图二）、罐形器（图三）、盆形器（图四）、盘形器（图五）、瓶形器（图六）等五大类。在可辨识口沿件数中，以罐形器的比例最高，为56.29%，详见表一，各陶容器再依其形态的变化分出其他型式。

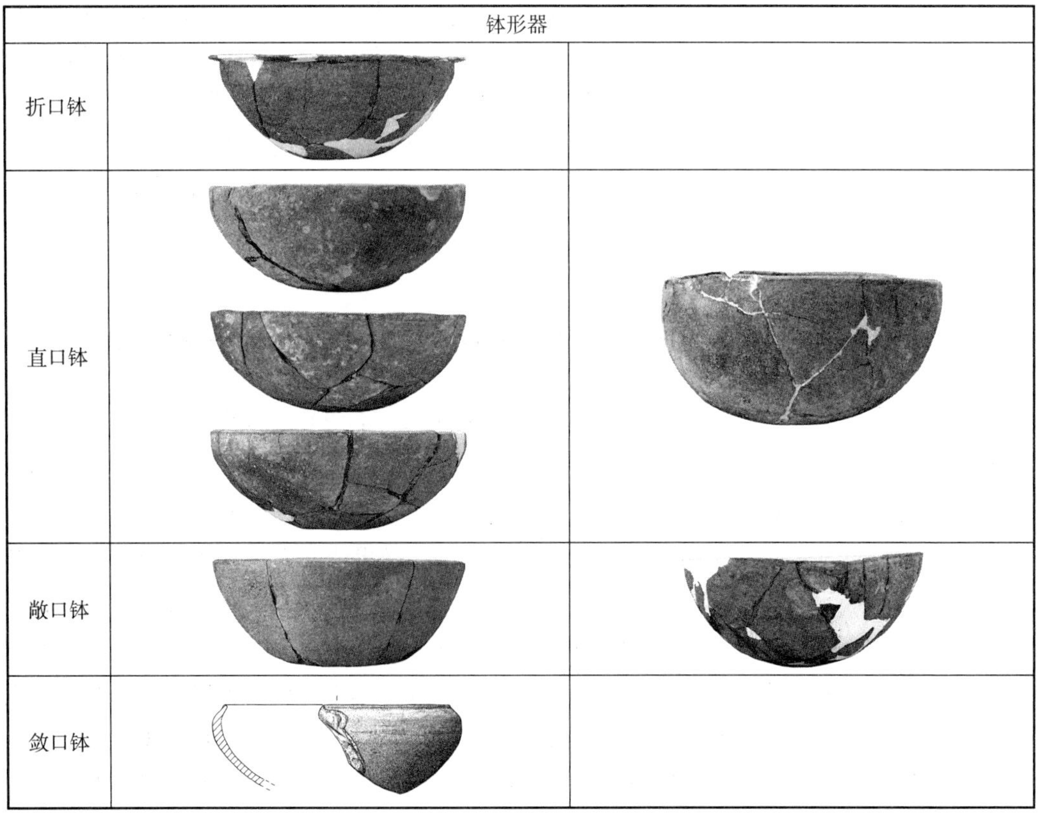

图二　北三舍遗址出土钵形器

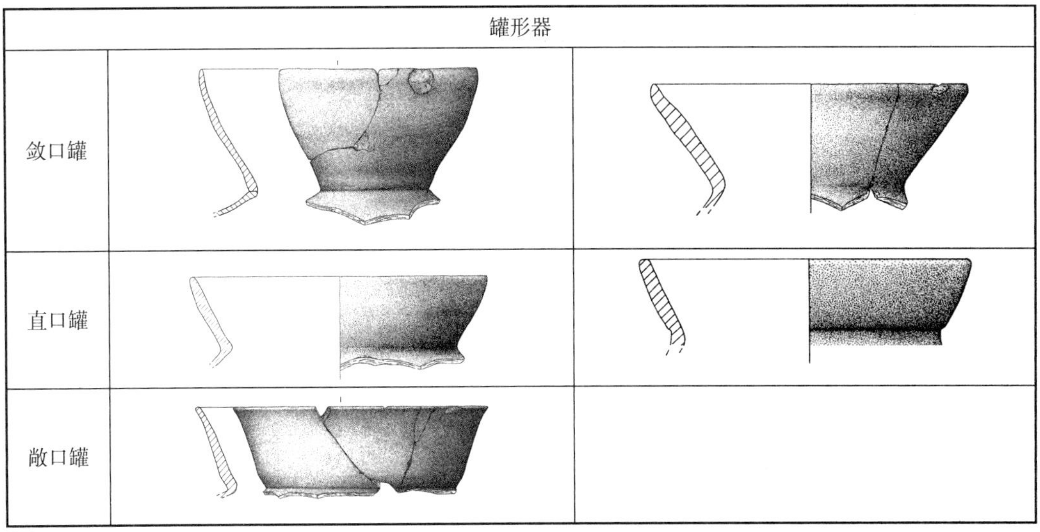

图三　北三舍遗址出土罐形器

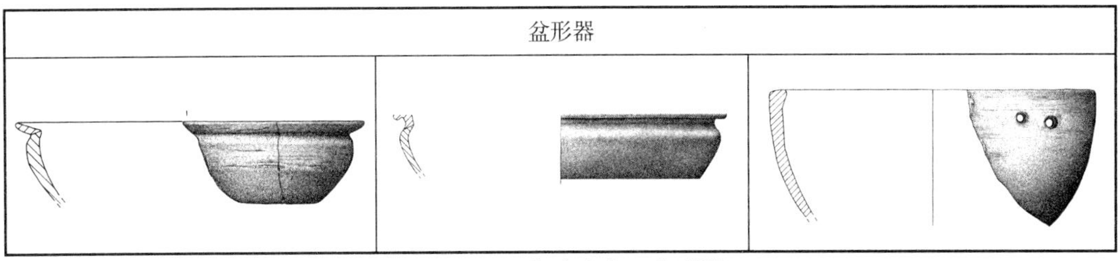

图四　北三舍遗址出土盆形器

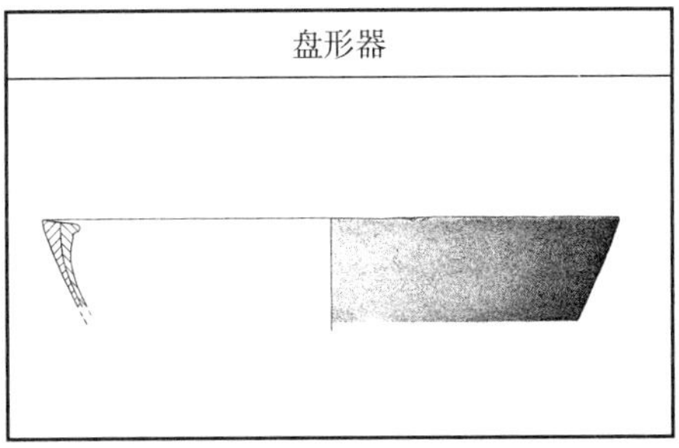

图五　北三舍遗址出土盘形器

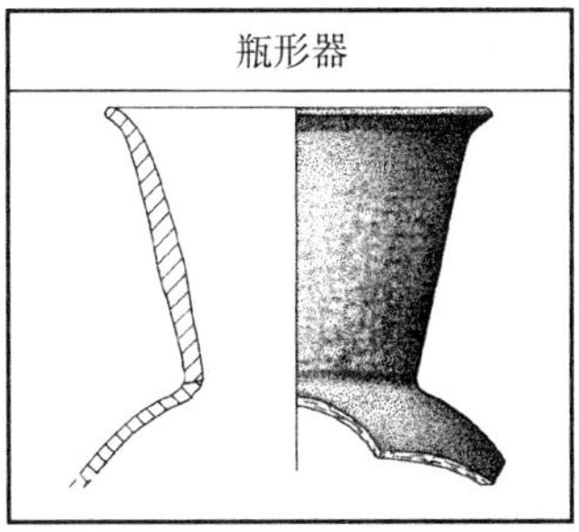

图六　北三舍遗址出土瓶形器

表一　可辨识各类口缘器形分布统计表

探方区 \ 器形		罐形器	盆形器	盘形器	钵形器	瓶形器	总计
V	件数	182	88	2	38	1	311
	百分比	58.52%	28.30%	0.64%	12.22%	0.32%	100.00%
W	件数	57	19		34	3	113
	百分比	50.44%	16.81%	0.00%	30.09%	2.65%	100.00%

续表

探方区 \ 器形		罐形器	盆形器	盘形器	钵形器	瓶形器	总计
X	件数	108	60	1	28	19	216
	百分比	50.00%	27.78%	0.46%	12.96%	8.80%	100.00%
Y	件数	73	38		37	5	153
	百分比	47.71%	24.84%	0.00%	24.18%	3.27%	100.00%
Z	件数	484	208	2	97	22	813
	百分比	59.53%	25.58%	0.25%	11.93%	2.71%	100.00%
总计	件数	904	413	5	234	50	1,606
	百分比	56.29%	25.72%	0.31%	14.57%	3.11%	100.00%

陶器除了钵形器外，其余器形无整器出土。我们仅可依据其口缘特征进行分类。罐形器依口缘特征可分为三型，盆形器亦可分为三型。

通过陶片整理，我们发现北三舍遗址出土的陶器颜色主要有灰黑色系与橙红色系两大类，当中以灰黑色系陶片较多，出土的陪葬器均是灰黑色的陶钵。拼合后的口沿也较常见灰黑色夹杂橙红色，整体为橙红色的容器则较少见。这也符合了大湖文化以灰黑陶为主要特征的现象。

另外我们也发现多数橙色陶片为器表黑、橙夹杂或器表为橙色而内胎则维持灰黑色，故推测部分的橙红色系陶可能是因烧制还原技术控制不佳而所造成局部表面氧化的现象，且氧化状况较常发生在质地为夹砂陶的类别。橙红色系陶片多出自灰坑，大部分北三舍遗址灰坑内见有红烧土块及炭屑，故猜测另有可能为陶器损坏丢弃后，遭到其他焚烧的行为所造成颜色改变或陶器烧制失败为橙红色所以被丢弃。

北三舍遗址出土的陶器标本中盆形器、盘形器、钵形器与瓶形器等质地多为泥质陶，而罐形器则以夹砂陶的数量比例较高，推测应与其使用功能相关。因制作陶器时若只使用陶土，虽然质地很细致，但是完成后的陶器却很容易碎裂。若是在制作时掺入砂石屑，不只可以提高陶器的耐热性，防止在烧制过程中破碎也可让完成后的陶器质地更为强韧，才能拥有更长的使用期限。因此质地也可当作陶器在使用上不同功能的一个判断条件。

除陶容器外，其余形制的陶器虽有出土，但数量均不多。如陶盖、陶环、陶纺轮、陶网坠等。这些陶器都以泥质陶为主，但在陶色上灰黑色系与橙红色系数量相差无几。

三、文化年代与分期

大湖文化时期的陶器工艺表现，以灰黑色陶为主，泥质与夹砂都有，器形主要有鼓腹罐、卵体瓶、钵，以及各式的带缘盆形器等，纹饰多为素面，部分陶器带有篦划纹和篦刺纹。这些是作为大湖文化的主要辨识特征。

北三舍的出土遗物中陶器质地多属灰黑陶，少数红陶。因此初步比较分析，其与大湖文化相近。本次发掘由遗址文化层中抽取 2 件木炭标本，进行碳十四年代测定，这 2 件标本埋藏深度在地表下 180 ~ 190 厘米（表二）。测定结果更进一步表明北三舍遗址的年代分布在距今 2500 ~ 2700 年前，为大湖文化之乌山头期。

表二　北三舍遗址碳十四年代测定结果

实验室编号	地点	行政隶属	标本性质	原始数据（年）	校正年代	或然率中值	误差范围（年）	说明
BETA-146843	北三舍	台南县新市乡	木炭	2570±40	2740	2708	2755 ~ 2514	乌山头期灰坑（EC001 X-T4P6L18F1）
NTU-3397	北三舍	台南县新市乡	木炭	2510±100	2711 2627 2620 2556 2551	2572	2739 ~ 2470	乌山头期灰坑（EC002 X-T8P1L19F1）

除北三舍遗址外，南科园区在发掘过程中便陆续拣送大湖文化相关遗址样本给实验室测定年代（表三）。根据年代测定的原始数据来看，所有的年代都落在距今 3000 ~ 1800 年。早在 2004 年南科抢救考古计划第一期的期末报告中[4]，根据当时地表调查和考古田野发掘所获得的资料和观察，曾经将这个阶段的文化分为大湖期和乌山头期。

表三　南科园区新石器时代晚期遗址碳十四年代测定数据记录表

标本号	地点	标本性质	原始数据（年）	或然率中值	误差范围（1d）	校正年代（2 sigma）-A	Relative area under probability-A	出土地点	备注
SPC-EC003	三抱竹	木炭	2860±80	2990	2866-3137			H14II-T7P0L34F3-1	*
SPC-ES001	三抱竹	贝壳	2880±50	2648	2591-2729			S. C.	*
SPC-EC005	三抱竹	木炭	2370±190	2426	2160-2713			G16II-T5P8F1L32	*
SPC-EC006	三抱竹	木炭	2360±70	2425	2212-2705			I17II-T3P6F1L29	*
SPC-EC001	三抱竹	木炭	2630±40	2758	2742-2776			I14II-T8P7L45 b & d	*
SPC-EC004	三抱竹	木炭	2610±40	2748	2731-2775			H16II-T8P4L36	*
---	三抱竹	木炭	2547±39	2614	2506-2747			Core#H3, 3.1m deep	*
SPC-EC007	三抱竹	木炭	2110±180	2094	1897-2326			G15II-T6P2F1L33	*
SPC-ES001	三抱竹	贝壳	2510±70	2170	2100-2279			H13-T2P2F1L27	*

续表

标本号	地点	标本性质	原始数据（年）	或然率中值	误差范围（1d）	校正年代（2 sigma）-A	Relative area under probability-A	出土地点	备注
SPC2-EC-363	三抱竹	木炭	2930±60			3265-2923	0.979	G16-T6P4L33-F1	
SPC2-EC-1237	三抱竹	木炭	2910±60			3243-2918	0.958	F11-T2P8L29-b	
SPC2-EC-246	三抱竹	木炭	2900±80			3267-2849	0.983	G17-T9P3L33-H2	
SPC2-EC-454	三抱竹	木炭	2790±70			3077-2757	1	G15-T3P5L34-F1	
SPC-EC-319	三抱竹	木炭	2720±70			2980-2738	0.995	H17-T4P4L30-F1	
NNK-EC010	牛尿港	木炭	2600±140	2654	2470-2847			N27-T1P3L17c	*
NNK-EC081	牛尿港	木炭	2489±33	2572	2471-2712			J24-T4P5L20F1	*
NNK-EC057	牛尿港	木炭	2200±90	2197	2119-2329			E19-T6P8L20d	*
NNK-EC-015	牛尿港	木炭	2680±90			3006-2677	0.892	M28-T7P3L16a	
NNK-EC-089	牛尿港	木炭	2670±70			2957-2701	0.964	J26-T9P1L18-F2	
NNK-EC-003	牛尿港	木炭	2710±80			3009-2712	0.981	G19-T2P2L22F2	
NNK-EC-238	牛尿港	木炭	2330±90			2619-2147	0.901	I25-T7P0L15a	
NNK-EC-315	牛尿港	木炭	2550±90			2788-2357	1	K26-T0P1L22F1-o	
NNK-L26-B1	牛尿港	木炭	2820±50			3072-2837	0.938	L26-T0P4L15 ~ 25-B1	
NNK-M28-B2	牛尿港	贝壳	2990±50			2883-2678	1	M28-T4P4L18-B2	
NNK-F19-019	牛尿港	木炭	2620±90			2894-2451	0.959	F19-T2P0L23-F1	
NNK-EC-224	牛尿港	木炭	2430±50			2705-2634	0.211	I25-T7P0L17-F1	
NNK-EC-071	牛尿港	木炭	2610±50			2846-2696	0.805	H20-T0P2L21-F2	
NNK-EC-230	牛尿港	木炭	2790±70			3077-2757	1	K24-T8P6L20-F1	
NNK-EC-134	牛尿港	木炭	2760±80			3075-2745	1	L29-T4P0L18-F1	
NNK-EC-204	牛尿港	木炭	2970±80			3359-2930	1	J26-T3P9L17-F1	

续表

标本号	地点	标本性质	原始数据（年）	或然率中值	误差范围（1d）	校正年代（2 sigma）-A	Relative area under probability-A	出土地点	备注
NNK-EC-017	牛尿港	木炭	2360±50			2519-2308	0.859	I25-T7P0L16-a	
NNK-EC-463	牛尿港	木炭	2770±90			3084-2742	0.965	H21-T7P5L19-F1	
NNK-EC-008	牛尿港	木炭	2860±60			3166-2845	0.975	J26-T4P6L17-F1	
NNK-EC-097	牛尿港	木炭	2880±60			3173-2859	0.958	J26-T9P1L17-F1	
PSS-EC001	北三舍	木炭	2570±40	2706	2512-2753			X-T4P6L18F1	*
PSS-EC002	北三舍	木炭	2510±100	2567	2469-2741			X-T8P1L19F1	*
YHFSI-EC038	右先方南壹	木炭	2660±100	2774	2513-2922			F13-T1P8L33F1	*
YHFSI-EC-032	右先方南壹	木炭	2750±70			3006-2746	0.988	E13-T5P4L23-F1	
YHFSI-EC-034	右先方南壹	木炭	2680±90			3006-2677	0.892	E13-T9P5L22-F1	
YHFSI-EC-013	右先方南壹	木炭	2760±90			3083-2737	0.974	E12-T8P3L22-F1	
YHFSII-EC040	右先方南贰	木炭	2730±60	2832	2770-2915			J11-T7P8L16F1	*
YHFSII-EC163	右先方南贰	木炭	2490±60	2563	2470-2713			K11T2P3L22F1	*
YHFSII-EC0012	右先方南贰	木炭	2889±20			3077-2951	0.939	K10-T5P5L21d	
YHFSII-EC0138	右先方南贰	木炭	2929±25			3163-2978	0.896	M15-T6P2L17c	
YHFSII-ES-01	右先方南贰	贝壳	2710±50			2609-2299	1	L15-T4P6L17a	
YHFSII-EC-0041	右先方南贰	木炭	2560±50			2764-2486	0.993	K12-T6P2L15-F1	
YHFSII-EC-0140	右先方南贰	木炭	2600±50			2798-2682	0.701	M12-T1P1L17-F1	
YHFSII-EC-0194	右先方南贰	木炭	2650±50			2866-2714	0.994	N14-T0P2L13-F1	
YHFSII-EC-0192	右先方南贰	木炭	2620±40			2845-2707	0.974	M12-T1P0L17-F1	
YHFSII-EC-0150	右先方南贰	木炭	2560±60			2779-2457	0.983	K13-T3P2L19-F1	

续表

标本号	地点	标本性质	原始数据（年）	或然率中值	误差范围（1d）	校正年代（2 sigma）-A	Relative area under probability-A	出土地点	备注
YHFSII-EC-0189	右先方南贰	木炭	2580±60			2796-2462	0.99	M15-T5P1L18-F1-1	
YHFSII-EC-0044	右先方南贰	木炭	2640±50			2866-2706	0.978	L15-T0P2L14-F1	
YHFSII-EC-0115	右先方南贰	木炭	2510±70			2746-2431	0.909	K11-T9P7L15-F2	
WK-EC206	湾港	木炭	2629±33	2757	2745-2770			P16-T5P1L27F3	*
WK-EC013	湾港	木炭	2470±80	2547	2363-2710			R16-T6P025F1	*
WK-EC003	湾港	木炭	2190±120	2182	2056-2335			Q13-T7P6L26a	*
WK-EC-037	湾港	木炭	2740±80			3064-2740	1	P14-T6P2L24F1	
WK-EC-132	湾港	木炭	2510±50			2745-2452	0.948	R13-T0P0L24d	
WK-EC-122	湾港	木炭	2680±70			2963-2704	0.985	R16-T3P7L25a	
WK-EC-128	湾港	木炭	2660±60			2897-2704	0.965	R13-T8P2L26-F1	
WK-EC-244	湾港	木炭	2690±70			2965-2711	0.995	P14-T9P1L24-c	
WK-EC-018	湾港	木炭	2760±90			3083-2737	0.974	R16-T7P4L25-b	

注：* 号者为抢救发掘时所进行年代测定的数据，似乎与整理过程所拣送测定的年代略有差异

（1）大湖期：园区东北侧外围的善化。左营遗址为本时期的典型遗址，另园区内的道爷南遗址东侧下层及右先方南贰遗址下层即属本期遗留，推测年代距今3300 ~ 2800年。由于现有的相关数据仅限于采集所得，相关信息尚不充足，已知的材料多属陶器标本。初步观察，本时期的石器数量已大减，其中橄榄石玄武岩质地可能也逐渐消失；而在陶器方面，最明显的特征即是灰黑陶的比例逐渐增加，器形见有罐、瓶、钵、带沿盆等，常于颈折下方施加各式篦划纹饰；但另一方面，素面红陶仍占有相当的比例。由于尚未进行发掘，其他有关聚落、墓葬等现象尚待进一步的了解。

（2）乌山头期：见于北三舍、三抱竹、五间厝北、五间厝（下层）、五间厝南、石头埔、石头埔北、右先方南壹、右先方南贰、牛尿港、湾港、湾港南、三丰村、三宝埤、三宝埤南等15处地点，年代距今2800 ~ 1800年，虽然园区在此一时期所发现的遗址数量最多，但除三宝埤遗址达10万平方米左右外，其他各地点规模皆不大，约在5万平方米以下，而遗址内遗留的密度及数量也较其他遗址来的低。另外这些遗址的遗

留彼此间也有所差异，如贝类仅见于三抱竹、牛尿港、湾港等西北侧的遗址，而不见于其他地点。石器数量较前期剧减，最典型者为砂岩精磨抛光的巴图形石斧。而在陶器方面，不管是容器、纺轮、网坠等，灰黑陶皆占绝大比例，但陶环则以泥质红陶为主，可能开始出现鸟头状器。墓葬及其他社会行为也与先前有所差异，婴儿虽然仍然使用瓮棺埋葬，但改为竖置；再者墓穴深度极深，可达 70 厘米左右，部分可见有棺木痕迹；葬姿主要为俯身直肢葬，头向多朝北而与前期不同；墓葬少见饰品性质的陪葬品，反而普遍见有可能用来盛装饮食的陶容器置于头部上方，部分墓葬另见陪葬与性别分工相关的工具，如网坠见于石头埔遗址男性圹穴中；纺轮见于三抱竹遗址之女性墓葬中。三抱竹、五间厝南遗址尚出土无首墓葬，代表猎首行为持续存在，成年墓葬同样也常见有拔牙之风俗存在。

必须说明的是，上述的分期标准有必要随着出土文物的整理和年代测定数据的累积重新检讨和定义分期的有效性与正确性。依据目前南科园区新石器时代晚期遗址来看，因为缺乏明确的地层叠压关系，大湖文化的分期还有重新检讨的必要性。

四、讨　论

陶器是北三舍遗址中出土最多的物质文化遗存，包括有作为装饰品的陶珠、管珠、陶环和当作工具的陶纺轮、陶网坠及各式陶容器。陶容器的样式繁多，包括罐、盆、盘、钵、瓶等器形，充分表现了一个聚落在当时为了应不同场合活动所使用到不同的生活器物。

北三舍陶容器制作方式中，罐形器、盆形器为外加口缘方式，也就是将口部与体部分开制作后再加以黏合。瓶形器则为口、颈、体三部位分开制作，口体黏合于颈部内侧。部分盆形器中在器壁有穿孔，但因所穿之孔并无使用之痕迹，故无法判断其穿孔之功能性。表面处理方面，因剥落严重无法判定是否有抹泥，但可以确定的是泥质陶器表面均有打磨现象。

陶容器颜色，有灰黑色系与橙红色系两大类，当中以灰黑色系陶片较多，且出土的墓葬完整容器都属灰黑色的陶钵；拼合后的口缘也以灰黑色夹杂橙红色，整体而言，橙红色的容器极为少见。除容器外，陶环、陶纺轮、陶网坠和陶管珠的颜色似乎平分秋色，差异不大。值得提出的是，作为新石器时代晚期的文化特征之一的灰黑陶烧制工艺与技术，从台南科学园区的出土遗留来论，揭露了哪些讯息？可以从几个方面来看。

首先，有关对黑陶文化的认识，早在日据时代就已经由日籍学者提出作为讨论台湾与中国大陆史前文化的关联性。1943 年出版的《台湾文化论丛》第一辑，分别有国分直一发表《有肩石斧、有段石锛及黑陶文化》[5]；金关丈夫发表《关于台湾先史时代北方文化的影响》[6]。此外，也在同一年，鹿野忠雄发表《台湾先史时代的文化层》[7]，文中提到："黑陶文化层：似以华北山东省为其分布中心的黑陶文件，被认为华北新石器时代文化，其年代又被认为公元前1300 ~ 前2500年之古远。台湾的黑陶即使也是属于此一系统，要是遽予推定台湾与大陆黑陶的年代为相同，恐陷于错误。笔者以为，将其年代拟于迟缓于上者方为妥当。而且，黑陶的传入时期是否在纯石器时代亦不明；但也许是在金石并用文化期中，而与他种文化同时混入者亦未可知。……。黑陶文化在台湾似未达到东海岸，而在西海岸则颇常见，尤以南部最甚，而出土于贝冢。……。”

以上论点不论是否有待商榷，单就当时的材料和考古学研究的知识和经验累积已经是当时独到的见解。且时至今日，台湾对于这些灰黑陶文化的来源始终还是未有一个定论；光就台南科学园区属于新石器时代中期的牛稠子文化仅发现一处右先方遗址，而新石器晚期的大湖文化却已发现27处遗址。如果说，这是文化传承下的发展与繁盛，则令人难以想象其变化。

其次，从台南科学园区发现灰黑陶的记录来看，从右先方遗址牛稠子文化层的堆积里出现数量不少的灰黑色泥质陶环[8]。陶环质地多属灰黑泥质陶，器形较宽。内径约在6厘米。宽面上常饰以各式压印纹、刻划纹等，工艺相当成熟。事实上，仅就陶环制作工艺技术的表现来比较，非常明显的可以看到大湖文化的陶环截然不同于牛稠子文化。北三舍遗址出土的陶环多为素面黑灰陶或红陶，当时的匠人并没有花费太多的心思在制作陶环上，这与牛稠子文化有截然不同的风格。

最后，从目前已知的大湖文化遗址中也可以发现，同一器形在不同一遗址也会有些微的差异。以北三舍出土各种陶容器的造型（图七）来看，其中几种口缘的变化便在不同遗址间能够反映出各遗址的差异（图八、图九），这一变化是各遗址间工艺技术的改变与创新抑或是相异人群的取代？

从罐形器及盆形器的口沿比较可以发现，南科园区内大湖文化遗址间的陶器器形虽然都相同，但在口沿上仍有些许的差异，如北三舍遗址的盆形器口沿有外卷及器壁上有穿孔，而右先方南壹遗址就不见口缘外卷。这样的差别是因年代上的不同还是因为各遗址间的人群区别所造成，还需进一步研究。

目前从南科整理计划完成的新石器时代晚期遗址出土遗留，仅就陶器的部分便能提供非常丰富的新的认识，对理解台湾考古文化也能发挥关键性的作用。对社会大众而言，这些数据的发表，不仅能修正以往对于大湖文化认识的不足或不正确的信息，更能够作为社会大众正确认识台湾考古文化的重要途径。

对考古学研究而言，南科园区附近27处新石器时代晚期的考古遗址所能提供的不只是物质文化的内容及意义。聚落形态的考古学研究便是一个期望更深入了解这个时代社会结构、宗教信仰、经济关系、生业形态、空间分析和生态适应等层面的重要课题；也唯有透过对遗址细致的研究和分析，才能够有机会真正掌握台湾史前文化内容的精髓。这也是南科园区抢救考古发掘资料最难能可贵的所在。

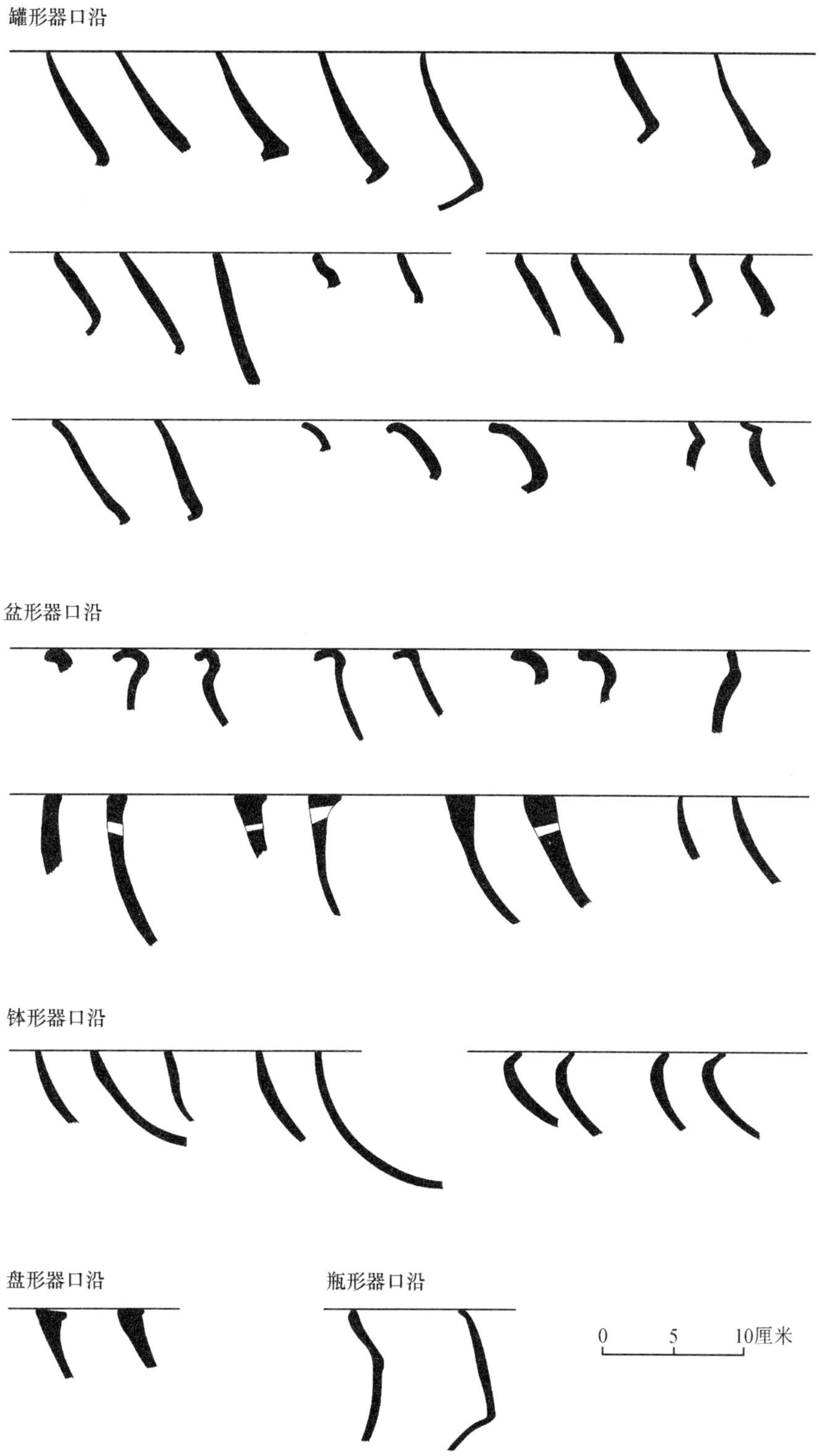

图七 北三舍遗址出土各式陶器形制口沿变化剖面图

园区大湖文化遗址	罐形器口缘
北三舍遗址	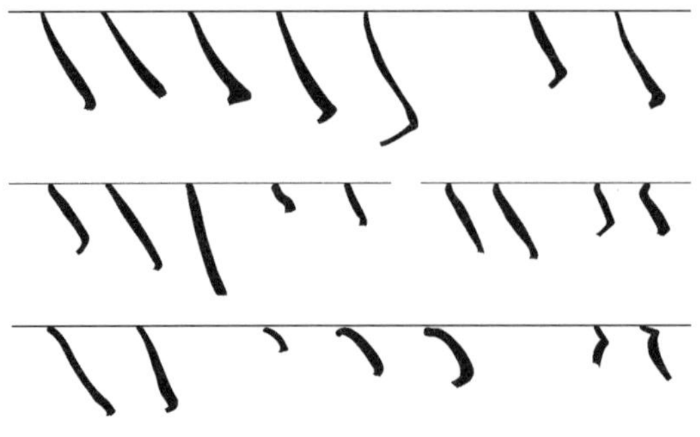
牛尿港遗址	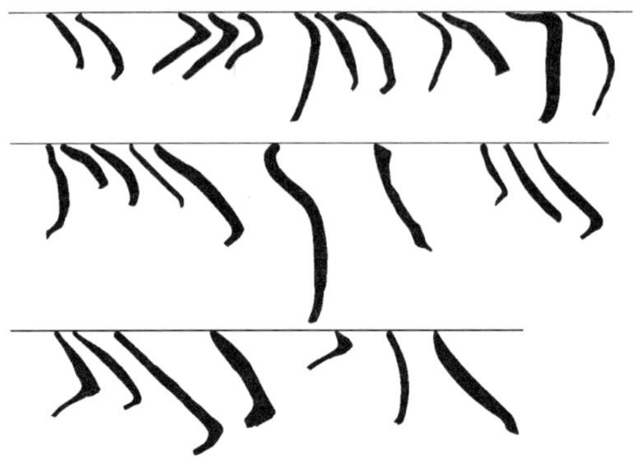
右先方南壹遗址	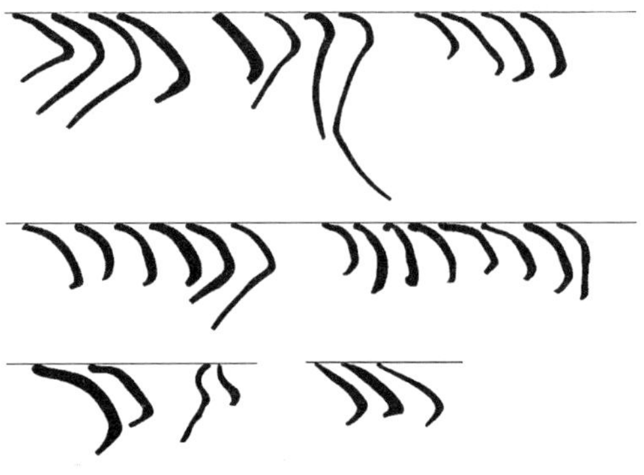
三宝埤南遗址	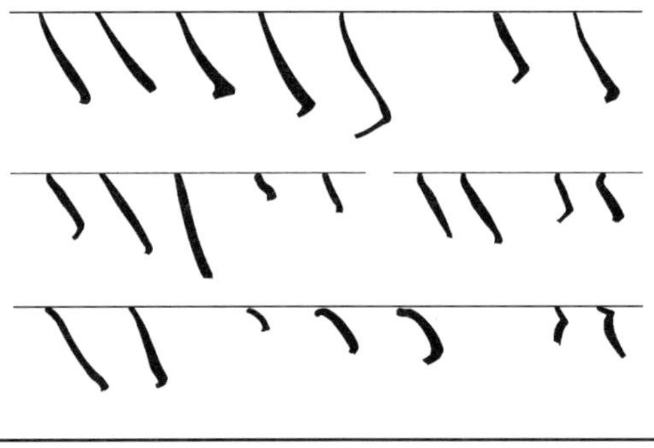

图八　北三舍遗址与其他遗址罐形器口沿比较

园区大湖文化遗址	盆形器口缘
北三舍遗址	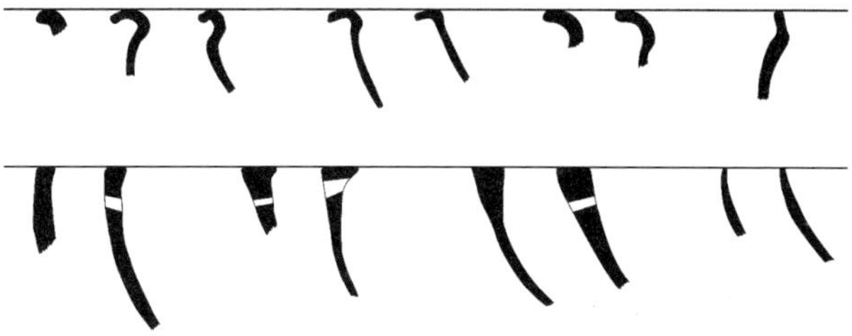
牛尿港遗址	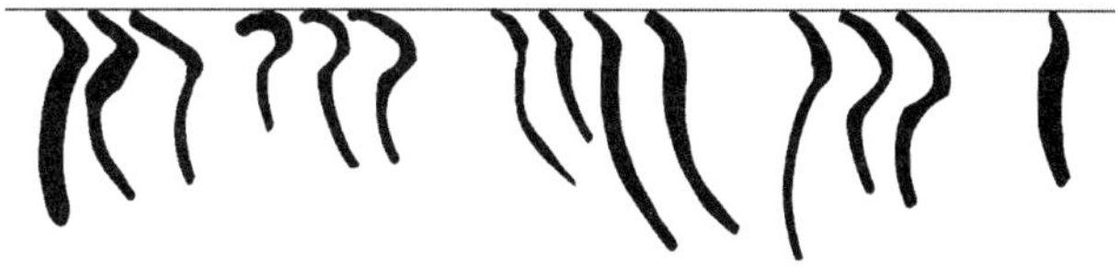
右先方南壹遗址	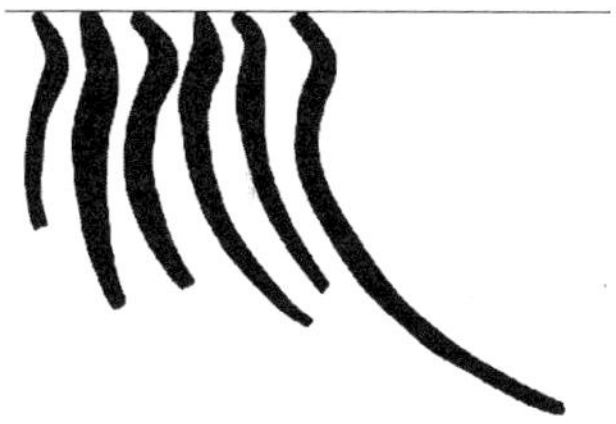
三宝埤南遗址	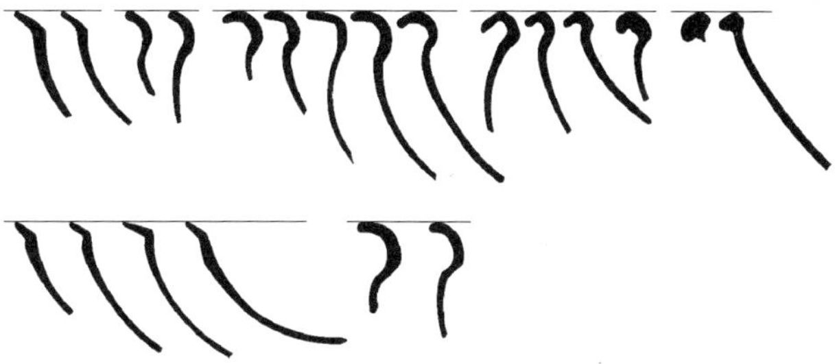

图九　北三舍遗址与其他遗址盆形器口沿比较

注　　释

［1］ 臧振华，李匡悌．南科的古文明［M］．台北：台湾史前文化博物馆，2013：184.

［2］ 臧振华，李匡悌．三抱竹遗址考古发掘报告［C］．台北：历史语言研究所，2012：53-55.

［3］ 臧振华，李匡悌．高速铁路南科段北三舍遗址抢救计划期终工作报告［C］．台北：历史语言研究所，2008：1-9.

［4］ 臧振华，李匡悌．南科抢救考古计划第一期期末报告［C］．台北：历史语言研究所，2004：61-71.

［5］ 〔日〕国分直一．有肩石斧、有段石锛及黑陶文化［A］．台湾文化论丛［C］．台北：清水书店，1943：17-75.

［6］〔日〕金关丈夫．关于台湾先史时代北方文化的影响［A］．台湾文化论丛［C］．台北：清水书店，1943：1-16.
［7］〔日〕鹿野中雄．台湾先史时代的文化层［M］．台北：台湾省文献委员会，1955：31-32.
［8］臧振华，李匡悌．右先方遗址考古发掘报告［C］．台北：历史语言研究所，2008：171-172.

The Cultural Context and Significance Reflected by Pottery Technology of the Late Neolithic in Taiwan Based on the Case Study of Beisanshe Site

LEE Chin-wen　LI Kuang-ti

In total, fifty-nine sites from Tainan Science Park can be categorized as Dahu culture, a late Neolithic cultural component in Taiwan. They include Wujiancuo、Beisanshe、Sanbaozhu、Wujiancuo North, Shitoupu, Sanfengcun, Wujiancuo South, Wangang South, Niuniaogang, Wangang, Sanbaopi, Sanbaopi South, Youxianfang South 1, Youxianfang South 2, Shitoupu North, Niuniaogang North, Sanshe, Shiqiao, Qigandi, Qigandi North, Qigandi East, Wangjia South, Shousha, Wurongwang East, Qianghuayouying, Gangang South. Twenty-four sites are excavated by Tainan Science Park Archaeology Team of Academia Sinica and Taiwan Prehistory Museum. Since 2006 to this moment, we have been working on those archaeological collections from TSP sites. The goal of this paper is to determine the common style of the pottery of Dahu Culture and its craftsmanship and techniques, based on the remains from Beisanshe site. The most significantly, the study result is able to further our understanding to Dahu Culture, southwestern Taiwan and their technology of ceramic making.

陕北地区石峁遗址相关遗存的性质及其形成的鬲谱观察*

段天璟 董霄雷

（吉林大学考古学院，长春，130012）

近年来，位于陕西省神木县高家堡镇的石峁遗址引人注目，不仅发现了大量玉器，更于2011年以来确认了国内已知规模最大的龙山时代至夏代早期阶段的城址[1]。

石峁遗址地处陕北高原北部、南流黄河支流秃尾河的北岸。陕北高原人文地理位置独特，南接关中盆地，西、北经鄂尔多斯高原可直抵河套平原，东跨南流黄河隔吕梁山可达晋中、忻定盆地。学界关于陕北地区龙山时代至夏时期考古学遗存有客省庄文化石峁类型[2]、前套龙山文化[3]、游邀文化[4]、寨峁文化[5]、永兴店文化[6]、大口文化[7]、新华文化[8]、老虎山文化白草塔类型[9]，以及朱开沟文化石峁类型[10]等名称，反映出学界关于陕北地区龙山时代至夏时期遗存的年代、性质等问题的认识存在诸多不同。

陕北地区的陶鬲是认识此地这一时期考古学文化性质和变迁的关键。笔者曾指出，陕北地区这一时期的陶鬲有双鋬鬲、单把鬲、花边鬲、无鋬无把鬲等类。新华遗址见有上述四种陶鬲，且新华遗址花边鬲出现的年代较鄂尔多斯高原的朱开沟遗址稍早，或为陕北与河套地区从鋬手鬲中派生出来的地方新种[11]。

随着发掘资料的不断刊布，我们发现石峁[12]、新华[13]、寨峁梁[14]、木柱柱梁[15]和寨峁[16]等遗址这一时期遗存的面貌相近，双鋬鬲、单把鬲在各遗址出土遗存中占重要比例，无鋬无把鬲和花边鬲也偶有发现。

那么，石峁遗址相关遗存的文化性质是怎样的呢？正如张忠培先生指出，石峁"这个城址目前看来龙山和夏时期是延续的，但是这两个文化还不能肯定是同一谱系文化的两个发展阶段，很有可能是不同谱系的文化。两者之间是否有承继关系，将来还要进一步探索"[17]。

我们发现，陕北地区双鋬鬲呈现出与忻定盆地的游邀遗址相同的形态和演化规律[18]。张忠培先生通过20世纪80年代吉林大学考古专业在晋中地区的考古工作预见到，黄河东岸的吕梁山区自半坡至夏代早期文化的传承关系应与太原盆地一致[19]。要之，陕北地

* 本项成果得到国家社科基金项目（17BKG020）、吉林大学哲学社会科学青年学术领袖培育计划项目（2016FRLX10）资助。

区与晋中及忻定盆地间应存在文化交流。如是，龙山时代至夏时期两地交流的途径和情景又如何呢？

本文拟从以往研究出发，在新近刊布资料的基础上，就石峁遗址相关遗存的性质及其与周边的文化关系等问题谈谈自己的意见。

一、三个阶段：石峁遗址相关遗存的相对年代

遗存的年代是探讨其性质等问题的前提。笔者曾专文讨论过神木新华遗址陶鬲的排序问题[20]，在此基础上，我们对文化面貌接近的石峁、寨峁梁、木柱柱梁和寨峁四处遗址出土的陶鬲进行分类并排序，从单位出发，结合与陶鬲共出的其他陶器，探讨石峁遗址相关遗存的相对年代。

由于双鋬鬲和单把鬲的出土数量占大宗，我们根据这两种鬲的出土情况将石峁、寨峁梁、木柱柱梁和寨峁四个遗址出土陶鬲的单位分为仅出双鋬鬲、双鋬鬲与单把鬲共存和仅出单把鬲三类。因无鋬无把鬲和花边鬲偶有发现，关于这两类陶鬲的年代问题，我们置于后文讨论（表一）。

表一　石峁、寨峁梁、木柱柱梁、寨峁遗址出土陶鬲的单位

遗址	类别	单位
石峁遗址	仅出双鋬鬲	TG1 ③ H1、2012W1、2012W2、2012W3、F10、F11
	双鋬鬲与单把鬲共存	H3、F7
	仅出单把鬲	2012F3
寨峁梁遗址	仅出双鋬鬲	F29-F30、F13 ③
	双鋬鬲与单把鬲共存	K1、F1、H10
	仅出单把鬲	F10
木柱柱梁遗址	仅出双鋬鬲	F15 ②、F21、H106 ②、H80 ③、F20
	双鋬鬲与单把鬲共存	未见
	仅出单把鬲	H145 ②
寨峁遗址	仅出双鋬鬲	AH9、AF2、CH21
	双鋬鬲与单把鬲共存	未见
	仅出单把鬲	AT3010 ②、CT1704 ②

注：一些单位中陶鬲仅见口沿部分，无法辨识形态，暂未列入。

先来看仅出双鋬鬲的单位。

石峁遗址中共有六个仅出双鋬鬲的单位。其中有一组层位关系具有分期意义，即后阳湾地点 2012W2 → 2012W3。W2、W3 二单位均仅见一件陶鬲。2012W2：1 鬲（图一，3）裆部有明显的瘤状下凸，简报称其为“瘤裆”鬲。2012W3：1 鬲（图一，4）袋足外撇，裆部为宽弧状，简报称其为宽弧裆鬲。可知 2012W3：1 宽弧裆鬲的年代早于

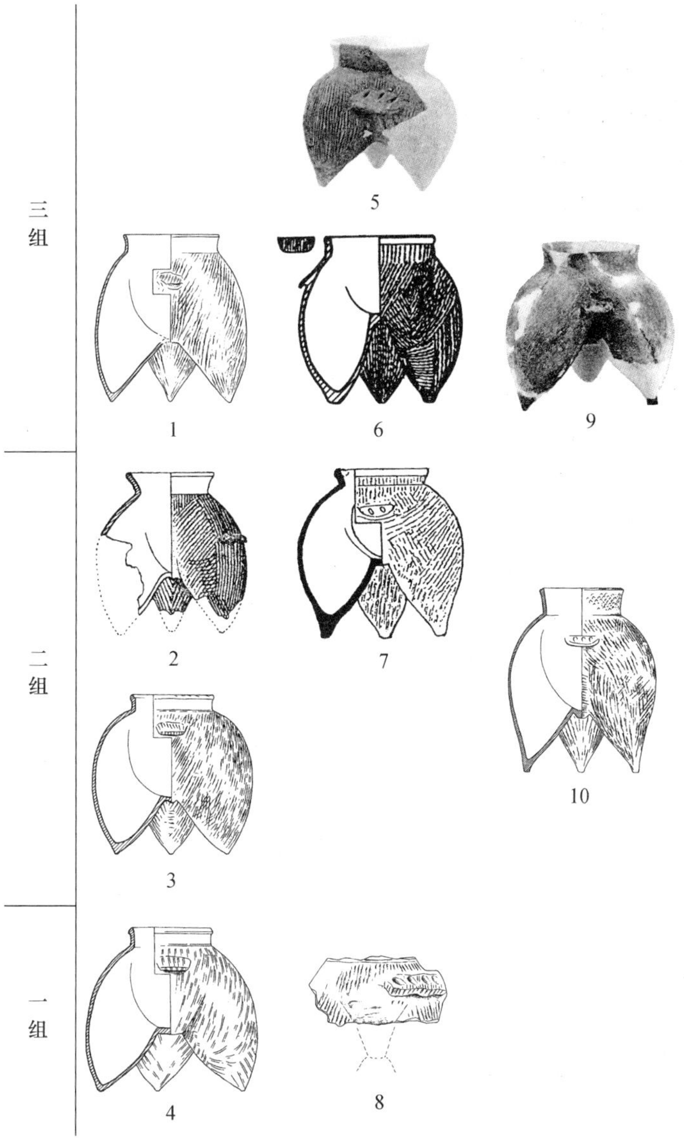

图一　石峁、寨峁梁、木柱柱梁和寨峁遗址仅出双鋬鬲单位双鋬鬲的排序

1. F29-F30：1　2. TG1③H1：10　3. 2012W2：1　4. 2012W3：1　5. F15②：1　6. AH9：4　7. AF2：3　8. F13③：1　9. H106②：1　10. H80③：22

（1、8. 寨峁梁；2～4. 石峁；5、9、10. 木柱柱梁；6、7. 寨峁遗址）

2012W2：1瘤裆鬲。F10、F11各有一件陶鬲，仅余口及部分腹部，暂不讨论。

笔者曾根据考古绘图的通则指出，石峁TG1③H1：10为正装双鋬鬲（图一，2），并认为这件陶鬲的裆部宽平，年代应与寨峁遗址AF2：3宽平裆正装双鋬鬲（图一，7）相近[21]。后阳湾地点2012W1见有一件陶鬲W1：1，因其裆部残缺，我们将于后文讨论其年代问题。

寨峁梁F13③见有两件陶鬲F13③：1、F13③：2，均残，但可以辨别出其裆部均为宽弧裆（图一，8），F29-F30：1见有一件尖角裆正装鋬手鬲（图一，1）。张忠培先生在讨论游邀遗址陶鬲演变关系时指出，尖角裆鬲的年代晚于瘤裆鬲和宽弧裆鬲的年代[22]。据此判断，F29-F30：1鋬手鬲的年代晚于F13③：1鋬手鬲。又据石峁2012W3：1早于W2：1的结论推断，2013W3：1或为目前所知陕北地区年代最早的正装双鋬鬲的代表。

可以发现，寨峁梁F13③：1双鋬鬲与石峁2012W3：1鬲（图一，8、4）均为宽弧裆，二者年代相近。石峁TG1③H1：10裆部宽平的特征与石峁2012W2：1接近，在形态发展上可置于石峁2012W2：1与寨峁梁F29-F30：1之间（图一，1 ~ 3）。

木柱柱梁F15②、F21、H106②、H80③、F20出土双鋬鬲。H80③出土六件陶鬲，均为矮领，其中H80③：22（图一，10）与H80③：21形态相似，为瘤裆正装双鋬手鬲，其余四件仅存领部。F20出土三件陶鬲，其中F20：7鬲与寨峁F13③：1鬲相似，根据裆部形态判断为宽弧裆鬲，其余两件仅存领部。F21、F15②、H106②均仅见一件正装双鋬鬲。F21：6斜矮颈、宽平裆等特征酷似石峁TG1③H1：10(图一,2)。F15②：1、H106②：1鬲均为尖角裆。H106②：1的裆部形态与寨峁梁F29-F30：1相类（图一，9、1）。

寨峁遗址第二期遗存与石峁遗址属同一类文化遗存[23]。AF2、AH9均仅见有一件正装双鋬鬲（图一，6、7）。前文指出，AF2：3与石峁TG1③H1：10年代相当，AH9：4裆部形态与寨峁梁F29-F30：1鬲接近（图一，7、2、6、1）。笔者曾指出，寨峁CH21中出土侧装双鋬鬲CH21：4的年代应稍晚于石峁TG1③H1：10鬲，如是，该单位的年代当与寨峁梁F29-F30等相近。

综上，我们将石峁、寨峁梁、木柱柱梁和寨峁仅出双鋬鬲的单位分为三组（表二）。

表二　石峁、寨峁梁、木柱柱梁、寨峁遗址仅出双鋬鬲单位的分组

遗址 分组	石峁	寨峁梁	木柱柱梁	寨峁
三		F29-F30	F15②、H106②	AH9、CH21
二	2012W2、G1③H1		H80③、F21	AF2
一	2012W1	F13③	F20	

再来看双鋬鬲与单把鬲的共存单位。

寨峁梁遗址H10、F1、K1中均见有鋬手鬲与单把鬲各一件（图二，16、17、5、6、1、2），其中H10：1正装鋬手鬲（图二，16）的裆部形态与石峁2012W3：1（图一，4）相类，均为宽弧裆。K1：1为尖角裆正装鋬手鬲（图二，1），F1：1鬲虽鋬手情况不明（图二，5）但其裆部形态亦为尖角裆，二者均与寨峁梁F29-F30：1（图一，2）相类。因此，H10的年代早于F1、K1。

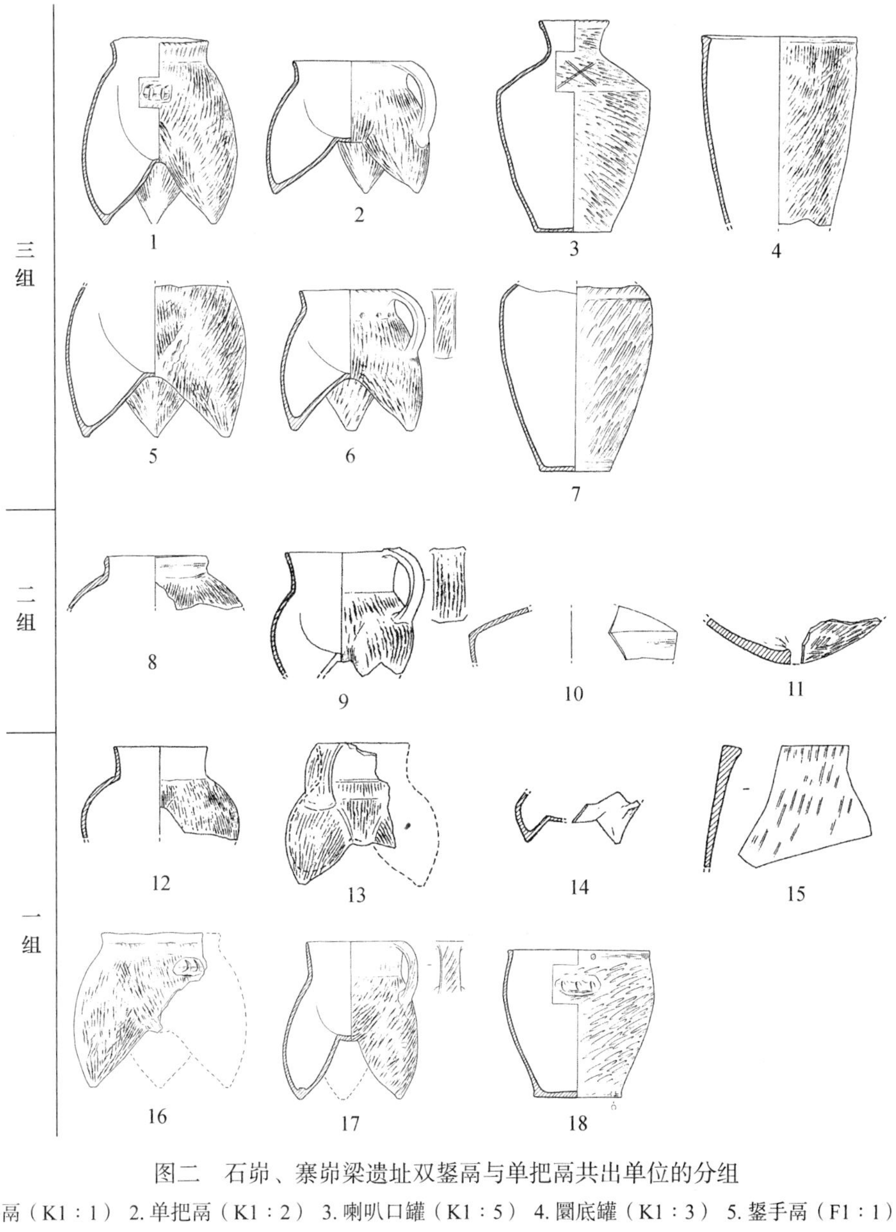

图二 石峁、寨峁梁遗址双鋬鬲与单把鬲共出单位的分组

1. 鋬手鬲（K1：1） 2. 单把鬲（K1：2） 3. 喇叭口罐（K1：5） 4. 圜底罐（K1：3） 5. 鋬手鬲（F1：1） 6. 单把鬲（F1：2） 7. 喇叭口罐（K1：4） 8. 鋬手鬲（H3：13） 9. 单把鬲（H3：11） 10. 敛口瓮（H3：5） 11. 圜底瓮（H3：10） 12. 无鋬无把鬲（F7：8） 13. 单把鬲（F7：11） 14. 泥质小斝（F7：12） 15. 直口瓮（F7：4） 16. 鋬手鬲（H10：1） 17. 单把鬲（H10：2） 18. 筒形罐（H10：3）（8 ~ 15. 石峁；其余寨峁梁遗址）

在 H10 中，H10：2 单把鬲与 H10：1 正装双鋬鬲均为宽弧裆（图二，16、17）。在 F1 中，F1：2 单把鬲与 F1：1 鋬手鬲均为尖角裆（图二，5、6）。因此，或可认为，在流行宽弧裆鋬手鬲的阶段，单把鬲的裆部形态为宽弧裆，至流行尖角裆鋬手鬲的阶段，单把鬲的裆部形态变为尖角裆。单把鬲与双鋬鬲一样，均经历了从宽弧裆发展

为尖角裆的演进过程。而在 K1 中，与尖角裆鋬手鬲共出的单把鬲 K1：2 裆部较弧平（图二,2），暗示着 K1：2 类宽平裆单把鬲的使用年代延至了使用尖角裆单把鬲的阶段。

石峁遗址韩家圪旦地点 H3、F7 两单位中均发现双鋬鬲或无鋬无把鬲与单把鬲共存（图二，8、9、12、13）。H3：13 鋬手鬲（图二，8）和 F7：8 无鋬无把鬲（图二，12）器身腹部以下缺失，F7：11 单把鬲与寨峁梁 H10：2 单把鬲足部与器身区别明显，均具有宽弧裆的特征，二者年代相当（图二，13、17）。又因为 H3 → F7，故 F7：11 单把鬲的年代早于 H3：11 单把鬲，H3：11 单把鬲足部与器身区别不明显，裆部宽平（图二，9）。依据客省庄文化单把鬲的排序[24]，我们可以认为 H3：11 宽平裆单把鬲的年代晚于 F7：11 单把鬲。所以，我们可将上述单位分为三组，年代分别与石峁、寨峁梁、木柱柱梁和寨峁遗址仅出双鋬鬲的三组单位相对应（表三）。

表三　石峁、寨峁梁、木柱柱梁、寨峁遗址双鋬鬲与单把鬲共出单位的分组

遗址 分组	石峁	寨峁梁
三		K1、F1
二	H3	
一	F7	H10

继而讨论仅出单把鬲单位的相对年代。

寨峁梁遗址仅见一件宽弧裆单把鬲 F10：1 形态与石峁 F7：11 相似（图三，5；图二，13）。木柱柱梁 H145 和寨峁 AT3010②、CT1704②分别出土一件单把鬲，矮领、尖角裆等风格与寨峁梁 F1：2 相类（图三，3、2、6；图二，6）。石峁遗址呼家洼地点 2012F3 亦见有一件单把鬲，该鬲高领，带有实足尖，表面饰方格纹的特征与龙山时代的风格明显不同（图三，1），学界认为这类陶鬲的年代晚于矮领尖角裆单把鬲，已进入夏纪年[25]，这里就不再赘述了。

据此，我们将四个遗址仅出单把鬲的单位归入双鋬鬲与单把鬲共存单位的分组结果中，除一至三组外还增加了以石峁 2012F3 为代表的第四组，从上文可知，出土单把鬲单位第一至三组的年代分别与仅出双鋬鬲单位第一至三组相对应，并对四遗址出土的单把鬲进行排序（表四；图三）。

表四　石峁、寨峁梁、木柱柱梁、寨峁遗址出土单把鬲单位的分组

遗址 分组	石峁	寨峁梁	木柱柱梁	寨峁
四	2012F3			
三		K1、F1	H145②	AT3010②、CT1704②
二	H3			
一	F7	F10、H10		

至于无鋬无把鬲和花边鬲，寨峁梁遗址发现一组层位关系，即2014H10→2014F51-F52。H10的年代属于第一组，所以F51：1无鋬无把鬲的年代早于H10，暂将其归入仅出双鋬鬲单位的第一组。F7-F8：1无鋬无把鬲的裆部为瘤裆，与石峁2012W2：1鬲相似，二者年代大体相当，所以，F7-F8的年代应属于仅出双鋬鬲单位的第二组。根据新华遗址陶鬲的排序，可以认为花边鬲至迟在尖角裆双鋬鬲阶段已经出现[26]，所以，寨峁遗址发现的AT4011③：7花边鬲的年代应不早于石峁遗址相关遗存仅出双鋬鬲单位的第三组。

根据上文对出土陶鬲单位的分析，我们将石峁等四个遗址出土陶鬲的遗存分为四个年代组。第一至三组分别包括仅出双鋬鬲和出土单把鬲单位的第一至三组，第四组包括出土单把鬲单位的第四组。

在此基础上，我们来考察未见陶鬲的单位。

石峁遗址韩家圪旦地点F11：8盉（图四，16）与TG1③H1：4盉（图四，17）形态相似，石峁M2：7斝的特征与2012F3：2斝（图四，2）一致，石峁M2的年代应属于第四组。后阳湾地点2012F1出土鬲足、盉流、斝口等，因残损严重，无法判断其组属。

寨峁梁遗址K3：1喇叭口罐与K1：5喇叭口罐（图四，12）器形相似，均为折肩，二者年代相当；F7-F8中与瘤裆鬲共出的器物有圆肩喇叭口罐、圆肩罐、敛口瓮和细柄豆等，筒形罐和圜底瓮在F20、F21中与上述几类器物共出（图四，18、19、23～26），所以，根据上述典型器物的共出情况，将寨峁梁遗址中发现上述器物的单位归入第二组。

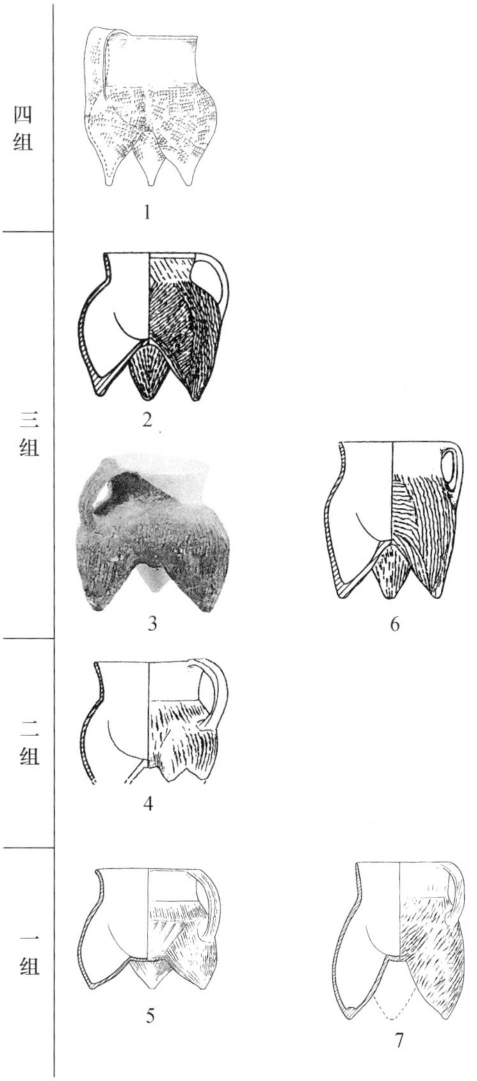

图三 石峁、寨峁梁、木柱柱梁和寨峁遗址出土单把鬲的排序

1. 2012F3：1 2. AT3010②：3 3. H145②：4 4. H3：11 5. F10：1 6. CT1704②：2 7. H10：2（1、4. 石峁；2、6. 寨峁；3. 木柱柱梁；5、7. 寨峁梁遗址）

木柱柱梁遗址H117：1斝、F18③：1斝分别与石峁TG1③H1：4盉、2012F3：2

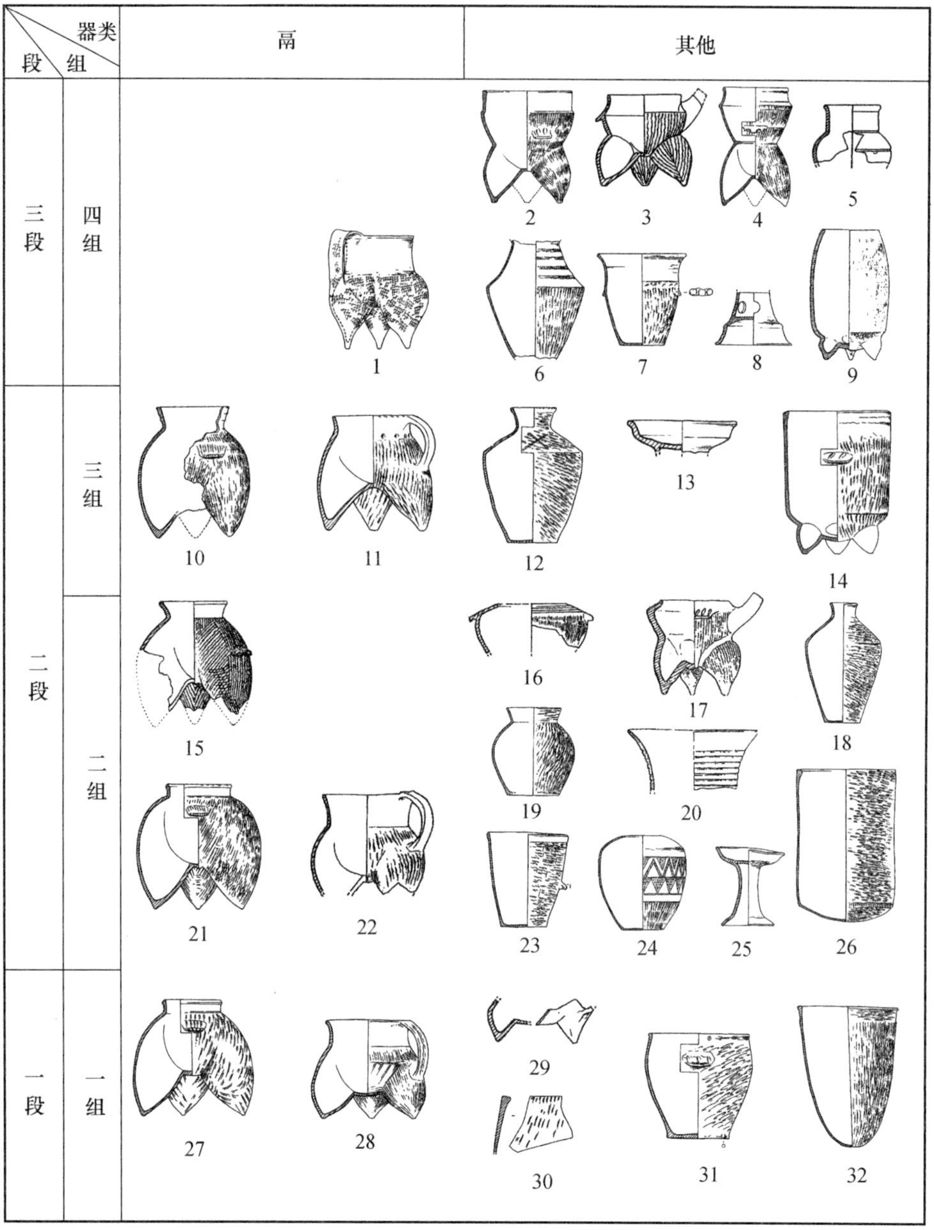

图四　石峁遗址相关遗存分段示意图

1. 单把鬲（2012F3：1） 2. 斝（2012F3：2） 3. 盉（AT2011②：2） 4. 甗（2012F3：3） 5. 罐（AT2011②：6） 6. 折肩罐（2012F3：5） 7. 大口尊（2012F3：6） 8. 豆（2012F3：4） 9. 三足瓮（M2：1） 10. 鬲（2012W1：1） 11. 单把鬲（F1：2） 12. 喇叭口罐（K1：5） 13. 细柄豆（F29-F30：2） 14. 瓮（2012W1：2） 15. 鬲（TG1③H1：10） 16. 盉（F11：8） 17. 盉（TG1③H1：4） 18. 喇叭口罐（F20-F21：2） 19. 圆肩罐（F20-F21：4） 20. 尊（TG1③H1：12） 21. 鬲（2012W2：1） 22. 单把鬲（H3：11） 23. 筒形罐（F20-F21：8） 24. 敛口瓮（F20-F21：6） 25. 细柄豆（F7-F8：6） 26. 圜底瓮（F21：1） 27. 鬲（2012W3：1） 28. 单把鬲（F10：1） 29. 斝（F7：12） 30. 直口瓮（F7：4） 31. 筒形罐（H10：3） 32. 圜底罐（F51：2）

（1、2、4、6～10、14～17、20～22、27、29、30. 石峁；3、5. 寨峁；其余寨峁梁）

斝（图四，17、2）形态相近，年代相当。

寨峁遗址 AT5012③：9 斝与石峁 M2：7 斝相似，均为直口，二者年代相当；寨峁 AH60：18 三足瓮、AH60：17 甗分别与石峁 M2：1、2012F3：3（图四，9、4）相类，这几个单位年代相近（表五）。

表五　石峁、寨峁梁、木柱柱梁、寨峁遗址未出陶鬲单位的分组

分组 \ 单位	未出陶鬲的单位
四	石峁：M2 木柱柱梁：F18③ 寨峁：AH18、AH60、AT2011②、AT4012③、AT4011②、AT5011②、AT5012③
三	寨峁梁：K3
二	石峁：F11 寨峁梁：F1-F2、F9、F20-F21、F23、F24、F26、F31、F37、F42、F60-F61、F64-F66 木柱柱梁：H117
一	寨峁梁：F51-F52

最后，我们来讨论新华遗址。

我们在《陕北地区龙山时代至夏时期的陶鬲》一文中依据陶鬲形态将新华遗址分为三组[27]。与上文的结果进行对照可以发现，新华第一组 99H3：6 单把鬲（图五，16）与寨峁梁 F1：2 单把鬲（图四，11）相似，裆部形态均为尖角裆，新华第二组 99F17：5、99H108：1 单把鬲（图五，6、7）与石峁 2012F3：1 单把鬲（图四，1）均有实足根，饰方格纹，形态类似；新华第三组 99H14：3 斝（图五，3）的口沿与石峁 2012F3：2 斝（图四，2）均为直口，形态相仿。所以，新华遗址第一组的年代与石峁等遗址第三组相当，新华遗址第二、三组的年代与石峁等遗址第四组相当。

新华 99W1：1 三足瓮、99W2：2 高领折肩罐（图五，18、15）分别与石峁等遗址第三组石峁 2012W1：2 瓮和寨峁梁 K1：5 喇叭口罐（图四，14、12）如出一模，年代相当，可归入新华第一组。根据新华 99F3：3A Ⅲ式双鋬鬲、99H155：3D Ⅰ式双鋬鬲的型式特征与新华第二、三组双鋬鬲相同[28]，可知二者的年代与新华第二、三组相当，又新华 96W10：2、99H155：1 形态均与 99W4：1 三足瓮相似（图五，10），三者年代相当，所以新华 99F3、99H155、96W10 和 99W4 应属新华第二、三组（图五）。

依据上文的分析，我们从陶鬲及相关陶器特征出发把石峁等五个遗址出土的龙山时代至夏时期遗存划分为三个发展阶段（表六）。第一阶段，以宽弧裆鋬手鬲和单把鬲为标志；第二阶段，以瘤裆、宽平裆、尖角裆鋬手鬲和宽平裆、尖角裆单把鬲为标志；第三阶段，出现了器身饰方格纹带实足根的高领单把鬲。

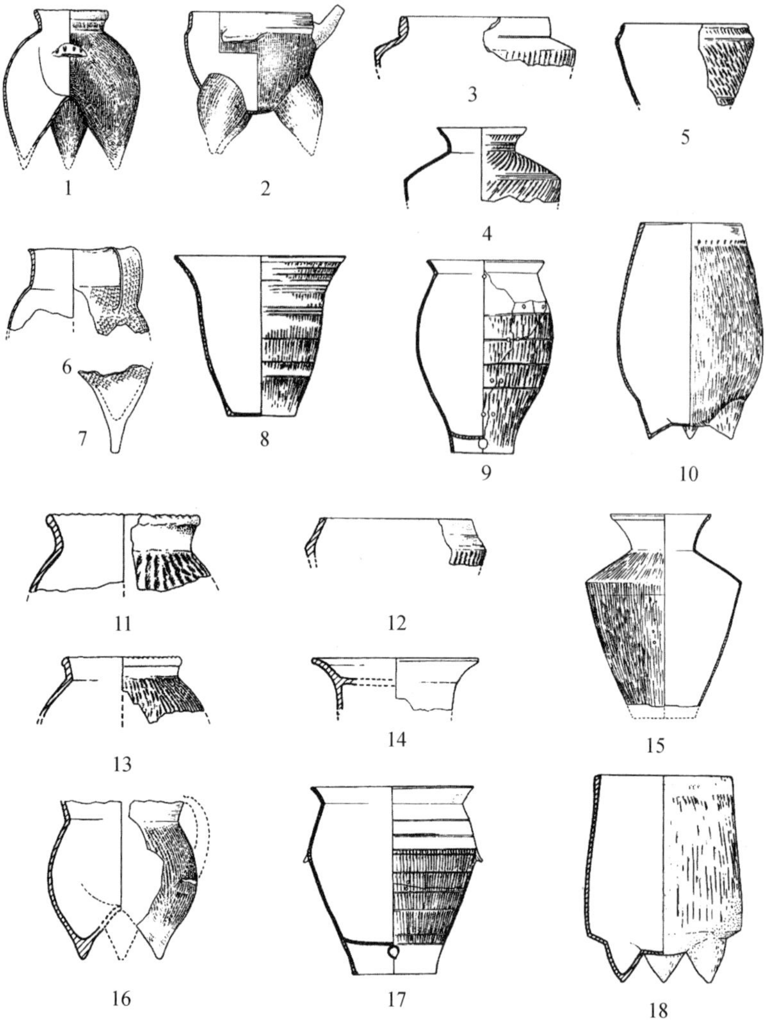

图五　新华遗址出土器物

1. 双鋬鬲（99H108：1） 2. 盉（99F3：2） 3. 斝（99H14：3） 4. 折肩罐（99W4：3） 5. 甗（99W4：4） 6. 单把鬲（99F17：5） 7. 单把鬲（99H108：1） 8. 大口尊（99W4：2） 9. 圈足罐（96W10：1） 10. 三足瓮（99W4：1） 11. 双鋬鬲（99H29：3） 12. 斝（99H29：5） 13. 鬲（99H29：2） 14. 圈足盘（99H3：9） 15. 折肩罐（99W2：2） 16. 单把鬲（99H3：6） 17. 圈足罐（99W2：1） 18. 三足瓮（99W1：1）

（1 ~ 10. 属于第二、三组；11 ~ 18. 属于第一组）

表六　石峁、寨峁梁、木柱柱梁、寨峁、新华遗址龙山时代至夏时期遗存的分段

阶段/组 \ 遗址		石峁	寨峁梁	木柱柱梁	寨峁	新华
三	四	2012F3、M2		F18③	AH18、AH60、AT2011②、AT4012③、AT4011②、AT5011②、AT5012③	三组 二组

续表

阶段/组（遗址）		石峁	寨峁梁	木柱柱梁	寨峁	新华
二	三	2012W1	F29-F30、K1、F1、K3	F15②、H106②、H145②	AH9、AT3010②、CT1704②	一组
	二	TG1③H1、2012W2、H3、F11	F1-F2、F9、F20-F21、F23、F24、F26、F31、F37、F42、F60-F61、F64-F66	H80③、H117、F21	AF2、CH21	
一	一	2012W3、F7	F13③、H10、F10、F51-F52	F20		

二、三类遗存：石峁遗址相关遗存的文化性质

学界对石峁遗址相关遗存纷繁复杂的命名背后，反映的是对其性质认识的不同。概括起来主要有三种意见：一种意见认为石峁遗址相关遗存应属于客省庄文化[29]或曰客省庄文化石峁类型[30]，另一种意见把石峁遗址相关遗存分为两段，认为早段与客省庄文化同时，晚段与大口二期文化同时[31]，还有意见认为石峁遗址以TG1③H1为代表的遗存属于永兴店文化的偏晚阶段[32]。

在讨论石峁遗址相关遗存各阶段文化性质之前，让我们将目光转向隔吕梁山与陕北地区相望的晋中地区。晋中地区不仅是侧装双鋬鬲的大本营[33]，也发现有一定数量的正装双鋬鬲。将石峁等遗址第一阶段典型器物同杏花文化陶器[34]进行对比，我们发现，2012W3：1鬲、H10：1鬲分别与杏花文化杏花村Y301：1鬲、Y301：3鬲器形相似，均为正装双鋬鬲，且裆部形态均为宽弧裆（图六，1、2、12、11），F10：1单把鬲与杏花文化杏花村H317：1单把鬲形态酷似，裆部形态为宽弧裆（图六，3、10），F7：12斝、F51：2圜底罐、H10：3筒形罐分别与杏花文化杏花村H257上：21杯、H257下：9圜底甑、河家庄H1：2陶缸器形相近（图六，5、7、9、14、18、16）。可以看到，这一时期遗存中正装双鋬鬲占主流地位，单把鬲、豆、直口瓮、圜底罐等器物组合在杏花文化中均能找到相似者（图六，3、6、8、7），而其双鋬鬲当是受到了晋中地区杏花文化的强烈影响，成为此类遗存的主流[35]，所以，石峁等遗址第一阶段应属于杏花文化。从鋬手鬲的裆部特征看，或为陕北地区龙山时代最早出现的双鋬鬲文化因素。

石峁等遗址第二阶段的瘤裆鬲和尖角裆鬲，其形态和演变规律与游邀遗址相同[36]。而游邀中期“以正装双鋬鬲为主，辅以陶盉为组合的遗存”被称为永兴店文化[37]或永兴店文化游邀类型[38]。

关于永兴店文化的分期，主要有两种观点，一种认为，永兴店文化可分为早、中、

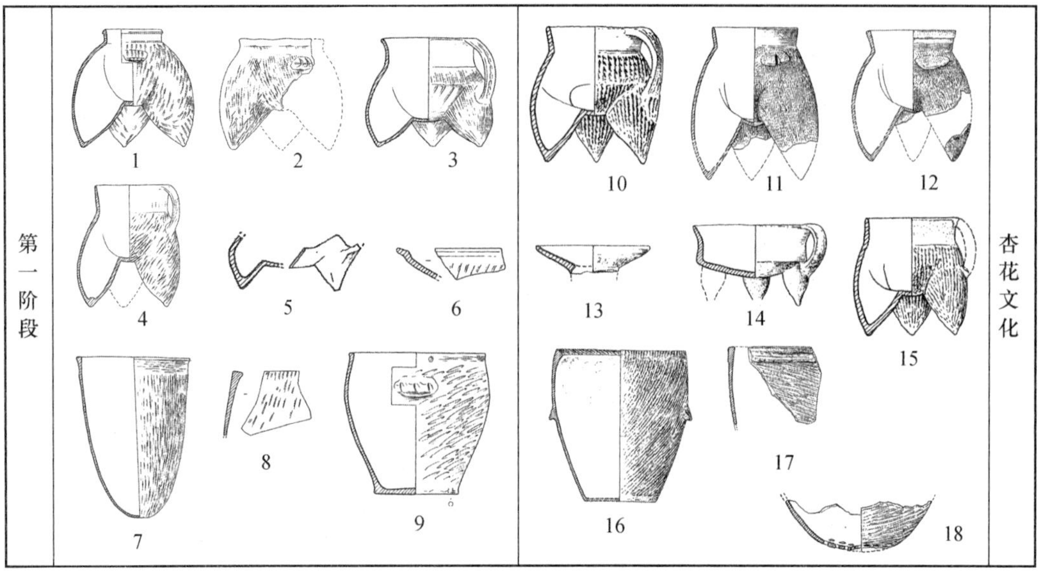

图六　石峁等遗址第一阶段陶器与杏花文化陶器对比图

1. 鬲（2012W3：1） 2. 鋬手鬲（H10：1） 3. 单把鬲（F10：1） 4. 单把鬲（H10：2） 5. 斝（F7：12） 6. 豆（F20：1） 7. 圜底罐（F51：2） 8. 直口瓮（F7：4） 9. 筒形罐（H10：3） 10. 单把鬲（H317：1） 11. 双鋬鬲（Y301：3） 12. 双鋬鬲（Y301：1） 13. 豆（H257下：11） 14. 杯（H257上：21） 15. 单把鬲（H257下：2） 16. 陶缸（H1：2） 17. 敞口瓮（H118：14） 18. 圜底甑（H257下：9）

（1、5、8. 石峁；2～4、7、9. 寨峁梁；6. 木柱柱梁；16. 娄烦河家庄；其余杏花村遗址）

晚三期[39]，另一种将永兴店文化分为早、晚两期[40]。两种观点的分歧在于是否将已经进入夏纪年的朱开沟遗址W2002类遗存归入永兴店文化。我们将朱开沟W2002类遗存与永兴店文化对比，发现二者的典型器物组合并没有发生变化，只是存在年代早晚的差异，因此，朱开沟W2002类遗存应属于永兴店文化[41]。

我们发现，石峁2012W2：1鬲、寨峁梁F20-F21：6瓮分别与永兴店文化早期永兴店H14：1、G2：8形制相近[42]（图七，13、20、24、25），永兴店文化早期的瘤裆鬲、盉、豆、直口瓮、折肩罐等器类在第二阶段二组中均有发现（图七，13、14、16、18、15）；寨峁梁K1：1鋬手鬲、F1：2单把鬲分别与永兴店文化中期白草塔F8：21、F8：15相类[43]（图七，1、2、9、8），永兴店文化中期的鋬手鬲、单把鬲、斝、折肩罐、豆、圆肩罐等器物组合在第二阶段第三组中都能找到相似器类（图七，1～6）。所以，石峁等遗址第二阶段二、三组的年代分别可与永兴店文化早、中期相对应，文化性质应属于永兴店文化或称之为永兴店文化“石峁类型”。

张忠培先生认为，朱开沟的单把罐形鬲有可能是客省庄文化的后继者[44]，在石峁等遗址中也发现了类似的单把鬲。不难看出，石峁等遗址第三阶段石峁2012F3：1单把鬲与朱开沟M1010：1单把鬲[45]一模一样，二者表面均饰方格纹，且带有实足根（图八，1、11），石峁2012F3：2斝、M2：1三足瓮分别与朱开沟W2003：1斝、

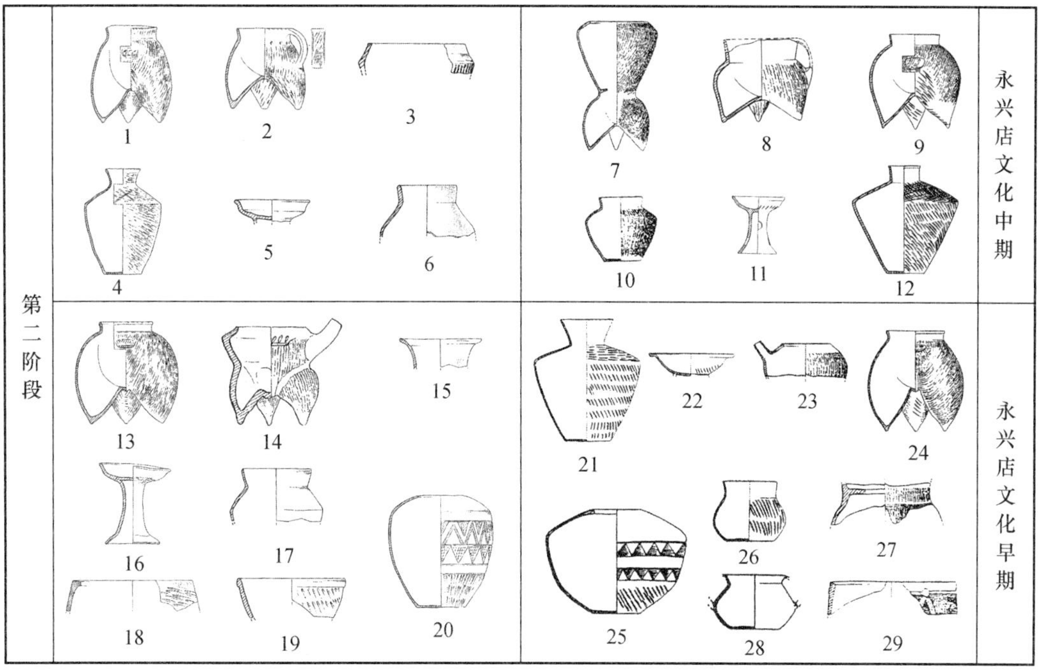

图七 石峁等遗址第二阶段陶器与永兴店文化早、中期陶器对比图

1. 鋬手鬲（K1：1） 2. 单把鬲（F1：2） 3. 斝（99H29：5） 4. 喇叭口罐（K1：5） 5. 豆（F29-F30：2） 6. 圆腹罐（99H29：9） 7. 甗（F8：20） 8. 鬲（F8：15） 9. 鬲（F8：21） 10. 鼓肩罐（F8：2） 11. 豆（F15：5） 12. 折肩罐（F15：2） 13. 鬲（2012W2：1） 14. 盉（TG1③H1：4） 15. 折肩罐（H80③：5） 16. 豆（F7-F8：6） 17. 小罐（H80③：6） 18. 瓮（H80③：7） 19. 小盆（H80③：3） 20. 瓮（F20-F21：6） 21. 高领篮纹罐（H9：1） 22. 豆（G2：6） 23. 盉（H9：2） 24. 鬲（H14：1） 25. 敛口瓮（G2：8） 26. 垂腹罐（G2：1） 27. 甗（G2：12） 28. 双耳罐（G2：5） 29. 平口瓮（G2：10）

（1、2、4、5、16、20. 寨峁梁；3、6. 新华；7 ~ 12. 白草塔；13、14. 石峁；15、17 ~ 19. 木柱柱梁；21 ~ 29. 永兴店）

W2003：2 三足瓮形态相近（图八，2、8、10、14）。朱开沟的甗、盉、大口尊等在石峁、寨峁等遗址第三阶段遗存中均可找到同类器（图八，3、5、7），故以石峁、寨峁等遗址第三阶段为代表遗存的文化面貌与朱开沟相近，或为客省庄文化北上的后裔，其年代与朱开沟单把鬲遗存相当，已进入夏纪年。

那么，进入夏纪年之后，永兴店文化遗存的去向又如何呢？新华遗址为这一问题提供了线索。

关于新华遗址的性质，学界主要有大口文化[46]和新华文化[47]两种不同的意见，我们发现新华 99H108：1 双鋬鬲（图五，1）与永兴店文化晚期朱开沟 W2002：1 双鋬鬲[48]形态酷似，永兴店文化晚期的双鋬鬲、单把鬲、大口尊、折肩罐和三足瓮等器类均可在新华第二、三组中找到同类器（图五，1、6、8、4、10）。所以，新华遗址第二、三组遗存应属永兴店文化晚期，表征着夏纪年时期该文化的面貌。

综上，我们认为陕北地区的石峁等遗址从龙山时代至夏时期经历了三个发展阶段，

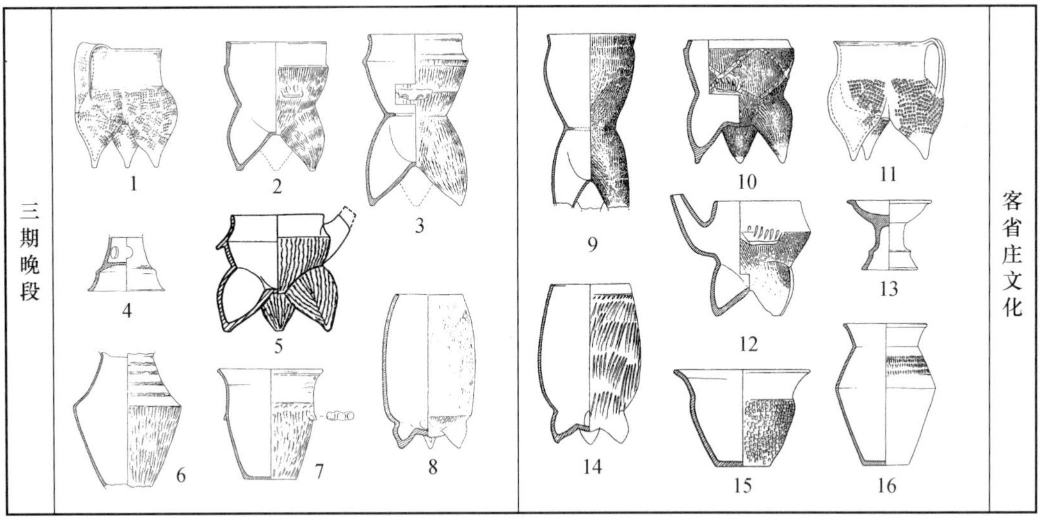

图八　石峁等遗址第三阶段陶器与客省庄文化陶器对比图

1. 单把鬲（2012F3：1） 2. 斝（2012F3：2） 3. 甗（2012F3：3） 4. 豆（2012F3：4） 5. 盉（AT2011②：2） 6. 折肩罐（2012F3：5） 7. 大口尊（2012F3：6） 8. 三足瓮（M2：1） 9. 甗（W2005：1） 10. 斝（W2003：1） 11. 单把鬲（M1010：1） 12. 盉（M1010：5） 13. 豆（M3024：1） 14. 三足瓮（W2003：2） 15. 大口尊（M3024：3） 16. 高领罐（M3024：4）

（1～4、6～8. 石峁；5. 寨峁；9～16. 朱开沟）

分属三种不同的考古学文化。第一阶段遗存属于杏花文化，从其鋬手鬲的特征看应为陕北地区接受晋中地区杏花文化影响后，最早出现的双鋬鬲文化因素；第二阶段遗存的年代与永兴店文化相当，应属于永兴店文化或是永兴店文化在陕北地区的一个地方类型，我们称之为永兴店文化“石峁类型”；第三阶段的年代进入夏纪年，在此时期永兴店文化在新华遗址继续发展，而石峁等遗址则被客省庄文化的后裔所占领。

三、余论：文化结构形成的鬲谱观察

近年来，山西省考古研究所在晋西吕梁地区进行了考古调查和发掘工作。位于吕梁地区的兴县碧村遗址[49]，向西隔黄河与陕北石峁遗址相望，向东隔吕梁山与忻定盆地游邀遗址相邻。关于吕梁地区的文化面貌，张忠培先生认为当和晋中地区的文化面貌基本一致[50]，我们将兴县碧村出土器物同石峁等遗址各发展阶段的典型器物进行对比。发现碧村遗址的器物或可分为两个阶段。碧村遗址H5出土的鬲、斝、盉（图九，10～15）等与石峁等遗址第二阶段的同类器形态相近（图五，11、12），年代相当于永兴店文化早、中期；H12出土的蛋形瓮、折肩罐、圈足盘等（图九，1～9）可在石峁等遗址第三阶段遗存中找到同类器（图四，9、6），年代已经进入了夏纪年。兴县的地理位置处于陕北地区与忻定盆地之间，而两地文化因素的共见，也表现出两地之间

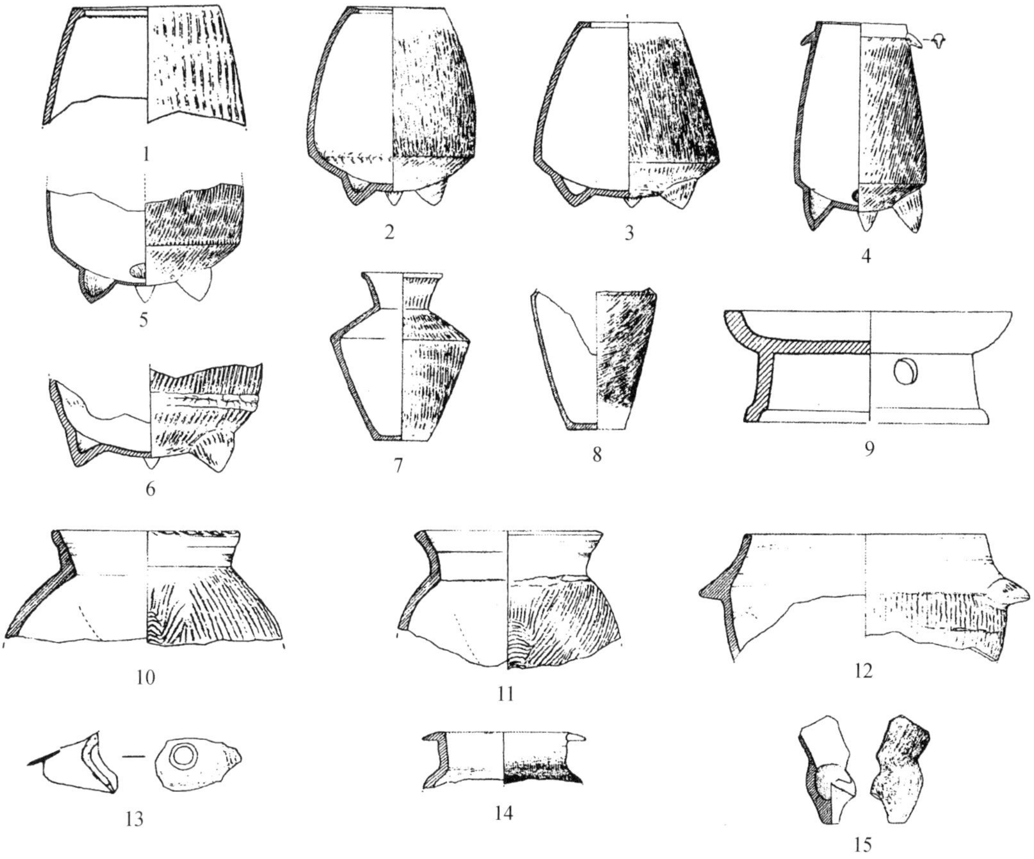

图九　兴县碧村遗址 H5、H12、F2②出土器物

1. 蛋形瓮（H12：8） 2. 蛋形瓮（H12：2） 3. 蛋形瓮（H12：3） 4. 蛋形瓮（H12：1） 5. 蛋形瓮（H12：7） 6. 蛋形瓮（H12：6） 7. 折肩罐（H12：4） 8. 折肩罐（H12：5） 9. 圈足盘（H12：9） 10. 鬲（H5：1） 11. 鬲（H5：3） 12. 斝（F2②：1） 13. 盉（H5：9） 14. 鬲（H5：2） 15. 斝（H5：6）

的交流与互动。

龙山时代至夏时期的陕北地区是双鋬鬲和单把鬲类遗存的重要分布区域。从上述论证可知，从杏花文化时期开始，晋中地区的双鋬鬲文化因素就开始向西扩张，进入到陕北，其强劲的势头，使包含双鋬鬲的文化遗存成为这一时期的主流。而部分单把鬲的发现，也显示出客省庄文化的影响[51]。至永兴店文化时期，双鋬鬲继续向西占领陕北地区，自身也获得了长足的发展。进入夏纪年前后，双鋬鬲表现出颓势，陕北地区的文化面貌发生了分野，虽在新华等遗址中仍可见到永兴店文化遗存继续沿用，但与此同时客省庄文化或其后裔因素迅猛发展，在陕北地区与永兴店文化分庭抗礼，在石峁等遗址第三阶段遗存中凸显出了客省庄文化或其后裔“占领”石峁等遗址的现象。朱开沟发现的大量单把鬲因素，就是客省庄文化后裔北上的结果[52]。而处于山西、陕西和内蒙古各文化交汇前沿地带的兴县碧村，不仅共见陕北地区与忻定盆地两地文化

因素，也暗示了永兴店文化在这一区域的衰落以及陕北地区与南流黄河东岸地区的文化交往。我们通过对石峁遗址相关遗存龙山至夏时期考古学文化的研究，再次证明了陕北地区陶鬲的演变轨迹，证实了晋中、游邀和内蒙古中南部地区诸考古学文化间存在的文化联系，更可以看到同一谱系考古学文化的发展与演变，不同谱系考古学文化间的竞争与更替。这一认识也为我们进一步研究河套地区及南流黄河邻近地区考古学文化的关系提供了启发。

注　释

[1] 孙周勇，邵晶．石峁：过去、现在与未来［A］．发现石峁古城［C］．北京：文物出版社，2016．

[2] a．巩启明．陕西新石器时代考古工作与研究［J］．考古与文物，1988（5/6）：54．

b．魏世刚．试论石峁等遗存与客省庄二期文化的关系［J］．文博，1990（4）：39．

[3] 高天麟．黄河前套及其以南部分地区的龙山文化遗存试析［J］．史前研究，1986（3/4）．

[4] 许永杰，卜工．三北地区龙山文化研究［J］．辽海文物学刊，1992（1）．

[5] 吕智荣．陕北、内蒙古中南部及晋北地区寨峁文化［J］．史前研究，2000（9）．

[6] 张忠培．杏花文化的侧装双鋬手陶鬲［J］．故宫博物院院刊，2004（4）：6-50．

[7] 王炜林．新华遗存及其相关问题初探［A］．庆祝张忠培先生七十岁论文集［C］．北京：科学出版社，2004：150．

[8] 孙周勇．新华文化论述［J］．考古与文物，2005（3）：40．

[9] 韩建业．中国北方地区新石器时代文化研究［M］．北京：文物出版社，2003．

[10] 田广金，韩建业．朱开沟文化研究［A］．考古学研究（五）［C］．北京：科学出版社，2003．

[11] 段天璟．陕北地区龙山时代至夏时期的陶鬲［A］．中国陶鬲谱系研究［C］．北京：故宫出版社，2014：350．

[12] a．陕西省考古研究院，榆林市文物考古勘探工作队，神木县文体局．陕西神木县石峁遗址［J］．考古，2013（7）：15-24．

b．陕西省考古研究院，榆林市文物考古勘探工作队，神木县文体局．陕西神木县石峁遗址后阳湾、呼家洼地点试掘简报［J］．考古，2015（5）：60-71．

c．陕西省考古研究院，榆林市文物考古勘探工作队，神木县文体广电局．陕西神木县石峁遗址韩家圪旦地点发掘简报［J］．考古与文物，2016（4）：14-24．

[13] 陕西省考古研究所，榆林市文物保护研究所．神木新华［M］．北京：科学出版社，2005．

[14] 卫雪．陕西榆林寨峁梁遗址初步研究［D］．西北大学硕士学位论文，2016（6）．

[15] 陕西省考古研究院．陕西神木县木柱柱梁遗址发掘简报［J］．考古与文物，2015（5）：3-43．

[16] 陕西省考古研究所．陕西神木县寨峁遗址发掘简报［J］．考古与文物，2002（3）：3-18．

[17] 《考古与文物》编辑部．神木石峁遗址座谈会纪要［J］．考古与文物，2013（3）：107．

[18] 段天璟．陕北地区龙山时代至夏时期的陶鬲［A］．中国陶鬲谱系研究［C］．北京：故宫出

版社，2014：349.

［19］ 国家文物局，山西省考古研究所，吉林大学考古学系. 晋中考古［M］. 北京：文物出版社，1999.

［20］ 段天璟. 陕北地区龙山时代至夏时期的陶鬲［A］. 中国陶鬲谱系研究［C］. 北京：故宫出版社，2014：337.

［21］ 段天璟. 陕北地区龙山时代至夏时期的陶鬲［A］. 中国陶鬲谱系研究［C］. 北京：故宫出版社，2014：338，图七.

［22］ a. 张忠培. 忻州游邀考古［M］. 北京：科学出版社，2004.

b. 张忠培. 滹沱河上游和桑干河流域的正装双鋬鬲［A］. 新世纪的考古学——文化、区位、生态的多元互动［C］. 北京：紫禁城出版社，2006.

［23］ 陕西省考古研究所. 陕西神木县寨峁遗址发掘简报［J］. 考古与文物，2002（3）：3-18.

［24］ 张忠培，杨晶. 客省庄与三里桥文化的单把鬲及其相关问题［A］. 宿白先生八秩华诞纪念文集［C］. 北京：文物出版社，2002：16-17，图一〇.

［25］ 张忠培. 杏花文化的侧装双鋬手陶鬲［J］. 故宫博物院院刊，2004（4）：6-50.

［26］ 段天璟. 陕北地区龙山时代至夏时期的陶鬲［A］. 中国陶鬲谱系研究［C］. 北京：故宫出版社，2014.

［27］ 段天璟. 陕北地区龙山时代至夏时期的陶鬲［A］. 中国陶鬲谱系研究［C］. 北京：故宫出版社，2014：342.

［28］ 段天璟. 陕北地区龙山时代至夏时期的陶鬲［A］. 中国陶鬲谱系研究［C］. 北京：故宫出版社，2014：342，表五.

［29］ 戴应新. 陕西神木县石峁龙山文化遗存调查［J］. 考古，1977（3）：154-172.

［30］ a. 巩启明. 陕西新石器时代考古工作与研究［J］. 考古与文物，1988（5/6）：54.

b. 魏世刚. 论客省庄二期文化与康家类型［A］. 考古文物研究——纪念西北大学考古专业成立四十周年文集［C］. 西安：三秦出版社，1996.

［31］ 西安半坡博物馆. 陕西神木石峁遗址调查试掘简报［J］. 史前研究，1983（2）：92-100.

［32］ 张忠培. 杏花文化的侧装双鋬手陶鬲［J］. 故宫博物院院刊，2004（4）：6-50.

［33］ 张忠培. 杏花文化的侧装双鋬手陶鬲［J］. 故宫博物院院刊，2004（4）：6-50.

［34］ 国家文物局，山西省考古研究所，吉林大学考古学系. 晋中考古［M］. 北京：文物出版社，1999.

［35］ 段天璟. 陕北地区龙山时代至夏时期的陶鬲［A］. 中国陶鬲谱系研究［C］. 北京：故宫出版社，2014：350.

［36］ 段天璟. 陕北地区龙山时代至夏时期的陶鬲［A］. 中国陶鬲谱系研究［C］. 北京：故宫出版社，2014：349.

［37］ 吉林大学边疆考古研究中心，山西省考古研究所，忻州地区文物管理处. 忻州游邀考古［M］. 北京：科学出版社，2004.

［38］ 常兆福. 黄土高原东北部龙山时代晚期考古学文化研究——以游邀中期遗存为中心［D］. 吉林大学硕士学位论文，2012.

［39］ 魏坚. 试论永兴店文化［J］. 文物，2000（9）：64-68.

［40］ 常兆福. 黄土高原东北部龙山时代晚期考古学文化研究——以游邀中期遗存为中心［D］. 吉林大学硕士学位论文，2012.

［41］ 段天璟. 二里头文化时期的中国［M］. 北京：社会科学文献出版社，2014：273.

［42］ 内蒙古文物考古研究所. 准格尔旗白草塔遗址［A］. 内蒙古文物考古文集（第一辑）［C］. 北京：中国大百科全书出版社，1994：183-204.

［43］ 内蒙古文物考古研究所. 准格尔旗永兴店遗址［A］. 内蒙古文物考古文集（第一辑）［C］. 北京：中国大百科全书出版社，1994：235-245.

［44］ 张忠培. 朱开沟文化及其相关的问题［A］. 中国北方考古文集［C］. 北京：文物出版社，1990：209.

［45］ 内蒙古文物考古研究所，鄂尔多斯博物馆. 朱开沟——青铜时代早期遗址发掘报告［R］. 北京：文物出版社，2000.

［46］ 王炜林. 新华遗存及其相关问题初探［A］. 庆祝张忠培先生七十岁论文集［C］. 北京：科学出版社，2004：150.

［47］ 孙周勇. 新华文化述论［J］. 考古与文物，2005（3）：40.

［48］ 魏坚. 试论永兴店文化［J］. 文物，2009（9）：66，图二，6.

［49］ 山西省考古研究所，兴县文物旅游局. 2015年山西兴县碧村遗址发掘简报［J］. 考古与文物，2016（4）：25-33.

［50］ 国家文物局，山西省考古研究所，吉林大学考古学系. 晋中考古［M］. 北京：文物出版社，1999.

［51］ 段天璟. 陕北地区龙山时代至夏时期的陶鬲［A］. 中国陶鬲谱系研究［C］. 北京：故宫出版社，2014：350.

［52］ 张忠培. 朱开沟文化及其相关的问题［A］. 中国北方考古文集［C］. 北京：文物出版社，1990：209.

On the Nature of Remains in Shimao Site in Northern Shaanxi and Corresponding in the Perspective of Li-pot Spectrum

DUAN Tian-jing　DONG Xiao-lei

Focusing on *Li* pot, this paper classified and implemented staged research on the remains in Shimao Site, which concluded that the remains in Shimao Site experienced three development stages with three archaeological cultures in different nature. The first stage is Xinghua culture, second stage is Yongxingdian culture or Yongxingdian culture "Shimao type", and third stage is Xia calendar where cultural nature is divided so that Yongxingdian culture emerges in Xinhua Site while Keshengzhuang cultural progeny occupies Shimao Site. By means of sorting out the evolution rule of typical implements in three archaeological cultures represented by *Li* pot, the magnificent picture of competition among different archaeological cultures in northern Shaanxi from Longshan period to Xia calendar is manifested. Such cognition also inspired me to further research the relationship of archaeological cultures between Hetao area and south stream area nearby Yellow River.

新疆索墩布拉克文化的分期、年代和源流*

任瑞波

（兰州大学历史文化学院，兰州，730000）

索墩布拉克文化，亦有学者曾称之为“伊犁河流域文化”[1]。在中国境内，该文化多分布在伊犁河干流及其三条支流两侧和山间谷地（图一）。此外，在准噶尔盆地西南缘也能见到少量相关遗存。索墩布拉克文化的典型遗址和墓地的分布可汇总为表一。

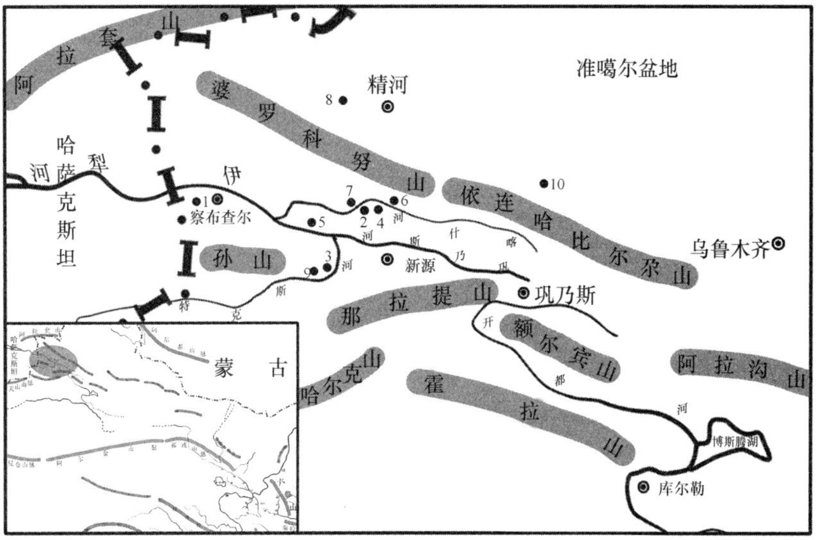

图一　索墩布拉克文化典型遗址和墓地分布示意图

1. 索墩布拉克　2. 穷克科一号　3. 恰甫其海 A 区　4. 加勒克斯卡茵特　5. 铁木里克　6. 奇仁托海　7. 东麦里　8. 乌什布拉克　9. 叶什克列克　10. 安集海

从 20 世纪 90 年代开始，学界对索墩布拉克文化的研究逐步深入，对该文化进行过讨论的国内学者主要包括陈戈[2]、郭物[3]、刘学堂[4]、吕恩国[5]、羊毅勇[6]、水涛[7]、韩建业[8]、邵会秋[9]等诸位先生，他们的研究主要涉及相关遗存的命名、分期、年代、来源和族属问题（表一）。

* 基金项目：国家社科基金青年项目“中国史前‘丝绸之路’彩陶文化的考古学研究”（17CKG004）、兰州大学“一带一路”专项一般项目（2018ldbryb007）、兰州大学“中央高校基本科研业务费专项资金”（18LZUJBWZY030）。

表一　索墩布拉克文化主要墓地和遗址汇总

伊犁河流域			天山北麓
特克斯河流域	巩乃斯河流域	喀什河流域	
恰甫其海A区墓群[10]、叶什克列克墓地[11]、阔克苏西2号墓地[12]、昭苏ZSM2[13]	索墩布拉克墓地[14]、铁木里克墓地[15]、七十一团一连鱼塘遗址[16]、巩乃斯河墓地[17]、西格里克山北麓墓群（伊勒格代墓地、红旗砖厂墓地、龙口墓地、东方红砖厂墓地）[18]、别斯托别[19]	穷科克一号墓地[20]、加勒克斯卡茵特墓地[21]、奇仁托海墓地[22]、铁列克萨伊墓地[23]、东买里墓地、塔尔科特北墓群、什布克其Ⅰ号墓地[24]、加勒格斯哈音特墓和铁木里克沟墓地[25]、别特巴斯陶墓地[26]、乌吐兰墓地[27]	乌什布拉克墓地（精河地区）[28]、安集海M2（乌苏地区）[29]

在这些研究中，韩建业曾经将索墩布拉克文化划分为早、中、晚三期，并将中、晚期遗存分为东、西两个地方类型[30]。邵会秋结合新发现的材料，做了进一步的研究[31]。不过，索墩布拉克文化的阶段性变化尚未明确，不同阶段的文化内涵还略显模糊，有关其来源的争论也未达成共识。正因如此，笔者拟以现有的研究成果为基础，对索墩布拉克文化的一些基本问题再加以分析和讨论，以求教于方家。

一、典型遗存分组

索墩布拉克文化遗存的发现以墓地居多，这些遗存有四个较明显的特点：第一，墓葬多排列整齐，少见叠压打破关系；第二，单个墓室内少见分层埋葬；第三，壶、钵和单把杯这三类陶器是常见的随葬品；第四，在不同墓地或同一墓地的不同墓葬中随葬陶器各自的形态差别不大。以这些特点为基础，以陶器的整体特征为切入点，再结合墓葬的具体信息，可将相关遗存归为四组：

A组：以穷科克一号墓地M7、M21、M39、M53、尼勒克乌吐兰墓地M7B、M10、M12以及加勒克斯卡茵特墓地M42、M54[32]为代表。此外，尼勒克加勒格斯哈音特墓地[33]有彩陶出土的墓葬也可归入该组。

陶器方面，典型器物包括圜底钵、单耳杯和长颈圜底壶，此外，还有少量带把壶和带流壶（图二）。这些陶器以圜底为共同特征，器表或内壁施彩普遍，花纹母题常见上下交错的三角纹，内填细密平行短斜线或棋盘格状菱形纹，另有少量细密的网格纹。图案花纹多绘在器物上半身，腹下部和底多涂满红褐色陶衣。一些墓葬未见彩陶，但是随葬的素面陶器形态与彩陶没有明显区别。

墓葬方面，多见土石混合的地表封土，封土外围原本有一圈石环，墓室上部也多见石堆。同一封土之下有单室墓、双室墓和少量多室墓，墓室分竖穴偏室和竖穴土坑两种，还有少量地表石棺葬。葬式上，常见单室单人一次葬，仰身直肢，头部一律向西。

B组：以索墩布拉克M9、M14、M19和M33为代表（图三）。

陶器方面，代表器形有圜底钵（报告称为瓮）和圜底壶，另有少量单耳罐，单把杯少见。彩陶以圜底钵为大宗，单把罐数量较少，不见彩陶圜底壶。彩陶花纹多见松

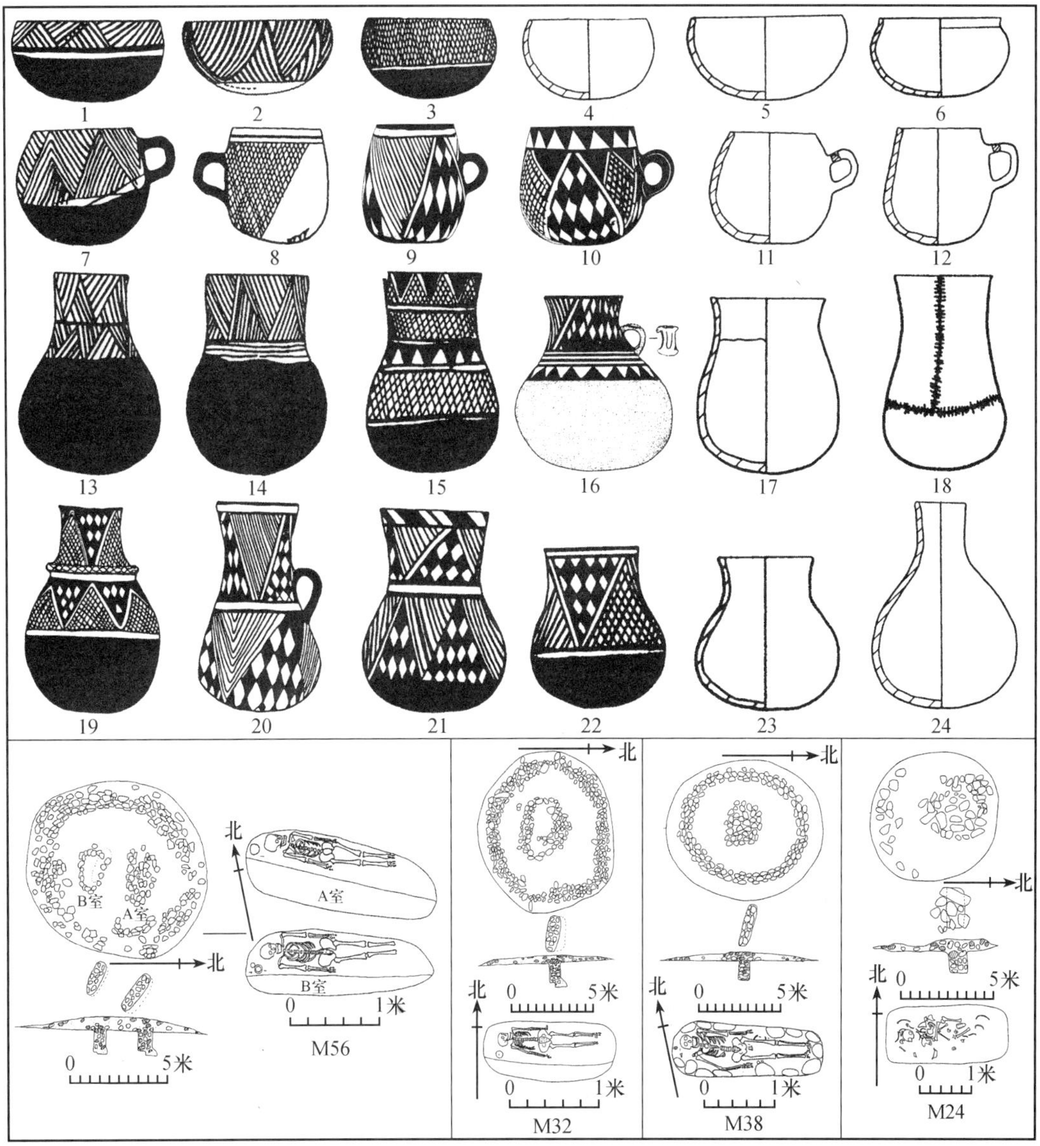

图二　索墩布拉克文化 A 组遗存

1. M9：1　2. M42：1　3. M56A：1　4. M57：1　5. M39：2　6. M34：1　7. M4：1　8. M11：1　9. M10：1　10. M7B：1　11. M45A：1　12. M12：1　13. M15A：2　14. M7：1　15. M40：2　16. 卡 M54：1　17. M41：1　18. M28：1　19. M21：1　20. M44：1　21. M46A：1　22. M16A：1　23. M18：1　24. M40：1

（2、4 出自加勒克斯卡茵特墓地；9、10 出自乌吐兰墓地；其余皆出自穷科克一号墓地）

针纹、倒置的复线三角纹和山脉纹。

墓葬方面，地表常见封堆，封堆周边多用石圈标志，墓室正顶部无明显石堆，同一封堆下多为单室墓，双室墓少见。绝大多数为一次葬，单人仰身直肢，头西脚东，另有少量二次葬。部分墓底偏室口部用斜立圆木封堵。

C 组：代表性墓葬包括巩留山水库 M27、M36、M41 和 M38，恰甫其海 A 区 XV

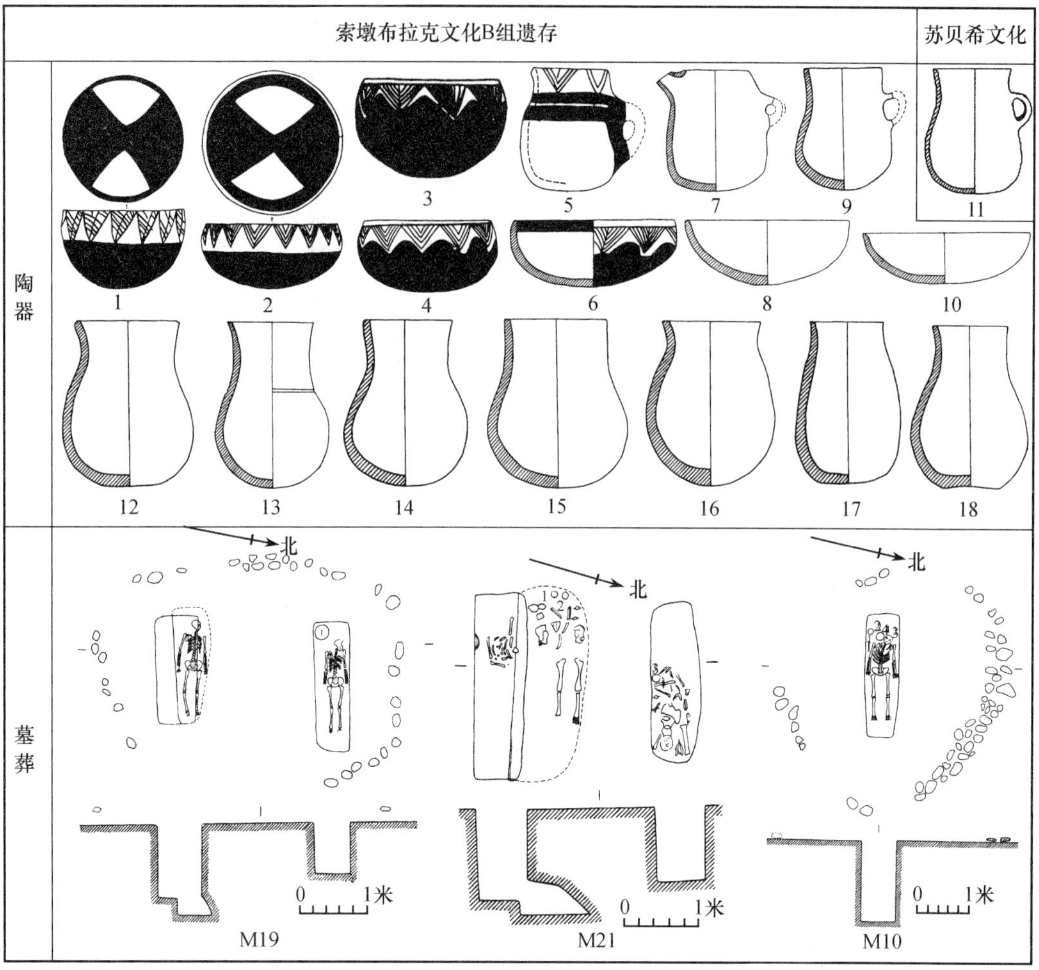

图三　索墩布拉克文化 B 组遗存及相关比较

1. M14∶1　2. M19∶1　3. M32∶2　4. M10∶2　5. M6∶1　6. M8∶1　7. M33∶3　8. M33∶2　9. M25∶1　10. M33∶2　11. M82∶1　12. M14∶2　13. M1∶2　14. M12∶2　15. M9∶1　16. M15∶1　17. M7∶1　18. M10∶1

（11 出自萨恩萨伊墓地；余皆出自索墩布拉克墓地）

号 M23、M68、M8 和 M20，恰甫其海 A 区Ⅹ号 M1 和 M6，恰甫其海 A 区ⅠⅩ号 M2 和 M3，阔克苏西 2 号墓地 M19，铁列克萨伊 M7 和 M2，布什克其Ⅰ号墓地 M10 和 M7，塔尔科特北墓地 M42 和 M67，东麦里墓地 M18 和 M44。此外，以新源黑山头墓地部分墓葬[34]和婆罗科努山北麓的精河县乌什布拉克墓地 M4 为代表的遗存也可归入 C 组（图四）。

陶器方面，有两个明显的特征：第一，以圜底壶为大宗，另有少量单把杯。花纹母题包括连续三角纹和细密网格纹两种。彩陶圜底壶特征明显，部分圜底壶上部施细密网格纹，下部涂红色陶衣，部分器身施满二方连续三角纹，相邻的三角纹间不再填充其他花纹；第二，圜底钵在一些墓地出现的频率很低，但苏贝希文化晚期的单把壶却频繁出现。

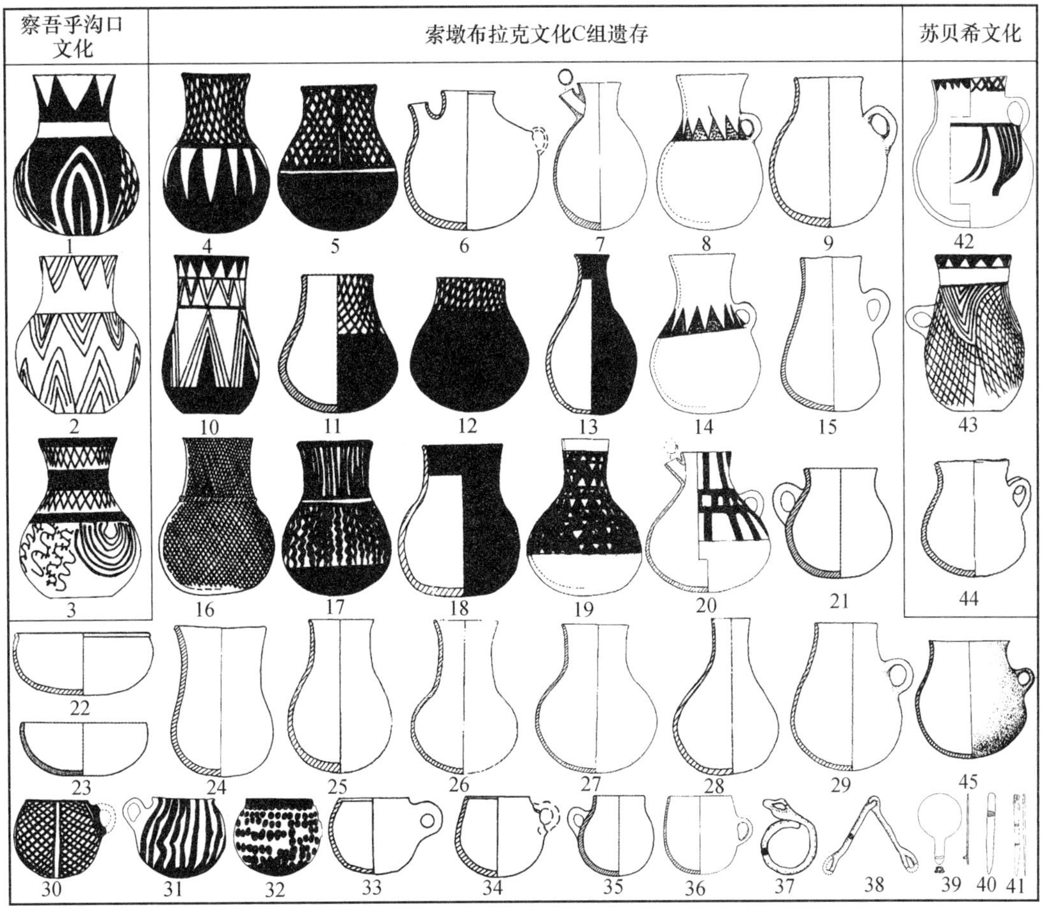

图四　索墩布拉克文化C组遗存及相关比较

1. 察Ⅳ M156：16　2. 察Ⅳ M87：1　3. 察Ⅳ M210：1　4. 塔M42：1　5. 布Ⅰ M7：2　6. 巩M38：1　7. 恰M17：1　8. 恰M28：1　9. 恰M8：2　10. 巩M27：1　11. 铁M7：2　12. 塔M29：1　13. 巩M35：6　14. 恰M68：1　15. 塔M67：1　16. 巩M36：2　17. 布M10：2　18. 巩M36：1　19. 恰M23：2　20. 恰M24：1　21. 恰M8：2　22. 恰M31：1　23. 铁M6：1　24. 塔M22：1　25. 恰M20：1　26. 恰M51：1　27. 恰M19：1　28. 巩M34：1　29. 恰M22：2　30. 东M44：1　31. 东M43：2　32. 东M45：1　33. 巩M64：1　34. 巩M25：1　35. 铁M2：2　36. 恰M29：1　37. 塔M69：1　38. 布M12：2　39. 东M27：1　40. 东M48：1　41. 塔M36：1　42. 二塘沟M10：2　43. 石河子南山M2：1　44. 萨恩萨伊M78：1　45. 巩乃斯种羊场M1：1

（察Ⅳ＝察吾乎四号墓地，塔＝塔尔科特北墓群，布＝布什克其Ⅰ号墓地，巩＝巩留山水库，铁＝铁列克萨伊墓地，恰＝恰甫其海A区ＸⅤ号，东＝东买里墓地；37为铜耳环，38为铜马衔，39为铜镜，40为铁刀，41为铜刀）

墓葬形制、葬式和葬俗方面，与A组没有大的区别，少数偏洞室墓出现墓室和偏室明显偏离错位的情况。

D组：代表性墓葬包括叶什克列克AM2、AM9、AM5、BM2、BM1和BM3，巩留红旗砖厂M8、M6和M1，奇仁托海墓地部分石围石堆墓，新源别斯托别M1和M3，伊勒格代墓地M6、M7、M16和M21，新源铁木里克M4、M2和M16，加勒克斯卡茵特墓地M8、M9、M17、M25和M122，昭苏安集海M2，新源巩乃斯种羊场M1、M12和M17（图五）。此外，新源县七十一团一连鱼塘遗址出土的部分遗存也可归入该组。

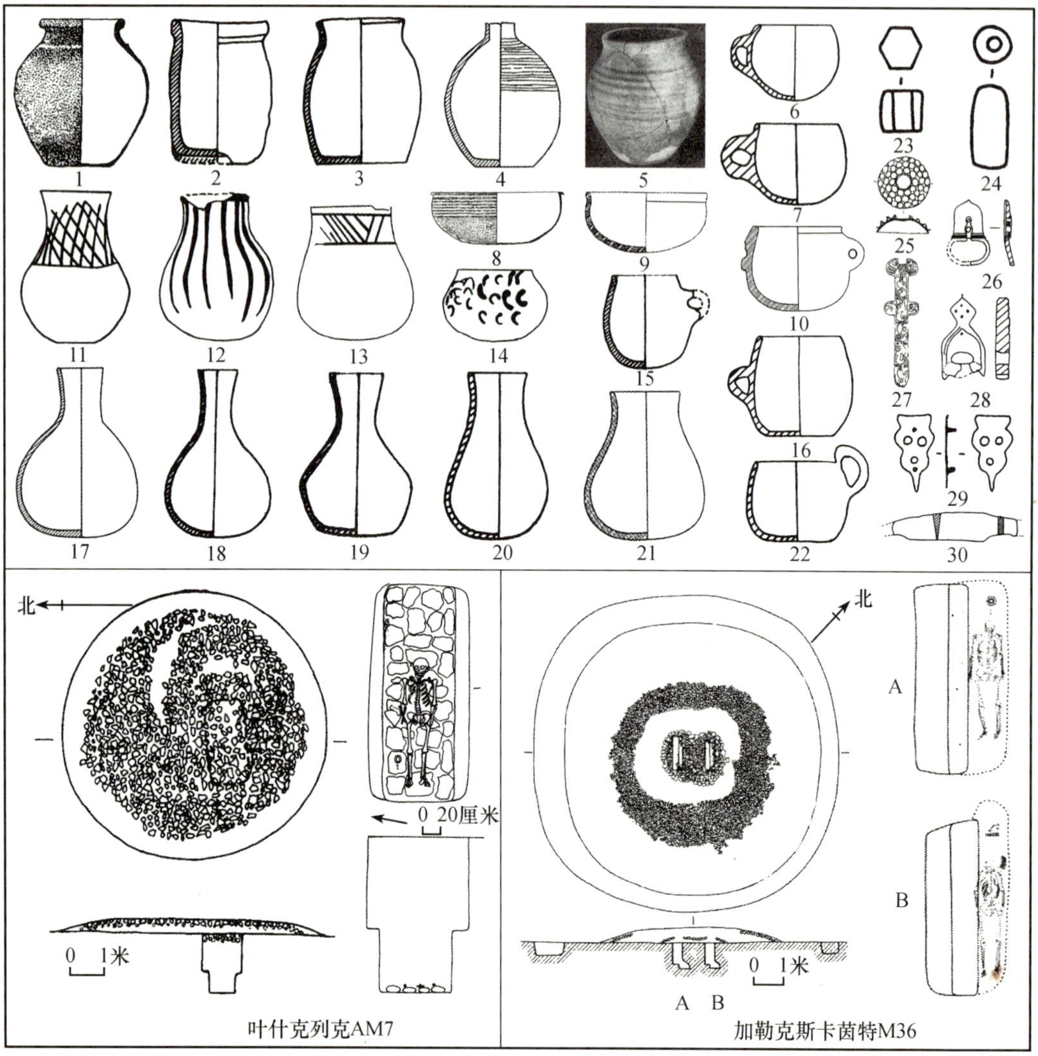

图五　索墩布拉克文化D组遗存

1. 昭M2：2　2. 叶BM2：2　3. 叶BM3：1　4. 卡M17：1　5. 铁木里克M2：5　6. 巩M7：1　7. 伊勒格代M5：1　8. 昭苏M2：3　9. 卡M85：1　10. 卡M14：2　11. 叶AM4：1　12. 奇M97：2　13. 卡M8：1　14. 奇M7：2　15. 叶AM3：1　16. 伊勒格代M7：2　17. 卡M122：1　18. 叶AM2：1　19. 叶AM5：1　20. 巩M6：1　21. 卡M28：1　22. 奇M119：1　23. 巩M1：10　24. 巩M1：4　25. 别M2：8　26. 奇M179：7　27. 卡M6：9　28. 奇M179：1　29. 奇M116：5　30. 伊勒格代M21：2

（昭＝昭苏，叶＝叶什克列克，铁＝铁木里克，奇＝奇仁托海，巩＝巩留红旗砖厂，伊＝伊勒格代，卡＝卡茵特，别＝别斯托别；23、24为玻璃器，25为金器，26、28、29为铜器，27为骨器，30为铁器）

与前三组相比，该组遗存有三个明显变化：

第一，随葬品方面。随葬器物非常匮乏，不仅陶器数量少，其余随葬品如铁器、铜器、石器也不多见，一些墓地相当比例的墓葬不见随葬品。彩陶很少出现，即便有彩陶，器表花纹也非常稀疏。另外新出现了轮制灰陶。

第二，墓葬形制方面。以竖穴土坑墓和竖穴偏洞室墓为主，还有部分竖穴石棺墓。相关各墓地竖穴土坑墓明显多于竖穴偏洞室墓。不仅如此，偏洞室墓的墓室和偏室错位偏移的情况明显增多，如叶什克列克B地点M6、奇仁托海M62。此外，一些竖穴墓出现了明显的二层台，如别斯托斯M1、叶什克列克A地点M7、新源铁木里克M4、加勒克斯卡茵特M6、M29。

第三，墓葬内部方面。出现了使用木椁的情况，如安集海M2、新源铁木里克M2以及昭苏夏台和波马墓地[35]的部分墓葬。

二、分期与年代

第一，A组遗存的年代。

穷科克一号墓地属于A组遗存的碳十四测年数据有三个，分别是公元前984～前830年（M11朽木）、公元前1040～前906年（M11朽木）和公元前1040～前906年（M52朽木）。

目前可知，安德罗诺沃文化在伊犁河流域的出现早于索墩布拉克文化，而且已经发现后者墓葬打破前者遗址的层位关系[36]。根据国内学者对新疆境内安德罗诺沃文化的研究，可知其年代大约在公元前1500～前1000年，下限或晚至公元前900年[37]。安德罗诺沃文化与索墩布拉克文化在墓葬形制、葬式葬俗和随葬品方面均差异明显，明显不具备亲缘联系。虽然这两支文化具有绝对的早晚关系，但不排除二者存在首尾交错的可能。

综上，可将A组遗存的年代暂时推定至公元前1100～前800年。

第二，B组遗存的年代。

B组墓葬有三个测年数据：距今2150年±70年（M7）、距今2450年±80年（M10）和距今2295年±70年（M33西室）。如果这三个数据测定较准确，那么B组的年代就应该在公元前500～前200年。

第三，C组遗存的年代。

阔克苏西2号墓地晚期属于C组遗存。M44的测年（公元前430～前610年）明显偏晚。其他测年数据分别为公元前410～前350年（M1木头）、公元前560～前380年（M54木头）、公元前790～前520年（M59木头）和公元前770～前410年（M69木头），这些数据大致的区间范围是公元前800～前400年。

尼勒克一级电站墓地（包括东买里、什布其克Ⅰ号和Ⅱ号、塔尔科特北四处墓地）公布5个碳十四测年数据：2009YWM12的年代（560～660年）太晚，2009YWM15

的年代为公元前 760 ~ 前 400 年，其余两个均在公元前 400 ~ 前 200 年这一范围内。由于资料公布有限，暂不清楚这些墓葬是否应当归为同一组，仅从测年数据看，这些墓葬的年代差别较大。

另外，在已经明确年代的察吾乎沟口文化中期，可以见到 C 组遗存的典型器物——彩陶长颈圜底壶，而 C 组遗存也出现了苏贝希文化晚期典型的单把壶。察吾乎沟口文化中期和晚期的年代分别为公元前 850 ~ 前 600 年和公元前 600 ~ 前 400 年。

综上，参照 C 组遗存自身的碳十四测年数据和与周边相关遗存的对比，可将 C 组遗存的年代暂时推定至公元前 800 ~ 前 400 年。

第四，D 组遗存的年代。

表二中测定年代的墓葬多属于 D 组遗存，测年数据大都分布在公元前 400 ~ 前 100 年这一区间。下面对几组较特殊的数据稍做分析。

表二　D 组相关墓葬碳十四测年数据

墓地	单位	标本	校正数据（年）	墓地	单位	标本	校正数据（年）
尼勒克加勒克斯卡茵特[38]	M42	木头	BP2345±35	新源别斯托别[39]	M1		BP2240±25
	M51	木头	BP2250±35		M2		BP2220±30
	M56	木头	BP2345±35				BP2185±30
	M60	木头	BP2275±35		M3		BP1080±30
	M68	木头	BP2325±35	乌苏安集海[40]	M1	松木	2750±60 ~ 2490±60
	M73	木头	BP2490±35		M2	松木	2280±60 ~ 2210±60
	M104	木头	BP2280±40	昭苏波马[41]	M1	木头	AD84 ~ 341
新源铁木里克[42]	M2 北室	木椁	BC770 ~ 426		M5	朽木	BC171 ~ AD51
	M4	盖木	BC353 ~ 95		M1	朽木	AD352 ~ 539
昭苏夏台[43]	M47	朽木	BC356 ~ 95		M4	朽木	BC388 ~ 174
	M27	朽木	BC408 ~ 382		M5	覆木	BC199 ~ AD24
	?	?	BC92 ~ AD129		M2	顶木	BC393 ~ 174

首先是新源铁木里克 M2 北室的年代（公元前 770 ~ 前 426 年），此测年数据明显有误，理由有二：第一，该墓为竖穴木椁墓，木椁在该地区公元前 400 年前的墓葬中基本不见；第二，陶罐 M2∶5 为轮制夹砂红陶，腹部有七道凹弦纹，明显具有中原汉代陶器作风。因此，新源铁木里克 M2 的测年数据过早。

其次，乌苏安集海 M1 可排除在 D 组之外。该墓随葬察吾乎沟口文化中期特征的彩陶带流器一件，察吾乎沟口文化中期年代为公元前 850 ~ 前 400 年，与该墓测定年代基本一致，且 M1 未见典型 D 组器物。故乌苏安集海 M1 年代较早，应排除在 D 组之外。

最后，三个年代较晚的数据出自新源别斯托别 M3 和昭苏波马 M1，虽然所测的碳十四数据较晚，但随葬陶器不见测定年代的时代作风。因此，这三个测年数据无参考意义。

通过对索墩布拉克文化四组遗存的年代判定，我们发现，A、C、D 三组的年代可以先后衔接，但是B组的年代不仅与A组存有间隔，而且横跨了C组和D组。由上文可知B组遗存目前仅见于察布查尔索墩布拉克墓地，地处中国伊犁河流域最靠西的区域，墓地向西约十公里即为中国和哈萨克斯坦的国界。此类遗存在察布查尔以东尚未发现，其分布中心有可能在中哈国界线以西的伊犁河流域。B组遗存在年代、地理位置和文化面貌三方面的独特性，足以将其划分为索墩布拉克文化的一个地方类型。

韩建业曾经提出将索墩布拉克文化偏晚阶段的遗存分为索墩布拉克类型和南山类型[44]，确有先见之明。不过，石河子南山墓葬的形制和葬俗虽然与索墩布拉克文化相同，但是随葬陶器面貌已经完全接近苏贝希文化，以陶器为第一标准，可将该墓地归入苏贝希文化，故本文在此暂不使用“南山类型”这样的称谓。索墩布拉克文化在察布查尔以东和以西发展方向不同，文化面貌也不一致，因此，暂将该文化分为东、西两区：西区以B组遗存为代表，东区以A组、C组和D组遗存为代表。各组遗存的时间对应关系如表三所示。

表三　索墩布拉克文化分期与分区

期别	东区	西区	年代
晚期	D组	B组	BC400 ~ 100年
中期	C组	?	BC800 ~ 400年
早期	A组	?	BC1100 ~ 800年

三、来　　源

对索墩布拉克文化的来源问题，学界至少有七种不同的意见：

第一种，相关遗存是“中部天山和七河地区约相同年代的青铜文化不断向东迁徙分布的产物”[45]。

第二种，索墩布拉克文化的起源与安德罗诺沃文化、卡拉苏克文化和沙井文化可能都有关系[46]，但绝非是从楚斯特文化而来[47]。

第三种，索墩布拉克文化的重要来源是察吾乎沟口文化。此外，该文化还受到中亚地区、西伯利亚等地相关文化的影响[48]。

第四种，索墩布拉克文化是来自西方的一支人群“从中亚北部沿伊犁河谷进入新疆，在新疆地区结合了东方的彩陶传统文化因素形成……”[49]。

第五种，“伊犁河流域出土的圜底彩陶钵、梨形彩陶罐的造型和纹饰都与楚河流域的彩陶风格相似。”[50]

第六种，穷科克上层文化（即索墩布拉克文化，笔者注）是黄河流域的彩陶文化沿天山向西至伊犁河谷，融合了当地和周边的考古学文化之后发展而来[51]。

第七种，“伊犁河流域文化的彩陶主要是受楚斯特文化的影响而产生的，是新疆以西的文化东进的结果。”[52]

上述七种意见皆不完全相同，有的主张甚至截然相反。但争论的焦点主要集中在两个方面：第一，索墩布拉克文化的主源是中国境内的相关考古学文化还是境外的考古学文化；第二，索墩布拉克文化中的彩陶属于东方元素还是西方元素。

笔者认为，索墩布拉克文化的主源在中国新疆以西的境外地区，彩陶元素也来自西方。理由如下：

第一，空间位置方面。博罗科努山和依连哈比尔尕山呈西北——东南向，将伊犁河谷与新疆准噶尔盆地分隔，天山西脉哈尔克他乌山、霍拉山和额尔宾山将伊犁河谷与新疆的塔里木盆地和焉耆盆地分隔，而中国境内的伊犁河上游与哈萨克斯坦境内的伊犁河下游地区畅通无阻，在同一个相对独立的、较封闭的地理单元之内。

第二，时间早晚方面。目前，国内研究者对楚斯特文化的年代判断多依据《费尔干纳的彩陶文化》[53]一文中的观点，这篇文章将楚斯特文化的出现定为公元前1500～前1400年。索墩布拉克文化的年代上限在公元前1100年左右。伊犁河流域的安德罗诺沃文化和焉耆盆地的新塔拉早期遗存起始年代明显早于公元前1100年，周邻的苏贝希文化和察吾乎沟口文化与索墩布拉克文化的起始年代相当。新疆东部的焉不拉克文化、南湾类型和天山北路文化虽然起始年代早于公元前1100年，但它们的分布地域远离索墩布拉克文化。因此，来源符合“时”“空”两个基本前提条件的，只有以费尔干纳盆地楚斯特文化为代表的境外考古学文化、焉耆盆地的新塔拉早期遗存[54]以及伊犁河流域的安德罗诺沃文化。

第三，陶器造型方面。索墩布拉克文化早期（A组遗存）圜底器最具特色，B组遗存虽然偏晚，但圜底作风依然浓厚。在“时”“空”两方面符合来源前提的考古学文化或遗存中，安德罗诺沃文化以平底敞口罐为典型器，与索墩布拉克文化显然没有亲缘联系；新塔拉早期遗存少见圜底长颈壶，与索墩布拉克文化差别明显，看不出早晚演变关系，但部分陶器装饰有相同之处；楚斯特文化最常见的陶器包括圆底壶、平底钵、盆、杯和灌注容器[55]，如图六[56]所示，它与索墩布拉克文化之间的亲缘关系不言自明。

第四，彩陶装饰方面。由前文可知，年代最早的索墩布拉克文化东区彩陶花纹主要有三类：由平行直线组成的交错三角纹、细密网格纹和内填棋盘格纹的大三角纹。据悉，费尔干纳楚斯特文化各居址[57]出土彩陶的比例不一，少者仅有2%～3%，多者可达7%，花纹图案多见三角形、菱形和线条，在构图的表现方式上，全身施彩和用棋盘图形填充的方法较为突出[58]。不难发现，索墩布拉克文化和楚斯特文化的彩陶花纹与构图形式共性颇多。需要说明的是，新塔拉早期遗存也可见内填平行短竖线的三角纹，不能排除它与索墩布拉克文化的同类花纹之间存在若干联系。

第五，葬式葬俗方面。“仰身直肢”和“头西脚东”是索墩布拉克文化最基本、最主要的葬式。楚斯特文化墓葬多为侧身屈肢，但无固定的朝向。察吾乎沟口文化和苏贝希文化墓葬中虽可见仰身直肢，但它们与索墩布拉克文化是平行发展的。在新疆地区，起始年代早于公元前1100年的考古学文化包括天山北路文化、南湾类型、小河文

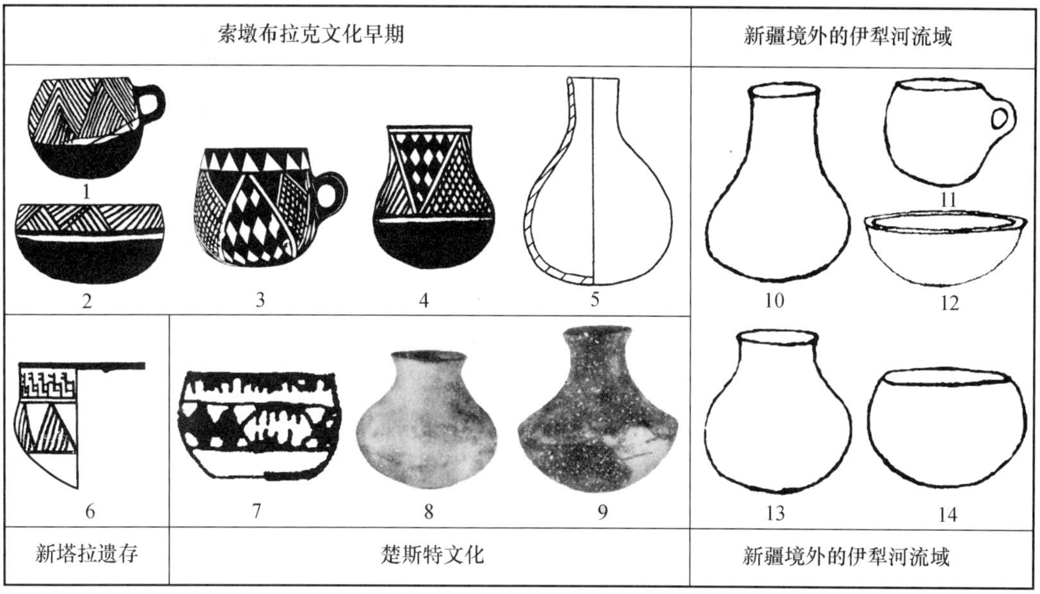

图六 索墩布拉克文化与相关考古学文化的典型陶器比较

1. 穷科克一号 M4：1 2. 穷科克一号 M9：1 3. 乌吐兰 M7B：1 4. 穷科克一号 M16A：1 5. 穷科克一号 M40：1 6. 新塔拉 7 ~ 9. 楚斯特文化 10 ~ 14. 新疆境外伊犁河流域相关陶器

化（或称古墓沟文化）、焉不拉克文化和安德罗诺沃文化，它们基本都以屈肢葬为主，仰身直肢葬并不多见。而在伊犁河谷西北部，分布在米努辛斯克盆地的卡拉苏克文化出现在不晚于公元前 1300 年，墓葬多见仰身直肢[59]。因此，若以仰身直肢为考察对象，新疆本地没有源头，只能将视线转至新疆以西地区。

第六，墓葬形制方面。在新疆地区，起始年代早于公元前 1100 年的各考古学文化基本不见偏洞室墓。而在伊犁河流域以西的中亚地区，起始年代至少在公元前 1500 年的萨帕利文化、瓦克什文化和希贝肯特文化皆流行偏洞室墓[60]。因此，虽然偏洞室墓在甘青地区出现较早，但与索墩布拉克文化无关，伊犁河流域的偏洞室墓应该是在中亚地区相关考古学文化的影响下形成的[61]。

上述六个不同方面的考察，均将索墩布拉克文化的来源指向中国伊犁河谷以西的中亚和南西伯利亚地区。正因如此，本文将索墩布拉克文化视为一支源自“西方”的“彩陶文化”。当然，不能排除焉耆盆地的新塔拉早期遗存也参与了索墩布拉克文化的形成。

注 释

[1] 陈戈. 新疆伊犁河流域文化初论［A］. 欧亚学刊（第二辑）［C］. 北京：中华书局，2000. 需要说明的是，相比较“伊犁河流域文化”，依照考古学文化的命名原则，将以索墩布拉克墓地出土陶器为代表的遗存称为“索墩布拉克文化”更为妥当，本文沿用之。

[2] 同［1］.

［3］ 郭物. 新疆史前晚期社会的考古学研究［M］. 上海：上海古籍出版社，2012.
［4］ 刘学堂. 伊犁河上游史前考古新发现及其初步研究［J］. 新疆文物，2011（1）：85-108.
［5］ 吕恩国，魏久志. 伊犁河谷与费尔干纳盆地彩陶文化之交流［A］. 从中亚到长安［C］. 上海：上海大学出版社，2011：309-323.
［6］ 羊毅勇. 新疆古代文化的复杂性及其相关问题的探讨［J］. 新疆文物，1999（3/4）：116-126.
［7］ 水涛. 新疆青铜时代诸文化的比较研究——附论中西文化交流的历史进程［A］. 国学研究（第一卷）［C］. 北京：北京大学出版社，1993.
［8］ 韩建业. 新疆的青铜时代和早期铁器时代文化［M］. 北京：文物出版社，2007.
［9］ 邵会秋. 新疆史前时期文化格局的演进及其与周邻地区文化的关系［D］. 吉林大学博士学位论文，2007.
［10］ 新疆文物考古研究所，西北大学文化遗产与考古学研究中心. 新疆特克斯恰甫其海A区XV号墓地发掘简报［J］. 文物，2006（9）：32-38.
［11］ 新疆文物考古研究所，伊犁州文物管理所. 特克斯县叶什克列克墓葬发掘简报［J］. 新疆文物，2005（3）：20-30.
［12］ 新疆文物考古研究所. 特克斯县阔克苏西2号墓群考古发掘简报［J］. 新疆文物,2012（2）：51-65.
［13］ 中国科学院新疆分院民族研究所考古组. 昭苏县古代墓葬试掘简报［J］. 文物，1962（7）：98-102.
［14］ a. 新疆文物考古研究所. 察布查尔县索墩布拉克古墓群［J］. 新疆文物，1995（2）：1-19.
b. 新疆文物考古研究所. 新疆察布查尔县索墩布拉克古墓群［J］. 考古，1999（8）：17-28.
［15］ 新疆文物考古研究所. 新疆新源铁木里克古墓群［J］. 文物，1988（8）：59-66.
［16］ 新疆维吾尔自治区博物馆文物队. 新疆新源县七十一团一连渔塘遗址发掘简报［J］. 考古与文物，1991（3）：5-15.
［17］ 新疆社会科学院考古研究所. 新疆新源巩乃斯种羊场石棺葬［J］. 考古与文物，1985（2）：21-26.
［18］ 新疆文物考古研究所. 伊犁恰甫其海水利枢纽工程南岸干渠考古发掘简报［J］. 新疆文物，2005（1）：13-32.
［19］ 新疆文物考古研究所. 新疆新源县别斯托别墓地2010年的发掘［J］. 考古，2012（9）：31-36.
［20］ 新疆文物考古研究所. 尼勒克县穷科克一号墓地考古发掘报告［J］. 新疆文物，2002（3/4）：13-53.
［21］ 新疆文物考古研究所等. 新疆尼勒克县加勒克斯卡茵特墓地发掘简报［J］. 考古与文物，2011（5）：20-29.
［22］ 新疆文物考古研究所. 伊犁州尼勒克县奇仁托海墓地发掘简报［J］. 新疆文物，2004（3）：60-87.
［23］ 新疆文物考古研究所. 尼勒克县铁列克萨伊墓地考古发掘报告［J］. 新疆文物，2012（2）：

21–29.

[24] 新疆文物考古研究所．尼勒克县一级电站墓地考古发掘简报［J］．新疆文物，2012（2）：30–50.

[25] a．新疆文物考古研究所．尼勒克县铁列克萨伊墓地考古发掘报告［J］．新疆文物，2012（2）：21–29.

b．新疆文物考古研究所．尼勒克县一级电站墓地考古发掘简报［J］．新疆文物，2012（2）：30–50.

[26] 刘学堂等．新疆尼勒克县别特巴斯陶墓群全面发掘获重要成果［J］．西域研究，2004（1）：106–114.

[27] 新疆文物考古研究所．新疆尼勒克乌吐兰墓地发掘简报［J］．文物，2014（12）：50–63.

[28] 新疆文物考古研究所．2008 年度精河县乌什布拉克墓地发掘简报［J］．新疆文物，2009（2）：17–25.

[29] 新疆文物考古研究所．1995 年乌苏县巴音沟牧场安集海村古墓葬发掘报告［J］．新疆文物，1996（4）：41–56.

[30] 同［8］.

[31] 同［9］.

[32] 同［3］.

[33] 周小明．新疆尼勒克县加勒格斯哈音特和铁木里克沟口墓地考古发掘成果简述［J］．西域研究，2004（4）：102–104.

[34] 张玉忠．伊犁河土墩墓的发现与研究［J］．新疆文物，1989（3）：59–66.

[35] 同［1］.

[36] a．刘学堂，关巴．新疆伊犁河谷史前考古的重要收获［J］．西域研究，2002（4）：106–108.

b．刘学堂．伊犁河上游史前考古新发现及其初步研究［J］．新疆文物，2011（1）：85–108.

[37] a．邵会秋．新疆地区安德罗诺沃文化相关遗存探析［A］．边疆考古研究（第 8 辑）［C］．北京：科学出版社，2009：81–97.

b．阮秋荣：新疆发现的安德罗诺沃文化遗存研究［A］．西部考古（第 7 辑）［C］．北京：科学出版社，2014：125–154.

[38] 同［21］.

[39] 同［19］.

[40] 同［29］.

[41] 中国社会科学院考古研究所．中国考古学中的碳十四年代数据集（1965 ~ 1991）［M］．北京：文物出版社，1992.

[42] 同［41］.

[43] 同［41］.

[44] 同［8］.

［45］ 同［7］.

［46］ 同［1］.

［47］ 陈戈. 略论新疆的彩陶［J］. 新疆社会科学，1982（2）：77-103.

［48］ 同［8］.

［49］ 邵会秋. 东西方文化早期的碰撞与融合——从新疆史前时期文化格局的演进谈起［J］. 社会科学战线，2009（9）：146-150.

［50］ 新疆文物考古研究所. 新疆彩陶［M］. 北京：文物出版社，1998：16.

［51］ 同［4］.

［52］ 同［5］.

［53］ 卢立·A·札德纳普罗伍斯基（撰），刘文锁（译）. 费尔干纳的彩陶文化［J］. 新疆文物，1998（1）：107-112.

［54］ 新疆文物考古研究所. 新疆和硕新塔拉遗址发掘简报［J］. 考古，1988（5）：399-476.

［55］ A. 阿斯卡洛夫. 外阿姆河地区铁器时代的开端［A］. 中亚文明史（第一卷）［C］. 北京：中国对外翻译出版公司，2002：342-345.

［56］ 图六楚斯特文化的陶器摘自《费尔干纳的彩陶文化》图一和《外阿姆河地区铁器时代的开端》图五，新疆境外的伊犁河流域陶器摘自《新疆伊犁河流域文化初论》图六。

［57］ 楚斯特文化的墓葬中很少随葬陶器。

［58］ 同［53］.

［59］ 同［9］.

［60］ A. H. 丹尼，V. M. 马松. 中亚文明史（第一卷）［M］. 北京：中国对外翻译出版公司，2002.

［61］ 韩建业. 中国先秦洞室墓谱系初探［J］. 中国历史文物，2007（4）：16-25.

Analysis on Periodization, Date, Origin and Development of Suodunbulake Culture

REN Rui-bo

Suodunbulake Culture is a painted-pottery culture which distributing over Yili Valley. Although there are many discussions about the name, phases, age and source of Suodunbulake Culture, divergences still exist. Based on the previous works, this paper reanalyses these basic questions and comes to this conclusion: this culture can be divided into four groups, three phases and two zones. The main source of the culture is from the outside of Xinjiang, some relics in Xinjiang take part in the formation of this culture.

三星堆文化东向扩张的原因分析*

于孟洲

（四川大学历史文化学院，成都，610064）

三星堆文化及其成组陶器因素体现出非常明显的东向分布趋势，从成都平原直至长江中游的荆州、沙市地区均有发现。根据不同区域的文化面貌及三星堆文化因素的体现特点，我们曾将其划分为五区[1]。孙华先生指出中原二里头文化先进的青铜冶铸工艺及其艺术风格，连同一些具有礼仪意义的器物类型通过鄂西地区、三峡地区进入四川盆地中心的成都平原，在当地发达的土著文化基础上，形成了三星堆文化。此后的二里岗期商文化也是通过这样的传播路线与三星堆文化发生联系。由于这个缘故，夏代及商代前期，四川盆地的青铜文化与江汉地区及其以南的湖南地区的青铜文化联系相当紧密[2]。此前，李学勤先生也曾提到，三星堆的青铜文化最接近于湖南、湖北，且与淮河流域的安徽一隅也有联系，推测以中原为中心的商文化先向南推进，经淮至江，越过洞庭湖，溯江传入蜀地[3]。还有较多学者持类似意见，限于篇幅，不逐一列举。研究三星堆文化分布范围或其对外影响的学者都注意到了三星堆文化存在着明显的东向分布特点[1]，但是，如此长距离的狭长分布趋势，除了特殊的地理环境外，必有其内在的驱动因素，仅从三星堆文化所受外来影响的角度去考虑问题还远远不够。下文将对此问题开展分析，同时，也希望能对解释四川盆地青铜器发展史上第一个高峰阶段的形成原因有所启示。

一

我们先从荆州荆南寺遗址谈起。

荆南寺遗址夏商时期的文化因素构成情况非常复杂，何驽先生将其整体划分为六群，其中D群因素包括凸肩罐、灯形器、高柄杯、凸肩小杯和器盖等，属于来自成都平原的早期蜀文化因素。其他五群分别是：来自于二里头文化的A群因素，数量很少，多见于一期；B群为二里岗早商文化因素，在文化因素汇总中约占29.5%或稍强，流贯于荆南寺二至六期；土著因素的C群贯穿于荆南寺一至六期，为文化因素汇总的主

* 本文为2013年度国家社科基金青年项目“四川盆地商周时期墓葬制度研究”（13CKG017）中期成果；本文研究受到四川大学创新火花项目库项目（2018hhs-26）的资助。

体；E群数量不多，属受到湖南澧水上游早商时期青铜文化影响传播的产物；F群数量亦很少，受到江西吴城文化的影响[4]。鉴于荆南寺一带是多种文化的交汇地带，有学者推测荆南寺遗址本身在当时似乎是一处自由贸易港之类的地点[5]，或是商文化控制区边缘或外围地区的次一级聚落和军事前哨[6]。通过细致比较，有学者发现荆南寺遗址与二里岗类型陶鬲的相似程度要明显高于盘龙城遗址，相似的数量高达陶鬲总数的80%，某些形制陶鬲的演变趋势及节奏亦同于二里岗类型。除却可能受盘龙城类型影响者外，确为商文化与土著文化融合者仅两件，数量远不及分裆鬲，体现了商文化与土著文化相对隔离的状态[7]。从这一现象看，荆南寺无论作为自由贸易港或商文化的军事前哨都存在一定的可能性，也有可能两者兼备。而且，此后兴起的周梁玉桥文化中含有商文化因素极其少见[8]，这同样反映出商文化与本地土著文化的融合程度较低。按照王宏先生意见，周梁玉桥文化中的一些商文化因素，可能是直接受到荆南寺类型影响的结果[8]。若前述存在一定合理性，则荆南寺遗址中发现较多的与三星堆文化相似的成组陶器因素的含义就需要认真思考了。

整个峡江地区都受到了三星堆文化的强烈影响，从陶器角度看，这种影响止于长江中游的荆州、沙市地区，该区域也是长江中游地区大量集中出现成组早商文化因素的最西南前沿。不难看出三星堆文化因素东向播迁的意图非常明显，那就是最终要和早商文化直接接触。从该遗址出现的两支文化的成组陶器因素共存，可以判断两支文化的人群当已有了直接接触。而要达到这一目的，三星堆文化人群需要从成都平原通过重庆、鄂西峡江地区这一狭长的文化通道。所以，三星堆文化在将重庆地区纳入其分布范围之后，西陵峡区较强的土著文化势力促使其采取另外一种方式，即联盟或合作的方式，从而将其文化影响亦深深布及于鄂西地区，并经由鄂西地区辗转传播，最终达到东出三峡达于江汉平原的目的[1]。段渝先生认为西陵峡区的三星堆文化因素集结，是古蜀人中的一支直接沿江东进迁徙、拓展扩张的结果，属于迁徙传播一类文化现象[9]。至于三星堆文化成组因素为何止步于荆州、沙市地区，或许三星堆文化东向对外交流的目的已经达到，无力继续东向延伸，更有可能的是，强大的商文化已经控制了荆州以东湖北境内的核心区域。可以想象，三星堆文化与荆州以东区域的文化交流在方式上也被迫要做出调整。

二

二里头文化曾对长江中游地区产生深远影响。鄂北地区的襄阳法龙王树岗遗址[10]是长江中游地区同时期诸遗址中二里头文化因素较典型的一处。钟祥乱葬岗[11]、枣阳墓子坪[12]等遗址均发现有二里头文化遗存，但器物特征均与二里头文化存在一定程度的区别[5]。荆南寺遗址H23出土有典型的二里头文化风格的花边口罐和侧装三角形足鼎，发掘者推断其年代大致为二里头文化二期[13]。由于这一时期遗存过少，还不好判断二里头文化在此区域的存在态势。至二里头四期或二里岗下层一期阶段，荆南寺遗址表现出二里头文化、土著文化与三星堆文化因素共存的情况，且二里头文化因素处于劣势状况[4]。盘龙城南城垣东段9层（分9A、9B、9C、9D层等4小层）出土有二里头文化时期遗存[14]，年代为二里头文化三期偏晚或四期偏早[15]。虽然发现的资料太少，但其中包含的盆形鼎、花边罐、大口尊和圆肩瓮等陶器明显属于受二里头文化影响的因素。还有学者认为盘龙城遗址的二里头文化遗存应是二里头文化直接传播的结果，是二里头文化在长江中游的一个地方类型[5]。从上面提到的几处遗址看，它们波及的范围已达湖北境内襄樊至荆州一线以东的长江北岸地区，尽管还存在大范围的空白点，但在该时期湖北境内可确认遗址数量原本就少的背景下，更为凸显二里头文化因素集中出现的重要性。张昌平先生甚至认为当时长江以北的中游地区已处于二里头文化的势力范围内。并进一步指出，二里头文化还通过荆南寺遗址向南对湘北地区、向西对三峡地区甚至更西地区产生影响[5]。研究三星堆文化起源的学者多注意到来自于二里头文化的影响，如陶盉、豆、觚与铜牌饰等器类[16~18]。其中，三星堆文化发现的4件镶嵌绿松石铜牌饰较为值得关注，广汉县高骈公社发现1件[19]，三星堆遗址范围内的南兴镇真武村砖厂在“仓包包”取土时发现3件[20]。杜金鹏先生将仓包包地点两件牌饰的年代笼统地推定为商代[21]。陈德安等先生推断仓包包土坑和高骈土坑的年代相当，在夏末至商代前期[20]。孙华先生推断仓包包和高骈两地的三件铜牌饰的年代应当在二里岗文化的后期或更晚的二里岗文化向殷墟文化的过渡期[22]。上述学者都强调三星堆文化的铜牌饰与二里头文化的同类器有直接或间接的关联。虽然三星堆文化铜牌饰在形制上具有自身特点，但从三星堆文化中存在的与二里头文化相似的多种陶器因素，或许可以推断三星堆文化对于铜牌饰这类器物的选择在某种程度上是受到了二里头文化影响的。至于二里头文化影响四川盆地的传播路线，学者多指认从鄂西地区沿长江西进这一线路。孙华先生还认为二里头文化的因素应当是在二里头文化二期及其稍后一个不长的时间范围内传入四川盆地，以后四川盆地就没有再得到该文化进一步的信息。中原二里头文化先进的青铜冶铸工艺及其艺术风格，连同一些具有礼仪意义的器物类型和做法都通过鄂西地区、三峡地区这样的传播路线进入了四川盆地中心的成都平原，在当地相对发达的土著文化的基础上，形成了三星堆文化[2,18]。在这一传播路线上，宜昌中堡岛[23]、秭归朝天嘴[24]、万州中坝子[25]等遗址均发现与二里头文化相似的陶器，这进一步证明了从长江中游至成都平原这一文化交流走廊的存在。也有学者论证物质文化交流的同时还伴有人群的流动[18,26]。孙华先生更进一步推断三星堆王国上层社会中有来自中原及其以东的人群，三星堆王国王族如果不是全部的话，也有一个支系应当来自二里头王国王族中的东方氏族[22]。

这样看来，三星堆文化人群对于经由三峡地区至长江中游这一文化走廊并不陌生。若进一步追溯至史前时期，包括重庆与鄂西在内的整个峡江地区便一直存在密切文化交流，这条文化传播通道始终是畅通的[27]。成都平原的宝墩文化就曾因此受到来自长江中游石家河文化的影响[28]。

三

早商文化在大量吸收二里头文化各类因素的基础上，步入快速发展轨道。进入二里岗上层阶段，其分布范围已经超过此前任何一支考古学文化，显示出了较强的扩张势头[29]。早商文化的青铜铸造技术也在二里头文化的基础上，逐渐发展壮大。发现的青铜容器与兵器的种类与数量更为多见。作为早商文化盘龙城类型的中心遗址，盘龙城遗址也出现了数量众多的早商时期青铜器。在三星堆两座器物坑出土器物中，玉器和铜器是两类重要的构成部分。玉器上除了体现出与中原地区存在交流外，与长江中游地区夏商时期遗存间的交流也是必须要提到的。杨建芳先生曾指出，三星堆一号器物坑出土的长方刻纹玉版与湖南石首皂市桅岗出土的商代早期（可能更早一些）长方刻纹玉版极其相似，后者应是前者的祖型。古蜀国后期的齿刃式玉戈可能渊源于湖北黄陂盘龙城李家湾商代早期的同形玉器[30]。学界对于铜器的研究要进展得更为深入，并且，已有学者从三星堆出土铜器中找寻到年代可能早至早商阶段的铜器。据发掘者推断，一号器物坑出土的铜盘（K1：53）年代不晚于殷墟一期，而铜器盖（K1：135）的年代下限不应晚于郑州白家庄期[30]。孙华先生认为三星堆器物坑出土的折肩铜罍与属于二里岗上层阶段向殷墟早期过渡阶段的郑州向阳食品厂窖藏出土的铜罍形态较为相似，应该具有一定的渊源关系[2]。对于上述提到的几件玉器与青铜器，其出现与受到早商文化和长江中游夏商时期文化的影响当存在一定关联。从青铜器和玉器等物质文化的发展进程看，早商时期与二里头文化时期都处于技术、生产能力和贵族阶层需求的不断提升和夯实基础阶段。三星堆文化发现的可确定为早商时期的铜器等高品级物品也还不多。但是，到了殷墟文化一、二期阶段，从三星堆器物坑出土遗存看，三星堆文化进入了物质文化发展的高峰阶段。与此同时，中原地区殷墟文化二期进入中国青铜文化发展的第一个高峰阶段。两个区域在青铜文化发展上表现出的这一相似性耐人寻味。可以推断三星堆文化与早商文化人群的交流一定会对后来出现于殷墟文化早、中期阶段的大量青铜器、玉器的制作做好了技术上的铺垫。贝格莱教授即指出，三星堆青铜器虽未表现出明显的二里岗文化影响，但它的技术体系却属于二里岗传统[32]。或许，我们可以推测对于这些高品级物品制作技术甚至是器物本身的交流和获取是促使三星堆人群东向扩张的一个重要原因，理由有三：

首先，多年考古发掘表明，三星堆文化并未完全占据整个成都平原。目前在岷江水系冲积扇区域内还未发现一处可以确认的三星堆文化遗址[33]。有学者考虑到环境方面的因素，特别是洪水可能造成的威胁制约了三星堆文化人群向成都平原南部区域的发展[33]。但是，此前的宝墩文化与此后的十二桥文化均大量分布于成都平原，波及的范围远大于三星堆文化时期[33]。对于这一现象或许仅简单从环境因素加以解释还不能令人信服。

其次，整个峡江地区没有任何一处遗址等级可以与三星堆遗址相比，成都平原的三星堆文化发展水平明显高于峡江地区。仅从获取盐业等资源的角度考察，三星堆文化也无须进一步东向扩展其影响至江汉平原。

最后，三星堆文化中出土的大量铜器、玉器等高品级物品年代虽主要集中在殷墟一、二期阶段，但我们不能否认这类物品的制作技术当有其准备阶段。若向前追溯，三星堆文化在夏与早商阶段沿峡江地区东向对外交流是其最为明显的特点，可以推断两者间或有一定的关联性。

从宝墩文化向三星堆文化变迁与整合的过程中，出现了规模远超于此前任何一座宝墩文化城址的超大型聚落，即面积达 12 平方千米的三星堆遗址（群）。可以想象，这一过程中一定伴随着大量人口集中涌入都城及周边区域的现象，或许这也是导致成都平原该时期文化分布格局产生重大调整的原因之一。与此相应的是，领土扩张应该不是三星堆文化统治集团的迫切需求。至少，从文化遗存的分布上看，三星堆文化人群并未全部占领身边的成都平原。他们急需找到的是可以让众多人口整合与凝聚的方式，最终的选择就是祭祀与宗教。三星堆两座器物坑内的众多高品级物品就是三星堆人群重于祭祀遗留下的部分证据。能看出，三星堆文化人群制作祭祀所用物品占用了其最大的精力。当然，这其中需要的铜器、玉器等器物及其制作技术便成为首先要解决的难题。早商文化代表了当时东亚地区文化发展的最高水平，自然是三星堆文化仰慕的对象，与其取得接触并获取这方面的信息是最关键的。

四

进入殷墟文化时期，商文化的分布重心早已移至豫北冀南地区，桐柏山以南已基本不见商文化分布[34]。商文化从长江中游地区撤退后，三星堆文化如何与商文化及其他区域保持交流是我们下一步需要探索的课题。有两个区域特别值得关注：

其一，长江中下游地区。与三星堆器物坑所出尊、罍形制相似的两类铜器还见于安徽六安[35]、阜南[36]、湖南华容[37]、岳阳[38]、湖北江陵[39]、沙市[40]、重庆巫山[41]等地。这一现象传递出非常重要的信息：首先，铜器传播的范围远远超出陶器，显示出文化间交流更为广阔的舞台；其次，上述相似铜器分布的地点证明长江中下游与上游之间的交流通道至殷墟早中期阶段依然畅通；第三，与商文化的交流仅是三星堆文化东向交流的一部分，长江中下游地区也是三星堆文化对外交流的重要选择。已有学者指出，这些地点出土的部分尊、罍可能为长江中下游地区的湖南[42]或江西、安徽[43]一带生产的。那么，进入殷墟文化早期，长江中下游地区对于三星堆文化铜器群的影响程度有多大呢？又是采取何种方式传导这种影响的呢？

其二，陕南地区。该区域出土商代铜器种类与数量均较多，延续年代从商代早期直至殷墟文化晚期，始终与商文化保持着密切的文化联系[44, 45]。三星堆文化中部分形制的尊、戈形制与陕南地区相似，玉璋也与陕南地区的铜璋形制近似。有学者注意到，陕南地区青铜器相较于三星堆文化与中原商文化的相似性更多，且距离更近。推断中原青铜文化向川西地区的传播过程中，汉水上游应为重要通道之一[44]。目前，我们在陕南地区还不见成组的三星堆文化陶器因素。从已有迹象推测，三星堆文化在与陕南地区的文化交流中非常重视对于铜器或其铸造技术的获取。还有一个现象需要我们注意，曹玮先生划分的汉中商代铜器第二期（商代中期）中，鼎、爵、觚、尊、簋、卣、罍、盘等容器和曲内戈、矛、兽形面具等与盘龙城的同类器物十分接近，大多都与盘龙城的同类器有着渊源关系。曹玮先生由此推测，进入商代中期，商王朝很有可能从盘龙城向西，溯汉水西上，形成汉水上游的一个统治中心[45]。而且，从汉中地区[44]、湖北枣阳[46]也发现有与长江中游地区殷墟早、中期相似的铜尊看，与前述从长江中游至上游间的文化通道相衔接的还有一向北转溯汉水而上的通道，现在看这条通道在商代早期甚至更早阶段即已启用。这条传播通道也经由城固铜器群对三星堆文化产生了重要影响。

长期的东向扩张和对外交流使得三星堆文化最终在其中晚期特别是晚期阶段获得生产力水平的迅猛提升，两座器物坑内大量铜器、玉器和金器等的发现[31]足以证明这一点。当然，三星堆文化统治人群将这些高等级物品都用在了公共祭祀和礼仪上，并非用于提高整个社会生产工具和生活物品的制造。限于三星堆文化墓葬发现数量很少[47]，还不知铜器等高等级物品是否也用来规定和约束人群的不同等级构成。但三星堆文化中源于中原系铜器的尊、罍被作为其各种祭祀和仪式活动中的重器，确是无可怀疑的。从它们在祭祀和仪式中的地位和作用看，尊最为重要，罍次之[21]。除了出土数量上尊明显多于罍外，三星堆二号器物坑出土的顶尊跪坐人像（K2③：48）、铜神坛（K2③：296）[31]等都直观地展示出铜尊在三星堆文化某些仪式活动中所处的核心地位。根据孙华先生的复原意见，铜神坛第三层实际上是一座三段式的铜尊形器[22]。可以推测，统治者构建的公共祭祀仪式一定在当时的三星堆文化民众中起到过积极的人群聚合作用。

另外，在研究三星堆文化对外交流中，铜料来源也是非常关键的一项内容。金正耀等先生测定分析了三星堆两个器物坑出土的50余件铜器，其铅同位素数据全部属于高放射成因铅，与江西新干大洋洲商墓、湖北盘龙城遗址、陕西城洋铜器群以及黄河流域商代遗址如安阳殷墟、郑州商城、偃师商城等出土含高放射成因铅铜器的铅同位素组成完全一致，推测其金属矿产资源属于同一矿产区域来源[48, 49]。若果真如此，这对于商代文化交流的探索无疑具有重大意义。不过，有学者根据殷墟和三星堆两遗址出土青铜容器所含微量元素锌、砷、铋、镍、钴、锑等的结果比较，发现二者存在较大区别。这有可能是冶炼技术水平不同，或测试过程带来的误差等导致的，也可能是两地的矿料来源不同[50]。所以，铜料来源研究仍是未来需要攻克的一大难题。同时，这也是解释三星堆文化对外交流和铜器铸造等多方面现象需要面对的问题。

铜器的发现及其研究成果拓展了经由陶器分析构建的三星堆文化对外交流的图景，但目前三星堆文化中所见中原系铜容器的具体影响源头、铸造地点和铜料产地等诸多问题都还未能解决，这是研究三星堆文化对外交流及其东向扩张原因的重要内容，需要持续探讨。

五

石家河文化衰落后，江汉地区在夏商时期，尤其是早商时期再次进入了繁荣期。早商人群的大规模进入最终促成了盘龙城早商青铜文化中心的崛起。由此，早商文化对包括赣江流域、湘江流域和四川盆地在内的长江中上游地区文化产生了深远影响。在宝墩文化时期，四川盆地不见任何有关铜器铸造的迹象。虽三星堆文化中期阶段发现可能与二里头文化存在一定关系的铜牌饰，却基本不见同时期的其他铜器，可以认为当时青铜文化还没有真正发展起来[51]。原本以成都平原为核心分布区的三星堆文化极力东向扩展其文化影响，正与早商文化对外扩张之势相遇于江汉地区，终在接受二里头文化、早商文化及其他地区文化影响的基础上，于殷墟文化一、二期阶段达到了其青铜文化的鼎盛期。

三星堆两座器物坑内大量高品级遗物的发现昭示着曾经的辉煌，但也提示着三星堆文化毁灭的原因所在。两座器物坑内和坑口上部地层中所出陶器已进入十二桥文化的初期阶段。有学者推测坑内遗物原为三星堆文化阶段国家宗庙中的重器，被取而代之的十二桥文化阶段人群毁灭和掩埋[18]。还有学者更为仔细地分析了两座器物坑内出土遗物的异同，认为1号坑出土遗物更像是一个宗庙内陈列的器物，1号坑或许是宗庙祭祀器物埋藏坑；2号坑出土的遗物可能是神庙中的陈列品，2号坑或许应为神庙祭祀器物埋藏坑。当时发生了战乱或其他某种突发事件，导致了宗庙和神庙同时被毁，因此形成了两个埋藏坑[52]。在宗庙（神庙）中陈列的器物种类繁多，体现了三星堆文化最高的生产力水平。物极必反，或许也正因为三星堆文化举全国之力维持其高品级物品如铜器、玉器、金器等的制作以保持祭祀的正常运转，也因此浪费了大量的人力、物力，消耗了生产力。最终在外来人群的侵袭下，经历了灭顶之灾，成都平原因之进入了十二桥文化阶段。

在前文研究中，我们还有一些问题无法寻得解释。比如，从成都平原北部至重庆地区间存在较大的三星堆文化分布空白区，原因为何？并且，从成都平原一直到江汉地区这一狭长区域内，除了成都平原北部和鄂西三峡地区遗址数量稍多外，其他地区遗址数量均很稀疏，间隔较大，三星堆文化的统治者又是采用何种手段将其连结在一起为其政治目的服务呢？希望随着材料的增多，可以逐一揭开上述谜题。

注　释

［1］于孟洲，王玉霞．三星堆文化东向交流的区域性特点研究［A］．三代考古（八）［C］．即刊．

［2］孙华．四川盆地青铜文化初论［A］．四川盆地的青铜时代［C］．北京：科学出版社，2000．

［3］李学勤．商文化怎样传入四川［N］．中国文物报，1989-7-21（3）．

［4］何驽．荆南寺遗址夏商时期遗存分析［A］．考古学研究（二）［C］．北京：北京大学出版社，1994．

［5］张昌平．夏商时期中原与长江中游地区的文化联系［J］．华夏考古，2006（3）：54-60．

［6］向桃初．湘江流域商周青铜文化研究［M］．北京：线装书局，2008．

［7］张科．盘龙城与荆南寺出土陶鬲比较研究［J］．江汉考古，2015（1）：57-67．

［8］王宏．论周梁玉桥文化［J］．江汉考古，1996（3）：51．王宏先生还认为至少在殷墟一期，荆南寺类型与周梁玉桥文化同时交错并存，殷墟二期以后，荆南寺类型在荆沙地区消失，周梁玉桥文化取而代之。详见王宏《论周梁玉桥文化》一文。

［9］段渝．论“早期巴文化”——长江三峡的古蜀文化因素与“早期巴文化”［A］．巴渝文化（第三辑）［C］．重庆：西南师范大学出版社，1994．

［10］襄石复线襄樊考古队．湖北襄阳法龙王树岗遗址二里头文化灰坑清理简报［J］．江汉考古，2002（4）：44-50．

［11］荆州市博物馆，钟祥市博物馆．钟祥乱葬岗夏文化遗存清理简报［J］．江汉考古，2001（3）：38-43．

［12］叶植．襄樊市文物史迹普查实录［M］．北京：今日中国出版社，1995．

［13］荆州博物馆．荆州荆南寺［M］．北京：文物出版社，2009．

［14］湖北省文物考古研究所．盘龙城——1963 ~ 1994年考古发掘报告［M］．北京：文物出版社，2001．

［15］蒋刚．盘龙城遗址群出土商代遗存的几个问题［J］．考古与文物，2008（1）：35-46．

［16］邹衡．三星堆文化与夏商文化的关系［A］．四川考古论文集［C］．北京：文物出版社，1996．

［17］孙华．试论三星堆文化［A］．四川盆地的青铜时代［C］．北京：科学出版社，2000．

［18］江章华，李明斌．古国寻踪［M］．成都：巴蜀书社，2002．

［19］敖天照，王有鹏．四川广汉出土商代玉器［J］．文物，1980（9）：78．

［20］四川省文物考古研究所三星堆工作站，广汉市文物管理站．三星堆遗址真武仓包包祭祀坑调查简报［A］．四川考古报告集［C］．北京：文物出版社，1998．

［21］杜金鹏．广汉三星堆出土商代铜牌浅说［N］．中国文物报，1995-4-9（3）．

［22］孙华，苏荣誉．神秘的王国［M］．成都：巴蜀书社，2003．

［23］如中堡岛深腹罐 1979T8③A：1，详见湖北省宜昌地区博物馆，四川大学历史系．宜昌中堡岛新石器时代遗址［J］．考古学报，1987（1）：94；中堡岛敛口缸形器 T7⑧：33，详见国

家文物局三峡考古队. 朝天嘴与中堡岛［M］. 北京：文物出版社，2001：255.
［24］ 如朝天嘴鸡冠形錾耳盆 T7 ⑥：57、陶盉 T7 ⑥：9 等，详见国家文物局三峡考古队. 朝天嘴与中堡岛［M］. 北京：文物出版社，2001：72，74.
［25］ 如中坝子遗址出土的陶觚形杯Ⅱ T0803 ④：138，详见西北大学考古队，万州区文物管理所. 万州中坝子遗址发掘报告［A］. 重庆库区考古报告集（1997 卷）［C］. 北京：科学出版社，2001：361.
［26］ 杜金鹏. 封顶盉研究［J］. 考古学报，1992（1）：1-31.
［27］ 白九江. 重庆地区的新石器文化——以三峡地区为中心［M］. 成都：巴蜀书社，2010.
［28］ 江章华. 成都平原先秦时期农业的转型与聚落变迁［J］. 中华文化论坛，2009 年增刊.
［29］ 有关早商文化的分布范围，可以参看王立新. 早商文化研究［M］. 北京：高等教育出版社，1998：123-148.
［30］ 杨建芳. 长江流域玉文化［M］. 武汉：湖北教育出版社，2006.
［31］ 四川省文物考古研究所. 三星堆祭祀坑［M］. 北京：文物出版社，1999.
［32］ Robert Bagley. *Shang archaeology*［A］. *The Cambridge History of Ancient China*［M］. New York: Cambridge University Press, 1999.
［33］ 江章华. 成都平原先秦聚落变迁分析［J］. 考古，2015（4）：67-76.
另外，需要提到的是，最近成都市双流区牧马山区域友宁桥遗址 H2 发现少量三星堆文化遗存，包括陶小平底罐、灯形器和器盖等，但相关资料还未详细报道，见成都市双流区文物管理研究所. 牧马山文物资源调查与试掘阶段性成果填补了双流先秦时期发展空白［N］. http://www.cdslwgs.com/shownews.aspx?uin=223.
［34］ 中国社会科学院考古研究所. 中国考古学（夏商卷）［M］. 北京：中国社会科学出版社，2003.
［35］ 安徽省皖西博物馆. 安徽六安出土一件大型商代铜尊［J］. 文物，2000（12）：65-68.
［36］ 中国青铜器全集编辑委员会. 中国青铜器全集（第一卷，夏商一）［M］. 北京：文物出版社，1996.
［37］ 湖南省博物馆. 湖南博物馆［M］. 北京：文物出版社，1983：图版 17.
［38］ 熊传新. 湖南新发现的青铜器［A］. 文物资料丛刊（5）［C］. 北京：文物出版社，1981.
［39］ 王从礼. 记江陵岑河庙兴八姑台出土商代铜尊［J］. 文物，1993（8）：67-68，31.
［40］ 彭锦华. 沙市近郊出土的商代大型铜尊［J］. 江汉考古，1987（4）：89-93.
［41］ 四川省文物管理委员会，四川省文物考古研究所，巫山县文化馆. 巫山境内长江、大宁河流域古遗址调查简报［A］. 四川考古报告集［C］. 北京：文物出版社，1998.
［42］ 〔美〕贝格莱. 长江流域的铜器与商代考古［A］. 奇异的凸目［C］. 成都：巴蜀书社，2003.
［43］ 张昌平. 论殷墟时期南方的尊和罍［A］. 考古学集刊（第 15 集）［C］. 北京：文物出版社，2004.
［44］ 赵丛苍. 城洋青铜器［M］. 北京：科学出版社，2006.

［45］ 曹玮．汉中出土的商代青铜器［A］．汉中出土商代青铜器（第一卷）［C］．成都：巴蜀书社，2006.

［46］ 徐正国．湖北枣阳发现一件商代铜尊［J］．文物，1990（6）：57.

［47］ 四川省文物管理委员会，四川省博物馆，广汉县文化馆．广汉三星堆遗址［J］．考古学报，1987（2）：238.

［48］ 金正耀．铅同位素示踪方法应用于考古研究的进展［J］．地球学报，2003（6）：548-551.

［49］ 金正耀，赵丛苍，陈福坤，等．宝山遗址和城洋部分铜器的铅同位素组成与相关问题［A］．城洋青铜器［M］．北京：科学出版社，2006.

［50］ 赵春燕．各具特色的殷墟与三星堆青铜器的化学组成［A］．三代考古（四）［C］．北京：科学出版社，2011.

［51］ 施劲松．长江流域青铜器研究［M］．北京：文物出版社，2003.

［52］ 施劲松．三星堆器物坑的再审视［J］．考古学报，2004（2）：157-179.

An Analysis on the Cause of the East Expansion of Sanxingdui Culture

YU Meng-zhou

Sanxingdui Culture and its grouping pottery factors evidently show a trend of east distribution. It shows a regional characteristic of the gradual decline of culture influence in a narrow distribution zone which is from Chengdu Plain to Jingzhou and Shashi. Apart from being influenced by a special geographical environment, it's also related to the culture channal that has kept unblocked for a long time in Xiajiang area, to the west influence that is from Central Plains Erlitou Culture or its crowd, specially to the ways that ruling class of Sanxingdui Culture seeks to construct internal domination, and so on.

性别研究视角下的华县东阳秦墓地

于焕金
（吉林大学考古学院，长春，130012）

华县东阳秦墓地位于陕西省东部秦岭北麓的山前台地上，是目前在陕西省境内发现的处于最东端的秦文化墓地。2001年春，东阳墓地遭到疯狂盗掘，随后由陕西省考古研究所和秦始皇兵马俑博物馆组成联合考古队对东阳墓地进行了抢救性发掘。墓地发掘资料由以上两家单位编著的《华县东阳》作了详尽的报告[1]。

墓地共发现了184座墓葬，其中69座为秦墓，年代从春秋晚期一直到秦代。考古队发掘了秦墓中保存较好的39座。东阳秦墓地虽未全面揭露，但已发掘的墓葬绝大多数为保存较好的墓葬，未发掘的墓葬均进行了钻探，并标注了详细位置。报告还对墓地中出土的人骨进行了性别、年龄鉴定[2]，这对以墓主人性别为视角的研究提供了很好的研究基础。本文拟通过对华县东阳秦墓地墓葬的体量、葬具、随葬品与墓主人的性别、年龄之间关系的分析，就男女两性的社会地位和经济地位及相关问题作进一步的探讨。

一、墓葬体量

墓葬体量是反映墓葬建造时耗费劳动力的重要因素。华县东阳39座秦墓中，除M33为成年男女合葬墓以外，其余均为单人葬。可以鉴定性别的有26座，包括25座单人墓和M33。25座单人葬中，男性墓葬有15座，其中14座墓葬保存完好，1座墓葬被打破，女性墓葬有9座，均保存完好，可能为女性的有1座。要考察男、女墓葬体量的差异，需从保存完好的14座男性墓葬和9座女性墓葬入手。东阳墓地男女两性有关墓葬体量的数据详见表一。

通过表一可以看到女性墓葬的平均长度、宽度、深度、面积和体积均小于男性。由于自然侵蚀和后代人为的破坏，墓葬的现存深度可能不是原来的实际深度，但是这种破坏具有一定的随机性，具有随机现象的特点，即首先男性和女性墓葬的破坏概率都是相同的，其次随机破坏对单个墓葬的影响很大，但对同一性别的多个墓葬深度的群体观测的综合结果，在一定程度上还是能反映墓葬深度这一随机变量的客观规律性。此外两性墓葬的平均长度、宽度、面积、深度、体积等在多维度都呈现出了相同的规律，即男性墓葬的平均规模均大于女性，因此也说明使用墓葬现存深度作为实际深度从而计算墓葬体量应该具有可信性。

女性墓葬的平均体积小于男性，说明女性墓葬耗费的劳动力要少于男性。女性墓葬体积的标准差为10.06立方米，男性墓葬体积的标准差为6.43立方米（表一）。标准差反映一组数据内个体间的离散程度。一个较大的标准差，代表组内大部分数值和平均值之间差异较大，数据的离散性较大；一个较小的标准差，代表组内数值分布较集中，较接近平均值，数据的离散性较小。男性墓葬体积的标准差小于女性，说明男性墓葬的离散程度小于女性，男性墓葬的体积分布相对均匀，显示出比女性墓葬较小的差异性，女性墓耗费的劳动力差别要大于男性墓。

表一　男女两性墓葬体量统计表

	女性	男性		女性	男性
墓葬数量（座）	9	14	墓底平均面积（平方米）	2.95	3.46
墓口平均长（米）	2.36	2.59	墓葬平均深（米）	4.04	4.39
墓口平均宽（米）	1.57	1.58	墓葬平均体积（立方米）	15.32	16.86
墓口平均面积（平方米）	3.81	4.12	最小体积（立方米）	1.84	8.57
墓底平均长（米）	2.15	2.36	最大体积（立方米）	29.11	29.85
墓底平均宽（米）	1.32	1.42	墓葬体积标准差（立方米）	10.06	6.43

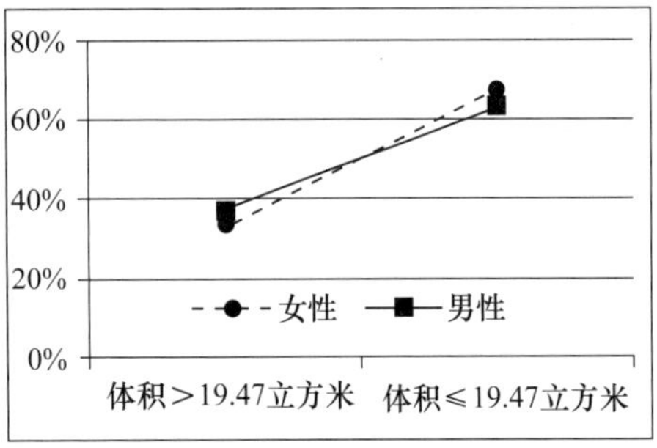

图一　男女两性墓葬体积比较图

东阳墓地中所有墓葬的平均体积为19.47立方米，33%的女性和37%的男性墓葬体积大于平均体积，67%的女性和63%的男性墓葬体积小于等于墓葬平均体积（图一）。这说明男女两性在体积大于平均体积和小于等于平均体积的墓葬中所占的比例大体相当，但在体积大于平均体积的墓葬中，男性的比例略高，在体积小于等于平均体积的墓葬中，男性的比例略低。体积最大的墓葬为男性墓葬，显示出在墓葬体量方面耗费劳动力最多的是男性。

二、葬　　具

葬具是现存能体现丧葬过程中耗费劳动力的重要的一部分。华县东阳墓地单人葬中有明显葬具的墓葬有35座，20座为一棺，1座为一椁，11座为一椁一棺，1座为两椁一棺，2座为一椁重棺。

统计单人葬中棺椁重数与性别关系（图二），可知葬具为一棺或者一椁即棺椁数为一的女性比例为78%，男性为47%。葬具为一棺一椁即棺椁数为二的女性比例下降为

22%，男性仍为47%。葬具为两椁一棺或者为一椁重棺即棺椁数为三的男性为7%，而女性则没有。这说明男性在棺椁这一方面所耗费的劳动力要大于女性，男女两性使用棺椁重数方面存在着不对等现象，使用棺椁重数（三重）最多的为男性，显示出在葬具方面耗费劳动力最多的是男性。

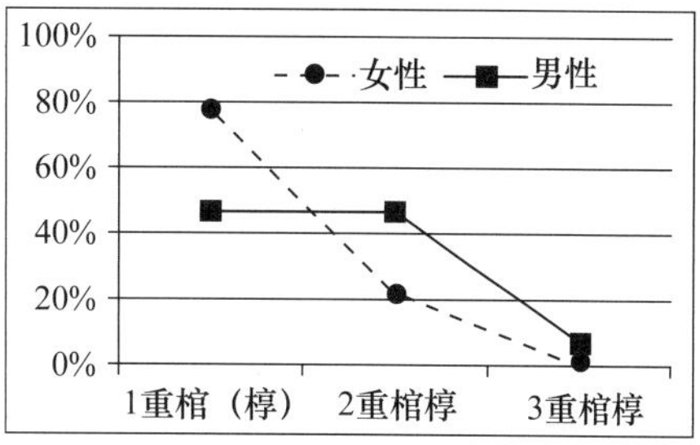

图二　男女两性使用棺椁重数比较图

注：M22墓葬上部被打破，确切的墓葬规模受到影响，但棺椁重数、随葬品、墓主人年龄和性别不受影响，因此在有关上述不受影响项目统计时则包括此墓数据。下文中表和图除特殊说明外，亦同。

三、随　葬　品

随葬品的种类与数量亦是反映埋葬行为过程中耗费劳动力的重要指标。东阳秦墓共出土有陶鼎、簋、壶、豆、甗、盘、匜、囷、喇叭口罐、鬲、盆、釜、罐、双耳罐、三足器、杯，铜剑、戈、削、带钩、S形饰，石圭、琀、坠，骨镞、串饰、玦、簪，漆器，泥动物俑等30余种，260件随葬品。

统计男女两性随葬品的种类和数量（表二），可知男性随葬品平均种类为5.67种，平均数量为9.07件，女性随葬品平均种类为3.78种，平均数量为5.56件。男性随葬品的平均种类和数量均大于女性，说明男性在随葬品方面耗费的劳动力要大于女性。随葬品种类和数量最多的均为男性，显示出在随葬品方面耗费劳动力最多的是男性。

表二　男女两性随葬品统计表

	女性	男性		女性	男性
墓葬数量（座）	9	15	随葬品平均数量	5.56	9.07
随葬品平均种类	3.78	5.67	最少数量	0	0
最少种类	0	0	最多数量	18	31
最多种类	11	15			

注：表中数据仅作为比较说明使用，所以随葬品平均种类和数量都保留小数点后两位

东阳墓地中所有墓葬随葬品的平均种类为不到6种，统计男女两性随葬品的种类（图三），发现22%的女性和40%的男性随葬品种类大于等于6种，78%的女性和60%的男性随葬品种类小于6种。这说明男女两性在随葬品种类方面存在不对等现象。

墓地中所有墓葬随葬品数量的平均值为不到9件，统计男女两性随葬品的数量（图四），发现22%的女性和40%的男性随葬品数量大于等于9件，78%的女性和60%的男性随葬品数量小于9件（虽然与前文随葬品种类得出的比例相同，但两者筛选出来的墓葬却并不完全一样）。这说明男女两性在随葬品数量方面存在不对等现象。

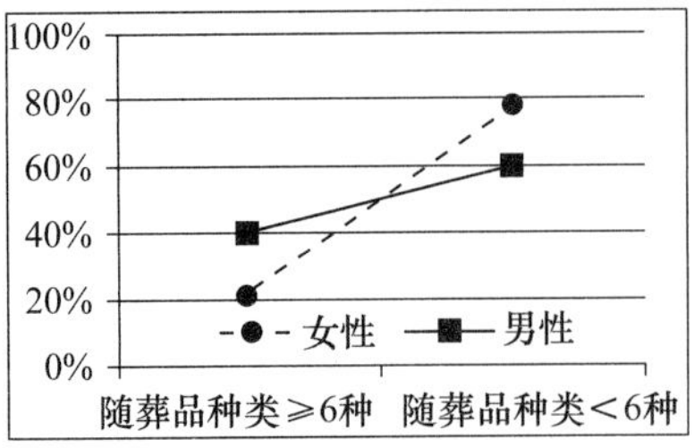

图三　男女两性随葬品种类比较图

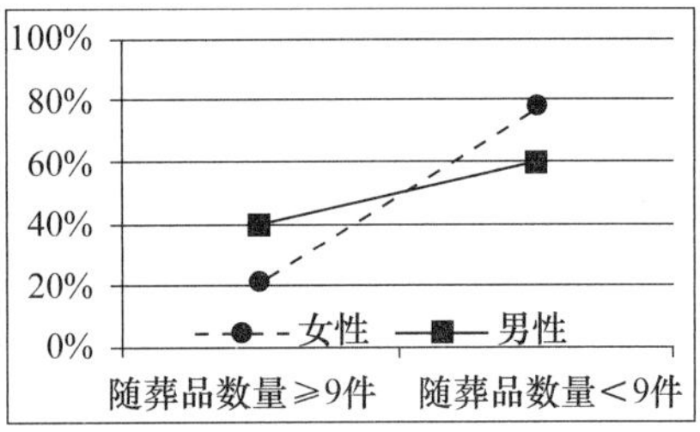

图四　男女两性随葬品数量比较图

四、墓葬的分组

在对内蒙古自治区凉城县毛庆沟墓地东周时期的墓葬研究中，有研究者以墓葬中是否出土殉牲、陶器和带饰对墓葬进行分组，讨论毛庆沟墓地中男女两性财富的差异[3]。本文将参考上述方法对东阳秦墓进行分组并尝试讨论东阳墓地中男女两性在丧葬过程中耗费劳动力的差异。

墓葬体积、葬具、随葬品是东阳墓地中绝大多数墓葬中都存在的要素，与丧葬过程中耗费的劳动力息息相关。下文将根据墓葬体积、葬具和随葬品的分类对墓葬进行分组，并据此考察男女两性墓葬在耗费劳动力方面的差异。

（1）墓葬体积：以所有墓葬的平均体积（19.47立方米）为标准，体积大于19.47立方米的墓葬为A类，小于19.47立方米的为C类[4]。

（2）葬具：根据棺椁重数的多少分为三类：三重棺椁为A类，二重棺椁为B类，一重棺椁为C类。

（3）随葬品：以随葬品种类的平均值（不到6种）和数量的平均值（不到9件）为标准分为三类：随葬品种类大于等于6种且随葬品数量大于等于9件的为A类，随葬品种类大于等于6种或随葬品数量大于等于9件的为B类，随葬品种类小于6种且随葬品数量小于9件的为C类。

根据以上分类，将包含三个A类要素的墓葬归为Ⅰ组，两个A类、一个B类要素的墓葬归为Ⅱ-1组，两个A类、一个C类要素的墓葬归为Ⅱ-2组，一个A类、两个B类要素的墓葬归为Ⅲ-1组，一个A类、一个B类、一个C类要素的墓葬归入Ⅲ-2组，一个A类、两个C类要素的墓葬归入Ⅲ-3组，两个B类、一个C类要素的墓葬归入Ⅳ-1组，一个B类、两个C类要素的墓葬归入Ⅳ-2组，三个C类要素的墓葬归为Ⅳ-3组。从Ⅰ组到Ⅳ-3组，所耗费的劳动力大体上是呈递减状态。

将14座男性墓和9座女性墓按照以上标准进行划分（图五、图六），可知男性墓葬从Ⅰ组到Ⅳ-3组，女性墓葬则没有属于Ⅰ组者。这说明东阳秦墓地的社会在丧葬过程中存在与性别有关的耗费劳动力的差异。总体上，男性耗费的劳动力多于女性。同一性别中也有耗费劳动力多少的差异，男性和女性墓葬中都有墓葬体积大、多重棺椁、

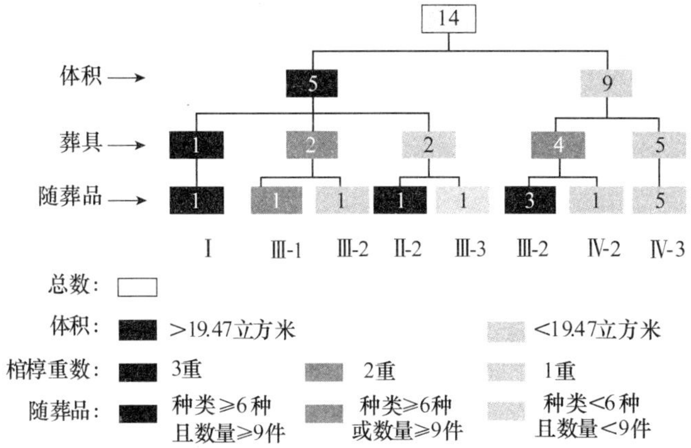

图五　男性墓葬分组

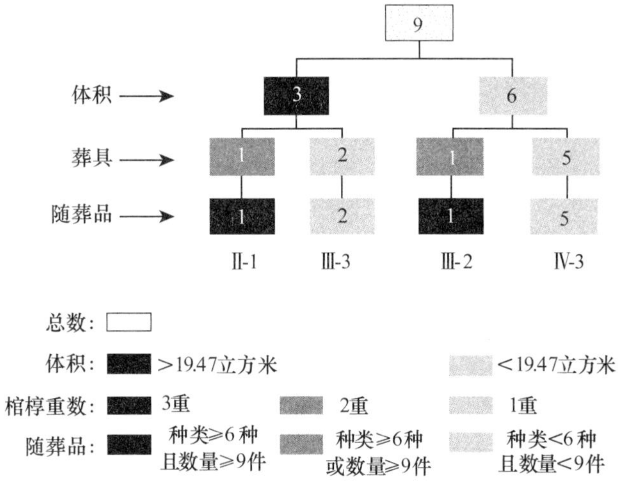

图六　女性墓葬分组

随葬品丰富和墓葬体积小、一重棺椁、没有任何随葬品的墓葬。

仿铜陶礼器是指形制上仿自同时期的铜礼器、同时具有一定礼制效用的陶器[5]。对于使用仿铜陶礼器人群的身份地位目前学者意见不统一[6]，但正如滕铭予先生所言，不论墓主人是出于什么原因使用了仿铜陶礼器，其已作为一个事实上存在的人群而有别于不使用仿铜礼器墓主人所属的人群[7]。华县东阳秦墓地中的仿铜陶礼器包括鼎、簋、壶、豆、盘、匜、甗等。

通过对图五和图六进一步分析可知，男性墓葬共分为7组，其中前四组即Ⅰ、Ⅱ-2、Ⅲ-1和Ⅲ-2组的墓葬均随葬有仿铜陶礼器，第五组到第七组即Ⅲ-3、Ⅳ-2和Ⅳ-3组的墓葬随葬均为非礼器。女性墓葬共分为4组，其中前两组即Ⅱ-1和Ⅲ-2组的墓葬均随葬有仿铜陶礼器，第三、第四组即Ⅲ-3和Ⅳ-3组的墓葬随葬均为非礼器。男女两性墓葬的共同特点为均以Ⅲ-2和Ⅲ-3组为界，Ⅰ～Ⅲ-2组的墓葬均随葬有

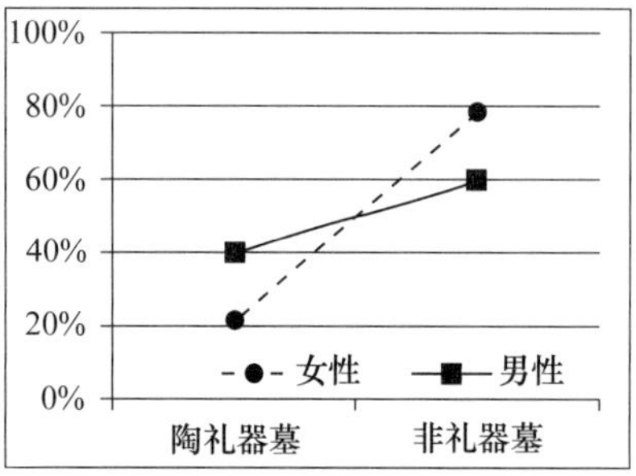

图七　各类墓葬中男女两性比较曲线图

仿铜陶礼器，Ⅲ-3 ~ Ⅳ-3组的墓葬随葬均为非礼器。从前文的分析已知，从Ⅰ组到Ⅳ-3组，所耗费的劳动力大体上是呈递减状态，显示出随葬仿铜陶礼器的墓葬在丧葬过程中所耗费的劳动力多于随葬非礼器的墓葬。

通过图七可知，22%的女性和40%的男性墓为仿铜陶礼器墓葬，78%的女性和60%的男性为非礼器墓葬。男女两性在随葬陶礼器的比例上存在不对等的现象。

在能鉴定性别、年龄的陶礼器墓中（表三），男性陶礼器墓葬有6座，年龄集中在18 ~ 25岁。女性陶礼器墓葬有2座，墓主人年龄分别为23 ~ 26岁和40岁左右。女性墓葬虽只有2座，但却没有像男性那样集中在某一年龄段的现象。男性墓葬数量虽多于女性墓，但却没有除18 ~ 25岁以外的年龄，如像女性年龄为40岁左右。这很可能不是偶然现象，可能意味着男女两性获得使用仿铜陶礼器的途径不同。18 ~ 25岁的男性经历有限，却是随葬陶礼器的主要人群，这似乎显示出陶礼器的使用权利不需要长时间积累，短时间内就可以获得。而女性则不具有这一特征。

表三　仿铜陶礼器墓主性别、年龄统计表

墓号	性别	年龄	墓号	性别	年龄
M17	男	25±	M62	男	25±
M28	男	18±	M99	男	20 ~ 25
M60	男	20 ~ 25	M29	女	23 ~ 26
M61	男	20 ~ 25	M44	女	40±

五、墓主人社会地位和经济地位的探讨

有学者研究认为墓葬大小、棺椁数量、随葬品的种类和数量等是与建造墓葬及配套设施所耗费的劳动力相关，可能是社会及经济地位的象征[8]。通过前文的分析可知，随葬仿铜陶礼器的墓葬所耗费的劳动力多于随葬非礼器的墓葬，说明随葬仿铜陶礼器的人群社会地位和经济地位高于随葬非礼器的人群。而随葬仿铜陶礼器的墓葬中男性的比例高于女性，随葬非礼器的墓葬中男性的比例低于女性，显示出总体上，男性的社会地位和经济地位高于女性。

鼎在礼器中占据着核心地位，其数量的多少与墓主人生前的身份等级有密切的关系，如何休注《春秋公羊传·恒公二年》所云："天子九鼎，诸侯七，卿大夫五，元士

三也。”虽然目前学术界对每个等级的具体用鼎数量还有不同的意见[9]，但有一点是达成共识的，即一般情况下墓葬中随葬鼎的数量越多，墓主人的身份等级越高。东阳墓地共有10座墓葬随葬了陶鼎，共21件，随葬陶鼎墓葬的具体情况见表四。

通过表四可知，随葬陶鼎的墓葬在平均体积、棺椁重数、随葬品种类和数量方面均大于无陶鼎随葬的墓，这说明随葬陶鼎的墓较不随葬陶鼎的墓耗费更多的劳动力，社会地位和经济地位更高。总体上，社会地位和经济地位是相匹配的，然而也存在随葬陶鼎的墓葬在某些方面小于无鼎墓的情况，如随葬1件和3件陶鼎的墓葬平均体积小于无鼎墓，随葬1件陶鼎墓的棺椁平均重数小于无鼎墓。这说明对劳动力的占有并不完全取决于社会地位。

随葬陶鼎的墓葬中，同样也表现出对劳动力的占有并不完全取决于社会地位的现象，如前文所述，用鼎数量的多少与墓主人生前的社会地位相关，那么一般情况下，随葬3件陶鼎的墓主人社会地位应高于随葬2件陶鼎的墓主人。但是从表四可以看到，随葬3件陶鼎的墓在墓葬平均体积、棺椁重数、随葬品种类和数量等方面均小于随葬2件陶鼎的墓葬，这似乎显示出随葬陶鼎的数量与劳动力的占有并不成正比，在随葬陶鼎的人群中，社会地位高的人群，对劳动力的占有并不一定更多，显示出对劳动力的占有更多体现的可能是墓主人生前的经济地位。同时也说明社会地位和经济地位可能不匹配，出现相对的贵而不富和富而不贵的现象。

表四　有鼎墓与无鼎墓统计表

	无鼎墓	有鼎墓					
		全部	1鼎	2鼎			3鼎
				全部	女性	男性	
墓葬平均体积（立方米）	17.23	24.63	12.28	29.39	20.38	21.18	14.12
棺椁平均重数（重）	1.22	2.10	1.00	2.29	2.00	2.00	2.00
随葬品平均种类（种）	3.39	9.40	8.00	9.71	8.50	11.67	9.00
随葬品平均数量（件）	3.81	16.00	11.00	16.71	15.00	20.67	16.00

注：①表中数据仅作为比较说明使用，所以棺椁重数、随葬品平均种类和数量都保留小数点后两位。②女性随葬陶鼎的墓葬均为2鼎墓，所以只有2鼎墓有性别的分类。③无鼎墓的随葬品总数3.81是5%剪裁平均值，不包括M11的数据[10]。

通过图五和图六可知，男女两性墓葬的Ⅲ-3组均不随葬仿铜礼器，其棺椁和随葬品因素都是低于平均值的C类，墓葬体积因素却是高于平均值的A类。经计算，Ⅲ-3组墓葬的平均体积为25.74立方米，而所有仿铜陶礼器墓葬的平均体积为24.71立方米。Ⅲ-3组墓葬的平均体积大于仿铜陶礼器墓葬，说明其在墓葬体积方面占有的劳动力多于仿铜陶礼器墓葬，但其整体消耗的劳动力为Ⅲ-3组，小于仿铜陶礼器中消耗

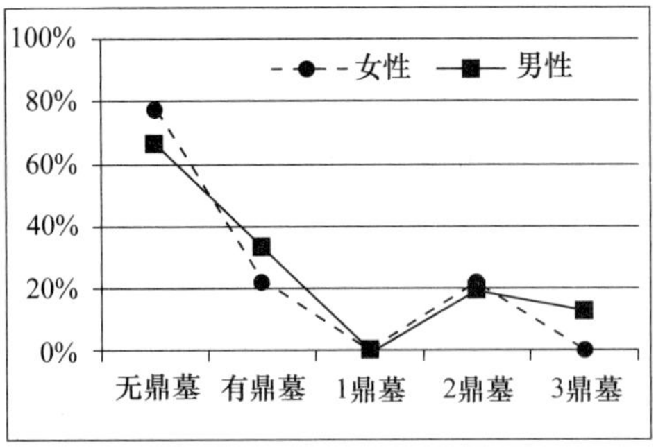

图八　男女两性随葬陶鼎比较图

劳动力最少的Ⅲ-2组。Ⅲ-3组墓葬在墓葬体积方面消耗的劳动力与其整体社会地位和经济地位不匹配，这可能说明Ⅲ-3组墓主人重视墓葬体积或者在当时社会，墓葬体积较葬具和随葬品，受到埋葬习俗的约束较少，更容易打破自身社会地位的限制。

从图八可以看出，78%的女性和67%的男性不随葬陶鼎。22%的女性墓均随葬有2件陶鼎，在随葬有陶鼎的33%的男性墓中，20%的男性墓随葬2件陶鼎，13%的男性墓随葬3件陶鼎，女性墓中则没有随葬3件陶鼎的情况。从以上数据可知，男性随葬陶鼎的比例高于女性，且随葬陶鼎数量（3件）最多的墓均为男性墓葬，男女两性墓葬随葬陶鼎方面存在不对等现象，墓地中具有最高级别社会地位的是男性。

女性陶礼器墓葬均随葬2件陶鼎，统计墓地中出土2件陶鼎的男性墓葬，对比二者的墓葬体积、棺椁重数、随葬品种类和数量（表四），发现女性墓葬的平均体积、随葬品种类和数量均小于男性墓葬，说明在墓葬体量和随葬品方面，男性耗费更多的劳动力。二者平均棺椁数量相同，均为二重棺椁，说明二者在棺椁方面耗费的劳动力大体相当。二者均随葬2件陶鼎，表明墓主人生前的社会地位大体相同。相同社会地位的男女两性，男性耗费的劳动力相对更多，经济地位更高。

从表五可以看出，随葬非礼器的男女两性在墓葬平均体积、棺椁重数和随葬品的种类、数量之间差异虽然不明显，但男性的各项平均值均大于女性。考虑到非礼器墓葬的墓主人总体消耗的劳动力非常少，因此男女两性墓葬这些不显著的差异或许说明了，总体上男性消耗的劳动力多于女性，男性的经济地位高于女性。这一点在非礼器墓葬中的成年男女同穴合葬墓M33中体现得较明显。M33为长方形土坑竖穴墓，墓室内有一椁及并列的两棺。椁长1.72、宽2.2、高1.2米。男性墓主人的棺长1.4、宽0.75米，女性墓主人的棺长1.35、宽0.75米。两墓主面向相对，年龄均为20～25岁。随葬器物均放置在男性墓主人头端的棺、椁之间，有陶鬲1件、壶1件、铜带饰2件、石圭1件。秦汉时期的成年男女合葬目前多认为是夫妻合葬。两棺的尺寸基本相同，但随葬品均摆放在男性头端，女性无随葬品，似乎显示出在墓葬中男性消耗的劳动力多于女性，经济地位高于女性。

表五　非礼器男女两性墓葬统计表

	女性	男性		女性	男性
墓葬平均体积（立方米）	13.88	14.82	随葬品平均种类（种）	2.43	3.00
棺椁平均重数（重）	1.00	1.25	随葬品平均数量（件）	2.86	3.50

六、社会地位和经济地位的获取方式

东阳秦墓地中社会地位和经济地位高即随葬陶礼器的男性，年龄集中在18～25岁。这说明陶礼器的使用并不需要长时间的积累，而是在短时间内就能获得。对于获取使用仿铜陶礼器的途径，以下几座墓葬或许为我们提供了一些线索：① M17墓葬体积为29.85立方米，葬具为三重棺椁，出土15种、31件随葬品，其中有包括2件陶鼎在内的14件陶礼器，耗费的劳动力属于Ⅰ组，为整个墓地中唯一的一座属于Ⅰ组的墓葬，应该是墓地中总体社会地位和经济地位最高的墓葬。墓主人年龄25岁左右，随葬有铜剑。② M62墓葬体积为16.72立方米，葬具为二重棺椁，出土11种、19件随葬品，其中有包括3件陶鼎在内的10件陶礼器，耗费的劳动力属于Ⅲ-2组。该墓随葬了3件陶鼎，是墓地中随葬陶鼎数量最多的墓葬之一，其墓主人也是整个墓地中社会地位最高的人之一，其年龄为25岁左右，随葬有铜戈。上述两座墓葬均随葬有兵器，而仿铜陶礼器与兵器共出的现象在东周时期秦文化中的其他墓地[11]和其他国家墓葬[12]中也同样存在。随葬兵器说明墓主人生前可能参加军事活动。已有学者指出这些墓主人是用随葬仿铜陶礼器的方式来说明其战士身份的变化[13]。这意味着仿铜陶礼器的获取方式之一可能与军事活动有关。战国时期，商鞅进行一系列的变法，其中有奖励军功。秦国爵自不更以下、十五岁以上的男子随时都有被征调当兵的可能[14]。年轻力壮的青壮年是征兵的主要人选。同时东周时期战争方式的变革、兵种的增多导致兵源扩大、军队扩充[15]，普通平民亦可以投身到原来只有贵族可以参加的军事活动。凡有军功者，可以得到赐爵、赐地、赐官等奖赏[16]，社会地位和经济地位得以提高。综上，男性有可能通过军事活动短时间内获得社会地位和经济地位。使用仿铜陶礼器的人群中有相当一部分很可能是新兴的军功集团。

社会地位和经济地位高即随葬陶礼器的女性只有两例，年龄分别为23～26岁和40岁左右。虽然随葬陶礼器的女性数量很少，但却没有像男性那样突出集中在某一年龄段的现象。这表明女性获得使用陶礼器的途径可能与男性不一样。年龄较大的女性，如M44墓葬体积为27立方米，葬具为二重棺椁，出土了11种、18件随葬品，其中有包括2件陶鼎在内的10件陶礼器，耗费的劳动力属于Ⅱ-1组，是墓地中社会地位和经济地位最高的女性。墓主人年龄为40岁左右。她的社会和经济地位的获取可能与年龄和生育状况有关。有学者在研究山西侯马西周晚期至战国早期的上马墓地时，指出女性墓葬的位置、随葬品等与女性的年龄和生育任务完成的状况息息相关，尤其是是否生育过男孩[17]。M44的墓主或许是通过完成了生育男孩的任务而获取的社会地位和经济地位。M29墓葬体积为13.76立方米，葬具为二重棺椁，出土了6种、12件随葬品，其中有包括2件陶鼎在内的4件陶礼器，耗费的劳动力属于Ⅲ-2组。墓主人年龄为23～26岁。她的社会地位和经济地位的获取可能与年龄无关。因M29的墓主人年龄较小，生育任务有可能还未很好地完成，所以推测其社会地位和经济地位的获取可能与自己的原生家庭有关。

社会地位和经济地位低即非礼器墓的墓主，生前是秦文化社会中的普通平民和最低阶层[18]。Ⅲ-3组墓主人是非礼器墓葬中总体社会地位和经济地位最高的人群。结合前文可知，其在墓葬体积方面消耗的劳动力多于仿铜陶礼器墓葬，显示出社会地位和经济地位不匹配的现象。东阳墓地中属于Ⅲ-3组的墓葬有M6、M4和M10。下文将对其社会地位和经济地位的获取方式即其社会地位和经济地位不匹配的原因作进一步探讨。

M6墓主人为男性，年龄为30岁左右，其随葬品中发现一件骨镞。镞既可以作为战时的兵器也可以作为狩猎时的工具。东阳墓地共出土骨镞3件，其中M6出土1件，另外2件出土于随葬仿铜陶礼器的M17，其墓主人可能具有军人身份（详情请见前文）。所以推测M6的墓主人可能为军人或者猎手，其社会地位和经济地位的获取应与其军人或者猎手的身份有关。

M4和M10的墓主人为女性。M4的头向为东向，随葬器物全部放置在墓主人脚端。而秦墓的传统头向是西向，传统随葬品摆放位置为饰品、兵器等多摆放在身体上或者附近，其余随葬品多摆放在墓葬的头端。已有学者指出东头向、随葬品摆放在脚端的习俗，存在于东周时期的北方文化系墓葬中[19]。因此推测M4的墓主人可能是受到了北方文化的影响或者是北方文化的移民。M10随葬了一件双耳罐，已有学者指出秦墓中出土的双耳罐是受到北方地区古代文化因素的影响而出现的[20]。因此推测M10亦有可能是受到北方文化因素的影响或者墓主为北方文化的移民。M4的年龄为18 ~ 20岁，M10的年龄为20 ~ 25岁，墓主人年龄均较小，生育任务还未很好地完成，所以推测M4和M10社会地位和经济地位的获取可能与北方文化背景有关。

Ⅳ-2和Ⅳ-3组墓主人是非礼器墓葬中社会地位和经济地位最低的人群。秦自春秋早期定居关中以后，农业逐渐发展成为主要的经济形式[21]。农业生产应是Ⅳ-2和Ⅳ-3组墓主人生前从事的最主要的生产活动，亦是其最主要的经济来源，因此能否从事农业生产即能田与否对其在家庭中的地位至关重要，而杜正胜先生认为15 ~ 45岁是能田的年龄[22]。统计Ⅳ-2和Ⅳ-3组中15 ~ 45岁即属于能田者的墓主人和45岁以上墓主人的墓葬体量、棺椁重数和随葬品的种类、数量（表六），发现在棺椁重数、随葬数量和种类方面前者略高于后者，在墓葬体积方面后者略高于前者。两者的数据差距很小，但总体上，前者消耗的劳动力似乎多于后者，推测能田者的经济地位可能高于不能田者。两者之间的差异不明显可能是因为非礼器墓墓主人本身能占有的劳动力已经很少，这些少量的劳动力或许已经是进行丧葬活动最基本的条件。

表六 非礼器Ⅳ-2和Ⅳ-3组墓主人年龄统计表

	15 ~ 45岁的墓葬	＞45岁的墓葬
墓葬平均体积（立方米）	9.49	10.63
棺椁平均重数（重）	1.22	1.00
随葬品平均种类（种）	2.11	2.00
随葬品平均数量（件）	2.44	2.00

注：M58在墓葬登记表中的年龄为55，报告附录一《陕西华县东阳墓地2001年出土周－秦－汉人骨鉴定及研究》中年龄为35 ~ 40岁，本文采用附录一35 ~ 40岁的鉴定结果。

七、结　　语

本文从与性别有关的角度分析华县东阳秦墓地，可以得到如下认识：

（1）男女两性在墓葬体积、棺椁重数、随葬品的种类和数量方面存在着一定的差异。男性墓葬的平均体积大于女性，体积大于全体墓葬平均体积的墓葬中，男性的比例略高于女性，体积最大的墓葬为男性墓葬；女性墓葬的葬具大多数为一重棺椁，少量的为二重棺椁，男性墓葬的葬具大多数为一重棺椁和二重棺椁，少量的为三重棺椁，棺椁重数最多的为男性墓葬；男性随葬品种类和数量的平均值均大于女性，随葬品种类和数量高于全体墓葬平均值的墓葬中，男性的比例高于女性，随葬品种类和数量最多的为男性墓葬。

（2）在丧葬过程中，存在与性别有关的耗费劳动力的差异。总体上，男性耗费的劳动力大于女性。同一性别中也有耗费劳动力多少的差异。

（3）耗费劳动力多的墓葬均为仿铜陶礼器墓葬，耗费劳动力少的墓葬均为非礼器墓葬。男性随葬陶礼器的比例高于女性，随葬非礼器的比例低于女性。陶礼器中占据核心地位的陶鼎的随葬，男性的比例高于女性，随葬陶鼎数量最多的墓葬为男性墓葬。总体上，男性比女性耗费了更多的劳动力，社会地位和经济地位更高。社会地位相同的男性和女性，男性耗费的劳动力更多，经济地位更高。

（4）社会地位和经济地位高的男性，年龄集中在18 ~ 25岁。社会地位和经济地位高的女性没有突出集中在某一年龄段的现象。

（5）男性有可能通过军事活动，短时间内获取社会和经济地位，而女性则不具备这一特点。

（6）非礼器墓主的经济地位与能田与否有一定的关系，能田者的经济地位略高于不能田者。

（7）一般情况下，社会地位和经济地位是相匹配的，社会地位高的人群占有的劳动力相对较多，社会地位低的人群占有的劳动力相对较少。但对劳动力的占有并不完全取决于社会地位，更多体现的可能是墓主人生前的经济地位。社会地位高的人群中，出现相对的贵而不富和富而不贵的现象。此外，出现社会地位低的人群在某一方面消耗劳动力多于社会地位高的人群的现象，如在墓葬体积方面，这可能与社会低的人群的喜好或者与当时社会的埋葬习俗相关。

附记：本文在写作过程中得到导师滕铭予先生的倾心指导，志此以致谢忱。

注　释

［1］陕西省考古研究所，秦始皇兵马俑博物馆．华县东阳［M］．北京：科学出版社，2006：231-381．

［2］陕西省考古研究所，秦始皇兵马俑博物馆．华县东阳［M］．北京：科学出版社，2006：429-461．

［3］吴霄龙．毛庆沟墓地所体现的男性及女性社会地位：继承的还是获取的［A］．性别研究与中国考古学［C］．北京：科学出版社，2006：178-202．

［4］东阳秦墓葬中没有体积正好为19.47立方米的，所以墓葬体积只有大于平均值的A类和小于平均值的C两类，没有介于两者之间的B类。

［5］张亮．东周社会结构演变的考古学观察——以三晋两周地区墓葬为视角［D］．吉林大学博士论文，2014：38．

［6］对于使用仿铜陶礼器人群的身份地位，俞伟超先生认为是士一类的贵族阶级或新获得士礼之权的庶人（详见俞伟超．周代用鼎制度研究［A］．先秦两汉考古学论集［C］．北京：文物出版社，1985：62-114）；滕铭予先生认为是介于统治集团和平民阶层之间、具有更接近统治集团倾向的中间阶层（详见滕铭予．秦文化：从封国到帝国的考古学观察［M］．北京：学苑出版社，2003：28）；林沄先生则认为仿铜陶礼器不具有身份等级的意义，其出现是由于经济不富裕和民智开化的原因〔详见林沄．周代用鼎制度商榷［J］．史学集刊，1990（3）：12-23〕。

［7］滕铭予．秦文化：从封国到帝国的考古学观察［M］．北京：学苑出版社，2003：28．

［8］吉迪著，余静译．中国北方边疆地区的史前社会——公元前一千年间身份标识的形成与经济转变的考古学观察［M］．北京：中国社会科学出版社，2012：98-114．

［9］a．俞伟超．周代用鼎制度研究［A］．先秦两汉考古学论集［C］．北京：文物出版社，1985：62-114．

b．林沄．周代用鼎制度商榷［J］．史学集刊，1990（3）：12-23．

［10］25座无鼎墓随葬品数量的平均值为5.16件，而M11随葬品总数为36件，与无鼎墓随葬品数量的平均值有着相当大的偏离。为了降低极端数据对平均值的影响，统计学中有计算5%剪裁平均值的方法。它是剔除样本中偏离平均值最远的5%数据后重新计算的平均值。对于无鼎墓葬数据组，25个样本，5%剪裁应该剪裁掉1个偏离最大的数据，即剔除36件这个数据。详情参考陈铁梅，陈建立．简明考古统计学［M］．北京：科学出版社，2013：10．

[11] 梁云. 周代用鼎制度的东西差别 [J]. 考古与文物, 2005 (3): 49-59.
[12] 印群. 黄河中下游地区的东周墓葬制度 [M]. 北京: 社会科学文献出版社, 2001: 210-212.
[13] a. 梁云. 周代用鼎制度的东西差别 [J]. 考古与文物, 2005 (3): 49-59.
b. 印群. 黄河中下游地区的东周墓葬制度 [M]. 北京: 社会科学文献出版社, 2001: 210-212.
[14] 林剑鸣. 秦史稿 [M]. 上海: 上海人民出版社, 1981: 220.
[15] 聂卓慧. 三晋两周地区东周时期墓葬出土兵器研究 [D]. 吉林大学硕士论文, 2014: 85.
[16] 林剑鸣. 秦史稿 [M]. 上海: 上海人民出版社, 1981: 184.
[17] Lothar Von Falkenhausen. Shangma: demography and social differentiation in a late Bronze Age community in north China [J]. *Journal of East Asian Archaeology*, 2001 (3): 91-172.
[18] 滕铭予. 秦文化: 从封国到帝国的考古学观察 [M]. 北京: 学苑出版社, 2003: 28.
[19] 杨建华. 东周时期北方系青铜文化墓葬习俗比较 [A]. 边疆考古研究 (第1辑) [C]. 北京: 科学出版社, 2002: 164-165.
[20] 滕铭予. 秦文化: 从封国到帝国的考古学观察 [M]. 北京: 学苑出版社, 2003: 89.
[21] 林剑鸣. 秦史稿 [M]. 上海: 上海人民出版社, 1981: 56.
[22] 杜正胜. 传统家族试论 [A]. 家族与社会 [C]. 北京: 中国大百科全书出版社, 2005: 23.

A Study on the Cemetery of Dongyang in Huaxian from the View of Gender

YU Huan-jin

Through the investigation of the correlations of grave scale, coffin and chamber, burial objects and tomb owner's gender in Dongyang Qin cemetery in Huaxian, it is concluded that there was a difference on gender and its labor consumption in Dongyang Qin Tomb in Huaxian. Overall, men consumed more manpower than women, and have higher social and economic status. When men and women with the same social status, men spent more labor and have higher economic status. There were also differences between men and women who have high social status and economic status in acquiring social status and economic status. The economic status of tomb owners in low social status related to certainly whether the owner could farm.

新泰周家庄墓地分期及其相关问题

王　震

（吉林大学考古学院，长春，130012）

新泰周家庄墓地位于山东省新泰市城区北部，由于新泰市区坐落于大汶河支流柴汶河的西北侧高地上，墓地整体上由西北向东南倾斜。因于旧村改造过程中发现古代墓葬，2002～2004年山东省文物考古研究所联合新泰市博物馆对周家庄墓地进行勘探发掘。发掘资料在最近出版的《新泰周家庄东周墓地》中进行了详细报道[1]。由于以往山东地区东周时期墓葬材料较为零散，而周家庄墓地除个别墓葬被盗外，多数保存完好，因此报告发表显得尤为重要。

根据考古勘探和调查，周家庄墓地总面积约为5万平方米，发掘区位于墓地中北部，约1万平方米，三年共发掘东周时期墓葬78座。报告除了按单位逐一发表材料外，还依据陶器分期结果，参考青铜礼器、兵器和车马器的分期，结合夫妇并穴合葬墓的情况，将墓地分为春秋晚期早段、春秋晚期晚段、战国早期和战国中期四期，并在此基础上对墓地性质、墓地布局等问题进行讨论。原报告除详尽发表材料及对墓地进行研究外，还发表有对出土器物多学科研究的成果，如对人体骨骼进行鉴定等，这些都为进一步研究该墓地提供了良好的基础。细读报告，笔者对于原报告的墓葬分期有着不同的认识，因此本文将就墓地分期及与之相关的问题作进一步的探讨。据发掘报告描述，周家庄墓地有四组墓葬具有打破关系，但所涉墓葬均未发现随葬品，因此无法利用层位关系对墓葬进行分期，本文首先对周家庄墓地典型器物进行类型学分析。

一、典型器物类型学分析

墓地出土器物种类丰富，以铜器和陶器居多。铜器主要为礼器、车马器和兵器，铜礼器主要有鼎、盖豆、舟、盘、匜和敦等，车马器多为辖、軎、马镳、马衔和车构件，兵器以剑和戈居多。陶器可分为日用陶器和仿铜陶礼器两类，本文将鬲、罐和浅盘豆视为日用陶器，将鼎、盖豆、壶、盘、匜、罍、簋、华盖壶和笾等视为仿铜陶礼器，其中罍、簋、华盖壶和笾造型别致，器身多施彩绘。上述器类中，铜器中的鼎、豆、舟、匜和陶器中的鬲、罐、鼎、豆、罍等出土数量较多，演变趋势明显，具有一定的代表性，本文首先对这些器物进行类型学分析，明确典型器物演变规律，以期建立墓地的年代框架。

1. 铜器

铜鼎　多为三环纽盖，附耳，深腹，蹄形足，器盖和腹部多饰蟠螭纹和几何形纹。根据器盖、附耳和足部的演变可分三式，各式代表性器物分别为 M3：55、M36：21 和 M67：3[2]，其演变趋势为：器盖逐渐隆起，三环纽间距增大，附耳外张，足部渐细高（图一，1 ~ 3）。

铜盖豆　皆有盖，腹部多有环耳，柄部较高。根据豆盖不同可分二型。

A 型　喇叭形捉手盖，根据盖、腹部和足部的演变可分三式，各式代表性器物为 M48：15、M18：12 和 M67：50（图一，4 ~ 6）。

B 型　三环纽盖，根据盖、腹部和足部的演变可分三式，各式代表性器物为 M3：18、M35：48 和 M28：9（图一，7 ~ 9）。

两型共有的演变趋势为：器盖由弧到圆，腹部由宽扁变为深圆，柄部渐细高。

铜舟　子母口，深腹，平底，部分器物有盖。部分铜舟虽未发现器盖，但为子母口，可推知器物在实际使用时有盖，且其与有盖铜舟器身相同，所以将二者统一进行分析。根据口部、腹部变化分为四式。各式代表性器物为 M3：5、M37：10、M67：16 和 M5：28，其演变趋势为：口部由微敛到内敛较甚，腹部由直斜壁、弧壁到曲收严重，假圈足渐明显（图一，10 ~ 13）。

铜匜　瓢形，腹部较深，平底。根据流部、腹部和整体形状变化可分为二式。各式代表性器物为 M68：20 和 M67：13，其演变趋势为：流部平缓渐上翘并变长，腹部从鼓起变弧收，底部椭圆程度加大（图一，14、15）。

铜敦[3]侈口，圜底，蹄形足，器身饰乳钉纹，部分器物未发现器盖。根据腹部和足部的变化可分为三式。各式代表性器物为 M48：21、M38：38 和 M67：11，其演变趋势为：腹部最大径下移最后形成垂腹，足渐内聚（图一，16 ~ 18）。

2. 陶器

鬲　可分为绳纹鬲和素面鬲两类，其中绳纹鬲根据裆部和整体形态的差异可分二型。

A 型　裆部较低，整体较瘦高，根据肩部、裆部和足部变化各分为三式，各式代表性器物为 M3：24、M2：68 和 M13：52（图二，1 ~ 3）。

B 型　裆部较高，整体较宽扁，个体较 A 型稍小，亦可分为三式，各式代表性器物为 M11：14、M56：17 和 M58：12（图二，4 ~ 6）。

两型共有的演变趋势为：肩部渐上移鼓起，裆部降低，足部变矮。

素面鬲　部分器身有扉棱或其他装饰，根据裆部和足部的演变可分二式。各式代

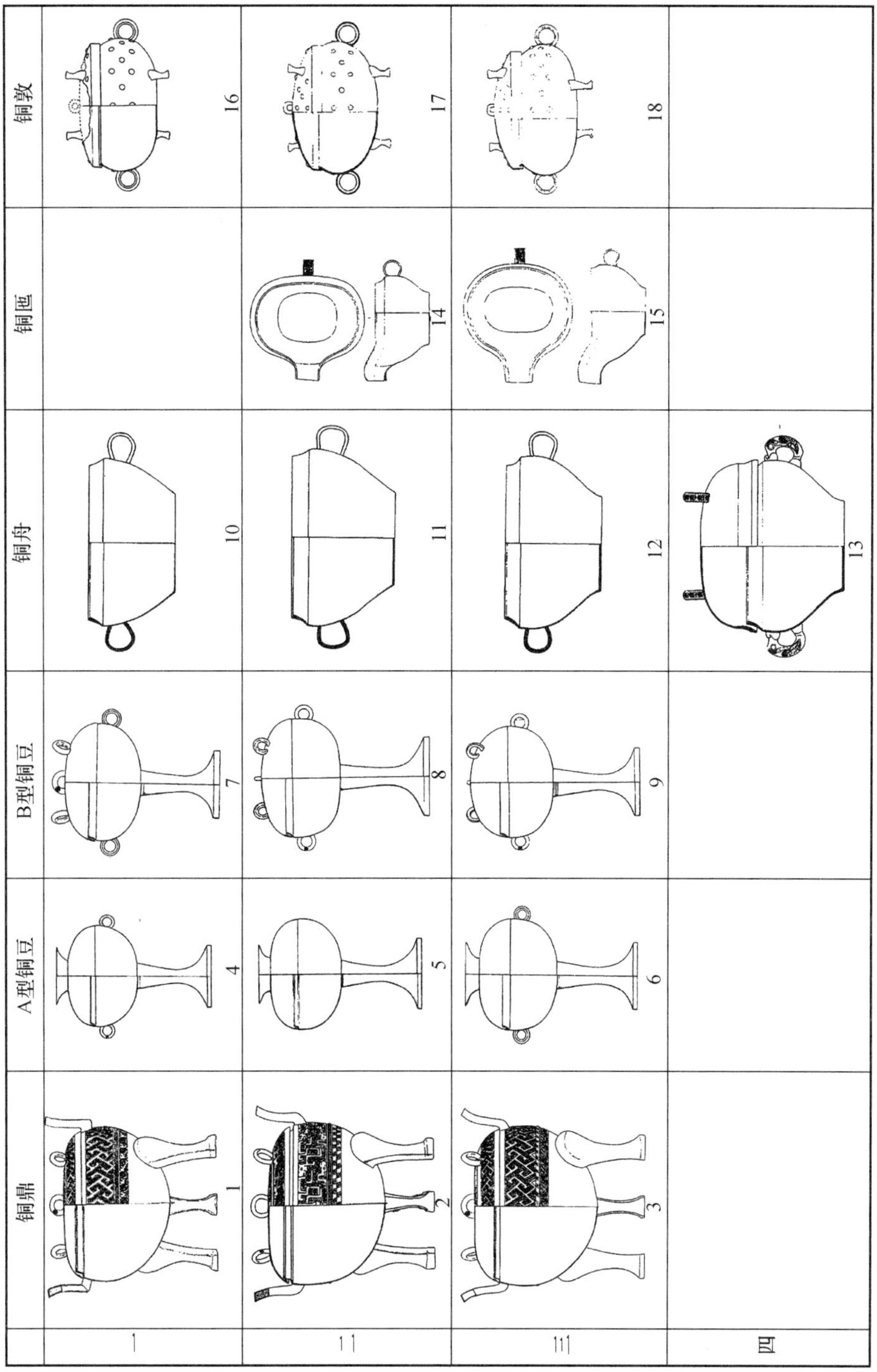

图一 周家庄墓地铜器分期图

1. M3 : 55 2. M36 : 21 3. M67 : 3 4. M48 : 15 5. M18 : 12 6. M67 : 50 7. M3 : 18 8. M35 : 48 9. M28 : 9 10. M3 : 5 11. M37 : 10 12. M67 : 16 13. M5 : 28 14. M68 : 20 15. M67 : 13 16. M48 : 21 17. M38 : 38 18. M67 : 11

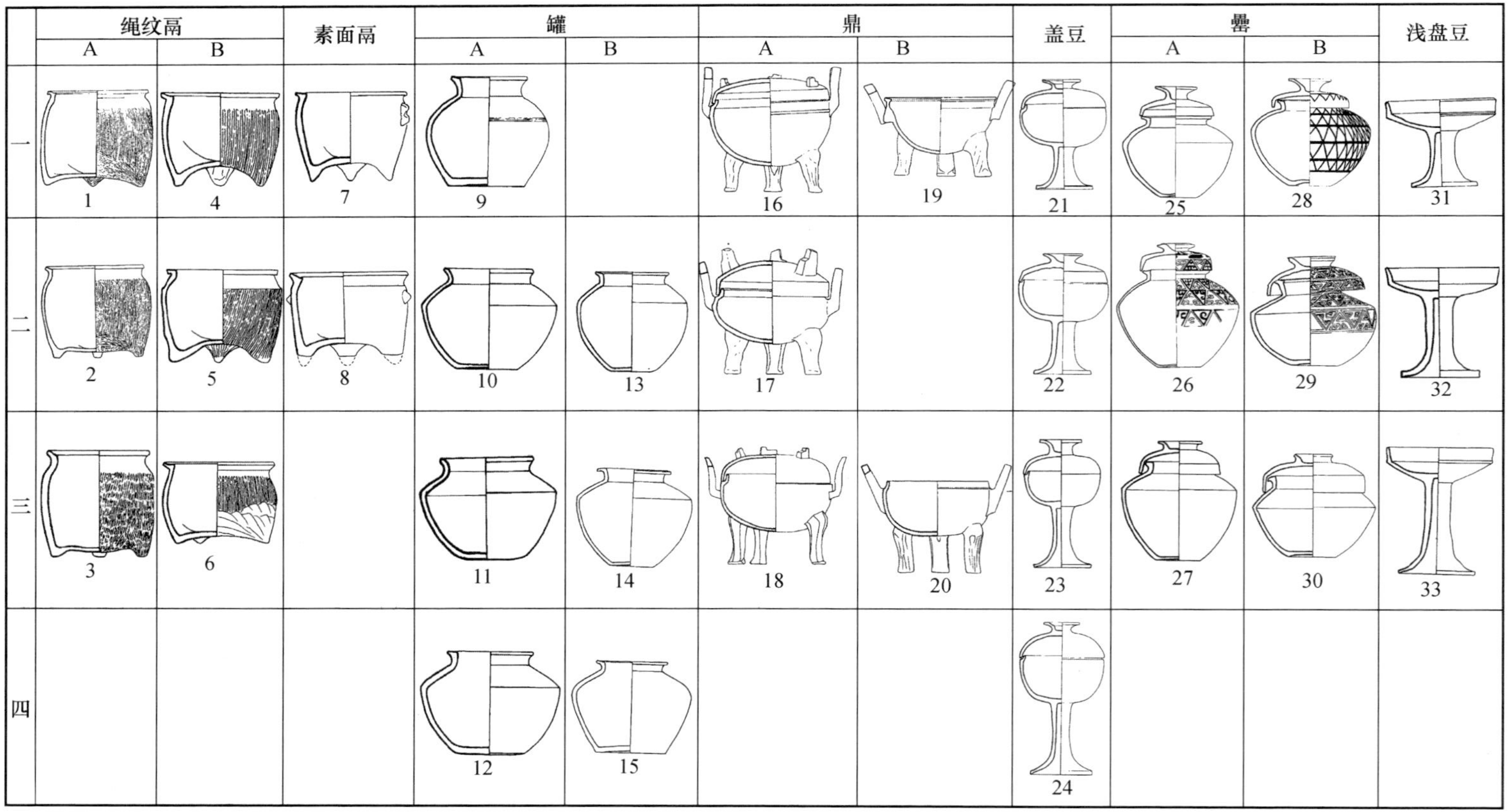

图二　墓地陶器分期图

1. M3 : 24　2. M2 : 68　3. M13 : 52　4. M11 : 14　5. M56 : 17　6. M58 : 12　7. M48 : 2　8. M73 : 23　9. M9 : 19　10. M35 : 62　11. M65 : 22　12. M32 : 41　13. M36 : 13　14. M28 : 15　15. M5 : 11　16. M62 : 12　17. M57 : 5　18. M10 : 18　19. M3 : 27　20. M78 : 35　21. M9 : 16　22. M22 : 29　23. M14 : 11　24. M16 : 26　25. M48 : 32　26. M35 : 66　27. M75 : 4　28. M62 : 17　29. M77 : 2　30. M46 : 1　31. M9 : 11　32. M57 : 7　33. M70 : 14

表性器物为 M48：2 和 M73：23，其演变趋势为：裆部降低，足部变矮（图二，7、8）。

罐　根据颈部和整体形态差异可分二型。

A 型　颈部较长，整体较宽扁。根据口部、颈部、肩部、底部和整体形态可分为四式，各式代表性器物为 M9：19、M35：62、M65：22 和 M32：41，其演变趋势为：口部直径加大，颈部变矮、肩部上移突出，底部早期内凹晚期变平，整体形态由瘦高变矮胖（图二，9 ~ 12）。

B 型　颈部较短，内曲明显，整体较 A 型瘦高。根据颈部、肩部和底部变化可分为三式。各式代表性器物为 M36：13、M28：15 和 M5：11，其演变趋势为：颈部变短，肩部上移突出，底部变大，整体形态由瘦高变为矮胖（图二，13 ~ 15）。

鼎　根据口部和有无器盖分二型。

A 型　子母口，有盖。根据器盖、腹部和足部变化可分三式，各式代表性器物为 M62：12、M57：5 和 M10：18，其演变趋势为：器盖逐渐隆起增高，腹部变浅，足部渐高，足根位置上移（图二，16 ~ 18）。

B 型　平沿，无盖。根据腹部和足部可分二式，各式代表性器物为 M3：27 和 M78：35，其演变趋势为：腹部变浅，足部变高（图二，19、20）。

盖豆　部分器物施彩绘。根据豆腹和豆柄演变可分为四式，各式代表性器物为 M9：16、M22：29、M14：11 和 M16：26，其演变趋势：豆腹由宽扁变为深圆，柄部由粗矮变细高（图二，21 ~ 24）。

罍　有盖，盖多有喇叭形捉手，多施彩绘，整体形态可分二型。

A 型　整体较高，宽高之比小于 1，根据盖部和肩部变化可分三式，各式代表性器物为 M48：32，M35：66 和 M75：4（图二，25 ~ 27）。

B 型　整体较扁，宽高之比大于 1，亦可分三式，各式代表性器物为 M62：17、M77：2 和 M46：1（图二，28 ~ 30）。

两型共有演变趋势为：盖部捉手变矮趋于消失，盖部逐渐隆起，盖逐渐完全扣合至肩部，肩部上移突出。

浅盘豆　根据豆盘和豆柄变化分为三式，各式代表性器物为 M9：11、M57：7 和 M70：14，其演变趋势为：豆盘由深变浅再变深，豆柄由粗矮变细高（图二，31 ~ 33）。

二、墓葬的分期与年代

前文已对铜器和陶器等典型器物进行了类型学分析，根据上述典型器物型式演变及组合关系，可将周家庄墓地分为四期。因其器物组合演变明确，联系紧密，可将其视为连续发展的四期，典型器物组合情况如表一所示。

表一　典型器物组合型式表

期＼型式	铜鼎	铜豆		铜舟	铜匜	铜敦	绳纹鬲		素面鬲	罐		鼎		盖豆	罍		浅盘豆
		A	B				A	B		A	B	A	B		A	B	
1	Ⅰ	Ⅰ	Ⅰ	Ⅰ		Ⅰ	Ⅰ	Ⅰ	Ⅰ	Ⅰ		Ⅰ	Ⅰ	Ⅰ	Ⅰ	Ⅰ	Ⅰ
2	Ⅱ	Ⅱ	Ⅱ	Ⅱ	Ⅰ	Ⅱ	Ⅱ	Ⅱ	Ⅱ	Ⅱ	Ⅰ	Ⅱ		Ⅱ	Ⅱ	Ⅱ	Ⅱ
3	Ⅲ	Ⅲ	Ⅲ	Ⅲ	Ⅱ	Ⅲ	Ⅲ	Ⅲ		Ⅲ	Ⅱ	Ⅲ	Ⅱ	Ⅲ	Ⅲ	Ⅲ	Ⅲ
4				Ⅳ						Ⅳ	Ⅲ			Ⅳ			

根据以上典型器物组合情况，各期墓葬特点及其年代如下。

第1期，共5座墓，分别为M3、M9、M11、M48、M62，这几座墓葬亦被原报告定为第1期。本期墓葬铜器组合最全形式为鼎、盖豆、盘和舟；日用陶器以鬲罐为主，仿铜陶礼器中以鼎、盖豆和罍为核心。本期铜鼎纹饰为春秋晚期流行的几何形纹和蟠螭纹，腹部较深亦有春秋晚期风格，但组合中普遍有铜盖豆。根据中原地区铜器年代学成果可知，铜盖豆流行已在春秋晚期晚段[4]，可作为本期墓葬年代上限。观察本期Ⅰ式铜豆与苏州虎丘东周墓所出铜豆相同，该墓被朱凤瀚先生定为春秋末年[5]。本期Ⅰ式铜舟（图三，6）与莱芜戴鱼池墓所出铜舟（图三，4）和山西长子县羊圈沟M1铜舟（M1∶6；图三，5）类似，其中莱芜戴鱼池墓葬被发掘简报定为战国初期[6]，该墓所出平盖铜鼎、铜豆均为春秋晚期形制，简报所定年代略显偏晚；而羊圈沟M1的年代被发掘简报定为春秋晚期[7]。本期AⅠ式绳纹鬲（图三，8）与曲阜鲁故城M202陶鬲（图三，7）形制类似，该墓被王恩田先生定为春秋中期[8]，但AⅠ式绳纹鬲裆部较低较平，足较矮，说明其年代较晚。本期BⅠ式陶鼎（图三，10）和Ⅰ式浅盘豆（图三，12）与新泰郭家泉M15中陶鼎（图三，9）、M21所出陶豆（图三，11）类似，原发掘简报认为两墓“可晚到春秋战国之际”[9]。综合来看，本期墓葬具有明显春秋晚期风格，但又具有晚期因素，如铜豆柄部较高，陶鬲足部较矮等，部分器物的年代

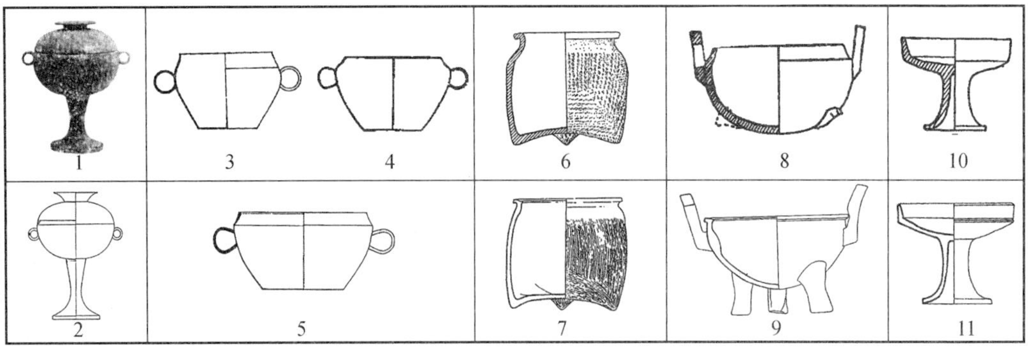

图三　第1期墓葬器物比较图

1. 苏州虎丘东周墓铜豆　2. 周家庄M48∶15　3. 莱芜戴鱼池墓铜舟　4. 山西长子县羊圈沟M1∶6　5. 周家庄M3∶5　6. 曲阜鲁故城M202∶1　7. 周家庄M3∶24　8. 新泰郭家泉M15∶3　9. 周家庄M3∶27　10. 周家庄M9∶11　11. 新泰郭家泉M21∶4

或至春秋战国之际，所以本文将本期墓葬年代定为春秋末年。

第2期，共20座墓葬，分别为M2、M7、M18、M21、M22、M29、M35、M36、M37、M38、M49、M50、M51、M56、M57、M68、M69、M72、M73、M80，其中M7、M56、M72、M73被原报告定为第1期，M2、M21、M22、M29、M35、M36、M49、M50、M51、M68、M69、M80被定为第2期，M37、M38、M57被定为第3期，M18被定为第4期。本期墓葬铜器组合最全形式为鼎、盖豆、壶、盘、舟、匜和甗，较全组合为鼎、盖豆、舟、盘和匜，铜器组合核心为鼎、盖豆和舟；日用陶器中鬲罐、单出鬲或罐各占三分之一；仿铜陶礼器中仍以鼎、盖豆和罍组合为主，但比例下降。本期铜器中，铜鼎纹饰更加繁复、腹部变浅，铜豆柄部加高，铜舟腹部开始弧收；陶器中，陶鬲裆部较上一期低，足变矮，罐颈部变短，盖豆和浅盘豆柄部变高，都说明本期要晚于第1期。另外，属于本期的M35所出铜盘（M35：25；图四，2）、M38中铜鼎（图四，4）和济南左家洼M1中铜盘、铜鼎相似（图四，1、3），此墓被朱凤瀚先生定为战国早期中叶[10]，但此墓中所出铜豆柄部高于本期铜豆，铜鼎盖部隆起耳部外张程度也较本期铜鼎大，这都说明该墓年代略晚于本期。陶器中，本期Ⅱ式盖豆（图四，6）和曲阜鲁故城M115盖豆相似（图四，5）[11]，王恩田先生认为该墓的年代为战国早期[12]。因此，本期器物较之于第一期器物年代略晚，综合考虑将本期墓葬定为战国早期偏早。另外，周家庄M1因被盗严重，器物无法修复，但据原报告文字描述，M1的铜器组合为鼎、盖豆、壶、盘和匜，说明其年代已进入战国，但其铜盖豆盖部较平，且出有兽形铜匜，所以将M1亦归入本期。

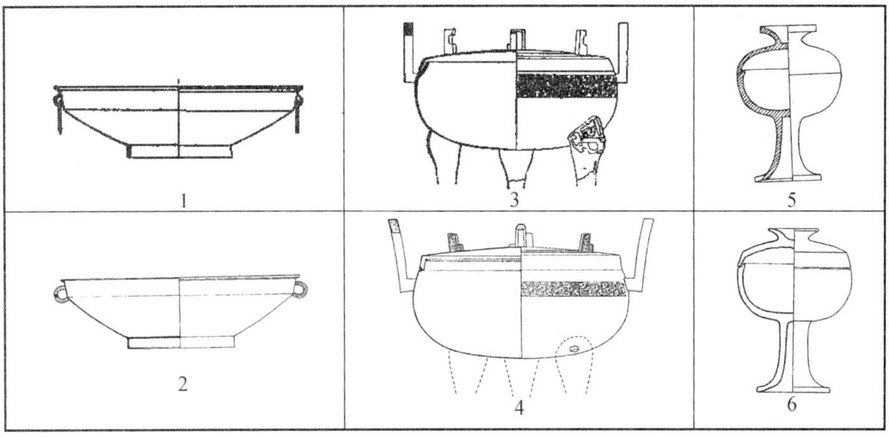

图四　第2期墓葬器物比较图

1. 济南左家洼M1：11　2. 周家庄M35：25　3. 济南左家洼M1：1　4. 周家庄M38：41　5. 曲阜鲁故城M115：3　6. 周家庄M22：29

第3期，共25座墓葬，分别为M10、M13、M14、M15、M20、M24、M25、M28、M34、M39、M40、M41、M45、M46、M52、M58、M59、M61、M65、M67、M70、M74、M75、M77、M78，其中M10、M28、M40、M58、M61被原报告定为第1期，

M13、M14、M15、M24、M34、M39、M41、M45、M46、M52、M59 被定为第 2 期，M20、M65、M67、M74、M75、M77、M78 被定为第 3 期，M25、M70 被定为第 4 期。本期墓葬中，铜器完整组合形式为鼎、盖豆、舟、盘和匜，多数组合为盖豆和舟，器类组合和铜器数量都较上期减少；日用陶器以罐为主，其次为鬲、罐；仿铜陶礼器中，鼎、盖豆和罍完整组合形式少见，鼎、盖豆组合与盖豆、罍组合成为本期主流。本期铜器中，铜豆柄部增高，铜舟曲腹程度加大已近第 4 期，这都说明本期年代较晚。陶器中，Ⅲ式盖豆（图五，2）与曲阜鲁故城 M110 中盖豆（图五，1）相同，Ⅲ式浅盘豆（图五，4）与曲阜鲁故城地层第五期中所出浅盘豆类似（T901 ④ A：1）（图五，3），已有学者将其定为战国早期[13]；A Ⅲ式陶鬲（图五，5）裆部略向下突出和临淄相家庄 M6 所出陶鬲（图五，6）相似，唯相家庄 M6 陶鬲裆部下凸尤甚显示其年代稍晚，所以本期墓葬年代要早于相家庄 M6。而相家庄 M6 中亦出有铜盖豆，柄部较高，和章丘女郎山 M1 及长岛王沟 M10 中铜豆相似，这两墓已被学者定为战国中期[14]，因此将相家庄 M6 定为战国中期偏早较为合适。综合来看，从器物形制演变趋势上看，本期墓葬晚于第 2 期，又属于战国早期年代范围之中，所以本期墓的年代为战国早期偏晚。

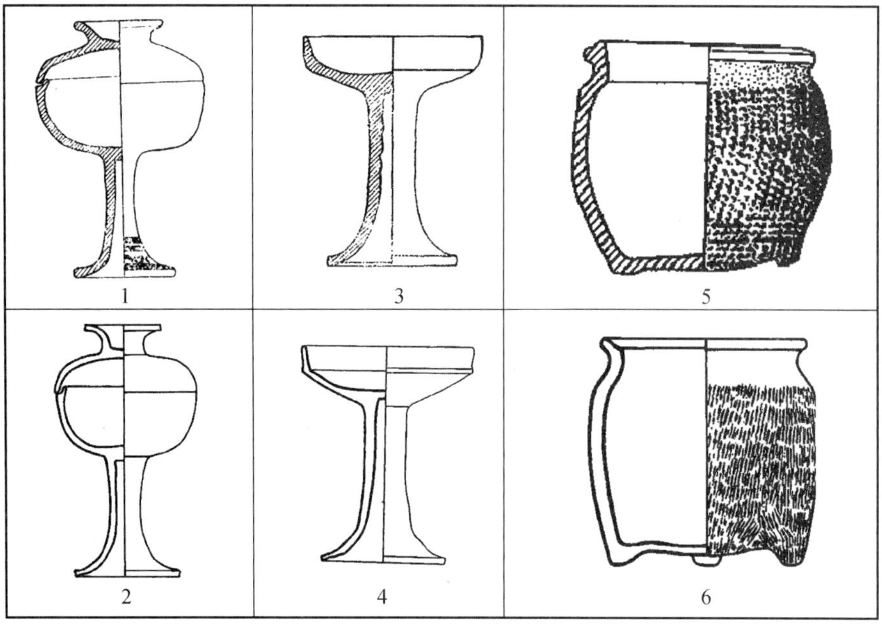

图五　第 3 期墓葬器物比较图

1. 曲阜鲁故城 M110：2　2. 周家庄 M14：11　3. 曲阜鲁故城 T901 ④ A：1　4. 周家庄 M70：14
5. 临淄相家庄 M6：1　6. 周家庄 M13：52

第 4 期，共 6 座墓，M5、M16、M30、M32、M47、M60，其中 M47 被原报告定为第 1 期，M5、M30、M60 被定为第 3 期，M16、M32 被定为第 4 期。本期墓葬中，铜器完整组合形式为鼎、盖豆、壶和舟，铜器器类和数量较上期有所增加；日用陶器以罐为主；仿铜陶礼器组合散乱。本期铜器中，Ⅳ式铜舟（图六，2）腹部曲收程度与长清岗辛战国墓出土铜舟（图六，1）[15]接近，该墓被朱凤瀚先生定为战国中期偏早[16]。属于本期墓葬M32所出铜敦（图六，4），形制与陈侯午敦基本一致（图六，3），该敦为战国中期偏早的标型器[17]。另外，本期M16所出陶簠假圈足粗矮（图六，5），与沂水上常村M1所出陶簠相似（图六，6），但该墓所出陶簠制作较简陋说明其年代稍晚，上常村M1已被学者定为战国中期[18]。本期墓葬所出器物较上期器物年代略晚，又有年代明确器物可供参照比对，所以将本期墓葬定为战国中期偏早。

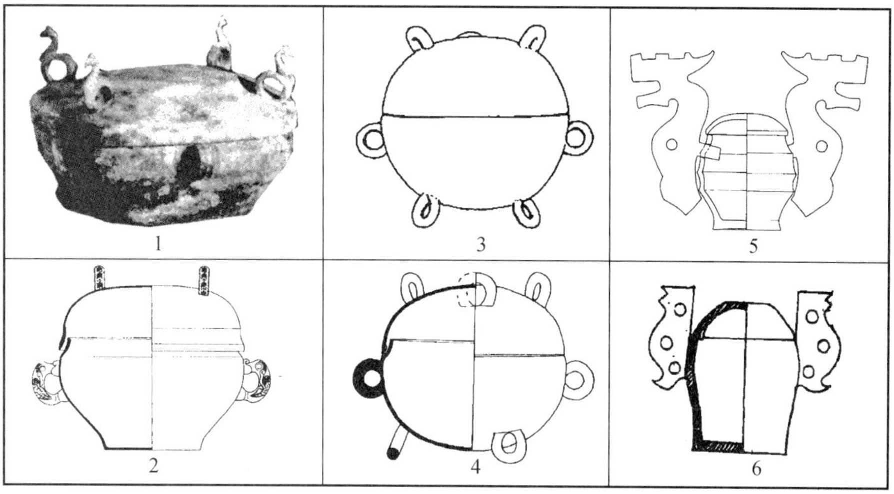

图六　第4期墓葬器物比较图

1. 长清岗辛战国墓铜舟　2. 周家庄M5：28　3. 陈侯午铜敦　4. 周家庄M32：38
5. 周家庄M16：32　6. 沂水上常村M1陶簠

上文将可以分期的57座墓葬分为4期，分别为春秋末年、战国早期早段、战国早期晚段和战国中期早段，其中属于战国早期第2、3期各有墓葬20座和26座，占可分期墓葬总数的80%，可见战国早期为周家庄墓地的主体年代。除上文分期的墓葬外，有13座墓葬没有随葬品或未发表线图，另有8座墓葬仅随葬兵器，这21座墓葬均难以判断其准确的年代，但根据墓葬形制、葬俗等分析，这些墓葬年代也应在春秋末年至战国中期这一时段内。

三、墓葬及墓地布局变化分析

上文已对周家庄墓地进行了详细分期，根据原报告提供的墓葬相关信息，可发现1～4期周家庄墓地在墓主性别年龄，随葬兵器、车马器及墓地布局上有如下变化（图七）。

1. 性别年龄变化

墓地人骨保存状况较差，已发掘的78座墓葬有60座经性别年龄鉴定，但由于保

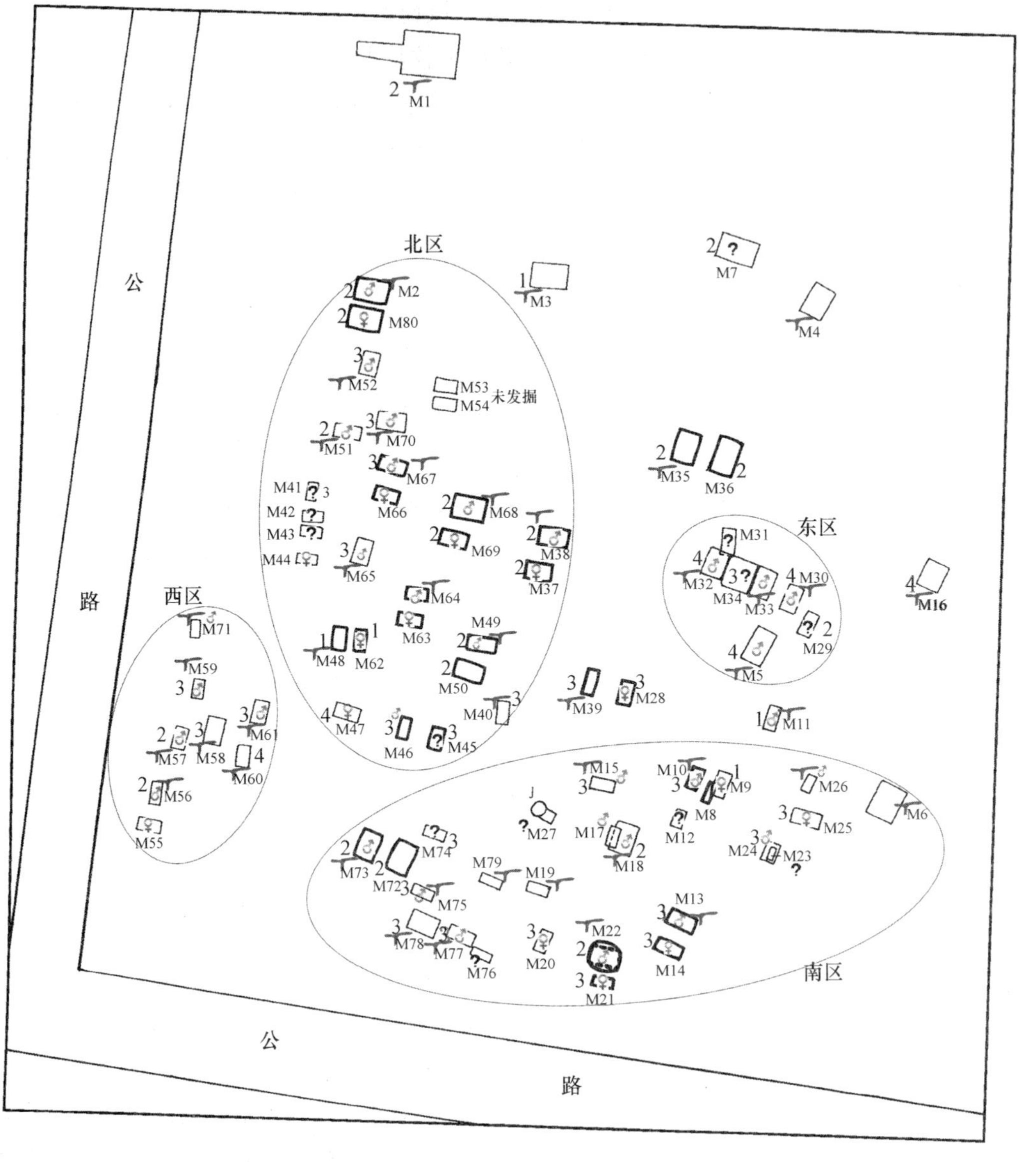

图七　周家庄墓地平面示意图

♂表示女性墓　♀表示男性墓　⊤表示出兵器墓　?表示性别未知

1～4. 表示墓葬期别墓框加黑表示夫妇合葬墓

存状况所限而部分墓葬性别或年龄信息缺失。但墓地中未见有女性墓随葬兵器，因此可将出有兵器而未有性别鉴定的M1、M3、M16、M35、M39、M40、M58、M78这8座墓判定为男性墓。根据本文的分期及体质人类学鉴定结果，可将以下9对期别相同、位置相邻而性别相异的墓葬认定为夫妇合葬墓，分别为：M2和M80、M13和M14、M21和M22、M28和M39、M37和M38、M48和M62、M63和M64、M66和M67、M68和M69。根据上文分析，虽然以下位置相邻的5对墓葬，M10和M8、M35和

M36、M45 和 M46、M49 和 M50、M72 和 M73 缺乏相关的性别信息，但亦有可能为夫妇合葬墓[19]。结合夫妇合葬墓判定，可将未发现随葬品的 M8 和 M66 定为第 3 期，因此第 3 期可分析墓葬数应为 27 座，其余三期可分析墓葬总数不变。

根据墓葬有无兵器的情况及结合夫妇合葬墓判定，将墓地 1 ~ 4 期性别年龄变化情况如表二所示[20]：

表二 周家庄墓地 1 ~ 4 期性别年龄变化表

项目 期别	男女墓数（男 / 女）	男性年龄分布				未知性别
		青年（15 ~ 23）	壮年（24 ~ 35）	中年（36 ~ 55）	未知年龄	
第 1 期	3/2	—	—	1	2	—
第 2 期	12/7	1	3	5	3	2
第 3 期	17/7	1	2	5	9	3
第 4 期	4/1	1	—	3	1	1

注："—" 表示没有数据，青年、壮年、中年下栏括号中数字表示该组年龄段。

由上表可以看出，在本文分期体系中，男性墓葬比例在逐渐上升，第 4 期墓葬男女比最高，但其墓葬数较少似有一定偶然性；从男性年龄上分析，第 2 ~ 4 期都有青壮年男性墓葬，其中 2、3 期青壮年男性墓葬占可鉴定年龄墓葬的比例高于其余两期。

2. 随葬兵器、车马器变化

上文已对墓地性别变化做了分析，其中男性墓葬多随葬兵器和车马器，兵器主要有剑、戈、戟、矛和镞等，车马器主要辖、軎、马镳和马衔等。参照已有研究将其进行量化[21]，可发现墓地 1 ~ 4 期男性墓中随葬兵器、车马器数量变化情况如图八所示。

通过上图可以发现，随葬兵器和车马器数量上，第 2、3 期都低于其余两期，尤其是第 3 期更为明显[22]。在兵器种类上，第 2 期中有 1/3 墓葬只有剑、戈、戟或剑、戈、匕首三类，还有 2 座墓仅出剑或戈一类兵器；第 3 期中有 1/2 的墓葬仅有剑和戈两类，其余两期多出有 4 ~ 5 类兵器；在车马器种类上，第 2、3 期出马衔、马镳的墓葬数量较多，其余两期多为辖、軎、马镳和马衔。另外，墓地 1 ~ 4 期均有明车马器出土，但 2、3 期数量较多。

3. 墓地布局变化

根据各墓葬之间的距离远近、聚集情况以及墓向的差别，以墓地中间的空白地带可将周家庄墓地分为北、南、东、西四区，M1、M3、M4、M7 和 M16 距离上述 4 区较远，M11、M28、M39、M35、M36 在各区之间难以归属，上述墓葬不宜归入分区中，因此已分期的 57 座墓葬在各区的分布情况如表三所示：

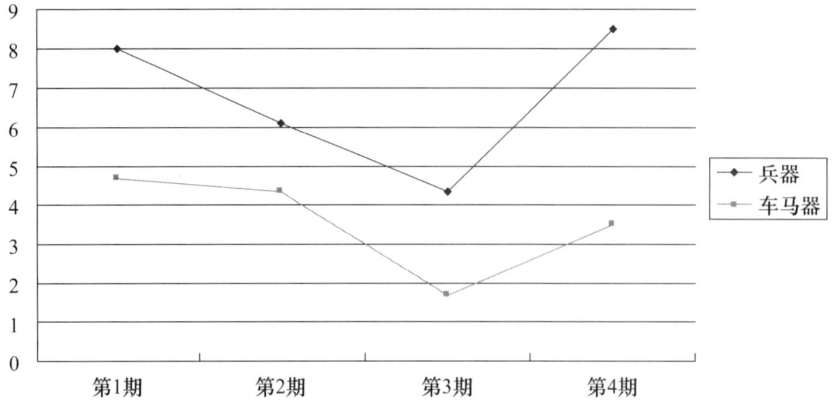

图八　1～4期男性墓随葬兵器、车马器数量变化图

注：①纵轴数据表示件数，每期对应数据为该期男性墓葬兵器、车马器的平均数。

②具体量化方法为大件兵器中按件计数，车马器中1軎与1辖为一组、1衔与2镳为一组。另外如铜镞、盖弓帽、节约、合页等小件器物，不论数量多少均记为1件（组）。如M3随葬有1把剑、1件戈、1件戟，2件辖和2件軎，2件明器马衔和4个马镳，因此兵器件数记为3，车马器计数为4。

表三　各区墓葬性别变化明细表

分区		北区	南区	东区	西区	未分区	合计
分期墓	第1期	2（1）	1	—	—	2（2）	5
	第2期	9（5）	5（3）	1	2（2）	4（2）	21
	第3期	9（6）	12（7）	1	3（3）	2（1）	27
	第4期	1	—	3（2）	1（1）	1（1）	6
未分期墓	性别可知	3（1）	5（4）	1（1）	2（1）	—	11
	性别不详	2	4	1	—	1	8
合计	总数（男）	26（13）	27（15）	7（4）	8（7）	10（4）	78
	夫妇合葬墓	8对	4对	—	—	2对	

注："—"表示没有数据，不加括号者为该区总数，括号内数字为男性墓葬数目。

结合上表及墓葬平面图可以看出，北区自第1期开始使用，以第2、3期墓葬为主，第2期的9座墓葬中有4对夫妇合葬墓，第3期墓葬9座墓葬有2对夫妇合葬墓，剩余5座墓中有4座男性墓葬且单独埋葬。南区亦是从第1期开始使用，第2期5座墓中有2对夫妇合葬墓，第3期墓葬12座墓葬有2对夫妇合葬墓，剩余8座墓中有5座男性墓葬；南区中只有M20和M25明确为女性墓葬，与邻近墓葬方向相反，似单独墓葬，其余男性墓葬亦单独埋葬。东西两区都从2期开始使用，东区以第4期墓葬数量最多，7座墓中有4座男性墓；西区以3期墓葬数量为主，8座墓葬中有7座男性墓。东、西两区墓葬数量较少且都以男性墓葬为主，距离北南两大墓区有一定距离；西区只发现一座女性墓为东西向，其余男性墓均为南北向，东区墓葬全部为南北向。此种布局应为有意识的规划安排，因此东、西两区是以埋葬男性墓为主的区域，尤以西区最为明显。

从整体上看，第2期开始墓地男性墓葬数目开始增加，并开始形成以埋葬男性为主的东西两个墓区；到第3期时，北、南区夫妇合葬墓比例降低，北区男性墓葬居多且单独埋葬，南区有少量女性墓，但男女分别单独埋葬。

四、墓地变化的历史背景

根据前文分析，周家庄墓地从性别年龄、随葬品以及墓地布局上都发生了变化，尤其是第2、3期较为明显，若将其与墓地性质联系起来，则变得容易理解。已有学者指出周家庄墓地成年死亡比例及性别比最为失调[23]，在已发掘的78座墓葬中有42座墓葬随葬有兵器[24]，墓地具有浓厚的军事色彩，原报告将周家庄墓地推断为一处东周时期齐国将士为主的墓地，这一判断是有道理的。

周家庄墓地有一半以上墓葬有兵器出土，且1～4期连续不断；墓地男性墓葬比例持续升高，考虑到墓地的军事性质，原因似为春秋末年以来该地区战争不断所致。性别年龄变化上，第2、3期墓葬青壮年墓葬占可鉴定年龄的总数比例高于其余两期，说明更多的青壮年男性死于战争。随葬兵器和车马器上，第2、3期兵器数量和种类均低于其余两期，并出现明器化现象。东周时期战争仍以车战为主，或说明实用兵器和车马器更多地投入到实际战争而非用于随葬。另外，第2、3期还见有明铜礼器，为其余两期所不见，亦可能是为了最大限度节省铜原料，周家庄墓地铜容器壁都较薄亦可能与此有关。墓地布局上，第2期开始墓地墓葬数目开始显著增加，并开始形成以埋葬男性为主的东西两个墓区；到第3期时，北南两区夫妇合葬墓比例下降，男性单独埋葬或男女分别埋葬，这可能与战争对家庭破坏有关。所以，墓地多方面的变化中以第2、3期最为特殊，似说明相对于其余两期，这两期战争状况更为激烈。

周家庄墓地变化反映的战争情形似有其深刻的历史背景，墓地出有大量吴越风格的兵器，表明该地区与吴越地区互动频繁。这一时期齐与吴越战争形势，为理解墓地变化的历史背景提供了线索。

春秋晚期吴国崛起，尤其是公元前494年夫椒之战大败越国后，吴国开始谋图争霸中原。吴国北上首先使鲁国及周边小国臣服，随后与齐国展开斗争并通过艾陵之战迫使齐国屈服。与此同时越国和楚国趁机进攻吴国，而吴国疲于南方战事自然无力顾及齐国[25]。由此可见，春秋末年齐国与吴国的战争并不十分激烈。

时至战国初年越国实力强大，成为诸侯国中四强之一，亦北上与齐相争。越王勾践灭吴后不久即迁都琅琊，挥师向北扩张。关于琅琊的地望，学术界仍有不同见解，但越国以琅琊为据点开始与齐争战却是不争的事实。根据相关文献记载，战国早期越国对齐国的大型直接战争至少有三次[26]。公元前441年越王朱句使令尹与赵桓子及诸侯大夫会盟，随后伐齐，这次战争直接导致齐国修筑长城而加强防御。公元前 430 年越国又联合晋国攻破齐长城，在襄平大败齐国。公元前 405 年越王翳趁齐国内乱，再次联合三晋大胜齐军于廪丘，齐国还被迫向越国献建阳和巨陵两城。战国早期越国除了与齐国正面交战之外，还与齐国展开对山东小国的争夺。如越国对莒国领土的蚕食，使莒国成为越的附庸；又如越国还于公元前 414 年、前 413 年相继灭掉滕、郯两国，都足见越国向北扩张之凶猛[27]。上述两国战争或争夺的地点都在齐国南部边境，周家庄地处齐越争霸的前沿，承受军事压力之大可想而知。

但到了战国中期偏早，越国内部政局不稳，实力大不如前，越国不得不收缩扩张，被迫退回江南。公元前 379 年越王翳将国都又从琅琊回迁至吴地，而后越国王室争权，陷入长期动荡时期，霸业不再[28]。在越国实力衰退的同时，齐国桓公午选贤任能使齐国逐渐变得强大起来，齐国南部边境来自越国的军事压力自然减轻，战争程度也较战国早期缓和。

春秋末年吴国只为使齐国臣服，战争较为缓和。到了战国早期，从越王勾践迁都琅琊直至越王翳回迁，越国与齐国的战争不断，既有正面交战也有侧面对山东地区小国的争夺，斗争十分激烈。而到了战国中期，越国衰落，齐国逐渐崛起，越国再也无力北上与齐争霸，战争自然减少。春秋末年吴越相继崛起，北上与齐争霸，新泰周家庄位于齐国南部边境，处于两地斗争的前沿阵地，战争形势与其密切相关，前文分析的墓地变化正是该历史背景的反映。而墓地属于战国早期的第 2、3 期墓葬数占可分期墓葬的 80%，可见该为墓地的主体年代，且反映的战争激烈程度尤为突出。由上文分析可知，战国早期为齐越争战时期，因此周家庄墓地主要为齐与越争霸实际情形的反映，而非原报告认为的齐吴争霸。

五、结　　语

本文通过对墓地出土典型铜器及陶器的类型学分析，明确其演变规律，参考墓中其他随葬品，并与年代明确墓葬相比较而将墓地分为四期，分别为春秋末年、战国早期早段、战国早期晚段及战国中期早段。根据本文的分期，从性别年龄变化、随葬品变化及墓地布局三个方面对墓地进行分析，上述变化主要为春秋末年以来齐越争霸实际情形的反映。

注　　释

[1] 山东省文物考古研究所，新泰市博物馆. 新泰周家庄东周墓地[M]. 北京：文物出版社，2014.

[2] 在原报告中，有些器物具有两个编号，如Ⅲ式铜鼎编号为 M67：3、M67：42，为行文方便简洁，本文只写一个编号。

［3］ 原报告所分D型铜舟应为铜敦，整体形态和纹饰都与原报告所分B型铜敦相同，唯D型铜舟为四蹄形足，B型铜敦三足，本文分析的铜敦包含上述两种类型。

［4］ 朱凤瀚. 中国青铜器综论［M］. 上海：上海古籍出版社，2009：1820.

［5］ 朱凤瀚. 中国青铜器综论［M］. 上海：上海古籍出版社，2009：1681，1683.

［6］ 莱芜市图书馆，泰安市文物考古研究室. 山东莱芜市戴鱼池战国墓［J］. 文物，1989（2）：67-71.

［7］ 山西省考古研究所. 山西长子县东周墓［J］. 考古学报，1984（4）：503-529.

［8］ 王恩田. 曲阜鲁故城的年代及相关问题［J］. 考古与文物，1988（2）：48-54.

［9］ 山东大学历史系考古专业，山东省新泰市文化局. 山东新泰郭家泉东周墓［J］. 考古学报，1989（4）：449-472.

［10］ 朱凤瀚. 中国青铜器综论［M］. 上海：上海古籍出版社，2009：2012.

［11］ 山东省文物考古研究所. 曲阜鲁国故城［M］. 济南：齐鲁书社，1982：106.

［12］ 王恩田. 曲阜鲁故城的年代及相关问题［J］. 考古与文物，1988（2）：48-54.

［13］ 崔乐泉. 山东地区东周考古学文化的序列［J］. 华夏考古，1992（4）：72-97.

［14］ 王青. 海岱地区周代墓葬与文化分区研究［M］. 北京：科学出版社，2012：237.

［15］ 山东省博物馆，长清县文化馆. 山东长清岗辛战国墓［J］. 考古，1980（4）：325-332.

［16］ 朱凤瀚. 中国青铜器综论［M］. 上海：上海古籍出版社，2009：2015.

［17］ 朱凤瀚. 中国青铜器综论［M］. 上海：上海古籍出版社，2009：2009.

［18］ 崔乐泉. 山东地区东周考古学文化的序列［J］. 华夏考古，1992（4）：72-97.

［19］ 原报告将M10和M9定为夫妇合葬墓，而M9属第1期、M10属第3期，时间相差过大，M10可能与M8为夫妇合葬墓。

［20］ 本表格的分组参考原报告第560页分组情况制成。

［21］ 张亮，滕铭予. 晋南地区东周时期铜器墓葬研究［J］. 考古，2015（6）：87-100. 量化数据保留至小数点后一位，其中第2期相关数据部包含被盗的M1。

［22］ 需要说明的是本文此处给出的仅为兵器、车马器数量的平均值。但平均值容易受极值影响，笔者分析过程中对其中值，其不易受极端值影响。兵器1～4期中值分别为7、6、4和8.5，车马器1～4期中值分别为4、4、2和3，跟均值变化情况基本相同。第2、3期个别大型墓葬兵器、车马器数量较多，出现极值情况，但并不影响本文的分析。

［23］ 报告第六章第7节人骨鉴定部分，第560-561页。

［24］ 原报告38页和462页均指出43座墓葬随葬有兵器，经核对该数据有误，应为42座随葬有兵器。

［25］ 张志鹏. 吴越史新探［D］. 河南大学博士学位论文，2012：114-117.

［26］ 张志鹏. 吴越史新探［D］. 河南大学博士学位论文，2012：184.

［27］ 孟文镛. 越国史稿［M］. 北京：中国社会科学出版社，2010：284-287.

［28］ 孟文镛. 越国史稿［M］. 北京：中国社会科学出版社，2010：292.

Xintai Zhoujiazhuang Cemetery's Periodization and Related Issues

WANG Zhen

The bronze vessels and potteries discovered from Zhoujiazhuang cemetery are analyzed topologically. These tombs are divided into four periods according to the symbiotic relationship of funerary vessels. The four periods are the end of the spring and autumn period, the earlier interval in Early Warring States, the later interval in Early Warring States and the earlier interval in Mid Warring States. According to this Periodization, this paper carries on the analysis to the cemetery three changes from the gender and age, funerary objects change and cemetery layout, these changes mainly reflect the actual situation of Yue contest Qi hegemony since the end of spring and autumn period.

辽宁省抚顺市区高句丽时代窑址考察

张　瀚[1]　苗　威[2]

（1. 东北师范大学历史文化学院，长春，130024；2. 山东大学东北亚学院，威海，264209）

2016年8月20日，在浑河以南的抚顺市区低山岗梁上发现了一处古代瓦窑的遗址。通过对遗迹、遗物的比对研究，确认是高句丽的瓦窑遗址。这是继1956年对辽宁省抚顺市高尔山山城进行发掘之后[1]，在其附近首次发现同时代的瓦窑，对于高句丽历史以及抚顺地区历史文化的深入探究具有重要意义。

一、窑址的发现

1. 窑址所在位置

抚顺市区坐落在浑河河谷，随着浑河的流向，呈现出东西宽、南北窄的形势。市区中心的地势相对较为平坦，个别地段稍有起伏，市区南北是山地丘陵。在浑河南岸，从现友谊宾馆所在位置起，迤逦向南有一道低山岗梁，大体呈南高北低走势，南端与市区南部的山地丘陵相接。这道低山相对高度20米左右，北端山体较窄，最宽处不过100余米。山脊高低起伏、断续相接，市区南部的几条街路从山体缺口处通过。

窑址所在地点位于低山北坡处，今劳动公园内，山坡下是凤翔路，北距浑河430米，西北距高尔山山城3000米。窑址位于朝向西北的漫坡上，背靠向南延伸的山脊，东侧和东北是陡峭的石崖和险坡，西侧是近年修建的旱冰场，西南山体因近年修建住宅楼而被挖去。窑址选在漫坡上，是为倚靠坡地方便构筑窑室[2]，高句丽时代的凤城古城门窑址[3]，也是选址在漫坡地形上，其理由是一致的。窑址地点相对高度15米左右，树木丛生，游人稀少，有人为在山坡上破土平整出的用于健身的平台，致使窑址暴露（如图一所示）。

2. 窑址概况

在南北相距约30米的两个地点，分别发现窑址存在的迹象。

北侧地点，在半径15米的范围内发现碎瓦、大量的红烧土和红烧土堆积。近年修筑的健身平台上散布碎瓦和粉碎的红烧土块，平台东侧挖土断面处暴露出红烧土层。

图一　抚顺市区古窑址位置示意图

经过简单清理，发现红烧土层相当致密，并有分层现象，中间夹有高句丽时代典型遗物红色绳纹板瓦、素面筒瓦碎块。实测此处红烧土层厚约53厘米，其上有约40厘米的黑土层。致密并有分层现象的红烧土，属于瓦窑在常年使用过程中自然形成的沉积，而非人为倾倒的结果，可以确认红烧土所在之处是瓦窑窑室的位置。因为未做大面积的清理调查，没有发现窑壁等遗迹，窑室的面积还不能掌握。健身平台附近的草丛里，散见厚度规格不一的红色绳纹板瓦和素面筒瓦碎块。在北侧地点共计采集到50余件瓦类文物标本，其中部分标本火候不均、形体扭曲，属于当时烧造失败的产品，这是窑址遗物普遍存在的现象。

南侧地点较北侧地点地势稍高，地表遗物分布在半径10米的范围内，地点中心也是一处近年游人破土修筑的平台，其上可见散落的红烧土，在附近树丛采集到3件红色绳纹板瓦。但是经过较为细致的查找，在南侧地点，仍未发现红烧土堆积。在这个地点还采集到属于西汉时代的十余件陶片和一件铁镢。

3. 窑址及周边环境

据抚顺市博物馆前馆长肖景全先生介绍，数年前在窑址西侧，大约 70 米处修建旱冰场，施工过程中曾挖出大量高句丽时代红瓦。当时抚顺市博物馆接到报告后，曾经组织人员实地勘察，见到施工现场散布大量碎瓦，但是，并未发现红烧土等与瓦窑有直接关系的遗迹。

2016 年 8 月 27 日，我们再次对窑址进行调查时，对旱冰场遗迹一并做了补充调查。旱冰场平面呈圆形，半径 20 米左右，位于窑址西侧漫坡下方，相对高度 7 米（如图二所示）。

根据当地老住户介绍，这个地点在修建旱冰场前，就是山坡上一处较大面积的平地。在对旱冰场周边进行调查时发现，其南侧山体大面积岩基裸露，地表不见古代遗物。东侧山坡和连接旱冰场与山下人行道的台阶两侧，可见数量较多的红色绳纹板瓦。这个遗物分布地点大致在窑址西南方向坡下，最近处相距不足 50 米。笔者在这里共采集到 100 余件瓦类标本，虽然都是残件，仍然可以看出这个地点的瓦类不存在火候不均和形体扭曲的情况（如图三所示）。

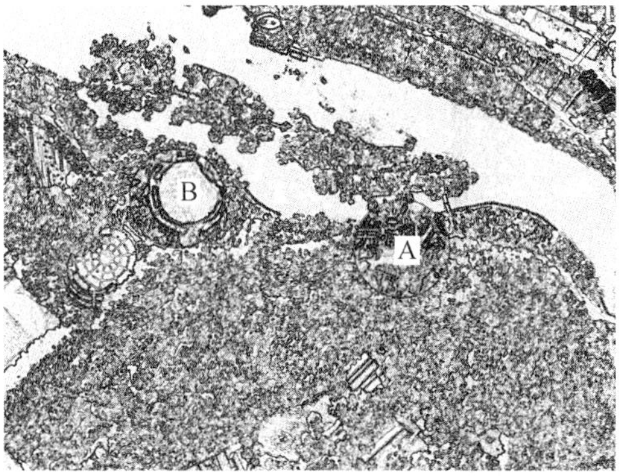

图二 窑址功能区域位置平面示意图
A. 窑址地点 B. 旱冰场地点

图三 旱冰场附近采集的绳纹板瓦

通过以上发现，推测此处虽然在简单的踏查中尚未发现瓦窑遗迹，但存在大量烧制完好的瓦件遗迹。其原因在于，这一地点接近山脚处，交通便利，应该是瓦类产品的存放场地。它与山坡上稍高位置的瓦窑，属于同一个窑址的不同职能组成部分。

旱冰场附近的古代遗物比较单纯，只有高句丽时代瓦件，并没有采集到其他种类和年代的文物标本。除旱冰场遗物发现地点之外，还沿北起浑河岸边的“山嘴子”，南到日本别墅的矮山两侧和山脊做了调查，调查范围南北长 1200 米，东西宽 300 米。调查过程中在 7 个地点采集，得到战国至西汉时代的陶片和绳纹灰瓦，未再发现高句丽时代遗迹、遗物。

二、窑址与高尔山山城的联系

在判断窑址与高尔山城的关系时，我们重点考察了瓦类遗物。

将坡上瓦窑遗迹与坡下旱冰场地点采集到的瓦类遗物进行比较研究，发现两者在瓦件种类和数量上都呈现红陶绳纹板瓦多、素面筒瓦少，未见方格纹板瓦和瓦当的特点。基于这样的相似之处，以及上文提到的瓦窑与旱冰场遗迹应属于同一个窑址的观点，将在这两个地方采集到的瓦类文物视为同一组文物标本进行研究，我们统称为“窑址瓦类遗物标本”。其中，数量最多的是绳纹板瓦（如图四所示）。如果只按纹饰特征分类，而不考虑厚度规格等方面所存在的差异，可将绳纹板瓦分为普通绳纹板瓦和带弦纹的绳纹板瓦两大类。其中带弦纹的绳纹板瓦又可依据弦纹数量的多少，细分为带一道弦纹的绳纹板瓦和带两道弦纹的绳纹板瓦。普通绳纹板瓦，纹饰由竖向平行绳纹构成，这是最常见的高句丽板瓦纹饰之一。纹饰的文化来源，应是与制瓦技术一起由汉地传入高句丽。普通绳纹板瓦在高句丽晚期山城和平原城普遍有发现，是高句丽后期流行于全境的纹饰种类[4]。带弦纹的绳纹板瓦，数量较少，带一道弦纹的绳纹板瓦标本采集到3件（图五），其中2件采自坡上瓦窑北侧地点，1件采自旱冰场附近（图六，右）；带两道弦纹的绳纹板瓦标本采集到2件，都采自坡上瓦窑北侧地点。这类带弦纹的绳纹板瓦，此前在辽宁地区只见于距窑址不远的高尔山山城。窑址采集到的筒瓦均为红陶素面（图七，右），也存在厚度规格不同的差异，大致可分为较厚和较薄两大类，二者厚度差距近一倍。较厚的种类厚度多在1.5厘米左右，较薄的种类厚度多在0.8毫米左右。

图四　窑址采集绳纹板瓦

图五　窑址采集带弦纹的绳纹板瓦

抚顺市区北部高尔山上的高句丽时代的山城，位于窑址东南3千米。高尔山山城规模较大，结构复杂，由主城和大小不等的几处副城构成，主城内部的地表文物留存丰富，俯拾皆是。经过多年的考古调查和发掘，发现了为数众多的汉、唐、辽、明等朝代的遗物，其中，汉唐时期的高句丽文化遗存是高尔山山城最重要的文化内涵[5]。高尔山山城所见高句丽时代瓦类遗物，包括板瓦、筒瓦、瓦当。依据纹饰分类，板瓦可分为绳纹板瓦、方格纹板瓦、素面板瓦。其中绳纹板瓦按纹饰特征划分，可分为普通绳纹板瓦和带弦纹的绳纹板瓦两大类。其中带弦纹的绳纹板瓦又可依据弦纹数量的多少，细分为带一道弦纹的绳纹板瓦和带两道弦纹的绳纹板瓦。其中绝大多数是普通绳纹板瓦，高尔山山城与大多数高句丽山城用瓦的不同在于，使用大量绳纹板瓦，很少使用其他山城习见的方格纹板瓦。在高尔山山城曾采集到带三道弦纹的绳纹板瓦标本（图六，左）。另外，据肖景全先生讲述，以往对高尔山山城的调查和发掘中，多次见到带弦纹的绳纹板瓦，带一道弦纹的绳纹板瓦和带两道弦纹的绳纹板瓦都有，但数量比较稀少。可惜高尔山山城发掘三十年来，发掘报告仍未面世，无法看到并使用这批珍贵资料。

高尔山山城所见筒瓦，大多数为素面（图七，左），有不同厚度的规格差异。高尔山山城所见瓦当，大体分为六瓣莲花纹瓦当、八瓣莲花纹瓦当、小瓣莲花纹瓦当等几大类[6]。按照质地不同，分为红陶莲花纹瓦当和灰陶莲花纹瓦当[7]。本文介绍的窑址之中是否有此类瓦当，有待发掘之后的结论。

图六　山城与窑址绳纹瓦对比图

图七　山城与窑址筒瓦对比图

通过对窑址遗物地收集与比对，可以发现两组资料都是以绳纹板瓦为大宗、素面筒瓦次之，不见或少见方格纹板瓦，并且都发现了带有弦纹的绳纹瓦。而带有弦纹的绳纹瓦，在这处窑址发现之前，辽宁地区的高句丽遗迹中只有高尔山山城发现过。这种现象表明，此次发现的窑址与高尔山山城存在密切联系，初步认定此处窑址即是为高尔山山城——也就是为高句丽山城烧制瓦类建筑材料的窑。

三、瓦窑所属年代判断

考察这座窑的使用年代，应该明确高尔山城修筑（而非置戌）的时代，二者应该是同步的。目前学界比较一致的看法是高尔山是高句丽的“新城”。但对于“新城”的看法，学界认识不一。“新城”之名在有关高句丽的历史文献中多次出现，然而对于这些“新城”所指是否同一，学界有不同的看法。目前关于“新城”到底有几座，学界主要有三种说法。一是“三城说”，认为高句丽的历史上共有三座新城，分别是“国之东北大镇”的新城、“国北新城”和高句丽西部的今抚顺高尔山城[8]；二是“二城说”，持此说者倾向于认为文献记载中的“国北新城”并不存在，高句丽历史上实际只有两座新城，一为“国之东北大镇”的新城，一为高句丽西部的今抚顺高尔山城[9]；三是“一城说”，认为历史文献上记载的新城皆是指同一座城，即今抚顺高尔山城[10]。另外，有学者认为高句丽的“国北新城”也是指今抚顺高尔山城[11]。对这一问题，涉及的层面比较复杂，我们将另文细述，大体认为新城就是今天抚顺的高尔山城。

据《三国史记·高句丽本纪》记载，西川王七年（276年）夏四月，“王如新城。秋八月，王至自新城。”[12]西川王在边鄙的新城驻留四个月，其目的在于修缮与完备。具体到新城的始筑时间，可以上推至第二玄菟郡破亡，即琉璃王三十三年（14年）之后，当时，高句丽已经占领了今苏子河流域，并开始向今浑河以北的抚顺地区发展。及高句丽第六代王太祖大王时期，便寇略玄菟郡六县，甚至连辽东郡的辽队等属县也遭受兵害[13]。因此，《三国史记·高句丽本纪》所载太祖大王三年（55年）春二月“筑辽西十城，以备汉兵”就不是空穴来风了，只是这里的“辽西”所指，并不是指大辽水之西[14]，而是小辽水（今浑河）之西。李甸甫据此而主张新城始筑于太祖大王时期，我们认为还要早些，当在大武神王时期[15]。只不过，所谓“始筑”当是设置层面的，基本上是木构，遗存可见的土石建筑时间要滞后一些。高句丽较为普遍的存在先镇守，后筑城的情形，比如，高句丽第一个首都是纥升骨城，文献记载是启用于朱蒙建国之初（公元前37年）[16]，但是，从考古学所提供的资料来看，则是筑于魏晋时期[17]；高句丽的栅城（今珲春萨其城），文献记载其修筑时间不会晚于高句丽太祖大王四十六年（98年，东汉和帝永元十年）[18]，但是，从考古学提供的资料来看，“其形制和布局，与集安县高句丽丸都山城和国内城相似，出土的瓦类与丸都山城出土的完全相同”[19]。也是筑于魏晋时代。考古学与文献学的差距在于，在建筑材质不明确的前提下，文献中所载之“筑城”，在考古发掘中未必有实体可见，因为初置的城往往是木构，其城址不易留存，考古发掘可见往往是土石建筑，其城址与文献记载，会存在一段时间差。

广开土王九年（400年）春二月，慕容盛“以骠骑大将军慕容熙为前锋，拔新城、南苏二城，拓地七百余里，徙五千户而还”[20]。另据《资治通鉴》载，晋穆帝永和元年（345年），“燕王皝使慕容恪攻高句丽南苏，克之，置戍而还”[21]。梁志龙等将新城的建筑时间定为396年[22]，未免过晚。曹德全认为，慕容盛攻新城、南苏之后，从两城掠走五千余户，说明新城已具备相当规模，则新城始筑时间应远在广开土王九年之前定于公元387年左右[23]，这一说法也较为牵强。以历史的视角来看，新城、南苏二城计有五千户，以平均每户5口计，约有2.5万口，十年的时间，尚不够一代人的生长，所以，以人口规模为据将筑城的时间上推十年，存在不确定因素。

始筑之后，新城的修建经历了较长的时间，《三国史记·高句丽本纪》载，阳原王三年（547年）秋七月："改筑白岩城，葺新城。"即将此前的"新城"大规模重建。《旧唐书·高丽传》记载："其所居，必依山谷，皆以茅草葺舍。唯佛寺、神庙及王宫、官府乃用瓦。"载明了高句丽用瓦建筑的种类。从目前的调查发现，高句丽山城不仅城内建筑存在瓦类遗物，一些山城的城门、角台也常常发现大量瓦类遗物。可知相关文献记载不甚全面，遗漏了山城建筑的用瓦情况。出现这种情况可能是因为文献著者重视尊卑以及神圣性在建筑中的体现，而忽略了作为壁垒使用的城墙设施用瓦的情况。

今天的高尔山山城，城内很多地点与主要城门、高台都可见大量高句丽时代红瓦，能够想见当年高句丽新城的繁华与壮丽。推断"葺新城"的6世纪中叶为瓦广泛使用于新城的时间，应该是接近事实的。高尔山山城于公元667年被唐攻陷，翌年高句丽灭亡。由此推测，高尔山山城用瓦的年代约为6世纪中叶到7世纪中叶的100余年间，这个时间段也应该是为高尔山山城——即高句丽"新城"烧制瓦类建筑材料的窑的使用年代。

四、从窑址看高句丽对辽东诸郡的管辖

随着势力的扩张，高句丽政权的疆域得到扩大，政权对当地原住民的统辖不可避免，但文献少有直接记载。通过瓦窑遗迹及对周边环境踏查的实际情况，大致可以得出以下几点认识：

首先，从窑址的周围环境来看，窑址所在的浑河南岸低山一带，战国及以后时代文物众多，生活类器具陶片在几个地点俯拾皆是，还发现过汉代较高等级建筑使用的"千秋万岁"瓦当和汉代墓葬[24]。这一现象表明抚顺市区浑河以南在较早年代便是有大量人口居住的地区，形成了自然的村落形态，并被纳入到郡县制管理体系之中。佟达曾详细描述彼时窑址附近的环境，"浑河南岸，茅舍村庄疏落有致，民众平时散居四野，临战啸聚城中，唐军攻城，多少次火焚外郛墟落，这里的墟落就是这些城外村庄。"[25]这种情况应一直持续到高句丽灭亡。对于窑址所在的劳动公园附近区域，曾有学者将其考定为汉玄菟郡的第三郡治所在[26]，也有学者认为应是第三玄菟郡的西盖马县治[27]。但无论是哪一种观点，其共性认识是：彼时窑址所在的区域，已经处于中原王朝郡县制管理之下。

"新城"的筑造，说明这一区域已经被高句丽有效占领[28]。目前学界对于"新城"的研究并不少，但是对其地的具体统辖方式，则存在较大的研究空间。从窑址周边的遗物看，除了特色鲜明的红色绳纹板瓦和素面筒瓦等窑址产品类之外，没有发现其他的高句丽生产、生活遗物，大量存在的仍然是汉族居民的生产、生活遗物，尤其是战国及以后时代的汉民族使用的生活类器具文物众多，陶片在多个地点俯拾皆是，这表

明，当高句丽的势力延伸到抚顺一带之后，原有的人们聚居的村落形态并没有被改变，族群生活模式没有因为他民族势力的拓展而发生改变，仍然以固有的模式，接受着郡县以及地方势力的双重管理。日本学者武田幸男曾根据好太王碑的记载，考察高句丽政权的地方统治制度，对高句丽政治制度发展处于转折期的好太王时代，给予了比较清晰地描述：随着好太王时代高句丽领土的扩大，在新旧统治区域内，存在着多样的统治方式。在旧领域内，既保留着源自五部时代的对异族的种族统治方式，包括俳娄人、东海贾以及称作“民”的汉人集团；也出现了由谷向城，城支配谷的城、谷制的转变；在新领域内，同样存在种族统治，如稗丽和旧百济统治下的韩、秽；同时，由于对百济领土的占有，源自百济的城—村（户）统治体制也被高句丽吸纳，并随着长寿王迁都平壤，成为高句丽后期地方统治体制的主要发展方向[29]。结合窑址的使用年代及周边文物揭示出的生存形态，可以推断，高句丽政权在进入这一原郡县制统治下的区域以后，高句丽的统治者接纳了其地原有的郡县制地域管辖模式，在这一区域内采取了“比”郡县的地域统辖方式[30]，这种继承新占领区域旧有管辖形式的策略，应是高句丽后期领域管辖的基本方针[31]。而这种模式，以围绕窑址以及高尔山城的高句丽遗址，形成一个案性的佐证，体现了高句丽的包容性，作为一个多民族政权形态下，对统治区域内采取的因时、因地、因俗而治的统治策略。

其次，当对原住民实施了有效的管辖之后，必然使其担负相应的赋役。《周书·高丽传》记载当时高句丽平民每年需要“赋税则绢、布及粟，随其所有，量贫富差等输之”；而《隋书·高丽传》载“人税布五疋，谷五石。游人则三年一税，十人共细布一疋。租，户一石，次七斗，下五斗”。说明当时高句丽统治区域内已经有了明确的赋税制度，高句丽在中原租调制度的基础上融合本土经济特征，形成了早期的“食封制”以及后期的“人头税”和“地产税”[32]。窑址的发现可以推知，统治区域内的平民在赋税之外，还有比较重的徭役负担。在高句丽政权下，平民担负徭役的情况，在考古资料及历史文献中都得到了印证。集安地区曾出土高句丽“十谷民造”铭文瓦当[33]，铭文的内容清楚记录了瓦当这类建筑构件的制造者是“谷民”，也就是承担徭役的下户，其徭役负担可见一斑。《三国志·魏书·高句丽传》记载“其国中大家不佃作，坐食者万余口，下户远担米粮鱼盐供给之”，表明在赋税之外，徭役的负担是正常而普遍存在的。另外，从《三国史记》卷十七《高句丽本纪·烽上王》“王发国内男女年十五以上，修理宫室”来看，在征发修理宫室这类的徭役负担时，除“年十五以上”这一条件外，对性别，种族等都没有其他限定条件。可以想见，当高句丽人在浑河以北的大山上修葺山城之时，役使当地生产技术更为发达的原住汉族居民承担烧制瓦类的徭役是很自然的选择。曾经有学者提出：高句丽用瓦及瓦当的出现“绝不是纯技术的传来，应当把工人的移来也一并考虑进去”[34]。位于原住汉民聚居区的高句丽瓦窑窑址，给我们打开了更宽阔的视野，利用对新征服的经济文化更为先进的管辖区域内的技术工人担负徭役的形式，应该是更为直接和可靠的方式，这也应该是高句丽制瓦、用瓦技术不断进步的一个重要原因。

抚顺市区窑址的发现，不仅丰富了对于高句丽时代窑址的研究资料，也使抚顺地区高句丽时代遗迹出现山城、墓地、窑址三位一体的局面，在丰富了研究资料的同时，也提出了新的课题。希望此处遗迹能够得到充分保护，为后续的发掘研究创造有利条件。

注　释

［1］抚顺市文化局文物工作队．辽宁抚顺高尔山古城址调查简报［J］．考古，1964（12）.

［2］〔日〕森郁夫．瓦［M］．上海：上海交通大学出版社，2015.

［3］崔玉宽．凤凰山山城调查简报［J］．辽海文物学刊，1994（2）.

［4］阎海，李迟．辽宁地区所见高句丽瓦及瓦当初探［A］．高句丽与东北民族研究（2015）［C］．长春：吉林大学出版社，2015.

［5］抚顺市文化局文物工作队．辽宁抚顺高尔山古城址调查简报［J］．考古，1964（12）.

［6］耿铁华，尹国有．高句丽瓦当研究［M］．长春：吉林人民出版社，2001.

［7］耿铁华，尹国有．高句丽瓦当研究［M］．长春：吉林人民出版社，2001.

［8］张福有．高句丽第一个平壤城在集安良民即国之东北大镇——新城［J］．东北史地，2004（4）.

［9］a．梁志龙，魏海波．高尔山城始筑年代考辩［J］．东北史地，2008（3）.
b．曹德全，肖景全．从三国史记中的“新城”谈起［J］．东北史地，2008（3）.
c．焦彦超．高句丽新城考［J］．东北史地，2016（2）.

［10］a．王绵厚．玄菟与新城新解［J］．沈阳文物，1993（1）.
b．刘子敏．“新城”即“平壤”质疑——兼说黄城［J］．东北史地，2008（1）.

［11］徐家国，孙力．辽宁抚顺高尔山城发掘简报［J］．辽海文物学刊，1987（2）.

［12］金富轼．三国史记·高句丽本纪［M］．长春：吉林文史出版社，2001.

［13］范晔．后汉书［M］卷八十五，高句丽传．北京：中华书局．1965.

［14］李甸甫．高句丽新城的始筑年代［J］．辽海文物学刊，1988（2）.

［15］苗威．以“新城”为中心考察高句丽的西部拓展［J］．社会科学战线，2018（6）.

［16］魏书［M］卷九二，高句丽列传．北京：中华书局，1974.

［17］李新全．从考古发现论五女山城的时代和性质［A］．东北地区三至十世纪古代文化学术讨论会论文［C］．2000.

［18］金富轼．三国史记［M］卷一五，高句丽本纪太祖大王四十六年条．长春：吉林文史出版社，2001.

［19］延边博物馆．延边文物简编［M］．延吉：延边人民出版社，1988.

［20］金富轼．三国史记［M］高句丽本纪．长春：吉林文史出版社，2001.

［21］司马光．资治通鉴［M］卷九七，晋穆帝永和元年十月条．北京：中华书局，1956.

［22］梁志龙，魏海波．高尔山城始筑年代考辩［J］．东北史地，2008（3）.

［23］ 曹德全. 高句丽新城始筑年代考［A］. 高句丽史探微［C］. 香港：中华国际出版社，2002.
［24］〔日〕渡边三三. 抚顺史话［M］. 沈阳：辽宁教育出版社，1992.
［25］ 佟达. 高尔山［M］. 沈阳：辽宁民族出版社，2003.
［26］ 王绵厚. 秦汉东北史［M］. 沈阳：辽宁人民出版社，1994.
［27］ 谭其骧. 中国历史地图集释文汇编·东北卷［M］. 北京：中央民族学院出版社，1988.
［28］ 苗威. 以“新城”为中心考察高句丽的西部拓展［J］. 社会科学战线，2018（6）.
［29］〔日〕武田幸男. 从广开土王碑看高句丽的领土管辖［A］. 东北亚历史考古译文集［C］. 沈阳：辽海出版社，2011.
［30］ 范恩实. 高句丽后期地方统治体制研究［J］. 通化师范学院学报，2015（11）.
［31］ 武田幸男. 从广开土王碑看高句丽的领土管辖［A］. 东北亚历史考古译文集［C］. 沈阳：辽海出版社，2011.
［32］ 王旭. 高句丽与中原王朝财经制度比较研究［J］. 东北史地，2013（5）.
［33］ 耿铁华，尹国有. 高句丽瓦当研究［M］. 长春：吉林人民出版社，2001.
［34］〔日〕田村晃一. 论高句丽积石墓的结构与分类［J］. 东北亚历史考古信息，1985（3）.

Kiln Study in Gaogouli Era of Fushun, Liaoning Province

ZHANG Han　MIAO Wei

The mountain city Gaoershan located in the northern part of Fushun City, Liaoning Province is an important site of Gaogouli where has unearthed a large number of building tile of this era. However, for decades, archaeological investigations of Gaoershan and its surrounding of coeval kiln site had never been found which limited related research. In August of 2016 when investigating the ruins of the Warring States period to the Western Han Dynasty on low hill beam in the city of Fushun to the south of the river, we discovered kiln site of Gaogouli era accidental giving us a chance to know something about the society at that time.

渤海中京和龙西古城布局规划考察*

王培新

（吉林大学边疆考古研究中心，长春，130012）

根据文献记载，渤海国曾以三个地点为王城，即《新唐书》地理志和渤海传所载："显州，天宝中王所都"；"天宝末，钦茂徙上京，直旧国三百里忽汗河之东。贞元时，东南徙东京。钦茂死，……复还上京，改年中兴。"相关研究将三座渤海王城故址推定为：和龙西古城（中京或显州）、宁安东京城（上京）、珲春八连城（东京）。

显州属中京显德府所辖，按《新唐书》所记渤海王城时序变化，渤海以中京为都年代最早，因此西古城城址形制体现了渤海王城最初的规划设计。本文拟通过对历年考古资料的综合分析，考察西古城城址布局，旨在为探讨渤海王城营建理念及京府建制模式等问题夯实基础。

一

西古城城址位于吉林省和龙市西城镇城南村，地处图们江支流海兰江左岸河谷地带。依据地表所见墙垣迹象，以往的调查研究通常将西古城分为"内城"和"外城"两个部分。二十世纪三四十年代，日本学者对西古城实施多次调查和发掘，学界对城址形制、宫殿布置有了初步的认识[1]。2000 ~ 2009 年，吉林省文物考古研究所等单位配合西古城大遗址保护规划的落实，对城址开展了全面调查及大规模考古发掘，测绘城址地形图，发掘了五座宫殿址及外城南门址、外城北门址、内城南门址、内城隔墙门址等遗迹，基本上解决了城址形制、主要宫殿建筑结构等都城考古的基础问题[2]。

关于城址布局，1997 年日本学者小嶋芳孝，依据 1937 年的调查资料及 1940 年拍摄的西古城周边航空照片，曾尝试进行复原研究[3]。该文将城址分为内城、外城两个单元，分别考察了内城宫殿布置和外城空间区划。对内城宫殿建筑布置及廊道走向、门址位置的推断，通过 2000 年以来的考古发掘多已得到了证实。外城部分则分为中、西、东三区，区内再分南部和北部，并对三区的南、北部细分院落。中区范围划定在内城南墙至外城南墙之间，东西两侧分别以 1937 年测绘的城址平面图标注的由内城东

* 基金项目：本文为国家社科基金特别委托项目"渤海都城规划布局与京府建制研究"（15@ZH007）中期成果。

墙和内城西侧隔墙向南延伸的墙垣为界。中区北部和南部以内城东墙向南延伸墙垣的终端划界。东区和西区位于中区和内城的两侧。西区北部与南部的分界划在城址西部水池的北侧，西区北部复原了三个院落，西区南部因无墙垣迹象而未能细分院落。东区北部与南部的界线推定在城址东部水池的南侧，与中区南、北部的分界线处于相同位置上。东区北部分出四个院落，南部的院落布置不十分明确，似有四个小院落。此外作者还提出：从航空照片显示的迹象判断，东西两区北部各院落内存在数条不等的东西向线性隆起，院落之内似乎还有进一步细分小院落的可能（图一）。

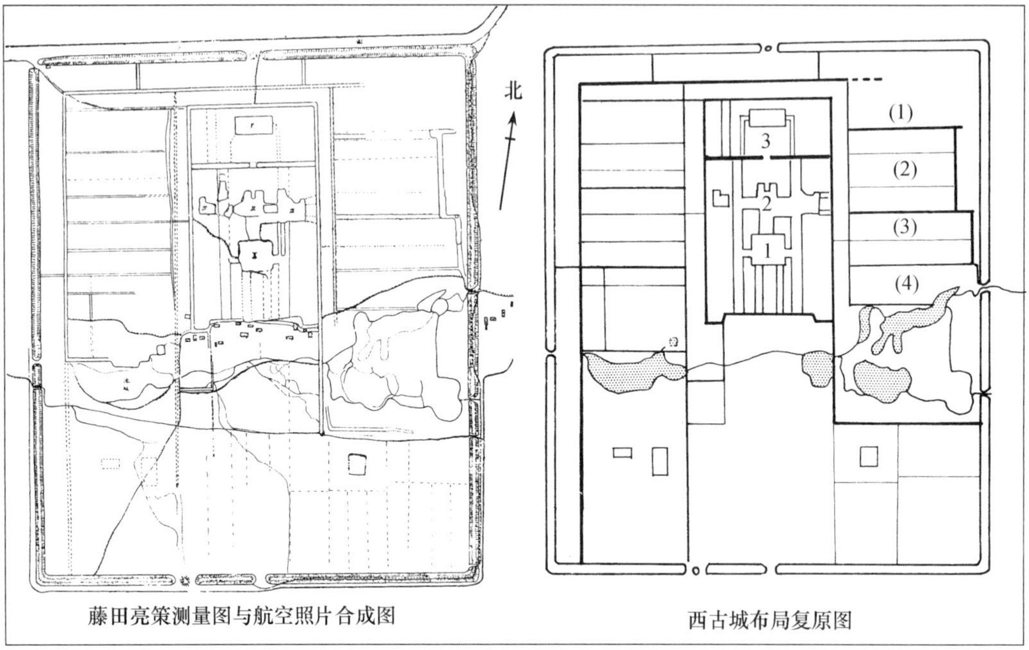

图一　西古城布局构想图（小嶋芳孝）

长期以来学界基本上接受了西古城为“内、外二重城制”的观点。不过，近年有研究指出：西古城实为单城形制，所谓的内城城墙，只不过是环绕城内中轴线上主体建筑而修建的院墙，城内规划是一个整体，并无内外之分[4]。该文将西古城全城分成南北两部，各部分为中、东、西三区，各区内存在大小不一的若干院落。北部中区即所谓内城的范围，1 ~ 4 号宫殿所在院落为北部中区（一），5 号宫殿所在院落为北部中区（二）。其中 1 号宫殿是渤海王办理政务之所，2、3、4 号宫殿则为寝宫，5 号宫殿可能与渤海王室文化娱乐活动有关。北部中区东侧的若干院落即北部东区，北部中区西侧的若干院落即北部西区。南部中区位于北部中区之南，此区少见遗迹，主要是广场和续建宫殿预留之地。南部东、西区的北侧是两处大体呈东西对称的水塘，以南区域尚未发现与京、府、州署衙相匹配的遗迹。

有关城址布局的研究，尤其是在考古资料相对薄弱，城址功能空间区划尚不十分明确的条件下，往往存在依据城址平面几何图形划分空间区块的现象。这种分区方法，具有客观性和较强的包容性，但也模糊了城址区划之间的相互关联。中国古代都城（宫城）布局，是在特定的都城制度理念规范下规划设计的，各功能空间的相互关联与制约关系，通常是以墙垣、廊庑、门楼等建筑物分隔划界或圈围封闭的形式体现。因此城址布局的讨论，首先要明确在城址平面中被分隔和圈围起来的区块，哪些是属于同一功能空间内部的单独院落，哪些院落又组合形成别的功能单元，然后才好对功能空间的内部格局进行分析。上述西古城布局复原方案，反映了研究者在城址形制为二重城制还是单城制上存在不同认识。

通过2000年及2002年对西古城外城南墙和内城东墙的解剖发掘了解到，西古城内、外城墙垣的建筑结构差别较大。外城南墙的营建方式为：在当时的地面以下筑有基槽，地面以上铺垫一层河卵石层，然后逐层夯筑城墙。基槽口部的宽度略大于地面以上的城墙，内部填充5层河卵石、5层夯土。城墙墙体分内外两段逐层夯筑，底部宽6.94米，最大残高2.82米。内城墙垣的营建方式为：先在当时的地面挖出宽约2.4米的基槽，内部采用夯土层、河卵石层交替构筑，然后在地面之上构筑墙体。地上墙垣为逐层一次性夯筑而成，底部宽度2.65米，残高0.52 ~ 0.58米[5]。宫城城墙在一座城址的各类墙垣中，往往采用最高的建筑标准加强其防卫功能。西古城内城墙垣的宽度、高度都小于外城城墙，城址的防御功能显系由外城承担，将宽度不足3米的内城墙垣定性为宫殿区的围墙较为合理[6]。本文赞同西古城为单城制渤海王城（宫城）的观点。

二

渤海王城由天宝中都显州、天宝末徙上京的变化，发生在文王大钦茂时期，时间上相去不远，两座王城的规划设计理念应有沿革。但上京是渤海王城中规模最大、功能空间最为完备、体现营国制度的礼仪性城郭，全城由郭城、皇城、宫城三部分组成。而上京宫城与西古城相比较，在城址布局、主要宫殿及院落布置手法等方面都表现出诸多一致性和相似性。

上京宫城位于全城北部居中，平面形状呈规整的长方形，四面宫墙用石块砌筑而成，东面和西面宫墙各长720米，南面和北面宫墙各长620米，外环城壕。上京宫城共设六座城门，其中南墙开三门，东西北三面宫墙的中央各一门。正南门位于中轴线上，有左右两个门道。南墙东门为只建门楼不设门道的假门，南墙西门是单门道的实用门。宫城之内可分为东、中、西三区，主要宫殿建筑位于中区，中轴线上前后排列五座殿基。自宫城正南门向北依次为第1号至第5号宫殿，两侧有墙分隔出中部宫殿区和东西两区。第1号宫殿、第2号宫殿、第5号宫殿各自成单元，第3、4号宫殿合为一个单元。东、西区规模均等，各划分南北向三个院落（图二）[7]。

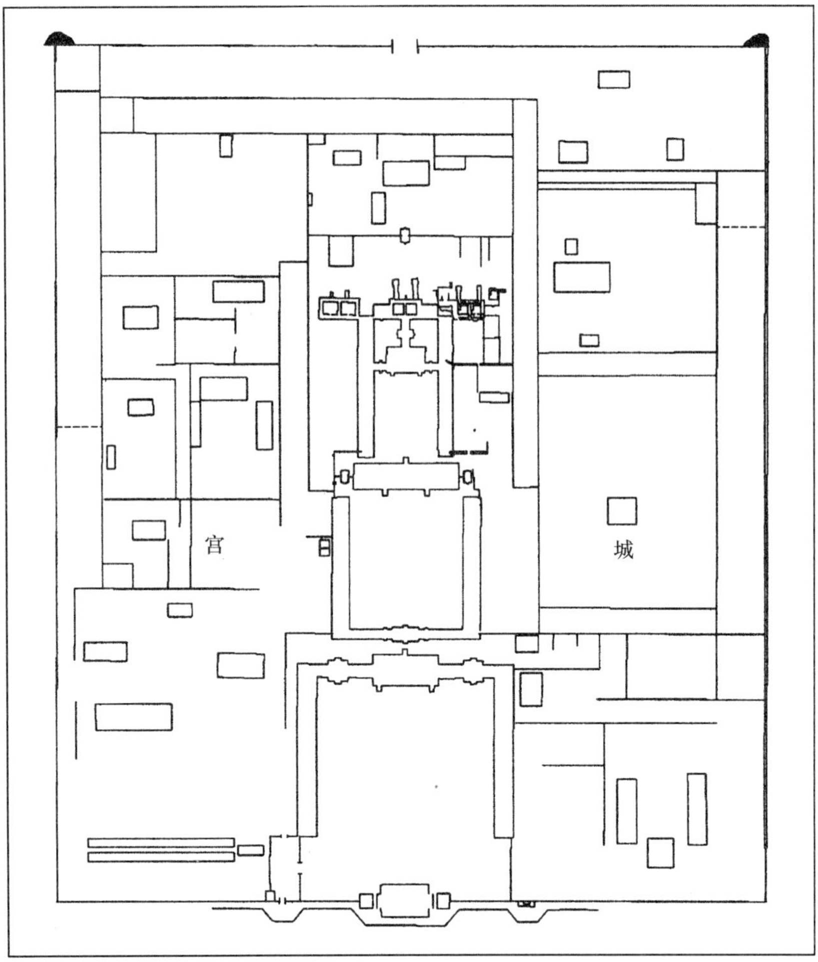

图二　渤海上京宫城平面图（引自《渤海上京城》）

1997年出版的《六顶山与渤海镇》，亦将上京宫城划分为中、东、西三区。中区的东西两侧各有南北向墙垣，与东区西侧、西区东侧的南北向墙垣形成通道，各区内部由东西向或南北向墙垣分成若干部分或院落。中区在全城中轴线上布置五座殿址，全区划分为四个部分：第1号宫殿址及其两侧回廊所形成的范围为第一部分，第2号宫殿址及其两侧回廊形成的范围为第二部分，第3号和4号宫殿址所在的区域为第三部分，第5号宫殿址所在的院落为第四部分。东区分四个院落，各院落的北墙或南墙与相邻院落的南墙或北墙形成东西向的通道。南面的第一院落又分成四个小院，其他院落中未见墙垣从而不分小院。西区分为三个院落，各院落以单墙隔开，院落之间没有通道。自南向北第一院落未见有墙垣分隔成若干小院，第二院落分隔成六个小院，第三院落似可分为东西两个小院[8]。

以上分区方案，都是将上京宫城布局分为中、东、西横向布置的三区，并认为中区布置四个院落，只是在东区的院落划分上，存在三院落与四院落的不同认识。作为田野考古报告，《六顶山与渤海镇》和《渤海上京城》主要依据宫殿建筑布置和墙垣走向对宫城内部进行分区，基本符合实际情况，为深入研究提供了基础数据。但从功能空间的相互关联性方面考察，上京宫城中区应规划为两个部分（单元）。

《六顶山与渤海镇》划分的宫城中区第三部分和第四部分，其东西北三面墙垣的外侧建有夹墙形成永巷，为宫殿区防御的重中之重。第三部分的第3号宫殿布置在所在院落的几何中心，殿基与两侧回廊合围形成殿庭。北侧的第4号宫殿及4-1号、4-2号宫殿址都有取暖设施，呈三殿并列形式，与第3号宫殿形成前殿后寝格局，构成内朝及寝区。第四部分中第5号宫殿虽然位于中轴线上，建筑规模亦较大，但建筑结构特殊，据殿基柱网与倒塌堆积分析，似为两层阁楼式建筑，建筑性质既非朝堂亦非寝宫。但其所在院落位于寝区的后部，院落内有数座建筑址和隔墙，似有若干小院落，应属寝区的附属部分。位于第二部分北界的第2号宫殿，东西两侧建有隔墙和掖门，以此为限与北面的内朝区隔离。第2号宫殿建在宫城的几何中心，与第一部分的第1号宫殿组成外朝区。为此上京宫城中区的两个部分（单元），是以宫城几何中心（第2号宫殿）为界，将布置在中轴线上的主体宫殿规划为内外两单元，位于内朝区的第3号宫殿为一座面阔七间、进深四间的建筑，当为内朝正殿。第1号和第2号宫殿为中轴线上两座建筑规模最大的宫殿，是彰显国家实力与至上王权的物化表现形式，外朝区是上京宫城的礼仪性空间。

三

西古城城址的“外城”，平面呈南北向稍长的长方形，北南长730米，东西宽630米。现存城墙高出地表约2米，南、北墙的中央设城门，外侧四面环以城壕。外城南门为单一门道，两侧筑有宽于城墙的门墩，门道长约8.4米、宽约3.36米。在外城南门西侧有一处宽约22米的城墙豁口，豁口中分线距南门址中分线约110米。2002年，对外城南墙豁口区域进行了发掘，在表土层下发现了连续的高于渤海时期地面的夯土城墙，但在豁口中部所开宽度2米的解剖探沟内并未见城门址迹象，发掘报告认为此豁口当为后世取土破坏所至[9]。后世在城墙上取土或开辟城墙豁口是常见的现象，但都是就近就便所为。西古城外城南墙豁口距离村落较远，也非便利的通行路径，此豁口所处位置蹊跷，有必要作进一步的考辨。与西古城规模相同、布局相近的渤海上京宫城南墙西门，位置上与西古城外城南墙豁口相对应，门址中分线距正南门门楼台基中分线也是110米[10]。上京宫城南墙东部无实用门，东区南部与城外是封闭的，西古城南墙东部未发现门址，表明城址东部南面与城外也是封闭的。二者同为宫城，空间功能应有相似的规划设计，因此推断西古城外城南墙豁口应为城门所在。外城北门与外城南门处在一条南北向直线上，北门址仅存地下基槽部分，为单一门道，门址基槽南北长约5.45米，宽约5.5米，两侧与城墙连接，门道宽应小于基槽的宽度[11]。外城其他城门地表已无迹象。

西古城城址的“内城”，位于城址北半部居中，平面为南北向较长的长方形，南北长309米，东西宽183米。现存墙垣高于地表0.3米左右，南墙中部墙体向北凹入，墙体中央设门。宫殿建筑布置在内城中部和北部，主要宫殿（1、2、5号宫殿址）呈南北向排列。其中，1号、2号宫殿位于内城中部，两殿相距较近，中间有穿廊连接呈工字殿形式。5号宫殿布置在内城北部的单独院落内，建筑规模较大。内城南门开在内城南墙中央，门址台基呈长方形，东西约26.4米、南北约16.5米、残高0.1 ~ 0.5米。台基内部有三条东西长约23.3米、南北宽约1.6米、深约0.7米、间距3.5米的基槽。其中南、北两排基槽至台基外缘约2.35米。基槽内以河卵石和红褐色土交替夯筑9层，构成地面建筑的柱网基础。台基南北两侧边缘居中的位置，有向外侧延伸的踏步遗迹。由于台基南北外缘破损严重，中央踏步两侧是否辟有踏步迹象不明[12]。内城东西北三面墙垣，早年既已成为道路，有无其他门址地表已无迹象可寻。

西古城城址，“内外”和“外城”的墙垣保存程度较好而外，其他墙垣遗迹地表已无迹象可寻。1937年调查时，城址中部沿内城南墙一带已建有十几座农舍，城内土地大多开垦成水田，建筑基址形成的土台之上耕种旱田，墙垣成为田畦或道路。外城西墙南部有两处距离很近的城墙豁口，位于南侧的豁口有水渠通过，在城址西部偏南位置形成水池。外城东墙南部也有两处距离很近的豁口，位于南侧的豁口亦有水渠通过。东、西城墙南部的四处城墙豁口两两相对，南侧豁口都有水渠通过，应为近代开垦水田引水灌溉所致。外城东墙中部也有一处城墙豁口，城墙外侧早年既已形成村落，此豁口是居民进出城内的通道，但此处未经发掘，是否为城门情况不明。外城西墙中部已为道路，不见城墙豁口等可能与门址有关的迹象（图三）[13]。1940年拍摄的西古城周边航空照片显示，城内村落的范围已扩展到城址西部，城址南部的水渠东西连贯穿城而过，在城址东部偏南位置又形成一处面积较大的水池（图四）[14]。此外，1937年测绘的城址平面图还标注出了多条墙垣遗迹：①内城东、西、北三面墙垣的外侧建有隔墙，与内城墙垣的距离约为25米，在内城东西北三面形成夹道，其中内城西侧隔墙从内城西南角继续向南延伸约210米，东侧隔墙至内城东南角处中断。②内城南墙西段向内转折处有一条向南延伸长约26米的墙垣。③内城东墙南端连接一条向南延伸约148米的南北向墙垣。④外城北墙和西墙的内侧都有隔墙，与外城城墙的间距约50米，形成夹城[15]。

经过历次调查发掘，西古城城址形制已基本清楚，即全城以内城南门为几何中心，内城南门和外城南门在同一条直线之上构成中轴；内城区域为宫殿区，建筑组群呈中轴对称布置。从功能空间相互关联性视角观察，本文认为西古城布局规划采用了中、东、西三区横向并列，各区纵向布置独立单元及院落的设计方案（图五）。这一规划设计理念，在渤海上京宫城也得到相应的继承。

城址中区包括内城及内城南墙至外城南墙的空间范围，两侧以内城东、西墙垣及

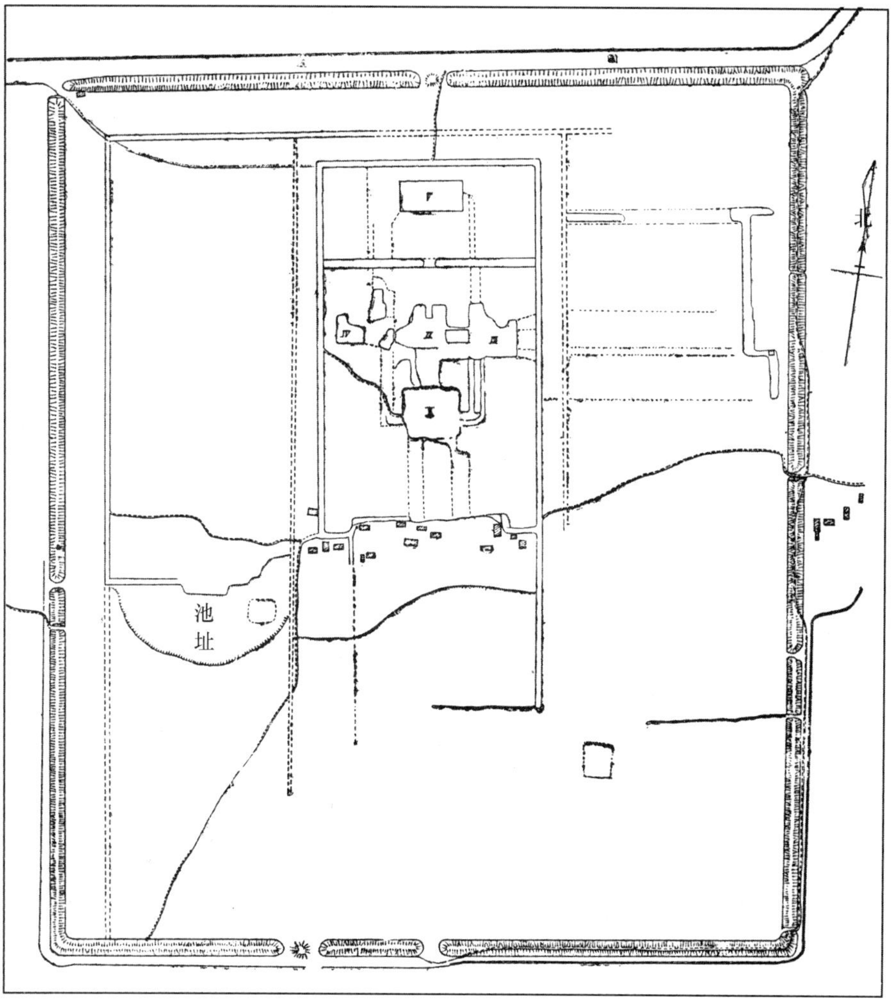

图三 1937 年西古城实测图（引自《間島省の古蹟》）

其延长线与城址东、西区划界。中区分为南北两个单元。中区北部即西古城“内城”，集中布置宫殿建筑，除了四面围以墙垣，东、西、北三面还建永巷增强宫殿区的封闭性，单元内部以内城北部隔墙为界布置两重院落。南面的第一重院落是宫殿区的主体部分，1 号宫殿位于院落的几何中心，建筑台基高大，前面由东西两侧廊庑合围形成殿庭。2 号宫殿居于院落的北部，由主殿和东西配殿组成，配殿两侧有廊通往 1 号宫殿形成殿庭。2 号宫殿与东西两侧的 3、4 号宫殿组成三殿并列各有殿庭的格局。第二重院落中央偏北坐落着 5 号宫殿，殿基东西两侧和东北有隔墙或廊道，院落内似有若干小院落。中区南部位于内城南墙至外城南墙中段之间，单元内似也布置为南北两个院落。由于开垦水田等缘故，中区南部地表少见遗迹，只有东西两侧的两条南北向墙垣迹象清楚，其中由内城东墙向南延伸的墙垣长约 148米。上京第 2 号宫殿所在位置相当于西古城内城南门，第 2 号宫殿与第 1 号宫殿之间的距离约为 149 米，两座宫殿及其两

图四　西古城周边航空照片（1940年拍摄）

侧回廊围起的院落，空间位置与西古城城址中区南部单元相当，推测西古城城址中区南部两个院落的分界，大体应在由内城东墙向南延伸墙垣的终端一线。

城址东区似规划为四个院落，西区三个院落。自南向北，城址东区第一院落的北界有一条东西向墙垣迹象，位置与由内城东墙向南延伸墙垣的终端相接（见图四）。第二院落的东垣与外城东墙的间距约10米，第三院落的东垣与外城东墙的间距约40米，两个院落的东侧与外城东墙之间形成通道。第四院落是由外城东北部的两面城墙与内城

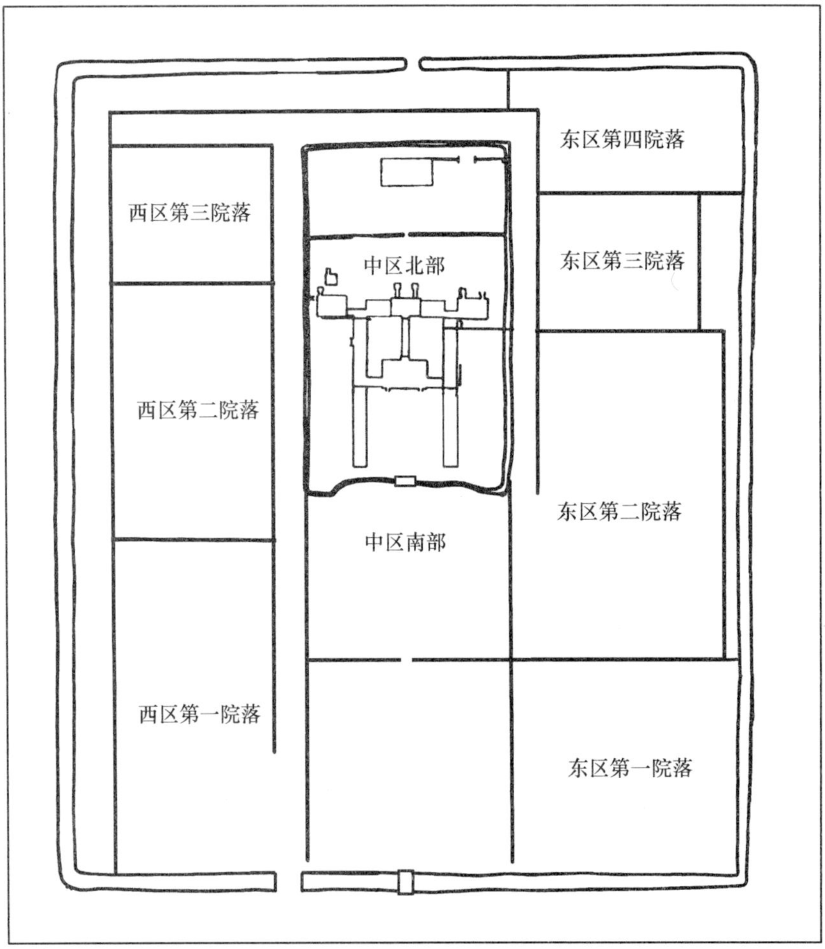

图五　西古城布局规划示意图

东侧隔墙合围形成的空间，西北有一条南北向短墙将第四院落与外城北部夹城封闭。西区第一院落的北界似应划定在水池的北侧，此处有一段东西向的墙垣，可为划界的依据（参见图三）。第二院落与第三院落之间的隔墙，在1940年拍摄的航空照片中反映的较为清楚，此条东西向隔墙大体处于内城2、3、4号宫殿址台基北壁略偏北一线，空间位置可与上京宫城西区第二院落与第三院落之间隔墙相对应。第三院落的北垣与内城北墙成一条直线（参见图三、四）。东区西侧北部和西区东侧，都有永巷与中区隔离。

西古城宫殿建筑当中，1号宫殿的建筑规模及所处位置与渤海上京第3号宫殿相当，推测应与上京第3号宫殿同为面阔七间、进深四间的殿宇。居于1号宫殿北侧呈三殿并列布置的2、3、4号宫殿，建筑规模及所处位置与渤海上京第4号宫殿、4-1号宫殿、4-2号宫殿相当，推测2号宫殿主殿与上京4号宫殿同为面阔九间、进深五间、四面环廊的建筑。主殿台基北壁有烟道分别从东西两室向外延伸，可知室内有火炕设施。此外，3、4号宫殿及4号宫殿北侧的内城1号房址也都发现了火炕遗迹。5号宫殿布置在主要宫殿区北侧的单独院落内，建筑规模及所在位置同于渤海上京第5号宫殿。5号宫殿址柱网为面阔十一间、进深五间，由于台基中部破坏严重，础石缺失，是否为四面环廊中部采用“满堂柱”的结构情况不明[16]。

西古城的院落布置手法，采用了把建筑群组或主体建筑置于院落几何中心位置的“择中”原则。“择中”原则在渤海上京宫城院落布置上也得到了充分体现[17]。西古城内城南门址位于全城的几何中心，以此为界中区规划为南北两个单元。内城南门建筑在夯土台基之上，台基的规模与八连城内城南门台基基本相当，应建有面阔五间、进深两间的门楼，南面的院落式广场有可能成为举行朝贺庆典的场所[18]。如果中区南部的两个院落以墙垣分隔，隔墙中央设院门，则院门正好位于中区南部单元的几何中心，与渤海上京第1号宫殿址的位置重合。中区北部的第一重院落为主要宫殿区，建筑台基高大、殿前设左右踏道的1号宫殿位于所在院落的几何中心，当为朝政大殿。2、3、4号宫殿三殿并列，各殿均有取暖设施构成王寝。其中2号宫殿由主殿及左右配殿组成，建筑结构与3、4号宫殿有所区别，主殿与1号宫殿相距较近并有穿廊连接，两侧配殿南面设廊通往1号宫殿，形成了单独的殿庭。5号宫殿与其他宫殿相比建筑结构较为特殊，且布置在寝区后部的单独院落内，建筑性质及所在院落的空间功能尚不明确。但5号宫殿所处院落只有南侧隔墙设门与寝区相通，应属王寝范畴。

城址东、西两区分别布置为四院落和三院落而并非左右对称的形式，这一特点也被上京宫城规划布局采用。西区南部有城门（外城南墙城墙豁口）可直接通往城外，城墙豁口的北侧有一处长方形地块始筑未开垦水田，此处地势较高，或许存在与上京宫城第3号门址北侧类似的门房及隔墙遗迹[19]。上京宫城西区第一院落内发现了“堆房”建筑址，表明此区的空间功能可能与宫内官厅及宫廷服务机构有关[20]。

西古城的规模相当于上京的宫城，除了城址中区南部缺少两座大型宫殿建筑而外，布局规划、院落及宫殿布置等城址形态要素构成，二者几乎完全相同。导致西古城缺乏相当于上京第 1、2 号宫殿建筑的原因，应是作为宫城型王城的中京西古城为实用性城郭，无需规划内外有别的朝区，这一规划设计理念也被同为宫城型王城的东京八连城所继承。

注　释

［1］ a. 满洲国国务院文教部编. 间岛省的古迹［M］. 1942.
b.〔日〕斋藤优. 半拉城与它的史迹［M］. 半拉城址刊行会，1978.

［2］ a. 吉林省文物考古研究所等. 西古城——2000 ~ 2005 年度渤海国中京显德府故址田野考古报告［M］. 北京：文物出版社，2007.
b. 吉林省文物考古研究所等. 吉林和龙西古城城址 2007 ~ 2009 年发掘简报［J］. 文物，2016（12）.

［3］〔日〕小岛芳孝. 中国吉林省和龙县西古城周边的航空写真［J］. 古代学研究，1997（第 138 号）.

［4］ 李强等. 西古城性质研究——以考古资料获取的城址形制和功能为切入点［J］. 北方文物，2014（4）.

［5］ 同［2］a.

［6］ 同［4］.

［7］ 黑龙江省文物考古研究所. 渤海上京城——1998 ~ 2007 年度考古发掘调查报告（上册）［R］. 北京：文物出版社，2009.

［8］ 中国社会科学院考古研究所. 六顶山与渤海镇［R］. 北京：中国大百科全书出版社，1997.

［9］ 同［2］a.

［10］ 黑龙江省文物工作队. 渤海上京宫城第 2、3、4 号门址发掘简报［J］. 文物，1985（11）.

［11］ 吉林省文物考古研究所等. 吉林和龙西古城城址 2007 ~ 2009 年发掘简报［J］. 文物，2016（12）.

［12］ 同［11］.

［13］ a. 同［1］a.
b.〔日〕鸟山喜一. 渤海中京考［J］. 考古学杂志，1944（第 34 卷第 1 号）。

［14］ 本文所附 1940 年拍摄的西古城周边航空照片，由小嶋芳孝提供。

［15］ 间岛省的古迹［M］所附西古城平面图系由藤田亮策实测绘图。藤田亮策是日本著名考古学者，长期从事田野调查发掘，对遗迹迹象的辨认富有经验。本文所引墙垣长度是在城址平面实测图上测得的数据，由于原图比例尺较小，可能存在微小误差。

［16］ 同［2］a.

［17］ 傅熹年. 中国古代院落布置手法初探［J］. 文物，1999（3）.

［18］ 王培新. 渤海国东京故址珲春八连城城址布局复原考察［A］. 庆祝张忠培先生八十岁论文文集［C］. 北京：科学出版社，2014.

[19] 黑龙江省文物考古研究所. 渤海上京城宫城内房址发掘简报[J]. 北方文物，1987(1).
[20] 同[8].

Examination on the Allocation and Planning of Helong Xigucheng City Site of Bohai State

WANG Pei-xin

It is widely believed that Helong Xigucheng city at Chengnan Village (Xicheng County, Helong City, Jilin Province) used to be the capital of Bohai State. From 1937 to 2009, a number of investigations have been conducted on Xigucheng city site. Previous studies mostly agree that there was an inner city surrounded by an outer city in Xigucheng city site; via excavation on the inner and outer city walls in recent years, it is convinced that Xigucheng is a single city. From the point of view of the interrelation of the functional space of the city, this paper considers that the layout of Xigucheng city should be as below: the middle, east and west regions horizontally distributed, and there were independent units and courtyards in each district. This kind of plan and design concept was also used in another capital city of Bohai State, Shangjing city.

契丹辽文化中渤海因素的考古学观察*

彭善国[1]　孙　旸[2]

（1. 吉林大学考古学院、吉林大学边疆考古研究中心，长春，130012；2. 吉林省博物院，长春，130031）

公元926年，契丹吞灭渤海，在其故地建东丹国（东部契丹之意），此后陆续迁渤海遗民于辽阳及辽境腹地。文献记载渤海仪仗为东丹承继，《辽史》卷五十三《仪卫志四》：“渤海仗：天显四年，太宗幸辽阳府，人皇王备乘舆羽卫以迎。乾亨五年，圣宗东巡，东京留具仪卫迎车驾。此故渤海仪卫也。”[1]《辽史》卷十七《圣宗八》记辽“诏渤海旧族有勋劳材力者叙用”。《辽史》卷三十七《地理志一上京道》记：“……应天皇后述律氏，适太祖。太祖开拓四方，平渤海，后有力焉。俘掠有伎艺者多归帐下，谓之属珊。”据此推测掌握一定技艺的渤海遗民或为契丹所用。《契丹国志》卷二十四：“（柳河馆）西北有铁冶，多渤海人所居，就河漉沙石，炼得成铁。……过石子岭，自此渐出山，七十里至富谷馆，居民多造车者，云渤海人。”[2]可见渤海遗民的冶铁、造车技艺在辽地得以承继。

从考古学上观察，契丹辽文化在10世纪前半发生了质的变化：以皇都（上京）为代表的一批城市开始出现在松漠草原地带；以宝山辽墓（M1根据墨书题记年代为923年）、耶律羽之墓（据墓志年代为941年）为代表的贵族墓葬，体现了迥异于契丹旧俗的葬制。这种突变，恐并不完全是契丹经济、社会自身发展到一定阶段的必然结果，而应归因于军事征服、大量外部人口涌入以及相应的政治体制的适应。北播的中原汉人、西徙的渤海遗民，在契丹辽文化这一突变过程中扮演着重要角色。

从文献史学的角度探讨辽代的渤海遗民，已经有了一些成果[3]。从考古学上研究契丹辽文化中的渤海因素，主要有日本学者对瓦当的探讨和蒙古学者对陶器、城墙构筑等的讨论（详见后文）。本稿拟在前人研究的基础上，结合新发现，从考古学上梳理契丹辽文化中渤海因素的若干线索，以期明了渤海文化之遗绪，理解契丹辽文化之多元构成。

一、辽上京都城营建中的渤海因素

《辽史》地理志一上京道记辽上京：“神册三年（918年）城之，名曰皇都。”“天显

* 本文为国家社科基金专项项目（17VGB013）、国家社科基金委托项目（16@ZH012）阶段成果。

元年（926年），平渤海归，乃展郛郭，建宫室。”辽上京城址在今内蒙古自治区巴林左旗林东镇。1962年，内蒙古文物工作队对辽上京城址进行了调查勘探[4]。调查表明，上京平面呈“日”字形，北部为皇城，南部为汉城。宫城位于皇城中部偏东，平面近长方形，设东、西、南三个城门。2015年，中国社会科学院考古研究所等对辽上京宫城东门（即文献记载的“东华门”）进行了发掘[5]。

发掘表明，辽上京宫城东门是一座东向的殿堂式城门。城门建筑在夯土台基之上，台基长方形，南北面阔31.2、东西进深13.1米，占地面积408.72平方米。台基下有夯土基槽。台基破坏严重，其上清理确认了22个磉墩，东西3排，南北8列，由此柱网结构推测城门面阔7间，居中5间的进深为等距的2间，当心间、次间和稍间面阔基本相等，尽间面阔较小。推测当心间和两侧稍间外有慢道，即共有三间作为出入通行门道（图一，1）。

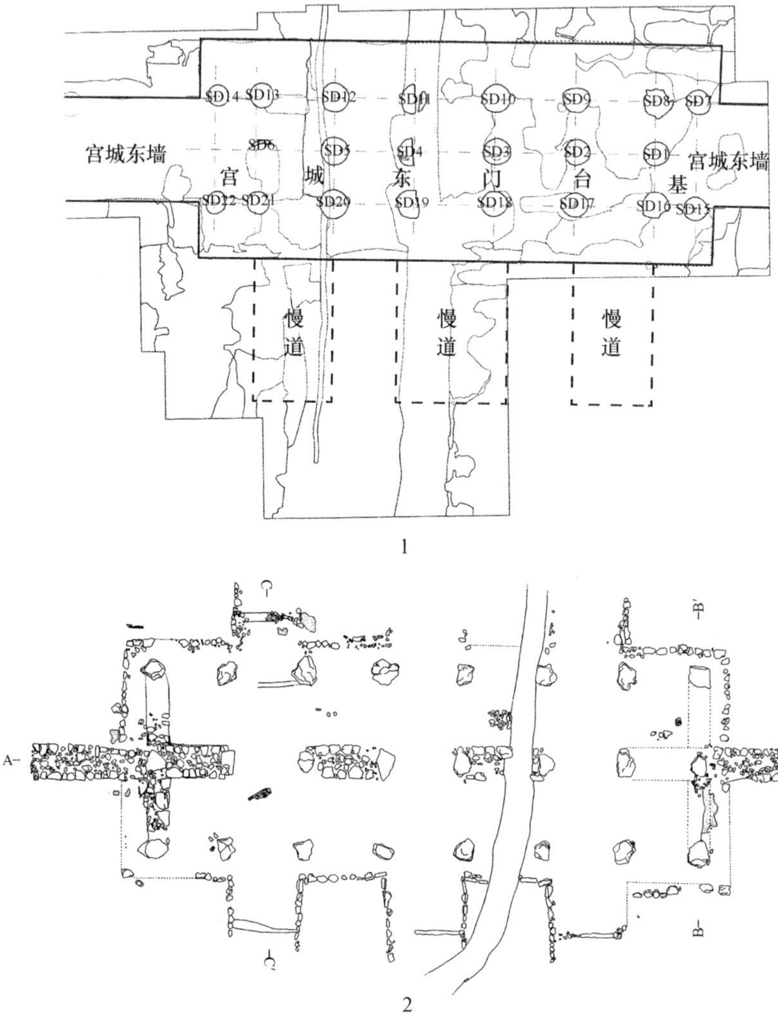

图一　辽上京宫城东门址与渤海上京皇城南门址比较较图

1. 辽上京宫城东门　2. 渤海上京皇城南门

渤海上京皇城南门1933年日本东亚考古学会进行过初步清理[6]。2007年，黑龙江省文物考古研究所作了全面发掘[7]，结果表明，渤海上京皇城南门建在夯土台基之上，台基东西长30、南北11.35米。台基上的柱础南北3列，东西8排，由此柱网结构推测城门建筑东西面阔7间，南北进深2间。中间一排内有4道横向的石砌隔墙。自东向西台基有3组门道，门道南北两侧均有斜坡慢道（图一，2）。

比较两处城门遗址，可以看出它们之间存在很多相似性：①均有夯土台基；②台基长宽尺寸大体相同，辽上京为31.2米×13.1米（此为基槽部分，台基可能会略小于此），渤海上京为30米×11.35米；③均为面阔7间、进深2间的建筑，柱础（磉墩）的柱网排列基本相同；④均为3个门道，门道内外均有斜坡慢道（辽上京西侧慢道因破坏而不清楚）。

值得指出的是，渤海东京城址（吉林珲春八连城）内城南门也采取了相近的结构[8]，夯土台基的长度为27.4～28.6米，台基南北有3个台阶，应为门道慢道。主要区别在于，门的建筑为面阔5间、进深2间，比渤海上京皇城南门简省。

与辽上京宫城东门不同的是，渤海上京皇城南门址台基无基槽，门内有4道横向的石砌隔墙。门内设置横向隔墙的做法，见于唐长安城大明宫内重门门址[9]以及兴庆宫一号建筑址（推断为勤政务本楼）[10]。魏存成指出上京皇城南门与兴庆宫一号建筑址的这种相似性[11]。但大明宫内重门平地起建，无台基；内重门面阔3间。从整体形制上来看，辽上京宫城东门遗址与渤海上京皇城南门址的共性更多，受后者影响的可能性更大。

《辽史》太祖上记神册三年（918年）初营上京时，“以礼部尚书康默记充版筑使”。《辽史》康默记传记“天赞四年，亲征渤海，默记与韩知古从。后大諲譔叛，命诸将攻之。默记分薄东门，率骁勇先登”。《辽史》地理志一又记“天显元年（926年），平渤海归，乃展郛郭，建宫室”。此外，辽灭渤海后，不少渤海遗民被迁至辽上京，在上京西侧筑城以处大諲譔[12]。辽上京宫城东门与渤海上京皇城南门在形制结构上的这种相似性，与康默记及被称为“属珊”的有伎艺的渤海遗民是否存在关联，值得思考*。

二、辽建筑构件中的渤海因素

辽建筑构件中体现渤海文化因素的主要有瓦当、檐头板瓦和铺地方砖。

1. 瓦当

渤海建筑上的瓦当，以莲花纹装饰最为常见，契丹辽的瓦当，主要是兽面纹。但在祖州城、怀州城、饶州城等辽奉陵邑及地方城市，都发现有渤海风格的莲花纹瓦当。

---

* 值得注意的是，最近刊发的内蒙古巴林左旗床金沟4号辽墓（《文物》2017年第9期），东西侧室和前室均采用石板平行叠涩筑成，建筑方法与渤海贞孝公主墓类似。该墓推测为辽太宗耶律德光之怀陵（947年葬）。

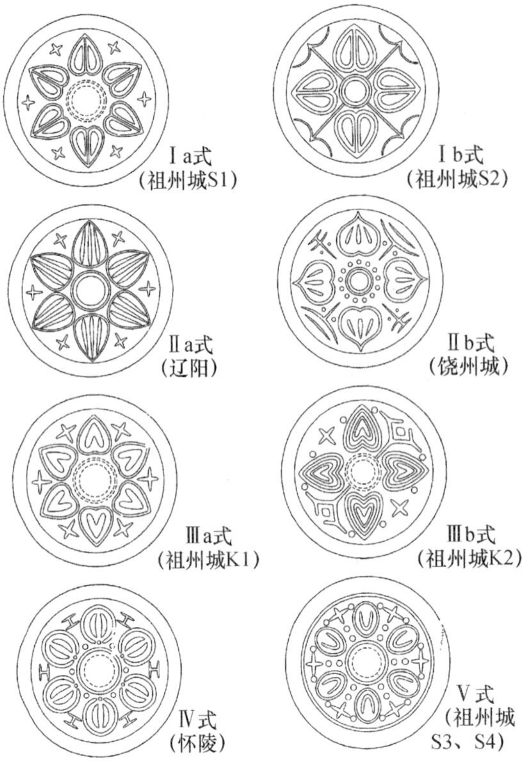

图二　向井佑介对辽境内渤海系瓦当的分类

日本学者向井佑介曾对这些所谓“渤海系”瓦当做过深入的研究[13]。他根据莲瓣的表现形式，将渤海系瓦当分为5式，认为Ⅰ至Ⅴ式为早晚演变关系（图二）。这一结论是可取的。四瓣的莲花瓦当，向井氏说散见于渤海地方城市，都城没有出土。这种提法并不确切。地方城市，如桦甸苏密城瓦当的确以四瓣居多[14]，西古城、八连城发掘迄未出土过四瓣莲纹瓦当，但渤海上京城址却出土过少量四瓣莲花瓦当[15]，但数量的确很少。这些瓦当，应该归于渤海遗民的技术传承及发展。

2. 檐头板瓦

2012 ~ 2013年发掘辽宁省北镇市琉璃寺西山遗址出土的檐头板瓦（图三，1）[16]，正面戳印联珠纹，这种装饰，在渤海檐头板瓦极为常见（图三，2），但在辽代瓦当中罕见，应是渤海文化因素的体现。这些板瓦的下端凸出呈水波状花边，这是渤海瓦当中见不到的。

3. 铺地方砖

内蒙古阿鲁科尔沁旗辽耶律羽之墓1992年发掘，墓葬主室以绿釉琉璃砖营建，主室地面铺砌的琉璃方砖多被盗走，发表的一件方砖上模印花纹（图四，1），中间为十字形花叶，绕以蝴蝶飞鸟，四边为云头状的花枝[17]。这件方砖与渤海上京城址（图四，2）、八连城址以及宁安杏山砖瓦窑址[18]出土的方砖，尽管纹饰内容有别，但布局相同。洛阳城[19]、长安城大明宫[20]、华清宫[21]等唐代遗址出土方砖，多有明显的单边或双重方框，内饰联珠纹，与耶律羽之墓方砖差别较大。

三、蒙古国境内辽遗存中渤海因素辨析

近年来有蒙古学者认为蒙古国境内图拉河中游的额莫根特城址、青陶勒盖城址、查干登吉城址等为渤海文化遗存[22]，主要依据包括城墙砌筑方式、横耳陶器以及陶饼等。现辨析如下。

额莫根特古城的城墙，为夯土夹芯，两边砌石。蒙古学者认为具有明显的渤海文

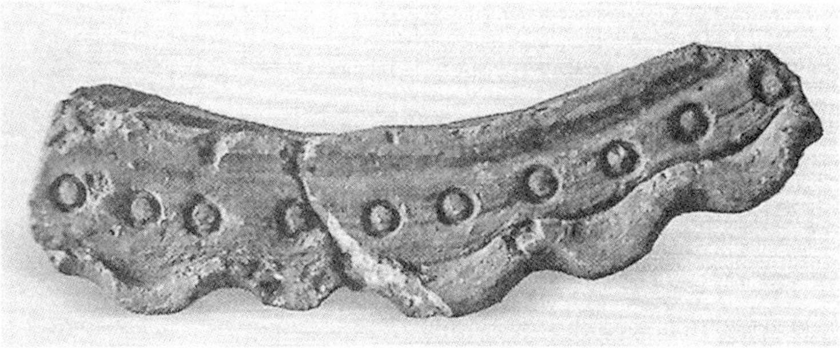

1

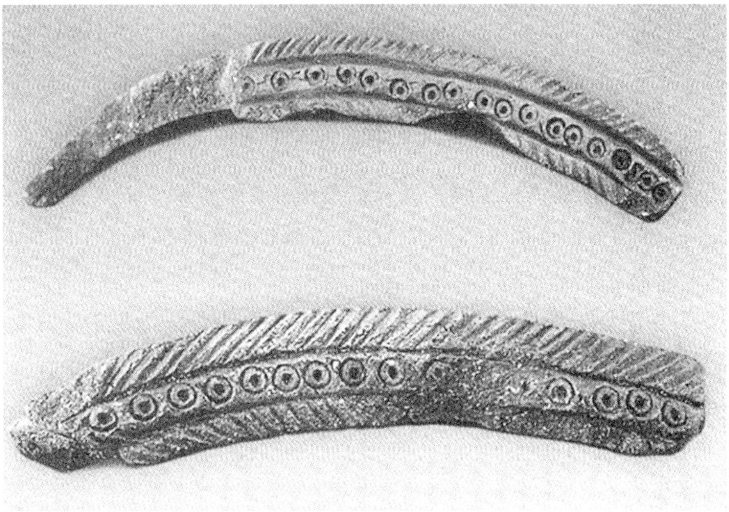

2

图三　琉璃寺西山辽代遗址与渤海上京檐头板瓦比较图

1. 琉璃寺西山遗址　2. 渤海上京城址

1

2

图四　辽耶律羽之墓与渤海上京城址方砖比较图

1. 耶律羽之墓　2. 渤海上京二殿

化特点。渤海上京郭城城墙内外两壁以规整的玄武岩砌筑，中间填充玄武岩石块。皇城直接以玄武岩块垒筑。宫城城墙底部有基槽，上以玄武岩构筑墙体。西古城外城城墙、内城城墙均为夯土砌筑，八连城内外城城墙亦均为夯土砌筑。桦甸苏密城南城墙经解剖为黄黏土夯筑[23]。海林兴农城址城墙经解剖，为夯土城墙，两侧均有夯土护坡[24]。俄罗斯滨海地区发掘的渤海城址如吉吉多夫斯科城址、红湖城址的城墙墙体系土石混筑，外侧包砌有石块，内侧为夯筑而成，夯层十分明显[25]。渤海城址中夯土夹芯，两边砌石的做法，目前仅见于克拉斯基诺城址一例[26]。由此可见，夯土夹芯，两边砌石的城墙砌筑方式，并不是渤海文化的突出特点。

契丹辽陶器中带耳器罕见，横耳陶器迄未发现。渤海陶器中横耳器发达，蒙古国青陶勒盖城址（辽代镇州）、和日门登吉城址发现的宽横耳陶器，可以视为具有渤海文化特征，但其上的篦齿纹则是典型的契丹纹饰。

青陶勒盖城址出土了数量较多的陶饼，蒙古学者认为最早产生于渤海人之中，后来传入契丹女真。实际上，将陶器破片磨圆，其上钻孔或不钻孔，用作纺轮或其他用途，即便在东北地区，最晚也可以追溯到青铜时代。这些陶饼并不具备文化区别的含义。青陶勒盖城址出土陶饼均饰滚压的篦齿纹，为契丹陶器典型的装饰，与渤海文化应没有什么关系。

注　释

[1] 以下所引辽史［M］，均据中华书局1975年标点本，不一一注出。

[2] （宋）叶隆礼．契丹国志［M］．贾敬颜，林荣贵点校本，上海：上海古籍出版社，1985.

[3] a．杨保隆．辽代渤海人的逃亡与迁徙［J］．民族研究，1990（4）.
b．刘浦江．辽代的渤海遗民——以东丹国和安定国为中心［J］．文史，2003（1）．后收入其松漠之间——辽金契丹女真史研究［M］．北京：中华书局，2008.

[4] 内蒙古文物考古研究所．辽上京城址勘查报告［A］．内蒙古文物考古文集（第一辑）［C］．北京：中国大百科全书出版社，1994：510-536.

[5] 中国社会科学院考古研究所内蒙古第二工作队等．内蒙古巴林左旗辽上京宫城东门遗址发掘简报［J］．考古，2017（6）.

[6] 东亚考古学会．东京城——渤海国上京龙泉府址的发掘调查［M］．东方考古学丛刊（第5册）［C］．1939.

[7] 黑龙江省文物考古研究所．渤海上京城：1998 ~ 2007年度考古发掘调查报告［M］．北京：文物出版社，2009.

[8] 吉林省文物考古研究所，吉林大学边疆考古研究中心，珲春市文物管理所．八连城——2004 ~ 2009年度渤海国东京故址田野考古报告［M］．北京：文物出版社，2014：26.

[9] 中国科学院考古研究所．唐长安大明宫［M］．北京：科学出版社，1959.

[10] a．马得志．唐长安兴庆宫发掘记［J］．考古，1959（10）.

b. 马得志. 再论唐兴庆宫勤政务本楼的位置［J］. 考古，1994（6）.
［11］ 魏存成. 渤海都城的布局发展及其与隋唐长安城的关系［A］. 边疆考古研究（第2辑）［C］. 北京：科学出版社，2003.
［12］ 辽史［M］太祖下记："卫送大諲撰于皇都西，筑城以居之。"
张郁. 辽上京城址勘查琐议［A］. 内蒙古文物考古文集第二辑［C］. 北京：中国大百科全书出版社，1997.
［13］〔日〕向井佑介. 契丹的遗民政策和渤海系瓦当［A］. 辽文化·庆陵一带调查报告书［C］. 京都：京都大学，2011. 孙琳译文见东北亚历史与考古信息，2013（2）.
最近在辽祖陵黑龙门遗址也发现了渤海系莲花纹瓦当。见中国社会科学院考古研究所内蒙古第二工作队等. 辽祖陵黑龙门遗址发掘报告［J］. 考古学报，2018（3）.
［14］ 吉林省文物考古研究所2014 ~ 2016年发掘资料。
［15］ 黑龙江省文物考古研究所. 渤海上京城：1998 ~ 2007年度考古发掘调查报告［M］. 北京：文物出版社，2009：135，346，463.
［16］ 辽宁省文物考古研究所. 辽宁北镇市辽代帝陵2012 ~ 2013年考古调查与试掘［J］. 考古，2016（10）.
［17］ 盖之庸. 探寻逝去的王朝——辽耶律羽之墓［M］. 呼和浩特：内蒙古大学出版社，2004：29.
［18］ 黑龙江省文物考古研究所. 渤海砖瓦窑址发掘报告［J］. 北方文物，1986（2）.
［19］ 中国社会科学院考古研究所. 隋唐洛阳城——1959 ~ 2001年考古发掘报告［M］. 北京：文物出版社，2014.
［20］ 中国社会科学院考古研究所等. 唐长安城大明宫太液池遗址发掘简报［J］. 考古，2003（11）.
［21］ 陕西省文物事业管理局. 唐华清宫［M］. 北京：文物出版社，1998.
［22］ a. 阿·敖其尔勒等. 蒙古国境内的渤海考古学文化遗存［J］. 草原文物，2012（2）.
b. 阿·敖齐尔著，萨仁毕力格等译. 蒙古国境内的契丹都城遗址及其文化问题研究［A］. 东亚都城和帝陵考古与契丹辽文化国际学术研讨会论文集［C］. 北京：科学出版社，2016.
［23］ 吉林省文物考古研究所，桦甸市文物管理所. 吉林省桦甸市苏密城外城南瓮城考古发掘简报［A］. 边疆考古研究（第19辑）［C］. 北京：科学出版社，2016.
［24］ 黑龙江省文物考古研究所等. 黑龙江省海林市兴农渤海时期城址的发掘［J］. 考古，2005（3）.
［25］ 中国社会科学院考古研究所赴俄罗斯考古考察发掘团. 俄罗斯滨海地区2002年考古考察纪要［J］. 考古，2005（8）.
［26］ a. 博尔金等. 滨海地区克拉斯基诺城址四年一体化考察［J］. 俄罗斯科学院远东分院通讯，2001（3）. 宋玉彬译文见东北亚历史与考古信息，2004（1）.
b. 田村晃一. クラスキノロシアクラスキノ村にをける一古城跡の发掘调查［R］.（东京）渤海文化研究中心，2011：109.
c. 魏存成. 渤海考古［M］. 北京：文物出版社，2008：157.

The Archaeological Observation of the Bohai Factors within the Khitan Liao Culture

PENG Shan-guo　SUN Yang

As indicated by archaeological discoveries, some Bohai cultural factors existed within the Khitan Liao culture. The east gate of Liaoshangjing palace (the first capital of the Liao Dynasty) and south gate of Bohai Shangjing palace (one of the five capitals of Bohai Kingdom) are basically identical on architecture form and structure. Tiles carved with lotus pattern and other building components affiliated with Bohai culture were also excavated from Zuzhou, Huaizhou, Raozhou city sites of the Liao Dynasty. The Bohai factors within the Qidan Liao Culture should be closely connected with adherents of Bohai kingdom who immigrated westward after its final fall to the Khitan Liao Dynasty. As for the so-called Bohai cultural factors observed from the remains of the Liao Dynasty inside Mongolia, it is however still uncertain.

加拿大阿迦汗博物馆藏 9 ～ 12 世纪玻璃器述略

吴　敬

（吉林大学边疆考古研究中心，长春，130012）

阿迦汗博物馆（The Aga Khan Museum）位于加拿大安大略省多伦多市，该馆由什叶派穆斯林支派伊斯玛仪派精神领袖阿迦汗四世及其信众共同捐资兴建，于 2014 年 9 月 18 日正式开馆。2015 年 11 月，笔者在多伦多大学访学期间，有幸参观了阿迦汗博物馆。据馆方介绍，目前该馆有馆藏文物 1000 余件，包括了瓷器、金属器、石器、木器、玻璃器、丝织品、象牙制品、水晶制品以及羊皮画、纸画等，在地域上涵盖了西起伊比利亚半岛、东到中国的伊斯兰文明和艺术。

在参观过程中，笔者对展厅中陈列的一批 9 ～ 12 世纪的伊斯兰玻璃器产生了浓厚的兴趣。中国境内在考古工作中发现过一定数量的伊斯兰玻璃器，20 世纪八九十年代开始就有学者对其进行了陆续研究[1]。国内出土的伊斯兰玻璃器，器形相对单一，对其他形制伊斯兰玻璃器的认识有待进一步扩充。笔者借此机会，将阿迦汗博物馆所藏的这批伊斯兰风格玻璃器及一些粗浅认识简述如下。

1. 藏品概述

阿迦汗博物馆的展厅中共陈列了 10 件伊斯兰玻璃器，形制多样，涵盖了瓶、杯、灯、盘、碗等器型，现将各件器物的造型特征作一简介。

（1）瓶　共 5 件，可分为三类。

短颈瓶　1 件。编号 AKM644，产自伊朗，年代为 9 ～ 10 世纪[2]。绿色玻璃，无模吹制。厚唇，平沿，短直颈，球腹，小平底，通高约 15 厘米。肩部有均匀分布的三块贴花装饰，贴花呈圆形，上部附带一竖状细条（图版六，1）。

侈口瓶　1 件。编号 AKM657，产自伊朗，年代为 9 ～ 10 世纪。绿色玻璃，无模吹制，轮切成形。小侈口，侈颈，溜肩，直腹，平底，通高约 20 厘米。颈部中上部有两道凸弦纹，颈部下端有一道凸弦纹，肩部有两道凹弦纹带，器腹偏中部和下端各有一道凸弦纹（图版六，2）。

长颈瓶　3 件。

编号 AKM647，产自伊朗，年代为 9 ～ 10 世纪。绿色玻璃，无模吹制，轮切成形。直口，长细颈，球腹，矮假圈足，通高约40厘米。颈部有多道凸弦纹，肩部有两道凹弦纹带（图版六，5）。

编号AKM658，产自伊朗，年代为11～12世纪。蓝色玻璃，合模吹制。直口，长细颈，球腹，平底，通高约40厘米。颈部下端有一道凸弦纹和一道贴塑的波浪纹分列上下，肩部偏上有两道凹弦纹带，腹部模印有凸起的网格纹（图版六，6）。

编号AKM661，产自伊朗或中亚，年代为11～12世纪。绿色玻璃，合模吹制。厚唇，大平沿，长直径，球腹，高假圈足，通高约40厘米。颈部有三组用细玻璃条堆成的纹饰带，颈部下方至肩部有两层用玻璃条编织堆成的花式镂空，腹部模印有凸起的网格纹（图版六，7）。

（2）杯　共2件，可分为两类。

带把杯　1件。编号AKM650，产自伊朗，年代为9～10世纪。白色玻璃，有一定的透明度，无模吹制，轮切成形。大敞口，溜肩，鼓腹，矮假圈足。扁条形把手连接口沿外侧和腹中部，把手上部有一个较长的片状凸起，通高约15厘米。口部和腹部外表有砂轮磨出的纹饰，口部偏上为两层月牙形连续纹饰，中部为两道弦纹，腹部偏上为两道弦纹，其下为各种连续的条状纹饰（图版六，3）。

直筒杯　1件。编号AKM656，产自伊朗，年代为10～11世纪。绿色玻璃，有一定的透明度，合模吹制。口部微敛，深直腹略内斜，平底，通高约12厘米。腹部模印有微凸的网格纹（图版六，4）。

（3）灯　1件。编号AKM645，产自伊朗或中亚，年代为10～12世纪。透明玻璃，无模吹制。大侈口，溜肩，鼓腹，矮假圈足，通高约25厘米。腹部堆贴有六道竖向的蓝色玻璃波浪状条带（图版六，8）。

（4）盘　1件。编号AKM660，产自伊朗或中亚，年代为10～12世纪。蓝色玻璃，合模吹制。口部微侈，浅弧腹，小平底，底部微凸，通高约2厘米，直径约25厘米。内壁有模印有菱形回字的网格纹（图版六，9）。

（5）碗　1件。编号AKM659，产自伊朗或中亚，年代为10～12世纪。蓝色玻璃，合模吹制。口部微侈，直腹，下腹部内收为平底，通高约10厘米。外壁有模印有菱形回字的微凸网格纹（图版六，10）。

据安家瑶先生介绍，从地中海沿岸到伊朗高原，曾出现过罗马玻璃（公元前1～公元5世纪）、萨珊玻璃（226～651年）和伊斯兰玻璃三个生产中心，年代最晚的伊斯兰玻璃是随着阿拉伯帝国（632～1258年）的兴起并吸收了罗马玻璃和萨珊玻璃制作传统的产物，在9世纪时形成了自身的风格[3]。阿迦汗博物馆所藏的这批玻璃器的年代范围，正处于伊斯兰玻璃具有代表性风格的时期。

2. 中国境内出土资料的对比

中国境内从7世纪的唐代至11世纪的北宋时期，也出土过一些与阿迦汗博物馆藏玻璃器形制相近或风格相似的器物。

（1）洛阳关林唐墓出土的细颈瓶（图一，1）[4]。安家瑶先生通过与伊朗出土 3 ~ 7 世纪细颈瓶的对比，认为此瓶可能为萨珊晚期至伊斯兰早期的产品[5]。关林唐墓以及伊朗的出土品（图一，2）[6]，与阿迦汗博物馆所藏细颈瓶造型基本一致。阿迦汗博物馆藏细颈瓶为 9 ~ 10 世纪产品，其在器表有圆形贴花，使用此类装饰的玻璃器可能在隋代就已传入我国新疆境内（图一，3）[7]，唐代末期法门寺地宫也有类似装饰的玻璃瓶（图一，4）[8]。阿迦汗博物馆藏品在圆形贴花上又附加了一根单独的条状玻璃，这种简洁灵活的装饰风格在地中海东岸 4 ~ 6 世纪的玻璃器中已较为常见（图一，5）[9]。由此可见，此类细颈瓶的使用年代较为长久，形制和装饰也与同时期

图一

1. 洛阳关林唐墓出土细颈瓶　2. 伊朗出土细颈瓶　3. 新疆库车县森木塞姆石窟出土贴花杯
4. 法门寺地宫出土贴花瓶　5. 皇家安大略博物馆藏 5 世纪初提梁堆花瓶　6. 辽陈国公主墓出土执壶

玻璃器的共同风格。但从11世纪以后玻璃条堆花工艺的特征观察，它可能向着复杂化方向发展，如中国境内1018年辽代陈国公主墓出土执壶上的堆花把手（图一，6）[10]以及阿迦汗博物馆藏11～12世纪长颈瓶（编号AKM661）肩颈部的编织镂空玻璃条（图版六，7）。

（2）辽代陈国公主墓[11]和耿延毅墓[12]出土的带把杯（图二，3、4）。陈国公主墓和耿延毅墓出土的带把杯与阿迦汗博物馆藏品形制相近，他们之间最大的区别在于口部及把手顶部的凸起。辽墓出土的两件带把杯口部深直，凸起为圆柱状。阿迦汗博物馆藏品为大侈口，凸起为片状，与伊朗出土的9世纪产品[13]造型接近（图二，5）。两座辽墓的年代分别为1018年和1019年，随葬玻璃器的年代应略早于该墓的绝对年代，极有可能是10世纪末至11世纪初年的产品，其年代可能会晚于阿迦汗博物馆藏品和

图二

1. 河北定县静志寺塔基出土侈口瓶　2. 安徽无为县城关塔出土侈口瓶　3. 陈国公主墓出土带把杯
4. 耿延毅墓出土带把杯　5. 伊朗出土带把杯

伊朗出土品。由于缺乏系统资料，带把杯的这些差异，很难判断是单纯的造型差异还是时代的演变差异。如果将来发现更多相同时期的带把杯具有相似的做法，则有可能便是由于时代发展所导致的器形变化。

（3）陕西扶风法门寺地宫出土的玻璃盘（图三，1、2）[14]、浙江瑞安慧光塔出土的折沿长颈瓶（图三，3）[15]、河北定县静志寺塔基[16]出土的直筒杯（图三，4、5）[17]。这些器物分别与阿迦汗博物馆藏编号 AKM660 的玻璃盘（图版六，9）、编号 AKM661 的长颈瓶（图版六，7）、编号 AKM656 的直筒杯形制相近（图版六，4），它们之间的差异主要体现在器表装饰工艺上。法门寺地宫出土了多件蓝色玻璃盘，它们或为素面，或在内壁镌刻花纹，阿迦汗博物馆藏品也是蓝玻璃，但纹饰却是模制的菱形回字网格纹。慧光塔出土者在腹外壁装饰磨花，阿迦汗博物馆藏品则是模制的回字纹，并在颈部和肩部堆贴复杂的镂空玻璃条。静志寺塔基出土的两件直筒杯一件素面，一件外壁有条状磨花，阿迦汗博物馆藏品则是模制的网格纹。此外，中国境内出土北宋中期以前的其他伊斯兰玻璃器，也多见素面、磨刻或堆贴花装饰，与阿迦汗博物馆藏 9 ~ 10 世纪的藏品在装饰风格上较为接近。但是，中国目前少见 12 世纪以

图三

1. 法门寺地宫出土素面玻璃盘　2. 法门寺地宫出土刻纹玻璃盘　3. 浙江瑞安慧光塔出土折沿长颈瓶
4. 河北定县静志寺塔基出土素面直筒杯　5. 河北定县静志寺塔基出土磨花直筒杯

后的伊斯兰玻璃器，而从阿迦汗博物馆所藏 11 ～ 12 世纪玻璃器的制作和装饰工艺来看，合模吹制而成的几何形网格状纹样较多，这种装饰手法可能是伊斯兰玻璃器制作工艺改变或改进后的产物。从现有资料来看，两种不同的制作和装饰风格可能具有一定的时代特征。

（4）河北定县静志寺塔基和安徽无为县城关塔出土的侈口瓶（图二，1、2）[18]。这两件玻璃瓶与阿迦汗博物馆藏侈口瓶不尽相同，但是从其整体造型来看，又有诸多相近的因素，如侈口、筒腹、大平底、弦纹等。静志寺塔基最后封闭的年代为 977 年，无为城关塔建于 1036 年[19]，阿迦汗博物馆藏品为 9 ～ 10 世纪，三者应属于具有相同功用的同类器物，只是形制略有差异而已。而且，无为城关塔出土者外壁的条状和弦纹磨花与阿迦汗博物馆藏带把杯也较为相似，与前文所述 9 ～ 10 世纪伊斯兰玻璃的装饰手法相似，其制作年代应更早，只是在北宋中期才埋入塔基之中。

3. 余论

伊斯兰玻璃器对于中国来说是典型的外来输入器物，虽然在国内的考古工作中有所发现，但毕竟数量有限，难以反映此类器物的全貌，加之国外资料又罕有面对中国学者的专门报道，因此以往国内学者对于中国出土伊斯兰玻璃器的研究多数是在较为宽泛的时间框架内探讨其与西域的交流或是与国产玻璃器的差异等问题，很难使用类型学方法对其进行排比分析和风格演变的研究。本文以加拿大阿迦汗博物馆所藏的伊斯兰玻璃器为切入点，在器形、纹饰上结合中国出土的部分同类器物进行了初步的对比分析，隐约发现了一些 7 ～ 12 世纪伊斯兰玻璃器发展演变过程中的蛛丝马迹。由于藏品数量和对比材料甚是有限，很多认识目前仍处在推论阶段，对于伊斯兰玻璃器的工艺发展及其与中国境内出土品的关系而言，更多体现了资料性的一面。希望在资料不断丰富的将来，可以通过中国考古学的年代学视角为伊斯兰玻璃器增添另一方研究领域。

注　释

［1］ a. 安家瑶. 中国的早期玻璃器皿［J］. 考古学报，1984（4）：413-448.
b. 安家瑶. 试探中国近年出土的伊斯兰早期玻璃器［J］. 考古，1990（12）：1116-1126.
c. 马文宽. 辽墓辽塔出土的伊斯兰玻璃——兼谈辽与伊斯兰世界的关系［J］. 考古，1994（8）：736-743.
［2］ 文中关于这批玻璃器的编号、产地和年代均来自于阿迦汗博物馆的介绍。
［3］ 同［1］a.
［4］ 中国金银玻璃珐琅器全集编辑委员会. 中国美术分类全集 • 中国金银玻璃珐琅器全集 4（玻璃器一）［M］. 石家庄：河北美术出版社，2004：61，图版一〇二.
［5］ 同［1］a.
［6］ 同［1］a.

[7] 同 [4]：60，图版一〇一.
[8] 陕西省考古研究院，法门寺博物馆，宝鸡市文物局，扶风县博物馆. 法门寺考古发掘报告（下）[M]. 北京：文物出版社，2007：彩版一八三.
[9] 笔者在加拿大多伦多大学访学期间，在皇家安大略博物馆（Royal Ontario Museum）看到一批 1 ~ 6 世纪产自叙利亚或巴勒斯坦的玻璃器，4 世纪后期出现较多的玻璃条状堆贴花，但多为简洁明了的风格。
[10] 内蒙古自治区文物考古研究所，哲里木盟博物馆. 辽陈国公主墓 [M]. 北京：文物出版社，1993：彩版一四，1.
[11] 同 [10]：图版一四，2.
[12] 朝阳地区博物馆. 辽宁朝阳姑营子辽耿氏墓发掘报告 [A]. 考古学集刊（3）[C]. 北京：文物出版社，1983：168-195.
[13] 同 [1] a.
[14] 同 [4]：61，图版一一四，图版一〇六.
[15] 浙江省博物馆. 浙江瑞安北宋慧光塔出土文物 [J]. 文物，1973（1）：48-53.
[16] 定县博物馆. 河北定县发现两座宋代塔基 [J]. 文物，1972（8）：39-51.
[17] 同 [1] a.
[18] 同 [4]：75，76，图版一二八，图版一二九.
[19] 无为宋塔下出土的文物 [J]. 文物，1972（1）：77-78.

A Simple Introduction and Preliminary Study on the Glass Wares of 9th Century to 12th Century Collected in the Aga Khan Museum of Canada

WU Jing

There are 10 Islamic glass wares which the period is 9th century to 12th century is exhibited in the Aga Khan Museum in Toronto, Canada. To a certain degree, the shape and decoration style of these glass wares have some typical characteristics of Islamic glass wares. Based on the introduction of these glass wares and the comparative study with the Islamic glass wares excavated in China, we can conclude some characteristics of their making techniques and periodical style which were neglected before. The Islamic glass wares in the Aga Khan Museum and our preliminary knowledge of comparative study may provide new comparative materials and new research ideas for the Islamic glass wares excavated in China.

考古与科技

初论古代人群间颅骨测量性状的差异度*

魏　东　王永笛

（吉林大学考古学院，长春，130012）

本文中的颅骨测量性状（Metric Traits），指通过测量获取的、代表颅骨形态特征的一组长度、角度和指数数据；属于生物统计学中连续性变量（Data of Continuous Variable）的一种。用一个群体中所有颅骨测量数据的均值，构建代表颅骨形态特征的数据组，通过聚类分析对比不同人群之间的差异度，在关于古代人群颅骨形态特征的研究中，是一种常用的方法。聚类分析的结果，可以通过系统发育树图等方式，直观地展示出人群间差异度的大小。

但是，仅仅呈现出人群间存在差异的客观事实，显然并不能作为人群之间是否存在某种关联性的证据。由于分布地域不同，自然环境各异，或者受到遗传漂变等多种因素的影响，同一物种的不同群体之间存在差异的现象，在生物界普遍存在。人群之间形态差异的存在，属于生物界的正常现象。差异度的大小所呈现的人群间形态距离的远近，只是在参与对比的人群中表现出的一种相对的差别，如果对差异的大小不加以界定，就失去了此类研究的意义。

和其他生物群体相比，人群遗传特征的形成与稳定过程更为复杂，除了自然因素，还会受到更多非自然因素的影响。其中，文化因素往往与人群的遗传特征相互作用、互为因果。人群的迁徙、流动，人群之间的共处、征服所带来的融合和替代，在对人群的遗传形态特征产生影响的同时，在人群的文化属性上也多有所体现。文化的传播、扩散和替代，往往也伴以人群的扩张与发展。人群的体质特征（生物属性）与文化面貌（社会属性）相互影响的过程，也贯穿了整个人类的发展史。

* 国家社会科学基金资助项目塔里木盆地周缘古代人群体质特征的格局与演进研究（18BKG038）。

寻找人群的生物属性和社会属性之间的互动关系，是生物人类学的一个重要研究方向。具体到古代人群，不同人群如果在考古学文化[1]层面存在共性，往往是文化传承、交流或传播的结果。这种交流如果同时伴有通婚或者人群融合等遗传层面的交流，结果往往是人群间的体质特征存在越来越多的共性。同理，体质特征具有更多的一致性的人群之间，心理认同感更可能强于那些体质特征差异很大的人群。文化的传播途径可能更广泛，传播过程也可能更顺畅。

本文研究的思路，是以考古学文化存在共性的人群为研究对象，探讨此类人群间在颅骨测量形态上的相似程度。目的是，为进一步讨论古代人群之间的生物形态距离与考古学文化之间关联性，提供定量研究的数据对比值。研究的重点是，在以人群的遗传形态特征为基础研究材料的视角下，古代人群之间的生物形态距离系数达到或接近怎样的数值范围，可以初步判断两个人群之间可能存在不同时空框架下的源流关系或者在同一时空框架之内的深度交流。

一、材料与方法

受考古遗存携带信息量和文化自身复杂性的限制，如果选择不同时空框架下的古代人群材料，很难判定这些人群之间在文化属性上有可确信的某种交流或者相互影响。为确保人群之间考古学文化存在必然关联，本文采用了将同一古代人群随机划分成两个对比组，替代两个在考古学文化上具有一致性的人群的方法。这样可以在最大程度上保证对比人群在文化上具有相关性。

本文选取了五组已发表的大样本材料作为基础数据。样本选取的标准遵循两个原则：一是样本量总体满足大样本数据分析的需要（$n \geqslant 30$）[2]。二是该组数据所代表的古代人群在考古学文化上保持了在一个时间段内稳定、连续的发展。

所选古代人群样本包括：殷墟中小墓组[3]、河北姜家梁新石器时代组[4]、青海上孙家寨卡约文化组[5]、甘肃临潭磨沟齐家文化组[6]、和辽宁北票喇嘛洞三燕文化组[7]，对比组概况详见表一。为使结论更具有代表性和可对比性，所选样本全部为性别与死亡年龄明确的成年男性个体。

表一　本文使用的古代人群材料概况

对比组（Contrast group）	地点（Location）	时代（Age）	文化属性（Cultural attributes）	标本例数（N）
姜家梁组	河北阳原	新石器时代	仰韶－龙山文化	41
上孙家寨组	青海大通	青铜时代	卡约文化	107
磨沟组	甘肃临潭	新石器—青铜时代	齐家文化	161
殷墟中小墓组	安阳殷墟	青铜时代	殷墟文化	49
喇嘛洞组	辽宁北票	铁器时代	鲜卑文化	78

为尽可能全面准确地反映对比人群的颅骨测量性状，本文选取了 28 个测量项目数据参与对比分析，这些项目包括：颅长（1）、颅宽（8）、颅高（17）、额最小宽（9）、眶间距（50）、上面高（48）、面宽（45）、颧骨宽（MB）、颧骨高（MH）、眶宽（51）、眶宽（51a）、眶高（52）、额侧角（32 Ⅰ）、额侧角（32 Ⅱ）、总面角（72）、鼻颧角（77）、颅长宽指数（8：1）、颅长高指数（17：1）、颅宽高指数（17：8）、全面指数（47：45）、垂直面指数（48：17pr）、垂直面指数（48：17sd）、上面指数（48：45pr）、上面指数（48：45sd）、鼻指数（54：55）、眶指数（52：51 Ⅰ）、眶指数（52：51a Ⅱ）、鼻根指数（ss：sc）。

首先，将以上各组古代人群按照随机抽样原则，分别划分为两组，得到共十个对比组数据。详细数据和各分组重新测算的标准差见表二。

考虑到可对比性和可重复性，本文形态距离系数采用平均数组间差异均方根[8]，聚类分析软件使用 SPSS22。

二、结　　果

聚类分析的结果见图一。

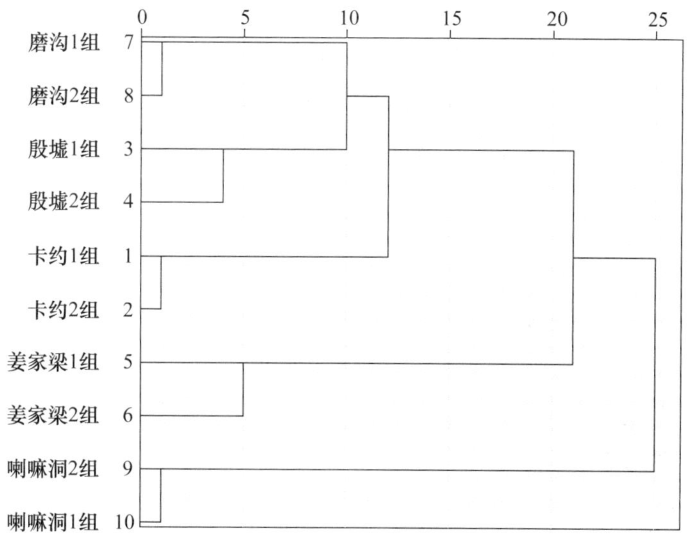

图一　10 组对比组之间的聚类图

对比人群内部分组间的平均数组间差异均方根系数值见表三。

表二　参与对比分组的详细数据和标准差（长度 mm；角度 °；指数 %）

组别	对比项目	1 颅长	8 颅高	9 额最小宽	17 颅高	45 面宽	48sd 上面高	50 眶间距	51L 眶宽
姜家梁1组	平均数（例数）	175.28（16）	135.61（15）	88.86（20）	137.34（14）	135.98（12）	74.44（18）	18.93（17）	43.44（16）
姜家梁1组	标准差	7.57	4.76	3.26	3.69	5.78	4.34	2.74	1.87
姜家梁2组	平均数（例数）	178.24（19）	134.81（16）	87.74（19）	137.72（14）	134.75（14）	73.90（19）	18.37（21）	44.03（17）
姜家梁2组	标准差	8.45	5.99	5.12	4.4	4.92	7.68	1.82	2.72
磨沟1组	平均数（例数）	181.05（79）	137.82（78）	90.46（80）	136.33（75）	134.90（72）	73.79（72）	17.90（77）	42.71（78）
磨沟1组	标准差	5.29	4.47	4.25	4.75	4.7	3.77	2.14	2.03
磨沟2组	平均数（例数）	181.30（81）	136.36（80）	88.88（81）	137.13（77）	135.63（70）	73.46（77）	17.80（80）	42.82（79）
磨沟2组	标准差	6.07	5.4	4.85	4.95	4.80	4.74	2.0	2.12
上孙家寨1组	平均数（例数）	182.27（50）	138.95（48）	90.84（54）	137.48（50）	135.55（48）	75.98（45）	18.60（53）	41.94（53）
上孙家寨1组	标准差	6.13	4.87	4.5	4.89	4.09	5.28	1.61	1.58
上孙家寨2组	平均数（例数）	183.17（51）	140.74（52）	90.42（52）	138.43（45）	136.46（50）	75.89（49）	18.91（51）	42.10（51）
上孙家寨2组	标准差	5.44	5.14	3.92	4.69	4.92	4.89	2.13	1.96
殷墟中小墓1组	平均数（例数）	183.14（23）	139.64（21）	91.19（24）	138.78（18）	134.19（13）	73.89（21）	23.38（15）	42.27（20）
殷墟中小墓1组	标准差	4.37	4.6	4.3	4.25	7.06	4.52	2.3	1.81
殷墟中小墓2组	平均数（例数）	187.23（24）	141.69（24）	91.08（23）	140.13（23）	138.12（19）	73.99（17）	23.36（12）	42.85（16）
殷墟中小墓2组	标准差	6.94	4.4	3.94	5.79	6.16	5.47	2.06	1.5
喇嘛洞1组	平均数（例数）	177.31（30）	143.58（28）	92.16（35）	135.13（27）	137.02（16）	74.71（33）	17.72（32）	47.34（32）
喇嘛洞1组	标准差	7.07	4.69	4.88	4.71	5.06	3.69	2.52	8.21
喇嘛洞2组	平均数（例数）	178.70（25）	144.83（24）	92.66（31）	137.66（22）	136.88（11）	75.47（30）	16.94（25）	47.94（26）
喇嘛洞2组	标准差	6.37	5.28	4.84	4.78	3.4	4.79	2.36	7.42

续表

组别 \ 对比项目		51R 眶宽	51a L 眶宽	51aR 眶宽	52 L 眶高	52 R 眶高	MH L 颧骨高	MH R 颧骨高	MB L 颧骨宽
姜家梁 1 组	平均数（例数）	43.77（17）	39.71（15）	40.23（16）	34.17（17）	33.70（16）	47.00（17）	46.73（17）	28.07（17）
姜家梁 1 组	标准差	1.9	1.74	2.07	2.26	2.08	3.91	3.3	3.22
姜家梁 2 组	平均数（例数）	43.67（18）	40.10（15）	39.79（15）	33.74（18）	33.31（18）	46.58（17）	45.83（18）	28.19（18）
姜家梁 2 组	标准差	2.19	2.06	1.5	2.24	2.48	2.88	2.81	2.89
磨沟 1 组	平均数（例数）	43.37（77）	39.58（71）	40.15（70）	33.64（77）	33.66（77）	45.49（76）	44.96（76）	26.50（76）
磨沟 1 组	标准差	1.83	1.72	1.77	1.82	1.87	2.7	4.2	2.4
磨沟 2 组	平均数（例数）	43.60（80）	39.92（73）	40.44（69）	33.73（78）	33.67（80）	45.37（80）	45.16（80）	26.59（79）
磨沟 2 组	标准差	2.08	1.8	1.72	1.9	1.81	2.44	2.51	2.13
上孙家寨 1 组	平均数（例数）	42.71（52）	39.28（50）	39.54（49）	34.89（53）	35.02（52）	45.87（51）	46.72（52）	28.34（52）
上孙家寨 1 组	标准差	1.61	1.55	1.73	2.04	2.14	2.7	2.66	3.2
上孙家寨 2 组	平均数（例数）	42.58（51）	39.28（46）	39.58（48）	34.83（50）	34.66（53）	46.26（51）	46.56（51）	28.39（50）
上孙家寨 2 组	标准差	1.87	2.09	1.89	2.04	1.93	2.63	3.13	2.97
殷墟中小墓 1 组	平均数（例数）	42.21（20）	39.17（16）	39.25（15）	33.67（18）	33.64（20）	45.80（20）	44.44（19）	26.44（17）
殷墟中小墓 1 组	标准差	1.98	1.41	1.8	1.91	1.97	3.48	3.01	1.73
殷墟中小墓 2 组	平均数（例数）	43.16（19）	39.70（12）	39.49（14）	33.99（16）	34.05（18）	46.46（16）	46.12（19）	27.37（18）
殷墟中小墓 2 组	标准差	2.02	1.49	1.98	1.54	2.45	2.87	2.86	1.96
喇嘛洞 1 组	平均数（例数）	43.80（32）	39.75（25）	39.89（30）	33.52（29）	33.61（31）	45.66（30）	45.43（35）	25.89（33）
喇嘛洞 1 组	标准差	2.1	2.1	2.06	1.47	1.63	2.68	2.84	2.78
喇嘛洞 2 组	平均数（例数）	44.31（24）	39.27（15）	39.91（17）	33.60（22）	34.06（22）	45.53（28）	45.73（24）	26.82（29）
喇嘛洞 2 组	标准差	2.43	1.35	1.46	2.46	2.34	3.01	3.18	2.59

续表

组别 \ 对比项目		MB R 颧骨宽	32 额侧角 I	72 总面角	77 鼻颧角	8：1 长宽指数	17：1 长高指数	17：8 宽高指数	47：45 全面指数
姜家梁 1 组	平均数（例数）	27.47（17）	80.28（20）	80.75（18）	148.11（18）	77.58（15）	78.38（14）	101.72（14）	91.46（12）
姜家梁 1 组	标准差	3.43	5.15	6.16	6.69	5.37	4.23	3.74	5.33
姜家梁 2 组	平均数（例数）	27.97（19）	76.61（19）	82.24（17）	146.53（20）	76.36（16）	77.74（14）	101.85（13）	91.46（14）
姜家梁 2 组	标准差	2.27	6.9	5.68	3.2	5.98	3.03	4.07	4.27
磨沟 1 组	平均数（例数）	26.68（76）	81.78（76）	85.35（72）	146.14（78）	76.18（78）	75.18（74）	98.78（73）	89.12（22）
磨沟 1 组	标准差	2.52	4.68	2.88	4.52	3.01	2.62	3.87	5.25
磨沟 2 组	平均数（例数）	26.64（80）	81.09（79）	84.64（76）	146.82（80）	75.30（80）	75.66（77）	100.77（77）	89.57（27）
磨沟 2 组	标准差	2.4	4.78	2.86	4.68	3.5	2.78	4.74	6.73
上孙家寨 1 组	平均数（例数）	28.83（52）	81.54（47）	86.19（45）	145.90（51）	76.43（47）	75.61（48）	99.07（47）	91.55（26）
上孙家寨 1 组	标准差	2.55	4.46	3.02	4.41	3.45	2.94	4.14	6.87
上孙家寨 2 组	平均数（例数）	29.15（50）	81.99（44）	85.67（41）	148.14（51）	76.86（51）	75.86（45）	98.22（45）	92.33（21）
上孙家寨 2 组	标准差	3.24	3.57	3.58	6.68	3.81	2.69	4.32	5.45
殷墟中小墓 1 组	平均数（例数）	26.42（17）	84.18（17）	84.74（17）	145.21（20）	76.61（21）	75.87（18）	99.12（18）	86.97（8）
殷墟中小墓 1 组	标准差	1.95	5.35	2.88	5.09	2.37	2.32	3.97	3.85
殷墟中小墓 2 组	平均数（例数）	26.87（17）	82.56（18）	83.65（17）	144.39（21）	75.75（24）	74.95（23）	98.91（23）	87.87（8）
殷墟中小墓 2 组	标准差	2.68	4.07	3.59	3.69	3	3.87	5.38	3.66
喇嘛洞 1 组	平均数（例数）	26.13（36）	82.83（30）	85.88（30）	144.10（33）	81.16（24）	76.38（23）	93.99（23）	86.84（12）
喇嘛洞 1 组	标准差	2.78	3.67	3.61	4.02	3.56	3.7	3.81	4.79
喇嘛洞 2 组	平均数（例数）	26.72（24）	83.50（21）	85.76（21）	143.31（24）	80.72（19）	78.50（17）	95.04（17）	88.14（7）
喇嘛洞 2 组	标准差	2.49	3.61	3.38	4.9	4.78	3.84	4.78	4.09

续表

组别	对比项目	48：17sd 垂直面指数	48：45sd 上面指数（K）	54：55 鼻指数	52：51L 眶指数Ⅰ	52：51 R 眶指数Ⅰ	52：51a L 眶指数Ⅱ	52：51a R 眶指数Ⅱ	SS：SC
姜家梁1组	平均数（例数）	54.70（13）	55.80（12）	50.53（20）	79.24（16）	79.07（15）	86.57（15）	83.04（15）	42.98（14）
姜家梁1组	标准差	3.42	4.09	4.54	5.42	8.85	6.44	6.53	11.65
姜家梁2组	平均数（例数）	54.82（12）	55.84（14）	47.67（17）	77.20（16）	77.37（16）	84.20（15）	85.11（15）	43.71（14）
姜家梁2组	标准差	3.41	3.28	4.58	5.13	6.57	6.34	5.99	14.61
磨沟1组	平均数（例数）	54.12（68）	54.65（65）	48.53（79）	79.21（77）	77.66（77）	84.78（70）	83.90（70）	35.09（74）
磨沟1组	标准差	2.45	2.99	3.47	4.82	4.2	4.75	4.96	11.12
磨沟2组	平均数（例数）	53.59（75）	54.20（68）	49.59（80）	79.31（77）	77.35（80）	84.59（71）	83.56（69）	33.74（79）
磨沟2组	标准差	3.68	3.65	4.44	5.58	4.66	5.73	5.26	12.44
上孙家寨1组	平均数（例数）	55.48（42）	56.16（40）	46.99（52）	83.22（53）	82.02（51）	88.98（50）	88.69（48）	35.89（49）
上孙家寨1组	标准差	4.11	3.93	3.73	4.2	4.25	4.77	4.96	10.59
上孙家寨2组	平均数（例数）	54.90（41）	55.89（46）	47.72（50）	82.80（50）	81.54（51）	88.64（45）	87.69（48）	38.11（48）
上孙家寨2组	标准差	3.34	3.87	3.95	5.01	4.26	6.35	5.7	13.4
殷墟中小墓1组	平均数（例数）	53.08（17）	53.91（12）	50.81（20）	79.78（18）	79.81（20）	85.31（14）	85.01（15）	37.14（21）
殷墟中小墓1组	标准差	3.21	2.70	3.84	4.47	5.34	4.22	4.51	9.92
殷墟中小墓2组	平均数（例数）	53.11（16）	53.76（14）	50.71（20）	79.35（15）	78.19（17）	86.26（11）	86.80（12）	35.66（16）
殷墟中小墓2组	标准差	4.52	2.70	3.96	3.72	4.46	4.02	4.29	8.48
喇嘛洞1组	平均数（例数）	54.96（24）	54.57（14）	49.71（33）	73.56（29）	76.85（31）	84.66（25）	84.33（30）	36.96（29）
喇嘛洞1组	标准差	2.58	3.1	2.94	10.44	4.4	4.08	4.65	12.02
喇嘛洞2组	平均数（例数）	54.06（20）	54.70（10）	48.33（27）	73.80（21）	77.01（22）	84.77（15）	83.85（17）	37.17（24）
喇嘛洞2组	标准差	3.19	3.35	4.05	7.89	5.15	6.30	4.84	9.30

表三　对比人群内部分组间的组差均方根系数值

姜家梁组	卡约组	磨沟组	殷墟中小墓组	喇嘛洞组
0.33	0.17	0.23	0.39	0.29

三、结论与讨论

（1）各对比人群内部随机划分的两个对比组后，在聚类分析的结果中，仍呈现出比其他人群更为接近的生物形态距离。该结果表明这种研究方法具有有效性：文化属性相同或相近的人群间，在颅骨形态特征上确有相似性。以此为前提，如果两个古代人群在形态特征上具有一定程度相似性，可以据此进一步讨论二者在文化层面上的关联性。

（2）从本文对比人群内部分组之间的生物距离系数计算结果来看，人群内部相似性的紧密程度与人群处于历史时期的哪一个发展阶段并没有必然联系。但结合个体数等其他因素分析，相对小样本的人群显示出人群内部联系更为松散。由于本文仅用了五组对比人群，这种情况是否具有普遍性，还难以有明确的定论，需要有更多不同时期古代人群的数据来进一步验证。如果这种现象确实存在，对这种结果的一种合理解释是：影响人群内部亲疏程度的因素，可能主要由人群来源的复杂性和人群的内部结构所决定的交往规则决定。这种交往规则包括人群内部阶级或者阶层的划分、通婚的方式，家庭的组建与家庭分支的建立，等等。

（3）本文基础研究材料是在文化层面有确定相关性的古代人群，聚类分析的结果初步界定了此类人群之间颅骨测量性状相似度的范围值。研究结果显示，采用本文的研究方法进行聚类分析，在聚合进度 5 之下的对比组，可能存在比较紧密的关系。用平均数组间差异均方根系数来测算，本文得到的最大系数是 0.39，如果人群间的均方根系数低于该值，也可以初步判断二者有相对紧密的联系。该数值范围有通过更多大样本古代人群来做进一步细化的必要。

（4）殷墟人群和姜家梁人群，在聚合进度方面相对表现松散。殷墟人群即是原报告中的中小墓人群。墓主主要是殷王朝的平民或社会主体，其中少数人的社会地位可能比一般平民更接近殷王族或本身就是王族成员。无论从文化视角还是体质特征的视角来看，该人群都是一个来源相对复杂的人群[9]。姜家梁人群在文化面貌上，主体与内蒙古赤峰大南沟墓地相近，雪山一期和蔚县三关遗址三期的某些器物的文化面貌与之有相似或相近之处。原研究者通过对人群体质特征的分析认为，不同分区之间的人群在体质特征上存在差异，提出了该组居民属于一个“同种系多类型的复合体”的结论[10]。本文结论与原研究报告结果相符，但该人群的内部差异是否能够达到“多类型”这样的结论，仍有待商榷。

（5）喇嘛洞三燕文化居民在所有对比人群中年代是最晚的。原研究者在强调了该人群的来源是呈多源化现象的同时，也强调了该人群存在共性[11]。本研究的结果提示，喇嘛洞人群内部的确是共性要大于差异性。结合其具有自身特点的考古学文化，也许可以将其作为一个古代人群（族群）经过初期融合到稳定发展的一个可参考实例。

（6）关于人群的生物属性和社会属性的研究，出发点不同，所使用的基础材料和证据链也不同，但在反映一个人群存在方式的研究中，都是不可或缺的部分。具体到古代人群和文化，如何在考古学文化的研究和体质特征的研究之间建立一种符合逻辑的联系，是相关学者们必然要面对和解决的问题。在这个过程中，并没有所谓的互证关系的存在。对事实的描述，显然是第一位重要的。接下来的工作，就是为现象的存在寻找合乎逻辑的理由。

（7）必须要指出的是，虽然本文是以定量为目的，预期为判断人群间关系提供参考数值，但人类的生物属性与社会属性二者之间的互动关系，并不能以简单的数值去界定，也没有绝对固定的规律可以遵循。根据材料实际情况和拟解决的问题选择适当的研究方法，具体问题具体分析，仍是研究人群间关系的一个最重要的基本原则。

注　释

[1]　〔英〕戈登·柴尔德（著），陈淳，陈洪波（译）. 欧洲文明的曙光［M］. 上海：上海三联书店，2008：5-6.

[2]　李春喜，姜丽娜，邵云，等. 生物统计学（第五版）［M］. 北京：科学出版社，2017：4.

[3]　韩康信，潘其风. 安阳殷墟中小墓人骨的研究［G］. 安阳殷墟头骨研究［M］. 北京：文物出版社，1985：356-368.

[4]　李法军. 河北阳原姜家梁新石器时代人骨研究［M］. 北京：科学出版社，2008：209-224.

[5]　韩康信，谭婧泽，张帆. 中国西北地区古代居民种族研究［M］. 上海：复旦大学出版社，2005：73-102.

[6]　赵永生. 甘肃临潭磨沟墓地人骨研究［D］. 吉林大学博士学位论文，2013：291-353.

[7]　陈山. 喇嘛洞墓地三燕文化居民人骨研究［D］. 吉林大学博士学位论文，2009：152-199.

[8]　平均数组间差异均方根系数公式如下：

$$\alpha=\sqrt{\frac{1}{n}\sum_{k=1}^{n}\frac{(x_{ik}-x_{jk})^2}{\delta^2}}$$

其中，i 和 j 代表颅骨组，k 代表比较项目，n 代表比较项目数，δ 为同种系标准差。

[9]　中国社会科学院历史研究所，中国社会科学院考古研究所. 安阳殷墟头骨研究［M］. 北京：文物出版社，1985：80.

[10]　李法军. 河北阳原姜家梁新石器时代人骨研究［M］. 北京：科学出版社，2008：115.

[11]　陈山. 喇嘛洞墓地三燕文化居民人骨研究［M］. 北京：科学出版社，2013：154-158.

Discussion on the Difference degree of Skull Metric Traits between Ancient Populations

WEI Dong WANG Yong-di

Examining craniometric variation between ancient populations has been commonly employed in Chinese osteoarchaeology. To test the efficiency of this method, this paper randomly chose five groups of ancient human skeletal remains from China to analyze the phenotypic resemblance within and between each group. Low levels of population differentiation within groups imply that this method is valid and can be used as another line of evidence to support debates in the evolutionary history of ancient populations and their cultures.

辽宁营口鲅鱼圈汉代贝壳墓出土人骨的稳定同位素分析 *

张全超　韩　涛　张　群　孙志超

（吉林大学边疆考古研究中心，长春，130012）

天瑞水泥厂汉代墓群位于辽宁省营口市鲅鱼圈区芦屯镇路安工业园区天瑞水泥厂院内东部及东北部，2008 年 8 ~ 11 月，辽宁省文物考古研究所对在鲅鱼圈区天瑞水泥厂发现的汉代墓群进行了抢救性发掘，共清理墓葬 38 座，其中贝壳墓 34 座，贝壳墓可分为单穴墓和并穴墓，其中并穴墓为夫妻合葬墓，均为仰身直肢葬，头向西稍偏北。贝壳墓出土器物以陶器为主，另有石器、铜器、铁器等。普遍随葬有动物骨骼，墓群排列有序，为大型的公共墓地，墓地埋葬先民处于当时社会中下阶层，年代为西汉中晚期至东汉初期[1]。该批墓葬既具有鲜明的地域特色，又有燕文化的孑遗，它的发现对于系统研究汉代中原文化与辽东地区东北土著文化之间的交流与融合具有重要意义。近年来，通过 C、N 稳定同位素比值来重构古代人类、古代动物的食物结构，进而推断复原当时的生态环境及社会经济形态，这一技术手段已经相当成熟，取得了大量成功的案例。本文通过对天瑞水泥厂汉代贝壳墓出土人骨及动物骨骼中 C、N 同位素比值的测定，初步复原该墓地汉代先民以及狗、牛等家养动物的食物结构，探讨当时人类对动物饮食结构的影响与干预策略，这是对汉代辽东地区考古的首次食谱复原尝试，将为进一步研究该地区汉代先民的食物结构和当时的社会经济模式提供宝贵的科学参考数据，也提供一种新的研究思路。

一、材料与方法

1. 分析样品

本文对该墓地出土的 18 例骨骼样本的 $\delta^{13}C$ 和 $\delta^{15}N$ 比值进行了测定，其中人骨 12 例，狗 3 例，牛 3 例，样品的具体情况详见表一。

* 本研究得到了国家哲学社会科学基金重大项目（11&ZD182）；霍英东教育基金会青年教师基金基础性研究课题（141111）；国家文物局"指南针计划"专项项目（20130305）的资助。

表一　天瑞水泥厂汉代墓地骨样列表

实验编号	墓葬编号	性别	年龄	部位
1	M5 南	女性	成年	左侧胫骨
2	M4 北	男性	30±	左侧肱骨
3	M22 北	男性	40 ~ 45	左侧股骨
4	M31 北	男性	40±	左侧股骨
5	M28 北	男性	30±	左侧肱骨
6	M30 南	女性	成年	右侧肱骨
7	M20 南	女性	成年	左侧胫骨
8	M10	女性	成年	右侧肱骨
9	M24	不详	14 ~ 16	右侧肱骨
10	M25 南	女性	40 ~ 45	左侧股骨
11	M18	男性	成年	左侧股骨
12	M25 北	男性	老年	左侧胫骨
13	M32 狗	不详	不详	下颌骨
14	M22 狗	不详	不详	下颌骨
15	M19 狗	不详	不详	下颌骨
16	M11 牛	不详	不详	左侧胫骨
17	M35 牛	不详	不详	左侧胫骨
18	M12 牛	不详	不详	左侧胫骨

2. 骨胶原的制备

选取骨干中段锯取约 3 立方厘米作样品，机械去除骨样内外表面污染物质，超声清洗并干燥。骨样约 2 克，加入 0.5mol/L HCl 于 5℃下浸泡，每隔三、四天换新鲜酸液，直至骨样酥软、无气泡。去离子水清洗至中性，0.125mol/LNaOH 室温下浸泡 20 小时，再洗至中性。0.001mol/L HCl 在 70℃下明胶化 48 小时，浓缩并热滤，冷冻干燥得骨胶原。称重，计算骨胶原得率（骨胶原重量 / 骨样重量）。

3. 样品的测试

骨胶原蛋白中 C、N 元素含量及其稳定同位素比值的测定，在中国农业科学院农业环境与可持续发展研究所测试中心进行，测试仪器为热电公司生产、配备有 Cario 元素分析仪的 Finnigan MAT Delta Plus 质谱仪。C、N 稳定同位素比值，分别以国际标准 USGS24 标定碳钢瓶气（以 PDB 为基准）和 IAEA-N-1 标定氮钢瓶气（以 AIR 为基准）为标准，分析精度分别为 ±0.1‰ 和 ±0.2‰。C 同位素的分析结果以相对 PDB 的 $\delta^{13}C$ 表示，N 同位素的分析结果以相对氮气（N_2，气态）的 $\delta^{15}N$ 表示。

4. 数据的统计分析

统计分析采用美国社会统计软件 SPSS11.5。

二、结果及讨论

1. 骨样的污染检验

本次测试的 18 例样品的骨胶原得率平均值为 7.4%±3.2%，与现代骨骼样品（约含有 20% 的骨胶原）存在较大差距[2]，表明该组测试样品中的大部分骨胶原在埋藏过程中大多已经被分解。

判断骨样中稳定同位素是否受到污染，是使用其比值推断古代先民饮食结构的前提条件。因此，骨胶原中 C 和 N 的含量与骨胶原的 C/N 摩尔比值成为检验骨胶原保存状况及受污染程度的两项重要指标。当骨胶原的 C、N 含量分别落于 15.3% ~ 47% 和 5.5% ~ 17.3%[3]，且 C/N 摩尔比值介于 2.9 ~ 3.6[4]，可基本视为未受到污染。表二的测试结果显示，该组样品的 C/N 比值均处在 3.2 ~ 3.3，C、N 含量（C、N 平均含量分别为 34.1%±7.8%、12.5%±2.9%）均落于此范围内，表明这些骨骼样品中的胶原蛋白基本保存完好，从而保证了稳定同位素最终测定结果的可靠性。

表二　样品的分析测试值

墓葬编号	骨胶原得率（%）	N%	C%	$\delta^{15}N$（‰）	$\delta^{13}C$（‰）	C/N
M5 南	13.5	14.1	38.2	8.1	−10.9	3.2
M4 北	6.0	10.6	29.2	8.5	−10.1	3.2
M22 北	6.0	8.9	24.2	7.6	−10.9	3.2
M31 北	7.0	16.3	44.5	8.4	−9.9	3.2
M28 北	11.0	14.3	38.8	7.9	−10.2	3.2
M30 南	6.5	11.8	32.5	9.1	−13.2	3.2
M20 南	12.0	13.9	37.9	8.3	−10.9	3.2
M10	6.5	13.3	36.4	6.6	−12.7	3.2
M24	7.0	15.6	42.2	8.3	−10.8	3.2
M25 南	6.5	14.4	39.7	7.4	−11.5	3.2
M18	7.5	13.4	36.4	8.1	−10.9	3.2
M25 北	5.5	16.2	44.3	8.6	−10.3	3.2
M32 狗	5.0	8.8	24.0	7.0	−10.8	3.2
M22 狗	3.0	9.5	26.3	7.7	−10.8	3.2
M19 狗	13.5	13.8	37.7	6.9	−9.9	3.2
M11 牛	9.0	13.6	36.9	6.2	−12.9	3.2
M35 牛	3.0	6.0	16.9	6.9	−10.2	3.3
M12 牛	5.0	9.8	27.3	6.4	−9.9	3.3

2. 结果

由于植物光合作用的途径不同，从而导致了最终产物的不同，而不同最终产物的植物又具有彼此不同的 $\delta^{13}C$ 值。因此，陆生的绿色植物基本可以分为两大类，即 C_3 类植物和 C_4 类植物。C_3 类植物通常包括一些适于温和或荫凉环境的植物，如乔本树木、大多数灌木、大豆、小麦、稻米等，具有较低的 $\delta^{13}C$ 值，平均值为 −26.5‰；而 C_4 类植物通常包括一些适于高温和太阳辐射较强地区生长的植物，如牧草、小米、玉米、高粱等，其 $\delta^{13}C$ 值通常较高，平均值 −12.5‰[5]。在整个食物链中，当植物被动物所食用，这种差异就会在整个食物链当中传递，植物中的 C 在经过动物的消化吸收转化成为骨骼胶原蛋白中 C 的过程中，$\delta^{13}C$ 值一般将发生约 5‰ 的富集[6]。若不考虑 C 同位素在营养级的分馏效应（约富集 1‰ ~ 1.5‰，常忽略不计），以 100% 的 C_3 和 C_4 类食物为食的动物，其骨胶原中的 $\delta^{13}C$ 值一般分别约为 −21.5‰ 和 −7.5‰[7]。根据以上的对应关系，通过测试与分析古代人骨和动物骨骼中的 $\delta^{13}C$ 值，我们就可以推测其大体所选择的食物类型。

由表二的测试结果可知，所有人骨样品的 $\delta^{13}C$ 值在 −13.2‰ ~ −9.9‰，平均值为 −11.0‰±1.0‰，表明该组汉代先民的食物结构中应该兼具 C_3 和 C_4 类植物，按照简单二元混合模型[8]，即可估算 C_3 和 C_4 类植物分别在饮食结构中所占的大致比例，以 C_4 类植物的贡献率来看（其中包括 C_4 类植物以及以 C_4 类植物为食的动物等），在整个饮食结构中所占比例为 52.3% ~ 77.7%，平均值为 69.0±7.8%，由此可以看出 C_4 类食物应该在当时先民的饮食结构中占据重要的地位。

N 在不同营养级之间存在着同位素的富集现象，按营养级的上升，每上升一级，大约富集了 3‰ ~ 5‰，即食草类动物骨胶原中的 $\delta^{15}N$ 比其所吃食物富集 3‰ ~ 5‰，以食草类动物为食的食肉类动物又比食草类动物富集 3‰ ~ 5‰[9]。一般认为，植食类动物的 $\delta^{15}N$ 值约为 3‰ ~ 7‰，杂食类动物约为 7‰ ~ 9‰，而食肉类动物则通常大于 9‰[10]。因此，根据 $\delta^{15}N$ 值，我们大体可以推断先民所处的营养级状态，天瑞水泥厂汉代先民骨骼中的 $\delta^{15}N$ 值为 6.6‰ ~ 9.1‰，平均值为 8.1±0.6‰，表明其生前的食物结构中存在一定比例的动物性食物的摄入，且个体间存在一定差异。

狗的 $\delta^{13}C$ 集中分布于 −10.8‰ ~ −9.9‰，平均值为 −10.8±0.5‰，总体上与该组先民的食物结构非常相似，同样表现出以 C_4 类植物为主的食谱类型。从 $\delta^{15}N$ 值来看，狗的均值为 7.2‰±0.4‰，比当地先民的 $\delta^{15}N$ 值（8.1‰±0.6‰）仅低 0.9‰，反映了两者之间的饮食结构非常密切，很有可能狗的食物绝大多数来源于人类的残羹剩饭[11]。

牛的 $\delta^{13}C$ 均值为 −11.0‰±1.7‰，与当地先民的食物选择基本一致，以 C_4 类植物为主，辅以部分的 C_3 类植物，其 $\delta^{15}N$ 均值为 6.5‰±0.4‰，基本显示出典型的食草动物类动物的饮食特征[12]。

三、结论与讨论

通过对天瑞水泥厂汉代先民及狗、牛等家畜骨骼中 $\delta^{13}C$ 和 $\delta^{15}N$ 比值的测定，我们对汉代辽东地区先民的饮食结构有了一个粗浅的认识，得出了以下几点结论：

（1）天瑞水泥厂汉代先民（包括狗、牛）都是以 C_4 类植物为主、C_3 类植物为辅的混合型饮食模式，先民的 $\delta^{15}N$ 均值为 8.1‰±0.6‰，且个体间差异较大，表明个体间食物的来源具有多元性或不同喜好，其中动物资源占有一定的比例。由于该墓地临近渤海湾，且墓穴是以牡蛎、海螺、蛤仔、沙海螂、锈凹螺、鲍鱼、海帽等海产软体动物贝壳为主要构材，当时人们对海产品的利用和依赖可见一斑，个别墓葬中还出土有整钵的鱼骨，因此，我们推测该组先民饮食结构中的动物蛋白补充会有相当一部分来自于海产品；狗的 $\delta^{13}C$ 值与人相似，但 $\delta^{15}N$ 均值比人类低 0.9‰，表明狗的日常食物中包含有大量人类食物残渣，与人类的生活息息相关。

（2）天瑞水泥厂汉代贝壳墓群是一处西汉中晚期至东汉初期的大型公共墓地，墓地埋葬先民处于当时社会中下阶层，该墓地所处的营口鲅鱼圈区一带在汉代为汉辽东郡辖内平郭县[13]。早在战国末期，辽东地区就曾经作为燕国抗秦的军事基地经营多年，燕国统治时期是辽东地区经济发展非常重要的一个阶段。据《周礼·职方》载“东北曰幽州，其镇山曰医巫闾，……其利鱼盐，……其畜宜四扰（郑玄注：‘四扰，马、牛、羊、猪。’），其谷三种（郑玄注：‘三种，黍、稷、稻。’）”。反映了战国时期辽东地区的农业生产已经初具规模，农作物和家畜种类齐全，物产也较为丰富。进入汉代，在辽东地区发现了分布密集且数量众多的铁制农具，其中还包括大型的铁铧，在辽阳、鞍山至大连一线数千计的两汉至魏晋时期墓葬里，出土了大批陶灶、猪圈、陶仓、陶井等[14]，汉代辽东郡的农业生产和社会经济进入到了一个新的发展阶段，据《后汉书·郡国志》载“辽东、玄菟、乐浪拥有户数近十三万，人口近四十万”，可见当时辽东地区是相当富庶繁荣的。天瑞水泥厂汉代贝壳墓群，普遍存在随葬牛头、腿、蹄骨和狗头、颌、腿骨的现象，其中一具牛头骨和四具狗头骨共出的现象最为典型，同样反映了当时农业生产的发达程度，汉代先民已经有了大量农业副产品的剩余来饲养牛等大型食草动物，其中该墓地中牛的 $\delta^{13}C$ 均值与人类相同，结合相关历史文献的记载，我们推测牛的食物应主要来源于当地农业的各种副产品。

（3）本文利用人骨的稳定同位素分析法进行研究，提取到了汉代辽东郡先民的农业生产和食物结构的第一手基础资料，开辟了一条古代辽东地区社会经济研究的新途径，以此为契机，更多地利用人类骨骼的化学元素分析（包括稳定同位素分析和化学元素分析），将会实现对该地区古代经济形态的更加全面的认识和复原。

附记：本文的人骨标本由辽宁省文物考古研究所徐韶钢先生提供，标本的采集、写作过程中吉林大学边疆考古研究中心的成璟瑭先生给予了大力的支持，在此一并致以最衷心的感谢。

注　释

[1] 辽宁省文物考古研究所．辽宁营口鲅鱼圈汉代贝壳墓［J］．考古学报，2017（1）.

[2] Ambrose, S. H. Preparation and characterization of bone and tooth collagen for isotope analysis［J］. *Journal of Archaeological Science*, 1990 (17): 431–451.

[3] 同［2］.

[4] DeNiro, M. J. Post-mortem preservation and alteration of in vivo bone collagen isotope ratios in relation to palaeodietary reconstruction［J］. *Nature*, 1985 (317): 806–809.

[5] O'Leary, M. H. Carbon isotope fractionation in plants［J］. *Photochemistry*, 1981 (20): 553–567.

[6] Ambrose, S. H., L. Norr. Isotopic composition of dietary protein and energy versus bone collagen and apatite: Purified diet growth experiments［A］. *Molecular Archaeology of Prehistoric Human Bone (Prehistoric Human Bone-Archaeology at the Molecular Level)*［C］. Berlin: Springer, 1993: 1–37.

[7] 同［5］.

[8] 蔡莲珍，仇士华．碳十三测定和古代食谱分析［J］．考古，1984（4）.

[9] Bocherens, H., M. Fizet, A. Mariotti. Diet, physiology and ecology of fossil mammals as inferred from stable carbon and nitrogen isotope biogeochemistry: Implications for Pleistocene bears［J］. *Paleogeography, Paleoclimatology, Paleoecology*, 1994 (107): 215–225.

[10] Ambrose, S. H. Effects of diet, climate and physiology on nitrogen isotope abundances in terrestrial foodwebs［J］. *J Archaeol Sci*, 1991 (18): 293–317.

[11] 管理，等．通化万发拨子遗址猪骨的C，N稳定同位素分析［J］．科学通报，2007（14）.

[12] Hedges, R. E. M., and Reynard, L. M. Nitrogen isotopes and the trophic level of humans in archaeology［J］. *Journal of Archaeological Science*, 2007 (34): 1240–1251.

[13] 同［1］.

[14] 李宇峰．辽宁汉晋时期农业考古综述［J］．农业考古，1989（1）.

Stable Isotope Analysis of Human Bones from Shell Tombs of Han Dynasty in Bayuquan, Yingkou, Liaoning

ZHANG Quan-chao　HAN Tao　ZHANG Qun　SUN Zhi-chao

Shell tomb is a special type of tomb in Liaoning coastal area. It is one kind of pit tomb made of oyster, conch, clam, sand sea mantis, rust concave snail, abalone, sea cap and other marine mollusk shells. The Han Dynasty tombs of Tianrui Cement Plant are located in the east and northeast of Tianrui Cement Plant in Lutun Town Luan Industrial Park, Yingkou City, Liaoning Province. In 2008, Liaoning Institute of Cultural Relics and Archaeology excavated 38 tombs, including 34 shell tombs. The excavated artifacts of shell tombs are mainly pottery, and animal bones are commonly found. The burial period was from the middle late Western Han to the early Eastern Han Dynasty. These tombs have both distinct regional characteristics and Yan culture relics. The discovery of these tombs is of great significance to the systematic study of the exchange and integration between the Central Plains culture of the Han Dynasty and the northeastern indigenous culture of Liaodong. By measuring the ratios of $\delta^{13}C$ to $\delta^{15}N$ in the bones of the Han Dynasty ancestors of Tianrui Cement Plant and domestic animals such as dogs and cattle, we found that the ancestors of Tianrui Cement Plant (including dogs and cattle) in Han Dynasty were all mixed diet patterns with C4 plants as the main type and C3 plants as the supplement. The mean value of $\delta^{15}N$ of the ancestors was 8.1‰±0.6‰, and there was a great difference among individuals, indicating that the food sources among individuals were diverse or different preferences, and animal resources accounted for a certain proportion. The value of $\delta^{13}C$ in dogs is similar to that in humans, but the mean value of $\delta^{15}N$ is 0.9‰ lower than that of human beings, indicating that the daily food of dogs contains a large amount of human food residue, which is closely related to human life. The mean value of $\delta^{13}C$ of cattle in the cemetery is the same as that of human beings. Combining with relevant historical documents, we speculate that the food of cattle should mainly come from various by-products of local agriculture.

一件石造像的科学分析与鉴定*

冯　楠

（吉林大学边疆考古研究中心，长春，130000）

一、引　　言

本文的研究对象是高浮雕加刻绘一佛二菩萨（图一），这尊石造像收藏在美国哥伦比亚大学米里亚姆与瓦拉赫艺术美术馆。从残背屏的断裂处推测是由两株缠绕的菩提龙树透雕而成，龙树仅存树干，其余残，龙曲身向上，口吐束莲，上面有莲花化生童子双手合十端坐在莲花之上，右童子有残缺，左童子面相方圆。主尊右臂残，从主尊双臂动态和断处可推测原为右手施无畏印，左手做与愿印的思惟菩萨，半跏趺坐于圆形束腰莲座上，头后有圆形项光。头戴三叶冠，两侧的菩萨身体曲线凸显，均有圆形头光，头戴宝冠，宝缯垂至肩部，面相与主尊相类似，下着贴体长裙，沿双腿阴刻水波纹，立于莲台上。造像基座正面以高浮雕形式表现童子托博山炉、半卧式护法狮和力士像，并以黑色墨线勾绘。雕刻技术上使用了彩绘、贴金、黑色墨线勾绘等多种技法。造像基座背通体有多处残缺，体量较小，残高 36.1、长 33、宽 16.8 厘米，通体仍有红、绿、黑色彩绘和贴金痕残留，见图一。造型题记表示其雕刻于北齐天保七年，即公元 556 年，还给出了佛像制作的准确月份与日期。北齐时期的彩绘石造像在佛教艺术考古品中极为少见，经过灭佛运动，能留存至今的北齐时期的佛像为数不多，加上残留的彩绘和贴金以及明确的纪年题记，该石造像本应是件非常难得的北齐佛教艺术精品。但该石造像收藏入馆之后真伪问题仍是一个谜团。雕像的辨伪是一种综合知识，传统辨别造像真伪往往依靠鉴定者长期积累的经验和人体丰富的感官来鉴别[1, 2]，看其造型和风格特征、形式、服饰等是否与时代、地域不同[3]；考察和分辨造像题记，审视造像的铭文写刻；观察石造像风化侵蚀痕迹等；同时如果可以对该石造像的颜料鉴定和彩绘贴金工艺得以了解，就可根据某些特殊颜料的鉴别结果、合成年代，普查中国颜料使用的历史，帮助判断石造像的年代、真伪，为该造像的真赝辨别提供有力的科学依据。本文从石造像造型艺术风格、造像题记的铭刻规律、石材侵蚀痕迹和彩绘颜料及贴金科学工艺四方面入手，综合对其进行科学分析和鉴定，结果可以为鉴定真赝提供有效的帮助。

* 本文得到吉林大学科学前沿与交叉学科创新项目资助（项目批准号：2018QY015）。

图一　北齐贴金彩绘石造像（左：正面；右：反面）

二、造像造型风格分析

既然铭文所刻内容中的时代称“北齐”，那就观察造像是否属北齐时期的风格特点，如将其与同时期各地石造像的造型特征去比对，造像的人物、姿态、纹饰、衣着、发髻面相、体型的比例、衣纹的特征等内容使其在整体风格上有很多时代特征[2～4]，可以参考的对象有北齐石窟造像[5]和近几年来发掘出土的北齐石造像。该造像上面相方圆，头大，颈短及身体呈现的人体健壮肌肉结构的手法等特征，使造像具有圆转浑厚的立体感，但略给人以上大下小、肩宽腹细、体型呆滞、韵律迟钝的感觉，与北魏、西魏以来的秀骨清像为主流的造像风格不同，理想型较弱而显得更加写实和贴近生活，敦煌莫高窟、麦积山、响堂山等同时期的北齐造像也呈现出相同的样态[6]。尽管北齐时期石造像发掘出土数量不多，该石造像的题材、组合、透雕龙数背屏样式等都符合北齐出土石造像的风格特点[5, 7, 8]，2012年北吴庄佛像埋藏坑出土2895件（块）石造像，其中大多数为东魏北齐时期的背屏式白石造像[9]，出土北齐佛像体量多为10～40厘米，其中与多件彩绘贴金背屏式佛教造像造型和体量都相类似，且基座上的装饰内容主要有博山炉、双狮、力士和童子等元素与该石造像非常相似[10]；其中有一件北齐彩绘贴金石造像从式样到造型都与该造像相似度极高，见图二[11]；同时，也与美国旧金山美术馆所藏北齐天保二年（551年）半跏思惟像极为相似，见图三[11]；1953年河北曲阳修德寺出土的2200余件造像，其中北齐101件，天保时期33件，其中有多件天保年间龙树为背的三尊式造像，二武士、双狮、莲花转生博山炉以及佛像衣薄，肌体厚重等多项特征都与该石造像相似[12, 13]；同时该石造像与故城县出土北齐石造像的基座[14]也具有高度一致性，同为方形，都以神兽、童子等图案构成；且以曲阳为中心的定州地区也有类似元素的造像发掘出土，其中天保八年张延造像及僧理造思维菩萨像与文中石造像风格非常相似，见图四、图五[15]。

图二　邺城北吴庄佛教造像埋藏坑出土北齐半跏思惟像

图三　美国旧金山美术馆所藏北齐天保二年（551年）半跏思惟像

图四　河北曲阳北齐天保五年（554年）僧理造思维菩萨像

图五　河北曲阳天保八年张延造像（557年）（故宫博物院藏）

三、造像铭文题记内容

该石造像的长方形基座反面刻有铭文，计8行，共54字，题记字体略显草率，错字及减笔字常见，录文如下：

天保七年三月十一日
佛弟子劉市築
上为亡妣敬造玉像一區（区）
後为帝陛下七世先□
□家卷（眷）属现存得福
一时成佛
築妻馬神傳
侍（待）佛時

发愿文中明确说明了雕造的原因，是为亡故的母亲许愿的，这充分说明了佛造像的制作目的也就是它的宗教功能，且错字及减笔字都有。从字体的笔画顺序来看，工匠錾刻字体有一定的随意性，先横后竖或先竖后横不讲究，字体格式布局完全符合古代书写与阅读的习惯，文字顺序从上到下从右到左，这与首都博物馆馆藏天保二年北齐铜鎏金小造像铭文格式布局完全一致[16]。北齐时期曲阳石造像中发愿文的构成一般为时间、造像者籍贯、姓名、施愿对象、所造神祇名称、造像目的等[17]，该石造像基座后雕刻的纪年题记的发愿文格局、特定内容及当时行文的习惯与北齐时期曲阳造像非常相似，如静藏造石释迦像释文、邸龙副造石思惟像发愿文释文与释义、张延造石思惟像发愿文释文与释义、宝副造石思惟像发愿文释文、韩子思造石思惟像、张寄兴夫妻造石思惟像发愿文等[18]，可见该石造像并没有出现文字与时代不符、行文相互矛盾、年号与造像的时代风格相悖以及违背历史的情况。

四、石材侵蚀痕迹

北齐时期的造像可以说没有真正的传世品出现，无论是较完整的造像还是只字片语的残件，基本上都是出自地下，无非就是出土时间早晚的不同。既然出自土层，就必然有侵蚀，地下埋藏环境可以将彩绘贴金残留下来，推测土质为中性或碱性土，那造像上也应该可以看到类似铁锈侵蚀的痕迹，并且多有坚固的泥土附着物[19]，即使仿制品与古代真品雕凿得十分相似，其尺寸、规则和造型与真品较难区分，但石材表面的风化侵蚀痕迹乃大自然的作用，人工是很难做出的，如果石造像丝毫没有侵蚀或侵蚀很不自然，该石造像的侵蚀痕迹可看出已不同于新开凿的石头，地下长时间埋藏留下的风化侵蚀痕迹很明显，如图六。

图六　石造像基座底部风化侵蚀痕迹

五、彩绘颜料鉴定和贴金工艺分析

颜料的使用具有鲜明的时代特征和显著的地域特点[20]。国内外对古代壁画、泥塑、彩绘陶器文物颜料的研究较多[21~25]，对于小型石造像的颜料研究成果较少[26, 27]。本文首先通过立式显微镜观察，发现雕像表面残留颜料有红、黑、绿、蓝和浅黄色，大衣表面有贴金以及红、绿、浅黄和蓝色彩绘，多处可见贴金残留，红色和绿色基本都是彼此覆盖，分别有两层（红色和绿色，红色和贴金层）或者三层（红、绿和贴金层）结构，佛像在皮肤裸露部分会大面积覆于金箔，金箔上部也会绘制彩绘，造像基座部分是用黑线勾画，显微镜下可以见明显的黑线残留痕迹，然后再敷彩。为了进一步了解该石造像彩绘颜料种类和贴金的工艺，本文选用了偏光显微分析法对所取样品进行检测[28]，仅提取 4 处极微量颜料粉末，结果见表一，蓝色颗粒确定为天然群青（青金石），天然群青（青金石）是佛教引入中原后才被中国古代的艺术家们所应用的，从北魏、西魏、北周、隋唐、五代、宋直至金代均有施用，以后几近绝迹[29]，故判断其制作年代不晚于金代。甘肃三大石窟，从北魏起，在彩绘艺术品中都应用了青金石颜料，敦煌石窟的蓝色颜料在北齐时期主要都为青金石[30]。且有多件北齐时期小型石造像的蓝色颜料都鉴定为青金石[31]。

表一　偏光显微分析取样位置和结果

样品名称	取样位置	颗粒大小	形状	折射率	具体描述	鉴定的初步结果
CU01 蓝	思惟菩萨右侧弯起腿外侧	颗粒大小不均匀，最大 70μm	颗粒形态有棱角	1.50	单偏光下，以淡蓝到深蓝变化，以深蓝色居多，颗粒着色均匀，或和白色碳酸钙伴生，颗粒大小不均匀，最大 70μm，玻璃状断口，颗粒形态有棱角，有碎屑聚集；正交偏光下，蓝色颗粒全消光，其伴生产物 4 次消光。（与人造群青差别较大，人造群青呈现大小均一的深蓝色较小颗粒，边缘圆滑，全消光，杂质很少）	天然群青 Natural Ultramarine

续表

样品名称	取样位置	颗粒大小	形状	折射率	具体描述	鉴定的初步结果
CU02 红色	龙树树冠正面	颗粒尺寸有细小颗粒，也有中等晶粒	粗颗粒晶体都稍有棱角，颗粒面光滑但有拱凸	2.42	单偏光下，无良好的晶体边缘，表面粗糙，呈现多色透明到几乎全透明的橙色，橙红色；正交偏光下，有中度双折射，橘红色内部反射使得晶体颗粒呈现红色。某些颗粒会发出很明亮的蓝绿色干涉，与剩余大量红色颜色的颗粒相反故非常明显。并且，从双折射的单晶体到单颗粒组成的多晶聚合	铅丹 Red lead
CU03 樱红	菩萨头部圆形项光正面	颗粒大小不均匀	颗粒形态有棱角	3.15 ~ 3.22	单偏光下，赤铁矿从透明到不透明，红橘棕颗粒，颗粒大小和形状多变，从中等大小到粗颗粒圆形外观；正交偏光下，双折射率很高，产生红色黄色内部光照，直接消光	土红（赤铁矿）Hematite
CU04 红色						

红色颗粒鉴定为铅丹和土红，朱砂和土红是中国古代文物艺术品中经常使用的红色颜料[32]。敦煌莫高窟壁画及彩塑的红色颜料中应用最多、最普遍的是土红，特别在早期洞窟的壁画彩塑中，即从十六国到北周，使用土红更多，胡文英在水泉梁北齐墓葬壁画红色颜料中也鉴定出了土红和朱砂[33]，朱砂则是从魏晋南北朝以来，在全国各地、各民族的石窟、墓室、寺院和殿堂壁画中都大量使用的红色颜料[34]，夏名采在山东青州出土的北齐彩绘石造像上发现红色颜料为朱砂[35]。

由于本文所选取对象较为珍贵，以上仅对这件北齐时期的石雕像的红色、蓝色类颜料进行了初步的分析，样品量较少，对于其他的黑色、绿色、浅黄等尚未涉及。样品数量较少使检测手段受到限制，不能多种检测手段互相认证。仅以本文的鉴定结果可表明，该石造像彩绘颜料符合北齐时期所用颜料的种类，颜料的使用符合北齐的时代特征。

其次，为了了解彩绘的结构与层次及施加工艺，明确该造像是否经历后世重妆，笔者选取龙树树冠处颜料样品进行了剖面的观察，用专门手术刀小心剔下颜料样品，将其包埋于紫外线固化树脂中，研磨并剖光样品断面，采用 Leica（Optical Microscope）光学显微镜观察本文使用立式显微镜下对颜料的剖面进行分析，剖面分析结果如图七，可见颜料的施加方法为先用黄褐色土腻子打底，用矿物颜料研磨成粉状颗粒，调和绘制，在红色颜料层表面发现非常明显的灰尘积垢层，这说明该造像绘制后一段时间，又在积垢层上又施加土腻子打底。这个复涂工艺或是可以将原本脱落的颜料层和色彩效果重新呈现在造像上，或是为了遮盖原本施加的颜料，因样品量较少，不能综合比对，故仅得到初步的检查结果。周麟麟在北齐时期一尊佛首发髻彩绘的样品断面结构也发现经历过重妆品[31]，关于复涂工艺在《青州北朝佛教造像》一书中有几件被后世重新妆銮的介绍[36]；李森也对青州龙兴寺造像贴金彩绘有后世重妆的可能性进行了分析[37]。

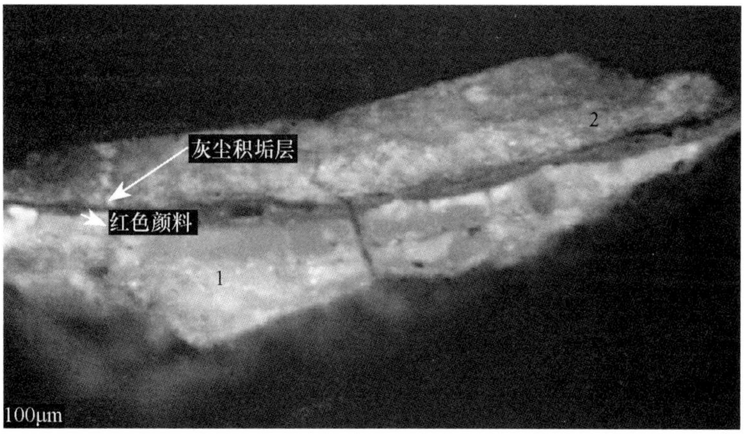

图七　剖面分析结果

1. 底层彩绘的白底层　2. 顶层彩绘的白底层

六、结　　语

近年来石造像伪品的大量出现，需要我们用综合知识和科技手段认真鉴别。对于这件收藏于美国哥伦比亚大学米里亚姆与瓦拉赫艺术美术馆的这件石造像，根据其基座铭文所刻内容中的时代“北齐”，本文从石造像造型艺术风格、造像题记的铭刻规律、石材侵蚀痕迹和彩绘颜料及贴金科学工艺四方面入手，探讨其是否属北齐时期的风格特点，分析结果表明该石造像在造像体量、造像基座、背光样式和佛像体姿、彩绘贴金、造像题记格式和内容以及石材本身呈现的风化痕迹与北齐时代风格特征相符，并与多件北齐石造像的造像风格高度相似，彩绘颜料成分也符合北齐的时代特征，结果为鉴定真赝提供了有效的帮助，笔者认为该石造像是一件不可多得的体现北齐时期佛造像高超制作工艺的文物。以上所述，是笔者对该石造像鉴定和辨伪方面的浅见，不足之处，敬请大家批评指正。

注　　释

[1] 汉方. 真作赝与赝成真——浅议古石雕造像的鉴定方法 [J]. 文物鉴定与鉴赏，2017 (3): 28-32.

[2] 文亮. 浅谈金铜佛像的鉴定与辩伪 [J]. 东方收藏，2017 (2): 46-49.

[3] 李森. 青州龙兴寺造像中龙的名称、造像来源及流行原因 [J]. 敦煌学辑刊，2008 (2): 104-109.

[4] 夏名采，王瑞霞. 青州龙兴寺出土背屏式佛教石造像分期初探 [J]. 文物，2000 (5): 50-61.

[5] 郭保平. 试论北齐时期石窟艺术特征 [J]. 文物世界，2012 (6): 26-27.

[6] 吴荭. 北周石窟造像研究 [D]. 兰州大学硕士学位论文，2009.

［7］ 中国历史博物馆．山东青州龙兴寺出土佛教石刻造像精品［M］．北京：文物出版社，1999．
［8］ 李峥．试析北齐石窟佛教造像由清瘦转变为丰满的原因［J］．文物世界，2012（6）：11-13．
［9］ 中国社会科学院考古研究所，河北省文物研究所，邺城考古队．河北临漳县邺城遗址北吴庄佛教造像埋藏坑的发现与发掘［J］．考古，2012（4）：3-6．
［10］ 何莹．山东青州与河北临漳出土北齐石质佛像的比较研究——以龙兴寺交仓和北吴庄埋藏坑为主例［D］．中国社会科学院研究生院硕士专业学位论文，2016．
［11］ 刘鹏．邺城出土佛像与定州白石造像略论［J］．文物鉴定与鉴赏，2012（7）：84-86．
［12］ 杨伯达．曲阳修德寺出土纪年造像的艺术风格与特征［J］．故宫博物馆院刊，1960（2）：43-60．
［13］ 冯贺军．曲阳白石造像研究［M］．北京：紫禁城出版社．2005．
［14］ 张国华．故城县出土北齐石造像［J］．文物春秋，2006（5）：72-74．
［15］ 金申．北齐白石佛造像赏析［J］．收藏，2015（7）96-99．
［16］ 赵瑞廷．首都博物馆馆藏天保二年北齐铜鎏金小造像无损检测研究［J］．内蒙古师范大学学报，2014（5）：637-642．
［17］ 张保珍．河北曲阳佛教造像地域风格研究以半跏思惟像和双身像为中心［D］．南京艺术学院硕士学位论文，2014．
［18］ 王林丹．河北曲阳汉白玉石雕的历史考察［D］．河北师范大学硕士学位论文，2013．
［19］ 沈玺．北朝时期“青州风格”石雕佛教造像艺术赏与鉴（下）［J］．文物鉴定与鉴赏，2010（5）：28-31．
［20］ 刘照军，等．中国古代艺术品常用矿物颜料的拉曼光谱（二）［J］．光散射学报，2013，24（2）：170-175．
［21］ 李最雄．敦煌莫高窟唐代绘画颜料分析研究［J］．敦煌研究，2002（4）：11-18．
［22］ 苏伯民，李最雄，马赞峰，等．克孜尔石窟壁画颜料研究［J］．敦煌研究，2000（1）：65-75．
［23］ 王晓琪，王昌燧，杨景龙，等．冯晖墓壁画颜料的高分辨电镜和拉曼光谱分析［J］．分析测试学报，2004，23（3）：1-4．
［24］ 马青林．甘肃玉门火烧沟出土红黄色颜料的再分析［J］．文物保护与考古科学，2006，18（1）：428．
［25］ 周铁，张志军．一件彩绘俑头的保护及秦俑彩绘紫色黄色颜料的分析［J］．文博，1995（1）：75-76．
［26］ 李倩倩，杨中奎，高山，等．山东青州龙兴寺部分北齐佛造像石材及朱砂颜料分析研究［J］．文物保护与考古研究，2017，29（2）：55-62．
［27］ 梁嘉放，等．甘肃泾川出土5件佛教造像彩绘分析及相关研究［J］．文物保护与考古科学，2016，28（4）：97-105．
［28］ 夏寅．偏光显微法在中国古代颜料分析中的应用研究及相关数据库建设［D］．西北大学硕士学位论文，2002．

［29］ 王进玉．敦煌石窟艺术应用颜料的产地之谜［J］．文物保护与考古科学，2003，15（3）：47-56.
［30］ 王进玉．敦煌、麦积山、炳灵寺石窟青金石颜料的研究［J］．考古，1996（10）：77-92.
［31］ 周麟麟，等．山东青州龙兴寺遗址出土佛造像的色彩重建研究——以23号北齐佛立像为例［J］．中国文物科学研究，2016（4）：46-50.
［32］ 王继英，魏凌，刘照军．中国古代艺术品常用矿物颜料的拉曼光谱［A］．全国光散射学术会议，2011：86-91.
［33］ 胡文英，王岳．拉曼光谱在水泉梁北齐墓葬壁画颜料中的研究分析［J］．硅谷，2012（17）：153-154.
［34］ 王进玉，王进聪．中国古代朱砂的应用之调查［J］．文物保护与考古科学，1999（1）：40-45.
［35］ 夏名采，刘华国，杨华胜．山东青州出土两件北朝彩绘石造像［J］．文物，1997（2）：80-81.
［36］ 王建琪，王华庆．青州北朝佛教造像［M］．北京：北京出版社，2002.
［37］ 李森．试析青州龙兴寺造像贴金彩绘并非均系北朝装饰［J］．世界宗教研究，2008（2）：44-49.

Scientific Analysis and Identification of A Stone Sculpture

FENG Nan

Based on artistic style, inscription, weathering traces, colored drawing and gilding of a stone sculptures, which is collected at Miriam and Wallach art gallery, Columbia University, this paper conducts a comprehensive analysis, the results provide the assistance of sculpture identification. This stone sculpture shows high degree of characteristic of Northern Qi Dynasty. Due to the results of research, the author gives the conclusion about the authenticity of this gilding stone sculpture.

重庆大足宝顶山小佛湾造像贴金工艺研究*

王乐乐[1]　李志敏[2]　付迎春[2]　陈卉丽[3]　魏书亚[2]

（1. 中国文化遗产研究院，北京，100029；2. 北京科技大学科技史与文化遗产研究院，北京，100083；3. 大足石刻研究院，重庆，402360）

贴金工艺是中国历史悠久的传统工艺，是我国古代劳动人民宝贵的非物质文化遗产。川渝地区佛教造像，大多采用颜料彩绘和贴金妆饰，造像表面贴金尤能体现其神圣性和庄严性。贴金材料、工艺探究以及保护修复尚属川渝地区佛教造像研究的热点和难点。作为国家文物局"川渝石窟保护与展示利用工程"重大专项的基础研究工作内容，本文以重庆大足宝顶山小佛湾造像为研究对象，利用光学显微镜、扫描电子显微镜及能谱仪、红外光谱、热裂解气相色谱质谱和拉曼光谱等分析贴金样品的所用胶结材料和结构层次，探讨贴金工艺，旨在为川渝石窟佛教造像表面贴金材料、工艺研究和保护修复提供依据。

一、引　　言

重庆大足石刻作为世界文化遗产，是中国石窟的杰出代表之一。小佛湾石刻是大足石刻重要代表龛窟之一。近年来，为了更好地开展千手观音保护修复工作，宝顶山石刻贴金研究主要集于千手千眼观音的贴金材料分析[1]和贴金部位病害分析、保护修复实验研究和实践工作[2]。笔者曾对小佛湾石刻彩绘材料开展分析研究工作[3]，贴金材料科学分析和工艺研究尚未见文献报道。本工作的开展，对重庆大足石刻的研究具有重要意义，为小佛湾造像保护修复提供参考依据。

二、样品与实验仪器

1. 样品

样品取自小佛湾毗卢庵内主尊佛面部贴金脱落处，主尊佛造像和表面贴金部位见图一。

* 基金项目：中国文化遗产研究院 2017 年"财政部中央级公益性科研院所基本科研业务费专项资金"课题"川渝石窟佛教造像妆彩研究与色彩重建——以重庆大足宝顶山小佛湾为例"。

图一　毗卢庵主尊佛和表面贴金部位

2. 实验仪器

（1）德国 Leica DM4000M 偏光显微镜（OM）。

（2）法国JY公司制造的HO R IBA型拉曼光谱仪（Raman），搭配Olympus BX-41 显微镜；激光波长 785nm。

（3）TESCAN 扫描电子显微镜（SEM），VEGA3 型，分析电压 20kV。配备能谱仪（EDS）Bruker XFlash 610M detector，测试条件：激发电压 15kV，扫描时间 100s。

（4）红外光谱分析（IR），型号 Nicolet 6700，美国赛默飞世尔科技公司。测试条件：样品扫描次数：16 次，波数范围：$4000cm^{-1}$ ~ $500cm^{-1}$；分辨率为 $4cm^{-1}$。

（5）热裂解－气相色谱－质谱分析仪（Py-GC/MS），日本前线实验室热裂解仪 PY-3030D 和岛津气相色谱质谱仪 GC/MS-QP2010Ultra，色谱柱型号 UA+-5（Frontier Lab，固定相为 5% 二甲基二苯基聚硅氧烷），长 30m，内径 0.25mm，膜厚 0.25μm。测试条件：裂解温度 600℃，裂解器接口温度 300℃，进样口温度 250℃，色谱柱的初始温度为 40℃，以 10℃ /min 的速率升至 280℃并维持 20min。GC/MS-QP2010Ultra 的载气气体为高纯氦气，进气压力为 15.4KPa，分流比为 1 : 100。电子压力控制系统采用恒流模式，质谱仪采用 EI 电离，电离能为 70eV，质荷比的扫描范围 50 至 750，循环时间为 0.5s。试剂：热辅助水解甲基化试剂为 25% 的四甲基氢氧化铵水溶液。

三、结果与讨论

1. 贴金胶结材料分析

利用 IR 和 Py-GC/MS 分析贴金样品的胶结材料，结果见图二、图三和表一。

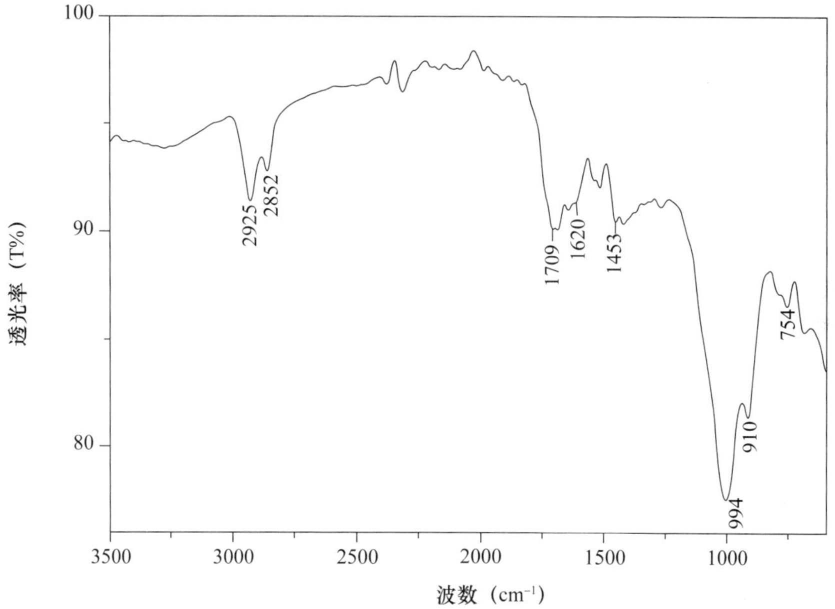

图二　贴金样品胶结材料的红外光谱图

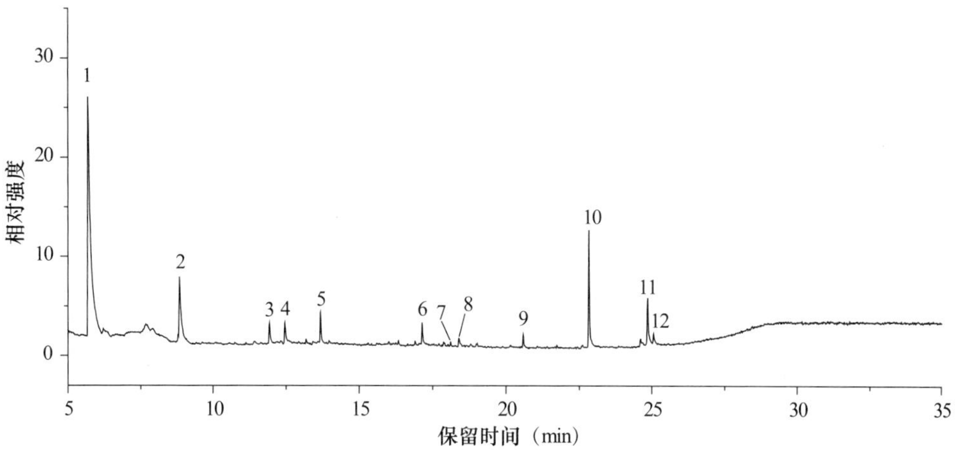

图三　贴金样品胶结材料的总离子流色谱图

表一　贴金样品的裂解产物

峰号	化合物	保留时间（min）	主要裂解碎片的质荷比（*m/z*）
1	丙氨酸	5.70	72
2	TMAH 裂解产物 1	8.83	58，86，128
3	N- 甲基己内酰胺	11.92	59，71，98，127
4	甘氨酸（动物胶，蛋白）	12.46	58，102，161
5	未知	9.46	58，71，88，98，116，130，189
6	1,2- 邻苯二甲酸（2ME）	12.09	55，70，83，97，131
7	十二烷酸（ME）	18.10	55，74，87，143，171，214
8	壬二酸（2ME）	18.38	55，74，83，97，111，125，143，152，185，209
9	十四烷酸（ME）	20.59	55，74，87，143，157，199，242
10	棕榈酸（ME）	22.82	55，74，87，143，171，199，227，270
11	硬脂酸（ME）	24.85	55，74，87，143，199，255，298
12	熟桐油裂解产物 2	25.06	55，74，91，98，105，133，183，258，290

贴金样品胶结材料红外光谱分析结果见图二。依据现代生漆和古代漆器分析结果[4]，可知 2925cm^{-1}、2852cm^{-1} 和 1453cm^{-1} 处的红外吸收峰为亚甲基的不对称伸缩振动峰、对称伸缩振动峰和变形振动峰，归属于漆酚长侧链上的亚甲基；1709cm^{-1} 处的红外吸收峰为 C=O 的伸缩振动峰，归属于漆酚的氧化产物；1620cm^{-1} 处的红外吸收峰为烯烃碳双键的伸缩振动吸收峰，归属于漆酚上的苯环；994cm^{-1} 和 910cm^{-1} 两个吸收峰为 C=C 的扭曲振动峰，归属于漆酚长侧链上的不饱和键，754cm^{-1} 处的红外吸收峰为 1，2，3- 三取代苯的面内弯曲振动峰，归属于漆酚中邻苯二酚衍生物。此外，1709cm^{-1} 的红外吸收峰的强度高于 1620cm^{-1} 处的红外吸收峰，表明大漆中可能含有桐油。红外光谱分析结果表明，贴金胶结材料主要为大漆。

为进一步明确大漆中是否添加桐油，利用 Py-GC/MS 分析样品。

图三为贴金样品的热裂解气相色谱图，裂解产物见表一。由图表可知，该样品裂解出大量的脂肪酸，而且检出了干性油的特征裂解产物 - 壬二酸（#8），表明样品中含有干性油。同时，样品中检测出熟桐油的特征裂解产物（#12），表明大漆中添加油料为熟桐油。

从上述分析结果可知，贴金胶结材料为大漆，且在漆中添加熟桐油。漆液中调入熟桐油可延缓漆膜硬化速度。

2. 断面分析

利用光学显微镜和扫描电子显微镜及能谱仪（SEM-EDS）观察和分析贴金样品断面分层和各层成分，结果见图四和表二。

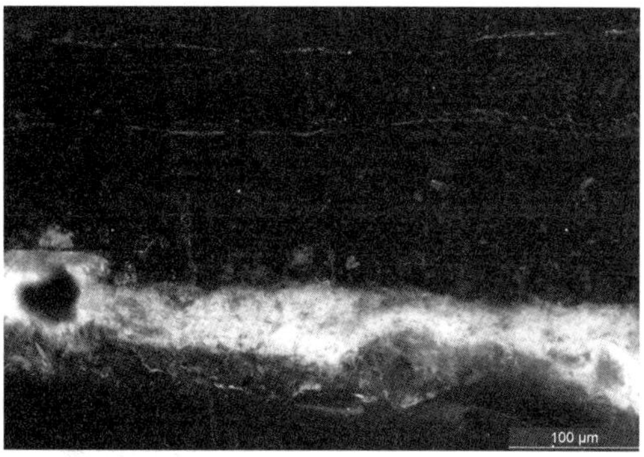

a. 贴金样品断面显微镜照片

b. 贴金样品断面扫描电子显微镜照片

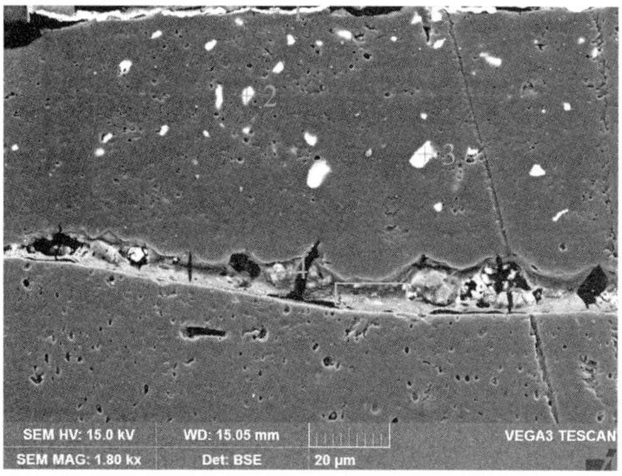

c. 图 b 金箔和漆层局部放大 SEM 图

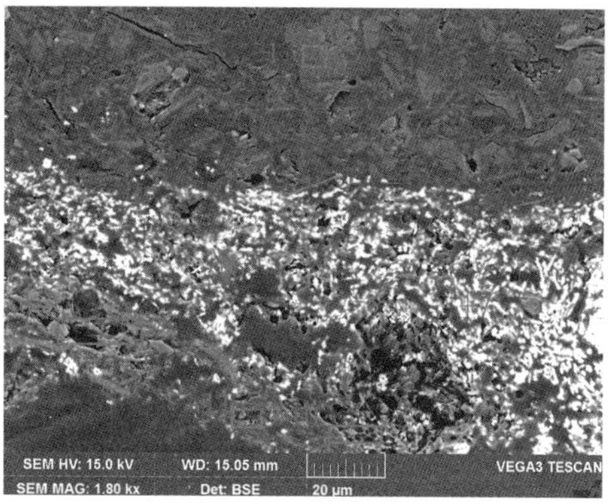

d. 图 b 漆灰层和底层局部放大 SEM 图

图四　贴金样品断面显微镜及扫描电子显微镜照片

表二　贴金样品断面能谱仪分析结果

图片	测试位置	元素含量（wt %）												推测物质
		Na	Mg	Al	Si	S	K	Ca	Pb	Hg	Fe	Ag	Au	
图 c	1	-	-	0.8	-	-	-	-	-	-	-	2.8	96.4	金箔
	2	-	-	-	-	5.7	-	-	-	94.3	-	-	-	朱砂
	3	-	-	-	-	6.2	-	-	-	93.8	-	-	-	朱砂
	4	-		4.3	3.1	9.7	-	-	-	82.9	-	-	-	朱砂
	5	-		5.6	6.3	6.4		2.0		79.7	-	-	-	朱砂
	6	0.6	-	2.5	95.1	-	-	1.8	-	-	-	-	-	石英
	7	-	-	3.1	1.3	8.0	-	-	-	87.6	-	-	-	朱砂
图 d	1	-	-	42.9	57.1	-	-	-	-	-	-	-	-	高岭石
	2	-	-	41.9	58.1	-	-	-	-	-	-	-	-	高岭石
	3	-	-	20.5	56.4	-	22.4	-	-	-	0.6	-	-	钾长石
	4	-	2.0	24.0	53.3	-	19.1	-	-	-	1.5	-	-	钾长石

续表

图片	测试位置	元素含量（wt %）												推测物质
		Na	Mg	Al	Si	S	K	Ca	Pb	Hg	Fe	Ag	Au	
图 d	5	-	-	0.8	99.2	-	-	-	-	-	-	-	-	石英
	6	0.8	-	2.5	-	-	-	-	96.7	-	-	-	-	铅白
	7	-	-	0.8	-	-	-	-	99.2	-	-	-	-	铅白
	8	-	-	1.1	-	-	-	-	98.9	-	-	-	-	铅白
	9	1.7	3.1	23.3	58.8	-	6.5	0.8	-	-	5.9	-	-	石胎：石英、长石、方解石、黏土矿物
	10	0.6	4.2	21.9	59.9	-	4.8	1.8	-	-	6.8	-	-	
	11	1.6	3.2	21.2	56.6	-	10.7	-	-	-	7.7	-	-	

注：拉曼光谱确定漆层中红色填料为朱砂，白色底层为铅白。

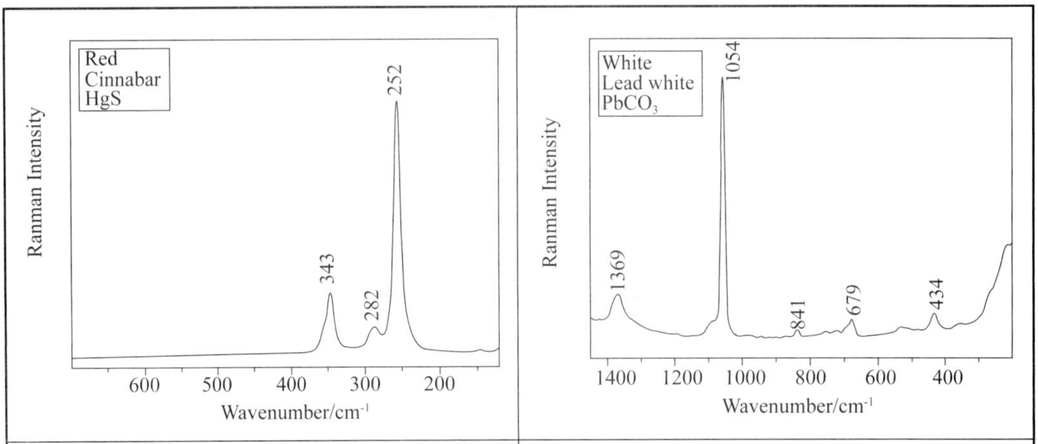

a. 红色填料为朱砂　　b. 白色底层为铅白

图五　漆层中红色填料和白色底层的拉曼光谱图

贴金样品断面分析结果表明，样品从表层到胎体依次为金箔层（厚度约1μm）—金胶层（45μm ~ 58μm）—底漆层（40μm ~ 68μm）—漆灰层（35μm ~ 60μm）—铅白层（24μm ~ 78μm）—粗粉层。金箔层中的金箔不纯，含Ag 2.8，Au 96.4%。金箔层之下为金胶层即红漆层（图四，b），即漆与熟桐油混合物中调入朱砂。金胶漆中加入朱砂一是为衬托所贴的金箔，提高亮度，即所谓“养溢金色”[5]；二是打金胶漆时，方便判断打金胶漆是否均匀，有无遗漏，准确把握胶层厚度（过薄，与金箔的黏接性差；过厚，影响金箔亮度）[6]。以增加金箔表面的色饱和度（图四，c）。底漆层即黑漆层，金胶层和底漆层的交界处明显（图四，c），含Ca、Al和Si元素，可见石英颗粒，推测为髹漆过程打磨后未洁除干净所致。底漆层和漆灰层结合紧密（图四，d），底漆层中粗颗粒漆灰应为以石英、长石和高岭石为主。底漆层下有一层铅白层，推测此造像早先取样部位为白色彩绘（彩绘层之下仍有粗粉层），贴金乃后来改变。

3. 贴金工艺

大足宝顶山小佛湾毗卢庵主尊佛面部、手部和胸部表面贴金。通过科学分析，确定贴金乃后来所为，早先未有。贴金工艺有以下步骤：

（1）在以前造像白色彩绘之上，施较粗的漆灰层，漆灰层以大漆调和石英、长石和高岭石细白土，反复涂刷。

（2）髹制底漆层，在漆灰层上涂刷漆液，待其干燥后打磨使其光滑和平整。

（3）涂刷金胶油或金胶漆，待金漆表面尚未干透时，在其上贴金箔并用棉花团等柔软物体压实，使金箔和漆面结合紧密。

四、结　　语

（1）重庆宝顶山小佛湾毗卢庵主尊佛贴金使用大漆添加熟桐油与朱砂作为贴金黏结材料，表面贴金所使用金胶漆中加入朱砂（HgS）以提高金色亮度。所用金箔厚度约1微米，含金量可达96%以上。

（2）贴金过程制作漆灰层、髹制底漆层，之后打金胶，最后贴金箔。此过程与当地所用贴金工匠所述传统工艺相一致。

致谢：本工作得到中国文化遗产研究院马清林研究员、胡凤丹女士等的帮助，在此表示感谢！

注　　释

［1］ 周双林，陈卉丽．从一片大足石刻千手观音表面金箔分析获得的信息［J］．电子显微学报，2013（1）：90-93.

［2］ a．田兴玲，李志林，马清林，周霄．重庆大足千手观音金箔表面变色原因探讨［J］．稀有金属材料与工程，2010（S1）：311-315.

b．田兴玲，郑茗天，马清林，李志林．重庆大足千手观音造像多层金箔成分分析［J］．黄金，2010，31（4）：4-7.

c．徐琪歆，李元涛，左洪彬．千手观音造像髹漆贴金层修复方法研究［J］．中国文物科学研究，2013（3）：24-32.

d．孙红燕，龚德才，黄文川．大足石刻千手观音金箔层的软化与回贴技术研究［J］．四川文物，2011（5）：87-90.

［3］ 王乐乐，李志敏，陈卉丽，马清林．川渝石窟佛教造像彩绘材料分析研究——以大足宝顶山

小佛湾造像为例［A］. 边疆考古研究（第22辑）［C］. 北京：科学出版社，2017：385-391.
［4］ a. 余仲元，李勇富，郭明高. 中国生漆的红外光谱研究［J］. 中国生漆，1989（3）：1-8.
b. 金章岩，陈天佑. 中国生漆的红外光谱分析［J］. 中国生漆，1985（1）：1-10.
c. 郑佳宝，单伟芳，张炜，郭时清. 古代漆器的红外光谱［J］. 复旦学报（自然科学版），1992（3）：345-349.
［5］ 王世襄. 髹饰录解说［M］. 北京：文物出版社，1983：77.
［6］（明）黄成，杨明注，长北译注. 髹饰录图说［M］. 山东：山东画报出版社，2007：93.

Study in Gilding Material and Technique of Buddhist Sculpture on Xiaofowan Site, Baoding Mountain, Dazu Grotoes, Chongqing

WANG Le-le　LI Zhi-min　FU Ying-chun　CHEN Hui-li　WEI Shu-ya

In this paper, a gilding sample from Buddhist sculpture in Dazu Grotto on Baoding Mountain Xiaofowan site were analyzed by OM, SEM-EDS, FTIR, Py-GC/MS and Raman. Chinese lacquer and Tung oil were identified as gilding and adhesive materials. Also, we discussed about the gilding technique of Buddhist sculpture. These results could be useful for sculptures' conservation in Chongqing.

书刊评价

构建旧石器时代的社会考古学*
——评《欧洲旧石器时代社会》

张　萌[1]　陈胜前[2]

（1. 新墨西哥大学人类学系，阿尔伯克基，87131；2. 中国人民大学历史学院，北京，100872）

不管在国内还是国外，旧石器时代考古都是最早的一段。与更为侧重区域性文化传统和适应方式的后段不同的是，它一直是全球性的研究，不论研究石器，还是研究人类化石、动植物遗存，研究问题始终放在了人类进化的总体框架内。不管是欧美、东亚还是其他地区，大多数研究者在尝试根据史前技术来重建人类文化的发展与演化。除了一些学者专注于石器分类之外，占主流的是与人类行为密切相关的科学研究范式，即依据出土的考古材料进行功能性的推理，比如石器的打制技术与用途、狩猎的有效性、有机遗物的制作与使用，以及遗址的功能和分布的变化。有的研究涉及人类的生计策略，比如把冰期—间冰期的交替、古人类的觅食行为与考古材料的分布联系起来，探究人类适应方式的变迁[1]。在另一端，一些考古学者更为强调人类思维能力的进化，史蒂文·米申（Steven Mithen）为代表的学者强调人类认知能力的进化[2]，科林·伦福儒（Colin Renfrew）等人也在此方面进行了探索[3]，这方面的研究目前还很少。在这种研究方法中，个体淹没在了进化的潮流之中。克里夫·甘博（Clive Gamble）在本书前言中给上述两种方法各起了个搞笑的名字，分别为“肠胃导向的”和“头脑死亡的”的研究策略[4]。他认为这两种方法不能很好地论述人类全部的社会生活。他试图建立一个崭新的社会考古学框架，将貌似无序的旧石器时代的考古材料综合起来

* 本文得到国家社科基金重大项目（12&ZD152）资助。

以更好地理解旧石器时代的社会生活，这正是《欧洲旧石器时代社会》（*Palaeolithic Societies of Europe*）一书的写作背景。本文旨在梳理全书的基本脉络，分析几个重要的主题，同时也试着阐述这本译著对中国旧石器时代考古学的参考价值。

一、本书简介

作者克里夫·甘博教授出生于1951年，于1972、1975和1978年分别在剑桥大学考古系获得学士、硕士和博士学位，之后在南安普敦大学考古学系任教。在他的职业生涯中，除了论文与编辑的书外，先后独立出版过几本很有名的著作，包括1986年的《欧洲旧石器时代聚落》[5]、1993年的《时间旅行者：全球殖民史前史》[6]、1999年的《欧洲旧石器时代社会》、2007年的《起源与革命：史前最早期的人类身份》[7]，以及2013年的《占据地球：人类史的考古学》[8]。从书名中也可以看出，他最早研究的是欧洲旧石器时代考古，逐渐扩展到了世界史前史。需要指出的是，甘博受宾福德的影响很大，并在《占据地球》一书的扉页写上了“For Lewis Binford”（献给路易斯·宾福德）。据作者回忆，“宾福德在1980年来到了南安普顿，也在这儿教了一学期的课。我们成了好朋友。他在我第一本书《欧洲旧石器时代聚落》（1986）写作中提供了很多帮助，也给这本书写了序言。1989年，奥尔佳·索弗（Olga Soffer）与乔治·弗里森（George Frison）在苏联组织了一次旅行，那时候我和路当了两周的室友。这是一个值得诉说的故事！所以，他既是我的导师，也是我的挚友”[9]。

本书的前言介绍了写此书的两个背景。甘博认为旧石器时代考古研究陷入了难堪的境地，社会考古学在新石器时代及之后的考古学中做得绘声绘色，而旧石器时代考古的论文却在这些讨论中滥竽充数；旧石器时代考古学家虽然声称自己研究的是远古的狩猎采集者，但对那些人类学家讨论的话题根本插不上嘴。另一个背景是学科内部的，“肠胃导向的”和“头脑死亡的”解释统治着旧石器时代考古研究。我们可以看到，这两种解释忽略的正是果腹与思维之间的部分——个体组成的社会。在《作为人类学的考古学》一文中，宾福德将考古学的文化系统分为了三部分，为技术子系统、社会子系统和意识形态子系统[10]。“肠胃导向的解释”侧重于技术在资源中获取的能量，集中在生计方面；“头脑死亡的解释”侧重的则是思维（而非文化）的进化。这两个角度都重视人类体质和技术长时段的进化，而忽略了人类社会组织的差异与变迁，以及对社会生活的重要。同时，秉持这两种解释的研究者也将考古研究局限在了器物层面，前者的推理过于经验化，后者则过于概念化。为了弥补器物与行为之间，以及经验与概念之间的鸿沟，甘博提出了用互动模型解释社会生活运作的观点，来理解考古材料中丰富的社会信息。

早在本书出版之前的半个世纪，戈登·柴尔德（V. Gordon Childe）就认为旧石器时代的考古材料不足以归纳出人群社会组织的信息。甘博不同意这个看法，他认为将能动性和社会行动结合进社会考古的框架中，就可以突破柴尔德对考古研究的设定，不再把人看作被动的、只考虑果腹的动物，而看成主动的、鲜活的生命。这种崭新的理解也可以扫除旧石器时代中晚期过渡上的障碍，不再将之视为尼安德特人“他们”与现代人“我们”、野蛮与文明的对立。在第一章中，作者不遗余力地批判了所谓的科学方法，认为把社会作为研究中心可以大大扩展当前旧石器考古研究的范围，并且可以改变目前的叙事框架。他认为，欧洲目前确定的50万年旧石器时代的两端可以与两种社会研究的视角联系起来——与早期联系的是非洲人类起源研究，结合的是灵长类与早期人类行为的研究成果；与晚期挂钩的是游群社会的形成过程，尤其是复杂社会的起源，与狩猎采集人类学直接相关。

作者在本书中主要采用了社会理论的视角，尤其是网络分析的词汇，这正是第二章的主旨。在引入网络分析之前，作者先对“自上而下”和“自下而上”两种研究社会的方法进行了解析。很显然，他在本书中倡导的正是这两种方法的结合，一方面承认环境背景对人类行为的制约，以及个体对制度规范的传承与维护（结构）；另一方面个体构建的关系网络组成了更大范围的网络，最终形成了社会结构（交往）。网络分析是贯穿本书的分析方法。网络由节点的密度和连接性构成。在不同的网络中，文化传递的方式和效率都不相同。社会网络分为两类，第一类是个人网络，包括亲密网络（亲人与朋友构成）、效用网络（对自己有用的人）和扩展网络（朋友的朋友），对应的资源分别为情感资源、物质资源与象征资源。这些关系网络的规模与约瑟夫·伯塞尔（Joseph Birdsell）提到的“神奇数字”相对应：5人、25人（20～70人）、150～200人。第二类是整体网络，包括所有的陌生人和偶然相识的人，对应的“神奇数字”是500人左右，最多为2500人（Krisztina Kosse的观点），社会单位是方言部落或最大游群。

第三章仍然是对旧石器时代社会考古框架的建构，不过重点转向了对考古材料的分析。延续第二章的框架，个人网络对应的是场所，整体网络对应的是地区。表3.1可以看成本书最核心的表格，与个体相关的不同层次的场所包括邂逅、聚集、社交场合与地方，与地区性社交网络相关的是习惯景观与社会景观。将二者联系起来的是节奏，包括操作链、任务景观与路径。操作链不仅仅包括器物制作的流程，它也是行动本身，跨域重要时空的空间纽带。任务景观是一系列相互关联的景观，是个体周围的环境，随人而动，同时也提供行动的情境，强调的是个体所从事活动的连续性。路径是场所的连接，通过将不同个体联系起来，更广泛的景观和地区之间的联系得以建立。在地区性的景观中，习惯景观可以理解为日常生活，强调的是发生在场所中日常习惯的时间顺序会影响到社会交往背景关联的结构。本书中重点分析的项目之一就是原料的搬运，在第四章到第七章中，作者把石料搬运的距离作为了习惯景观的代用指标，考察了场所之间的联系和任务景观的构成与变迁。社会景观是研究社会交往达到规模的空间概念，并且重新定义了习惯景观。表3.7显示了人类与灵长类社会模型与旧石器时代社会演化结构的比较，以社会关系网络为轴，将灵长类的遗产与旧石器时代考古框架结合起来，为后文对考古材料的研究做了铺垫。

第四章讲的是50万～30万年前最早的欧洲社会，第五章是30万～6万年前的尼安德特人社会，第六章和第七章本质上为一章，讲的是6万～2.1万年前的现代人社会。这四章可以理解为本书的第二部分，将前三章所构建的社会考古框架运用到欧洲旧石器时代考古材料的分析中。三个时段的论述都遵从了同样的顺序。首先介绍的是年代、气候和栖居环境，尤其是氧同位素阶段与冰期—间冰期的交替，同时对考古材料的保存状况和遗址的分布进行了总结。然后是节奏和社会技术，对路径、操作链（石器和有机材料）和任务景观进行分析。在之后的部分，作者转向地区的习惯景观与社会景观。正如在图3.2所绘制的“定位法”，分析向游艇一样在材料和理论之间徜徉，在不同精度的材料之间辗转。前文注重的是大范围材料的综述，而最后一部分则是对典型遗址的研究，作者将这种遗址称为“场所”。比如在第四章，作者介绍了Notarchirico遗址（河滨）、Caune de l’Arago遗址（洞穴）、Vértesszöllös遗址（石灰华），以及位于海滩、湖滩和河岸原地埋藏的Boxgrove、Hoxne和Miesenheim遗址，并着重对德国的Bilzingsleben遗址进行了详尽的个案研究。第五章的个案是荷兰的Maastricht-Belvédère遗址，第七章的个案是捷克的Dolní Věstonice-Pavlov遗址。

在第六章和第七章中可以看到在旧石器时代晚期早段（奥瑞纳与格拉韦丁）发生的社会生活的扩展，通过利用象征资源，个人与制度性的权力终于可以跨域时空，实现了无须面对面相处的交往（原书：351-352）[11]，一个人可以同时存在于两个甚至更多的地方（原书：40～41）。作者认为这种扩展能力并非是柴尔德式的观点中隐含的新石器时代以来才有的，其实在旧石器时代还很幼稚，但已在发展之中。如果说第四章与第五章论述的时代未能体现出甘博所构建的框架，第六章与第七章则可以明确识别出社会结构是如何暗含在行动之中，人如何超越共处的约束进行交往（原书：42）。Dolní Věstonice-Pavlov遗址体现出了两种仪式，分别为附属于社会聚集的仪式和与社会聚集活动分开的仪式。作者讨论了三种表演，分别为安家、与火共舞和向死者告别。读者可以仔细翻阅第七章中对三种社会行动的论述，在此译者仅仅以个人经历举例来帮助理解社会表演在构建扩展网络中的作用。在2016年怀俄明大学承办的第21届垂杨介会议期间的晚餐后，来自欧洲、亚洲与美洲的考古学者（整体网络）参与了原住民的pow-wow舞蹈，译者之一（张萌）参与了这个仪式，二十多人手拉手形成一个圆圈，随着鼓声和原住民身上的铃声，跟着节奏踏步起舞。在酒精与叮铃铃、亮晶晶的配合中，能够清晰地、无意识地感受到社会活动的节奏，如果说与会者最早建立的是效用网络，现在确实是通过附属于社会聚集的仪式将记忆留在了怀俄明的拉勒米（Laramie），场所转化成了地方（place）。陌生人不再陌生，可以通过邮件、电话实现“无须面对面相处也能交往”（“不在犹在”）了。除了学术交流外，我们还有了共同的感受。

第八章是全书的总结，可以看出全书的脉络。本章回到了第一章的主题，作者重申不能因为材料的不足而放弃研究旧石器时代更早期社会的可能性，除了过程考古下的社会考古方法，后过程的批评也可以提供很多资源，尤其是能动性和实践理论可以帮助构建旧石器时代复杂的社会生活。作者强调的是，在人类进化中，社会与文化并不存在着生物学上的断裂，即海德堡人、尼安德特人与克罗马农人由于体质特征不同，在社会组织上就必然存在着严格的区别；作者认为他们都是能动的个体，不能进行上述武断的对等。克罗马农人对尼安德特人的替代不是绝对意义上的变化，新的社会类型与新的人科类型之间不存在直接匹配关系。甘博认为人类从灵长类继承了很多遗产，克罗马农人穿越在时空之间的社会关系的张力是从我们亲近的原始遗产中释放出来的，器物成了人本身，个人装饰品和展示也开始增多，记忆和行动的扩展成为可能，一致的传承让位于不对称的权力关系，生活既可以是排他性的，也可以是包容性的，而不像海德堡人和尼安德特人社会中器物需要通过姿势的作用才能彰显出重要性，亲密网络和效用网络组成了他们社会生活，因此三种人类社会的区别来自不同的社会生活，而非生物学特征。

二、本书的重要主题

与很多旧石器时代地区性研究著作相比，虽然没有很多统计和模拟方法的使用，但本书逻辑确实很复杂，将各方面的考古材料融合进了自己的框架中。从第四章到第七章，作者提到了考古遗址的分布、原料的搬运、石器制作的操作链、遗址的布局与活动区、动物遗存，所有材料都集中到了社会生活的主题中。与其他社会考古研究不同的是，作者没有空耗精力去寻找关于社会机构，如等级、宗教、经济或官僚政治的物质遗存，他专注的是产生于共同在场的行动和多种多样的表演。他虽然提及了狩猎行为和石器的操作链，但不是为了讨论卡路里和工具制作与维护，而是为了探索社会生活的节奏，探索亲密的、效用的和扩展的社会网络的运作方式。他虽然也关注现代人与尼安德特人行为上的区别，但没有把思维模块联系的加强视为社会生活发生变化的原因，而是将文化从社会中分离出来，关注文化是如何通过涵盖节奏和姿势来将社会信息的处理结构化。

反复阅读此书后，读者可以清晰体会到作者在探索欧洲旧石器时代社会上的努力，跟随作者的论述去思考一些重大的考古学问题。受篇幅所限，本书评只简要说明此书论述到的两个关键问题。尽管论述都集中在欧洲旧石器时代的材料上，但换个问法，这两个问题在其他大洲也适用。

1. 拓殖欧洲

在欧洲石器时代中，至少有三次拓殖欧洲的事件，第一次为150万～50万年前的进入欧洲，第二次为6万～2.8万年前现代人进入欧洲，第三次为伴随农业的扩散西亚人口向欧洲的扩散。作者为人类的全球拓殖专门写了两本书，即《时间旅行者：全球殖民史前史》和《占据地球：人类史的考古学》。读者可以读他最近的那本书。《欧洲旧石器时代社会》涉及了前两次的拓殖事件。甘博提出了一个很关键的问题，“为什么人类直到距今50万年前依然站在摩洛哥、格鲁吉亚、以色列这样的‘欧洲大门口’”（原书：123），而不是关注早于那个时间节点的零星证据。作者认为“限制人类进入整个欧洲的因素就是那些把人类阻滞在欧洲东大门外的因素——即欧洲西北、中北部以及东南部辽阔的平原环境地区极端的季节性”（原书：124），而在中更新世，人群无法通过每年更大的流动性和人群分裂产生必要的距离和独立性。他根据Turner的研究，提出了人类“社交体系”的规模只有在大型食肉类动物的衰落与欧洲中部和西部季节性变化同时出现时，才能与人类进入欧洲的环境资源空间分布特征相匹配，也只有这样人类才可以在欧洲永久居住。因此，甘博认为“早期人类进入欧洲的能力并不仅仅受制于环境条件，也受制于其自身针对这些环境特征的社会组织能力”（原书：125）。对应中国考古材料，拓殖青藏高原的关键问题并不是人类何时登上高原（因为偶尔的进入是可能的），而是何时以何种方式全面拓殖高原的问题。根据当代气象站数据对狩猎采集者行为的模拟，即使在全新世环境中全面拓殖青藏高原也是不可能的，更何况是气候波动的末次冰期环境了[12]，对青藏高原的拓殖与对安第斯高地地区的机制不同，没有后者资源的垂直分布和狭长山脉对狩猎采集者的吸引力[13]。

第二次进入欧洲发生在距今6万年，结束于2.8万年前体质意义上的尼安德特人在伊比利亚半岛的消失（原书：384）。此书并没有讨论解剖学意义上的现代人和尼安德特人的体质差别，而是着重论述了旧石器时代晚期早段欧洲九个区域文化地理上的差异（表6.9），隐含的观点是从旧石器时代中期到晚期的过渡呈现出了相当程度的连续性。在各个地区的过渡问题上，作者把论述的重点放在了对考古材料研究最出色的欧洲的西南部和地中海西部，即法国西南和伊比利亚半岛。在法国西南部，沙特尔佩龙工业被认为是尼安德特人留下的，他们学习了现代人的石器技术[14]，弗朗西斯·哈罗德（Francis Harrold）认为前身是佩里戈尔地区的莫斯特，随后得到了快速发展（原书：377 ~ 378）。在奥瑞纳“推进”法国佩里戈尔之前，那里存在着莫斯特和沙特尔佩龙共存的现象，至少存在了七千年。甘博提出的问题是怎样理解奥瑞纳之于沙特尔佩龙在文化传承上的优势。他认识到相比沙特尔佩龙，奥瑞纳似乎更擅长于扩展社会网络，突破面对面交往社会的藩篱，完成穿越整个社会景观的更为广阔的系统整合。他认为尼安德特和奥瑞纳社会可能是不同的，最本质的差别在于个体在更新世相似景观中创造社交网络的方式。两种社会在旧石器时代晚期早段的欧洲西南部呈现出不同的社交系统（表7.7），后者可以在扩展网络的不对称权力关系中（如男性与女性）有机会寻找社会景观中的资源。然而，在伊比利亚半岛出现了分裂的状况，北部是现代人的奥瑞纳社会，南部是尼安德特人的莫斯特社会，不存在任何形式的模仿行为和过渡工业（图 7.8），显示出两个非常不同的系统在当时并驾齐驱的局面。甘博也用社交网络的研究方法解释这种共存状况，认为两个系统是在所在的地区运行的，都具有排他性，和法国西南部的状况很是不同。且不论甘博的框架有无解释效力，的确在现象学的框架内显示出 6 万 ~ 2.8 万年前的欧洲存在着不同的社交网络和社会生活，总体上支持旧石器时代中期向晚期过渡的镶嵌模型。这个解释框架可以被中国考古学家借鉴，来理解向旧石器时代晚期的过渡和东亚文化现代性的出现。

2. 技术的传承

虽然本书反对将石器分析和狩猎行为研究作为旧石器时代考古学的全部观点，甘博仍然用相当的篇幅讨论了技术的传承，包括石制品的生产与狩猎技术的进化。需要注意的是，作者侧重的是器物与人之间的关系，尤其是器物所起的作用是否能够脱离姿势而单独存在。在海德堡人与尼安德特人的社会中，器物不能在脱离的状态中实现交往，因此器物和人是分开的；而在克罗马农人的社会中，器物即人，要么代表着那个人，要么代表着并不在现场的扩展关系网络（原书：365）。在摩拉维亚布尔诺遗址中随葬的装饰品代表着与死者的告别，是脱离仪式的极端案例。在 Dolní Věstonice 遗址中出土的热冲击陶塑碎片具有光与声的双重表演意义，形成了留在那个地方的共同记忆。甘博在全书中论证了人类社会向旧石器时代晚期过渡的进化意义，扩展了宾福德“计划深度”的论述，认为计划深度和预期依附于从世界中脱离。在旧石器时代晚期，个人的能动性在社交网络中出现了特定行为，个人也开始消失在了强加的体制框架中（原书：419 ~ 420）。

在此书中，作者注重对石器技术和狩猎技术的研究，并发展出了整套的方法来研究三个时段的社会。针对石器技术，甘博借用了操作链的概念，但是他认为这个概念比常见用法（如石器打片顺序）有更广泛的意义。作者继承了勒内 - 高尔汉（André Leroi-Gourhan）的看法，操作链不仅仅是肌肉记忆，也是行动本身，是跨越重要时空的联系纽带。他也指出古人通过一套姿势，在社会行动中是如何习得与继承打片技术的。在本书第四章到第八章中，甘博使用扩展了的操作链来研究节奏与社会技术，集中在了石器技术与工具生产上面，主要涉及了组合间差异的问题，包括克拉克当与阿舍利工业、多种莫斯特、勒瓦娄哇与石叶石核打片技术，也涉及了打制技术的历时性变化，如格拉韦丁与奥瑞纳的差别。针对狩猎技术，甘博调查了每个社会与狩猎行为相关的信息。他研究了海德堡人的社会聚集地，但由于缺乏对脊椎动物埋藏学的研究，译者认为他所得出结论的可靠性值得怀疑。他也注意到，尼安德特人社会中狩猎活动合作增多了，但只表明每个人所获得的效用网络的范围扩大了一些。有意思的是，现代人的奥瑞纳社会并没有发生狩猎组织的重大变化。根据詹·希米克（Jan Simek）和桑德（L. M. Snyder）的研究，在距今 2.8 万年之后，法国西南部的动物狩猎才走向了专业化（参考原文：349）。由此看来，狩猎行为的变化不是发生在莫斯特向奥瑞纳的过渡阶段，而是发生在向格拉韦丁的过渡中，其中原因很值得探索，至少可以说明石叶技术与狩猎效率的提高之间并不存在直接的相关性，也从侧面反映出现代人之于尼安德特人在狩猎方面没有明显的差别。

三、对中国旧石器时代考古学的意义

翻译此书最大的考虑是对中国旧石器时代考古学的积极意义。在课堂上经常提到欧洲旧石器时代考古学的术语，尤其是诸如阿舍利、莫斯特、奥瑞纳、梭鲁特和马格德林，但国内至今仍没有出版一本体现出最近几十年欧洲旧石器时代考古进展的译著。尽管国内学者介绍了一些基础知识[15]，但很难揭示出全貌。众所周知，中国旧石器时代考古的开端与欧洲考古学的传入有直接关系，最著名的人物莫过于步日耶（Abbe Henri Breuil），裴文中先生也是在他的指导下获得了博士学位。中国一整套分类体系与欧洲旧石器时代考古有着不可分割的联系。近些年虽然随着国际交流的增加，中国学者也逐步向国内介绍一些旧大陆西侧的研究，并参与到了诸如文化现代性、人类扩散、石器操作链等问题的讨论中，然而目前研究者所掌握的欧洲旧石器时代考古的知识还未形成对中国考古学界成系统的影响力。本书的翻译工作正是希望能引起学界对欧洲旧石器时代考古的兴趣，并期待着将来有更多的译著问世。在此，译者就此书对中国旧石器时代考古学的意义进行简单的论述。

1. 对20世纪60年代以来的欧洲旧石器时代考古学的理解

20世纪60年代和70年代是过程考古学席卷欧美学界的时代，在美国有宾福德与他的同事与学生，在欧洲则是戴维·克拉克和科林·伦福儒等人。在70年代，古经济学派也在英国兴起，克劳迪奥·维塔－芬兹（Claudio Vita-Finzi）与埃里克·希格斯（Eric Higgs）也确定了狩猎采集遗址日常利用区域的最大半径[16]。就莫斯特文化组合的差异问题上，宾福德与博尔德进行了很多的争论[17]。之后的几十年内，美国考古学家中也出现了一些主攻欧洲旧石器时代考古的学者[18]，如莱斯利·弗里曼（Leslie Freeman）、劳伦斯·斯特劳斯（Lawrence Straus）、杰弗里·克拉克（Geoffrey Clark）、玛格丽特·孔基（Margret Conkey）、迈克尔·乔吉姆（Michael Jochim）等人。法国考古学家推陈出新，充分吸取了勒内－高尔汉、皮耶·布迪厄（Pierre Bourdieu）带有后过程色彩的思想，将之应用于旧石器时代考古学研究。在英国，除了开展过程考古学（包括功能—过程与认知过程）研究之外，80年代兴起的后过程考古学也开始影响对旧石器时代尤其是晚期材料的研究。因此欧洲旧石器时代考古研究中既有欧陆、英国、苏联的研究传统，还有北美人类学的研究传统，加之发掘时间长、精读高，在世界范围内的旧石器考古研究中无与伦比。毋庸置疑，欧洲旧石器时代考古必然有很多可供中国考古学家借鉴之处。

尽管在最近几年里，一些研究者开始探索考古材料背后的人类行为信息，但器物分类仍然占据着中国旧石器时代考古的中心舞台。这很类似于欧洲旧石器时代考古学20世纪60年代之前的状况。所以，引进这本出版于20世纪末的书对我国旧石器学界具有非凡的意义。这本书的成书过程并不只是作者对于基本问题的思考，也来自欧洲多年精致的研究。比如对场所的研究建立在对一个遗址或遗址群长期的田野工作上；对考古遗存共时性的研究取决于测年数据的积累；对古人生活场景的恢复取决于对各种遗存的仔细发掘与分析；对操作链的研究取决于长期的原料溯源分析、石器拼合与遗址空间分析。这些都是中国旧石器时代考古研究目前所欠缺的。

2. 多学科研究

一个学科的发展并不是完全由自身决定，很多来自其他学科的影响。译者认为，当代旧石器时代考古学的发展至少需要以下研究的支撑：石器及其他遗物分析、动物考古与埋藏学、环境复原与年代学、人类进化，以及狩猎采集人类学。本书就是多学科研究的典范。本书关注两大问题，即人类起源与复杂社会的起源。前者依赖于对人类进化的认识，灵长类研究正是打开早期人类行为大门的钥匙；后者依赖于对现存的“原始社会”的认识，依赖的是狩猎采集人类学的知识。在研究社会演化的大主题时，甘博提出了两个问题（原书：40）：

（1）如果你离开了某个社会群体，从社会的角度来看，将会发生什么？

（2）社会生活是如何变得如此复杂的？

为了解释这两个问题，作者引入了社会学中网络分析的方法，在社会网络模型中构建社会与个体的联系，并结合了灵长类与狩猎采集群体中年龄和性别对社会网络结构的影响。个人网络与整体网络的建构既来自于社会学，也来自于人类学。对于欧洲三个社会的研究一方面立足于在第三章中建立起来的“场所—节奏—地区”框架（表3.1），另一方面则是在环境复原与年代学的框架内将之与石器及其他遗物分析（操作链）和动物考古与埋藏学（生计策略）结合起来。

对应中国近些年旧石器时代考古学的发展，多学科虽然涉及科学方法在旧石器时代考古学中的应用，包括科学测年、地质考古、动物考古、埋藏学、环境复原、用火研究等领域，但对社会科学的引入相对迟缓，迄今几乎只引入了部分生态模型[19]和行为现代性[20]方面的研究，正如甘博提到的“肠胃导向的解释”和“头脑死亡的解释”。中国考古学界对灵长类行为与狩猎采集者的生活方式仍然知之甚少，对世界史前史的框架也没有系统的认识。显然，此书译本的出版正好可以补充相应的知识。

3. 社会考古研究的框架

此书的最大贡献正如原书的介绍所言，甘博挑战了既有的观点——过去50万年的欧洲旧石器时代的社会生活神秘难测。作者从泛欧洲的考古材料出发，重建远古人类社会，并引入新的视角来考察人类独有的社会经验。此书扩展了社会考古学的研究广度和深度，不仅仅把社会考古研究延伸到了旧石器时代早期，也将过程考古与后过程考古的方法融入到了从上而下与从下而上的综合框架中，考察人类社交网络的扩展过程。

早在20世纪50年代，中国考古学者就试图综合利用考古材料来进行社会结构分析[21]。虽然带有意识形态的色彩，但社会考古学的尝试总是迈出了第一步。在近些年，随着聚落考古和环境考古的引入，对社会生活场景的重建和中国文明探源工程联系起来，扩展了中国考古学的研究范围。然而，尽管一些学者引入并译介了西方考古学对社会复杂化与文明起源的著作[22]，对社会考古研究的探索并没有太多借鉴20世纪60年代以来世界考古留下的理论，中国的社会考古研究的基本理论仍然没有过多超越柴尔德在写作《社会演化》（1951年）时的探索。甘博的论证建立在20世纪后半叶考古学家和人类学家对社会考古学、灵长类研究和狩猎—采集者的研究之上，可以帮助中国学者以最快的速度了解西方学者对社会组织、灵长类社会形态和当代狩猎—采集者的生活方式。对旧石器时代社会生活的研究完全空白的中国而言，此书的翻译恰逢其时。

四、结　　语

本文简要介绍了《欧洲旧石器时代社会》一书的基本脉络和重要主题，并针对中国旧石器时代考古学的发展简单论述了翻译此书的意义。希望抛砖引玉，期待中国考古学者有更多的对旧石器时代社会的探索。对于考古遗存的研究，应该与重大学术问题联系起来，而不能仅仅局限于对器物的描述、测量与统计。中国考古学，包括旧石器时代考古学最大的问题是偏重外在而忽视了自身的视角，也是中国考古学家的危机。此书的翻译希望对中国考古学家有所启迪，将考古学研究置于人类社会的进化与现代社会形成过程的宏大叙事中，学习当代考古学的理论思维，注重考古遗存与社会行动的关联，发展出研究东亚旧石器时代社会的方法论。

注　　释

［1］　如Stiner, Mary C. *Honor Among Thieves : a Zooarchaeological Study of Neandertal Ecology*［M］. NJ: Princeton University Press, 1994.

［2］　Mithen, Steven. *The Prehistory of the Mind a Search for the Origins of Art, Religion and Science*［M］. Thames and Hudson, 1996.

［3］　Renfrew, Colin. *The Ancient Mind: Elements of Cognitive Archaeology*［M］. Cambridge: Cambridge University Press, 1994.

［4］　甘博在前言中提到，头脑死亡的解释“将变化归因于人类大脑灰质的逐渐觉醒，似乎他们成

千上万年来不仅要努力学习系鞋带，还要发现自己的脚”。可以理解为头脑死亡的解释侧重的是人类思维进化的生物学。

[5] Gamble, Clive. *The Palaeolithic Settlement of Europe* [M]. Cambridge: Cambridge University Press, 1986.

[6] Gamble, Clive. *Timewalkers: the Prehistory of Global Colonization* [M]. Harvard University Press, 1994.

[7] Gamble, Clive. *Origins and Revolutions: Human Identity in Earliest Prehistory* [M]. Cambridge: Cambridge University Press, 2007.

[8] Gamble, Clive. *Settling the Earth: the Archaeology of Deep Human History* [M]. Cambridge: Cambridge University Press, 2013.

[9] 与甘博的个人交流，经允许引用。

[10] Binford, Lewis R. Archaeology as anthropology [J]. *American Antiquity*, 1962: 217-225.（宾福德原文用的是 technomic、sociotechnic 和 idotechnic 三词。）

[11] 本文直接引用《欧洲旧石器时代社会》[M]一书的句子，均注明英文版中的页码。

[12] 陈胜前：《史前的现代化：中国农业起源过程的文化生态考察》[M]. 北京：科学出版社，2014.

张萌也对末次盛冰期气候背景下的狩猎采集者进行了模拟，得出的结论为不管在间冰期还是在冰期，青藏高原内部地区在目前的海拔高度下不能给狩猎采集者提供维持生计的陆生资源，除非能够利用水生资源。详细信息参考张萌的博士论文 *Explaining Variation and Change among Late Pleistocene and Early Holocene Microblade-based Societies in Northeastern Asia*（University of New Mexico，2019），第 7 章。

[13] 张萌：狩猎采集者的高海拔适应：对青藏高原与安第斯山脉的比较研究（写作中）。

[14] 参考 Straus, Lawrence G. On the demise of the Neandertals [J]. *Quaternary International*, 2005, 137: 1-5.

[15] 王幼平. 中国远古人类文化的源流 [M]. 北京：科学出版社，2005.

[16] 杰夫·贝利. 遗址域资源分析 [A]. 考古学：关键概念 [M]. 北京：中国人民大学出版社，2004.

[17] 路易斯·宾福德（著），陈胜前（译）. 追寻人类的过去：解释考古材料 [M]. 上海：上海三联书店，2009.

[18] 可以参考 Straus, Lawrence. *The Role of American Archeologists in the Study of the European Upper Paleolithic* [C]. BAR International Series 1048. Oxford: Archaeopress, 2002.

[19] 仪明洁，高星，Robert Bettinger. 狩猎采集觅食模式及其在旧石器时代考古学中的应用 [J]. 人类学学报，2013（2）：156-168.

[20] 李锋，陈福友，高星. 水洞沟遗址第 2 地点古人类“行为现代性”及演化意义 [J]. 人类学学报，2014，33（4）：510-521.

［21］ 北京大学历史系考古教研室. 元君庙仰韶墓地［M］. 北京：文物出版社，1983.
［22］ 陈淳. 文明与早期国家探源：中外理论、方法与研究之比较［M］. 上海：上海书店出版社，2007.

Constructing Paleolithic Social Archaeology: Book Review of *Palaeolithic Societies of Europe*

ZHANG Meng　CHEN Sheng-qian

Clive Gamble's monograph *Palaeolithic Societies of Europe* (1999) not only provides a comprehensive framework of prehistoric human occupation in Europe over 500,000 years, but also fully employs a social network approach to explore complicated social lives of the Heidelberg men, the Neanderthals, and the Crô-Magnons. It provides a social archaeology approach to Paleolithic studies, which combines primatology and hunter-gatherer anthropology in the context of human evolution, especially in terms of how prehistoric human organized their daily lives and its significance on the human career. Dr. Chen Shengqian and Zhang Meng (Ph. D. Candidate) have translated this book into Chinese, and this paper aims to provide a short introduction as a reading guide. Beginning with Gamble's criticism on the "stomach-led and brain-dead explanations" in the preface, this book review outlines his narratives and arguments of each chapter. Then, two topics are discussed, including colonization of Europe and transmission of technology, as examples of studying the whole book. In the end, this book review points out several significances of the Chinese version, since it will help Chinese archaeologists to have a clear understanding of Paleolithic archaeology in Europe since 1960s, to develop inter-disciplinary studies linked to the Paleolithic, and to construct a social archaeology framework using cultural history, processualism, and post-processualism paradigms in the context of human evolution.

征稿启事

《边疆考古研究》是由教育部人文社会科学重点研究基地吉林大学边疆考古研究中心主办的学术刊物，自2002年创办以来，至今已连续出版23辑，在国内外学术界形成了一定影响，并连续两次入选CSSCI（中文社会科学引文索引）来源集刊。

为及时刊发田野考古新材料，反映考古研究新成果，自2012年起，《边疆考古研究》由原来每年一辑增加为每年两辑，在侧重边疆考古的同时，欢迎其他各个方面的考古发现与研究稿件。拟设置的栏目包括：①考古新发现；②研究与探索；③考古新视野；④考古与科技；⑤书评，等等。

稿件具体要求：①论文不超过12000字，考古发掘报告字数可适度增加；②来稿请附中、英文摘要（300字左右）、关键词（3 ~ 6个）及作者简介；③统一采用尾注，注释格式请参考近期出版的《边疆考古研究》；④译文需取得原作者的授权，以免发生版权纠纷。

本刊实行双向匿名审稿制度。审稿周期一般为3个月。3个月内未收到刊用意见，作者可自行处理来稿。本刊不收取任何版面费，一经刊用，即奉样刊5册及抽印本10份。

本刊仅接受电子投稿。投稿邮箱为pengsg@jlu.edu.cn或524544323@qq.com（用于邮件超过20M者）。请勿委托他人转投稿件。

联系人：彭善国

编辑部地址：长春市前进大街2699号　吉林大学边疆考古研究中心（前卫校区匡亚明楼）

邮编：130012

图　　版

1. 磨盘村山城全景（东—西）

2. 磨盘村山城东门城门（西—东）

吉林省图们市磨盘村山城

图版二

1. 磨盘村山城北门瓮门（东—西）

2. 磨盘村山城北门城门（东北—西南）

1. 磨盘村山城 1 号角楼（北—南）

2. 磨盘村山城 1~3 号建筑基址（上为南）

吉林省图们市磨盘村山城

图版四

1. 磨盘村山城 2 号院落建筑基址（东北—西南）

2. 陶罐（2015TMYL1F1：243）

3. 陶盂（2015TMYL1F1：244）

4. 檐头筒瓦（2015TMT15②：15）

5. 兽面瓦当（2015TMT16②：149）

吉林省图们市磨盘村山城

图版五

1. 联珠纹兽面瓦当（2015TMT17②：1）

2. 凤鸟（2015TMT16②：179）

3. 正当沟（2015TMT14②：34）

4. 铁坩埚（2013TMF1：21）

5. 铁铲（2015TMYL1F1：162）

6. 铁锁（2015TMYL1F1：54）

吉林省图们市磨盘村山城出土遗物

图版六

1. AKM644

2. AKM657

3. AKM650

4. AKM656

5. AKM647

6. AKM658

7. AKM661

8. AKM645

9. AKM660

10. AKM659

加拿大阿迦汗博物馆藏玻璃器